Joseph Stiglitz
Europa spart sich kaputt

Joseph Stiglitz

Europa spart sich kaputt

WARUM DIE KRISENPOLITIK GESCHEITERT IST UND DER EURO EINEN NEUSTART BRAUCHT

Aus dem amerikanischen Englisch
von Thorsten Schmidt

Siedler

Die englischsprachige Originalausgabe erschien 2016 unter dem Titel
»The Euro. How a Common Currency Threatens the Future of Europe«
bei W. W. Norton & Company, New York.

FSC www.fsc.org
MIX
Papier aus verantwortungsvollen Quellen
FSC® C014496

Verlagsgruppe Random House FSC® N001967

Erste Auflage
September 2016

Umschlaggestaltung: Rothfos + Gabler, Hamburg
Umschlagmotiv: Ryan Etter/Getty Images
Satz: Ditta Ahmadi, Berlin
Druck und Bindung: GGP Media GmbH, Pößneck
Printed in Germany 2016
ISBN 978-3-8275-0084-7

www.siedler-verlag.de

Gewidmet der Zukunft Europas und des europäischen Projekts, von dem so viel abhängt: Möge dieses Buch einen Beitrag leisten zu einer Politik, die den Wohlstand Europas mehrt und seine Solidarität fördert.

Inhalt

Vorwort

Die Welt wird mit schlechten Nachrichten aus Europa überhäuft. Griechenland befindet sich in einer Depression, die Jugendarbeitslosigkeit liegt bei 50 Prozent. Die extreme Rechte verbucht in Frankreich große Stimmengewinne. In Katalonien, der nordostspanischen Region um Barcelona, ist eine Mehrheit der Abgeordneten im Regionalparlament für die Abspaltung von Spanien. Weite Teile Europas haben ein verlorenes Jahrzehnt hinter sich, an dessen Ende das Bruttoinlandsprodukt pro Kopf niedriger ist als vor der globalen Finanzkrise.

Selbst das, was Europa als Erfolg feiert, bedeutet ein Versagen: Die Arbeitslosigkeit in Spanien ist von 26 Prozent im Jahr 2013 auf 20 Prozent Anfang 2016 gesunken. Aber nach wie vor ist fast jeder zweite Jugendliche ohne Arbeit, und die Arbeitslosigkeit wäre noch höher, wenn nicht so viele der begabtesten jungen Leute das Land verlassen hätten, um im Ausland Beschäftigung zu suchen.[1]

Was ist geschehen? Sollten wir in Anbetracht der Erkenntnisfortschritte in den Wirtschaftswissenschaften nicht in der Lage sein, Volkswirtschaften besser zu steuern? So erklärte etwa der Nobelpreisträger Robert Lucas 2003 in seiner Begrüßungsansprache auf der Jahrestagung der American Economic Association, dass »das zentrale Problem der Vermeidung von Depressionen gelöst« sei.[2] Und sollte es angesichts all der Verbesserungen bei der Gestaltung von Märkten nicht sogar noch leichter sein, das Wirtschaftsgeschehen zu steuern? Das Kennzeichen einer gut funktionierenden Volkswirtschaft ist schnelles Wachstum mit breit gestreuten Wohlstandsgewinnen und niedriger Arbeitslosigkeit. In Europa aber ist das genaue Gegenteil geschehen.

Es gibt eine einfache Antwort auf dieses scheinbare Rätsel: Die fatale Entscheidung im Jahr 1992, eine einheitliche Währung einzuführen, ohne zugleich Institutionen vorzusehen, die dafür Sorge getragen hätten, dass diese Währung auch langfristig funktioniert. Eine sachgerechte Währungsordnung kann Wohlstand nicht garantieren, aber eine mangelhafte Währungsordnung kann Rezessionen und Depressionen Vorschub leisten. Und zu den Währungssystemen, die seit Langem mit Rezessionen und Depressionen in Verbindung gebracht werden, gehören Wechselkursbindungen, bei denen der Wert der Währung eines Landes dauerhaft in einem bestimmten Verhältnis zum Wert einer fremdländischen Währung oder einer Ware festgeschrieben wird.

Die Depression in den Vereinigten Staaten am Ende des 19. Jahrhunderts hing mit dem Goldstandard zusammen; dabei band jedes Land den Wert seiner Währung an Gold und damit indirekt an die Währungen aller anderen: Da keine nennenswerten neuen Goldfunde gemacht wurden, führte die Goldknappheit dazu, dass die Preise gewöhnlicher Güter im Verhältnis zu Gold sanken – wir nennen dieses Phänomen heute Deflation.[3] Tatsächlich wurde Geld wertvoller. Und dies führte zur Verarmung amerikanischer Farmer, für die es immer schwieriger wurde, ihre Schulden zurückzuzahlen. Der US-Präsidentschaftswahlkampf von 1896 stand ganz im Zeichen eines heftigen Streits darüber, ob Amerika »die Menschheit an ein Kreuz aus Gold schlagen« wolle, wie es William Jennings Bryan ausdrückte, der Kandidat der Demokraten.[4]

Der Goldstandard soll nach verbreiteter Ansicht überdies die Große Depression – die Weltwirtschaftskrise in den Dreißigerjahren des letzten Jahrhunderts – vertieft und verlängert haben. Denn jene Länder, die den Goldstandard frühzeitig aufgaben, erholten sich schneller.[5]

Ungeachtet dieser zur Vorsicht gemahnenden historischen Beispiele beschloss eine Reihe europäischer Länder, sich durch eine einheitliche Währung enger aneinanderzubinden – womit sie Europa das gleiche starre Währungsregime aufzwangen, das der Goldstandard der Welt auferlegt hatte. Der Goldstandard scheiterte, und bis auf einige wenige »Goldbugs« (Goldkäfer) will ihn niemand zurückhaben.

Europa muss nicht ans Kreuz des Euro geschlagen werden – der Euro kann funktionieren. Die hierfür notwendigen zentralen Reformen betreffen die Struktur der Währungsunion selbst, nicht die Volkswirtschaften der einzelnen Mitgliedstaaten. Allerdings bleibt fraglich, ob der politische Zusammenhalt und die europäische Solidarität ausreichen, um diese Reformen tatsächlich anzupacken. Ohne diese Reformen wäre eine einvernehmliche Scheidung dem gegenwärtigen »Durchwursteln« bei Weitem vorzuziehen. Ich lege dar, wie eine solche Trennung am besten bewerkstelligt werden könnte.

Im Jahr 2015 war die Europäische Union mit ihren 28 Mitgliedstaaten die zweitgrößte Volkswirtschaft der Welt – mit geschätzten 507,4 Millionen Bürgern und einem Bruttoinlandsprodukt von 16,2 Billionen Dollar, das etwas kleiner war als das der Vereinigten Staaten.[6] (Mit den Wechselkursen schwankt auch die relative Größe von Volkswirtschaften. Im Jahr 2014 war die EU die größte Volkswirtschaft.) Innerhalb der Europäischen Union haben 19 Länder eine gemeinsame Währung, den Euro. Das »Experiment« mit einer gemeinsamen Währung begann erst vor relativer kurzer Zeit – Bargeld gelangte erst 2002 in Umlauf. Allerdings hatte sich Europa bereits zehn Jahre zuvor im Vertrag von Maastricht auf eine gemeinsame Währung verständigt, und drei Jahre zuvor hatten die Länder der Eurozone die Wechselkurse ihrer Währungen im Verhältnis zueinander endgültig festgelegt.[7] 2008 geriet die Eurozone gemeinsam mit der restlichen Welt in eine Rezession. Heute haben sich die Vereinigten Staaten davon weitgehend erholt – zwar ist es eine kraftlose und verspätete Erholung, aber dennoch eine Erholung –, während Europa und insbesondere die Eurozone noch immer in Stagnation verharrt.

Dieses Scheitern hat weitreichende Konsequenzen für die gesamte Welt, nicht nur für die Länder der Eurozone. Besonders schlimm ist es für die Menschen, die in den Krisenländern leben, von denen viele weiterhin in einer Depression stecken. In unserer globalisierten Welt zieht alles, was in einer so wichtigen Region der Weltwirtschaft zu einer Stagnation führt, auch alle anderen in Mitleidenschaft.

Wie das Beispiel von Alexis de Tocquevilles *Über die Demokratie in Amerika* so eindringlich vor Augen führt, kann ein Außenstehender Kultur und Politik bisweilen zutreffender und unvoreingenommener analysieren als diejenigen, die unmittelbar in die aktuellen Geschehnisse verwickelt sind. Bis zu einem gewissen Grad gilt das Gleiche für die Wirtschaft. Seit 1959 reise ich regelmäßig nach Europa – in den letzten Jahrzehnten mehrmals im Jahr –, und ich habe dort sechs Jahre lang unterrichtet und geforscht. Ich habe mit vielen europäischen Regierungen eng zusammengearbeitet (überwiegend Mitte-links-Regierungen, aber auch, nicht selten, mit gemäßigt konservativen Regierungen). Als sich 2008 die weltweite Finanzkrise und bald darauf die Eurokrise zusammenbrauten und ausbrachen, arbeitete ich eng mit mehreren der Krisenländer zusammen (so gehörte ich einem Beratungsgremium des ehemaligen spanischen Ministerpräsidenten José Luis Rodríguez Zapatero an und beriet außerdem den damaligen griechischen Ministerpräsidenten Giorgos Papandreou, einen langjährigen Freund). Ich erfuhr aus erster Hand, was in den Krisenländern geschah und welche Maßnahmen zur Beilegung der Krise bei den Treffen der Führungsgremien der Eurozone vereinbart wurden.

Für einen Wirtschaftswissenschaftler ist das Euro-Experiment faszinierend.[8] Ökonomen können keine Experimente im Labor durchführen. Wir müssen unsere Annahmen anhand von Experimenten überprüfen, welche uns die Natur beziehungsweise die Politik anbieten. Der Euro hat uns meines Erachtens eine Menge gelehrt. Er basiert auf einer Mischung aus falschen ökonomischen Konzeptionen und ideologischen Überzeugungen. Es war ein System, das nicht lange funktionieren konnte – und während der sogenannten Großen Rezession (zwischen 2007 und 2009) wurden seine Schwächen für alle sichtbar. Ich glaube allerdings, dass die grundlegenden Mängel von Beginn an offenkundig waren für jeden, der genau genug hinsah. Diese Schwächen trugen dazu bei, dass sich Ungleichgewichte aufbauten, die eine zentrale Rolle bei der entstehenden Krise spielten und deren Überwindung Jahre dauern wird.

Dieses Experiment war für mich besonders interessant, weil ich mich seit vielen Jahren mit dem Thema der wirtschaftlichen Verflechtung beschäftige, insbesondere seitdem ich in den Neunzigerjahren unter Präsident Bill Clinton Vorsitzender seines wirtschaftswissenschaftlichen Beirats gewesen bin. Wir arbeiteten daran, im Rahmen des Nordamerikanischen Freihandelsabkommens NAFTA die Grenzen für den Handel zwischen den Vereinigten Staaten, Kanada und Mexiko zu öffnen. Wir brachten auch das Projekt der Welthandelsorganisation voran, die schließlich im Jahr 1995 aus der Taufe gehoben wurde und einen verbindlichen Rechtsrahmen für den zwischenstaatlichen Handel aufstellte. Das 1994 in Kraft getretene NAFTA war nicht so ehrgeizig wie die Europäische Union, die die grenzüberschreitende Arbeitnehmerfreizügigkeit gewährleistet. Es war auch weit weniger ambitioniert als die Eurozone – die drei teilnehmenden Staaten haben keine gemeinsame Währung. Aber schon diese begrenzte Verflechtung warf zahlreiche Probleme auf. So zeigte sich insbesondere, dass der Name »Freihandelsabkommen« selbst eine grob irreführende Werbung war: In Wirklichkeit war es ein gesteuertes Handelsabkommen, das insbesondere den Interessen von Großkonzernen vornehmlich in den USA dienen sollte. Damals begann ich mich für die Folgen des Missverhältnisses von wirtschaftlicher und politischer Integration sowie für die Auswirkungen internationaler Abkommen zu interessieren, die im Rahmen keineswegs perfekter demokratischer Prozesse von Staats- und Regierungschefs – so gut deren Absichten auch sein mögen – geschlossen werden.

Nach meiner Tätigkeit für Präsident Clinton wurde ich Chefvolkswirt der Weltbank. Hier war ich erneut mit Problemen einer ökonomischen Integration konfrontiert, die mit einer politischen Integration nicht Hand in Hand ging. Ich sah, wie unsere Schwesterorganisation, der Internationale Währungsfonds (IWF), Ländern, die seine Hilfe benötigten, aus seiner Sicht (und der anderer Kapitalgeber) sinnvolle wirtschaftspolitische Maßnahmen aufzuerlegen versuchte. Aber diese Sichtweise war falsch – und oftmals schädlich –, und die IWF-Auflagen führten oft zu Rezessionen und Depressionen. Ich bemühte mich, diese Fehlschläge zu verstehen und eine Antwort auf die Frage zu finden, weshalb der IWF so verfuhr.[9]

Wie ich an mehreren Stellen in diesem Buch darlegen werde, gibt es große Übereinstimmungen zwischen den Programmen, die der IWF (manchmal gemeinsam mit der Weltbank) Entwicklungs- und Schwellenländern auferlegte, und jenen, die Griechenland und den anderen Krisenländern im Gefolge der Großen Rezession aufgezwungen wurden. Ich erläutere auch, warum diese Programme aus ganz ähnlichen Gründen enttäuschen und wieso es in den Ländern, denen sie auferlegt wurden, einen breiten öffentlichen Widerstand gegen sie gibt.

Heute werden die Länder der Welt von neuen Initiativen bedrängt, die darauf abzielen, die Kräfte der Globalisierung zum Wohl der wenigen einzuspannen. Diese transatlantischen und -pazifischen Handelsabkommen (TTIP und TPP) werden einmal mehr hinter verschlossenen Türen von politischen Entscheidungsträgern ausgehandelt, wobei Vertreter der Konzerne mit am Tisch sitzen. Diese Abkommen bezeugen den anhaltenden Wunsch nach ökonomischer Verflechtung, die nicht mit einer entsprechenden politischen Integration einhergeht. Eine der umstrittensten Bestimmungen dieser Abkommen würde es Unternehmen erlauben, Staaten mit Klagen zu drohen, wenn sich eine neue gesetzliche Vorschrift negativ auf ihre Gewinnerwartungen auswirken würde – etwas, das kein Staat innerhalb seiner eigenen Grenzen hinnehmen würde. Das Recht zu regulieren – und Vorschriften und Verordnungen veränderten Umständen anzupassen – ist eine ureigene Gestaltungsbefugnis eines jeden Staates.

Das Projekt der Eurozone unterschied sich von diesen Beispielen jedoch in einem wesentlichen Aspekt: Dahinter stand der ernsthafte Versuch einer vertieften politischen Integration. Bei neuen Handelsabkommen dagegen beabsichtigt niemand, harmonisierte regulatorische Standards von einem parlamentarischen Gremium festlegen zu lassen, das den Willen der Bürger aller Länder in dem Handelsraum repräsentiert. Die Konzerne wollen vor allem eins: Regulierung unterbinden beziehungsweise lieber noch rückgängig machen. Aber der Plan für das »Projekt Gemeinschaftswährung« war so sehr von ideologischen Überzeugungen sowie von Partikularinteressen beeinflusst, dass er nicht nur sein ehrgeiziges ökonomisches Ziel verfehlte, nämlich Wohlstand zu bringen, sondern auch das zweite Ziel, die Mitgliedsländer einander *politisch* näherzubringen.

Obgleich dieses Buch daher vor allem eine kritische Hinterfragung des Euro-Projekts ist, geht es doch darüber hinaus: Es soll zeigen, dass selbst wohlgemeinte Bemühungen um eine vertiefte wirtschaftliche Integration scheitern können, wenn fragwürdige ökonomische Doktrinen, die mehr von Ideologie und Sonderinteressen als von harten Fakten und wirtschaftswissenschaftlichen Erkenntnissen geprägt sind, die Agenda bestimmen. Die Geschichte, die ich hier erzähle, veranschaulicht auf dramatische Weise etliche Themen, die mich in den letzten Jahren beschäftigt haben – Themen, die ein globales Echo haben sollten: Erstens der Einfluss von Ideen, insbesondere die Frage, auf welche Weise Ideen über die Effizienz und Stabilität freier und nicht-regulierter Märkte (eine theoretische Strömung, die bisweilen auch als Neoliberalismus bezeichnet wird) in den letzten 35 Jahren nicht nur die Politik, sondern auch Institutionen beeinflusst haben. Ich bin an anderer Stelle auf die wirtschaftspolitischen Konzepte eingegangen, die den Entwicklungsdiskurs beherrschten – die sogenannten Leitlinien des »Washington Consensus« – und maßgeblich die politischen Auflagen prägten, die den Entwicklungsländern gemacht wurden.[10] Dieses Buch zeigt, wie die gleichen Ideen den angestrebten nächsten Schritt in dem so überaus wichtigen Projekt der europäischen Integration – die Einführung einer Gemeinschaftswährung – prägten und scheitern ließen.

So findet heute die gleiche Schlacht um Ideen in zahllosen Gefechten statt. In einigen Fällen sind sogar die präsentierten Argumente und Daten im Wesentlichen dieselben. Die Schlacht um die Sparpolitik verläuft in Europa ähnlich wie in den Vereinigten Staaten, wo Konservative versuchten, die Staatsausgaben zurückzuschrauben, selbst für dringend notwendige Infrastrukturinvestitionen, obwohl die Arbeitslosigkeit noch immer hoch ist und Ressourcen ungenutzt bleiben. Die Auseinandersetzungen um den richtigen Haushaltsrahmen in Europa gleichen jenen zwischen IWF und Weltbank, an denen ich selbst während meiner Tätigkeit für die Bank beteiligt gewesen bin. Tatsächlich habe ich dieses Buch auch deshalb geschrieben, um die globale Reichweite dieser Auseinandersetzungen aufzuzeigen.

Die Ideen, die in diesen Schlachten aufeinanderprallen, werden nicht nur von ökonomischen Interessen bestimmt. Mein Blickwinkel hier ist breiter als derjenige eines eng gefassten ökonomischen Determinismus: Man kann die Überzeugungen eines Individuums nicht *ausschließlich* mit seinem Streben erklären, sich ökonomisch besser zu stellen. Dennoch dienen gewisse Ideen bestimmten Interessen, und daher sollte es uns nicht überraschen, wenn politische Maßnahmen im Großen und Ganzen den Interessen derjenigen dienen, die sie beschließen, selbst wenn sie ihr Handeln mit abstrakten Ideen begründen. Diese Analyse führt unweigerlich zu der Schlussfolgerung, dass sich Wirtschaft und Politik nicht voneinander trennen lassen – jedenfalls nicht so weit, wie sich dies einige Wirtschaftswissenschaftler wünschen. Breite Bevölkerungsgruppen in Industrie- und Entwicklungsländern haben oftmals vor allem deshalb nicht von der Globalisierung profitiert, weil die ökonomische Globalisierung viel schneller als die politische Globalisierung voranschritt, und das gilt auch für den Euro.

Ein weiteres Thema hängt mit meinen jüngsten Forschungen zur Ungleichheit zusammen.[11] Volkswirte und manchmal auch Politiker orientieren sich an *Durchschnittswerten*, also an Kenngrößen wie dem Bruttoinlandsprodukt (BIP) oder dem BIP pro Kopf und deren Veränderung. Aber selbst wenn das BIP steigt, können die meisten Bürger schlechter gestellt sein. Das geschah in den Vereinigten Staaten in den letzten 35 Jahren, und es gibt in zunehmendem Maße ähnliche Entwicklungen in anderen Ländern. Ökonomen behaupteten lange Zeit, es spiele keine Rolle, wie die Früchte der Wirtschaftstätigkeit verteilt würden – dies sei ein Ergebnis, das vielleicht einen Politikwissenschaftler oder einen Soziologen interessiere, aber jedenfalls keinen Ökonomen. Robert Lucas ging sogar so weit zu sagen: »Von all den Tendenzen, die einer soliden Wirtschaftswissenschaft abträglich sind, ist die verlockendste und meines Erachtens schädlichste die Fokussierung auf Verteilungsfragen.«[12]

Wir wissen, dass sich Ungleichheit auf die Leistungsfähigkeit einer Volkswirtschaft auswirkt, sodass man diese Fragen nicht einfach beiseiteschieben kann und sollte.[13] Ungleichheit wirkt sich auch darauf aus, wie – gut oder schlecht – unsere Demokratien und Gesellschaften funktionieren. Allerdings glaube ich, dass wir uns nicht nur wegen dieser Konsequenzen Gedanken über Ungleichheit machen sollten, denn es geht dabei auch um grundlegende ethische Fragen.

Der Euro hat zu einer Zunahme der Ungleichheit geführt. Ein zentrales Argument dieses Buches lautet, dass der Euro die Spaltung vertiefte – und dazu führte, dass schwächere Länder noch schwächer und starke Länder noch stärker wurden: So ist zum Beispiel das BIP Deutschlands vom 10,4-Fachen des BIP Griechenlands im Jahr 2007 auf das 15-Fache des griechischen BIP im Jahr 2015 angestiegen. Aber die Spaltung führte auch zu einer Zunahme der Ungleichheit innerhalb der Länder der Eurozone, insbesondere in den Krisenländern. Und das gilt auch für jene europäischen Länder, die vor der Einführung des Euro Fortschritte bei der Verringerung der Ungleichheit machten.

Dies sollte uns nicht weiter überraschen: Hohe Arbeitslosigkeit trifft vor allem die Menschen am Fuß der Einkommenspyramide, hohe Arbeitslosigkeit setzt Löhne unter Druck, und die staatlichen Ausgabenkürzungen im Rahmen der Sparpolitik wirken sich besonders negativ auf die Bezieher niedriger und mittlerer Einkommen aus, die von staatlichen Programmen abhängig sind. Auch dies ist ein übergreifendes Thema unserer Zeit: Der neoliberalen ökonomischen Agenda mag es nicht gelungen sein, die durchschnittlichen Wachstumsraten zu erhöhen, aber wir können sicher sein, dass es ihr gelungen ist, die Ungleichheit zu vergrößern. Der Euro liefert uns eine detaillierte Fallstudie darüber, wie sie dies erreicht hat.

Zwei andere Themen stehen in einem direkteren Zusammenhang mit Studien über Wirtschaftssysteme, die mich seit Langem beschäftigen. Heute wird (endlich) allgemein anerkannt, dass Märkte, sich selbst überlassen, ineffizient sind.[14] Adam Smiths »unsichtbare Hand« – wonach das eigennützige Streben der Einzelnen in der Summe zum Wohlergehen der gesamten Gesellschaft führen soll – ist unsichtbar, weil es sie schlichtweg nicht gibt. Viel zu wenig Beachtung wurde der *Instabilität* der Marktwirtschaft geschenkt. Krisen gehörten von Beginn an zum Kapitalismus.[15]

Das von den Ökonomen angewandte Standardmodell *nimmt einfach an*, dass sich die Wirtschaft im Gleichgewicht befindet; anders gesagt, wenn es jemals zu einem Einbruch der Wirtschaftsleistung komme, kehre das System schnell wieder auf seinen normalen Pfad zurück.[16] Die Annahme, dass sich Volkswirtschaften nach einer Störung wieder zügig dem Gleichgewicht *annähern*, ist der Schlüssel zum Verständnis der Konstruktion der Eurozone. Meine eigenen Forschungen erklären, weshalb Volkswirtschaften oftmals nicht konvergieren, und die Geschehnisse in Europa sind ein mustergültiges, wenngleich trauriges Beispiel für die Richtigkeit dieser Hypothese.

Ein weiterer zentraler Akteur der Geschichte, die hier erzählt wird, ist das Finanzsystem. Finanzsysteme sind ein notwendiger Bestandteil einer jeden modernen Volkswirtschaft. Aber an anderer Stelle habe ich beschrieben, dass Finanzsysteme, sofern sie nicht gründlich reguliert werden, zu wirtschaftlicher Instabilität mit Auf- und Abschwüngen führen können.[17] Auch dies veranschaulichen die Ereignisse in Europa in plastischer Weise – ebenso wie die Tatsache, dass die in modernen Marktwirtschaften stets vorhandenen Probleme durch die Konstruktion der Eurozone und die Krisenpolitik verstärkt wurden.

Ein letztes Thema, das mich seit Langem beschäftigt, das ich in diesem Buch jedoch nur streifen kann, betrifft Werte, die über die

Wirtschaftswissenschaften hinausgehen: (a) die Wirtschaftspolitik soll ein Mittel zu einem Zweck sein, nämlich das Wohlergehen des Einzelnen und der Gesellschaft zu mehren; (b) das Wohlergehen des Einzelnen lässt sich nicht allein mit Standardmaßen wie dem BIP erfassen, selbst wenn dieses Maß um die ökonomische Sicherheit erweitert würde, vielmehr hängt das individuelle Wohlergehen von einer viel breiteren Gesamtheit von Werten wie etwa Solidarität und gesellschaftlichem Zusammenhalt, Vertrauen in unsere gesellschaftlichen und politischen Institutionen und demokratischer Mitbestimmung ab; (c) auch der Euro sollte ein Mittel zu einem Zweck sein, kein Zweck an sich – er sollte die wirtschaftliche Leistungsfähigkeit und den politischen wie gesellschaftlichen Zusammenhalt in ganz Europa stärken. Dies sollte wiederum helfen, übergeordnete Ziele zu erreichen, also das Wohlergehen zu mehren und die von mir erwähnten grundlegenden Werte zu fördern. Aber dies ist offensichtlich gründlich misslungen. Mittel wurden zu Selbstzwecken, und die übergeordneten Ziele wurden unterminiert. Europa hat seinen Kompass verloren. Aber diese launenhafte Unberechenbarkeit ist kein spezifisch europäisches Phänomen. Sie zeigt sich auch an vielen anderen Orten und scheint geradezu eine globale Krankheit unserer Zeit zu sein.

In gewisser Weise sind die Vorgänge in der Eurozone daher ein moralisches Lehrstück: Sie verdeutlichen, dass sich Regierungen, die den Draht zu ihren Wählern verloren haben, mitunter Systeme ausdenken, die nicht dem Wohl ihrer Bürger dienen. Sie zeigen, dass sich bei den Fortschritten der ökonomischen Integration oftmals Finanzinteressen durchsetzen und wie ideologische Überzeugungen und Partikularinteressen, sofern ihnen keinerlei Einhalt geboten wird, ökonomische Strukturen hervorbringen können, von denen einige wenige profitieren mögen, während sie breite Bevölkerungsgruppen hohen Risiken aussetzen.

Es ist auch eine Geschichte der Plattitüden, die Politiker äußern, die wenig oder gar keine ökonomische Sachkenntnis besitzen und sich ihre eigene Wirklichkeit zurechtzimmern. Sie handelt auch von Positionen, die aus kurzfristigem politischem Kalkül eingenommen werden, aber enorme langfristige Konsequenzen haben. Die beharrlich vorgetragene Auffassung, es sei falsch, die Eurozone so zu gestalten, dass starke Länder schwächeren Ländern bei einem vorübergehenden Problem helfen, mag bei Wählern, die nur auf den eigenen Vorteil bedacht sind, einen gewissen Anklang finden. Aber ohne ein Mindestmaß an Risikoteilung kann eine Währungsunion schlicht nicht funktionieren.

Für die meisten Europäer ist das europäische Projekt, also die immer engere Verflechtung der Länder auf dem Kontinent, das wichtigste politische Ereignis der vergangenen 60 Jahre. Sein Scheitern oder auch nur die Andeutung, es selbst oder ein Teil des Projekts – seine Währung – könne scheitern, gilt beinahe als Verrat an der europäischen Idee. Aber die Wirklichkeit hält manchmal schmerzliche Botschaften für uns bereit: Das Eurosystem ist kaputt, und wenn es nicht repariert wird, steigen die Kosten sehr schnell gigantisch. Selbst mit den jüngsten Reformen kann das gegenwärtige System langfristig nur um den Preis immenser Kosten für viele Bürger am Leben gehalten werden. Und die Kosten gehen weit über die ökonomischen Kosten hinaus: Ich habe bereits auf die beunruhigenden politischen und gesellschaftlichen Veränderungen, die Zunahme von Extremismus und Rechtspopulismus hingewiesen. Auch wenn das Scheitern des Euro nicht die einzige Ursache dieser Entwicklungen ist, bin ich doch überzeugt davon, dass der enorme ökonomische Tribut, der so vielen Bürgern der Eurozone auferlegt wurde, eine der wichtigsten, wenn nicht die wichtigste Ursache ist.

Besonders hoch sind diese Kosten für die Jugend Europas, deren Zukunft bedroht ist, deren Hoffnungen zerstört werden. Sie mögen die Geschehnisse nicht zur Gänze durchschauen, sie mögen die zugrunde liegenden ökonomischen Zusammenhänge nicht vollständig verstehen, aber eines verstehen sie: Sie wurden von denjenigen belogen, die sie zu überreden versuchten, die Einführung des Euro und den Beitritt zur Eurozone zu unterstützen. Diese versprachen ihnen, der Euro werde ihnen ungekannten Wohlstand bescheren und die ärmeren Länder der Eurozone würden sich den reicheren Ländern annähern, solange alle Länder die grundlegenden Regeln befolgten, nämlich ihre Haushaltsdefizite und Schuldenstände im Verhältnis zum BIP niedrig zu halten. Heute bekommen sie oftmals von denselben Politikern oder Politikern derselben Parteien zu hören: »Vertraut uns. Wir haben ein Rezept, ein politisches Maßnahmenpaket, das kurzfristig ein wenig wehtun mag, doch langfristig dafür sorgen wird, dass es allen besser geht.«

Ungeachtet der düsteren Schlussfolgerungen meiner Analyse für den Fall, dass sich die Eurozone nicht verändert – und der noch negativeren Erwartungen für den Fall, dass die Eurozone so umgestaltet wird, wie es die deutsche Regierung und andere fordern –, ist dieses Buch letztlich hoffnungsvoll. Es ist eine Botschaft der Hoffnung, die besonders wichtig ist für die Jugend Europas und für diejenigen, die an das europäische Projekt glauben, an die Idee, dass ein Europa, das politisch enger zusammenrückt, ein stärkeres und wohlhabenderes Europa sein kann. Es gibt eine Zukunftsstrategie, die sich von derjenigen unterscheidet, die heute von vielen Verantwortlichen in Europa propagiert wird. Tatsächlich gibt es mehrere Strategien, die jeweils unterschiedliche Grade europäischer Solidarität verlangen.

Europa beging einen ebenso einfachen wie verständlichen Fehler: Seine führenden Politiker waren der Meinung, der beste Weg, die Einigung Europas zu vertiefen, sei eine Währungsunion, die Einführung einer Gemeinschaftswährung. Heute ist klar, dass die Eurozone und der Euro – sowohl die Struktur als auch die Politik – tief greifend reformiert werden müssen, wenn das europäische Projekt gerettet werden soll. Und das kann es.

Der Euro ist eine Konstruktion von Menschenhand. Ihre Gestalt verdankt sich nicht dem Walten unerbittlicher Naturgesetze. Die Währungsordnung Europas lässt sich umgestalten; wenn nötig, kann der Euro sogar aufgegeben werden. In Europa wie andernorts können wir unseren Kompass neu ausrichten, wir können die Regeln unser Wirtschaft und unserer politischen Ordnung umschreiben, um das Wohlstandsniveau für alle zu heben und Demokratie und gesellschaftlichen Zusammenhalt zu stärken.

Dieses Buch ist in der Hoffnung geschrieben, eine gewisse Orientierungshilfe bei der Bewältigung dieser großen Herausforderung, vor der Europa steht, zu bieten – und es will zugleich Europa ermuntern, dieses ambitionierte Vorhaben zügig anzupacken. Europa muss den hohen Idealen und Werten, denen es sich bei der Gründung der Europäischen Union verschrieb, neues Leben einhauchen. Das europäische Projekt ist zu bedeutend, als dass es durch den Euro zerstört werden dürfte.

TEIL I

Europa in der Krise

1 Die Eurokrise

Europa, die Wiege der Aufklärung und der modernen Naturwissenschaft, steckt in der Krise. Die Weltfinanzkrise des Jahres 2008 ging nahtlos in die »Eurokrise« des Jahres 2010 über. Diese Region der Welt, in der die industrielle Revolution ihren Ausgang nahm, die ihrerseits in den vergangenen 200 Jahren zu einem beispiellosen Wandel des Lebensstandards führte, ist in eine lange Phase der nahezu vollständigen Stagnation eingetreten. Schätzungen zufolge war das (inflationsbereinigte) BIP pro Einwohner für die Eurozone[1] – die europäischen Länder, die den Euro als gemeinsame Währung haben – im Jahr 2015 niedriger als 2007.[2] Einige Länder stecken schon seit Jahren in einer Depression.[3]

Als die Arbeitslosigkeit in den USA im Oktober 2009 10 Prozent erreichte, hielten die meisten Amerikaner das für nicht hinnehmbar. Mittlerweile ist sie auf unter 5 Prozent gefallen. Auch in der Eurozone erreichte die Arbeitslosigkeit im Jahr 2009 10 Prozent, und sie ist seither zweistellig geblieben.[4] Im Durchschnitt der Eurozone ist mehr als jeder fünfte arbeitssuchende Jugendliche arbeitslos; in den am schlimmsten betroffenen Krisenländern sucht sogar nahezu jeder zweite Jugendliche eine Beschäftigung.[5] Hinter trockenen Statistiken über die Jugendarbeitslosigkeit verbergen sich die zerstörten Träume und Hoffnungen Millionen junger Europäer, von denen viele hart gearbeitet und fleißig studiert haben. Familien werden zerrissen, denn wer kann, wandert aus, um im Ausland Arbeit zu suchen. Diese Statistiken verheißen Europa – vielleicht auf Jahrzehnte hinaus – eine Zukunft mit niedrigerem Wachstum und sinkendem Lebensstandard.

Diese ökonomischen Tatsachen haben ihrerseits weitreichende

politische Folgen. Sie erschüttern die Fundamente der europäischen Ordnung nach dem Ende des Kalten Krieges. Parteien der extremen Rechten und Linken sowie andere, die sich für die Abspaltung ganzer Regionen von Nationalstaaten einsetzen, verzeichnen vor allem in Spanien und Italien wachsenden Zulauf. Was lange als unausweichlicher historischer Prozess angesehen wurde – die Herausbildung von Nationalstaaten im 19. Jahrhundert –, wird heute infrage gestellt. Und das betrifft auch die bedeutendste Errungenschaft im Europa der Nachkriegszeit – die Europäische Union.

Die Ereignisse, welche die akute Eurokrise auslösten, waren Symptome tieferer struktureller Probleme der Eurozone, nicht deren Ursachen: Die Zinsen auf von Griechenland und mehreren anderen Ländern der Eurozone begebene Staatsanleihen stiegen sprunghaft an und erreichten, im Fall Griechenlands, mit 22,5 Prozent im Jahr 2012 ihren Höchststand.[6] Einige Länder hatten überhaupt keinen Zugang zu den Finanzmärkten mehr – sie konnten sich die Mittel nicht beschaffen, die sie für die Rückzahlung fälliger Schulden benötigten. Europa half mit kurzfristigen Krediten aus, die allerdings mit strengen Auflagen versehen waren.

Nach dem Ausbruch der Eurokrise Anfang 2010 ergriffen die Verantwortlichen der Eurozone eine Reihe von Maßnahmen, welche die Märkte jedes Mal scheinbar eine Zeit lang beruhigten. Gegenwärtig ist sogar die Griechenlandkrise in den Hintergrund gerückt, da Europa hofft, die jüngste Vereinbarung vom Sommer 2015 stelle endlich eine wirksame Lösung in Aussicht, und andere Krisen in den Vordergrund getreten sind: die Flüchtlingskrise, der Austritt Großbritanniens aus der EU (»Brexit«) und die terroristische Bedrohung, die durch die Attentate von Paris und Brüssel so deutlich vor Augen geführt wurde. Der Euro sollte zu einer engeren ökonomischen und politischen Verflechtung führen und Europa stärken, um künftigen Herausforderungen besser zu begegnen. Wie wir im nächsten Kapitel darlegen, ist die Realität eine andere: das *Scheitern* des Euro hat es für Europa schwieriger gemacht, den anderen Krisen wirkungsvoll zu begegnen. Obwohl in diesem Buch *wirtschaftliche* Aspekte im Vordergrund stehen – die wirtschaftlichen Ursachen für das Scheitern der gemeinsamen Währung und mögliche Maßnahmen, mit denen sich der Euro retten ließe –, sind diese ökonomischen Fragen eng mit den politischen Belangen verknüpft. Politische Interessen erschweren die Schaffung jenes wirtschaftlichen Ordnungsrahmens, den der Euro bräuchte, um zu einer erfolgreichen Währung zu werden. Und dieses Versagen wiederum hat gravierende politische Folgen.

Dieses Buch wird erklären, warum die bislang ergriffenen Maßnahmen zur »Lösung« der Eurokrise lediglich ein vorübergehend wirksames Herumdoktern an Symptomen waren: Wahrscheinlich erwartet uns in nicht allzu ferner Zukunft die nächste Episode der Eurokrise.

Die zentralen Thesen

Auch wenn viele Faktoren zu den Problemen Europas beitragen, gibt es einen grundlegenden *Fehler*: Die Schaffung der Einheitswährung, des Euro. Oder, genauer gesagt, die Schaffung einer Einheitswährung ohne gleichzeitige Errichtung eines institutionellen Ordnungsrahmens, der einer so vielfältigen Region wie Europa ermöglicht hätte, mit einer einheitlichen Währung erfolgreich zu funktionieren. Teil II dieses Buches (Kapitel 4 bis 6) betrachtet die Voraussetzungen für eine erfolgreiche Währungsunion und die Schritte, die Europa tatsächlich unternommen hat. Wir untersuchen, wie die Kluft zwischen dem, was notwendig gewesen wäre, und dem, was getan wurde, zum Scheitern des Euro, zu den Krisen, die schon kurz nach seiner Einführung folgten, und zur *Divergenz* führte, der sich immer weiter öffnenden Schere zwischen reichen und armen Ländern – was es für das System der Einheitswährung noch schwieriger machte, zu funktionieren. Teil III (Kapitel 7 und 8) beschäftigt sich eingehend mit den Reaktionen der Eurozone auf die Krisen, ihren vermeintlichen »Rettungsprogrammen«, die jedoch tatsächlich die Rezessionen nur vertieften und verlängerten. Teil IV (Kapitel 9 bis 12) erläutert, was getan werden kann, um Europa wieder auf den Pfad der Wohlstandsmehrung zurückzuführen.

Eine Anmerkung zur Geschichte des Euro und zum Rahmen dieses Buches

In diesem Buch gehe ich weder ausführlich auf die Geschichte des Euro ein noch beschreibe ich im Detail seine Institutionen. Aber zur Orientierung möchte ich einige wichtige Fakten hinsichtlich der Entstehungsgeschichte des Euro in Erinnerung rufen. Die Gemeinschaftswährung war letztlich ein Nebeneffekt von Bemühungen, die in der Mitte des 20. Jahrhunderts begannen, als Europa noch unter dem Schock des Blutvergießens und der Zerrüttung durch die beiden Weltkriege stand, die rund 100 Millionen Menschenleben gefordert hatten. Die führenden Politiker Europas erkannten, dass eine friedlichere Zukunft eine tief greifende politische und wirtschaftliche Neuordnung des Kontinents und auch eine Neubestimmung nationaler Identitäten erforderte. Im Jahr 1957 wurde diese Vision ein Stück weit Wirklichkeit, als mit der Unterzeichnung der Römischen Verträge die Europäische Wirtschaftsgemeinschaft (EWG) gegründet wurde, der Belgien, Frankreich, Italien, Luxemburg, die Niederlande und Westdeutschland angehörten. In den folgenden Jahrzehnten, die im Zeichen des Kalten Krieges standen, traten weitere westeuropäische Staaten der EWG bei. Schritt für Schritt wurden Schranken für den Personen-, Dienstleistungs- und Warenverkehr zwischen der wachsenden Liste von EWG-Ländern abgebaut.

Aber erst nach dem Ende des Kalten Krieges kam die europäische Integration so richtig in Schwung. Der Fall der Berliner Mauer im Jahr 1989 zeigte, dass die Zeit für eine Erweiterung und Festigung der europäischen Bande näher rückte. Die Hoffnungen auf eine friedliche Zukunft in gemeinsamem Wohlstand waren sowohl bei den Regierungen als auch bei den Bürgern größer denn je. Dies führte 1992 zur Unterzeichnung des Vertrags von Maastricht, durch den die Europäische Union offiziell gegründet wurde und der zugleich einen Großteil der rechtlichen Grundlagen für die Wirtschaftsordnung und die Institutionen der EU schuf. Er setzte außerdem den Prozess zur Einführung einer Gemeinschaftswährung in Gang, die »Euro« heißen sollte.

Allerdings war man sich uneins darüber, wie diese größere Einheit erreicht werden sollte. Heute mag die offizielle Geschichte der EU einer Stichpunktliste von Ereignissen gleichen, die unweigerlich zur Schaffung eines sich stetig erweiternden gemeinsamen Marktes und eines gemeinsamen Währungsraums, der Eurozone, führten. Aber tatsächlich war die Errichtung dieser Institutionen das Ergebnis jahrelanger Verhandlungen, die von tiefen Meinungsverschiedenheiten über das Ausmaß und die Form der Europäischen Integration geprägt waren. Die Resultate waren nur möglich aufgrund politischer Tauschgeschäfte und Kompromisse zwischen den europäischen Regierungschefs. Im Fall des Euro soll der deutsche Bundeskanzler Helmut Kohl seiner Einführung unter der Bedingung zugestimmt haben, dass sich der französische Staatspräsident François Mitterrand mit der Wiedervereinigung Deutschlands einverstanden erklärt. Beide Männer waren ausschlaggebend für eine Vertiefung der europäischen Einigung – und hatten maßgeblichen Anteil an vielen der politischen Entscheidungen, die ich in diesem Buch diskutiere.

Diese Vorgeschichte des Euro ist wichtig, interessiert uns hier aber nur am Rande. Mir geht es vor allem um die Feststellung, auf die ich wiederholt zurückkommen werde, dass der Euro ein politisches Projekt war und dass, wie bei jedem politischen Projekt, politische Interessen eine Rolle spielten.

In der Politik kommt es außerdem auch auf die Persönlichkeiten an – man denke etwa an Jacques Delors, dessen Kommission im Jahr 1989 den Plan für die Einführung des Euro erarbeitete. Allerdings liegt auch dies jenseits des thematischen Schwerpunkts dieses Buches. Ich kann nur erahnen, was in den Köpfen derjenigen vor sich ging, die den Euro aus der Taufe hoben. Sie waren überzeugt davon, das System würde funktionieren – sonst hätten sie ihm nicht zugestimmt. Es wäre naiv gewesen, hätten sie gedacht, Probleme würden in der Zukunft nicht zum Vorschein kommen; wahrscheinlich glaubten sie, sämtliche Probleme könnten und würden gelöst werden. Sie glaubten, die Gemeinschaftswährung, der

Euro, und die dafür zuständigen Institutionen, vor allem die Europäische Zentralbank (EZB), würden auf Dauer Bestandteil der Europäischen Union sein. Aber in diesem Buch geht es nicht um diese Geschichte oder darum, wie sich jeder der Euro-Gründungsväter die Funktionsweise dieses neuen Systems vorstellte.

Mich interessieren vielmehr die *Ergebnisse* dieser Vorgeschichte – wie sie sich interpretieren lassen und was wir daran ändern können. Es geht in diesem Buch um ökonomische Sachverhalte, ökonomische Ideologien und deren Wechselwirkungen mit politischen Interessen: Es ist eine Fallstudie darüber, dass es nicht nur enttäuschende, sondern sogar verheerende Konsequenzen haben kann, wenn neue Institutionen und Politiken auf der Grundlage einer grob vereinfachenden Sicht ökonomischer Zusammenhänge geschaffen beziehungsweise konzipiert werden, selbst wenn dies in bester Absicht geschieht.

Geburtsfehler

Die Eurozone *war von Beginn an eine Fehlkonstruktion.* Schuld an der Leistungs- und Wachstumsschwäche der gesamten Region sowie an ihren zahlreichen Krisen ist die Struktur der Eurozone, das heißt ihr rechtlicher und institutioneller Ordnungsrahmen. Die Vielfalt Europas war immer seine Stärke. Aber eine Einheitswährung kann in einer *ökonomisch und politisch* so extrem heterogenen Region nur schwerlich funktionieren. Eine Einheitswährung ist mit einem *festen* Wechselkurs zwischen den teilnehmenden Ländern und einem einheitlichen Zinssatz verbunden. Selbst wenn diese so festgesetzt werden, dass sie den Verhältnissen in den meisten Mitgliedstaaten entsprechen, bedarf es angesichts der großen ökonomischen Unterschiede zwischen ihnen einer Reihe von Institutionen, die jenen Ländern helfen können, deren Volkswirtschaften mit diesen Vorgaben nur schlecht zurechtkommen. Aber Europa hat es unterlassen, solche Institutionen zu schaffen.

Außerdem müssten die Regeln hinreichend flexibel sein, um eine Anpassung an unterschiedliche Verhältnisse, Überzeugungen und Werte zu erlauben. Europa hat dies in seinem Grundsatz der

Subsidiarität verankert, der besagt, dass möglichst viele politische Entscheidungen auf *nationaler* und nicht auf europäischer Ebene getroffen werden sollten, weil die untergeordnete Ebene besser mit den zu regelnden Sachverhalten vertraut ist.[7] Da das Budget der Europäischen Union lediglich etwa 1 Prozent ihres BIP beträgt (im Gegensatz zu den Vereinigten Staaten, wo sich die Ausgaben des Bundes auf mehr als 20 Prozent des BIP belaufen),[8] ist die EU tatsächlich nur für einen kleinen Teil der öffentlichen Ausgaben zuständig.[9] Aber ausgerechnet in einem Bereich, der für das Wohlergehen der einzelnen Bürger von zentraler Bedeutung ist – der Geldpolitik, die die Arbeitslosigkeit und die Existenzgrundlage der Menschen entscheidend beeinflusst –, wurde der 1998 gegründeten Europäischen Zentralbank die alleinige Zuständigkeit übertragen. Und aufgrund strenger Vorgaben in Bezug auf die zulässige Defizitfinanzierung der Staatshaushalte verfügen die einzelnen Länder nicht mehr über genügend fiskalpolitischen Gestaltungsspielraum (Beeinflussung der Konjunktur durch Steuern und Ausgaben), um bei einer rückläufigen konjunkturellen Entwicklung eine tiefe Rezession abzuwenden.[10]

Schlimmer noch, in der Struktur der Eurozone selbst sind gewisse Grundannahmen über die Voraussetzungen einer erfolgreichen wirtschaftlichen Entwicklung verankert – zum Beispiel, dass sich die Zentralbank auf die Bekämpfung der Inflation konzentrieren sollte, wohingegen das Mandat der US-Notenbank (Federal Reserve) auch die Ziele Vollbeschäftigung, Wachstums- und Stabilitätsförderung umfasst.[11] Nicht nur wurde die Eurozone nicht so gestaltet, dass sie den wirtschaftlichen Unterschieden zwischen den Euroländern Rechnung getragen hätte – vielmehr war die Struktur der Eurozone, ihr rechtlicher Ordnungsrahmen, nicht auf die Förderung von Wachstum, Beschäftigung und Stabilität ausgerichtet.

Verschärft wurden die *strukturellen* Probleme der Eurozone durch die *politischen* Maßnahmen, die in der Eurozone und in den Krisenländern ergriffen wurden, insbesondere im Gefolge der Krise. Ungeachtet der Konstruktionsfehler der Eurozone gab es Handlungsspielräume. Aber Europa hat diese nicht richtig genutzt.

Es verdonnerte die Krisenländer zu einer Austeritätspolitik – drastischen Kürzungen der Staatsausgaben. Es verlangte »Strukturreformen«, unter anderem Neuordnungen der Arbeitsmärkte und der Rentensysteme. Dabei hat die Eurozone jene Reformen, die am ehesten die tiefen Rezessionen in diesen Ländern beendet hätten, größtenteils sträflich vernachlässigt. Selbst wenn diese politischen Vorgaben perfekt umgesetzt worden wären, hätte dies die Wirtschaft in den Krisenländern beziehungsweise in der Eurozone insgesamt nicht wieder auf einen nachhaltigen Wachstumspfad zurückgebracht.

Am dringlichsten sind daher Reformen der Struktur der Eurozone selbst – nicht in den einzelnen Mitgliedsländern –, und tatsächlich wurden einige zögerliche Schritte in diese Richtung unternommen. Aber es sind zu wenige und sie werden zu langsam umgesetzt. Deutschland und andere Länder gaben den Opfern die Schuld, jenen Ländern, die infolge der politischen Fehlentscheidungen und der Fehlkonstruktion der Eurozone in eine Wirtschaftskrise schlitterten. Doch ohne tief greifende Reformen des Ordnungsgefüges der Eurozone selbst kann Europa seine Wachstumsschwäche nicht überwinden.

Die Ursachen der Konstruktions- und Politikfehler

Weshalb sollten Staatsmänner mit hehren Absichten, die die europäische Einheit festigen und intensivieren wollen, etwas schaffen, was das genaue Gegenteil bewirkt? In diesem Buch geht es nicht nur um dieses bedeutende Ereignis, die Eurokrise, die Europa tief greifend verändert, und die *ökonomischen Faktoren*, die ihr zugrunde liegen. Es geht um die enge Verflechtung von Politik und Ökonomie und um den Einfluss von *Ideen* und *Überzeugungen*.

Der Euro war zwar ein politisches Projekt, aber der politische Zusammenhalt – insbesondere was die Bereitschaft und den Willen anlangt, Zuständigkeiten von den souveränen Nationalstaaten an die EU zu übertragen – war nicht stark genug, um die ökonomischen Institutionen zu schaffen, die aus dem Euro vielleicht eine Erfolgsgeschichte gemacht hätten. Zudem ließen sich die Gründerväter des Euro von einer Reihe von Ideen leiten, ökonomischen Konzepten, die dem damaligen Zeitgeist entsprachen, aber schlichtweg falsch sind.[12] Sie glaubten, die Märkte würden alles schon von selbst regeln, und verstanden nicht die Begrenzungen von Märkten und die Notwendigkeit, sie mitunter aktiv zu gestalten. Diese unerschütterliche Marktgläubigkeit wird auch Marktfundamentalismus oder Neoliberalismus genannt.[13] Marktfundamentalisten glauben zum Beispiel, die Märkte würden von selbst Wachstum und Wohlstand für alle schaffen, sofern der Staat nur für eine stabil niedrige Inflationsrate sorge. Während der Marktfundamentalismus insbesondere seit der Weltfinanzkrise von 2008 in den meisten Ländern weitgehend diskreditiert ist, überdauert er hartnäckig in Deutschland, das in der Eurozone eine Vormachtstellung einnimmt. Hier halten viele mit einer solch unbeirrbaren Überzeugung und Gewissheit an diesen Glaubenssätzen fest – selbst wenn sie von neuen empirischen Befunden widerlegt worden sind –, dass man von einer *Ideologie* sprechen muss. Im Vorwort habe ich bereits angedeutet, dass ähnliche Ideen, die von der Weltbank und dem IWF weltweit propagiert wurden, zu einem verlorenen Vierteljahrhundert in Afrika, einer verlorenen Dekade in Lateinamerika und einer zumindest enttäuschend verlaufenden marktwirtschaftlichen Transformation in den ehemaligen Ostblockstaaten führten.

Die strukturellen und politischen Defizite der Eurozone können daher größtenteils einer verfehlten Wirtschaftsideologie, die zum Zeitpunkt der Vorbereitung und Konzipierung des Euro tonangebend war, und mangelnder politischer Solidarität zugeschrieben werden. Diese Kombination führte dazu, dass der Euro mit Geburtsfehlern zur Welt kam, die seine »Lebenserwartung« in absehbarer Weise verkürzten.

Falsche Vorstellungen über wirtschaftliche und politische Reformen

Auch falsche Vorstellungen über den Reformprozess hatten ihren Anteil. Die Verantwortlichen wussten, dass das Projekt der Eurozone unvollständig war. Aber man sah darin nur einen Schritt in einem längerfristigen Prozess. Die durch den Euro angestoßene Dynamik würde schon dafür sorgen, dass notwendige, aber noch fehlende Institutionen geschaffen würden. Dieser Erfolg würde dann die politische und wirtschaftliche Einigung weiter vertiefen.

In meiner Zeit als Chefökonom der Weltbank lernte ich, dass man bei der zeitlichen Planung und beim Tempo von Reformen außerordentlich vorsichtig sein muss.[14] Ein anfängliches Scheitern erhöht den Widerstand gegen weitere Reformen. Das ist die Geschichte des Euro.

Alternativen

Verfechter der gegenwärtigen Politik innerhalb der Eurozone haben, angeführt von Deutschland, behauptet, die heutige Struktur (von den geringfügigen Modifikationen einmal abgesehen) und die von ihr auferlegten politischen Maßnahmen seien *»alternativlos«*. Dies wurde so oft wiederholt, dass diese »Alternativlosigkeit« mittlerweile keiner näheren Begründung mehr zu bedürfen scheint. Teil IV (Kapitel 9–12) zeigt jedoch, dass es durchaus Alternativen zur gegenwärtigen Vorgehensweise gibt – Reformen, die den Euro zu einer gut funktionierenden Währung machen würden (Kapitel 9), die eine »einvernehmliche Scheidung« (Kapitel 10) oder auch eine Zwischenlösung ermöglichten (Kapitel 11), aus der bei hinreichendem politischem Willen mühelos eine erfolgreiche Einheitswährung hervorgehen könnte. Aber der gegenwärtige halbgare Kompromiss – eine Gemeinschaftswährung ohne die institutionellen Mindestvoraussetzungen für einen gemeinsamen Währungsraum – hat nicht funktioniert und wird aller Voraussicht nach nicht funktionieren. Es gibt nur die Wahl zwischen »mehr Europa« oder »weniger Europa«.

Schlimmer als ein verlorenes Jahrzehnt?

Schlägt die Krise einmal zu, dauert es mitunter Jahre, bis Volkswirtschaften wieder das Wachstums- und Beschäftigungsniveau der Zeit vor der Krise erreichen. Doch sind die Aussichten für Europa düsterer: In den meisten europäischen Ländern wird der Lebensstandard höchstwahrscheinlich *nie* das Niveau erreichen, das er ohne Eurokrise erreicht hätte – oder das er erreicht hätte, wenn die Eurokrise besser bewältigt worden wäre. Aber das Scheitern des Euro reicht noch tiefer.

Anhänger des Euro behaupten zu Recht, der Euro sei kein *bloß* ökonomisches Projekt, welches den allgemeinen Wohlstand dadurch heben wolle, dass es die Ressourcenzuteilungen effizienter mache – entsprechend den Grundsätzen des komparativen Vorteils, durch Förderung des Wettbewerbs, durch Nutzung von Skaleneffekten und durch Stärkung der wirtschaftlichen Stabilität. Noch wichtiger war der Euro als politisches Projekt; er sollte die politische Einigung Europas vorantreiben, die Menschen und Länder Europas näher zusammenbringen und eine friedliche Koexistenz sicherstellen.

Der Euro hat keines seiner beiden wichtigsten Ziele – Wohlstand und politische Integration – erreicht: Diese Ziele liegen heute in weiterer Ferne als vor der Gründung der Eurozone. Statt in Frieden und Eintracht zu leben, begegnen sich die Länder Europas heute mit Misstrauen und Wut. Alte Stereotype werden wiederbelebt, wenn Nordeuropa den Süden als faul und unzuverlässig verunglimpft, während zugleich Erinnerungen an das Verhalten Deutschlands in den Weltkriegen heraufbeschworen werden.

Eine gravierende Wachstumsschwäche

Die ökonomische Leistungsbilanz der Länder der Eurozone fällt enttäuschend aus. Die Eurozone stagniert mehr oder weniger, und seit der Weltfinanzkrise ist ihre Wirtschaftskraft besonders stark eingebrochen. Kritiker des Euro sagten schon immer, dessen eigentliche Bewährungsprobe komme, wenn ein asymmetrischer Schock die Länder der Eurozone treffe, ein überraschendes Ereignis also, das die Länder unterschiedlich stark in Mitleidenschaft ziehe. Die Nachwirkungen der globalen Finanzkrise von 2008 haben gezeigt, dass sich diese Befürchtungen bewahrheiteten, und mehr als das: Die Volkswirtschaften der Eurozone entwickelten sich schlechter, als es selbst die größten Kritiker vorhersagten. Die Krise begann in den

Vereinigten Staaten, aber die Vereinigten Staaten haben sich regeneriert – wenngleich es eine anämische Erholung ist; so lag das reale BIP im Jahr 2015 10 Prozent höher als 2007.[15] Das BIP der Eurozone dagegen hat sich seit 2007 kaum verändert – tatsächlich ist das inflationsbereinigte Pro-Kopf-Einkommen, wie erwähnt, gesunken.[16] Die Eurozone hat sogar eine Double-Dip-Rezession (zwei aufeinanderfolgende Rezessionen mit einer zwischenzeitlichen kurzen Erholung) durchgemacht. Einige Länder außerhalb der Eurozone wie etwa Schweden und Norwegen haben sich recht gut geschlagen. Es gibt einen Faktor, der maßgeblich für die Wachstumsschwäche der Eurozone verantwortlich ist: der Euro.

Selbst Deutschland steht schlecht da

Deutschland stellt sich selbst als Erfolgsgeschichte hin, als das Land, an dem sich andere ein Beispiel nehmen sollten. Die deutsche Wirtschaft ist seit 2007 um 6,8 Prozent gewachsen, was einer durchschnittlichen Wachstumsrate von lediglich 0,8 Prozent pro Jahr entspricht.[17] Diese würde unter normalen Umständen als Quasi-Stagnation angesehen.[18] Es sollte ebenfalls erwähnt werden, dass gewisse Entwicklungen in Deutschland *vor* der Krise, zu Beginn der Nullerjahre – als das Land Reformen durchführte, die drastische Einschnitte im sozialen Sicherungsnetz mit sich brachten – auf Kosten der Arbeitnehmer gingen, besonders der einkommensschwächsten. Während die Reallöhne stagnierten (nach manchen Quellen sogar sanken), wurde die Kluft zwischen den unteren und mittleren Einkommensgruppen größer – um ungefähr 9 Prozent in der kurzen Zeitspanne von weniger als einem Jahrzehnt. Und in den Nullerjahren wuchsen auch Armut und Ungleichheit.[19] Deutschland kann nur im Vergleich zu den anderen Ländern der Eurozone als »Erfolgsgeschichte« angesehen werden.

Wie der Euro die Eurokrise schuf

Verfechter des Euro entgegnen, der Euro habe sich sehr wohl bewährt, wenn auch nur für eine kurze Zeit. Zwischen 1999 und 2007 sei es tatsächlich zu einer *Konvergenz* gekommen, wobei die schwächeren Länder schneller wuchsen, weil die öffentlichen Hände und Unternehmen für ihre Kredite weniger Zinsen zahlen mussten.[20] Es sei dem Euro gelungen, die ökonomische Integration zu fördern, da Kapital in die ärmeren Länder floss. Für die Euro-Anhänger war der Euro das Opfer eines verhängnisvollen Sturms, der von der anderen Seite des Atlantiks heraufzog, eines Jahrhundert-Hurrikans. Die Tatsache, dass der Hurrikan schwere Verwüstungen anrichtete, dürfe nicht dem Euro angelastet werden: Robuste Wirtschaftssysteme trotzten normalen Stürmen, aber selbst ein optimal gestaltetes System könne solch seltenen Ereignissen nicht standhalten, behaupten die Verfechter.

Es stimmt, dass die Weltfinanzkrise den schwächsten Punkt des Euro aufdeckte: die Tatsache, dass er Anpassungen an Schocks behinderte, die sich auf verschiedene Länder der Eurozone unterschiedlich auswirkten. Aber der Euro war nicht das unschuldige Opfer einer Krise, die andernorts entstand. Märkte, die immer für irrationalen Überschwang und Pessimismus anfällig sind, haben fälschlicher- und irrationalerweise angenommen, die Beseitigung des Wechselkursrisikos (bei einer Einheitswährung besteht kein Risiko mehr, dass sich der Wert zum Beispiel der italienischen Lira im Verhältnis zur spanischen Peseta ändert) bedeute, dass auch das Länderrisiko verschwinde – das Risiko, dass ein Staat seine Schulden nicht zurückzahlen kann. Die Märkte teilten die Euphorie über die Einführung des Euro, und wie die Politiker, die mithalfen, ihn aus der Taufe zu heben, dachten sie nicht weiter über die ökonomischen Aspekte der neuen Währung nach. Sie erkannten nicht, dass der Euro so, wie er konzipiert worden war, das Länderrisiko de facto erhöhte (vgl. Kapitel 4).

Nach der Einführung des Euro im Jahr 1999 verzeichneten die Länder der Peripherie – die kleineren Länder wie Griechenland, Spanien und Portugal, die den »Kern« Europas, Frankreich, Deutschland und Großbritannien, umgeben – hohe Kapitalzuflüsse und die Zinsen sanken. Entsprechend dem Muster, das weltweit überall dort auftrat, wo Märkte liberalisiert wurden, folgte auf den massiven Kapitalzufluss in ein Land ein ebenso jäher Abfluss, als den Märkten plötzlich aufging, dass sie übermäßig euphorisch gewesen waren. In diesem Fall war die Weltfinanzkrise der Auslöser: Unvermittelt hatten Griechenland, Spanien, Portugal und Irland keinen Zugang mehr zu Krediten, und dies in einer Krise, für welche die Gründerväter der Eurozone keine Vorkehrungen getroffen hatten. Als sich in der Asienkrise zehn Jahre zuvor die Kapitalströme infolge eines plötzlichen Stimmungsumschwungs bei den Investoren jäh umkehrten, verloren die Währungen der betroffenen Länder massiv an Wert – was diesen Ländern bei der Bewältigung der Krise half. Die peripheren Euroländer hatten diese Möglichkeit nicht.[21] Die Verantwortlichen der Eurozone hatten nicht mit einem solchen Ereignis gerechnet, das sie daher völlig unvorbereitet traf.

Divergenz statt Konvergenz

Zahlreiche wirtschaftswissenschaftliche Publikationen befassen sich mit der Frage, was eine Gruppe von Ländern, die eine Gemeinschaftswährung einführen wollen, tun muss, damit diese allen Wohlstandszuwächse beschert.[22] Die Ökonomen waren sich einig, dass eine Einheitswährung nur dann funktionieren könne, wenn *hinreichende* Gemeinsamkeiten zwischen den teilnehmenden Ländern bestehen.

Man kann darüber diskutieren, welche Art von Gemeinsamkeit notwendig ist, aber hier mag der Hinweis genügen, dass das, was viele Europäer (insbesondere die deutsche Regierung) für erforderlich hielten – eine sogenannte solide Finanzpolitik, geringe Haushaltsdefizite und eine niedrige Staatsverschuldung – *nicht* ausreichte, um den Euro zu einer gut funktionierenden Währung zu machen, und vermutlich nicht einmal notwendig ist.

Diesen fiskalischen Aspekten wurde ein so großes Gewicht beigemessen, dass sie *Konvergenzkriterien* genannt wurden. Aber so, wie der Euro designt wurde, führte dies zu einer *Divergenz*: Wenn eine Volkswirtschaft von einem »Schock« getroffen würde, würden die stärkeren Länder auf Kosten der schwächeren gewinnen. Die fiskalischen Vorgaben im Rahmen der Konvergenzkriterien –

Begrenzungen der Haushaltsdefizite und des staatlichen Schuldenstands im Verhältnis zum BIP – trugen selbst zur Divergenz bei.

In Kapitel 5 erläutern wir ausführlich, wie die Struktur der Eurozone der Abwanderung von Arbeitskräften – insbesondere der talentiertesten und bestausgebildeten – und dem Fluss von Kapital aus den armen, wachstumsschwachen Ländern in die reichen, leistungsstarken Länder Vorschub leistete. Die reichen, leistungsstarken Länder konnten in bessere Schulen und Infrastruktur investieren. Ihre Banken konnten mehr Kredite vergeben, was Existenzgründungen erleichterte. Schlimmer noch, schwächere Länder wurden durch EU-Vorgaben davon abgehalten, politische Maßnahmen zu ergreifen, durch die ihnen vielleicht der Anschluss an die stärkeren gelungen wäre.

Abgesehen von rhetorischen Solidaritätsbekundungen ist die Realität ein gespaltenes Europa, das kaum die Kraft für jene politischen Entscheidungen aufbringen wird, die Europa wieder auf den Pfad der Wohlstandsmehrung zurückführen würden.

Das Opfer zum Sündenbock machen

Die negativen Auswirkungen eines Ordnungsgefüges, das beinahe zwangsläufig zur Divergenz innerhalb der Eurozone führen musste, wurden durch *politische* Entscheidungen verstärkt, die die Verantwortlichen der Eurozone vor allem im Zuge der Eurokrise trafen. Selbst innerhalb der engen Vorgaben der Eurozone wäre eine andere Politik möglich gewesen. Dass es dazu nicht kam, ist keine Überraschung: Eine Kernthese dieses Buches lautet, dass die gleiche Denkweise, die den Konstruktionsfehlern des Euro zugrunde liegt, auch die politischen Fehlentscheidungen motivierte.

Es ist vielleicht verständlich, dass die Entscheidungsträger der Eurozone dem Opfer die Schuld geben möchten, dass sie die Länder, die in einer Rezession oder Depression stecken, für diese Missstände verantwortlich machen wollen. Sie wollen sich nicht selbst und den großartigen Institutionen, die sie geschaffen haben und an deren Spitze sie heute stehen, die Schuld geben. Dem Opfer die Schuld zu geben wird die Eurokrise nicht lösen – und außerdem ist es in hohem Maße unfair. Und in Anbetracht dieser Einstellung, das Opfer zum Sündenbock zu machen, ist es nicht weiter verwunderlich, dass die Solidarität zunehmend bröckelt.

Als Griechenland in die Krise geriet, konnte man leicht sagen, das Land sei selbst schuld. Griechenland müsse nur endlich Reformen anpacken – sich an die Regeln halten, seine Verschuldung abbauen und sein Sozialhilfe-, Renten- und Gesundheitssystem umgestalten –, und schon würde seine Wirtschaft wieder florieren und seine Probleme ließen sich mühelos lösen. Natürlich kann man mit Fug und Recht vieles an der Politik und den Institutionen Griechenlands kritisieren. Die Wirtschaft befindet sich weitgehend in der Hand von Oligarchen (relativ wenige superreiche Familien nehmen enormen Einfluss auf die Wirtschaft und haben in einigen wichtigen Sektoren wie dem Kreditgewerbe und den Medien eine beherrschende Stellung). Aufeinanderfolgende Regierungen haben skrupellos Schulden aufgetürmt, wobei die desolate Haushaltslage dadurch verschlimmert wurde, dass die Einziehung von Steuerschulden noch schlechter als in anderen Ländern funktionierte, in denen Kleinunternehmen eine tragende Rolle spielen. Die Frage war nicht, ob Griechenland perfekt war. Diese Probleme machten Griechenland bereits zu schaffen, als es schneller wuchs als der Rest Europas. Sie existierten bereits, als Europa beschloss, Griechenland in die Europäische Union und die Eurozone aufzunehmen. Die Frage war, welche Rolle diese Probleme in der *Krise* spielten. Die Behauptung, die Eurokrise sei durch Versäumnisse in Griechenland verursacht worden, *wäre* vielleicht überzeugend, wenn Griechenland das einzige Land der Eurozone mit Schwierigkeiten wäre. Aber dem ist nicht so. Irland, Spanien, Portugal, Zypern und mittlerweile sogar Finnland, Frankreich und Italien stehen vor gravierenden Problemen. Wenn so viele Länder mit Schwierigkeiten zu kämpfen haben, drängt sich der Verdacht auf, dass die Ursachen dafür irgendwo anders liegen müssen.

Es ist misslich, dass ausgerechnet Griechenland als erstes Land von der Krise getroffen wurde, denn die griechischen Probleme ermöglichten Deutschland und anderen, sich auf die vermeintlichen

Versäumnisse Griechenlands zu konzentrieren, insbesondere seine angebliche unsolide Haushaltspolitik, und gleichzeitig die Probleme zu ignorieren, von denen andere Länder gebeutelt wurden, die keine hohen Schuldenstände oder Defizite (zumindest nicht vor der Krise) aufwiesen. Vor der Krise erzielten Spanien und Irland Haushaltsüberschüsse – ihre Einnahmen waren größer als ihre Ausgaben –, und beide hatten einen niedrigen Schuldenstand im Verhältnis zum BIP. Wenn die Theorie der deutschen Regierung, wonach Defizite und Schulden die Ursache der Krise sind, richtig wäre – und die beste Krisenpräventionsstrategie folglich darin bestünde, strenge Defizit- und Verschuldungsauflagen durchzusetzen –, dann hätten Spanien und Irland nie in eine Krise schlittern dürfen. Im Anschluss an die Weltfinanzkrise von 2008 verzeichneten beide hohe Schuldenstände und Haushaltsdefizite – aber es war die Tiefe und lange Dauer der Krise, die zu den Schulden und Defiziten führte, und nicht umgekehrt.

Herbert Hoover scheitert erneut

Die Kritik am Euro konzentrierte sich auf die »Programme«, die den Krisenländern auferlegt wurden, die um Finanzhilfen ersuchten: Portugal, Irland, Griechenland, Spanien und später Zypern. Diese von der Troika – dem Triumvirat aus Internationalem Währungsfonds, Europäischer Zentralbank und Europäischer Kommission – ausgearbeiteten Programme zwangen die Krisenländer de facto dazu, im Gegenzug für die Finanzhilfen einen Großteil ihrer wirtschaftspolitischen Autonomie an ihre »Partner« abzutreten. Dem Krisenland werden unter strengen Auflagen Hilfsgelder als Kredite (und nur selten als nicht rückzahlbare Zuschüsse) zur Verfügung gestellt. Der Kredit samt Auflagen und dem Zeitplan für die Erfüllung der Auflagen wird *Programm* genannt.

Anders als bei gewöhnlichen Krediten, bei denen die Kreditbedingungen im Allgemeinen das Kreditausfallrisiko minimieren sollen, erstrecken sich die Auflagen der Eurozone auf Bereiche, die nicht direkt mit der Kreditzurückzahlung zusammenhängen. Sie versuchen sicherzustellen, dass die Wirtschaftspolitik des Landes dem entspricht, was dieses nach Ansicht der Finanzminister der Eurozonenländer (unter Führung insbesondere Deutschlands) tun *sollte.* Dieser Zwang bewirkte das Gegenteil, denn die Auflagen verstärkten oftmals die konjunkturelle Talfahrt. Entsprechend wuchs das Risiko, dass die Hilfskredite nicht zurückgezahlt werden konnten.

Diese Programme retteten die Banken und die Finanzmärkte, waren aber ansonsten ein Fehlschlag: Was hätte sinken sollen, stieg an, und was hätte ansteigen sollen, ging zurück. Die Verschuldung hat sowohl absolut als auch im Verhältnis zum BIP zugenommen, das heißt, dass sie weniger tragfähig ist. In vielen Krisenländern ist die Ungleichheit gewachsen, es gibt mehr Suizide und Massenarmut, während die Einkommen sinken.[23] Zum gegenwärtigen Zeitpunkt hat *nur eines* der Krisenländer (Irland) wieder sein BIP vor der Krise erreicht. Die Troika lag mit ihren Prognosen durchweg sehr weit daneben. So wurde etwa vorhergesagt, dass die Krisenländer *schnell* auf den Wachstumspfad zurückkehren würden. Dabei waren die Rezessionen viel tiefer und dauerten viel länger, als es die Modelle der Troika errechnet hatten.

Austerität

Jedes Programm besteht aus zwei gleich wichtigen Teilen – den makroökonomischen Anpassungen, vor allem Ausgabenkürzungen, und den Strukturreformen. Die tonangebenden Mächte in der Eurozone glaubten (irrigerweise) nicht nur, niedrige Defizite und Schuldenstände würden Krisen *verhindern*, sie waren auch der Ansicht, einem Land in einer Rezession werde am besten mit einer großen Dosis Austerität geholfen – Ausgabenkürzungen, die das Defizit verringern sollen. Zur Zeit des Börsencrashs im Jahr 1929 war Herbert Hoover Präsident der Vereinigten Staaten; seine Sparpolitik machte aus dem Börsenkrach die Große Depression. Seit Hoover wurde diese Politik immer wieder angewandt, und sie scheiterte wiederholt: der IWF hat es in jüngerer Vergangenheit in Argentinien und Ostasien ausprobiert. In Kapitel 7 werde ich ausführlicher erläutern, warum die Austeritätspolitik dort scheiterte –

und warum sie in Europa scheiterte. Statt die Voraussetzungen für eine Erholung der Konjunktur zu schaffen, hat sie die Rezessionen verschlimmert. Austerität hat immer und überall die gegenteiligen Effekte gehabt, die wir in Europa beobachten: Je stärker der Sparkurs, umso stärker der konjunkturelle Abschwung. Es ist schleierhaft, wieso die Troika glaubte, dass es diesmal in Europa anders sein würde.

Strukturreformen

Der zweite Teil jedes »Programms« bestand aus einem Forderungskatalog notwendiger Änderungen an den wirtschaftlichen und rechtlichen »Spielregeln«, den sogenannten Strukturreformen. Auch wenn die Troika überbordende öffentliche Ausgaben als die eigentliche Ursache der Krise ansah, erkannte sie das Problem, das in der Rigidität des Euro liegt.

Da Eurokrisenländer keine nationalen Währungen mehr besitzen, können sie nicht durch Abwertungen ihre Exportgüter verbilligen und so den Außenhandel ankurbeln. Nach Ansicht der Troika können sie ihre »Wettbewerbsfähigkeit« daher nur zurückerlangen, indem sie Löhne und Preise senken und ihre Volkswirtschaften *restrukturieren*, um sie beispielsweise durch die Zerschlagung von Monopolen effizienter zu machen. Leider hat die Troika nicht die Strukturreformen auf die Agenda gesetzt, die sinnvoll gewesen wären. Einige Reformen bezogen sich auf Nebensächliches, andere mögen den Lebensstandard langfristig heben, wirken sich jedoch kurzfristig kaum auf das Leistungsbilanzdefizit aus.[24] Kapitel 8 wird zeigen, dass einige Reformen kurzfristig sogar kontraproduktiv waren, was die Überwindung der Wachstumsschwäche anlangt.

Ein Teil der Reformen der Troika führte entweder direkt (durch Schwächung der Arbeitnehmerrechte bei Tarifverhandlungen) oder indirekt (durch steigende Arbeitslosigkeit) zu Lohnsenkungen. Die Troika hoffte, die niedrigeren Löhne würden zu Preissenkungen bei Exportgütern und folglich einem Anstieg der Exporte führen. Doch die Ausweitung der Exporte war in den meisten Fällen enttäuschend.

Die Eurozone hätte selbstverständlich andere Möglichkeiten gehabt, notwendige Anpassungen voranzubringen. Wenn die Löhne und Preise in Deutschland gestiegen wären, hätte dies den Wert des Euro gedrückt, sodass die Krisenländer international wettbewerbsfähiger geworden wären. Dies wäre eine weitaus effizientere Weise der Anpassung gewesen – die Deutschland auferlegten Kosten wären gering gewesen im Verhältnis zu denen, die nun den Krisenländern aufgebürdet werden. Aber dann hätte Deutschland ein wenig mehr von den Anpassungslasten tragen müssen, und das wollte es nicht. Es ist heute das dominierende Land innerhalb der Eurozone, und daher konnte die deutsche Regierung dafür sorgen, dass die ärmeren »Partner«, die Krisenländer, die gesamten Anpassungslasten schultern müssen.

Sowohl der Sparkurs als auch die Strukturreformen haben die Krisenländer nicht zurück auf den Wachstumspfad geführt. Deutschland und andere Länder der Eurozone haben die Ursache des Problems falsch diagnostiziert, als sie den Krisenländern selbst die Schuld gaben und sich auf die Haushaltsdefizite konzentrierten. Notwendig sind weniger Strukturreformen in einzelnen Ländern – insbesondere wenn sie (wie so oft) schlecht durchdacht sind, zur Unzeit erfolgen oder rundweg kontraproduktiv sind –, als vielmehr eine Strukturreform der Eurozone selbst. Natürlich sind in jedem Land Strukturreformen notwendig. In den Vereinigten Staaten sollten wir das Gesundheitssystem, das Bildungswesen, den Energiesektor, das Urheberrecht und den Verkehrssektor reformieren. Länder, die solche Anpassungen nicht rechtzeitig durchführen, werden mit sinkendem Lebensstandard bestraft. Derartige Reformen sind für ärmere Länder wie Griechenland besonders wichtig. Aber irgendetwas hält sie offensichtlich davon ab. Dass diese Reformen wünschenswert sind, steht außer Frage. Allerdings müssen Reformen sorgfältig geplant und aufeinander abgestimmt werden, wenn sie Erfolg haben sollen, und die Bürger müssen sie befürworten – das heißt, sie müssen ihren Nutzen erkennen. Es genügt nicht, nur zu sagen, dass es nach diesen Reformen langfristig allen besser gehen wird.[25]

Der Troika ist es überhaupt nicht gelungen, die Bürger der Länder, denen sie Strukturreformen auferlegten, von Sinn und Zweck dieser Maßnahmen zu überzeugen, teils weil sie schlecht geplant und koordiniert wurden, und teils weil viele Reformen bestenfalls fragwürdig sind. Selbst ein noch so guter Verkäufer hätte sie nicht »verkaufen« können. Das belegen die folgenden Kapitel mehr als hinlänglich.

Das Rätsel einer kontraproduktiven Politik

Man muss sich hinsichtlich der Programme in Europa fragen, warum die Kreditgeber (die Troika) kontraproduktive Auflagen machten, die die Wahrscheinlichkeit der Kreditrückzahlung verringerten. Glaubten die Kreditgeber wirklich, ihre Programme würden den Volkswirtschaften zügig wieder Wachstum bringen? Dass sie mit ihren Vorhersagen danebenlagen, und zwar mehrfach und sehr deutlich, bestätigt diese Hypothese. Aber angesichts der Geschichte gescheiterter Sparprogramme muss man fragen, weshalb irgendjemand glauben konnte, dass sie in Europa erfolgreich sein würden, wenn sie andernorts scheiterten.

Teilweise habe ich die Antwort bereits gegeben: tief verwurzelte ideologische Ansichten über die Funktionsweise einer Volkswirtschaft, die weitgehend immun gegen sie widerlegende empirische Befunde sind und sich allenfalls marginal verändern. Selbst eher technisch orientierte »Modellierer«, die numerische ökonomische Vorhersagen liefern, werden bis zu einem gewissen Grad von solchen Überzeugungen beeinflusst.[26]

Aber dies kann nicht alles erklären. Vielleicht gab es auch eine politische Agenda – den Sturz linksgerichteter Regierungen, den Wunsch, Bürgern in anderen Ländern die Folgen der Wahl solcher Regierungen vor Augen zu führen und so die Erfolgsaussichten einer konservativen wirtschafts- und sozialpolitischen Agenda in ganz Europa zu erhöhen. Gespräche mit einigen führenden Politikern in europäischen Ländern, die von der Eurokrise betroffen sind, haben bei mir den Eindruck hinterlassen, dass ein solcher politischer Plan eine gewisse Rolle gespielt hat.[27]

Außerdem sind Regierungen komplexe Institutionen. Der Ordnungsrahmen, der dem europäischen Sozialmodell zugrunde liegt – das europäische Wirtschaftssystem, das eine Marktwirtschaft mit starken sozialen Sicherungssystemen und einer vielfach aktiveren Beteiligung von Arbeitnehmern an betrieblichen Entscheidungsprozessen verbindet, als dies beim amerikanischen »Aktionärskapitalismus« der Fall ist –, wird oftmals von den Finanzministern, die die eigentlichen Architekten der Programme sind, die den Krisenländern auferlegt werden, am wenigsten unterstützt.[28] Vielleicht sehen die Finanzminister darin ja auch eine Gelegenheit, in anderen Ländern etwas zu tun, was sie in ihren eigenen Ländern nicht durchsetzen könnten.

Schließlich behaupteten viele, die scheinbare Aufsässigkeit mancher Regierungen habe – zumindest im Falle Griechenlands, wo die Regierung eine Volksabstimmung über das ihr auferlegte Programm ansetzte (vgl. Kapitel 10) – für erhebliche Verstimmung gesorgt und vielleicht den Wunsch geweckt, sie in die Schranken zu weisen. Es ist schwer zu glauben, dass verantwortungsbewusste Regierungsvertreter der Eurozone einer ganzen Nation nur deshalb deutliche Wohlstandseinbußen auferlegten, weil ihnen die demokratisch gewählte Regierung eines Landes nicht passte, oder dass sie aus reiner Bosheit Auflagen machten, die ihres Erachtens nicht im wohlverstandenen Interesse dieses Landes waren. Dennoch habe ich in manchen Gesprächen den Eindruck gewonnen, dass dies der Fall gewesen sein könnte.

Solidarität und wirtschaftspolitischer Konsens

Wenn eine Gruppe von Ländern eine Gemeinschaftswährung einführt, reicht es für deren Erfolg nicht aus, die geeigneten Institutionen dafür zu schaffen. (Wir diskutieren in späteren Kapiteln ausführlich, um welche Institutionen es sich handelt.) Damit Reformen greifen, müssen Entscheidungen getroffen werden, und in diesen Entscheidungen spiegeln sich die Sichtweisen und Werte der Entscheidungsträger. Es bedarf eines gemeinsamen Verständnisses dessen, was eine leistungsstarke Volkswirtschaft ausmacht, und eines Mindestmaßes an »Solidarität« oder Zusammenhalt, das heißt der Bereitschaft von Ländern, die in einer starken Position sind, denjenigen zu helfen, die in Not sind.

Ein solches gemeinsames Verständnis gibt es bislang nicht, auch keine echte Solidarität. Deutschland versteift sich immer wieder darauf, die Eurozone sei keine »Transferunion« – also kein Zusammenschluss, in dem ein Land einem anderen unentgeltlich Finanzmittel zur Verfügung stellt, nicht einmal vorübergehend in einer Notlage. Und tatsächlich: So wie die Mitgliedsländer seit dem Beginn der Krise ökonomisch immer weiter auseinanderdrifteten, so klaffen auch die *Überzeugungen* immer weiter auseinander.

Die Verantwortlichen der Eurozone verwiesen selbstverständlich auf ihre wiederholten »erfolgreichen Abschlüsse« schwieriger Verhandlungen. Kompromisse machten den Kern einer Demokratie aus, behaupten sie zu Recht, und Verhandlungen seien zäh. Aber manchmal können Kompromisse kontraproduktiv sein, weil ihnen jenes Mindestmaß an Kohärenz fehlt, das notwendig für wirtschaftlichen Erfolg ist. Das, womit sich die führenden Politiker der Eurozone brüsten, müsste richtigerweise eher »Durchwursteln« genannt werden. Man könnte diesen Weg der Kompromisse weiterbeschreiten, zumindest noch für einige Jahre. Das Krisenland könnte jedes Mal sagen: »Nachdem wir so viel investiert haben, um im Euro zu bleiben, wird es sich zweifellos auszahlen, wenn wir noch das bisschen mehr tun, das man von uns verlangt – selbst wenn es die Depression verlängert und vertieft.« Aber eine solche Betrachtungsweise steht im Widerspruch zu dem ökonomischen Grundprinzip, wonach man die Vergangenheit Vergangenheit sein lassen sollte.[29] Andernfalls verschlimmert man vergangene Fehler durch weitere Fehler. Jeder der Beteiligten greift nach einem Strohhalm und will den Erfolg des Programms unbedingt bestätigt sehen.[30]

Die Regierungen der gebeutelten Länder wollen ihren Bürgern nicht sagen, dass ihre Entbehrungen umsonst waren. Die Personen, die zum Zeitpunkt der Entscheidung über den Ausstieg aus der Währungsunion Regierungsämter bekleiden, wissen, dass es zu

Turbulenzen kommen wird, und sie wissen, dass sie mit hoher Wahrscheinlichkeit im Anschluss aus den Ämtern gejagt werden. Sie wissen, dass sie im Zentrum der Kritik stehen, wenn es nicht gut läuft – unabhängig davon, wer der eigentlich Schuldige ist. Daher haben alle Seiten ein großes Interesse daran, sich nicht nur durchzuwursteln, sondern auch beim kleinsten positiven Anzeichen von »Erfolg« zu sprechen: einem geringen Rückgang der Arbeitslosigkeit, einer leichten Zunahme der Exporte. Jedes Lebenszeichen der Wirtschaft bietet jetzt Anlass zu behaupten, die Sparprogramme griffen.

Und irgendwann enden Rezessionen. Das tun sie immer. Aber der Erfolg einer Wirtschaftspolitik sollte danach beurteilt werden, wie tief und lang der Abschwung ist, ehe sich die Konjunktur wieder erholt, wie viele Leidtragende der Krise es gibt und wie negativ sie sich auf die zukünftige Leistungsfähigkeit einer Volkswirtschaft auswirkt. Daran gemessen sind die Programme *ein Fehlschlag*, auch wenn führende europäische Politiker diese in rosigen Farben schildern.

Es gab in der Eurozone einige Reformen, und sie werden zu Recht gelobt. Der Europäische Stabilitätsmechanismus, eine neue EU-Institution, die sich über Anleiheverkäufe und direkte Kapitaleinlagen der Länder der Eurozone finanziert, vergibt Kredite an zahlungsunfähige Länder und hat geholfen, die spanischen Banken zu rekapitalisieren.[31] Aber worauf man sich bislang verständigt hat, ist zum Teil ein weiterer halbgarer Kompromiss, der möglicherweise schlechter ist, als gar nichts zu tun. Wir erläutern in Kapitel 8, dass gegenwärtige Reformen im Bankensektor das erwähnte Problem der ökonomischen Divergenz möglicherweise noch verschärfen.

Das eigentliche Problem: die Ideologie des Marktfundamentalismus

Das Problem ist nicht nur der fehlende breite Konsens bezüglich der Frage, was getan werden muss, um das effiziente Funktionieren einer Volkswirtschaft und der Eurozone sicherzustellen. Das Problem ist, dass Deutschland seine wirtschaftliche Dominanz dazu genutzt hat, seine Vorstellungen durchzusetzen, und diese Vorstellungen lehnen nicht nur viele Menschen in der Eurozone, sondern auch die meisten Wirtschaftswissenschaftler ab. Es stimmt, dass sich die meisten Ökonomen bei einigen Fragen nicht gerade mit Ruhm bekleckert haben, etwa was die Vorhersage der Krise von 2008 anlangt. Aber ich werde an späterer Stelle dieses Buches erläutern, weshalb sie *insbesondere* bei den Auswirkungen der Sparpolitik völlig richtigliegen.[32]

Der bereits erwähnte Marktfundamentalismus nimmt an, dass Märkte von sich aus effizient und stabil seien. Adam Smith, der oftmals als der geistige Vater dieser Anschauung gilt, behauptete in Wirklichkeit das genaue Gegenteil: dass der Staat eine wichtige Rolle zu spielen hat. Die wirtschaftswissenschaftliche Forschung hat in den letzten 50 Jahren gezeigt, dass Märkte oft *nicht* effizient und stabil sind, und sie hat überdies erklärt, warum dies so ist und was der Staat tun kann, um das gesellschaftliche Wohlergehen zu erhöhen.[33]

Heute räumen selbst Marktfundamentalisten (die manchmal auch »Neoliberale« genannt werden) ein, dass der Staat eingreifen muss, um die gesamtwirtschaftliche Stabilität aufrechtzuerhalten – auch wenn sie in der Regel behaupten, staatliche Eingriffe sollten sich auf eine regelgebundene Geldpolitik mit dem vorrangigen Ziel der Preisstabilität beschränken – und außerdem Eigentumsrechte sowie die Durchsetzung vertraglicher Rechte gewährleisten. Andernfalls sollten Regulierungen und Beschränkungen aufgehoben werden. Diese Schlussfolgerung basiert nicht auf stichhaltigen wirtschaftswissenschaftlichen Gründen, sondern steht vielmehr im Widerspruch zu zahlreichen volkswirtschaftlichen Forschungsarbeiten, die zeigen, dass der Staat sinnvollerweise stärker ins Wirtschaftsgeschehen eingreifen sollte.

Die Welt hat einen hohen Preis für diese Hingabe an die Religion des Marktfundamentalismus und Neoliberalismus gezahlt, und jetzt ist Europa an der Reihe. In späteren Kapiteln sehen wir, dass diese irregeleiteten Ideen nicht nur die Struktur der Eurozone, sondern auch die politischen Antworten auf die Krise und auf die Ungleichgewichte und Verzerrungen, die vor dem Jahr 2008 auftraten, maßgeblich geprägt haben. Die Eurozone verankerte viele dieser neoliberalen Ideen in der »Verfassung« der Währung – ohne genügend Flexibilität vorzusehen, die es ermöglichen würde, auf veränderte Umstände oder ein neues Verständnis ökonomischer Funktionsmechanismen zu reagieren. Daher konzentriert sich die Europäische Zentralbank *ausschließlich* auf die Geldwertstabilität – selbst in Zeiten hoher Arbeitslosigkeit.

Der Glaube an die Effizienz und Stabilität der Märkte hatte auch zur Folge, dass die EZB und die Zentralbanken der einzelnen Mitgliedsländer geflissentlich vermieden, etwas gegen die Immobilienblasen zu unternehmen, die sich Anfang bis Mitte der Nullerjahre in mehreren Euroländern bildeten. Tatsächlich war der freie grenzüberschreitende Kapitalverkehr ein Grundprinzip der Eurozone – selbst wenn dieses Kapital dazu genutzt wurde, Immobilienblasen aufzublähen. Aber gemäß der Ideologie des Marktfundamentalismus erzeugen Märkte selbstverständlich keine Blasen. Zur Hochzeit der spanischen Immobilienblase – und es war offensichtlich, dass es eine Blase gab – riet ich hochrangigen Mitarbeitern der spanischen Zentralbank, etwas zu unternehmen, um sie zu dämpfen. Wie heute klar ersichtlich ist, waren die volkswirtschaftlichen Risiken eines Platzens der Blase enorm. Die Reaktion war blanke Verwunderung: Ob ich etwa behaupten wolle, dass der Staat klüger sei als der Markt?

Notenbanker, die fest von der Funktionstüchtigkeit freier Märkte überzeugt sind, hatten ein gemeinsames Mantra, das mit der Effizienz und Stabilität der Märkte beginnt: Man könne nicht mit Sicherheit feststellen, ob eine Blase vorliege. Und selbst wenn die Preise spekulativ aufgebläht seien, könnten die verfügbaren geldpolitischen Instrumente wenig dagegen ausrichten, und/oder sie würden zu gesamtwirtschaftlichen Verzerrungen führen. Und es sei in jedem Fall besser, nach dem Platzen der Blase die Schäden zu beseitigen, als den gesamtwirtschaftlichen Verzerrungen Vorschub zu leisten, allein aufgrund der Sorge, es *könnte* eine Blase vorliegen. Diese Anschauung überwog noch immer – ungeachtet der Tatsache, dass die Asienkrise in den Neunzigerjahren gezeigt hatte, dass Fehlverhalten der Privatwirtschaft – nicht des Staates – eine Wirtschaftskrise verursachen kann.

Ökonomische Überzeugungen sind von großer Bedeutung, und es sollte nicht weiter überraschen, dass das Ergebnis eines ökonomischen Projekts, das so stark von falschen Konzeptionen beeinflusst wird, hinter den Erwartungen zurückbleibt. Doch wenngleich der Euro von Beginn an erhebliche Defizite aufwies, hätte er erfolgreich werden können, wären gewisse Einzelheiten korrigiert worden. Doch lässt sich diese mangelnde Beachtung von Details teilweise durch eine Ideologie erklären, die besagt, dass sich unabhängig vom institutionellen Rahmen Marktkräfte immer durchsetzten, sofern man den Märkten nur ausreichend Freiraum lasse, ihre magische Wirkung zu entfalten. Die Ideologie führte zur Überzeugung, dass Arbeitnehmerfreizügigkeit und freier Kapitalverkehr von sich aus die gesamtwirtschaftliche Effizienz sicherstellen würden. Wie wir später sehen, stellen Arbeitnehmerfreizügigkeit und freier Kapitalverkehr ohne eine gemeinsame Einlagensicherung im Bankensystem (bei der eine einzelne Institution die Bankguthaben in der gesamten Eurozone versichert) und ohne eine gemeinsame Schuldenverwaltung sicher, dass die gesamtwirtschaftliche Effizienz gerade *nicht* erreicht wird.

Ein Demokratiedefizit?

Obgleich in vielen Finanzministerien und Zentralbanken neoliberale Anschauungen vorherrschten, wurden sie keineswegs durchgängig geteilt, nicht einmal in den Ländern, in denen sie die Finanzministerien fest im Griff hatten. In allen Ländern gibt es unterschiedliche ökonomische Denkrichtungen, und der Neoliberalismus ist in den Finanzministerien am stärksten, am schwächsten hingegen in Arbeits- und Bildungsministerien repräsentiert. Tatsächlich ist das europäische Sozialmodell mit seinen starken sozialen Sicherungssystemen in der ganzen Region weitgehend unumstritten.

In Demokratien sollten die besonderen Sichtweisen von Finanzministerien und Zentralbanken kontrolliert und gezügelt werden, was üblicherweise auch geschieht; doch angesichts der strukturellen Rahmenbedingungen der Entscheidungsprozesse in supranationalen Institutionen wie der EU und der Eurozone ist eine solche Mäßigung kaum noch festzustellen. Innerhalb des gegenwärtigen Ordnungsrahmens der Eurozone und der EU und insbesondere aufgrund der zunehmenden Übertragung *wirtschaftspolitischer* Entscheidungsbefugnisse der Krisenländer auf die Troika sind die Standpunkte der Finanzministerien und der EZB mittlerweile bestimmend geworden.

Sowohl die Strukturreformen als auch die makroökonomischen Anpassungen wurden als *ökonomische* Programme angesehen, die von *Fachleuten* aus Finanzministerien und der EZB konzipiert werden sollten. Aber diese Programme betrafen nahezu jeden Aspekt der Gesellschaft in fundamentaler Weise. Als die Programme für Griechenland und andere Krisenländer ausgearbeitet wurden, bezog man beispielsweise die Arbeitsministerien oftmals nicht in angemessener Weise mit ein, als neue gesetzliche Vorschriften zur Regelung des Arbeitsmarktes und der Gewerkschaftsrechte formuliert wurden. Die Entscheidungsträger der Eurozone behaupten vielleicht, dass alle konsultiert wurden; schließlich trat das Programm nur in Kraft, wenn das Parlament des betreffenden Landes zustimmte. Aber die Zustimmung erfolgte gewissermaßen unter vorgehaltener Waffe: Es war ein Ja oder Nein, in der Regel mit einer sehr kurzen Fristsetzung und in dem Wissen, dass eine Ablehnung das Land in eine tiefe Krise stürzen würde.

Reformtheorien

Damit verbunden war ein weiterer Irrtum des Neoliberalismus: die *Annahme*, dass sämtliche »Reformen« wünschenswert seien, die uns in Richtung des als ideal angesehenen Modells des vollkommenen Marktes voranbrächten. Aber diese Idee war bereits mehr als 50 Jahre zuvor durch die sogenannte »Theorie des Zweitbesten« widerlegt worden, die auf Arbeiten des Nobelpreisträgers James

Meade und meiner Columbia-Kollegen Kelvin Lancaster und Richard Lipsey zurückgeht.[34] Sie wiesen nach, dass die Beseitigung einer Verzerrung sogar zu einem gesamtwirtschaftlichen Wohlfahrtsverlust führen kann, wenn andere Verzerrungen fortbestehen. Gibt es beispielsweise keine effizienten Risikomärkte (auf denen man zu angemessenen Preisen Versicherungen gegen alle Risiken, denen man ausgesetzt ist, kaufen kann), führt der Abbau von Handelsschranken oftmals zu einer Risikoerhöhung; dieses erhöhte Risiko veranlasst Unternehmen dazu, ihre Produktion auf weniger risikoträchtige Aktivitäten umzustellen, die niedrigere Erträge abwerfen, sodass unter dem Strich *jeder* schlechter gestellt sein kann. Dies steht in deutlichem Gegensatz zu Situationen, in denen Risikomärkte vollkommen sind.[35]

Weitere Beispiele für die Ökonomie des Zweitbesten haben eine wichtige Rolle beim Scheitern Europas gespielt: Der freie Kapitalverkehr wäre vielleicht bei vollständiger Information sinnvoll. Dann würde Kapital von Verwendungszwecken mit geringer Rentabilität in hochrentierliche Anlageformen umgeschichtet. Geriete ein Land in eine Rezession, flösse Kapital herein, um die Konjunktur zu stützen. Die Kapitalflüsse wären antizyklisch – sie würden bei konjunktureller Abschwächung zunehmen und sich bei gut laufender Konjunktur verringern, sodass sie den Konjunkturzyklus ausglichen und die Stabilität der Wirtschaft förderten. In der realen Welt verhält es sich aber genau andersherum. Und das hängt damit zusammen, dass die Kapitalmärkte voller Unvollkommenheiten sind. Jeder Banker weiß, dass man niemandem einen Kredit gibt, der das Geld dringend, geradezu existenziell benötigt. Deshalb wurde die Verflechtung der Kapitalmärkte oft mit einer Zunahme der konjunkturellen Volatilität in Verbindung gebracht – die Kapitalflüsse sind prozyklisch und verstärken die Konjunkturschwankungen.

Insgesamt ist Kapital weltweit von armen Ländern, wo Kapital knapp ist, in reiche Länder geflossen – in genau der entgegengesetzten Richtung also, die neoliberale Theorien vorhergesagt hatten. In Kapitel 5 betrachten wir weitere Gründe dafür, dass der freie

Kapitalverkehr – in unserer zweitbesten Welt – die Divergenz förderte, mit der Folge, dass die reichen Länder in Europa auf Kosten der armen Länder noch reicher wurden.

Eine andere Welt ist möglich

Europa steht am Scheideweg. Es gibt Alternativen zu gegenwärtigen Strukturen und zur aktuellen Politik. Europa könnte die in diesem Kapitel vorgeschlagenen (und in Kapitel 9 weiter ausgeführten) Reformen der Struktur wie der Politik der Eurozone durchführen und so den Euro doch noch zu einer Erfolgsgeschichte machen. Diese Reformen gehen von der Prämisse aus, dass der Euro ein gesamteuropäisches Projekt ist und dass es grundlegender struktureller und politischer Reformen in der Eurozone bedarf. Die Probleme wurden *gemeinsam* geschaffen. Daher kann man sie auch nur gemeinsam lösen. Die Reformen basieren auf einem anderen ökonomischen Verständnis als demjenigen, das der gegenwärtigen Struktur der Eurozone zugrunde liegt. Sie sollen die Konvergenz fördern und enthalten auch ein gemeinsames Bankeinlagensystem für die gesamte Eurozone und eine gemeinsame Form der Kreditaufnahme wie etwa Eurobonds. Die Reformen stützen sich auf die Erkenntnis, dass Austeritätspolitik allein kein Wachstum generiert und dass ein anderer Politikansatz das Wachstum und das Wohlstandsniveau in den Krisenländern schneller erhöhen könnte und mit weniger drastischen Einschnitten verbunden wäre. Allerdings erfordert diese Strategie ein Minimum an Solidarität innerhalb der Eurozone.

Eine weitere Alternative ist das sorgfältig geplante Ende des Euro, wie wir ihn heute kennen, vielleicht mit dem Austritt einiger Länder, vielleicht mit der Aufteilung der Eurozone in zwei oder mehr Währungsräume. Die Aufteilung wird teuer. Aber das weitere Zusammenbleiben wird es auch – wenn die notwendigen Reformen ausbleiben. Die gegenwärtige Strategie des Durchwurstelns ist ungemein kostspielig. Keine der Alternativen ist erfreulich.

Der Euro wird oft mit einer unglücklichen Ehe verglichen, und ich werde diese Metapher in diesem Buch mehrfach verwenden. In einer unglücklichen Ehe gehen zwei Personen, die nicht zusammenpassen, einen Bund fürs Leben ein, der eigentlich unauflöslich sein sollte. Beim Euro ist es noch komplizierter: Er ist ein Zusammenschluss von 19 sehr unterschiedlichen Ländern. Wenn ein Paar, das Probleme hat, zur Eheberatung geht, würden altmodische Berater versuchen herauszufinden, wie man die Ehe retten kann, während ein »moderner« Berater mit der Frage beginnt: Sollte diese Ehe gerettet werden?

Die finanziellen und emotionalen Kosten der Auflösung mögen sehr hoch sein. Aber die Kosten des Zusammenbleibens sind vermutlich noch höher. Eine der grundlegenden Lektionen der Volkswirtschaftslehre lautet: Man sollte die Vergangenheit Vergangenheit sein lassen. Man sollte immer fragen: Was können wir von unserem heutigen Standpunkt aus tun? Es bringt nichts, wenn man auf die Frage, was Europa tun solle, antwortet: »Sie hätten nie heiraten sollen.« Es ist auch falsch, die emotionalen Bindungen zu ignorieren, die in den Jahren der Ehe entstanden sind. Dennoch gibt es Umstände, unter denen es unter Berücksichtigung der Geschichte besser ist, getrennte Wege zu gehen.

Viele befürchten, das Ende des Euro werde zu schweren Turbulenzen in Europa und auf den Weltfinanzmärkten führen und so die Probleme verschlimmern, mit denen Europa schon jetzt konfrontiert ist. Das kann tatsächlich geschehen, aber es passiert nicht zwangsläufig: Es gibt Möglichkeiten, diese Ehe reibungslos und ohne Traumata zu beenden, und ich skizziere einen derartigen Weg in Kapitel 10.

Wenn sich die Eurozone für diesen Weg entscheidet oder durch die Umstände dazu gezwungen wird, erfordert die Scheidung kein Europa, in dem jedes Land seine eigene Währung hat. Mehrere Länder können eine gemeinsame Währung haben – vielleicht die nordeuropäischen oder vielleicht die südeuropäischen Länder. Aber die Eurozone mit ihren derzeit 19 Mitgliedsländern, zu denen sich womöglich noch weitere dazugesellen, sollte vielleicht als interessantes Experiment betrachtet werden – wie so viele andere Experimente mit Währungssystemen, etwa der Europäische Wechselkursmechanismus (WKM), der zwischen 1979 und 1999 dem Euro vorausging und versuchte, die Schwankungen der Wechselkurse zwischen den WKM-Mitgliedern innerhalb einer schmalen Bandbreite zu halten.[36]

Es gibt noch eine Alternative, die ich in Kapitel 11 skizziere, *den flexiblen Euro,* ein Wechselkursregime, in dem jedes Land zwar nach wie vor in Euro handelt, aber ein griechischer Euro nicht unbedingt im Verhältnis eins zu eins gegen einen zypriotischen oder deutschen Euro gewechselt wird. Für diejenigen, die die Flamme der Währungsunion am Leben halten wollen, stellt der flexible Euro eine gute Lösung dar. Er erkennt an, dass es nicht genügend politische Solidarität und keine hinreichende Übereinstimmung in grundlegenden ökonomischen Auffassungen gibt, um Reformen anzugehen, die unverzichtbar sind, damit eine Einheitswährung funktionieren kann; andererseits gibt es genügend Gemeinsamkeiten und so viel politische Solidarität, dass man die Idee einer Gemeinschaftswährung nicht einfach aufgeben will. Ein flexibler Euro baut auf den Errungenschaften und Erfolgen der Eurozone auf, geht aber von einer realistischen Grundlage aus. Ohne diese Termini zu benutzen und ohne sich der Folgen seines Tuns voll und ganz bewusst zu sein, hat Europa bereits teilweise ein solches System (vorübergehend) in Zypern und Griechenland geschaffen.

Das langfristige Ziel des flexiblen Euro (oder des zuvor beschriebenen Systems mit mehreren europäischen Wechselkursen) könnte *letztendlich* eine echte Einheitswährung, eine vollständige Währungsunion schaffen. Aber hier sind die richtige Abfolge und das richtige Tempo der Schritte entscheidend. In den Anfangsphasen der Integration schien Europa das verstanden zu haben: Die (1952 gegründete) Europäische Gemeinschaft für Kohle und Stahl (Montanunion) entwickelte sich nach und nach zur Europäischen Union.

Dagegen hat Europa die vollständige Währungsunion übers Knie gebrochen, ohne im Vorfeld die für einen Erfolg der Währungsunion notwendigen Reformen vorzunehmen. Wenn Europa eine echte Währungsintegration will, können diese Schritte unternommen werden, aber es wird vermutlich Jahre oder Jahrzehnte dauern, bis das geschieht. Der flexible Euro sorgt dafür, dass das Konzept einer Einheitswährung weiterhin im Vordergrund steht, schafft jedoch einen hinreichend flexiblen Rahmen, sodass er tatsächlich *funktionieren* kann – das heißt, dass er nicht wie unter den heutigen Rahmenbedingungen Volkswirtschaften in Depressionen stürzt, sondern Vollbeschäftigung und eine starke Wachstumsdynamik erzeugt.[37] Wenn die Solidarität unter den europäischen Partnern wächst und die anderen Institutionen und Bedingungen vorhanden sind, die für die Schaffung eines funktionierenden Systems der Einheitswährung erforderlich sind, dann können die Bandbreiten, in denen die verschiedenen Euros schwanken, allmählich eingeengt werden – bis zu dem Punkt, wo es nur noch eine Währung gibt.

Dringlichkeit

Es genügt nicht zu sagen, ja, wir wissen, dass wir eine Bankenunion brauchen (eine wichtige Reform, die wir später in diesem Buch diskutieren), vielmehr müssen wir diese sorgfältig gestalten, was Jahre in Anspruch nehmen wird. In diesen Jahren werden immer mehr Menschen von den negativen Folgen betroffen sein, Jahre, in denen unumkehrbare Schäden angerichtet werden, Jahre, in denen sich Hoffnungen weithin zerschlagen, die mit dem europäischen Projekt verbunden sind. Meines Erachtens sind die Folgen eines solchen Kurses kaum von einem Durchwursteln zu unterscheiden; man erhält die Hoffnung auf zukünftige Reformen aufrecht, damit der Euro nicht scheitert – jedoch in einer Weise, die den Menschen in den Krisenländern unzumutbare Härten auferlegt.

Kurzum, Europa sollte sich in eine der beiden Richtungen bewegen: Es sollte entweder »mehr Europa« oder »weniger Europa« geben. Dies bedeutet eine Entscheidung: (a) Die Reformen umsetzen, die dazu führen, dass der Euro eine stabile und wohlstandsmehrende Währung *für ganz Europa* wird. Dies würde nicht nur Veränderungen an gegenwärtigen Strukturen und Mechanismen der Eurozone erfordern, sondern auch eine stärkere wirtschaftliche

Verflechtung – zum Beispiel eine gemeinsame Einlagensicherung für ganz Europa. Diese Veränderungen sind keineswegs revolutionär – und haben sich außerhalb Europas bereits bewährt –, und die »zentrale« Autorität könnte noch immer eine viel geringere Rolle spielen als jenseits des Atlantiks in den Vereinigten Staaten; aber sie hätte doch erheblich mehr Einfluss als in der heutigen Eurozone. Oder (b) man fährt das Währungsprojekt zurück. Für diese Verkleinerung gibt es mehrere Optionen, die wir in späteren Kapiteln beschreiben. Sie ließe sich zum Beispiel durch den Austritt einiger weniger Länder erreichen – ich werde erklären, warum der einfachste, kostengünstigste Weg ein Austritt Deutschlands wäre. Alternativ und zu höheren Kosten könnte sie durch den Austritt einiger Euroländer in der »Peripherie« bewerkstelligt werden. Eine dritte Alternative wäre die Bildung zweier Blöcke, die einen Nord- und einen Süd-Euro verwenden. Eine vierte Option ist der flexible Euro, den ich in Kapitel 11 darstelle. Aber der gegenwärtige halbherzige Kompromiss ist nicht tragfähig, und Bestrebungen, ihn durch eine Politik des Durchwurstelns aufrechtzuerhalten, verursachen immense ökonomische, soziale und politische Kosten.

Man kann mit überzeugenden Gründen darlegen, dass die beste Strategie *aus rein ökonomisch-technokratischer Perspektive* die erste ist: eine stabile, wachstumsfreundliche Eurozone zu schaffen. Als politischer Prognostiker würde ich allerdings wetten, dass das Durchwursteln weitergeht und gerade jenes Mindestmaß an Reformen durchgeführt wird, das das Scheitern des Euro verhindert, aber keine echte Erholung erlaubt, jedenfalls nicht auf absehbare Zeit. Man könnte diese Strategie »Politik am Rande des Abgrunds« nennen, die den Krisenländern genug Hilfe gibt, um bei ihnen die Hoffnung aufrechtzuerhalten, aber nicht genug, um eine robuste Erholung zu unterstützen. Aber die Gefahr einer Politik am Rande des Abgrunds besteht darin, dass man manchmal in den Abgrund stürzt.

Wenn die Analyse in diesem Buch richtig ist, ist die Eurokrise keineswegs vorbei. Griechenland wird in der Depression verharren.

Es wird seine Schulden nicht zurückzahlen können. Deutschland mag etwas anderes behaupten und sagen, die Schulden müssten lediglich »reprofiliert« werden – das heißt, Rückzahlungen über mehrere Jahrzehnte gestreckt. Aber solche Scharaden sind nichts anderes als Heuchelei. Die Eurozone wird von weiteren Schocks getroffen und die schwächsten Länder vielleicht erneut in eine Krise gestürzt werden – die Eurozone ist so, wie sie gegenwärtig gestaltet ist, schlichtweg nicht flexibel genug, um den Schwächsten gerecht zu werden. Und die Eurozone selbst wird wahrscheinlich bestenfalls ein sehr niedriges Wachstum haben.

Der Euro war immer ein Mittel zu einem Zweck, kein Zweck an sich. Währungsregime kommen und gehen. Die große Errungenschaft der Nachkriegszeit, das Währungssystem von Bretton Woods, bestand weniger als drei Jahrzehnte. Die obersten Ziele sollten für uns an erster Stelle stehen: gemeinsamer Wohlstand innerhalb Europas sowie eine engere wirtschaftliche *und* politische Integration. Die Währungsunion erscheint in zunehmendem Maße als ein gut gemeinter Umweg in dem Bestreben, diese hochfliegenden Ziele zu erreichen.

Um die politische Integration Europas voranzubringen, gibt es andere und bessere Wege als die Währungsunion, die allenfalls das gesamte europäische Projekt untergraben hat. Die beste Zukunftsstrategie erfordert allerdings ein gemeinsames ökonomisches Grundverständnis, das über den Marktfundamentalismus hinausgeht, der das Projekt Eurozone bislang prägte. Sie erfordert mehr Solidarität – anderer Art als die gemeinsame Verpflichtung, blindlings schlecht durchdachte Regeln zu befolgen, die Depression und Divergenz geradezu vorprogrammieren.

Der gegenwärtige Weg sollte als inakzeptabel angesehen werden. Europa muss den Euro nicht aufgeben, um das europäische Projekt einer engeren Integration zu retten – ein Projekt, das nicht nur für Europa, sondern für die ganze Welt sehr wichtig ist. Zumindest müssen die Veränderungen tief greifender sein als die Reformen, die gegenwärtig diskutiert werden. Aber wenn diese grundlegenden Reformen nicht möglich sind – wenn sie politisch nicht durchsetzbar sind, weil es nicht genügend Solidarität gibt und/oder weil man sich nicht über die Voraussetzungen einer funktionierenden Gemeinschaftswährung verständigen kann –, dann wird sich die grundlegende Frage nach der Zukunft des Euro selbst wieder stellen.

2 Der Euro: Hoffnung und Wirklichkeit

Mit der Einführung des Euro waren drei Hoffnungen verbunden: dass er erstens Europa noch enger zusammenbringen würde und daher der nächste Schritt in der europäischen Einigung sei, dass zweitens die engere *ökonomische* Integration das Wirtschaftswachstum ankurbeln würde und drittens diese stärkere ökonomische Integration und die daraus folgende vertiefte politische Einigung den Frieden in Europa festige.

Die Gründerväter des Euro waren Visionäre, die ein neues Europa erschaffen wollten. Sie waren Argonauten, die in unbekannte Gewässer vorstießen. Niemand hatte zuvor versucht, eine Währungsunion dieser Größenordnung zwischen so vielen und so unterschiedlichen Ländern aufzubauen. Daher verwundert es vielleicht nicht weiter, dass sich die Dinge gänzlich anders entwickelten, als es sich diese Visionäre wohl vorstellten.

Ich vertrete in diesem Kapitel die These, dass selbst bei optimaler Planung und Ausgestaltung des Euro-Projekts der Nutzen einer Einheitswährung begrenzter gewesen wäre, als seine Befürworter behaupteten, dass es voraussehbar zweischneidige Folgen für die wirtschaftliche Integration insgesamt gehabt hätte und dass es keineswegs erstaunlich war, dass der Euro nicht einigend, sondern spaltend wirkte und dadurch zu einem Rückschlag für die politische Integration wurde. Dass der Euro ein unvollständiges Projekt ist, ist die Ursache dafür, dass er Europa in vorhersehbarer Weise entzweite. Weit davon entfernt, ein Meilenstein bei der Verwirklichung eines vereinten Europa zu sein, das eine entscheidende Rolle in der heutigen Weltwirtschaft spielen würde, hätte man damit rechnen müssen, dass der Euro die gegenteilige Wirkung entfaltet.

Politische Einigung ist wie ökonomische Integration kein Selbstzweck, sondern ein Mittel zur Verwirklichung übergeordneter gesellschaftlicher Ziele – etwa der Stärkung der Demokratie und demokratischer Ideale in ganz Europa. Ich zeige zum Schluss dieses Kapitels, dass die Art und Weise, wie der Euro entworfen wurde, stattdessen das wahrgenommene Demokratiedefizit in Europa verstärkt sowie die Kluft vergrößert hat zwischen dem, was Europa *tut*, und dem, was seine Bürger wollen.

Wir haben mehrfach auf den engen Zusammenhang zwischen Politik und Wirtschaft hingewiesen. Eine der Ursachen für das Scheitern der Eurozone ist die Tatsache, dass die ökonomische Verflechtung der politischen Integration weit vorauseilte. Man hoffte, die Politik würde zur Wirtschaft aufschließen. Aber mit zunehmender Uneinigkeit und wachsendem Demokratiedefizit ist das unwahrscheinlicher geworden. Der Euro kam mit großen Hoffnungen zur Welt. Die Wirklichkeit hat sie zunichtegemacht.

Die Argumente für den Euro

Die Befürworter des Euro führen einige Argumente an, die ich in den Jahren, in denen ich mit europäischen Führungskräften, Politikern und Ökonomen zusammengearbeitet habe, immer wieder gehört habe.

Ein geeintes Europa sei auf der Weltbühne einflussreicher

Euro-Befürworter weisen darauf hin, dass erfolgreiche große Länder wie die USA eine einheitliche Währung haben. Daraus folgern sie, Europa könne auf der Weltbühne nur dann eine ähnlich bedeutende Rolle wie die USA spielen, wenn es eine Gemeinschaftswährung habe. Seien etwa Vereinigte Staaten mit mehreren Währungen vorstellbar, fragen sie. Viele Europäer, die darauf verweisen, dass Europa eine der beiden weltweit größten Volkswirtschaften wäre, wenn die Länder Europas umfassend politisch vereinigt wären, befürchten, dass Europa in der Weltwirtschaft nicht das ihm gebührende Gewicht hat, schlicht weil es politisch uneins ist.[1]

Aber dies wirft eine Reihe wichtiger Fragen auf: Welche Voraussetzungen müssen gegeben sein, um eine ähnlich globale Rolle wie die Vereinigten Staaten zu spielen? Wird eine Währungsunion Europa der Erfüllung dieser Bedingungen näherbringen? Ist eine Währungsunion *notwendig*, um ein solches Ziel zu erreichen? Und wie wichtig ist es für Europa, diese Rolle zu spielen?

Das Gegenargument

In früheren Jahrhunderten war die Fähigkeit, »Macht« im globalen Maßstab auszuüben, von großer Bedeutung. Der Wohlstand der Nationen hing in hohem Maße von ihrer militärischen Macht ab. Durch die Eroberung von Kolonien wurde eine vergleichsweise kleine Insel, Großbritannien, zur vorherrschenden Weltmacht. Zum Glück haben wir heute ein neues Machtgleichgewicht, das der Ausübung militärischer Macht enge Grenzen setzt. Und selbst wenn ein Land einen Krieg gewinnt, kann es aus diesem Sieg vielfach keinen nennenswerten Nutzen ziehen. So mögen etwa amerikanische Ölkonzerne aufgrund des Irakkriegs einen etwas leichteren Zugang zu den dortigen Ölvorkommen erhalten als Firmen anderer Länder, aber die Kriegskosten übertreffen jeglichen möglichen Nutzen um ein Vielfaches.[2]

Selbst die Vereinigten Staaten, deren Verteidigungsbudget fast zehnmal so groß ist wie das jedes anderen Staates auf der Welt, können unter den neuen Spielregeln anderen Völkern ihren Willen nicht aufzwingen. Ihr Versuch, dies im Irak zu tun, gegen einen Feind, der den USA in Bezug auf Bevölkerung und Ressourcen haushoch unterlegen war, ging gründlich schief. Die USA konnten auch Russlands militärisches Vorgehen gegen die Ukraine nicht stoppen. Ob ein geeintes Europa viel mehr hätte ausrichten können, ist fraglich – und wenn Europa hier tatsächlich größeres Gewicht in die Waagschale werfen wollte, müsste es zunächst einmal zumindest seine Militärausgaben massiv erhöhen.

Wenn sich Europa einig ist, wird die Stimme Europas gehört – auch ohne Währungsunion

Umgekehrt gilt: Würden die Militärausgaben massiv erhöht und bestünde Einigkeit über die militärischen Ziele, dann wäre das Gewicht Europas auch ohne vollständige politische Einheit größer, aber wie im Fall der USA wohl kaum entscheidend. Das Problem ist eher, dass ein Konsens über militärische Ziele nur schwer zu erreichen ist – ein weiterer Aspekt der Vielstimmigkeit Europas. Deutschland dürfte mit seiner hohen Abhängigkeit von russischen Gaslieferungen ein entschlosseneres Vorgehen gegen Russland kaum unterstützen.[3]

Die Welt wäre auch kein besserer Ort, wenn Großbritannien, Polen und andere, die sich der »Koalition der Willigen« anschlossen und den völkerrechtswidrigen Krieg der USA gegen den Irak unterstützten, innerhalb eines »geeinten« Europas genügend Einfluss besessen hätten, um Europa als Ganzes dazu zu zwingen, sich diesem Feldzug anzuschließen.[4] Wären sich die europäischen Länder einig gewesen, dann hätten sie sich selbstverständlich mit ihrem einmütigen Standpunkt mehr Gehör verschaffen können. Aber die unzureichende politische Integration ist nicht die Ursache des Problems: Diese ist vielmehr die Uneinigkeit. Wäre man sich einig gewesen, dann hätten die bereits bestehenden europäischen Institutionen ein koordiniertes Handeln und eine koordinierte effektive »Mitsprache« erlaubt.

So gesehen findet die Stimme Europas Gehör in jenen Bereichen, in denen ein europäischer Konsens besteht.[5] Die große Herausforderung, um Europas Einfluss zu vergrößern, besteht darin, die Gemeinsamkeiten zu stärken; wenn der Euro zu mehr Uneinigkeit führt, wie ich in diesem Buch darlege, dann ist der Euro in diesem Sinne kontraproduktiv.

Die Rolle von Regeln

Welche Entscheidungen ein geeintes Europa treffen würde, hinge selbstverständlich von den politischen Regeln ab, die diese Union festlegen würde. Wenn zwischen allen europäischen Ländern Einmütigkeit bestehen müsste, käme es wahrscheinlich zu einer Blockade, wenn kein allgemeiner politischer Konsens erreicht würde. Wenn das politische System den Interessen europäischer Konzerne Vorrang geben würde, dann würde Europa bei Handelsabkommen um Regeln »feilschen«, die diesen Konzerninteressen förderlich sind. Auch wenn diese Interessen gern ein geeintes und mächtiges Europa sähen, ist es keineswegs ausgemacht, dass die möglichen Ergebnisse dem Wohl der Bevölkerungsmehrheit dienlich wären.

Mehr Macht für ein geeintes Europa würde den europäischen Bürgern nur dann mehr Wohlstand bescheren, wenn das politische System wirklich demokratisch wäre. Aber angesichts der gegenwärtigen politischen Struktur Europas gibt es gute Gründe, daran zu zweifeln.

Der Euro als Friedensstifter

Das zweite Argument für eine starkere politische Integration konzentriert sich auf die Rolle, welche die EU bei der Wahrung des Friedens im Zentrum Europas spielte. Angesichts der Verwüstungen zweier Weltkriege im letzten Jahrhundert ist es verständlich, warum man dem eine herausragende Bedeutung beimisst. Einige verweisen darauf, dass es zwischen den europäischen Kernstaaten in den letzten 70 Jahren keinen Krieg mehr gegeben hat, und sehen darin ein Verdienst der Europäischen Union. Dies mag durchaus der Fall sein, wenngleich viele weitere Veränderungen stattgefunden haben, die Kriege unwahrscheinlicher machen – die Gründung der Vereinten Nationen, nukleare Abschreckung und veränderte Einstellungen zum Krieg. Unsere Fragestellung ist allerdings enger gefasst. Es gibt keine Belege dafür, dass eine Gemeinschaftswährung oder eine weitergehende Integration infolge einer Gemeinschaftswährung (wenn dies tatsächlich geschehen sollte) die Wahrscheinlichkeit von Konflikten verringern würde, keinerlei Belege dafür, dass es direkt oder indirekt einen Unterschied machen würde. Selbst wenn man annimmt, dass die Einführung einer Gemeinschaftswährung die Integration fördere, ist nicht erwiesen, dass dort, wo ökonomische Verflechtung und lange Friedenszeiten zusammentreffen, Ersteres Ursache der Letzteren ist. Ich vertrete hier die Ansicht, dass die Währungsunion einer weitergehenden wirtschaftlichen Integration sogar abträglich sein könnte.[6]

Der Euro und die europäische Identität

Es gibt noch eine Reihe ganz anderer Argumente für eine Einheitswährung, die den starken politischen Willen hinter dem Projekt vielleicht noch besser verdeutlichen: Jedes Mal, wenn Menschen mit Euro zahlen, werden sie an ihre Identität als Europäer erinnert. In dem Maße, wie diese Identität gefördert und gestärkt wird, soll sie einer weitergehenden politischen und ökonomischen Integration den Weg ebnen. Dieses Argument hat zweifellos an Gewicht verloren, seit wir mehr und mehr auf elektronisches Geld und Debit- und Kreditkarten umsteigen. Junge Menschen benutzen nur noch selten diese kuriosen Zettel, die wir Geldscheine nennen.

Aber es hätte von Anfang an klar sein sollen, dass ein solch psychologischer Nutzen, so er denn existiert, gänzlich zunichtegemacht würde, wenn der Euro nicht sein *wichtigstes* Versprechen erfüllt, nämlich Wohlstand zu bringen. Für den Fall, dass er die wirtschaftliche Leistungskraft der Euroländer schwächen würde, hätte man mit einer Gegenreaktion nicht nur gegen den Euro, sondern gegen das gesamte europäische Projekt rechnen können.

Ökonomische Integration

Der vorstehende Abschnitt erklärte, warum die allzu simplen Argumente für den Euro – er führe über die europäische Einigung dazu, dass Europa mehr Macht und Einfluss in der Welt besitze, und er festige den Frieden – nicht stichhaltig sind. Hier betrachte ich die ökonomische Integration aus einer umfassenden Perspektive und erläutere, warum es von Anfang an unwahrscheinlich war, dass der Euro (von selbst) jene wirtschaftliche Verflechtung vorantreiben würde, die dem Wachstum und dem gesellschaftlichen Wohlstand zugutekommen sollte, und warum damit zu rechnen war, dass der Euro das weitere ökonomische und politische Zusammenwachsen eher behindern würde.

Traditionelle Argumente für eine ökonomische Integration

Es gibt ein seit Langem vorgebrachtes Argument, wonach eine engere ökonomische Integration zu höherem Wirtschaftswachstum führt, weil größere Märkte aufgrund von Skaleneffekten (das heißt die Stückkosten der Produktion sinken mit steigender Stückzahl) den Lebensstandard erhöhen sollen, und weil komparative Vorteile besser genutzt werden könnten (das heißt, wenn jedes Land sich auf seine *relativen* Stärken spezialisiert, kommt es zu Effizienzgewinnen).

Diese Ideen gehen auf das 18. und frühe 19. Jahrhundert, auf die Arbeiten zweier der bedeutendsten klassischen Ökonomen, Adam Smith und David Ricardo, zurück.[7] Aber wenn man Smiths und Ricardos Analysen der weitgehend agrarisch geprägten europäischen Volkswirtschaften des 18. und frühen 19. Jahrhunderts auf das 21. Jahrhundert überträgt, kommt es zwangsläufig zu Fehlern. Erstens sind Zölle und sonstige Handelsschranken sowieso schon niedrig; gemäß dem Gesetz vom abnehmenden Ertragszuwachs dürfte der relative Nutzen einer weiteren Absenkung ziemlich gering sein. Am wichtigsten aber ist, dass es den freien Waren- und Kapitalverkehr sowie die Arbeitnehmerfreizügigkeit innerhalb der EU bereits gibt: Für diese Analyse ist der Euro irrelevant.

Zweitens ignorieren Smith und Ricardo die positiven Effekte, die dadurch entstehen, dass man die Politik einschließlich der Ordnungspolitik und der Bereitstellung öffentlicher Güter auf lokale Unterschiede in den Präferenzen und Vorlieben abstimmt.[8] Einige Gesellschaften ziehen größere Stabilität und bessere soziale Sicherungssysteme sowie höhere Ausgaben für das öffentliche Bildungs- und Gesundheitswesen vor, andere suchen eher bestehende Ungleichheiten zu bewahren.

Eine weitergehende ökonomische Verflechtung – beziehungsweise genauer gesagt bestimmte Formen der ökonomischen Verflechtung – kann, wie wir noch sehen werden, die Fähigkeit einzelner Länder beeinträchtigen, das gesellschaftliche Wohlergehen gemäß ihrer jeweiligen Konzeptionen des Staates und seiner Aufgaben zu fördern.[9] Zu den Zeiten von Adam Smith und David

Ricardo griff der Staat kaum ins Wirtschaftsgeschehen ein, heute nimmt er viel größeren Einfluss auf die Wirtschaft – teils weil sich die Struktur der Wirtschaft selbst gewandelt hat, teils weil der steigende Lebensstandard in einigen Gesellschaften dazu führte, dass die Nachfrage nach den vom Staat bereitgestellten *kollektiven* Gütern zugenommen hat.

Tatsächlich verdankt sich die Steigerung unseres Lebensstandards vor allem der Tatsache, dass wir in einer »innovativen Gesellschaft« leben,[10] die auf Fortschritten in Technik und Wissen basiert, die ihrerseits ihrem Wesen nach öffentliche Güter sind, die kollektiv bereitgestellt werden müssen: Alle Bürger können von solchen Fortschritten profitieren.[11] Märkte investieren von sich aus nicht in effizientem Umfang in Forschung und Innovation; sie sorgen eventuell nicht einmal dafür, dass Innovation und Forschung in die richtige Richtung gehen. Sie leisten nicht genug Grundlagenforschung, während sie zugleich zu viel in Forschung investieren, die ihnen neue Strategien zur Steigerung ihrer Marktmacht einschließlich patentgestützter Marktmacht aufzeigen soll.

Ich gehe auch deshalb auf diesen Wandel in unserer Wirtschaft und in unserem wirtschaftswissenschaftlichen Verständnis ein, weil er die tiefere Ursache des Scheiterns des Euro-Experiments ist, das von Ideen über die Funktionsweise der Wirtschaft beeinflusst war, die bereits zu der Zeit, als der Euro konzipiert wurde, diskreditiert und überholt waren. In der Welt von Smith und Ricardo musste der Staat kaum in die Wirtschaft eingreifen – auch wenn Smith selbst dem Staat eine weitaus größere Rolle zuerkannte als seine modernen Anhänger. Da es in den Volkswirtschaften ihrer Zeit keinen nennenswerten kollektiven Handlungsbedarf gab, hätte es keinen großen Unterschied gemacht, ob dieses kollektive Handeln auf der Ebene des Nationalstaats oder auf europäischer Ebene stattgefunden hätte. Unterschiedliche Auffassungen darüber, was der Staat tun sollte oder wie er es tun sollte, wären ebenfalls nicht besonders relevant gewesen. Heute dagegen sind sie von großer Bedeutung. Deshalb sind die Menschen in einem Land der Eurozone wie etwa Griechenland so verärgert darüber, wenn ihnen andere mit anderen Auffassungen über die Natur der Gesellschaft und die Rolle des Staates sagen, was sie tun sollen. Bei einer engeren ökonomischen Integration können Maßnahmen von Regierungen anderer Euroländer diesen Menschen sogar schaden – insbesondere dann, wenn wie im Falle Deutschlands Entscheidungen der Regierung weitreichende Folgen für kleinere Länder haben. Wie wir in späteren Kapiteln sehen, war die deutsche Politik der Lohnzurückhaltung eine Form der kompetitiven Abwertung, die andere Länder in der Eurozone benachteiligte, insbesondere solche mit weniger fügsamen Arbeitnehmern.

Nutzen und Kosten der Integration mit kollektivem Handeln

Wenn kollektives Handeln heute weitaus wichtiger ist als zu den Zeiten von Smith und Ricardo, können unterschiedliche *Anschauungen* darüber, was der Staat tun sollte, von großer Tragweite sein. Dies hat zwei weitreichende Folgen – eine davon hat Europa erkannt, die andere nicht. Die erste ist der bereits diskutierte *Grundsatz der Subsidiarität*: Öffentliche Entscheidungen sollten auf der niedrigsten Ebene staatlicher Autorität getroffen werden. Entscheidungen über lokale Straßen, kommunale Schulen, örtliche Polizeibehörden und Feuerwehren, ja sogar den lokalen Umweltschutz sollen von Gemeinden, nicht von nationalen oder supranationalen Behörden gefällt werden. Das Problem ist allerdings, dass sich Maßnahmen einer Kommune (oder einer nationalen Regierung) oftmals auf andere auswirken. In diesem Fall bedarf es zumindest einer gewissen Koordinierung und bestimmter Entscheidungen übergeordneter Behörden.

Als der Euro eingeführt wurde, bestand die Sorge, dass die Gemeinschaftswährung erhebliche externe Effekte hätte – Fälle, in denen sich das Vorgehen eines Landes negativ auf andere auswirkt. Als der Rechtsrahmen für den Euro ausgearbeitet wurde, glaubten die Entscheidungsträger, sie hätten Vorsorge getroffen, um die wichtigsten Übertragungseffekte einzudämmen. Das hatten sie jedoch nicht.

Die externen Effekte, auf die sich die Konstrukteure des Euro fokussierten, traten auf, als Länder übermäßig hohe Kredite aufnahmen. Wenn solche Schulden »monetarisiert« (durch die Zentralbank in Geld umgewandelt) werden, kommt es zu Inflation, und Deutschland hatte aus historischen Gründen eine tief verwurzelte Inflationsangst. Die Deutschen waren stolz darauf, dass die Bundesbank die Geldmenge immer unter strenger Kontrolle hielt und Deutschland jahrzehntelang keine hohe Inflation hatte.[12] Die deutsche Regierung befürchtete, dass dies nicht länger der Fall sein würde, wenn sie die Bundesbank geldpolitisch weitgehend entmachten und sich mit anderen Ländern zusammentun würde, die keine derartige Disziplin walten ließen. Daher mussten sich die am Euro teilnehmenden Länder verpflichten, strenge Defizit- und Schuldenvorgaben einzuhalten.

Diese Defizitfixierung war jedoch vor allem ideologisch motiviert: Es gibt kaum Anhaltspunkte dafür, dass solche Defizite und Schuldenstände – zumindest in einer moderaten Höhe, die noch immer deutlich über der 3-Prozent-Defizitgrenze liegt, auf die sich die Eurozone verständigte (das Haushaltsdefizit soll hierbei 3 Prozent des BIP nicht überschreiten) – erhebliche Übertragungseffekte auf *andere* hätten.

Andererseits hat die Lohnpolitik erhebliche Übertragungseffekte. Das gilt insbesondere für Deutschland, wo es bis vor Kurzem keinen Mindestlohn gab und es in den Neunzigerjahren konzertierte Anstrengungen gab, das Lohnniveau zu senken, um die Wirtschaft »wettbewerbsfähiger« zu machen. Eine solche Politik ist, wie ich in Kapitel 4 darlege, eine Art kompetitive Abwertung oder »Beggar-thy-neighbor«-Politik (»Mach deinen Nachbar zum Bettler«), die während der Großen Depression der Dreißigerjahre so verheerende Folgen hatte. Aufgrund des »festen Wechselkurses« des Euro konnte Deutschland seine Währung nicht abwerten. Aber es konnte die Produktionskosten verringern, indem es eine Politik betrieb, die auf die Senkung des Lohnniveaus abzielte. Aus zahlreichen Gründen konnte Deutschland diese Maßnahmen sehr viel leichter umsetzen als andere Euroländer, weshalb sie für deutsche Entscheidungsträger besonders attraktiv waren: Sie konnten der deutschen Wirtschaft mit diesen Instrumenten einen Vorteil gegenüber den Nachbarländern verschaffen. Leider schenkten die Schöpfer des Euro dieser sehr viel bedeutenderen Externalität nicht die geringste Beachtung.

Die zweite Folge war, dass der Spielraum für wohlstandsmehrendes kollektives Handeln auf europäischer Ebene begrenzt war, wenn es erhebliche Unterschiede in den Wirtschaftsstrukturen, Wertvorstellungen und wirtschaftspolitischen Positionen zwischen den Ländern gab. Nehmen wir die einfachste Aufgabe einer Zentralbank – die Festsetzung der Zinsen in einer Weise, die eine Balance zwischen dem Inflationsrisiko und dem Risiko steigender Arbeitslosigkeit hält. Befinden sich die Länder, für die die Zentralbank zuständig ist, in unterschiedlichen wirtschaftlichen Situationen, wäre eine Geldpolitik, die für ein Land, das mit hoher Inflation zu kämpfen hat, zweckmäßig wäre, völlig ungeeignet für ein anderes, das von hoher Arbeitslosigkeit gebeutelt wird. Eine Gemeinschaftswährung und eine gemeinsame Zentralbank – ein geteiltes öffentliches Gut – wären dann womöglich desaströs. Und ein demokratischer Kompromiss könnte für beide schlecht sein: unannehmbar hohe Inflation in einem, verbunden mit unannehmbar hoher Arbeitslosigkeit in dem anderen.

Aber selbst wenn die wirtschaftlichen Strukturen in allen teilnehmenden Ländern gleich wären, könnten die wirtschaftspolitischen Positionen divergieren, wenn es an einem gemeinsamen ökonomischen Grundverständnis fehlt. So könnten Menschen in einem Land glauben, dass die Inflation stark anziehen würde, wenn die Arbeitslosigkeit unter einen bestimmten Schwellenwert fällt. Dieses Land würde dann wollen, dass die Arbeitslosigkeit bis auf dieses Niveau gesenkt wird, aber nicht weiter. Andere Länder würden vielleicht die Arbeitslosigkeit noch weiter nach unten drücken wollen. Würde man eine Untergrenze der Arbeitslosigkeit festsetzen, würde dies Arbeitnehmern unzumutbar hohe Kosten auferlegen – so ihre Auffassung. Es wäre töricht, Ländern mit so unterschiedlichen Sichtweisen dieselbe geldpolitische Strategie aufzunötigen. Auch hier würde ein Kompromiss beide unzufrieden machen.

Schließlich könnten sich verschiedene Länder selbst dann, wenn sie die gleiche ökonomische Struktur oder das gleiche wirtschaftliche Grundverständnis hätten, von unterschiedlichen Wertvorstellungen leiten lassen. Das eine Land würde sich vielleicht vor allem wegen der Inflation und deren Auswirkungen auf Anleiheinhaber sorgen, während für das andere die Arbeitslosigkeit und deren Auswirkungen auf Arbeitnehmer Priorität hätte. Die verschiedenen Wertpräferenzen würden zu sehr unterschiedlichen geldpolitischen Maßnahmen führen.

Sofern man keinen zwingenden Grund dafür angeben kann, dass die Länder die *gleiche* Politik betreiben, eine gemeinsame Währung haben sollten, wäre es in all diesen Fällen nicht sinnvoll, dies zu tun. Dadurch entstünden hohe Kosten, und diese Kosten müssen mit dem Nutzen verglichen werden.

Die vielfältigen Aspekte ökonomischer Integration

Die Vorteile der Integration hängen von der Form der Integration ab – und es gibt viele verschiedene Formen ökonomischer und politischer Integration. Diese Vielfalt ist in Europa bereits offensichtlich. Menschen können in vielen, wenngleich nicht in allen europäischen Staaten ihren Wohnsitz frei wählen. Innerhalb des Schengen-Raums können sich Menschen frei bewegen, praktisch so, als gäbe es überhaupt keine Grenzen.[13] Dem Schengen-Raum gehören die meisten EU-Staaten, nicht aber Großbritannien und Irland an, allerdings umfasst er auch einige Länder, die keine EU-Mitglieder sind, nämlich Island, Norwegen und die Schweiz.[14] Angesichts der Flüchtlingskrise wird diskutiert, über welche Grenzen eine freie Migration erlaubt sein sollte – und was unter freier Migration eigentlich zu verstehen sei.

Es gibt eine Freihandelszone. Die Schweiz, Norwegen, Liechtenstein und Island gehören der Europäischen Freihandelsassoziation, nicht aber der EU an. Streitigkeiten beispielsweise zwischen Island einerseits und EU-Mitgliedern andererseits (wie den Niederlanden und Großbritannien) werden von einem Gericht beigelegt. Dieses Gericht, der Gerichtshof der Europäischen Freihandelsassoziation, entschied, dass Island britische und niederländische Sparer nicht über den vom Einlagensicherungsfonds abgedeckten Betrag hinaus entschädigen müsse, nachdem die isländischen Banken pleitegegangen waren, denen diese Sparer ihr Geld anvertraut hatten. Andere europäische Gerichte entscheiden in europäischen Menschenrechtsfragen (zum Beispiel der Europäische Gerichtshof für Menschenrechte). Auf einigen Feldern hat die EU die Integration sehr weit vorangetrieben, während sie in anderen Bereichen eher zögerlich ist. So ist zum Beispiel der EU-Haushalt – vergleichbar dem US-Bundeshaushalt – mit nur etwa einem Prozent des EU-weiten BIP *sehr* klein, wobei der größte Teil der Gelder für Agrarsubventionen ausgegeben wird.[15]

Eine breite Palette von Programmen könnte die wirtschaftliche und politische Integration voranbringen. Das Erasmus-Programm, das den innereuropäischen Studentenaustausch fördert, ist ein Beispiel eines Programms, das die Identität und die Integration des Kontinents stärkt. Eine EU-weite Steuer auf hohe Einkommen, deren Aufkommen für Umverteilung genutzt werden könnte, wäre ein weiterer wichtiger Schritt zur Stärkung der wirtschaftlichen Integration und der wirtschaftlichen Leistungskraft der EU, denn sie könnte der zunehmenden Ungleichheit innerhalb der EU entgegenwirken. (Wir diskutieren dies in späteren Kapiteln eingehender.)

Im Rahmen des europäischen Integrationsprojekts wurde die Integration schrittweise und allmählich über einen langen Zeitraum vorangetrieben. In diesem Buch geht es nur um einen dieser Schritte – der meines Erachtens ein »Fehlschritt« war: die Schaffung des Euro, einer Einheitswährung, die voreilig geschah, bevor die notwendigen Voraussetzungen erfüllt waren, und in einer Weise, die Europa auseinanderdividiert.

Fördert eine Gemeinschaftswährung den Wohlstand und die weitere Einigung?

Im vorangehenden Abschnitt erläuterte ich, dass es viele verschiedene Formen der wirtschaftlichen Integration gibt und in manchen Fällen ein engerer Zusammenschluss, oder zumindest einige Formen desselben, nicht wünschenswert ist. Eine enge ökonomische Integration ist auch ohne Gemeinschaftswährung möglich. Die Vereinigten Staaten und Kanada haben seit 1988 ein Freihandelsabkommen. Auch Kanada hat meines Erachtens davon profitiert, dass es keine gemeinsame Währung mit seinem südlichen Nachbarn hat. Dank der Wechselkursflexibilität konnte das Land die Vielzahl von Schocks besser auffangen, denen eine rohstoffbasierte Volkswirtschaft unweigerlich ausgesetzt ist. Die Flexibilität des Wechselkurses trug wesentlich dazu bei, dass Exporte die rückläufigen Staatsausgaben ausgleichen konnten, als Kanada Anfang der Neunzigerjahre seine Staatsfinanzen in Ordnung brachte.

Viele EU-Mitgliedsländer gehören auch der Eurozone an, aber etliche andere (Dänemark, Schweden, Großbritannien, Bulgarien, Kroatien, die Tschechische Republik, Ungarn, Polen und Rumänien) tun dies nicht. Schweden zum Beispiel hat ein höheres Wirtschaftswachstum als nahezu alle Länder der Eurozone, und in späteren Kapiteln erläutere ich, dass sein Erfolg darauf zurückzuführen ist, dass es sich *außerhalb* der Eurozone befindet. In Kapitel 3 befassen wir uns mit der Tatsache, dass die Eurozone ein schwächeres Wachstum aufweist als jene EU-Länder, die nicht Mitglied der Eurozone sind – und ich bin überzeugt davon, dass die Einheitswährung eine der wichtigsten Ursachen dafür ist.

Der Euro als Hemmschuh der ökonomischen Diversifikation

Die Architekten des Euro gingen scheinbar einfach von der *Annahme* aus, dass eine Gemeinschaftswährung sämtliche Aspekte der ökonomischen Integration fördere. Doch konnten sich die Befürworter der Währungsunion weder auf eine allgemeine Theorie stützen noch auf historische Erfahrungen berufen. Ein Experiment wie dieses hatte es noch nie gegeben.

Eine Gemeinschaftswährung beseitigt ein wichtiges ökonomisches Risiko – das Risiko von Wechselkursschwankungen.[16] Das Wechselkursrisiko ist eines der wichtigsten Risiken, gegen das sich Unternehmen absichern müssen. Wie sie dieses Risiko managen – durch Entscheidungen an den Finanzmärkten und bezüglich der Produktionsstruktur –, kann theoretisch weitreichende Auswirkungen auf das Ausmaß der *realen* wirtschaftlichen Integration einschließlich der Streuung der Produktion über die gesamte Region hinweg haben. Es zeigt sich, dass die Schaffung eines Währungsraums (wie etwa der Eurozone) *möglicherweise* zu einer stärkeren Konzentration der ökonomischen Produktion in einigen wenigen Ländern innerhalb des Gebiets führt. Erhofft hatte man sich indes etwas ganz anderes: Dass Unternehmen nach der Beseitigung einer bedeutenden Risikoquelle eine *höhere* Bereitschaft besäßen, in verschiedenen Ländern zu produzieren.

Um die Auswirkungen von Veränderungen in einem Wechselkursregime zu verstehen, muss man die verschiedenen Strategien kennen, mit denen sich Unternehmen gegen Wechselkursrisiken absichern. Eine kurzfristige Absicherungsstrategie ist der Kauf und Verkauf von Devisenterminkontrakten auf Terminkontraktmärkten, um so den Wechselkurs zum Zeitpunkt des Geschäftsabschlusses »festzuschreiben«. Wenn also zum Beispiel ein Unternehmen in den USA Geräte produziert, die es in sechs Monaten nach Kanada exportieren will, weiß es nicht, welchen Wert der Kanadische Dollar (im Verhältnis zum US-Dollar) *sodann* haben wird. Aber das muss es nicht weiter beunruhigen: Es kann einen Vertrag über die Lieferung der Güter in sechs Monaten mit Zahlung in Kanadischen Dollar unterzeichnen, und es kann den Wechselkurs, zu dem diese *zukünftigen* Kanadischen Dollar in US-Dollar umgerechnet werden, schon heute fest vereinbaren. Diese Finanztransaktion (die als eine Art Versicherung gegen Wechselkursschwankungen betrachtet werden kann) kostet selbstverständlich etwas. Allerdings sind die Kosten solcher Versicherungen auf gut funktionierenden Märkten relativ gering. Doch funktionieren diese Mechanismen bei langfristigen Investitionen nicht besonders gut, unter anderem weil die notwendigen Märkte fehlen oder hohe Transaktionskosten anfallen.

Es gibt eine alternative Strategie zur Absicherung solcher Risiken: die Streuung der Produktion über die Märkte, auf denen man Geschäfte tätigt, kauft und verkauft. Das amerikanische Unternehmen könnte einen Teil seiner Produktion nach Kanada verlagern, und wenn es dies tut, nimmt die realwirtschaftliche Verflechtung zwischen den USA und Kanada zu. So verringert das Unternehmen Schwankungen seiner Produktionskosten und Erträge.

Gibt es jedoch eine Währungsunion, verliert dieses Argument für eine Streuung der Produktion seine Gültigkeit. Wenn die Konzentration der Produktion an einem oder einigen wenigen Standorten Vorteile bringt, wie es oftmals der Fall ist, dann wird die Produktion vielleicht stärker konzentriert. Sie wird beispielsweise in ein Land mit besserer Infrastruktur verlagert, sodass das reichere Land mit einer besseren Infrastruktur einen immer größeren Anteil der Produktion an sich zieht. Dadurch erzielt es höhere Steuereinnahmen, die es wiederum in eine noch leistungsfähigere Infrastruktur investieren kann.

Konzeptionelle Inkohärenz des europäischen Projekts

Analysiert man den Nutzen einer Einheitswährung, stößt man auf eine grundlegende Inkohärenz des europäischen Projekts: Die Konstruktion des Euro basierte auf der Annahme gut funktionierender Märkte. Aber bei gut funktionierenden Märkten sollten die Kosten für die Absicherung von Wechselkursrisiken niedrig sein. Bei gut funktionierenden Märkten würden sich in Wechselkursanpassungen lediglich die Änderungen grundlegender Informationen widerspiegeln, die üblicherweise nur allmählich bekannt werden. Wech selkursanpassungen würden daher langsam und schrittweise erfolgen. Korrekturen der Wechselkurse (Preise) sind ihrerseits ein wichtiger Mechanismus, mit dem sich leistungsstarke Volkswirtschaften an Ereignisse anpassen, die sich womöglich auf das eine Land anders auswirken als auf ein anderes (Volkswirte nennen solche Ereignisse »Schocks«, obwohl sie keineswegs katastrophale

Ausmaße haben müssen). So ließe sich zum Beispiel eine gesteigerte chinesische Nachfrage nach deutschen Gütern bei einem gleichzeitigen Rückgang der chinesischen Nachfrage nach italienischen Gütern leicht durch eine Aufwertung der deutschen Währung und eine Abwertung der italienischen auffangen. Italien könnte wieder mehr seiner Güter verkaufen, was seine Wirtschaft ankurbeln würde.

Es spricht somit vieles dafür, dass die Leistungsfähigkeit einer Volkswirtschaft geschwächt wird, wenn ihr die Mechanismen der Preisanpassung genommen werden. Wenn eine Gruppe von Ländern beschließt, eine gemeinsame Währung einzuführen, schreiben sie ihre Wechselkurse unwiderruflich *fest*. Damit geben sie diesen Anpassungsmechanismus aus der Hand. Dies sollte eine schwächere wirtschaftliche Leistung nach sich ziehen.

Dabei hätte der Euro eigentlich so konstruiert werden *sollen*, dass er Marktversagen und Unvollkommenheiten von Märkten Rechnung trägt. Man hätte die mangelnde Robustheit des weiter oben diskutierten Standardmodells des Wettbewerbs berücksichtigen müssen, das bei der »Konzeption« des Euro eine so wichtige Rolle spielte – geringfügige Unvollkommenheiten von Märkten können dazu führen, dass sich das System anders als bei »vollkommenen Märkten« verhält. Zudem hätte die im vorherigen Kapitel diskutierte Theorie des Zweitbesten in die Überlegungen einbezogen werden sollen. Die hohe Volatilität von Wechselkursen ist zu einem Großteil auf irrationales Verhalten und Unvollkommenheiten von Märkten zurückzuführen. Zu einem Zeitpunkt mögen etwa die konjunkturellen Aussichten in den USA geradezu euphorisch beurteilt werden, während schon bald darauf die Stimmung umschlägt. Hätten die Schöpfer des Euro anerkannt, dass Märkte unvollkommen sind, wären sie vielleicht vorsichtiger vorgegangen, hätten den Details mehr Beachtung geschenkt und dafür gesorgt, dass die Institutionen, die der Gemeinschaftswährung vielleicht zum Erfolg verholfen hätten, zur gleichen Zeit wie der Euro eingeführt worden wären.

Der Euro: einige Vorteile sogar auf gut funktionierenden Märkte, aber ein großes Risiko

Die Idee einer Einheitswährung erfreute sich in Europa zweifellos einer gewissen Popularität. Menschen konnten grenzüberschreitend reisen, ohne Geld tauschen zu müssen. Geldwechseln war mühsam – und oftmals teuer. Die Tatsache, dass es teuer war, hätte etwas über die Funktionstüchtigkeit der Finanzmärkte aussagen sollen: Die Umtauschkosten sollten extrem niedrig sein, wenn Märkte tatsächlich effizient funktionierten, wie es in den Standardmodellen behauptet wird.

Aber wenngleich die Transaktionskosten heute für Reisende ein Ärgernis sind, fallen sie rein ökonomisch nicht ins Gewicht. Die meisten Transaktionen (sowohl der Anzahl als auch dem Wert nach) werden elektronisch abgewickelt – über Banküberweisungen sowie Debit- und Kreditkarten. Die Computerkosten, die beim Umtausch einer Währung in einer andere anfallen, sind vernachlässigbar. (Die von Banken in Rechnung gestellten Preise können deutlich höher liegen, was ein weiterer Beleg für das Marktversagen ist, das im Finanzsystem so weit verbreitet ist. Aber die angemessene Reaktion darauf besteht nicht darin, eine ganze Währungsordnung umzukrempeln, sondern darin, den Finanzsektor zu regulieren.)

Es gibt andere Transaktionskosten, die eine Gemeinschaftswährung senken kann: Das zukünftige Wechselkursrisiko längerfristiger Investitionen, das wir in diesem Kapitel bereits diskutierten. Aber diese Kosten haben allenfalls einen zweitrangigen Effekt auf wichtige Produktions- und Lieferkettenentscheidungen. Beispielsweise ist China ungeachtet des Wechselkursrisikos und politischer sowie angebotsseitiger Risiken vollständig in die globale Lieferkette integriert. Wären die Vorteile der Integration gering, könnten diese Kosten selbstverständlich ein Hemmnis sein; aus dem gleichen Grund wären die Wohlfahrtsverluste (zum Beispiel wegen gestiegener Produktionskosten) aufgrund unzulänglicher Integration wahrscheinlich ebenfalls gering.

Ein ökonomisches Risiko stellt diese kleinen Vorteile allerdings völlig in den Schatten. Bei flexiblen – vollkommen oder »gesteuert«

flexiblen – Wechselkursen können die Wechselkurse an veränderte Umstände angepasst werden. Die Anpassungen können täglich, stündlich oder auch seltener erfolgen. Aber sie finden statt, sind in der Regel gering, und Unternehmen und Privatpersonen haben gelernt, mühelos mit ihnen klarzukommen – manchmal mithilfe der Finanzmärkte.

Fehlen diese Anpassungen jedoch, kann der Wechselkurs so weit von seinem Gleichgewichtswert abweichen, dass er nicht funktionieren kann.[17] In Argentinien etwa, das seine Währung im Jahr 1990 an den Dollar gebunden hatte, wurde die Fehlbewertung 2001 untragbar: Das Land wurde gleichzeitig von einer Währungs-, einer Finanz- und Schuldenkrise erschüttert, die miteinander zusammenhingen und sehr kostspielig waren. Nachdem aber die Regierung die Dollarbindung aufgab, worauf die argentinische Währung um 75 Prozent abwertete, und sich von der Schuldenlast befreite, die sich während der Zeit der Überbewertung des Peso angehäuft hatte, wuchs die Wirtschaft erstaunlich schnell – nach China, mit der zweithöchsten Rate weltweit.[18] Bislang sind alle Länder im Euro geblieben, aber sie haben das teuer bezahlt.

Kurz gesagt sind die *ökonomischen* Argumente für eine Einheitswährung keineswegs zwingend. Die Einsparungen bei den Transaktionskosten sind wahrscheinlich unbedeutend. Die EU-Länder hatten bereits mit Gründung der Europäischen Union eine weitreichende ökonomische Integration erreicht, als sie noch verschiedene Währungen hatten; wir haben gesehen, dass eine Einheitswährung in mancher Hinsicht sogar die Integration etwa der Produktion über die gesamte Region hinweg behindern kann. Die geringfügigen Vorteile, die existieren, werden von den Kosten der Krisen, die so häufig auftreten, wenn es zu *realen* Wechselkurs-Fehlanpassungen kommt, weit in den Schatten gestellt.

Die ökonomische Integration eilt der politischen Integration davon

Außerhalb Europas hat man sich sehr für dessen »Experiment« mit der Integration interessiert. Die früheren Erfolge Europas beim Abbau von Schranken für den Güter-, Dienstleistungs- und Kapitalverkehr dienten als Beispiel, dem man nacheifern wollte. Dagegen sind die derzeitigen Probleme, die eine Folge des Euro sind, eine Warnung vor einer misslingenden Integration. Grundsätzlich ermöglicht uns das wirtschaftliche Zusammenrücken Europas Aufschlüsse über die Globalisierung im Allgemeinen. Die Globalisierung ist nichts weiter als die engere Verflechtung der Länder der Welt – und nirgends wurde die Integration weiter vorangetrieben als in Europa. Eine Reihe von Fragen werden diskutiert: Was ist erforderlich, damit die Globalisierung erfolgreich wird? Was geschieht, wenn die Globalisierung nicht die gewünschten Ergebnisse bringt? Was sind die positiven Effekte und was die Kosten, und wer sind die Nutznießer? Wer trägt die Kosten? Die Erfolge und Misserfolge Europas gelten als Lektionen sowohl für die regionale Integration als auch für die Globalisierung. Die Probleme bei der Verwirklichung einer erfolgreichen Währungsunion in Europa haben die Begeisterung für diese Form der ökonomischen Integration in anderen Regionen gedämpft, etwa in Afrika und Asien.

Die europäische Währungsunion vermittelt uns eine grundlegende Erkenntnis: Die ökonomische Integration – Globalisierung – scheitert, wenn sie der politischen Integration vorauseilt. Das hat einen einfachen Grund: Je enger Länder zusammenrücken, umso abhängiger sind sie voneinander. Und mit zunehmender gegenseitiger Abhängigkeit wirken sich die Handlungen eines Landes immer stärker auf andere aus. Daher bedarf es mehr kollektiven Handelns – um dafür zu sorgen, dass jedes Land mehr Dinge tut, die den anderen Ländern in der Union nützen, und weniger Dinge, die anderen schaden.

Außerdem haben die meisten politischen Maßnahmen positive und negative Effekte: Einige Personen werden besser gestellt, andere schlechter. Bei hinreichender politischer Integration können die Gewinner einen Teil ihrer Gewinne an die Verlierer abgeben, sodass alle besser gestellt sind, zumindest jedoch niemand viel schlechter gestellt ist. Bei hinreichender politischer Integration können die Verlierer einer politischen Reform darauf vertrauen, dass sie die Gewinner der nächsten sind, und so werden langfristig alle besser dastehen.

Es gibt folglich zwei Probleme: Bei einer unzureichenden politischen Integration fehlen einer Wirtschaftsunion die Institutionen, die jenes kollektive Handeln ermöglichen, das notwendig ist, um die Integration zum Erfolg zu führen. Und ohne hinreichende Solidarität werden einige Gruppen mit hoher Wahrscheinlichkeit schlechter gestellt sein, als wenn es gar keine Integration gäbe. Tatsächlich lautet ein Einwand gegen die Globalisierung, dass in einigen Ländern die meisten Bürger tatsächlich Wohlstandsverluste hinnehmen mussten, obwohl die am BIP gemessene volkswirtschaftliche Leistungsfähigkeit zunahm.[19]

In Kapitel 4 gehen wir näher auf die ökonomischen Bedingungen ein, die für eine erfolgreiche Währungsunion erfüllt sein müssen. Doch weil die Wirtschaftswissenschaftler ihr Hauptaugenmerk auf die *ökonomischen Bedingungen* richteten, haben sie die viel wichtigeren politischen und sozialen Erfolgsbedingungen vernachlässigt. Wir erwähnten bereits, dass man es verabsäumte, die Institutionen zu schaffen, die ein Gelingen der Währungsunion erlaubt hätten. Aber dieses Unterlassen war kein Zufall. Es war das Ergebnis unzulänglichen politischen Engagements für das europäische Projekt. Ohne Solidarität ist politische Integration kaum zu verwirklichen, eben weil niemand darauf vertraut, dass ihm das System Vorteile bringt.

Umgekehrt wird, wenn ein hohes Maß an Solidarität vorhanden ist, der kollektiven Entscheidungsfindung mehr Vertrauen entgegengebracht. Dieses höhere Maß an Solidarität fördert die Bereitschaft, mehr politische Souveränität abzugeben und eine weitergehende politische Integration zu erreichen. Man ist eher bereit, eigene Verluste hinzunehmen, wenn dies auf die eine oder andere Weise dem Gemeinwohl dient.

Auf der Liste der ökonomischen Bedingungen, die erfüllt sein müssen, damit eine Währungsunion gelingt, sind hinreichende ökonomische Übereinstimmungen der vielleicht wichtigste Punkt. Sind Länder einander *ökonomisch* sehr ähnlich, sind die politischen Unterschiede zwischen ihnen tendenziell geringer und politische Maßnahmen wirken sich auf alle ähnlich aus. Unter solchen Umständen ist es leichter, gemeinsame politische Institutionen zu schaffen – also die politische Integration voranzubringen.[20] Unterscheiden sich die ökonomischen Verhältnisse hingegen deutlich voneinander – sind einige Länder Schuldner und andere Gläubiger –, dann wird die politische Integration schwieriger, und dies betrifft auch die Schaffung der politischen Institutionen, die für das Gelingen der wirtschaftlichen Verflechtung benötigt werden.

Ähnliche ökonomische Strukturen machen es zwar *wahrscheinlicher*, dass zwei Länder gleiche Grundüberzeugungen haben, garantieren es aber nicht. Es gibt eine Fülle von Belegen dafür, dass Länder mit ähnlichen Wirtschaftssystemen und einem (zumindest heute) ähnlichen Lebensstandard sehr unterschiedliche Anschauungen haben (wenngleich viele Wirtschaftshistoriker diese Unterschiede auf unterschiedliche Wirtschaftsstrukturen in früherer Zeit zurückführen). Um beurteilen zu können, welche Art ökonomischer und politischer Integration wünschenswert oder auch nur machbar ist, kommt es entscheidend darauf an, die Natur dieser Unterschiede zu verstehen. Notwendig sind also nicht nur ähnliche ökonomische Strukturen, sondern auch *ähnliche Glaubenssysteme* – soziale Gerechtigkeitsvorstellungen und Wirtschaftskonzeptionen. In der Diskussion in den folgenden Kapiteln spielen eine Reihe von Überzeugungen eine wichtige Rolle – einschließlich einiger der in diesem Kapitel erörterten Ansichten darüber, was ein gutes Wirtschaftssystem ausmacht.

Wirtschaftskonzeptionen

Eine Wirtschaftsunion kann kaum gelingen, wenn die verschiedenen Mitglieder dieses Staatenbunds unterschiedliche Auffassungen von den Gesetzen der Ökonomie haben – und schon zum Zeitpunkt der Einführung des Euro gab es grundverschiedene Wirtschaftsphilosophien in den Ländern der Eurozone. Diese Unterschiede, die damals übertüncht wurden, erschwerten nicht nur die Formulierung geeigneter Programme, um die Eurokrise zu bewältigen. Sie hatten vielmehr auch zur Folge, dass von Deutschland – der mittlerweile tonangebenden Macht in der Eurozone – erarbeitete (oder für Deutschland akzeptable) Programme von den Ländern, die sie akzeptierten, oftmals als *auferlegt* angesehen wurden.

Selbstverständlich hat das Krisenland die Bedingungen »freiwillig« akzeptiert, aber es akzeptierte die Bedingungen nicht weil es glaubte, das »Programm« werde die Probleme lösen, sondern weil es, wenn es sich *nicht* mit den Bedingungen einverstanden erklärte, unerträgliche Konsequenzen zu gewärtigen hätte – einschließlich eines möglichen Austritts aus der Eurozone. Und den Verantwortlichen der Eurozone sowie vielen Wirtschaftsexperten ist es gelungen, die Krisenländer davon zu überzeugen, dass sie der Abschied vom Euro außerordentlich teuer zu stehen käme.

Dass die Regierungen und Bevölkerungen nicht an die Wirtschaftstheorie glauben, die den »freiwilligen« Programmen zugrunde liegt, hat zwei Konsequenzen: Die Programme werden wahrscheinlich nicht erfolgreich umgesetzt und sie sind wahrscheinlich auf Dauer politisch nicht durchzuhalten – insbesondere wenn sie nicht die versprochenen Erfolge bringen. In Kapitel 3 zeigen wir, dass dies tatsächlich der Fall gewesen ist – sie waren nicht nur weniger erfolgreich als versprochen, sondern hatten sogar weit schlimmere Folgen, als es selbst einige der schärfsten Eurokritiker erwarteten.

Das vielleicht offensichtlichste Beispiel für diese unterschiedlichen Wirtschaftsphilosophien ist die »Austerität«, also die Überzeugung, dass ein Land in einer Rezession und mit einem Haushaltsdefizit (die Ausgaben sind größer als die Einnahmen) durch Ausgabenkürzungen oder Steuererhöhungen wieder auf den Wachstumspfad zurückgebracht werden könnte. Die moderne wissenschaftliche Volkswirtschaftslehre hat die im letzten Kapitel diskutierte Wirtschaftskonzeption Hoovers widerlegt. Mir geht es hier allerdings um etwas anderes: Bei so unterschiedlichen Auffassungen von den Gesetzen der Ökonomie ist es für eine Gruppe von Ländern schwer, sich wirtschaftspolitisch eng abzustimmen und eine Gemeinschaftswährung zum Erfolg zu führen. Entscheidungen müssen in Reaktion auf unzählige unvorhergesehene Umstände getroffen werden. Es wird nie Einstimmigkeit geben, aber bei großen Meinungsunterschieden sind erhebliche Verstimmungen vorprogrammiert – ganz egal, welche Entscheidung getroffen wird.

Nicht nur bei den makroökonomischen Fragen Austerität und Inflation, sondern auch bei unzähligen Detailfragen führen unterschiedliche Wirtschaftskonzeptionen zu verschiedenen Antworten. Ein Aspekt der neoliberalen Agenda sind Privatisierungen. Starke Argumente sprechen dafür, dass sich Staaten auf jene Bereiche konzentrieren sollten, in denen sie einen komparativen Vorteil besitzen, den Rest sollten sie der Privatwirtschaft überlassen. Dieser Grundsatz ist theoretisch sinnvoll, doch ist es in der Praxis schwierig zu entscheiden, ob ein Staat einen komparativen Vorteil hat.

Weltweite Erfahrungen haben unterschiedliche Ergebnisse gebracht. In den Neunzigerjahren waren die Staatsbetriebe in Korea und Taiwan die vielleicht effizientesten Stahlfirmen der Welt, und es spricht wenig dafür, dass die Privatisierung der koreanischen Firma POSCO (die der IWF im Rahmen seines Rettungspakets im Jahr 1997 verlangte) zu einer Effizienzsteigerung führte. In Kanada gibt es kaum Anhaltspunkte dafür, dass die größte private Eisenbahngesellschaft effizienter arbeitet als die größte öffentliche Gesellschaft, in Chile wenige Belege dafür, dass private Kupferminen effizienter wären als staatliche Bergwerke. In Lateinamerika führte die Privatisierung von Telekommunikationsgesellschaften nicht zu Produktivitätssteigerungen, zumindest nicht in jenen Fällen, in denen die Investitionen aufgrund staatlicher Budgetbeschränkungen stark zurückgefahren wurden.[21]

Viele Staatsbetriebe sind in Sektoren tätig, in denen es *natürliche Monopole* gibt (beispielsweise weil die Skaleneffekte so groß sind, dass es sinnvoll ist, nur eine Firma zu haben), und bei solchen

Monopolen geht es nicht um das Ob, sondern das Wie staatlicher Eingriffe – darum, welche Form diese annehmen. Gut geführte staatliche Monopole können – sowohl in der Theorie als auch in der Praxis – genauso effizient arbeiten wie staatlich regulierte private Monopole.[22] Daher stehen hinter der Forderung der Troika nach Privatisierung bestimmter griechischer Staatsunternehmen nicht so sehr theoretische Erwägungen und empirische Befunde als ideologische Motive.

Auch hier geht es um eine schlichte Feststellung: Es gibt in Europa tief greifende Meinungsverschiedenheiten darüber, wie man eine gut funktionierende Wirtschaft aufbauen kann. Solange jedes Land für sich selbst entscheiden kann, ist alles in Ordnung. Das ist es jedoch nicht mehr, wenn die ökonomische Integration dazu führt, dass ein Land (oder eine Gruppe von Ländern) die Macht erhält, anderen vorzuschreiben, was sie tun sollen. Genau dies geschah jedoch in der gesamten Eurozone, sowohl bei makro- als auch bei mikroökonomischen Fragen, und insbesondere in Krisenländern. Es ist besonders ärgerlich, wenn die dem Land aufgenötigte Politik nicht greift – aus ebenjenen Gründen, aus denen die Bürger des Landes dies erwarteten. Die Kosten des Fehlers trägt selbstverständlich das Land, dem die Maßnahmen auferlegt wurden, nicht diejenigen, die sie auferlegten. Und genau das passiert in der Eurozone.

In späteren Kapiteln erklären wir, weshalb die den Krisenländern von der Troika auferlegten politischen Maßnahmen verfehlt sind und auf einem falschen Verständnis ökonomischer Zusammenhänge beruhen. Aber selbst wenn sie sachdienlich wären, müsste man fragen: Ist der Gewinn aus diesem Aspekt der ökonomischen Integration, dem Euro, groß genug, um den Verlust an Selbstbestimmung aufzuwiegen? In diesem Kapitel haben wir dargelegt, dass der Nutzen *bestenfalls* fraglich ist, und wenn dem so ist, fällt die Antwort auf die Frage, ob der Nutzen des Euro die Kosten wert ist, eindeutig aus.

Werte: Soziale Gerechtigkeit und die Bedeutung kollektiven Handelns

Einige Privatisierungen etwa von Betrieben, die grundlegende Dienstleistungen erbringen, werfen Wertfragen auf: Eine Gesellschaft kann der Ansicht sein, dass es ein Grundrecht auf eine Mindestversorgung mit Wasser oder Strom gibt. Ein nach Gewinnmaximierung strebender Monopolist könnte solche Rechte und Werte untergraben.

Gewerkschafts- und Arbeitnehmerrechte veranschaulichen weitere Aspekte der Auseinandersetzung um Werte. Einige warfen die Frage auf, ob die den Krisenländern auferlegten Programme über die Steigerung der wirtschaftlichen Leistungsfähigkeit hinaus noch andere, weitergehende Ziele verfolgen. Unzufrieden mit einem annähernd 20-prozentigen Rückgang der Arbeitskosten in Griechenland, scheint die Troika auch noch die Tarifverhandlungsrechte der Arbeitnehmer beschneiden zu wollen, was die Löhne noch weiter absenken würde.[23]

Die Sprache der Programme ist manchmal mehrdeutig und verschleiert die eigentlichen Forderungen, die in den Verhandlungen erhoben werden.[24] Es wird kritisiert, dass die Forderungen, die beispielsweise an Griechenland gestellt wurden, womöglich gegen sogenannte Kernarbeitsnormen der Internationalen Arbeitsorganisation verstoßen, die fast alle Länder als verbindlich anerkannt haben.[25] Und es wird eingewandt, dass diese Maßnahmen möglicherweise kontraproduktiv sind, weil es Anhaltspunkte dafür gibt, dass das Recht, sich gewerkschaftlich zu organisieren, die Produktivität der Arbeitnehmer erhöht.[26]

Unterschiedliche Gesellschaften haben unterschiedliche Werte, Wirtschaftskonzeptionen und Vorstellungen darüber, was eine demokratische Ordnung und ein gut funktionierendes Gemeinwesen ausmacht. Der deutsche Finanzminister Wolfgang Schäuble wies wiederholt darauf hin, wie wichtig *Regeln* seien, und wo es Regeln gebe, müssten diese eingehalten werden. Viele der abscheulichsten Verbrechen wurden indes von denjenigen begangen, die sich später darauf beriefen, sich nur an Vorschriften gehalten zu haben. Gesellschaften können nur dann gut funktionieren, wenn sie die richtigen Regeln und zugleich das rechte Maß an Flexibilität besitzen, um nötigenfalls von den Regeln abzuweichen. In Anbetracht unseres begrenzten Wissens können wir nie sicher sein, ob unser Wirtschaftsmodell richtig ist; es besteht immer die Möglichkeit, dass Regeln, die sinnvoll wären, wenn unser Modell richtig wäre, völlig verfehlt sind, wenn unser Modell falsch ist. Und wenn wir feststellen, dass unser Modell falsch – oder auch nur *möglichweise* falsch – ist, vielleicht weil sich die Welt selbst geändert hat, müssen wir unser Handeln flexibel darauf einstellen können. Verschiedene Gesellschaften können dabei selbstverständlich zu unterschiedlichen Auffassungen über die angemessene Balance zwischen Regeln und Ermessensspielraum gelangen.[27]

Auch hier geht es im Wesentlichen um das Ausmaß, in dem ein Land im Zuge der ökonomischen Integration wichtige Aspekte seiner nationalen Entscheidungsbefugnisse aufgeben muss. Besteht weitgehendes Einvernehmen über die grundlegenden Werte, halten sich die Meinungsverschiedenheiten in konkreten politischen Fragen in Grenzen. Sind aber die Regierungen einiger Länder der Ansicht, dass eine Mindestversorgung mit Wasser oder Strom ein Grundrecht sei oder Arbeitnehmern gewisse Grundrechte zu kollektivem Handeln zustehen sollten, dann werden sie sich nur äußerst widerwillig damit abfinden, wenn ihnen gegenteilige Maßnahmen aufgezwungen werden – und dies zu Recht.

Ein Demokratiedefizit

Das europäische Projekt verfolgte ehrgeizige Ziele in dem Bestreben, die Länder näher zusammenzubringen, allerdings in einer politischen Union, die europäische Grundwerte widerspiegeln soll. Einige dieser Werte werden jedoch offensichtlich nicht von allen geteilt oder respektiert, insbesondere nicht in gewissen Ländern oder in bestimmten Teilen gewisser Länder. Ein liberaler Grundwert ist die Achtung einer Vielfalt unterschiedlicher Anschauungen. Für Anschauungen, die einige Grundwerte nicht achten, sollte es weniger Toleranz geben. Weitaus problematischer ist allerdings das Recht eines Landes, anderen Ländern seine Werte aufzuzwingen. Dies kann einen weiteren europäischen Grundwert unterminieren, nämlich die Demokratie – und das ist von besonderer Brisanz, wenn dabei grundlegende Prinzipien sozialer Gerechtigkeit tangiert werden. Zu den Grundwerten gehören auch die sogenannten Kernarbeitsnormen (grundlegende Arbeitnehmerrechte) – die nach Ansicht einiger zumindest durch eines der Troika-Programme geschwächt wurden. Auch hier stellt sich die Frage, ob die Vorteile dieses Aspekts der Wirtschafts- und Währungsintegration die Kosten überwiegen. Dabei geht es um mehr als nur die Beurteilung der ökonomischen Leistungsfähigkeit, sondern um grundlegendere Fragen der sozialen Gerechtigkeit und Demokratie.

Von Anfang an litt das europäische Projekt an einem Demokratiedefizit. Es war ein von oben verordnetes Projekt, das von vorausschauenden Staatsmännern konzipiert wurde, die diese Idee ihren Völkern jedoch nicht besonders gut verkauften. Einige Länder – insbesondere diejenigen, die sich gerade vom Joch des Faschismus und Kommunismus befreit hatten – waren begeistert darüber, endlich Teil der Europäischen Union zu sein. Tatsächlich gab die Perspektive des EU-Beitritts oftmals den entscheidenden Anstoß zu institutionellen Reformen, die maßgeblich an der erfolgreichen marktwirtschaftlichen Transformation der ehemaligen Planwirtschaften in Osteuropa beteiligt waren.[28] Wurden jedoch zu verschiedenen Aspekten des europäischen Projekts Volksabstimmungen abgehalten – die Referenden in Dänemark und Schweden über die Einführung des Euro, in Frankreich und den Niederlanden über den EU-Verfassungsvertrag und die Volksabstimmung in Norwegen über einen EU-Beitritt –, setzten sich EU-skeptische Einstellungen durch.[29] Selbst wenn EU-Befürworter gewannen, konnte die Gegenseite viele Stimmen für sich gewinnen.

Einer der Gründe ist die Konstruktion der EU selbst. So werden etwa EU-Rechtsakte wie Richtlinien und Verordnungen auf Initiative und unter maßgeblicher Beteiligung der EU-Kommission erlassen, die nicht *direkt* gewählt wird. Nicht einmal der Präsident der EU-Kommission wird gewählt. Die Ausarbeitung geeigneter Rechtsnormen für die gesamte vielfältige Region ist zwangsläufig hochkomplex. Europa hat dies erkannt und langsam, aber stetig die demokratische Rechenschaftspflicht seiner Organe erweitert – außer auf einem Gebiet: der Währungsunion.

Der Euro kann nur dann erfolgreich sein, wenn er mit anderen Grundwerten in Einklang steht und diese stärkt. Er muss die Demokratie fördern, tat aber genau das Gegenteil.

Die mächtigste Institution der Eurozone ist die Europäische Zentralbank, deren politische Unabhängigkeit in ihrem Rechtsrahmen verankert ist – das heißt, dass sie weder gegenüber gewählten Amtsträgern rechenschaftspflichtig ist noch von gewählten Amtsträgern geleitet wird. Dies ist eine weitere neoliberale Idee, die zu dem Zeitpunkt in Mode war, als die Grundlagen des Euro geschaffen wurden. Wenngleich diese Unabhängigkeit in manchen Kreisen nach wie vor hochgehalten wird, wird sie doch zunehmend infrage gestellt. Wie wir in Kapitel 6 sehen, kamen jene Länder am besten durch die Weltfinanzkrise, deren Zentralbanken einer gewissen demokratischen Rechenschaftspflicht unterlagen.

Die Maßnahmen einer Zentralbank haben weitreichende politische Folgen und Verteilungswirkungen, die man am deutlichsten in Krisenzeiten sieht. Zentralbanken verstehen sich gut darauf, ihre Entscheidungen in einen Jargon zu kleiden, der suggeriert, sie würden lediglich ihr Mandat erfüllen. Aber bei der Erfüllung dieses Mandats gibt es Ermessensspielräume. Auch wenn es die EZB sicherlich bestreiten würde, war ihre Entscheidung, dem griechischen Bankensystem im Sommer 2015 den Geldhahn zuzudrehen, ein immens politischer Akt.

Das wachsende Demokratiedefizit zeigt sich am deutlichsten darin, dass die europäischen Länder – wenn sie Gelegenheit dazu hatten – wiederholt die politischen Vorgaben ablehnten, die ihnen aufoktroyiert wurden. 2015 lehnten 61 Prozent der griechischen Wähler die Auflagen ab, und in Portugal und Spanien unterstützten ähnlich viele Wähler Kandidaten, die sich gegen die Sparpolitik wandten. Aber auch bei zahlreichen anderen Wahlen ist der Widerstand unverkennbar, etwa in Italien, wo die Bürger die Partei, die den Sparkurs befürwortete, abwählten; sie wählten Parteien, die einen Politikwechsel forderten.

Ungeachtet dieser Wahlergebnisse änderte sich an der Politik praktisch nichts. In Portugal kam es sogar noch schlimmer: Der Staatspräsident weigerte sich zunächst, die Anti-Austeritätskoalition mit der Regierungsbildung zu beauftragen, mit der Begründung, in ihr seien auch Euro-kritische Parteien vertreten, obwohl dieses Parteienbündnis, das 62 Prozent der Stimmen auf sich vereinte, die Mehrheit im Parlament stellte.

In jedem Land wurde der neu gewählten Regierung gesagt, es gebe keine Alternative: Akzeptiere sie die Bedingungen nicht, würde das Bankensystem zerstört, die Wirtschaft ruiniert und außerdem müsse das Land die Eurozone verlassen. Was ist das für eine Demokratie, in der die Bürger ganz offensichtlich kein Mitspracherecht in Angelegenheiten haben, die ihnen besonders wichtig sind, oder auch in wirtschaftspolitischen Fragen? Dieses Demokratiedefizit zerstört das Vertrauen in demokratische Prozesse – und stärkt extremistische Parteien, die eine Alternative versprechen.

Diese Bereitschaft, demokratische Prinzipien zur Disposition zu stellen, zeigte sich in dem Maße mit zunehmender Deutlichkeit, wie sich die den Krisenländern auferlegten Programme weiterentwickelten. Besonders augenfällig ist dies in Griechenland. Schon früh gab es Stimmen in Deutschland, die anregten, Griechenland solle sein Stimmrecht als Mitglied der Eurozone so lange ruhen lassen, bis es seine Staatsfinanzen wieder in Ordnung gebracht habe und das »Programm« verlassen könne. Dies erinnerte an die Vereinigten Staaten (die in dieser Beziehung eine Sonderstellung unter den demokratischen Ländern haben), wo Strafgefangene in den meisten Bundesstaaten nicht wählen dürfen und in einigen Bundesstaaten, wenn sie wegen eines Kapitalverbrechens verurteilt wurden, ihr Wahlrecht für immer verlieren. Griechenland hat in den Augen der deutschen Regierung offenbar das Verbrechen begangen, sich zu überschulden, und wenngleich die griechische Regierung nicht aufgefordert wurde, auf ihr Stimmrecht zu verzichten, bis die Schulden so weit gesunken wären, dass Griechenland sich wieder aus eigener Kraft finanzieren könnte, stand doch der Vorschlag im Raum, Griechenland seine Stimmrechte zu entziehen.

Die Griechenland auferlegten Programme veranschaulichten diese zutiefst undemokratische Einstellung noch in anderer Weise. Eine Forderung lautete, die griechische Regierung solle Gesetzentwürfe erst dann dem Parlament zuleiten, nachdem sie von der Troika geprüft worden seien.

Als der griechische Ministerpräsident Giorgos Papandreou 2011 ein Referendum ankündigte, um sich der Unterstützung der Bevölkerung für die geforderten Reformen zu versichern, nahm ihm die Troika das äußerst übel. Sie verhielt sich so, als wäre sie betrogen worden. Was, das Volk fragen? Ironischerweise glaubte Papandreou, er würde tatsächlich die Unterstützung der Bevölkerung für das Programm erhalten – den Griechen bedeute der Euro so viel, dass sie bereit wären, die Entbehrungen und Demütigungen, die ihnen das Programm auferlegte, zu erdulden, um in der Eurozone zu bleiben. Er war überzeugt davon, dass ein positiver Ausgang des Referendums den öffentlichen Rückhalt für den Reformprozess stärken und so eine erfolgreiche Umsetzung des Programms erleichtern würde. Ich war der gleichen Meinung. Als Chefökonom der Weltbank habe ich selbst erfahren, dass es entscheidend darauf ankommt, ob sich ein Land mit einem von außen herangetragenen Programm identifiziert, und bei der Weltbank gaben wir uns zu meiner Zeit große Mühe, dies zu erreichen. Wir arbeiteten eng mit der Zivilgesellschaft zusammen, erläuterten die Entwicklungsstrategien, veranstalteten Seminare. Wurde das Programm dagegen als von außen aufgezwungen empfunden, gab es vielfältige Bemühungen, es zu unterlaufen.

Diese »undemokratische Gesinnung« zeigte sich besonders deutlich, nachdem Griechenland im Januar 2015 eine linksgerichtete Regierung unter Führung des 40-jährigen Alexis Tsipras wählte, der im Wahlkampf die Sparpolitik entschieden abgelehnt hatte. Dies ist nicht weiter verwunderlich, wenn man bedenkt, dass die bisherigen Programme allesamt gescheitert waren und das BIP im Lauf von fünf Krisenjahren um ein Viertel gesunken war, während die Jugendarbeitslosigkeit mit über 60 Prozent einen Höchststand erreichte. Die Auflagen und Bedingungen, die der vorherigen Mitte-rechts-Regierung unter Antonis Samaras (von der Partei Nea Dimokratia, die eng mit den Oligarchen verbunden ist und die in die Manipulation von Haushaltszahlen verwickelt war, die die Griechenlandkrise letztlich verursacht haben) gemacht worden waren, wurden zurückgezogen. Stattdessen wurden die Vorgaben verschärft. Als die Unterstützung für Tsipras und seinen unkonventionellen Finanzminister, Yanis Varoufakis, wuchs (der ein ausgezeichneter Wirtschaftswissenschaftler ist und gerade von einem Lehraufenthalt an der Universität von Texas in Austin zurückkam), nahmen die Unterhändler der Eurozone eine noch kompromisslosere Haltung ein. Es machte die Dinge wohl auch nicht leichter, dass er vermutlich der *einzige* Ökonom unter den Finanzministern war, mit denen er »verhandeln« sollte.

Letztendlich unterwarf sich Griechenland. Deutschland lehnte eine Umschuldung der griechischen Schulden ab – selbst nachdem der IWF festgestellt hatte, diese sei unvermeidlich. Außerdem lehnte Deutschland es ab, von dem geforderten sogenannten Primärüberschuss im Haushalt von 3,5 Prozent für das Jahr 2018 abzurücken (der prozentuale Überschuss der Staatseinnahmen über die Ausgaben, ohne Berücksichtigung von Zinszahlungen) – eine Zahl, die praktisch garantierte, dass die Depression fortdauern würde.[30]

Die Griechen wollten zwei Dinge, und sie konnten nicht beide haben: Sie wollten ein Ende der Sparpolitik und die Rückkehr von Wachstum und Wohlstand, und sie wollten in der Eurozone bleiben. Tsipras wusste, dass Letzteres im Moment wichtiger war als Ersteres, und entsprechend entschied er sich, als er den Forderungen der Eurozone nachgab. Einstweilen blieben sie in der Eurozone, und die Eurozone zerbrach nicht – aber zu einem hohen Preis für die europäische Demokratie (ganz zu schweigen von den Kosten für das griechische Volk, die wir später ausführlicher diskutieren).

Als Tsipras sich ein weiteres Mal an die Griechen wandte, um sich seinen Kurs absegnen zu lassen, unterstützten sie ihn erneut mit großer Mehrheit. Die Griechen hatten einen weiteren Angriff aus Berlin abgewehrt, aber die griechische Regierung und das griechische Volk hatten ihre wirtschaftspolitische Agenda opfern müssen. Und nichts beeinflusst den Wohlstand einer Nation und ihrer Menschen stärker als die Wirtschaftspolitik.

Obgleich die Regierungen der EU wie der Eurozone in vielen Bereichen scheinbar weiterhin souverän entscheiden konnten, widerlegte das, was in Griechenland und in anderen Euroländern geschah, diesen Anschein. Zumindest in bestimmten Situationen hatten die Euroländer ihre wirtschaftspolitische Eigenständigkeit preisgegeben. In anderen Fällen hatten sie auf wesentliche Teile derselben verzichtet.

Die Institutionen der Eurozone – wie etwa die EZB, an die diese wirtschaftspolitischen Befugnisse übertragen wurden – sind alles andere als demokratisch. Das schon bei der Geburt der Eurozone unverkennbare Demokratiedefizit ist noch größer geworden. Die mit dem Euro verbundenen weitreichenden Hoffnungen – dass er die teilnehmenden Länder auf der Basis einer Stärkung demokratischer Werte politisch enger zusammenrücken lassen würde – sind Hoffnungen geblieben. Die Wirklichkeit sieht anders aus.

Die politischen und sozialen Kosten des Euro sind offensichtlich. Die Frage lautet: Was sind seine Vorteile? Die statistischen Daten, aus denen hervorgeht, dass das europäische Projekt wirtschaftlich betrachtet eine Enttäuschung ist, werden im nächsten Kapitel vorgestellt.

3 Europas klägliche Leistung

Es ist zu früh, um zu sagen, ob die Hoffnungen und Träume der Schöpfer des Euro *langfristig* in Erfüllung gehen. Heute ist jedoch unverkennbar, dass Europa – genauer gesagt die Eurozone – wirtschaftlich ein klägliches Bild abgibt.

Nichts verdeutlicht besser, wie schlecht die Lage in Europa ist, als das Gewese, das um den kleinsten Hoffnungsschimmer gemacht wird. Das geringste Anzeichen von Wachstum sowie der kleinste Rückgang der Arbeitslosigkeit werden als Vorboten der lang erwarteten Erholung gefeiert – worauf regelmäßig die Enttäuschung darüber folgt, dass die Wirtschaft stagniert. Es ist gut, dass die Arbeitslosigkeit in Spanien von 26 Prozent im Jahr 2013 auf 20 Prozent Anfang 2016 gesunken ist. Aber selbst diese »Verbesserung« ist teilweise darauf zurückzuführen, dass viele junge Spanier das Land verlassen haben, und ungeachtet des angeblichen spanischen Wachstums liegt das Bruttoinlandsprodukt (BIP) pro Kopf 5,7 Prozent unter dem Höchststand von 2007.

Der Abschwung in der Eurozone hält mittlerweile seit acht Jahren an, und es ist unwahrscheinlich, dass Europa in naher Zukunft zu robustem Wachstum zurückkehrt. Schon jetzt ist klar, dass Europa vor einem verlorenen Jahrzehnt steht, doch besteht die Gefahr, dass wir in ein paar Jahren von Europas verlorenem Vierteljahrhundert sprechen. Eines ist sicher: Der Output – die Wirtschaftsleistung – der Eurozone wird *für immer* niedriger sein, als er es ohne die Krise gewesen wäre, *für immer* niedriger als bei einem besseren Krisenmanagement. Außerdem werden die zukünftigen Wachstumsraten geringer sein, als sie es ohne die Krise gewesen wären, niedriger als bei einem besseren Krisenmanagement.

Wenn sich etwa die Iren darüber freuen, dass ihre Wirtschaft wieder wächst (im Jahr 2015 war es die am schnellsten wachsende europäische Volkwirtschaft), sollten sie sich daran erinnern, dass sich jede (oder nahezu jede) Wirtschaft von einem Abschwung erholt.[1] Daher lässt sich der Erfolg einer Wirtschaftspolitik nicht danach beurteilen, *ob* es irgendwann zu einer Erholung kommt, sondern nur danach, wie tief und lang der Abschwung vor der Erholung war, wie viel menschliches Leid er verursachte und wie stark er die zukünftige ökonomische Leistungsfähigkeit beeinträchtigt. Der große Erfolg der keynesianischen Wirtschaftspolitik bestand darin, dass sie Abschwünge im Vergleich zu der Zeit vor dem Keynesianismus *erheblich* verkürzte (und Hochkonjunkturphasen verlängerte). In Anbetracht der Tatsache, dass die konjunkturelle Schwäche mittlerweile schon fast zehn Jahre andauert und das BIP in den meisten Krisenländern laut Prognosen 2017 noch immer niedriger sein wird als zehn Jahre zuvor, kann das Krisenmanagement kaum als Erfolg gewertet werden. Einige Länder wie Irland sollten sich dafür loben, dass sie sich besser geschlagen haben als andere (etwa Portugal und Griechenland). Aber jedes Land ist auf seine Weise kläglich gescheitert, außer, man vergleicht es mit anderen schwächelnden Volkswirtschaften.

Zwar ist das BIP ein Standardmaß der ökonomischen Leistungsfähigkeit, doch gibt es weitere Indikatoren, und in praktisch jedem schneiden die Eurozone insgesamt schlecht und die Krisenländer katastrophal ab: Die Arbeitslosigkeit ist sehr hoch, die Jugendarbeitslosigkeit ist extrem hoch und der Output pro Einwohner ist in der Eurozone insgesamt niedriger als vor der Krise und in einigen Krisenländern sogar viel niedriger.[2]

Es wäre eine Sache, wenn der Rückgang des BIP pro Kopf oder der Beschäftigung in den Krisenländern alle Bürger gleichermaßen treffen würde. Aber das ist nicht der Fall. Manche Menschen können keine Arbeit finden, weil die Arbeitslosigkeit sprunghaft ansteigt, während andere sichere Arbeitsplätze haben. Da ist es nicht weiter verwunderlich, dass insbesondere in den Krisenländern die Ungleichheit ebenfalls zugenommen hat.

Die Eurozone hat sich in jeglicher Hinsicht schlechter entwickelt als die europäischen Länder, die nicht der Eurozone angehören, und schlechter als die Vereinigten Staaten – das Land, von dem die Weltfinanzkrise ihren Ausgang nahm, und daher das Land, von dem eigentlich zu erwarten gewesen wäre, dass es am längsten benötigt, um wieder auf die Beine zu kommen.

In diesem Kapitel verdeutlichen wir anhand einiger Schlüsselstatistiken, wie schwach sich die Wirtschaft in der Eurozone entwickelt hat. Sogar Deutschland, das oft als Musterbeispiel des Erfolgs hingestellt wird, gibt ein schwaches Bild ab.

Diese Daten sprechen für sich. Sie zeigen, wie sehr der Wirtschaftsmotor der Eurozone ins Stocken geraten ist. Dass die Eurozone so viel schlechter abschneidet als andere Länder – darunter auch in vielerlei Hinsicht vergleichbare –, deutet darauf hin, dass die Probleme der Eurozone eine gemeinsame Ursache haben: den Euro. Wir versuchen in diesem Buch nachzuweisen, dass die schlechte Leistung der Eurozone mit dem Euro und der Struktur der Eurozone zusammenhängt. Im Schlussabschnitt dieses Kapitels erläutern wir kurz und bündig, weshalb die lahmende Konjunktur in der Eurozone auf den Euro zurückzuführen ist.

Die Eurozone und die Krise

Wir beginnen unsere Analyse mit der Beschreibung der gegenwärtigen wirtschaftlichen Lage in der Eurozone und der Ereignisse seit dem Beginn der Krise.[3] Wir haben in Kapitel 1 auf die weit verbreitete Befürchtung hingewiesen, die eigentliche Bewährungsprobe für den Euro komme, sobald die Eurozone von einem Schock getroffen würde, wobei sich der Schock auf verschiedene Länder unterschiedlich auswirke. Die Rigiditäten des Euro und der Regeln der Eurozone würden es der Region nicht erlauben, angemessen zu reagieren, so die Sorge. Diese Befürchtungen erwiesen sich als berechtigt.

Stagnierendes BIP

Das inflationsbereinigte BIP der Eurozone stagniert seit mittlerweile fast einem Jahrzehnt. Das BIP im Jahr 2015 lag nur 0,6 Prozent über dem BIP von 2007 (vgl. Abb. 1, Wert des Euro von 2010).[4]

Abbildung 1
Reales BIP der Eurozone

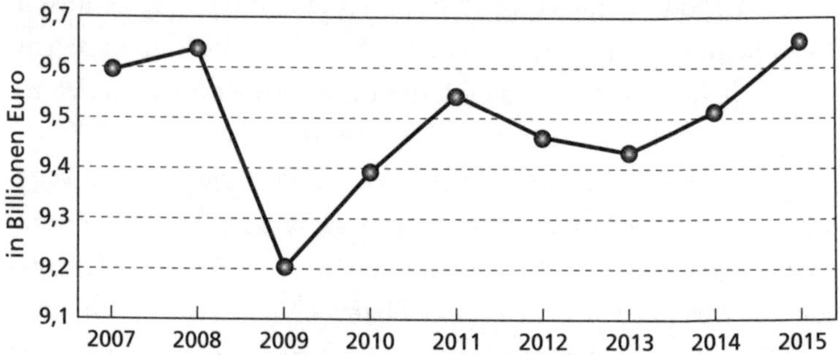

Innerhalb der Eurozone sehen wir allerdings das Muster der Divergenz, das wir in Kapitel 1 erwarteten. Während die Eurozone insgesamt stagnierte, weisen einige Länder bescheidene Wachstumsraten auf, während es in anderen, etwa Griechenland, zu einem drastischen Einbruch der Wirtschaftsleistung kam (vgl. Abb. 2).

Deutschland, der angebliche Musterschüler, ist in den acht Jahren seit 2007 um 6,8 Prozent gewachsen, aber mit einer infla-

Abbildung 2
Kumuliertes reales BIP-Wachstum, 2007–2015

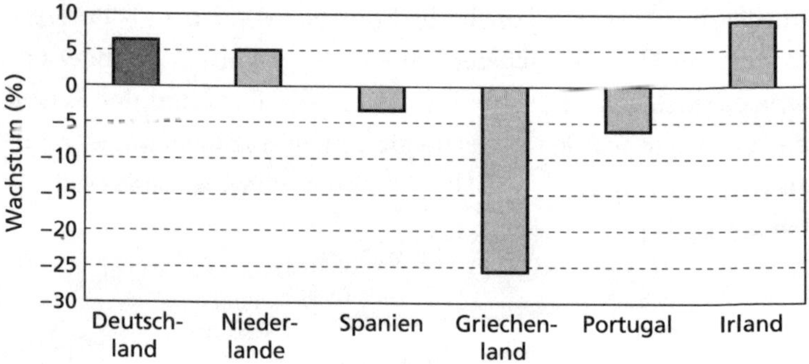

tionsbereinigten jährlichen Durchschnittsrate von nur 0,8 Prozent – eine Rate, die unter normalen Umständen als *Quasi-Stagnation* bezeichnet würde. Die deutsche Volkswirtschaft steht nur im Vergleich zu ihren Nachbarn in der Eurozone gut da.

Vergleich mit der Großen Depression

Die Rezessionen in einigen Ländern der Eurozone sind vergleichbar mit der Großen Depression in den Dreißigerjahren, teilweise sogar noch tiefer. Abbildung 3 vergleicht für mehrere Länder die gegenwärtige Krise mit der Großen Depression (vgl. Abb. 3).[5]

Abbildung 3
Realer Rückgang des BIP, Vergleich für einige Euroländer

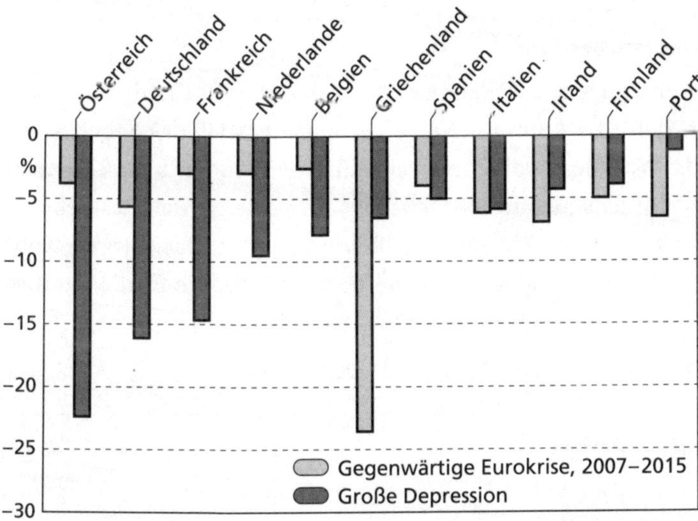

Vergleich mit europäischen Ländern außerhalb der Eurozone[6]

Struktur und Politik der Eurozone haben sich besonders negativ auf die Fähigkeit zur Anpassung an Schocks ausgewirkt – insbesondere den Schock der Weltfinanzkrise. Dies zeigt sich, wenn wir das Wachstum in der Eurozone mit dem Wachstum von nicht der Eurozone angehörenden europäischen Ländern (ohne die Transformationsländer in Ost- und Mitteleuropa) vergleichen. Im Jahr 2015 hatte dieses Europa außerhalb der Eurozone ein um 8,1 Prozent höheres BIP als 2007, im Vergleich zu einem Rückgang von 0,6 Prozent innerhalb der Eurozone.[7] Und wenn wir einige mittel- und osteuropäische Transformationsländer betrachten, die nicht unter dem Euro »litten«, ist der Unterschied noch markanter: Kein Euroland kommt an die Erfolge Polens (Wachstum: 28 Prozent) oder Rumäniens (Wachstum: 12 Prozent) heran.

Vergleich mit den USA

Die Krise begann, wie bereits erwähnt, in den USA, deren Erholung zwar anämisch, doch viel stärker als die der Eurozone ist. Von 2007 bis 2015 stagnierte die Wirtschaftsleistung der Eurozone, während der Output der USA um fast 10 Prozent wuchs.

Lebensstandard

Ein seit Langem anerkannter Maßstab des wirtschaftlichen Fortschritts ist der kontinuierliche jährliche Anstieg des Lebensstandards. Weil die Bevölkerung verschiedener Länder unterschiedlich schnell wächst, ist das BIP *pro Kopf* ein besseres Maß des Lebensstandards als das BIP selbst. Abbildung 4 zeigt das BIP pro Kopf zwischen 2007 und 2015 für die USA, die EU, die Eurozone und

Abbildung 4
Wachstum des realen BIP pro Kopf (2007–2015)

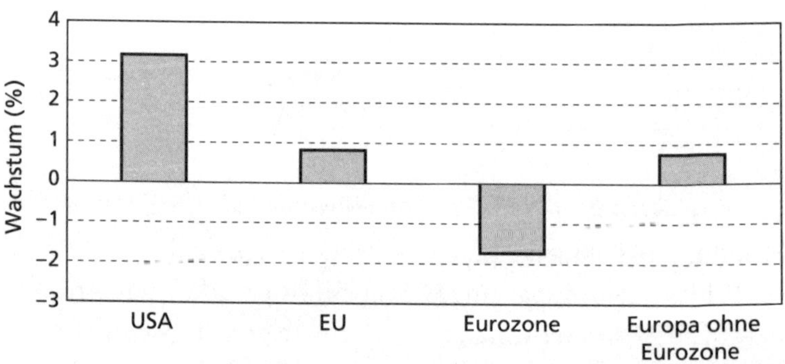

Die Europäische Union umfasst alle 27 Mitgliedsländer der EU im Jahr 2007; die Eurozone umfasst die 13 Länder, die im Jahr 2007 den Euro eingeführt hatten; Europa ohne Eurozone bezieht sich auf Norwegen, Schweden, die Schweiz und Großbritannien. »Wachstum« bezieht sich auf den Anstieg des realen BIP pro Kopf, wobei jeweils die eigenen Preis-Deflatoren (Inflationsraten) der Länder benutzt wurden.

nicht der Eurozone angehörende europäische Länder: Während das BIP pro Kopf in den USA um 3 Prozent stieg, sank es in der Eurozone um 1,8 Prozent.

So schlecht diese Zahlen auch sind, bilden sie dennoch das ganze Ausmaß des gesunkenen Lebensstandards in den Krisenländern aus mehreren Gründen nicht vollständig ab. Ein wichtiges Element des Wohlergehens ist ökonomische Sicherheit, und in den Krisenländern kam es zu einer deutlichen Zunahme der Unsicherheit, die sich in einem erstaunlichen Anstieg der Arbeitslosigkeit und Einschnitten bei sozialen Sicherungssystemen widerspiegelt.

Ein weiteres wichtiges Element des Wohlbefindens ist die »Verbundenheit«, insbesondere enge Beziehungen zu Mitgliedern der eigenen Familie. Auch hier ist die Situation in den am schlimmsten betroffenen Ländern besorgniserregend, weil viele junge Menschen gezwungen sind, nach London, Berlin oder Sydney auszuwandern, um Arbeit zu finden. In Irland ist die Anzahl der langfristigen Auswanderer zwischen 2007 und 2013 um fast 75 Prozent gestiegen. Hunderttausende Griechen sind seit dem Beginn der Krise ausgewandert: Die Anzahl der Auswanderer pro Jahr stieg von 2008 bis 2013 um mehr als das 2,5-Fache.[8] Viele von ihnen werden vermutlich nie zurückkehren. Die Gesamtbevölkerung Griechenlands hat zum Teil aufgrund dieser Abwanderung abgenommen.[9] Ausgewandert sind, wie zu erwarten, vor allem Menschen im erwerbsfähigen Alter, darunter viele hochqualifizierte griechische Fachkräfte – dies wird sich aller Voraussicht nach negativ auf das zukünftige Wachstum und auf die Fähigkeit des Landes, seine Schulden zurückzuzahlen, auswirken.[10]

Staatsausgaben und Sparpolitik

In den Krisenländern, vor allem in Griechenland, hat die Erosion des Lebensstandards noch eine weitere Ursache: Die Troika erzwang hohe Kürzungen der Staatsausgaben, von denen auch öffentliche Bildungsprogramme und andere grundlegende staatliche Leistungen betroffen waren. Einschnitte bei Sozialprogrammen haben die Unsicherheit erhöht. In Griechenland beispielsweise sanken die Staatsausgaben zwischen 2007 und 2015 um etwa 22 Prozent.[11] Dies war besonders schmerzlich für Bezieher geringer und mittlerer Einkommen.

Produktivität

Die EU und die Eurozone *beabsichtigten*, durch die Einführung einer Einheitswährung und die Förderung des freien Arbeitskräfte- und Kapitalverkehrs die wirtschaftliche Produktivität Europas zu steigern. Auch die Strukturreformen, die Griechenland, Spanien und anderen Krisenländern auferlegt wurden, sollten deren Produktivität erhöhen.

Weil die Erwerbsbevölkerung (im Alter zwischen 15 und 64 Jahren) in verschiedenen Ländern unterschiedlich schnell zu- oder abnimmt – die japanische Erwerbsbevölkerung schrumpft jährlich um etwa 1 Prozent, während die Erwerbsbevölkerung in den USA um 0,7 Prozent pro Jahr wächst und die deutsche um 0,3 Prozent jährlich schrumpft –, ist es sinnvoller, das reale (inflationsbereinigte) Wachstum des BIP pro Person im erwerbsfähigen Alter als nur das BIP zu vergleichen.[12] Man *erwartet*, dass das Wachstum Japans geringer ist als das der USA, schlicht deshalb, weil es weniger Erwerbstätige gibt. Wenn Japans Wachstum *pro Kopf der Erwerbsbevölkerung* höher ist, dann sagt uns das etwas Wichtiges: Entweder bietet das Land mehr Stellen für Personen im Erwerbsalter an, oder es steigert die Produktivität der Personen.

Die Eurozone steht, gemessen an diesem Kriterium, schlecht da – für die gesamte Eurozone ist das BIP pro Person im Erwerbsalter zwischen 2007 und 2015 nur um 0,6 Prozent angestiegen, während europäische Länder außerhalb der Eurozone eine Zunahme um 3,9 Prozent verzeichneten.[13] Der Vergleich mit den USA fällt noch ungünstiger aus: Während das US-amerikanische BIP-Wachstum pro Erwerbsperson bis 2011 wieder fast das Niveau vor der Krise erreichte, war das der Eurozone deutlich niedriger – nicht nur niedriger als das der USA, sondern als das der Welt insgesamt sowie der Länder mit hohem Einkommen.[14]

Die Krisenländer schneiden vorhersehbarerweise noch schlechter ab. Falls es zu einer Zunahme der Produktivität gekommen sein sollte, wurde dieser Effekt durch den Anstieg der Arbeitslosigkeit zunichtegemacht. In Griechenland ist der Output pro Erwerbsperson seit 2007 um 23 Prozent gesunken. Eine der Ursache für diesen massiven Einbruch ist selbstverständlich die sehr hohe Arbeitslosigkeit. Daher lohnt es sich, die Entwicklung des Outputs pro *Erwerbstätigen* zu betrachten. Hier geben selbst die leistungsstärksten Volkswirtschaften der Eurozone kein besonders gutes Bild ab. Während die Produktivität Griechenlands (Wirtschaftsleistung je *Erwerbstätigen*) zwischen 2007 und 2015 um 6,5 Prozent zurückgegangen ist, hat sogar Deutschland einen Rückgang verzeichnet (von 0,7 Prozent), während die Vereinigten Staaten im gleichen Zeitraum einen Anstieg von 7,9 Prozent aufwiesen.[15]

Arbeitslosigkeit

Arbeitslosigkeit bedeutet eine Verschwendung von Ressourcen: Sie ist die vielleicht folgenschwerste Ineffizienz in einer Marktwirtschaft, weil Millionen Menschen, die gern einer Erwerbstätigkeit nachgehen würden, dies nicht können, und sie fügt den Arbeitslosen wie ihren Familien überdies menschliches Leid zu. Die Arbeitslosenversicherung soll Erwerbslosen helfen, tut das aber nur in begrenztem Umfang.

Die Arbeitslosigkeit ist ein Bereich, in dem die Eurozone eine besonders klägliche Figur abgibt; die durchschnittliche Arbeitslosigkeit erreichte 2015 fast 11 Prozent, was in der Nähe historischer Höchststände liegt. In den Krisenländern war die Arbeitslosigkeit sogar doppelt so hoch: in Griechenland erreichte sie 2013 mit 27,8 Prozent ein Allzeithoch, und im Jahr 2015 sank die Quote nur leicht.[16]

Jugendarbeitslosigkeit

Noch beunruhigender ist der Anstieg der Jugendarbeitslosigkeit – die doppelt so hoch wie die allgemeine Arbeitslosigkeit ist. Die anhaltend hohe Arbeitslosigkeit insbesondere unter jungen Menschen wird langanhaltende Auswirkungen haben: Diese jungen Menschen werden nie die Einkommen erreichen, die sie erzielt hätten, wenn die Beschäftigungsaussichten nach dem Schul- beziehungsweise Hochschulabschluss besser gewesen wären.[17]

Geleistete Arbeitsstunden

In der Eurozone ist flächendeckend die durchschnittliche Zahl der geleisteten Arbeitsstunden je Arbeitnehmer gesunken – was das Bild noch stärker eintrübt: Weniger Personen sind erwerbstätig, und diejenigen, die erwerbstätig sind, arbeiten weniger Stunden. Selbst bei dem vermeintlichen Musterschüler Deutschland ging die Zahl der geleisteten Arbeitsstunden je Arbeitnehmer zwischen 2007 und 2014 um fast 4 Prozent zurück. (Es sei hier angemerkt, dass die vermeintlich faulen Griechen 2014 fast 50 Prozent mehr Stunden arbeiteten als die angeblich so fleißigen Deutschen.)[18]

Ungleichheit

Wir haben uns bislang auf die wirtschaftliche Leistungsbilanz *insgesamt* konzentriert. Aber Krisen treffen die Menschen im mittleren und unteren Bereich der Einkommenspyramide besonders stark. Sie haben ein hohes Risiko, arbeitslos zu werden. Viele laufen Gefahr, ihr Eigenheim zu verlieren. Steigt die Arbeitslosigkeit, sinken die Löhne oder steigen zumindest nicht in dem Maße, wie sie es andernfalls würden. Die Arbeitszeit wird verringert. Bezieher mittlerer oder niedriger Einkommen sind, wie bereits erwähnt, stärker auf öffentliche Leistungen angewiesen, und insbesondere in den von der Krise am härtesten getroffenen Ländern (aber auch in denjenigen, die nicht von der Krise betroffen sind) wurden die öffentlichen Ausgaben drastisch gekürzt.

Wir haben keine aussagekräftigen Daten, die uns Auskunft darüber geben würden, wie die Lage dieser Menschen ist, aber für einige Länder besitzen wir Daten, die uns sagen, wie sich die Ungleichheit entwickelt hat. Diese deuten darauf hin, dass heute viele schlechter als früher dastehen. In Spanien beispielsweise hatte die Ungleichheit in den Jahren vor der Krise abgenommen, 2014 jedoch lag der Gini-Koeffizient (ein Standardmaß der Einkommensungleichheit) etwa 9 Prozent über seinem Niveau von 2007. Im Fall Griechenlands stieg der Gini-Koeffizient allein zwischen 2010 und 2014 um 5 Prozent. Normalerweise dauert es viele Jahre, bis sich der Gini-Koeffizient auch nur um wenige Prozentanteile bewegt.

Armutsdaten untermauern die Vermutung, dass die Bezieher mittlerer und niedriger Einkommen von der Krise besonders schwer getroffen wurden. In praktisch allen Ländern der Eurozone hat die Armut, insbesondere die Kinderarmut, zugenommen. Laut Oxfam lebte 2012 ein Drittel der Griechen unterhalb der Armutsschwelle, und 17,5 Prozent der Bevölkerung, über eine Million Menschen im Alter zwischen 18 und 60 Jahren, lebten in Haushalten, die überhaupt kein Einkommen erzielten.[19] Laut einer UNICEF-Erhebung stieg der Prozentsatz griechischer Kinder, die in Armut leben, zwischen 2008 und 2012 von 23 auf 40,5 Prozent.[20]

Der Euro, die Eurokrise und die längerfristige Leistungsfähigkeit

Es ist mittlerweile klar, dass die europäische Wirtschaft lahmt – und dies zumindest seit Beginn der Krise. Aber wie hatte sie sich *vor* der Krise entwickelt, und wie sind die Zukunftsaussichten?

Die Antwort auf diese Frage gibt uns Abbildung 5, die das Wachstum der Eurozone in den 20 Jahren vor der Einführung des Euro am 1. Januar 1999 zeigt und dieses Wachstum in die Zukunft extrapoliert (die durchgehende Linie in der Abbildung). Für den Zeitraum von 1999 bis 2008 stellt die Extrapolation eine Schätzung der Entwicklung dar, *wenn es den Euro nicht gegeben hätte.* Für den Zeitraum nach 2008 stellt die Extrapolation eine Schätzung des BIP-Wachstums ohne den Euro *und* ohne die Finanzkrise dar. Die Abbildung zeigt auch die tatsächliche Wirtschaftsleistung als gepunktete Linie. Vor dem Euro gab es Perioden, in denen der Output etwas oberhalb des Trends lag, andere, in denen er leicht darunter lag, aber die Abweichungen sind klein. Vergleichen wir die durchgezogene mit der gepunkteten Linie, können wir sehen, wie sich die

Abbildung 5
BIP Eurozone, Trendanalyse

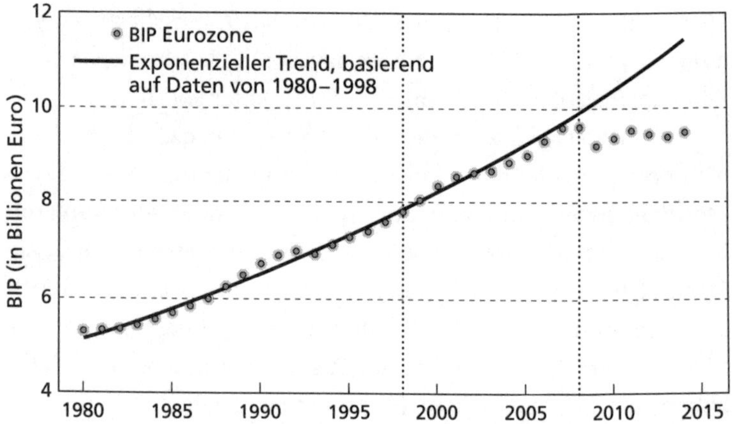

Wirtschaft im Verhältnis zu dieser einfachen Extrapolation entwickelte (vgl. Abb. 5).[21]

Wir können drei bemerkenswerte Dinge feststellen. Erstens *gab es nach der Gründung der Eurozone im gesamten Euroraum keinen Wachstumsschub.* Der Euro mag zu den Spekulationsblasen in Spanien und Irland beigetragen haben, aber er hat offenbar das Wachstum der Eurozone insgesamt nicht erhöht.

Zweitens liegen die Einkommen heute weit unterhalb des Trends, dem das BIP in den Jahren vor dem Euro folgte. Ende 2015 klafften diese Zahl und das tatsächliche BIP der Eurozone 18 Prozent auseinander – diese Lücke entspricht einem Verlust an Wirtschaftsleistung von etwa 2,1 Billionen Euro. Wenn wir diese Lücken Jahr für Jahr bis 2015 aufaddieren, beläuft sich der kumulierte Verlust auf über 11 Billionen Euro.

Drittens wächst die Lücke weiterhin – und ich glaube, dass sie das so lange tun wird, wie die Eurozone ihre gegenwärtige Politik beibehält. Aber selbst unter der optimistischen Annahme, es würde ihr gelingen, wieder zum früheren Wachstumsniveau zurückzukehren (selbst in den besten Szenarien ist das unwahrscheinlich, aus den dargelegten Gründen), beliefe sich der Gesamtwert des verlorenen Outputs auf fast 200 Billionen Euro.[22]

Glaubt man, diese schwache Leistung hänge auch nur teilweise mit der Einführung des Euro zusammen, dann müssen die Befürworter der Gemeinschaftswährung den schwierigen Nachweis erbringen, dass der ökonomische und politische Nutzen diese immensen Kosten übertrifft.

Der Euro und die Leistung einzelner Länder

Deutschland und die anderen Länder, die relativ gut dastehen, machen heute grundlegende strukturelle Mängel in den Krisenländern für die Krise verantwortlich. Sie hätten starre Arbeitsmärkte, seien anfällig für Korruption, Nationen von Steuervermeidern und faulen Geldverschwendern. Könne man schon die Kultur dieser Länder nicht verändern, so doch zumindest die Struktur ihrer Volkswirtschaften, indem man ihre Gewerkschaften schwäche, ihre Arbeits- und Steuergesetze straffe und so weiter. Diese »Reformen« würden ihnen erlauben, wieder zu wachsen. Die Hypothese dieses Buches ist eine ganz andere und einfache: Der Euro hat ihre Anpassung an die sich wandelnden weltwirtschaftlichen Rahmenbedingungen erschwert, insbesondere an die Weltfinanzkrise von 2008 und den Aufstieg Chinas. 2008 änderten sich weder ihr Nationalcharakter

Abbildung 6
Durchschnittliches reales BIP-Wachstum einiger wachstumsschwacher Länder der Eurozone

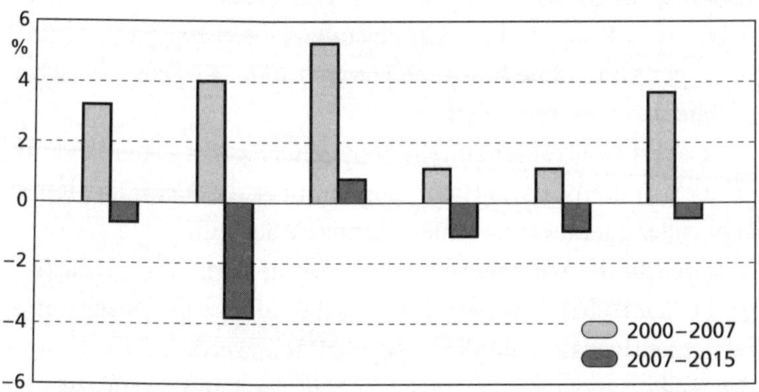

noch der institutionelle und rechtliche Rahmen. Wären diese also die Ursache der heutigen Probleme, dann hätten wir sowohl vor als auch nach 2008 durchgehend eine schlechte Leistung sehen müssen. Wäre der Euro nicht das Problem, würde man keinen deutlichen Unterschied in der Wirtschaftsleistung vor und nach 2008 erwarten. Abbildung 6 zeigt die Wachstumsraten von Finnland und der fünf Krisenländer vorher (durchschnittliches Wachstum des realen BIP, 2000–2007) und nachher (2007–2015). Es ist klar, dass nicht die Struktur dieser Volkswirtschaften für die Wachstumsschwäche verantwortlich ist. Die Daten stehen in Einklang mit unserer Hypothese, dass etwas die Anpassung behindert – der Euro. (Wie wir gleich erläutern, wurde die finnische Wirtschaft, obgleich sie sich nicht in einer Krise befand, von mehreren schweren Schocks erschüttert.) Selbstverständlich gibt es viele Unterschiede wie etwa Bildungsniveau, Standortbedingungen, frühere Investitionen usw., die zu unterschiedlichen Lebensstandards führen können. Aber die kulturellen Stereotype werden von den Daten nicht gestützt.

Zukunftsaussichten

Bei einem kurzen, flachen Abschwung erholt sich die Konjunktur meist sehr schnell und macht die Verluste wett. In den Vereinigten Staaten kam es nach der Rezession von 1980/1981 zu einer kräftigen Erholung mit einer Wachstumsrate von über 7 Prozent im Jahre 1984. Das BIP war in den nachfolgenden Jahren zwar noch immer niedriger, als es ohne Rezession gewesen wäre, aber die Wirtschaft erholte sich sehr dynamisch.

Dauert eine konjunkturelle Schwächephase dagegen lange an, erholt sich die Wirtschaft nur langsam oder gar nicht. Die Rezession endet irgendwann einmal, aber das Wachstum nach der Erholung gleicht die zwischenzeitlichen Verluste nicht aus. Tatsächlich ist die Wahrscheinlichkeit hoch, dass die zukünftigen Wachstumsraten niedriger als in der Vergangenheit sein werden. Das *Human-*, das *Sach-* und das *intellektuelle Kapital* des Landes sind zerstört oder wachsen zumindest nicht so stark, wie sie es andernfalls getan hätten. Es ist nicht weiter verwunderlich, dass dies dazu führt, dass der gesamtwirtschaftliche Output, der Output pro Stunde (Produktivität) und das Produktivitätswachstum niedriger sind, als sie es ohne Abschwung gewesen wären. In diesem Kapitel bereits präsentierte Daten stehen damit in Einklang: Die Eurokrise ist eine tiefe und chronische Krise, mit enormen und lang anhaltenden Konsequenzen.

Aber es gibt noch ein weiteres Rätsel: Wegen der niedrigeren Investitionen in einer Rezession oder Krise erwarten wir eine niedrigere Produktivität (Output pro Arbeitnehmer) nach der Rezession. Aber der Produktivitätsrückgang ist *größer*, als sich leicht erklären lässt. Für jede beliebige Inputmenge erhalten wir weniger Output, selbst wenn man etwa den kleineren Kapitalstock berücksichtigt.[23] Wir können den erwartbaren Effekt geringerer Kapital- und sonstiger beobachtbarer Inputs auf die Produktivität abschätzen. Die Differenz zwischen diesem und dem beobachteten tatsächlichen Rückgang der Produktivität ist auf die fehlende »dunkle Materie« zurückzuführen. Etwas fehlt, *das schwer zu beobachten ist.*

Auch wenn wir die Bestandteile dieser dunklen Materie nicht exakt analysieren können, existiert sie und muss berücksichtigt werden. Dieses fehlende Kapital hat viele Komponenten. In ihren Zwanzigern erwerben Menschen Kompetenzen, die ihre lebenslange Produktivität erhöhen. Diese Kompetenzen werden allerdings größtenteils am Arbeitsplatz erworben, durch »Training on the job«. Wenn es keine Stellen gibt – und die Jugendarbeitslosigkeit in den am schlimmsten betroffenen Ländern liegt bei über 50 Prozent –, findet kein Lernen am Arbeitsplatz statt. Tatsächlich gehen Kompetenzen sogar verloren (einschließlich jener Mindestkenntnisse und -fähigkeiten, die dadurch erlernt und aufrechterhalten werden, dass man ein produktives Mitglied der Erwerbsbevölkerung ist).

Mikrodaten bestätigen diese Beobachtungen: Diejenigen, die in einem schlechten (Rezessions-)Jahr ins Erwerbsleben eintreten, haben ein deutlich niedrigeres Lebenseinkommen, was insbesondere für diejenigen gilt, die für längere Zeit arbeitslos bleiben. Wir wissen auch, dass diejenigen, die in einer Rezession ihren Arbeitsplatz verlieren, deutliche Einbußen an zukünftigem Einkommen erleiden, insbesondere bei längerer Arbeitslosigkeit.

In ähnlicher Weise steigern Unternehmen ihre Produktivität im Lauf der Zeit, indem sie im Prozess der Produktion dazulernen (sogenanntes »Learning by Doing«) und in Forschung und Entwicklung investieren.[24] Geraten Volkswirtschaften jedoch in eine Rezession, und sei es auch nur eine leichte, bedeuten Produktionseinschränkungen weniger Lernmöglichkeiten, und in einer tiefen konjunkturellen Abkühlung sind Unternehmen oftmals zu starken Budgetkürzungen gezwungen. Unternehmen sparen, wo sie können, und wenngleich es die langfristigen Erfolgsaussichten von Unternehmen beeinträchtigt, gehören die Ausgaben für Forschung und Entwicklung zu jenen Bereichen, in denen es zu den größten Einschnitten kommt. Und solche Kürzungen sind noch schlimmer geworden, seitdem die Märkte den Quartalsergebnissen so großes Gewicht beimessen; kurzfristiges Denken greift immer weiter um sich.[25] Firmen sparen in zunehmendem Maße auch bei anderen langfristigen Investitionen. Mitarbeiter werden entlassen, um den Cashflow des Unternehmens zu verbessern, was aber die Loyalität der Mitarbeiter untergräbt. Die Anzahl der Insolvenzen nimmt zu, und wenn Firmen pleitemachen, wird Organisations- und Informationskapital in Firmen zerstört.

Eine Vernichtung von gesellschaftlichem Kapital hat stattgefunden, die von unseren gängigen Kennzahlensystemen (die sich auf *Sach*kapital wie Maschinen und Anlagen konzentrieren) nicht angemessen abgebildet wird. Dies zeigt sich auf besonders dramatische Weise in Griechenland, dem Land mit der tiefsten Depression. Die Troika hat die Aufkündigung des Gesellschaftsvertrags erzwungen, den gesellschaftlichen Zusammenhalt zerstört. Denjenigen etwa, die hart arbeiteten, in der Erwartung, später eine bescheidene, aber auskömmliche Rente zu erhalten, wird heute gesagt, ihre Rente werde auf ein Niveau unterhalb des Existenzminimums gekürzt. Eine derartige Vernichtung von Sozialkapital hat unweigerlich gravierende

Folgen nicht nur für den Zusammenhalt einer Gesellschaft, sondern auch für die Wirtschaft.

Diese Analyse ist von großer politischer Tragweite: Es hat erhebliche *langfristige* Konsequenzen, wenn keine entschlossene antizyklische Wirtschaftspolitik, die Konjunkturschwankungen auffängt, betrieben wird, um möglichst schnell wieder Vollbeschäftigung zu erreichen. Unter Berücksichtigung dieser langfristigen Folgen ist die wirtschaftliche Bilanz der Eurozone seit Einführung des Euro sogar noch schlechter: Human- und Organisationskapital wurden *vernichtet*, und Human- und Wissenskapital sind nicht in dem Maße gewachsen, wie es normalerweise der Fall gewesen wäre.

Deutschland

Deutschland wird manchmal als erfolgreiches Gegenbeispiel zu der Krise hingestellt, die dem Rest der Eurozone so schwer zusetzt. Seine führenden Politiker haben mitunter gefordert, die anderen sollten sich ein Beispiel an Deutschland nehmen: Wenn du die Regeln befolgst und Defizite und Verschuldung niedrig hältst, dann wirst du Wohlstand genießen. Aber Deutschland steht nur im Vergleich zu anderen in der Eurozone gut da. Wenn wir die Notenskala nicht nach unten anpassen würden – also nicht gemäß der *relativen* Leistung bewerten würden –, erhielte Deutschland vielleicht die Note Vier.

Wie bereits erwähnt, wuchs die deutsche Volkswirtschaft zwischen 2007 und 2015 jährlich im Schnitt (inflationsbereinigt) um 0,8 Prozent; dies entspricht in etwa dem japanischen Wirtschaftswachstum zwischen 2001 und 2010, als sich das Land noch immer in seiner berüchtigten 20-jährigen Stagnationsphase befand. Deutschland steht besonders schlecht da, wenn man das Wachstum seiner Erwerbsbevölkerung berücksichtigt, die nur um 0,3 Prozent jährlich schrumpft, während Japan einen Rückgang von 1 Prozent pro Jahr aufweist.

Aber wie die Internationale Kommission zur Messung der Wirtschaftsleistung und des sozialen Fortschritts betont hat, ist das BIP ein unzureichender Indikator des allgemeinen Wohlstandsniveaus einer Gesellschaft. So lässt es etwa die Verteilung der Wachstumsgewinne unberücksichtigt: Selbst in Deutschland stagnierten die Einkommen eines Großteils der Bevölkerung oder sanken sogar.[26] Von 1992 bis 2010 nahm der Anteil des obersten 1 Prozents am Einkommen um etwa 24 Prozent zu.[27] Und von der Mitte der Achtzigerjahre bis zur Mitte der Nullerjahre sind der Gini-Koeffizient und die Armutsraten in Deutschland ständig gestiegen – wobei letztere schließlich sogar den Durchschnitt der OECD-Länder übertrafen.[28] Deutschland hat seine Wettbewerbsfähigkeit zum Teil auf Kosten seiner Geringverdiener verbessert, auch wenn die sozial Schwachen in Deutschland viel besser abgesichert sind als in den Vereinigten Staaten.[29]

Auch wenn Deutschland wohl kaum die Erfolgsgeschichte ist, die es so gern für sich in Anspruch nähme, liefern seine bescheidenen Erfolge nicht einmal eine Vorlage für andere. Das deutsche Wirtschaftswachstum basiert auf hohen Handelsbilanzüberschüssen, die nicht alle Länder erreichen können: Ein Grundgesetz des internationalen Handels lautet, dass die Summe der Handelsbilanzdefizite gleich der Summe der Handelsbilanzüberschüsse sein muss. Hat ein Land einen Außenhandelsüberschuss, *muss* ein anderes ein Außenhandelsdefizit haben.

Abschließende Bemerkungen

Die Einheitswährung sollte die wirtschaftliche Leistungsfähigkeit der Mitglieder der Eurozone verbessern. In den Jahren vor der Krise lassen sich kaum positive Effekte nachweisen. Kritiker sagten, die eigentliche Bewährungsprobe komme mit einer Krise: Dann käme es zu großen Verlusten, weil der Euro die Anpassung erschwere. In diesem Kapitel haben wir erdrückende Anhaltspunkte dafür vorgelegt, dass die Kritiker recht hatten. Nach jedem Kriterium, mit dem die Leistungsfähigkeit normalerweise gemessen wird, steht die Eurozone schlecht da. Sie schneidet im Vergleich zu den Vereinigten Staaten, wo die Krise ihren Ausgang nahm, schlecht ab, und auch im Vergleich zu europäischen Ländern außerhalb der Eurozone. Selbst Deutschland konnte sich dem nicht entziehen.

Kontrafaktische Analysen

Befürworter des Euro können diese Statistiken nicht bestreiten, nur anders interpretieren. Einige sagen vielleicht, ja, die Lage ist schlecht, aber wenn es den Euro nicht gäbe, wäre die Lage noch schlechter. Ökonomen nennen solche Gedankenexperimente – das Durchspielen von Szenarien unter Rahmenbedingungen, die nicht den realen Gegebenheiten entsprechen – *kontrafaktische* Analysen.

Hier sind Theorie und empirische Daten voll und ganz aufseiten der Kritiker des Euro – und in den nachfolgenden Kapiteln erläutern wir, warum dies so ist. Die grundlegende Idee ist allerdings einfach. Wäre etwa Griechenland nicht an den Euro gefesselt gewesen, als die Krise ausbrach, hätte es seine Währung abwerten können. Touristen hätten in Griechenland viel billiger Urlaub machen können und wären daher in Scharen ins Land gekommen. Die stark steigenden Tourismuseinnahmen hätten dem Land geholfen, rasch wieder auf die Beine zu kommen. Außerdem hätte die griechische Zentralbank, sobald sie die Tiefe des Abschwungs erkannte, die Konjunktur ihrerseits durch Senkung der Zinsen ankurbeln können – im Unterschied zur EZB, die die Zinsen im Jahr 2011 sogar anhob. Zur Zeit der Krise hatte Griechenland ein Zahlungsbilanzproblem – es importierte mehr, als es exportierte. Auch Wechselkursanpassungen hätten in erheblichem Umfang dazu beitragen können, dies zu ändern, denn sie hätten Einfuhren erschweren und zugleich Exporte und Tourismus fördern können. Das Gleiche gilt sogar in noch höherem Maße für die anderen Krisenländer.

Befürworter des Euro würden vielleicht einwenden, *wenn* Griechenland bei Deutschland Kredite in deutscher Währung aufgenommen hätte, dann hätte die Abwertung der griechischen Währung die *reale* Verschuldung Griechenlands erhöht. Das stimmt – aber genau das geschieht jetzt, weil die Politik der Troika die griechischen Einkommen um mehr als ein Viertel senkte. Und was noch wichtiger ist: Griechenland hätte wahrscheinlich keine Kredite in deutscher Währung aufgenommen, eben weil es (und vermutlich auch seine Kreditgeber) sich des damit verbundenen Risikos bewusst gewesen wäre.[30]

Korrelation und Kausalität

Die Leistungsschwäche der Eurozone, sowohl in absoluten Zahlen als auch verglichen mit anderen Ländern, könnte selbstverständlich mit einem anderen Faktor als dem Euro zusammenhängen. Außerdem wirkten sich weltwirtschaftliche Veränderungen auf die Eurozone aus, auf eine Gruppe von Ländern innerhalb der Eurozone anders als auf andere. Deshalb hat die Behauptung Deutschlands, das Scheitern einiger Länder in der Eurozone hänge mit ihrer Verschwendungssucht zusammen, überhaupt nichts mit der ökonomischen Realität zu tun, sondern zeugt vielmehr von mangelnder Analysefähigkeit. Wie bereits erwähnt, könnte man höchstens Griechenland Verschwendungssucht vorwerfen. Die finnische Wirtschaft geriet in den letzten Jahren nicht wegen Verschwendung in Stocken – die Einkommen sind heute 5 Prozent niedriger als 2007 –, sondern weil sie dreimal einfach Pech hatte: Das führende finnische Unternehmen, Nokia, hat gegenüber anderen Hightech-Unternehmen wie Apple an Boden verloren; eine andere bedeutende Branche, die Forstwirtschaft, kämpft mit einer schwächer werdenden Nachfrage; und ein wichtiger Handelspartner, Russland, trat (aufgrund niedriger Erdölpreise) in eine Rezession ein und wurde anschließend von westlichen Sanktionen getroffen. Selbst die Behauptung Deutschlands, es verdanke seinen wirtschaftlichen Erfolg ausschließlich eigener Anstrengung, ist keineswegs erwiesen: Deutschland hatte das Glück, dass es viele Jahre lang Güter produzierte, die in China, dem Motor des weltwirtschaftlichen Wachstums, sehr gefragt waren, während einige andere Länder der Eurozone, die nicht so gut dastanden, Güter herstellten, die mit chinesischen Gütern konkurrierten.

Spätere Kapitel zeigen, dass ein eindeutiger Zusammenhang zwischen dem Euro und der Wachstumsschwäche der Eurozone besteht; die zeitliche Parallele ist kein Zufall. Es ist ein ursächlicher Zusammenhang, keine bloße Korrelation. Die obige Analyse verdeutlichte, wie der Euro die Anpassung behindert. Aber der Euro trug auch zur Krise selbst bei, weil er die Handelsbilanzdefizite in Griechenland, Spanien und anderen Krisenländern förderte, denn diese Ungleichgewichte führten in diesen Ländern dazu, dass die Preise im Verhältnis zu den Preisen in Deutschland stiegen. Diese Ungleichgewichte waren nicht tragfähig – und daher auch nicht von Dauer. Aber ihre Auflösung und die Bewältigung der Folgen erwiesen sich als außerordentlich schmerzhaft, und die Kosten waren weitaus größer als der winzige Nutzen, den die Länder kurzzeitig davon hatten.

Die wahren Kosten des Euro

Kein Ökonom hat eine perfekte Kristallkugel. Befürworter des Euro könnten behaupten, er ermögliche ein starkes Comeback. Dieses Argument besaß vor ein paar Jahren vielleicht eine größere Überzeugungskraft. Doch je länger sich die Krise, die Rezession und die Beinahe-Rezession hinziehen, während andernorts eine robuste Erholung einsetzt, scheint das genaue Gegenteil der Fall zu sein: Wie bereits erwähnt, steuert die Eurozone – bestenfalls – auf ein verlorenes Jahrzehnt zu. Ich habe erklärt, warum wahrscheinlich auch das BIP in Zukunft langsamer wachsen wird als in der Vergangenheit.

Aber die kalten ökonomischen Statistiken dieses Kapitels erfassen nicht das wahre Scheitern der Eurozone. Andere Statistiken – ein deutlicher Anstieg der Suizide – vermitteln wohl ein besseres Bild von dem Stress, dem die Durchschnittsbürger ausgesetzt sind.[31] Zeitungsartikel haben die *sozialen Kosten* der Krise anschaulich geschildert – Bilder von vielen einfachen Leuten, die in Abfällen herumstöbern und betteln, geschlossene Läden, soziale Spannungen, die sich in gewalttätigen Protesten entladen. Es sind die Auswirkungen des Euro und der Eurozone auf das Leben der Bürger in Europa, einschließlich derjenigen in den Krisenländern, die wir vor Augen haben sollten, wenn wir in den folgenden Kapiteln die manchmal komplexen Fragen von Währungsordnungen und ihren Auswirkungen auf die wirtschaftliche Leistungsfähigkeit diskutieren. Wir müssen uns immer wieder daran erinnern, dass Währungsordnungen ein Mittel zu einem Zweck sind, kein Selbstzweck.

TEIL II

Die Geburtsfehler des Euro

4 Wann kann eine Einheitswährung *überhaupt* funktionieren?

Die Zeit vor dem Euro. Eine Welt, in der man von einem europäischen Land in ein anderes reiste, von Frankreich nach Deutschland, von Deutschland in die Niederlande, und dabei ständig Geld wechselte – Francs in Deutsche Mark in Gulden. Die Einführung des Euro machte einem Reisenden das Leben leichter. Sie ersetzte 19 verschiedene Währungen in 19 verschiedenen Ländern durch eine Einheitswährung.[1]

Die Schaffung einer Einheitswährung bedeutete jedoch mehr als nur einen Austausch der Scheine, die für den Kauf von Gütern verwendet werden. Sie erforderte die Gründung einer Zentralbank, der Europäischen Zentralbank, die für die gesamte Eurozone zuständig sein sollte. Die EZB setzt die Leitzinsen für den gesamten Währungsraum fest und fungiert als letztinstanzlicher Kreditgeber für die Banken der Eurozone – sie stellt den Banken Geld zur Verfügung, das diese beispielweise benötigen, wenn Einleger Gelder abheben, und sie tut dies *selbst dann, wenn sonst niemand diese Gelder bereitstellt.* Die Zentralbank legt Zinsen fest und kann Devisen an- sowie verkaufen. Beides wirkt sich auf den Wechselkurs zwischen dem Euro und anderen Währungen, etwa dem Dollar, aus.[2] (Der Wechselkurs legt fest, wie viele Einheiten einer Währung gegen Einheiten einer anderen Währung getauscht werden können. So betrug der Dollar/Euro-Wechselkurs Anfang 2016 0,92; dies bedeutet, wenn ein Amerikaner mit 100 Dollar nach Europa reiste, bekam er dafür 92 Euro.) Ein höherer Zinssatz führt zu einer höheren Nachfrage nach Euro und daher einem höheren Wechselkurs.

Die Geldpolitik ist eines der wichtigsten Instrumente im wirtschaftspolitischen Werkzeugkasten eines Staates. Will die Zentralbank die Konjunktur ankurbeln, senkt sie die Leitzinsen und erleichtert so den Zugang zu Krediten.[3] Und die Senkung der Zinsen verringert den Wechselkurs der eigenen Währung gegenüber Fremdwährungen, sodass Exporte billiger und wettbewerbsfähiger, Importe jedoch teurer werden und daher abnehmen. Beides stärkt die Wirtschaft.

Märkte sorgen von sich aus weder für Vollbeschäftigung noch für finanzielle und ökonomische Stabilität. In sämtlichen Ländern greift der Staat in die Märkte ein, um die gesamtwirtschaftliche Stabilität zu fördern. Außer für einige Marktradikale lautet die Frage heute nicht mehr, *ob* der Staat eingreifen sollte, sondern lediglich, wie und wo er eingreifen sollte, um *Marktunvollkommenheiten zu beheben.*

Wenn sich zwei Länder (oder 19) zu einer Währungsunion zusammenschließen, geben sie die Kontrolle über ihre Zinssätze auf. Weil sie *dieselbe* Währung haben, gibt es *keinen* Wechselkurs mehr, können sie nicht durch Anpassung ihres Wechselkurses ihre Güter billiger und attraktiver machen. Da Zins- und Wechselkursänderungen zu den wichtigsten Mechanismen gehören, mit denen sich Volkswirtschaften anpassen, um Vollbeschäftigung aufrechtzuerhalten, verloren sie mit der Einführung des Euro zwei leistungsfähige Instrumente, um die Beschäftigung zu beeinflussen.

Weil die Gemeinschaftswährung den Euroländern die Möglichkeit nahm, mithilfe des Wechselkurses die Aus- und Einfuhren anzupassen, war eine anhaltende Disparität zwischen Importen und Exporten das offensichtliche Symptom dafür, dass etwas falschlief – dass eine Anpassung, die hätte erfolgen *sollen*, nicht stattfand. Bei einem Importüberschuss sinkt der Wechselkurs normalerweise, sodass Einfuhren teurer und Exporte billiger werden. Wenn beispielsweise Griechenland mehr ein- als ausführen würde, könnte und würde dieses Ungleichgewicht durch eine Abwertung der griechischen Währung korrigiert werden; dadurch würden Exporte attraktiver, Importe dagegen unattraktiver. Bei festen Wechselkursen ist das nicht mehr möglich. Ein Einfuhrüberschuss muss finanziert werden, und wenn das Land mit dem Außenhandelsdefizit hierfür keine Kredite aufnehmen kann, gibt es ein Problem.

Die Abtretung der Kontrolle über den Wechselkurs und die Zinssätze kann für ein Land *sehr* kostspielig werden. Es können gravierende Probleme auftreten, sofern nicht anderweitig für Abhilfe gesorgt wird. Die Höhe der Kosten und die Natur dieser »anderweitigen Abhilfe« hängen von zahlreichen Faktoren ab, wobei der wichtigste ist, wie ähnlich sich Länder sind. In Anbetracht der Heterogenität Europas geht diese »anderweitige Abhilfe« weit über das hinaus, was Europa getan hat beziehungsweise *wahrscheinlich zu tun bereit ist.*

Wenn Länder mit einer gemeinsamen Währung einander hinreichend ähnlich sind, werden alle Länder von den gleichen Schocks getroffen – beispielsweise einer Zu- oder Abnahme der Nachfrage nach ihren Produkten aus China –, sodass die Reaktionen, die für ein Land angemessen sind, für alle Länder angemessen sind. In einer solchen Situation sind die Kosten für die Bildung einer Währungsunion wahrscheinlich gering. Mein Kollege Robert Mundell erhielt den Wirtschaftsnobelpreis dafür, dass er die Frage stellte und beantwortete, was die Voraussetzungen für eine funktionierende Währungsunion zwischen Ländern sind.[4] Aus seiner Analyse geht hervor, dass die Euroländer zu unterschiedlich sind, als dass eine gemeinsame Währung ohne Weiteres funktionieren könnte.

Den Gründern der Eurozone bereiteten diese Unterschiede Kopfzerbrechen. Der Vertrag von Maastricht, mit dem 1992 die Einführung des Euro beschlossen wurde, legte fest, dass nur solche Länder an der Währungsunion teilnehmen dürfen, die die sogenannten *Konvergenzkriterien* erfüllen – die ihrerseits sicherstellen sollten, dass sich die Länder tatsächlich einander annähern. Staaten, die dem Euro beitreten wollten, mussten ihre Haushaltsdefizite (der jährliche Betrag, um den ihre Einnahmen hinter den Ausgaben zurückbleiben) und ihre Verschuldung (die Gesamtheit der öffentlichen Schulden) begrenzen. So durften ihre Defizite nicht mehr als 3 Prozent des BIP betragen und ihre Gesamtverschuldung durfte nicht über 60 Prozent des BIP liegen.[5] Sämtliche EU-Staaten (nicht nur die Länder der Eurozone) haben sich später im Rahmen des sogenannten Wachstums- und Stabilitätspakts noch einmal ausdrücklich zur Einhaltung dieser Defizit- und Schuldenvorgaben verpflichtet.[6]

Die Länder der Eurozone fragten sich zu Recht, ob die Unterschiede zwischen ihnen nicht allzu groß seien. Sie erkannten, dass überzogene Disparitäten den Euro belasten würden: Ein Teil der Eurozone könnte mit einer tiefen Rezession kämpfen, ein anderer mit hoher Inflation, ein Teil könnte einen hohen Außenhandelsüberschuss aufweisen, ein anderer ein hohes Außenhandelsdefizit. Ein Zinssatz, der für einen Teil angemessen wäre, würde die Probleme eines anderen Teils verschärfen. Aus irgendeinem Grund glaubten sie scheinbar, dass diese Disparitäten auf wundersame Weise nicht auftreten würden, wenn sich die Haushaltsdefizite und Staatsschulden in Grenzen hielten, und dass es in der gesamten Eurozone Wachstum und Stabilität geben würde; sie glaubten, Handelsungleichgewichte seien kein Problem, solange es keine Ungleichgewichte zwischen den Staaten gebe.

Doch sieht die Realität heute anders aus. Selbst Länder ohne Haushaltsdefizite und mit niedrigem öffentlichen Schuldenstand (wie Spanien und Irland) machen Krisen durch. Viele Länder ohne große Haushaltsdefizite oder Verschuldung haben hohe Handelsbilanzdefizite. Viele Länder der Eurozone haben den Schock der Weltfinanzkrise von 2008 und seine Nachwirkungen noch immer nicht richtig verwunden. Es gab weder Wachstum noch Stabilität, und die Länder entwickelten sich *auseinander*, anstatt sich anzunähern.

Das letzte Kapitel zeigte, dass der Euro sein Versprechen nicht eingelöst hat, Europa Wohlstand zu bringen. Dieses Kapitel beginnt mit der Erklärung der Ursachen dafür. Ich werde zunächst erläutern, wieso eine Gemeinschaftswährung der 50 heterogenen Bundesstaaten der USA funktioniert. Anschließend zeige ich, dass die *notwendigen Voraussetzungen* – in Bezug auf den institutionellen Ordnungsrahmen – für den Erfolg einer europäischen Gemeinschaftswährung nicht erfüllt sind. Ich erläutere auch, warum eine Gemeinschaftswährung vielfältige Probleme mit sich bringen kann – warum sie, wenn die notwendigen Institutionen fehlen, zu anhaltend hoher Arbeitslosigkeit, Leistungsbilanzdefiziten (fortdauernden Einfuhrüberschüssen) und, schlimmer noch, Krisen führen kann. Das sind nicht nur theoretische Möglichkeiten: Diese Probleme haben sich mit aller Macht in Europa manifestiert.

Eine naheliegende Frage lautet: Hätten die Schöpfer des Euro weitere Auflagen machen sollen – beispielsweise nicht nur bezüglich der Haushalts-, sondern auch hinsichtlich der Leistungsbilanzdefizite –, um die Konvergenz sicherzustellen? Hätten diese Bedingungen Wachstum und Stabilität gefördert? Wir erklären später in diesem Kapitel, warum eine naheliegende zusätzliche Begrenzung – des Leistungsbilanzdefizits – nichts bringen würde. Es gibt ein Regelwerk für Länder, das zusammen mit einem bestimmten institutionellen Rahmen für die Eurozone dafür sorgen könnte, dass eine Einheitswährung auch für eine Gruppe unterschiedlicher Länder funktioniert. In Kapitel 9 beschreibe ich ein solches Regelwerk, das nicht nur auf Länder mit Außenhandelsdefiziten, sondern auch auf solche mit Handelsüberschüssen anwendbar ist. Wie wir sehen werden, unterscheiden sich diese Regeln und Institutionen deutlich von denjenigen, die es heute in der Eurozone gibt.

Wir haben bereits darauf hingewiesen, dass es in diesem Buch nicht nur um *Ereignisse* in Europa geht, sondern auch um *Ideen*, um den Einfluss ideologischer Anschauungen auf die Konstruktion der Eurozone. Die Gründerväter des Euro glaubten offenbar, die Erfüllung der Konvergenzkriterien reiche aus, um das Überleben des Euro sicherzustellen. Sie haben sich offensichtlich geirrt. In diesem Kapitel versuchen wir auch zu erklären, wie sie der Neoliberalismus (der Marktfundamentalismus) in die Irre führte.

Die Vereinigten Staaten als Währungsraum

Viele Europäer blicken auf die Vereinigten Staaten und fragen: Wenn die 50 US-Bundesstaaten mit dem Dollar eine gemeinsame Währung haben können, wieso sollte den 19 Staaten der Eurozone nicht das Gleiche gelingen? Wir haben bereits darauf hingewiesen, dass bei hinreichenden Gemeinsamkeiten zwischen den teilnehmenden Staaten die geeignete Geldpolitik für einen Staat auch für die anderen angemessen ist. Aber die einzelnen US-Bundesstaaten unterscheiden sich deutlich voneinander – manche sind agrarisch geprägt, andere industriell, manchen hilft ein sinkender Ölpreis, anderen schadet er; einige Bundesstaaten nehmen in einem fort Kredite bei anderen auf und einige sind Netto-Kreditgeber. Aus diesen Unterschieden resultieren sehr unterschiedliche wirtschaftspolitische Perspektiven: Bundesstaaten, die Netto-Schuldner sind und in denen die Industrie eine bedeutende Rolle spielt, sprechen sich in der Regel für niedrige Zinsen aus, während die Gläubigerstaaten mit einem großen Finanzsektor für hohe Zinsen plädieren. Außerdem gibt es einen seit Langem bestehenden Antagonismus zwischen Wall Street – dem Finanzsektor – und Main Street – den einfachen Arbeitnehmern und Kleinbetrieben. Ähnlichkeit mag daher dem Erfolg eines Währungsraums zwar förderlich sein, ist aber kaum unabdingbar dafür.

Das US-amerikanische System der Einheitswährung funktioniert vielmehr deshalb, weil es drei wichtige Anpassungsmechanismen *innerhalb* der Vereinigten Staaten gibt. Leider ist keiner davon in Europa vorhanden – zumindest nicht in ausreichender Stärke, um die Eurozone zu einem funktionierenden Währungsraum zu machen. Wenn etwa South Dakota einem negativen Schock ausgesetzt ist, wandern die Menschen ab. Weil Englisch die gemeinsame Sprache aller Bundesstaaten ist und viele wichtige Programme wie die staatliche Rentenversicherung und Medicare (die öffentliche Krankenversicherung für ältere Bürger) nationale Programme sind, ist es relativ leicht, innerhalb der USA umzuziehen. Natürlich sind Umzüge mit Kosten verbunden, und in manchen Berufen, etwa bei Anwälten, wirken einzelstaatliche Zulassungsanforderungen als eine Schranke. Dennoch sind die Unterschiede zu Europa groß: Wenngleich innerhalb der EU grundsätzlich die Personenfreizügigkeit gewährleistet ist, gibt es noch immer hohe sprachliche wie kulturelle Hürden und ebenso Unterschiede bei beruflichen Zulassungsanforderungen. Amerikaner sind es gewohnt, von einer Region in eine andere zu ziehen, Europäer nicht.

Es gibt noch ein weiteres Problem: Nur wenige Amerikaner in anderen Bundesstaaten sorgen sich darüber, dass sich beispielsweise South Dakota entvölkert.[7] Aber Griechenland ist es nicht egal, wenn die meisten oder auch nur die am höchsten qualifizierten jungen Griechen das Land verlassen. Und es sollte dem Land auch nicht egal sein. In den Vereinigten Staaten ist es im großen Ganzen eher unerheblich, ob Menschen zu den Stellen ziehen oder die Stellen zu den Menschen kommen.[8] In Europa wollen die Griechen und Esten sicher sein, dass genügend Arbeitsplätze in diese relativ kleinen Länder »wandern«, um ihre Wirtschaft, Kultur und Identität zu erhalten.[9]

Ein weiterer großer Unterschied besteht darin, dass die Bewohner South Dakotas sich zuallererst als Amerikaner verstehen und dass ein Umzug ihre Identität nicht infrage stellt. Ein Bewohner South Dakotas ist nicht als »Gast« in Kalifornien, sondern weil er ein Recht hat, sich hier aufzuhalten, und es ist unvorstellbar, dass dieses Recht widerrufen würde. Nach einer sehr kurzen Zeit hat er uneingeschränkte Wahlrechte und Anspruch auf alle Leistungen, die Kaliforniern zustehen. Es wird kein Unterschied zwischen einem geborenen Kalifornier und einem »Zuwanderer« aus South Dakota gemacht, beide sind »Kalifornier«. Jüngste europäische Debatten darüber, wie viele Jahre ein Einwanderer in seinem neuen Land leben muss, ehe er beispielsweise Anspruch auf Sozialleistungen erhält, zeigen, dass das in Europa anders ist. Auch wenn ein Pole, der nach Irland einwandert, dort problemlos arbeiten kann, bleibt er letztlich ein Gast. Außerdem werden seine politische wie kulturelle Identität – und seine Zukunftshoffnungen – sehr wahrscheinlich polnisch bleiben.

In den Vereinigten Staaten gibt es noch einen weiteren wichtigen Anpassungsmechanismus: Nach einem Schock erhält South Dakota finanzielle Unterstützung durch die US-Bundesregierung. Teilweise erfolgt diese Unterstützung automatisch: In einer Rezession nehmen viele Menschen verstärkt *nationale* Sozialprogramme in Anspruch, etwa Medicaid (das nationale Gesundheitsfürsorgeprogramm für Menschen mit geringem Einkommen, das von den Bundesstaaten organisiert, aber weitgehend vom Bund finanziert wird), Medicare (die nationale Krankenversicherung für ältere Menschen), Social Security (die staatliche Rentenversicherung), das Supplemental Nutrition Assistance Program (SNAP, das nationale Lebensmittelhilfe-Programm für die Armen) und andere mehr. In einer tiefen Rezession übernimmt die US-Bundesregierung zudem einen Großteil der Kosten der Arbeitslosenversicherung. In Europa wird jedes dieser Programme von den nationalen Regierungen finanziert, sodass im Fall einer Krise in Griechenland die dortige Regierung die Mittel für die steigenden Sozialausgaben aufbringen muss – und zwar just dann, wenn die Staatseinnahmen sinken.

Abgesehen von diesen automatischen Programmen kann die amerikanische Bundesregierung auch Ermessensspielräume nutzen, um Bundesstaaten in Schwierigkeiten unter die Arme zu greifen. Befindet sich Kalifornien in einer Rezession, können mehr Mittel aus dem Verteidigungshaushalt in diesen Bundesstaat fließen, in dem Bestreben, die dortige Wirtschaft anzukurbeln. Das EU-Budget dagegen ist vergleichsweise winzig. Es gibt nur wenige frei verfügbare Mittel, die in einer antizyklischen Weise verwendet werden könnten.

Die Vereinigten Staaten verfügen noch über einen dritten Faktor gemeinsamer Unterstützung im Fall eines negativen Schocks: Das Bankensystem ist größtenteils ein *nationales* Bankensystem. Gerät eine Bank in eine Schieflage (wie im Jahr 2008 viele Banken), wird das Institut nicht von einem einzelnen Bundesstaat, sondern von einer Bundesbehörde (dem US-Einlagensicherungsfonds FDIC) gerettet. Wäre der Bundesstaat Washington gezwungen gewesen, Washington Mutual zu retten, die größte Bank des Staates, die in der Finanzkrise pleiteging, hätte er dies nicht tun können – es wäre, wie wenn Island versucht hätte, Banken zu retten, deren Schulden zehnmal höher wären als das BIP des Landes.[10] Und vielleicht wäre es sogar Kalifornien schwer gefallen, die Probleme im Zusammenhang mit der Insolvenz von Countrywide Financial (nach Fannie Mae und Freddie Mac die größte Hypothekenbank der USA) zu bewältigen.

Dagegen war bis jetzt jedes Land innerhalb Europas selbst für seine Banken verantwortlich. Und wie wir im nächsten Kapitel erläutern, trägt dies zu einer Abwärtsspirale bei: Schwache Banken führen dazu, dass sich die Haushaltslage der jeweiligen Regierung verschlechtert, was wiederum die Banken weiter schwächt.

Einige später von mir vorgeschlagene Reformen am Design der Eurozone zielen darauf ab, Europa *näher* an das amerikanische Modell heranzuführen, an ein System, in dem *ein* Zinssatz und *ein* Wechselkurs mit gemeinsamem Wohlstand vereinbar sind – und die Eurozone *hinreichend* in diese Richtung zu bewegen, damit der Euro eine reelle Chance erhält, doch noch zu einer erfolgreichen Währung zu werden.

Probleme bei einer Gemeinschaftswährung zwischen sehr unterschiedlichen Ländern und das Versagen der Eurozone

Schon bei der Einführung des Euro war den meisten bewusst, dass es zwischen den Ländern der Eurozone große Unterschiede gab und der Währungsunion jener institutionelle Ordnungsrahmen fehlte, der dafür sorgen würde, dass sich die Gemeinschaftswährung trotz der wirtschaftlichen Disparitäten zwischen den teilnehmenden Ländern bewährte. Bereits zu Beginn gab es enorme Differenzen: So betrug etwa das BIP Portugals nur 57 Prozent des deutschen BIP, was vergleichbar ist mit den Unterschieden zwischen manchen US-Bundesstaaten, wo etwa Mississippi nur 48 Prozent des BIP (pro Kopf) von Connecticut hat. Unter den Ländern, die den Euro später einführten, waren auch solche, die sogar noch ärmer waren: Lettland, das im Jahr 2014 beitrat, hat ein BIP pro Kopf, das nur 31 Prozent des deutschen BIP beträgt.[11]

Man hoffte, die Länder würden konvergieren, im Lauf der Zeit einander *ähnlicher* werden, und bei hinreichender Konvergenz könnte ein einigermaßen gut funktionierender Währungsraum entstehen. Aber in vielen Fällen geschah das nicht. So hatten sich etwa Portugal und Deutschland bis 2015 nicht nur einander nicht angenähert, vielmehr war Portugal sogar zurückgefallen – sein BIP pro Kopf wird jetzt nur noch auf 49 Prozent des deutschen BIP geschätzt. Wie unsere Diskussion über die Vereinigten Staaten verdeutlichte, bräuchte es mehr als nur »genügend Ähnlichkeit«: Ganz gleich, wie nah sie konvergierten, blieben genügend Unterschiede, sodass es *zusätzlicher* Institutionen bedürfte, etwa eines gemeinsamen Bankensystems wie in den USA. Anscheinend haben das viele nicht verstanden, und diejenigen, die es einsahen, gingen einfach davon aus, dass diese Institutionen schon entstehen würden, wenn man sie bräuchte. Die Eurozone würde die notwendigen Institutionen bedarfsgerecht bereitstellen. Das vom Euro erzeugte politische Momentum wäre dafür stark genug, so die Hoffnung.

Soll ein einheitlicher Währungsraum (wie die Eurozone) funktionieren, muss man zwei zentrale Probleme lösen: Wie sorgt man dafür, dass *alle* Länder Vollbeschäftigung aufrechterhalten können und dass *kein* Land anhaltende Handelsungleichgewichte hat, bei denen die Einfuhren Jahr für Jahr die Ausfuhren übertreffen?

Das Problem eines einheitlichen Zinssatzes und Wechselkurses lässt sich einfach beschreiben: Befinden sich verschiedene Länder in unterschiedlichen (wirtschaftlichen) Situationen, wollen sie mit verschiedenen Zinssätzen das makroökonomische Gleichgewicht aufrechterhalten, während sie über verschiedene Wechselkurse ein Außenhandelsgleichgewicht anstreben. Ist in Deutschland die Wirtschaft überhitzt und zieht die Inflation an, wünscht es sich wahrscheinlich eine Zinserhöhung, aber wenn Griechenland von Rezession und hoher Arbeitslosigkeit gebeutelt wird, wünscht es sich eine Zinssenkung. Die Währungsunion macht dies unmöglich. (Wir wiesen im Fall der USA darauf hin, dass der Nachteil, der darin liegt, keine verschiedenen Zinssätze festsetzen zu können, dann überwunden werden kann, wenn es genügend *andere* Anpassungsmechanismen, genügend *andere* Institutionen gibt, die in einer solchen Situation helfen können. Und genau da liegt der Hase im Pfeffer: Europa hat den notwendigen komplementären Institutionen nicht genügend Aufmerksamkeit geschenkt.)

Es gibt unzählige Schocks, die sich auf verschiedene Länder unterschiedlich auswirken können. Steigt der Ölpreis, wirkt sich dies nachteiliger auf ein Land aus, das mehr Öl einführt. Erhöht sich der Gaspreis, den Russland in Rechnung stellt, wirkt sich dies negativer auf ein Land aus, das russisches Gas importiert. Diese Unterschiede sind bedingt durch die *Struktur der Wirtschaft* in jedem Land. Ganz gleich, wie stark sich Länder in Bezug auf Defizite und Schuldenstände einander annähern, bestehen weiterhin große strukturelle Unterschiede zwischen ihnen.

Unterschiedliche Schuldenstände und Defizite spielen natürlich auch eine Rolle. Aber Defizite und Schulden sind im Unternehmenssektor und im Sektor privater Haushalte genauso wichtig wie im öffentlichen Sektor. Eine Erhöhung der globalen Zinssätze wirkt sich negativ auf ein Land aus, in dem Haushalte und Unternehmen hohe Kredite im Ausland aufgenommen haben, und umgekehrt wird einem Land, das Kredite vergibt, dadurch geholfen. Diese Auswirkungen sind vielleicht begrenzter, wenn die Kredite in Form langfristiger Anleihen aufgenommen werden, weil die Zahlungen dann nur allmählich in dem Maße ansteigen, wie alte Anleihen durch neue ersetzt werden. Nimmt der Kreditnehmer kurzfristige Kredite auf, steht er vielleicht sofort vor einem Problem: Wenn es die Regierung ist, sieht sie sich einem Haushaltsdefizit gegenüber, da der Zinssatz, den sie für Kredite zahlen muss, sofort steigt. Hochverschuldete private Haushalte und Unternehmen können zahlungsunfähig werden, wenn sie ihren Zahlungsverpflichtungen nicht mehr nachkommen können.

Die europäischen Länder unterscheiden sich in dieser und anderer Hinsicht voneinander. Daraus folgt, dass es für sie alle praktisch unmöglich ist, Vollbeschäftigung und zugleich ein Außenhandelsgleichgewicht zu erreichen, da anderweitige institutionelle Ordnungsstrukturen fehlen, wie sie in den USA vorhanden sind. Die Eurozone hat es verabsäumt, diesen institutionellen Ordnungsrahmen zu schaffen.

Vollbeschäftigung aufrechterhalten

Eine Volkswirtschaft auf konjunktureller Talfahrt hat im Wesentlichen drei Mechanismen, um Vollbeschäftigung wiederherzustellen: Zinssenkungen, um den Konsum und die Investitionen anzukurbeln, eine Währungsabwertung, um den Export zu stimulieren, oder die fiskalpolitische Beeinflussung der Konjunktur durch Ausgabenerhöhungen oder Steuersenkungen. Die *Gemeinschaftswährung* beseitigte die ersten beiden Mechanismen, und dann machten die Konvergenzkriterien de facto auch noch der Fiskalpolitik den Garaus. Schlimmer noch, sie zwingen einige Länder dazu, das genaue Gegenteil zu tun, nämlich inmitten einer Rezession die Ausgaben zu kürzen und die Steuern zu erhöhen, während sie die Ausgaben erhöhen und die Steuern senken sollten.

In einer Rezession wie der von 2008/2009 brechen die Steuereinnahmen weg und die Ausgaben für Arbeitslosigkeit und Sozialhilfe steigen sprunghaft an, sodass auch die Defizite wachsen. Gemäß den Konvergenzkriterien dürfen die Haushaltsdefizite der Euroländer bekanntlich 3 Prozent ihres BIP nicht überschreiten, doch haben fast alle Länder der Eurozone zeitweise – bei einer Rezession – gegen dieses Kriterium verstoßen. So überschritten beispielsweise zwischen 2009 und 2014 alle Länder außer Luxemburg mindestens einmal die Defizitgrenze von 3 Prozent.[12] Länder, die diese Grenze nicht einhalten, müssen Steuern erhöhen oder Ausgaben senken, was die Gesamtnachfrage drückt. Diese Sparpolitik hat die europäischen Volkswirtschaften weiter geschwächt.

Die »Theorie« der Eurozone

Ich habe gerade die keynesianische Standardtheorie für Konjunkturrückgänge beschrieben. Anscheinend lagen der Gründung der Eurozone andere Hypothesen darüber zugrunde, wie eine Volkswirtschaft mit hoher Arbeitslosigkeit wieder auf den Pfad der Prosperität geführt werden könne, *ohne* die Staatsausgaben zu erhöhen und ohne die Flexibilität zu besitzen, die ein eigener Wechselkurs und ein eigener Zinssatz verschaffen. Diese Hypothesen lauteten: (a) durch Senkung der Haushaltsdefizite soll das Vertrauen wiederhergestellt werden, das seinerseits die Investitionsbereitschaft fördern soll, und (b) Märkte passen sich von selbst an und kehren aus eigener Kraft zu Vollbeschäftigung zurück.

Die Vertrauenstheorie geht auf Herbert Hoover und seinen Finanzminister Andrew Mellon zurück und ist zu einer Art Dogma unter Finanziers geworden. Wie diese Vertrauensbildung konkret vor sich gehen soll, ist nie erklärt worden. Die Vertrauenstheorie wurde unter realen Bedingungen wiederholt überprüft und widerlegt. Paul Krugman prägte daraufhin den Ausdruck des *Vertrauensmärchens*.

Als Hoover versuchte, in den Jahren nach dem Börsenkrach von 1929 das Defizit abzubauen, gelang es ihm nicht, das Vertrauen wiederherzustellen; er erreichte damit nur, dass aus dem Börsenkrach die Große Depression wurde. Als der IWF die Länder, die seine Beistandsprogramme in Anspruch nahmen – in Ostasien, Lateinamerika und Afrika –, dazu zwang, ihre Defizite abzubauen, verwandelte er Flauten in Rezessionen und Rezessionen in Depressionen.

Kein seriöses makroökonomisches Modell, nicht einmal die Modelle, die von den neoliberalsten Zentralbanken verwendet werden, legt bei der Prognose des BIP diese Theorie zugrunde.

Trotzdem haben einige Ökonomen den scheinbar paradoxen Begriff der »expansive Kontraktion« geprägt, der konjunkturbelebenden restriktiven Haushaltspolitik. Prüft man die vermeintlichen Fallbeispiele genauer, zeigt sich jedoch, dass einige wenige Länder einfach nur außerordentlich großes Glück hatten. Just als sie ihre Staatsausgaben kürzten, traten ihre Nachbarn in eine Phase der Hochkonjunktur ein, sodass erhöhte Ausfuhren an ihre Nachbarn die Lücke füllten, die die Ausgabensenkungen hinterließen. Ein Beispiel dafür ist Kanada zu Beginn der Neunzigerjahre. Heute räumt selbst der IWF ein, dass Austerität der Wirtschaft und dadurch auch dem Vertrauen schadet.[13]

Ich habe diese zwanghafte Fokussierung auf Schulden- und Defizitstände Defizitfetischismus genannt. Dies bedeutet nicht, dass Staaten sich beliebig hoch verschulden oder beliebig hohe Defizite anhäufen könnten. Es bedeutet lediglich, dass allzu einfache Regeln, wie sie etwa in den Konvergenzkriterien verankert sind, tatsächlich zu holzschnittartig sind und keine Grundlage für eine sachgerechte Politik bilden. Es kann notwendig sein, gewisse Beschränkungen aufzuerlegen, die jedoch gründlich durchdacht sein müssen – dabei muss man zum Beispiel die Phase des Konjunkturzyklus und die geplanten Verwendungszwecke der Mittel berücksichtigen. So hätten sich die Planer des Euro beispielsweise nicht auf das Defizit an sich, sondern auf das strukturelle Defizit konzentrieren sollen – also auf die Höhe des Defizits, die das Land bei Vollbeschäftigung verzeichnen würde.

Aber entsprechend der derzeitigen Konstruktion haben die Konvergenzkriterien Länder nicht nur daran gehindert, angemessen auf einen Konjunkturrückgang zu reagieren, sondern diesen sogar noch zwangsläufig vertieft. Wenn etwa das BIP sinkt, weil der Markt für die Ausfuhren eines Landes schrumpft, gehen die Steuereinnahmen zurück. Nach den Konvergenzkriterien wäre dieses Land gezwungen, die Ausgaben zu kürzen oder die Steuern zu erhöhen, was die Konjunktur noch weiter schwächen würde. Ökonomen nennen solche Vorschriften »automatische Destabilisatoren«. Gut konzipierte Wirtschaftssysteme haben automatische Stabilisatoren, keine Destabilisatoren.

Einer der wirtschaftspolitischen Siege der Regierung Clinton, während ich im wirtschaftswissenschaftlichen Beirat des Präsidenten tätig war, bezog sich auf genau dieses Problem: Die Republikaner wollten einen Verfassungszusatz verabschieden, der eine Defizitgrenze festgelegt hätte, genauso wie es die Konvergenzkriterien für die Eurozone tun. Obgleich wir uns in einer Phase der Hochkonjunktur befanden – in der schließlich sogar die US-Bundesregierung Überschüsse erwirtschaftete –, wussten wir, dass Marktwirtschaften immer Schwankungen unterliegen. Falls es einmal holprig werden sollte – und 2008 wurde es sehr holprig –, wäre es wichtig, dass der Staat die Konjunktur anschieben könnte. Wir gelangten zu dem Schluss, dass andere Mechanismen, etwa die Geldpolitik, nicht ausreichen würden. Wäre ein solcher Verfassungszusatz verabschiedet worden, wäre die Rezession im Jahr 2009 *viel* tiefer gewesen. Es ist paradox: Die Konvergenzkriterien sollten die Angleichung der Länder fördern und die Sparpolitik sollte die Haushaltsdefizite abbauen – erreicht aber wurde in der Regel das genaue Gegenteil. Bestenfalls fiel der Defizitabbau viel geringer aus, als man erhofft hatte, schlichtweg weil die Kürzungen zu einer konjunkturellen Abkühlung führten – und diese wiederum die Steuereinnahmen verringerte und die Ausgaben für Arbeitslosen- und Sozialhilfe erhöhte.

Das EZB-Mandat fördert tendenziell Arbeitslosigkeit

Selbst wenn die EZB die Leitzinsen so festsetzt, dass sie möglichst den Interessen der gesamten Eurozone gerecht werden, sind die schwächsten Volkswirtschaften trotzdem mit unannehmbar hoher Arbeitslosigkeit konfrontiert, wie die vorangehende Diskussion erklärte. Wären sie nicht in der Eurozone, hätten diese Länder ihre Zinsen gesenkt.

Wie in Kapitel 1 angemerkt, ist die Europäische Zentralbank jedoch durch ihr Mandat dazu verpflichtet, sich auf die Preisstabilität zu konzentrieren und nicht auf die Bekämpfung der Arbeitslosigkeit. Solange im gesamten Euroraum und insbesondere in Deutschland die Inflation einen bestimmten Schwellenwert überschreitet, schenkt die EZB der hohen Arbeitslosigkeit in schwachen Ländern oder der *durchschnittlichen* Arbeitslosigkeit für die Eurozone keine große Beachtung. Auch wenn diese hoch ist und die Leitzinsen daher herabgesetzt werden *sollten*, um die durchschnittliche Arbeitslosigkeit auf ein annehmbares Niveau zu drücken, wird dies im Rahmen des EZB-Mandats möglicherweise nicht geschehen. Tatsächlich hat die Bank im Jahr 2011 (im April *und* im Juli) trotz der Eurokrise die Leitzinsen angehoben.

Innere Abwertungen und externe Ungleichgewichte

Das zweite Problem, das ein einheitlicher Währungsraum aufwirft, betrifft *externe Ungleichgewichte* – also anhaltende Einfuhrüberschüsse, die ein Land dazu zwingen, Kredite aufzunehmen, um die

Differenz zu finanzieren. Eine solche Kreditaufnahme ist, wie wir sehen werden, oftmals problematisch und setzt die betreffenden Länder einem erhöhten Krisenrisiko aus. Können sich Wechselkurse anpassen, verbilligen sich bei einer Abwertung (einer Herabsetzung des Werts einer Währung im Verhältnis zu einer anderen) die Güter des betreffenden Landes, während sich die Einfuhren verteuern, sodass sich die Importe verringern und die Ausfuhren erhöhen. Dies ist der Marktmechanismus zur Behebung externer Ungleichgewichte. Aber in einem Währungsraum steht dieser Mechanismus nicht mehr zur Verfügung.

Wenn zwei Länder beschließen, eine gemeinsame Währung einzuführen, kann das eine Land seine Produkte *im Verhältnis* zum anderen nicht mehr dadurch attraktiver machen, dass es den Wechselkurs anpasst. Sinken jedoch die Preise in dem einen Land relativ zu denen des anderen, ändert sich der *reale Wechselkurs*: Die Güter des ersten werden wettbewerbsfähiger, sowohl im Verhältnis zu Gütern aus anderen Ländern innerhalb der Eurozone als auch relativ zu anderen Ländern in der Welt.[14] Dieser alternative Anpassungsmechanismus wird innere oder interne Abwertung genannt – und diejenigen, die an den Euro glauben, setzen alle ihre Hoffnungen darauf. Tatsächlich *erleichtert* eine Sparpolitik diesen Anpassungsprozess. Je schwächer die Konjunktur, umso stärker geht die Gesamtnachfrage zurück, steigt der Druck auf die Preise und umso mächtiger werden deshalb die Anpassungskräfte. Die Anhänger des Euro glaubten, dies wäre der geeignete Mechanismus, externe Ungleichgewichte zu beheben – sofern eine Regierung diesen Mechanismus nicht dadurch aushebelte, dass sie die Konjunktur »übermäßig« stärkte.

So seltsam es anmutet, hielten die neoliberalen Befürworter des Euro Arbeitslosigkeit in gewisser Weise für eine gute Sache. Nehmen wir etwa ein Land, das Schuhe exportiert und plötzlich mit einer sinkenden Nachfrage nach seinen Produkten konfrontiert ist (zum Beispiel wegen der Konkurrenz aus China). Es hat gleichzeitig ein Arbeitslosigkeits- und ein Handelsbilanzproblem. Man glaubte, lasse man der Natur nur ihren Lauf, würden sich beide Probleme von selbst lösen. Die Arbeitslosigkeit würde zu niedrigeren Löhnen führen, niedrigere Löhne zu Preissenkungen, worauf die Exporte zunehmen und die Importe zurückgehen würden, bis zu dem Punkt, wo Ein- und Ausfuhren im Gleichgewicht wären. Die steigende Nachfrage nach Exporten sorge allmählich wieder für Vollbeschäftigung. Zugegebenermaßen könne der Anpassungsprozess schmerzlich sein – denn all dies geschehe nicht über Nacht. Zwischenzeitlich würden Familien unter der Arbeitslosigkeit leiden, Kinder hätten aufgrund von Fehlernährung und unzureichender Gesundheitsversorgung lebenslange Gesundheitsprobleme. Humanitäre Versionen dieser »harten« Politik betonten den hohen Stellenwert eines sozialen Sicherungsnetzes, aber natürlich bedeuteten die Konvergenzkriterien – und die fehlende Hilfe durch andere Euroländer –, dass steigende Sozialausgaben Kürzungen in anderen Budgetbereichen wie etwa bei öffentlichen Investitionen notwendig machten, was die zukünftigen Wachstumsaussichten des Landes beeinträchtigte. In der Praxis erwiesen sich die Sicherungsnetze immer als unzureichend und, wie wir in späteren Kapiteln sehen, die »menschlichen Kosten« waren immens.

Dennoch behaupteten die neoliberalen Verfechter des Euro, Durchhalten zahle sich aus: Das Leid ebne der Wiederauferstehung den Weg. Greife man in diesen natürlichen Marktprozess ein, senke dies zwar heute die Arbeitslosigkeit, verlängere jedoch nur die Anpassungsphase.

Die innere Abwertung ist gescheitert

Unter den Ländern der Eurozone gab es erhebliche innere Abwertungen. Preise in den Krisenländern sanken im Verhältnis zu den Preisen in anderen Euroländern.[15] Aber diese innere Abwertung funktionierte nicht – oder zumindest nicht schnell genug, um wieder für Vollbeschäftigung zu sorgen. In einigen Ländern, etwa Finnland, genügte die niedrige Inflation nicht einmal, um die Ausfuhren von Gütern und Dienstleistungen wenigstens auf das Niveau der Zeit vor der Krise zu heben. In einigen Krisenländern haben sich die wirtschaftspolitischen Vorgaben der Troika nicht nur auf die Nachfrage, sondern auch auf das Angebot negativ ausgewirkt. In anderen Ländern stiegen die Ausfuhren nicht wie erhofft – sie wuchsen nicht so stark, dass sie die negativen Effekte auf dem Sektor der nicht handelsfähigen Güter ausgeglichen hätten.[16]

Wären die Ausfuhren in einer gesunden Weise gewachsen, hätte dies die Konjunktur angeregt und zur Wiederherstellung der Vollbeschäftigung beigetragen. Aber es gibt noch einen anderen, ungesünderen Weg, ein Handelsbilanzdefizit abzubauen. Die Einfuhren verringern sich, wenn die Einkommen stark zurückgehen: Eine ausgeglichene Leistungsbilanz lässt sich auch dadurch erreichen, dass man die Wirtschaft abwürgt. Und dies, nicht die interne Abwertung, stand im Zentrum des erfolgreichen Bemühens der Eurozone, ihre Handelsbilanz auszugleichen. Selbst Griechenland erreichte 2015 eine fast ausgeglichene Handelsbilanz. Aber die Verkleinerung des Handelsbilanzdefizits war größtenteils auf die Verringerung der Importe zurückzuführen.[17]

Die innere Abwertung konnte nicht funktionieren

Würde die interne Abwertung die Wechselkursanpassung effektiv ersetzen, dann wäre der Goldstandard in der Großen Depression kein Problem gewesen. Doch die meisten Ökonomen sind der Auffassung, dass der Goldstandard ein großes Problem war – einige gehen sogar so weit zu behaupten, dass der Goldstandard maßgeblich zur Großen Depression beigetragen hat.[18] Wären innere Abwertungen ein effektiver Ersatz für Wechselkursanpassungen, dann wäre aus demselben Grund die Anbindung des argentinischen Peso an den Dollar vor 2001 kein Problem gewesen. Als die Arbeitslosigkeit in Argentinien stieg – auf über 20 Prozent –, fielen die Preise im Inland, aber auch in diesem Fall nicht weit genug, um wieder Vollbeschäftigung zu erreichen, vor allem weil der Dollar in jenen Jahren stärker wurde.

Warum die innere Abwertung scheitert

Dass interne Abwertungen nicht wie erhofft wirken, kann mehrere Ursachen haben: Vielleicht sinken die Löhne nicht, die Lohnsenkungen führen vielleicht nicht zu sinkenden Preisen für Exportgüter – oder jedenfalls nicht in ausreichendem Maße; und die sinkenden Preise bewirken vielleicht keinen Anstieg der Exporte – jedenfalls keinen ausreichenden. Jedes dieser Elemente hat in der Eurokrise eine Rolle gespielt.

Langsame Lohnanpassungen: den Opfern die Schuld geben

In Europa gibt es viele (unter ihnen auch Jean-Claude Trichet, der von 2003 bis 2011 Präsident der EZB war und damit derjenige, der vor und während den ersten Jahren der Krise das Heft in der Hand hielt), die das Versagen des internen Abwertungsmechanismus auf Lohnstarrheiten zurückführen – also darauf, dass Löhne selbst bei hoher Arbeitslosigkeit nicht sinken. Sie glauben, Märkte wären, sich selbst überlassen sowie ohne Gewerkschaften und staatliche Eingriffe, flexibel. In ihrem Bestreben, den Opfern die Schuld zu geben – Arbeitnehmer sind an ihrer Arbeitslosigkeit selbst schuld, weil sie zu hohe Löhne und zu weit gehende Arbeitsplatzsicherheit fordern –, konzentrieren sich diese Kritiker auf Einschränkungen der Marktflexibilität seitens des Staates und der Gewerkschaften. Aber überall in Europa und in der Welt trifft man in Volkswirtschaften mit schwachen Gewerkschaften und geringer staatlicher Reglementierung auf hohe Arbeitslosigkeit bei geringer Lohnanpassung.

Marktrigiditäten

Dieses »Rätsel«, warum Löhne in Marktwirtschaften oftmals selbst bei hoher Arbeitslosigkeit nicht sinken, veranlasste mich und viele andere dazu, das Phänomen der Lohnrigidität eingehender zu erforschen. Die Theorie, die ich aufstellte, die sogenannte Effizienzlohntheorie, stützt sich auf die gut dokumentierte Tatsache, dass Lohnkürzungen die Produktivität von Arbeitnehmern senken. Sie untergraben die Arbeitsmoral von Beschäftigten, insbesondere wenn diese befürchten, vielleicht ihre Immobilie nicht halten zu können. Sie schwächen die Loyalität gegenüber dem Unternehmen; Unternehmen müssen dann befürchten, dass Mitarbeiter sich nach besser bezahlten Stellen umsehen, was ihre Fluktuationskosten erhöht. Ferner beeinträchtigen sie die Fähigkeit eines Unternehmens, besonders tüchtige Mitarbeiter zu rekrutieren, und sie schwächen die Anreize von Arbeitnehmern.[19] Angesichts der Stärke dieser Effekte hat mich vor allem das Ausmaß der Lohnsenkungen insbesondere in Griechenland überrascht, während mich die in Kapitel 3 erwähnten ausgleichenden Produktivitätsrückgänge nicht überrascht haben.[20]

Weshalb interne Abwertungen oftmals zu einer erheblichen Verringerung des BIP führen

Innere Abwertungen galten, wie erwähnt, als ein Mechanismus, ein externes Ungleichgewicht zu korrigieren und eine schwache Konjunktur zu stützen, denn mit steigenden Ausfuhren sollte die Wirtschaft wachsen. Aber die Troika wurde durchweg enttäuscht: Das Exportwachstum blieb kleiner als erwartet (wie wir gerade festgestellt haben), während der Rückgang des BIP *viel* größer war als erwartet – größer sogar, als sich mit der enttäuschenden Exportleistung erklären lässt.

Der Troika unterliefen bei ihren Analysen zwei schwerwiegende Fehler. Erstens schenkte sie den Auswirkungen auf den großen und bedeutenden Sektor nicht-handelbarer Güter zu wenig Beachtung; zu ihm gehört ein breites Spektrum von Dienstleistungen, von Restaurants und Friseuren bis zu Ärzten und Lehrern, und der Sektor steuert ungefähr zwei Drittel zum BIP bei. (Fertigerzeugnisse wie etwa Textilien und Autos werden dagegen als »handelbare« Güter bezeichnet.) Nachfrage und Produktion in den Sektoren nicht-handelbarer Güter sanken schneller, als der Export anzog – was den starken BIP-Rückgang erklärt.

Wenn Länder (oder Unternehmen und Haushalte in einem Land) in Euro (oder in einer Fremdwährung) verschuldet sind, erhöht eine innere Abwertung den Verschuldungsgrad, also das

Verhältnis der Verbindlichkeiten von Haushalten, Unternehmen und auch der öffentlichen Hand zu ihrem (nominalen) Einkommen. Ein hoher Verschuldungsgrad soll nach verbreiteter Auffassung entscheidend zur Großen Rezession beigetragen haben. Eine innere Abwertung erhöht die ökonomische Instabilität, indem sie mehr Haushalte und Unternehmen an den Rand der Insolvenz bringt. Beide kürzen unweigerlich die Ausgaben für *alles*. Die Verringerung der Einfuhren war eine Ursache dafür, dass sich die Handelsbilanz verbesserte; der Produktionsrückgang bei Inlandsgütern ist eine Ursache dafür, dass sich das BIP so stark verringerte.

Die vielfältigen Konsequenzen und Symptome dieser Instabilität zeigten sich deutlich in der Asienkrise. Da ihre Währungen immer weiter an Wert verloren, konnten viele Unternehmen und Haushalte ihre Fremdwährungskredite nicht mehr bedienen. Es kam zu einer Welle von Zahlungseinstellungen und Insolvenzen. Verschärft wurde dieses Problem durch strategische Zahlungseinstellungen von Haushalten und Unternehmen, die ihre Schulden vielleicht unter großen Opfern hätten zurückzahlen können. Sie machten sich das Chaos im Zusammenhang mit den massenhaften Zwangsvollstreckungen und Insolvenzen zunutze, um ihre Kreditkonditionen neu auszuhandeln.

Dies hatte Folgewirkungen. Zunächst machten die Kreditgeber Verluste. Ihre Bilanzen verschlechterten sich in dem Maße, wie immer mehr Schuldner mit ihren Rückzahlungen in Verzug gerieten. Sie waren immer weniger fähig und bereit, weitere Kredite zu gewähren. In den wirtschaftlichen Turbulenzen, die auf Lohnkürzungen und die übrigen krisentypischen ökonomischen Veränderungen folgten, nahmen die Risiken zu und auch dies hemmte die Kreditvergabe.[21]

In der Eurokrise konnte sich der Wechselkurs (eines Landes innerhalb der Eurozone im Verhältnis zu anderen) nicht verändern, aber die interne Abwertung, die eine *reale* Abwertung anstrebte, hatte genau die gleichen Effekte, mit allen hier geschilderten Konsequenzen. Eine dieser Konsequenzen betraf das Bankensystem, und der Umstand, dass diese Folgen nicht angemessen berücksichtigt wurden, war der zweite Hauptgrund dafür, dass die Troika das Ausmaß dieser negativen Effekte der inneren Abwertung unterschätzte. Und sie hätte wissen müssen, dass diese Effekte in Europa wahrscheinlich schlimmer als in Ostasien sein würden: Als die Banken infolge der Zahlungsausfälle und Insolvenzen immer mehr in eine Schieflage gerieten, konnten Gelder leicht von Banken in den schwachen Ländern zu Banken in den starken Ländern *innerhalb der Eurozone* transferiert werden. Daraufhin wurden noch weniger Kredite vergeben und das BIP schrumpfte weiter.

Gründe der Exportschwäche

All dies erklärt die enttäuschende Entwicklung der Exporte. Selbst wenn die Löhne sanken, gaben die Unternehmen die Lohnsenkungen oftmals nicht an die Preise weiter. Sie waren besorgt. Sie wussten, dass sie sich nicht an die Banken wenden konnten, wenn sie Kredite bräuchten. Sie mussten zwingend ihre Bilanz verbessern – und die Krise selbst hatte die Eigenkapitalsituation vieler Unternehmen erheblich verschlechtert. Unternehmen, die sowohl im Exportsektor als auch im Sektor nicht-handelbarer Güter tätig waren, wurden bisweilen besonders schwer gebeutelt, denn selbst wenn die Exporte stark blieben, war der Inlandsabsatz eingebrochen. Die Aufrechterhaltung der Preise ist eine der wenigen Möglichkeiten für Unternehmen, ihre Bilanz zu stärken. Zwar ist es mit langfristigen Kosten verbunden, die Preise hochzuhalten – aber die kurzfristigen Vorteile in der Welt der Sparpolitik und des knappen Kredits, die die Eurozone in den Krisenländern geschaffen hatte, überwogen diese Kosten. Diese Zurückhaltung, Lohnsenkungen in Form niedrigerer Preise weiterzugeben, spiegelt sich mit drastischer Deutlichkeit in den Daten. Wären die Lohnsenkungen vollständig weitergegeben worden, dann wären die Reallöhne (inflationsbereinigten Löhne) konstant geblieben und die Preise entsprechend der Abnahme der Arbeitskosten gesunken. Tatsächlich sanken die Lohnstückkosten zwischen 2008 und 2014 in Griechenland bekanntlich um etwa 16 Prozent. Während die Nominallöhne und Arbeitskosten also stark sanken, stiegen die Preise weiter, wenn auch langsamer als in der übrigen Eurozone.

Dies war nicht der einzige unbeabsichtigte, aber bedeutende *angebotsseitige* Effekt der internen Abwertung, auf die die Eurozone setzte. Die Auswirkungen auf das Finanzsystem habe ich bereits beschrieben. Eine der wichtigen Kostenpositionen eines Unternehmens sind die Kapitalkosten. Während führende Politiker der Eurozone lautstark verkündeten, wie wichtig es sei, die *Wettbewerbsfähigkeit* in den Krisenländern wiederherzustellen, unterminierten sie diese in Wirklichkeit – denn sowohl die Struktur der Eurozone als auch ihre Politik führten zu höheren Kapitalkosten, weil Banken geschwächt wurden und eine Kapitalflucht aus den Krisenländern einsetzte.

Ironischerweise schadete die »liebevolle Strenge«, die teilweise in die Struktur der Eurozone eingebaut war, teils in freiem Ermessen der politischen Entscheidungsträger stand und die den Ausfuhren eigentlich helfen *sollte* (durch Drücken der Löhne), diesen dennoch in anderer Weise. Da das Insolvenzrisiko von Kleinunternehmen stieg, schreckten Ausländer, die deren Güter vielleicht gekauft hätten, davor zurück, weil sie befürchteten, dass die Unternehmen später nicht mehr in der Lage wären, die Waren wie vereinbart zu liefern. Sie befürchteten, diese würden vor diesem Zeitpunkt vielleicht in die Insolvenz gezwungen. Ein Einzelhandelsgeschäft musste sicher sein, dass die Waren rechtzeitig für Weihnachten angeliefert würden. Eine ausbleibende Lieferung konnte eine massive Gewinneinbuße bedeuten. Daher waren Nachfrage und Angebot einmal mehr eng miteinander verflochten.[22] Das unzureichende Kapitalangebot sowie das steigende Insolvenzrisiko machten es für die Krisenländer noch schwieriger zu exportieren.

Die Struktur des Euro und die Politik der Eurozone hatten nicht nur kurz-, sondern auch langfristig negative Folgen. Aufgrund der zunehmenden Risiken sank die Bereitschaft von Unternehmen, Investitionen zu tätigen oder Mitarbeiter einzustellen, *und zwar völlig unabhängig von der Höhe der Zinsen.* Obwohl also die innere Abwertung die Wettbewerbsfähigkeit verbessern, die Handelsbilanz wieder ausgleichen und die Beschäftigung fördern sollte, hatte sie kurz- wie langfristig genau den gegenteiligen Effekt.

Ungleichgewichte innerhalb Europas: kompetitive Abwertungen

Weil die Lohnflexibilität in den Ländern der Eurozone unterschiedlich war, konnten die Handelsungleichgewichte zumindest kurzfristig noch zunehmen, wenn die Anpassung allein den Märkten überlassen blieb. Länder mit flexibleren Löhnen und Preisen erhielten einen komparativen Vorteil gegenüber ihren Nachbarn. Deutschland gelang es in den Neunzigerjahren sogar, Arbeitnehmer dazu zu bringen, sich mit Lohnsenkungen und Leistungskürzungen abzufinden. Wichtiger ist aber oftmals, wie gut es Gewerkschaften gelingt, Lohnforderungen durchzusetzen, die mit der Inflation Schritt halten, und sich einen Anteil an den Produktivitätssteigerungen zu sichern. Solche Unterschiede sind das Ergebnis unterschiedlicher institutioneller Rahmenbedingungen (zum Beispiel der Art und Weise, wie Lohnverhandlungen geführt werden – in manchen Ländern finden die Lohnverhandlungen auf nationaler Ebene statt, in anderen auf sektoraler Ebene und in wieder anderen auf der Ebene einer Firma oder Produktionseinheit), kultureller Unterschiede (deutsche Arbeitnehmer schienen eher bereit zu sein, niedrigere Löhne zu akzeptieren als Arbeitnehmer in anderen Ländern) und struktureller Unterschiede (deutsche Haushalte waren geringer verschuldet als die Haushalte in anderen Ländern, sodass die negativen Auswirkungen einer erhöhten Verschuldung auf Haushalte infolge von Lohneinbußen sehr viel geringer waren).

Diese Unterschiede wären selbstverständlich nicht so sehr ins Gewicht gefallen, hätten sich die Länder nicht zu einer Währungsunion zusammengeschlossen. Dann hätten Länder mit höheren Lohnrigiditäten diesen Nachteil durch Abwertung wettmachen, ihre Konjunktur durch Zinssenkungen stützen können. Durch den Beitritt zur Eurozone gaben sie diese Möglichkeiten auf.

Wertet ein Land in einer Welt, in der Länder ihren Wechselkurs selbst festlegen können (den Wert ihrer Währung etwa im Verhältnis zum Dollar), seine Währung ab, um sich gegenüber anderen einen Wettbewerbsvorteil zu verschaffen – zum Beispiel um wieder Vollbeschäftigung zu erreichen –, betreibt es eine *kompetitive Abwertung.* Es handelt sich um eine Form der »Beggar-thy-neighbor«-Politik: Ein Land verschafft sich auf Kosten seiner Handelspartner zusätzliches Einkommen. »Beggar-thy-neighbor«-Politiken waren ein Kennzeichen der Großen Depression, und der Internationale Währungsfonds wurde nicht zuletzt gegründet, um solche kompetitiven Abwertungen zukünftig zu verhindern. In einem Währungsraum wie der Eurozone können Länder selbstverständlich nicht die traditionelle Form kompetitiver Abwertung praktizieren. Aber was wir gerade beschrieben haben, ist eine andere Art kompetitiver Abwertung – dabei werden die Löhne gedrückt, sodass der *reale Wechselkurs* eines Landes im Verhältnis zu seinen Nachbarn sinkt. Und diese Form der kompetitiven Abwertung ist genauso eine »Beggar-thy-Neighbor«-Politik, allerdings eine noch beschwerlichere, denn die Lasten dieser unfairen Politik werden den Arbeitnehmern in dem Land aufgebürdet, das diese Politik betreibt.

Förderung der Arbeitslosigkeit

Ein weiterer Aspekt der Gestaltung der Eurozone verschlimmert alles noch. Wie in Kapitel 1 erwähnt, ist die Europäische Zentralbank durch ihr Mandat verpflichtet, sich auf die Inflationsbekämpfung zu beschränken. Tatsächlich ist die Eurozone so konstruiert, dass sie *tendenziell* eine höhere Arbeitslosigkeit begünstigt – das heißt, sich mit einer *durchschnittlich* geringeren wirtschaftlichen Leistungsfähigkeit abfindet, als es der Fall wäre, wenn die EZB ein ausgewogeneres Mandat wie etwa die US-Notenbank hätte. Und das verschärfte das Problem der Arbeitslosigkeit in den Krisenländern noch.

Nullprozent-Untergrenze

Aber auch die stärkeren Länder blieben nicht ungeschoren. Der EU war es gelungen, die wirtschaftliche Verflechtung Europas voranzutreiben. Ein Großteil des Außenhandels jedes EU-Mitgliedslands entfällt auf andere europäische Länder (wertmäßig gehen nahezu zwei Drittel der exportierten Güter und Dienstleistungen in andere EU-Mitgliedsländer).[23] Schwächen – nicht nur in den Krisenländern, sondern auch in Frankreich und Italien – wirken zurück auf die stärkeren Länder, insbesondere wenn einige von ihnen wie etwa Deutschland im Bann des Defizitfetischismus stehen und daher einen strengen Sparkurs beibehalten, obwohl sie sich mühelos und kostengünstig Kapital beschaffen könnten. Die »alte« Doktrin besagte: Keine Sorge, wenn ein Land die Konjunktur nicht durch fiskalpolitische Maßnahmen beleben kann, dann übernimmt die Geldpolitik diese Aufgabe. Sollte die deutsche Wirtschaft eine Schwächephase haben, würde ihr die EZB zweifellos durch eine Senkung der Leitzinsen unter die Arme greifen.

Doch als die Eurozone konstruiert wurde, konnte sich niemand vorstellen, dass die Zinsen jemals den Punkt erreichen würden, wo sie nicht weiter abgesenkt werden konnten – dass sie an die Nullprozent-Untergrenze stoßen würden.[24] Als dies geschah, konnten die negativen Auswirkungen des Konjunkturrückgangs von Deutschlands Nachbarn nicht mehr mit geldpolitischen Instrumenten aufgefangen werden. Kein Wunder, dass das deutsche Wirtschaftswachstum so anämisch ist, wie wir in Kapitel 3 sahen.

Die Doppeldefizite

Die Diskussion in diesem Abschnitt – und noch stärker im nächsten, wo ich erkläre, warum anhaltende Außenhandelsdefizite oft zu Krisen führen – stellt uns vor ein Rätsel. Man hätte damit rechnen müssen, dass bei Wegfall der Möglichkeit zu einer Wechselkursanpassung Handelsbilanzdefizite entstehen können und diese die Stabilität der Eurozone gefährden. Weshalb haben die Konstrukteure der Eurozone ihr Augenmerk nicht auf diese Handelsbilanzdefizite gerichtet, anstatt sich auf *Haushaltsdefizite* zu konzentrieren?

Um zu verstehen, warum sie dies taten, muss man in die Vergangenheit zurückgehen. Die Vorstellung, Staats- und Außenhandelsdefizite hingen eng miteinander zusammen, war Anfang der Neunzigerjahre, als die Eurozone gegründet wurde, sehr populär. Unter der Überschrift »Die Doppeldefizite« fand sie Eingang in die Lehrbücher. Dem liegt folgende einfache Überlegung zugrunde: Wenn der Staat die Ausgaben erhöht *und sich sonst nichts ändert*, erhöht sich die Gesamtnachfrage. *Wenn Vollbeschäftigung herrscht*, lässt sich diese erhöhte Gesamtnachfrage nur durch eine Steigerung der Einfuhren abdecken. *Wenn die Exporte konstant bleiben* (zum Beispiel weil sich der Wechselkurs nicht verändert), dann muss das Außenhandelsdefizit notwendigerweise größer werden. Die entscheidenden argumentativen Annahmen sind kursiv gedruckt, doch haben spätere Forschungen gezeigt, dass diese Annahmen oftmals nicht zutreffen.

Wir wissen *heute*, dass Handelsbilanzdefizite häufig nicht durch ungezügelte Ausgabenfreude des Staates, sondern durch Exzesse im privaten Sektor verursacht werden, und dass die Eindämmung staatlicher Verschwendungssucht – wie es die Konvergenzkriterien beabsichtigen – nicht unbedingt große und anhaltende Handelsbilanzdefizite verhindert.

In den Vereinigten Staaten beispielsweise hatte sich das Staatsdefizit unter der Regierung Clinton drastisch verringert – am Ende der Amtszeit Clintons gab es sogar einen Überschuss –, und dennoch nahm das Außenhandelsdefizit weiter zu. Die Investitionen stiegen an und ersetzten die Staatsausgaben.

Tatsächlich wurde sogar der *kausale* Zusammenhang zwischen dem Handelsbilanzdefizit und den Staatsausgaben grundsätzlich infrage gestellt. Wird die Handelsbilanz eines Landes negativ, vielleicht durch einen plötzlichen Rückgang seiner Exporte wegen einer konjunkturellen Abkühlung bei einem Handelspartner bedingt, steigt die Arbeitslosigkeit normalerweise infolge der unzureichenden Gesamtnachfrage. Aber seit Keynes neigen demokratische Regierungen dazu, den Anstieg der Arbeitslosigkeit durch eine Erhöhung der Staatsausgaben zu bekämpfen. Daher verursacht nicht die Erhöhung der Staatsausgaben den Anstieg des Außenhandelsdefizits, sondern die Erhöhung des Außenhandelsdefizits die Ausweitung der Staatsausgaben.[25]

Die Entwicklungen in Europa unter dem Euro haben diese Auffassung bestätigt. Nur in Griechenland hatten die Staatsausgaben erheblichen Anteil am Außenhandelsdefizit des Landes.

Es gibt noch einen weiteren Grund, weshalb viele Architekten der Eurozone vom privaten Sektor verursachten Außenhandelsdefiziten möglicherweise keine große Beachtung schenkten. Sie glaubten schlichtweg, diese stellten kein Problem dar, sollte es je so weit kommen: Nach ihrer ideologischen Überzeugung konnte der private Sektor schlechterdings keine Fehler machen. Falls also ein solches Defizit auftreten sollte, war es eine gute Sache. Es bedeutete zum Beispiel, dass Unternehmen Kredite für einträgliche Investitionen aufnahmen, die eine Rendite abwerfen würden, die mehr als ausreichte, um ihre Fremdfinanzierungskosten zu decken.

Sie glaubten, dies zeuge von ihrem *Glauben* an Märkte: Dabei gibt es eine lange Geschichte von Marktexzessen, und die Immobilienpreisblasen in Spanien und Irland (ganz zu schweigen von den USA) sind weitere Beispiele dafür.

Gab es eine Alternative?

Während es manche in Europa und insbesondere in Deutschland noch immer nicht wahrhaben wollen – sie glauben trotz erdrückender gegenteiliger Belege, dass man Handelsbilanzdefizite in den Griff bekommen könne, wenn man Staatsdefizite wirksam begrenze –, sind andere realistischer. Sie glauben, das Problem der Außenhandelsdefizite müsse frontal angegangen werden, und fordern noch strengere makroökonomische Beschränkungen: nicht nur Haushaltsdisziplin, sondern weitere Auflagen, etwa solche, die sich gegen Leistungsbilanzdefizite (Einfuhrüberschüsse) richten.

Vorschläge, die Liste der Anforderungen zu erweitern, sind mit einem Problem behaftet (abgesehen von der offensichtlichen politischen Schwierigkeit, wie die Eurozone dazu gebracht werden könnte, sich auf ein erweitertes Regelwerk zu verständigen): Derartige Vorgaben liefen der neoliberalen Architektur des Euro zuwider. Wie kann man ein »gutes« Außenhandelsdefizit – eines, das die natürliche Folge ökonomischer Kräfte ist – von einem »schlechten« Defizit unterscheiden? Im Nachhinein ist klar, dass die spanischen Defizite »schlecht« waren. Das Kapital, das nach Spanien floss, wurde zur Finanzierung einer Immobilienpreisblase verwendet. Das war ein Fehler. Aber es war ein Fehler des privaten Sektors, so wie die Hightech-Blase am Aktienmarkt und die Immobilienpreisblase in den Vereinigten Staaten auf Fehlentscheidungen des privaten Sektors zurückgehen. Aber im Vorfeld lassen sich produktive Investitionen kaum von solchen unterscheiden, die Teil einer Welle irrationalen Überschwangs sind. Marktfundamentalisten würden es niemals hinnehmen, dass der Staat auch nur versucht, eine solche Unterscheidung zu treffen. Denn dies würde bedeuten, dass man irgendeinem Bürokraten ein besseres Urteilsvermögen zuschriebe als einem Geschäftsmann, der wahrscheinlich sein eigenes Geld und das seiner Investoren aufs Spiel setzt. Selbst als es angesichts der Immobilienpreisblasen in Spanien und Irland bereits offensichtlich war, dass der Markt versagt hatte, schwärmten die neoliberalen Wirtschaftsführer der Eurozone über die Wunder des Marktes. Als ich zu bedenken gab, der Staat solle vielleicht solche Exzesse bändigen, schlug mir blankes Entsetzen entgegen: Behaupte ich etwa, dass Bürokraten klüger als Privatunternehmer seien?

Der Euro steckt somit in einem Dilemma: Märkte können von sich aus nicht die notwendigen Anpassungen vornehmen, um Vollbeschäftigung und ein Außenhandelsgleichgewicht zu erreichen. Innere Abwertungen funktionieren nicht. Und einfach nur Haushaltsdefizite zu reglementieren genügt ebenfalls nicht: Dadurch wird es *noch* schwieriger, Vollbeschäftigung zu erreichen, und es trägt wenig zu einer ausgeglichenen Handelsbilanz bei. Eine andere Regulierung der Wirtschaft mit dem Ziel, Importe und Exporte zur Deckung zu bringen, würde Eingriffe in die Marktwirtschaft erfordern, die zumindest für die Verfechter der neoliberalen Ideologie, die dem Euro zugrunde liegt, unannehmbar wären. Neue institutionelle Strukturen, die mit einer engeren ökonomischen Verflechtung einhergingen – ähnlich wie in den USA, die ungeachtet der Verschiedenartigkeit ihrer Bundesstaaten eine funktionierende Einheitswährung besitzen –, könnten den Euro vielleicht krisenfest machen. Wir diskutieren diese später im Buch. Aber zunächst müssen wir die Gefahren, die damit verbunden sind, Leistungsbilanzdefizite *nicht* zu beheben, in ihrer ganzen Tragweite verstehen.

Warum Währungsräume krisenanfällig sind

Länder, die den Wechselkurs ihrer Währung im Verhältnis zu anderen Währungen dauerhaft fixieren wollen, erleben nicht nur lang anhaltende Phasen hoher Arbeitslosigkeit, weil ihnen die Instrumente fehlen, um zur Vollbeschäftigung zurückzukehren, wenn sie von einen negativen Schock getroffen werden, sie sind auch krisenanfällig. Das Gleiche gilt für Länder innerhalb eines Währungsraums, auch sie können ihre Wechselkurse nicht anpassen. Die volkswirtschaftlichen Kosten dieser Krisen sind immens; sie schlagen sich nicht nur in der hohen Arbeitslosigkeit und den BIP-Einbußen in der Gegenwart, sondern auch in einer jahre-, manchmal jahrzehntelangen Wachstumsschwäche nieder.

Solche Krisen sind wiederholt aufgetreten, wobei die Eurokrise nur das jüngste und folgenschwerste Ereignis ist. In Kapitel 2 habe ich beispielsweise die Argentinienkrise von 2001/2002 beschrieben.

Man versteht leicht, weshalb solche Krisen so häufig bei Währungsanbindungen auftreten. Wenn sich der Wechselkurs aus irgendeinem Grund zu stark erhöht, entsteht ein Außenhandelsdefizit, das heißt die Importe übertreffen die Exporte. Dieses Defizit muss irgendwie finanziert, das heißt durch sogenannte *Kapitalzuflüsse* ausgeglichen werden. Diese können die Form von Krediten (Schulden) oder Direktinvestitionen annehmen. Am offensichtlichsten sind die Probleme, die Schulden verursachen: Die Schulden erreichen irgendwann eine Höhe, wo die Stimmung der Gläubiger umschlägt. Sie befürchten, ihr Geld nicht zurückzubekommen. Dieser Stimmungsumschwung kann allmählich oder schnell geschehen. Erstaunlicherweise treten diese Umschwünge oftmals jäh ein und nicht in Reaktion auf eine bedeutsame »Nachricht« – ein weiterer

Beleg für die Irrationalität des Marktes. Rätselhaft ist dann oftmals nicht die Tatsache, dass die Kreditgeber pessimistisch sind, sondern, warum sie nicht schon früher pessimistisch waren. Solche Veränderungen werden »Sudden Stops« genannt: der Kapitalzufluss in ein Land bricht jäh ab, und seine Wirtschaft stürzt in eine Krise.[26]

Auf einen schnellen Stimmungsumschwung folgt mit hoher Wahrscheinlichkeit eine Schuldenkrise, weil sich die Kreditgeber weigern, ihre Kredite bei Fälligkeit zu verlängern, und das betreffende Land *niemanden* finden kann, der bereit wäre, ihm einen Kredit zu gewähren. Seine Optionen sind dann begrenzt: Es kann seine Zahlungsunfähigkeit erklären, oder es beantragt beim IWF ein Rettungspaket, wobei es mit einem Hilfskredit, der mit strengen Auflagen verbunden ist, den Verlust seiner wirtschaftspolitischen Souveränität hinnimmt.[27]

Wird ein Außenhandelsdefizit durch Exzesse des Privatsektors verursacht, werden die von Haushalten oder Unternehmen im Ausland aufgenommenen Kredite in der Regel von inländischen Banken vermittelt, die beispielsweise Dollar im Ausland aufnehmen und diese als Darlehen an Verbraucher ausreichen, die damit Autos (so in Island geschehen) oder andere Konsumgüter kaufen. Wenn die ausländischen Kreditgeber von den Banken die Rückzahlung verlangen und die Banken das Geld nicht beschaffen können, kommt es zu einer *Finanzkrise*.[28]

Das Handelsdefizit selbst schafft ein weiteres Problem. Hohe Importe schwächen die inländische Gesamtnachfrage. Kommt es zu keinem Investitionsboom (wie etwa einer Immobilienpreisblase), der die Vollbeschäftigung stützt, muss der Staat seine Ausgaben erhöhen.[29] In diesem Fall werden die Kapitalzuflüsse zur Finanzierung der daraus resultierenden Staatsschulden verwendet. Gibt der Staat das Geld jedoch nicht vernünftig aus, etwa für öffentliche Investitionen, die die Produktivität des Landes und den Output steigern, kippt die Stimmung der Gläubiger über kurz oder lang.

Auch hier kommt es zu einer Schuldenkrise: Der Staat kann die aufgenommenen Kredite nicht verlängern, wenn es sich um kurzfristige Schulden handelt. Aber selbst wenn es kein Umschuldungsproblem gibt, weil es sich um langfristige Schulden handelt, kann das Land plötzlich sein *Haushaltsdefizit* nicht mehr finanzieren. Will es seine Ausgaben nicht durch Gelddrucken finanzieren (und das damit verbundene Inflationsrisiko eingehen), muss es seine Ausgaben senken, was die Wirtschaft abwürgt.[30]

Banken- und Finanzkrisen gehen im Allgemeinen mit *Wirtschaftskrisen* einher, weil die Gesamtnachfrage und -produktion sinken und die Arbeitslosigkeit in die Höhe schnellt. Im Fall einer Finanz- oder Schuldenkrise können die Banken keine Kredite mehr vergeben, und Unternehmen und Haushalte, die auf Kredite angewiesen sind, müssen ihre Ausgaben senken.

Nach Einführung des Euro hatten Länder wie Griechenland oder Spanien nicht mehr die Möglichkeit, ihre Währung abzuwerten, um ein Handelsungleichgewicht *zu beheben*. Dies verschlimmerte die *Wirtschafts-, Schulden- und Finanz*krisen noch weiter. Die Menschen in den Krisenländern werden geopfert, um wieder für einen Anschein von »Gleichgewicht« zu sorgen. Es bedarf nur einer hinreichend tiefen Rezession oder Depression, um wieder ein Gleichgewicht zwischen Importen und Exporten herzustellen.

In all diesen Fällen, in denen es zu einer Krise kam, könnte man fragen, warum die Kreditgeber nicht erkannten, dass das Land auf eine Überschuldung zusteuerte. Wie konnten sie es so weit kommen lassen? Darauf gibt es zwei Antworten. Die erste lautet: Die Finanzmärkte sind kurzsichtig. Sie sehen oder verstehen oftmals nicht, was sich in ihrem Hinterhof abspielt, wie die Finanzkrise in den USA im Jahr 2008 zeigte. Noch schwieriger ist es, zu erkennen und zu verstehen, was andernorts geschieht. Märkte lassen sich von Modewellen mitreißen – etwa bei den Krediten, die sie in den Siebzigerjahren an Lateinamerika vergaben oder Anfang der Neunzigerjahre an Ostasien und die schließlich zur lateinamerikanischen Krise beziehungsweise Asienkrise führten.

Selbstverständlich geben sich die Banken nicht gern selbst die Schuld, vielmehr machen sie den Kreditnehmer verantwortlich. Aber diese Kredite sind freiwillige Transaktionen. Wenn es einen unverantwortlichen Kreditnehmer gibt, bedeutet es zumindest, dass es auch einen unverantwortlichen Kreditgeber gibt, der gegen seine Sorgfaltspflichten verstoßen hat. In Wirklichkeit ist es noch schlimmer. Kreditgeber sollen Experten in Risikomanagement sein. Doch oftmals nutzen sie einfach nur inhärent politische Probleme aus: Staaten lassen sich sehr leicht dazu überreden, sich übermäßig zu verschulden.[31] Die gegenwärtige Regierung profitiert von den Ausgabenerhöhungen und den damit verbundenen Wohlstandseffekten, während die Kosten von einer zukünftigen Regierung getragen werden.

Die Wechselwirkung zwischen kurzsichtigen Finanzmärkten – mit Strukturen, die zu leichtfertiger Kreditgewährung ermuntern – und kurzsichtigen Regierungen erzeugt ein potenziell explosives Gemisch, das in Verbindung mit festen Wechselkursen mit an Sicherheit grenzender Wahrscheinlichkeit explodiert. Diese Probleme treten auch bei integren Regierungen auf, die natürlichen Anreizen gehorchen. Aber Korruption kann alles noch verschlimmern, wenn etwa ein korrupter Finanzsektor in der einen oder anderen Form Schmiergelder an korrupte Politiker oder ihre Parteien zahlt.

Es gibt noch einen zweiten Grund für die Überschuldung von Ländern: Kreditgeber werden regelmäßig »herausgepaukt« – vom IWF, von der Europäischen Zentralbank und von Regierungen. Da Verluste so vergemeinschaftet werden, gibt es besonders starke Fehlanreize für exzessive Kreditvergabe im Ausland. Was in der Eurozone geschah, ist nur die letzte in einer langen Reihe solcher Schuldenübernahmen. (Diese »Rettungspakete« [*Bail-outs*] tragen in der Regel die Namen der Länder, die sie in Anspruch nehmen: der mexikanische, der koreanische, der argentinische, der brasilianische, der indonesische und der thailändische Bail-out. Aber in jedem Fall geht es letztlich darum, westliche Banken zu retten.)

Dies haben einige Beobachter in Europa erkannt. Und sie verlangten deshalb, was euphemistisch *Beteiligung des Privatsektors* oder *Bail-in* genannt wird. Die Kreditgeber des privaten Sektors sollen die Verluste mittragen. Aber allzu oft kommen diese Forderungen zu spät, nachdem smarte Investoren ihr kurzfristiges Kapital längst abgezogen haben. So wird die Last denjenigen auferlegt, die längerfristige Kredite vergeben. (Selbstverständlich waren diese wegen ihrer übermäßigen Kreditvergabe für die Krise *mitverantwortlich*, aber die kurzfristigen Kreditanbieter traf ebenfalls eine Schuld – tatsächlich in einigen Fällen eine größere. Die langfristigen Kredite wurden vielleicht zu einer Zeit vergeben, in der dem Land eine rosige Zukunft bevorzustehen schien. Die drohenden Probleme hätten den kurzfristigen Kreditgebern deutlicher vor Augen stehen müssen.) Oftmals werden *Bail-in*-Forderungen jedoch den falschen Parteien auferlegt. In den Jahren 2012/2013 forderte Europa, gewöhnliche Einleger sollten auf einen Teil ihrer Forderungen gegen zyprische Banken verzichten – das heißt sich mit einem Abschlag auf den Wert ihrer Einlagen einverstanden erklären. Die Behörden der Eurozone glaubten, sie würden dadurch, dass sie Einleger dazu zwangen, höhere Verluste zu tragen, den Geldbetrag verringern, den sie selbst lockermachen müssten.[32] Bis dahin nahm man an, dass Einleger im Zuge der Restrukturierung von Banken geschützt werden sollten. Das Risiko, dass Einleger einen Verlust hinnehmen müssen, hat das Vertrauen in die Banken der schwächeren Länder der Eurozone untergraben und dazu beigetragen, dass Gelder von diesen Banken abgezogen wurden. Dies hat zur Stagnation in der Eurozone beigetragen.[33]

Die Rolle der Märkte und des Euro bei Fehlanpassungen des Wechselkurses

Die Einheitswährung hat in stärkerem Maße zur Entstehung von Krisen beigetragen, als diese Diskussion nahelegt. Wir gingen von der Annahme aus, dass es aus irgendeinem Grund zu einer Fehlanpassung des Wechselkurses kam – einige Länder hatten einen zu hohen Wechselkurs. Beim Eintritt von Ländern in die Eurozone bemühte man sich sicherzustellen, dass der Wechselkurs »richtig« war, das heißt, dass die Umrechnung der alten Währung in den Euro sachgerecht erfolgte.

Aber selbst wenn anfänglich alles stimmte, führte der Euro selbst zu einer Fehlanpassung – zu einem realen Wechselkurs (unter Berücksichtigung *inländischer* Preise), der in mehreren Ländern zu hoch war, sodass sie folglich systematisch Einfuhrüberschüsse verzeichneten. Daher kam es nach der Einführung des Euro 1999 und insbesondere in den Jahren vor der Krise von 2008 zu massiven Kapitalzuflüssen nach Spanien und Irland. Kreditgeber glaubten, die Beseitigung des Wechselkursrisikos bedeute die Beseitigung sämtlicher Risiken. Dies spiegelte sich in den niedrigen Zinsen wider, die diese Länder für Kredite zahlen mussten. Bis 2005 fiel die Risikoprämie auf griechische Staatsanleihen (die Risikoprämie ist der *zusätzliche* Betrag, der bezahlt werden musste, um die höhere Risikoeinschätzung griechischer Anleihen durch Marktteilnehmer zu kompensieren) relativ zu deutschen Anleihen auf winzige 0,2 Prozent; bei italienischen Anleihen fiel sie ebenfalls auf 0,2 Prozent und bei spanischen auf 0,001 Prozent.[34]

Die niedrigen Zinsen, zu denen in Spanien Kredite erhältlich waren, trugen (zusammen mit der Euro-Euphorie, dem Glauben, der Euro läute ein neues Zeitalter des Wohlstands und der Stabilität ein) zur Entstehung einer Immobilienpreisblase bei; in den Jahren vor der Krise von 2008 wurden in Spanien mehr Häuser gebaut als in Frankreich, Deutschland und Irland zusammengenommen.[35] Die Immobilienpreisblase führte zu Verzerrungen in der spanischen Wirtschaft. Der irrationale Überschwang des privaten Sektors, nicht die Staatsausgaben, brachte die spanische Wirtschaft aus dem Gleichgewicht. Tatsächlich waren manche in der Regierung beunruhigt und gaben sich große Mühe, die Wirtschaft zu diversifizieren, damit andere Sektoren die Lücke ausfüllen könnten, für den Fall, dass es tatsächlich eine Immobilienblase geben sollte und diese platzte. Doch die Blase platzte, bevor diese Bemühungen wirklich Früchte trugen.

Ohne die Währungsunion hätte ein Land, das von Spekulationskapital überflutet wurde, die Zinsen anheben können, um die Immobilienpreisblase zu dämpfen. Aber die Mitgliedschaft in der Eurozone machte dies unmöglich. Ein Land wie Spanien oder Irland, in dem die Immobilienpreise überhitzt waren, hätte Kapitalgewinnsteuern – Steuern auf den Veräußerungsgewinn von Wertpapieren oder Immobilien – einführen oder die Kreditvergabe inländischer Banken beschränken können und sollen. Aber die in der Eurozone vorherrschende marktfundamentalistische Ideologie schloss diese Maßnahmen aus.

Alternativ hätte die Regierung ihre Ausgaben senken und erlauben können, dass unwirtschaftliche Privatinvestitionen produktive öffentliche Investitionen verdrängen. Sowohl die Regierungen Spaniens als auch Irlands verfügten infolge des Booms über hohe Steuereinnahmen, und sie verspürten keine Notwendigkeit, dies zu tun. Beide Länder erzielten Überschüsse. Es war Aufgabe der EZB, nicht ihre, die Inflation zu steuern. Ihre Aufgabe war es, die im Maastricht-Vertrag verankerten Haushaltsvorgaben einzuhalten und Haushaltsmittel sinnvoll zu verwenden, und das taten sie. Gemäß den Konvergenzkriterien – und der damaligen Ideologie – war alles bestens. Kurzum, die von der Eurozone auferlegten Beschränkungen *erzeugten* zusammen mit irrationalen Märkten und der neoliberalen Ideologie den überbewerteten Euro-Wechselkurs, der seinerseits zu den Krisen führte.

Kreditaufname in einer Fremdwährung

Der Euro erzeugte noch aus einem anderen Grund Krisen – einem Grund, der offenbar weitgehend übersehen wurde, teils weil er eine noch nie da gewesene Situation schuf. Schuldenkrisen treten üblicherweise nicht in Ländern auf, die Kredite in ihrer eigenen Währung aufgenommen haben. Sie können die Versprechungen, die sie machten, zumindest dadurch erfüllen, dass sie die Notenpresse anwerfen und einfach Geld drucken. Die Vereinigten Staaten werden nie eine Krise griechischen Stils haben, schlicht weil sie das Geld drucken können, das sie schulden.[36]

In der Vergangenheit hatten Länder eine Wahl: Sie konnten auf eine Fremdwährung lautende Schuldtitel begeben, mit dem Risiko, mehr – in inländischer Währung – zurückzahlen zu müssen, wenn der Wechselkurs fiel, und dem noch schlimmeren Risiko der Zahlungsunfähigkeit, wenn er zu stark fiel; oder sie konnten Schuldtitel in ihrer eigenen Währung ausgeben und einen höheren Zins zahlen. Funktionierten Märkte gut, tat der höhere Zins nichts anderes, als ausländische Kreditgeber für das Wechselkursrisiko, das sie eingingen, zu kompensieren – das Geld, das ihnen zurückgezahlt wurde, war vielleicht viel weniger wert als zum Zeitpunkt der Ausleihung.[37] Aber kurzsichtige Regierungen (die dabei oft von internationalen Kapitalgebern und auch dem IWF angestachelt wurden) förderten die Kreditaufnahme in Fremdwährung, weil diese geringere Auswirkungen auf den *heutigen* Haushalt hatte, einfach deshalb, weil die *nominellen* Zinszahlungen niedriger waren.

Nach den zahlreichen Krisen in den Neunziger- und frühen Nullerjahren hatten jedoch viele Regierungen ihre Lektion gelernt. Sie begannen mit der Kreditaufnahme in Landeswährung und setzten inländische Unternehmen und Haushalte unter Druck, Kredite ebenfalls in Inlandswährung aufzunehmen, und so entstanden Inlandswährungskreditmärkte.[38]

Die Eurozone schuf eine neue Situation. Länder, Unternehmen und Haushalte in den einzelnen Ländern nahmen jetzt Kredite in Euro auf. Aber auch wenn sie Kredite in der Währung aufnahmen, die sie *verwendeten*, war es eine Währung, die sie nicht kontrollierten. Europa schuf unabsichtlich das vertraute Problem, mit dem hochverschuldete Entwicklungs- und Schwellenländer konfrontiert sind. Und zwar folgendermaßen: Griechenland kontrolliert nicht die Notenpressen der Währung, in der es sich verschuldet hat. Seine Schulden lauten auf Euro. Seine Gläubiger sind nicht bereit, ihre Kredite zu verlängern. Die Euro-Einnahmen aus Exporten reichen nicht aus, um die Schulden zu bedienen. Griechenland kann seinen Zahlungsverpflichtungen nicht nachkommen.

Die Märkte hätten die neue, riskante Situation, die die Eurozone geschaffen hatte, erkennen und entsprechend ihre Kreditvergabe begrenzen müssen. Aber wie so oft hatte sie der irrationale Überschwang im Griff – die Euro-Euphorie. Sie konzentrierten sich auf die Vorteile, die die Beseitigung des Wechselkursrisikos mit sich brachte, und ignorierten die Kosten, die mit einem erhöhten Ausfallrisiko von Staatsanleihen verbunden waren. Viele sahen in den hohen Kapitalzuflüssen ein Anzeichen dafür, dass sich die Eurozone prächtig entwickelte. Nachdem ich insbesondere während meiner

Zeit bei der Weltbank ähnliche Fälle von grenzüberschreitenden Kapitalflüssen beobachtet hatte, nachdem Beschränkungen des Kapitalverkehrs weggefallen waren, war ich weniger optimistisch.

Um diese Situation zu vermeiden, hätte die Eurozone als ganze Kredite in Euro aufnehmen und die Gelder auf verschiedene Länder verteilen können, die dann für deren Rückzahlung verantwortlich gewesen wären. Aber man beschloss, die Kreditaufnahme nicht in dieser Weise zu zentralisieren. Dadurch erhöhten die Verantwortlichen der Eurozone die Wahrscheinlichkeit einer Schuldenkrise.

Die Länder, die der Eurozone beitraten, haben nicht nur die Folgen der Kreditaufnahme in einer Währung, die sie nicht mehr selbst kontrollierten, nicht richtig verstanden, sie haben auch die Konsequenzen für ihre nationale Souveränität verkannt: eine Übertragung von Hoheitsbefugnissen, die missbraucht werden konnten – und wurden. Wenn Kapitalgeber beispielsweise Spanien keine Mittel mehr zur Verfügung stellen wollten, konnte sich das Land nur an seine Partner in der Eurozone wenden, um sich Kredite durch die Europäische Zentralbank oder über einen sonstigen Mechanismus zu beschaffen.[39] Das war eine verhängnisvolle Entwicklung.

Ohne Zugang zu Kapital steuerte das Land auf die Zahlungsunfähigkeit zu. Aber es gibt keinen geeigneten internationalen Rechtsrahmen für eine geordnete Staatsinsolvenz, wie Argentinien und viele andere Länder zu ihrem Leidwesen erfahren mussten. Ohne einen solchen Rechtsrahmen kann die Zahlungsunfähigkeit sehr teuer werden. Gläubiger haben einen Anreiz, das Risikoland einzuschüchtern – ihm einzureden, die Kosten einer Zahlungsunfähigkeit seien sehr hoch, viel höher, als wenn es den Forderungen der Gläubiger nachgebe.[40]

Sobald einige Euroländer anderen Mitgliedsländern Geld schuldeten, wandelte sich der Charakter der Währungsunion: Sie war nicht länger eine Partnerschaft von Gleichberechtigten, die eine Politik umsetzen will, die allen gleichermaßen nützt, vielmehr waren die EZB und die übrigen Entscheidungsinstanzen der Eurozone zu Inkassoagenturen der Gläubigerstaaten geworden, unter denen Deutschland besonders einflussreich ist. Obgleich man dies zum Zeitpunkt der Gründung der Eurozone nicht beabsichtigte, hätte man damit rechnen müssen, dass es passiert. Wie schon das alte Sprichwort weiß: »Wer die Musik bezahlt, bestimmt die Melodie.« Deutschland hatte das Geld. Das deutsche Parlament musste jedem größeren neuen Hilfsprogramm zustimmen. Es zeigte sich, dass der Bundestag diese neuen Programme nur absegnen würde, wenn den Krisenländern hinreichend strenge »Auflagen« gemacht würden. Die Deutschen zweifelten wiederholt sogar die Vereinbarkeit von Maßnahmen der EZB zugunsten der Krisenländer mit der deutschen Verfassung an.

Die Macht, Kredite zurückzuhalten, wird zur Macht, ein Land dazu zu zwingen, de facto seine wirtschaftspolitische Souveränität abzugeben, und genau das hat die Troika einschließlich der EZB getan, am deutlichsten gegenüber Griechenland und seinen Banken, in geringerem Maße aber auch gegenüber den anderen Krisenländern. Die Auflagen, die sie machten, zielten nicht darauf ab, Vollbeschäftigung und Wachstum zu fördern, sondern auf Haushaltsüberschüsse, die es den Schuldnerländern prinzipiell ermöglichen würden, ihre Schulden zurückzuzahlen.

Warum auch Handelsbilanzüberschüsse problematisch sind

Ich habe erklärt, warum Länder bei festen Wechselkursen möglicherweise auf längere Sicht hohe Handelsbilanzdefizite verzeichnen und wie es zu einer Krise kommen kann, wenn andere plötzlich nicht mehr bereit sind, dieses Defizit zu finanzieren. Europa hat sich entschieden, Außenhandelsdefizite dadurch zu beseitigen, dass es Volkswirtschaften in die Depression treibt. In einer Depression kauft das betreffende Land keine Güter mehr im Ausland. Die Importe sinken. Die »Therapie« ist genauso schlimm oder schlimmer als die Krankheit.

Aber auch Handelsbilanzüberschüsse sind ein Problem. Deutschland hat riesige Handelsbilanzüberschüsse – durchweg größere als China in Prozent des BIP, und während vieler Jahre auch größere in absoluten Dollarbeträgen. In den letzten Jahren waren die deutschen Außenhandelsüberschüsse in Prozent des BIP sogar fast doppelt so hoch wie die chinesischen.[41] Die Vereinigten Staaten haben die chinesischen Überschüsse mit der Begründung kritisiert, sie gefährdeten die weltwirtschaftliche Stabilität. Das hat einen einfachen Grund: Über die gesamte Welt gesehen, muss die Summe der Überschüsse gleich der Summe der Defizite sein. Wenn ein Land einen Überschuss aufweist, also mehr exportiert als importiert, *müssen* andere Länder ein Defizit haben, also mehr importieren als exportieren. Wenn also Defizite ein Problem sind, dann sind auch Überschüsse ein Problem. Und wenn die chinesischen Überschüsse ein globales Problem sind, sind es die deutschen auch.[42]

Wird der Wechselkurs so festgesetzt, dass die Eurozone insgesamt eine ausgeglichene Handelsbilanz hat – was in den Jahren vor der Krise annähernd der Fall war – und Deutschland einen Überschuss hat, bedeutet dies entsprechend, dass die übrige Eurozone ein Defizit haben *muss*.

In mancher Hinsicht sind Überschüsse sogar problematischer als Defizite, wie Keynes behauptete, weil sie zu einem globalen Nachfrageausfall beitragen.[43] Diese Länder produzieren mehr, als sie kaufen, und geben folglich nicht ihr gesamtes Einkommen aus. Selbstverständlich würden die Defizitländer *gern* mehr kaufen. Aber wenn niemand bereit ist, ihnen Kredit zu gewähren, können sie das nicht, und sie können es auch nicht, wenn sie an die Auflagen eines IWF- oder Troika-Programms gebunden sind, die sie davon *abhalten*, mehr auszugeben. Bei großen Ungleichgewichten (wie sie mit dem deutschen Exportüberschuss verbunden sind) werden die Minderausgaben in den Überschussländern durch die Überausgaben in den Defizitländern nicht vollständig ausgeglichen. In der Folge wird die *globale* Gesamtnachfrage geschwächt.

Vor der Krise hat Deutschland seine Überschüsse weitergereicht, indem es Kredite an Länder in der Peripherie, wie Spanien und Irland, vergab und diesen so erlaubte, Staatsausgaben auf Pump zu finanzieren.[44] Aber dadurch half es mit, die Eurokrise zu schaffen, und es verstärkte die *Divergenz* innerhalb Europas. Die

Länder in der Peripherie wurden zu Schuldnern, während Deutschland der große Gläubiger wurde. Wie bereits gesagt, gibt es keine größere Kluft als die zwischen Gläubigern und Schuldnern.

Unsere Diskussion konzentrierte sich auf die Kreditaufnahme und -vergabe *durch das Land*. Die Analyse unterscheidet nicht zwischen privater und öffentlicher Kreditaufnahme. Dabei ist das wichtig, denn Handelsungleichgewichte können unabhängig davon, ob sie ihren Ursprung im öffentlichen Sektor (wie in Griechenland) oder im privaten Sektor (wie in Spanien und Irland) haben, ein Problem sein. Die Konvergenzkriterien konzentrierten sich nur auf das Problem des öffentlichen Sektors. Aber historisch gesehen war die Kreditaufnahme des privaten Sektors genauso wichtig oder sogar noch wichtiger.

Überschüsse: Laster oder Tugend?

Die Überschussländer betrachten ihre Handelsüberschüsse – sie geben weniger für Einkäufe im Ausland aus, als sie selbst mit dem Verkauf von Gütern und Dienstleistungen verdienen – und die damit verbundenen Ersparnisse als Ehrenabzeichen. Sparen sei eine Tugend. Deutschland sagt, alle Länder sollten sich ein Beispiel an ihm nehmen. Aber Deutschlands Tugend ist eigentümlich: Wir sahen bereits, dass *definitionsgemäß* nicht alle Länder Überschüsse erwirtschaften können, und alles, was Deutschland tut, um seine Überschüsse zu erzielen, erhöht tatsächlich das Defizit irgendeines anderen Landes. Das Defizitland wiederum hat mit einer schwachen Nachfrage und möglicherweise hoher Arbeitslosigkeit und sogar einer Krise zu kämpfen. Exporte schaffen Arbeitsplätze, Importe dagegen vernichten sie. Es ist wohl kaum eine Tugend, wenn man diese nur dadurch erreichen kann, indem man jemand anderen dazu zwingt, ein Sünder zu sein – wenn die eigenen Handlungen unweigerlich zu Problemen in einem anderen Land führen.

Die moderne Volkswirtschaftslehre, die mit Keynes beginnt, hat erklärt, dass es in einer Welt der Arbeitslosigkeit das *Sparparadoxon* gibt. Wenn jeder mehr sparen will, aber die Investitionen konstant sind, dann sinken die Einkommen. Ironischerweise steigt die Gesamtersparnis nicht. Die Überlegung ist einfach: Im Gleichgewicht *müssen* die Ersparnisse gleich den Investitionen sein. Wenn sich also die Investitionen nicht ändern, *können* sich auch die Ersparnisse nicht ändern. Wenn Privatpersonen unbedingt einen höheren Teil ihres Einkommens sparen wollen, besteht die einzige Möglichkeit, die Spar*quote* zu ändern darin, das *Einkommensniveau* zu senken.

Heute befindet sich die Welt genau in dieser Situation, mit einer Schwäche der Gesamtnachfrage, die zu niedrigem Wachstum und rund 200 Millionen Arbeitslosen weltweit führt. Die unzureichende Gesamtnachfrage ist die Ursache dessen, was viele eine »globale säkulare Stagnation« nennen. (Das Adjektiv *säkular* meint, dass sie *langfristig* ist im Unterschied zu *zyklisch*, einer vorübergehenden Wachstumsdelle, die Teil wiederkehrender Konjunkturzyklen ist.) Die »Arbeitsplatzlücke« hat sich seit dem Beginn der Großen Rezession stark vergrößert, wobei es etwa 60 Millionen weniger Arbeitsplätze gibt, als ohne Krise zu erwarten gewesen wäre.[45]

Überschüsse sind noch aus einem weiteren Grund sehr problematisch. Es ist normalerweise für das Überschussland leichter, mit dem Überschuss klarzukommen, als für das Defizitland, etwas gegen sein Defizit zu unternehmen. Beispielsweise haben Deutschland und China große Spielräume, die Löhne zu erhöhen, insbesondere die niedrigen. Bis vor Kurzem hatte Deutschland nicht einmal einen Mindestlohn, und selbst jetzt liegt dieser bei nur 8,50 Euro pro Stunde, während er in Frankreich immerhin 9,47 Euro beträgt.[46] Stiegen die Einkommen deutscher Arbeitnehmer, würden sie mehr kaufen, auch mehr importierte Güter.

Im Großen und Ganzen ist es den Krisenländern und auch Frankreich und Italien gelungen, ihre Leistungsbilanzdefizite zu verringern; Deutschland dagegen hat seinen Überschuss nicht nur aufrechterhalten, sondern sogar vergrößert. So hat die Eurozone insgesamt einen großen Überschuss, der für das Jahr 2015 auf 452 Milliarden Dollar geschätzt wird.[47] Aber gemäß der grundlegenden Arithmetik globaler Defizite und Überschüsse gelang dies nur dadurch, dass im Rest der Welt Defizite erhöht wurden. Es wird für die Eurozone schwer, wenn nicht unmöglich sein, diesen Überschuss zeitlich unbegrenzt aufrechtzuerhalten, ohne dass Probleme im Rest der Welt auftreten. Das geht auf die Dauer nicht gut.

Externalitäten, der Euro und globale Politikgestaltung

Wenn anderen von Privatpersonen, Unternehmen oder Ländern Kosten auferlegt werden (die sie selbst nicht tragen müssen), sprechen Ökonomen von einer *Externalität.* Die vorstehende Analyse erklärte, warum deutsche Außenhandelsüberschüsse dem Rest der Welt einschließlich seiner Partner in der Eurozone Externalitäten auferlegen. Ein gut konzipiertes Weltwirtschaftssystem (und eine gut konzipierte Eurozone) hätte Mechanismen vorgesehen, um diese Externalität auszugleichen. Gegenwärtig haben wir auf globaler Ebene keine Möglichkeit, Länder dazu zu bewegen, keine Überschüsse zu generieren.[48] Die G20 – die Gruppe der 20 größten Volkswirtschaften, die ein Forum der internationalen Kooperation und Koordination im Bereich der Wirtschaftspolitik ist – versucht Länder dazu zu überreden, auf Überschüsse möglichst zu verzichten. Ironischerweise hat sich die G20 dabei auf China konzentriert, dessen Überschüsse sich verringert haben, statt auf Deutschland.

Auch innerhalb der Eurozone hat man nichts unternommen, um Überschüsse einzudämmen. Wie bereits erwähnt, richtete man das Augenmerk vor allem auf *staatliche* Aktivitäten und ausschließlich auf Defizite. Man ging fälschlicherweise davon aus, Staatsdefizite seien die Hauptursache externer Effekte, der wichtigste Aspekt des Verhaltens eines Landes, der sich negativ auf den Wohlstand anderer Länder und die Funktionstüchtigkeit des Wirtschaftssystems auswirkt.

Abschließende Bemerkungen

Die Schöpfer des Euro wussten, dass es angesichts der Verschiedenartigkeit der teilnehmenden Länder nicht leicht sein würde, eine für alle gleichermaßen funktionierende Gemeinschaftswährung zu schaffen. Aber ihre Analyse der notwendigen Voraussetzungen dafür war gänzlich verfehlt: Die von ihnen aufgestellten Konvergenzkriterien, die Grenzen für die öffentlichen (Haushalts-)Defizite und Schuldenstände festlegen, machten die Aufgabe noch schwieriger, überall in Europa Vollbeschäftigung zu erreichen. Zusätzlich erschwert wurde dies durch die Aufgabe, Handelsbilanzdefizite zu begrenzen, für deren Entstehung der Euro zumindest mitverantwortlich war. Permanente Außenhandelsdefizite schaffen ideale Voraussetzungen für Krisen: Die erwartbaren und vorhergesagten Krisen traten nur ein Jahrzehnt nach der Einführung des Euro auf.

Die Reaktion

Da sich die Dinge so gänzlich anders entwickelten als versprochen – Krisen und Depressionen statt einer neuen Ära des Wohlstands –, hätte man hoffen können, die verantwortlichen Politiker der Eurozone würden einsehen, dass die dem Euro zugrunde liegende ökonomische Analyse falsch war und dass das »unvollendete Projekt« schleunigst vollendet werden müsste, wenn der Euro funktionieren sollte. Das heißt, sie müssten den institutionellen Rahmen schaffen, der erforderlich wäre, um den Verlust der zins- und währungspolitischen Kompetenzen auszugleichen, die es den einzelnen Ländern bis dahin ermöglicht hatten, die Konjunktur anzukurbeln und eine ausgeglichene Handelsbilanz aufrechtzuerhalten.

Stattdessen versuchte Deutschland, mangelnde Haushaltsdisziplin einzelner Mitgliedstaaten für die Eurokrise verantwortlich zu machen. Unsere Analyse kam zu einem anderen Ergebnis: Schuld ist nicht das Versagen einzelner Länder, sondern die Struktur der Eurozone selbst. Marktmechanismen (innere Abwertung) sind kein angemessener Ersatz für den Verlust der Fähigkeit, Leitzinsen und Wechselkurse anzupassen. Der Euro schuf die Eurokrise.

Es hätte offensichtlich sein müssen, dass das Narrativ falsch ist, wonach Haushaltsdefizite an der Eurokrise schuld seien: Mehrere europäische Länder wahrten eine strenge Haushaltsdisziplin und waren dennoch von hoher Arbeitslosigkeit, ja sogar Krisen betroffen – nicht nur die vermeintlich verschwendungssüchtigen südeuropäischen Länder, sondern auch die verantwortungsbewussteren nordeuropäischen Länder Irland und Finnland. Marktwirtschaften können einfach infolge der Dynamik des Kapitalismus von Krisen heimgesucht werden; ohne angemessene Regulierung bilden sich etwa oft Kreditblasen. Aber die neoliberale Ideologie ignorierte diese Ursachen von Volatilität – die sowohl die Große Rezession selbst als auch die Asienkrise herbeigeführt hatten –, während sie sich bequemerweise auf die leichter zu verstehenden und zu verurteilenden haushaltspolitischen Fehler Griechenlands kaprizierte.

Da man die eigentliche Ursache des Problems der Eurozone nicht richtig diagnostizierte, konnte man notwendigerweise auch nicht die geeigneten Maßnahmen zur Behebung dieser Probleme ergreifen. Statt das grundlegende Problem zu beheben, setzte man weiterhin politische Maßnahmen um, die auf einer offensichtlich falschen Theorie basierten. Als sich die Krise ausbreitete, betonten die teilnehmenden Länder, die Konvergenzkriterien seien unverändert gültig, und verpflichteten sich zu einer strengeren Einhaltung derselben.

Dass sie dies taten, lässt vermuten, dass es um Ideologie und nicht um ökonomische Sachlichkeit ging. Man verschloss *absichtlich* die Augen vor den Fakten. Es mag nicht im Interesse Deutschlands gewesen sein zu verstehen, was schiefgelaufen war, denn das hätte die Verantwortlichen in Deutschland womöglich unter Druck gesetzt, mehr zu tun, als nur ihre Partner zu belehren.

Ausblick

Wenngleich die Konvergenzkriterien die wechselseitige Angleichung fördern sollten, verstärkte die Struktur der Eurozone die Unterschiede zwischen den Ländern der Region auf fundamentale Weise – und verschärfte die bei Gründung der Eurozone ohnehin schon großen Differenzen noch. Viel gravierender aber ist, dass sie die Kluft zwischen Gläubiger- und Schuldnerländern vertiefte. Das nächste Kapitel erklärt, wie die gegenwärtige Struktur der Eurozone dazu führte, dass die stärkeren Mitgliedsländer noch stärker wurden und die schwächeren schwächer. Die Gläubigerländer werden reicher, die Schuldnerländer ärmer. Und aus einer erhofften Konvergenz wurde eine Divergenz.

5 Der Euro: Ein divergentes System

Die Eurozone war ein schönes Gebäude, das auf einem schwachen Fundament errichtet wurde. Die Risse waren von Anfang an deutlich zu sehen, aber nach der Krise von 2008 wurden aus den Rissen tiefe Spalten. Im Sommer 2015, 16 Jahre nach der Geburt des Euro, sah es so, als müsste Griechenland aus der Eurozone ausscheiden. Zwischen Gläubigern und Schuldnern schienen die Differenzen unüberbrückbar zu sein, und die politische Macht innerhalb der Eurozone lag nach wie vor bei den Gläubigern und insbesondere bei Deutschland. Die Krisenländer wurden in Rezessionen und Depressionen gestürzt. Europa hatte ein divergentes System geschaffen, während es glaubte, ein konvergentes System zu gestalten.

Mehrere Merkmale der Eurozone, die als *unabdingbar* für ihren Erfolg angesehen wurden, trieben tatsächlich ihre Divergenz voran. Die herrschende Wirtschaftstheorie basiert auf dem Gravitationsgesetz: Kapital fließt von kapitalreichen Ländern mit niedrigen Renditen in Länder mit Kapitalknappheit. Dem liegt die Annahme zugrunde, dass die risikobereinigten Renditen in solchen Ländern hoch sind. Aber in der Eurozone scheinen nicht nur Kapitalbewegungen, sondern auch Arbeitnehmerwanderungen dem Gravitationsgesetz zu widersprechen. Kapital floss aufwärts.[1] In diesem Kapitel erkläre ich, wie Europa dieses System schuf, das der Gravitation trotzt. Das Verständnis der Ursachen der Divergenz ist von zentraler Bedeutung für die Schaffung einer gut funktionierenden Eurozone.

Divergenz in Kapital- und Finanzmärkten und das Prinzip des Binnenmarkts

Eine der Stärken der Eurozone besteht darin, dass sich Kapital und Arbeitnehmer frei in der gesamten Region bewegen können. Dies wird auch »Binnenmarktprinzip« genannt. Unbeschränkte Mobilität soll zur effizienten Allokation von Arbeit und Kapital führen und dadurch den Wohlstand in Europa mehren. Beides würde sich dorthin bewegen, wo die Erträge am höchsten wären.

In dem Maße, wie Kapital von den reichen (kapitalreichen) in die armen (kapitalknappen) Länder fließe, so die Theorie, würden sich die Einkommen in der gesamten Eurozone einander angleichen und funktioniere der gesamte Währungsraum effizienter. Natürliche Marktkräfte würden zur Konvergenz führen; erledigten Regierungen ihre Hausaufgaben (Defizite und Schulden niedrig halten), besorge der Markt den Rest. Die verantwortlichen europäischen Politiker hätten wissen müssen, dass es viele theoretische und empirische wirtschaftswissenschaftliche Studien gab, die zeigten, dass diese Erwartungen falsch waren.

Tatsächlich stand ein Beispiel aus der realen Welt vor aller Augen: Die Situation in Italien unterscheidet sich grundlegend von den ökonomischen Modellen in Lehrbüchern. Es gibt keine staatlich auferlegten Schranken für den freien Kapital- und Personenverkehr zwischen Nord- und Süditalien. Der Rechtsrahmen ist der gleiche. Und trotzdem hat Süditalien seit Langem ein niedrigeres Einkommen als der Norden. Auch wenn es zeitweise eine gewisse Konvergenz gab, fand diese in den jüngsten Dekaden nicht mehr statt.[2]

Binnenmarkt, Eurozone und irrationale Märkte als Ursachen der Eurokrise

Das vorige Kapitel erläuterte, wie der freie Kapitalverkehr zusammen mit der Konstruktion der Eurozone zur Eurokrise führte. Irrationale Kapitalmärkte glaubten, die Beseitigung des Wechselkursrisikos bedeute die Ausschaltung *sämtlicher* Risiken, und drängten in die Länder der Peripherie. In einigen Fällen erzeugten sie Immobilienpreisblasen. In allen Fällen erzeugten sie einen Aufwärtsdruck auf Preise und Leistungsbilanzdefizite, die auf Dauer untragbar waren. Ein Land nach dem anderen geriet in eine Krise, als die Märkte schließlich erkannten, dass die Leistungsbilanzdefizite sich langfristig nicht aufrechterhalten ließen, und als die Immobilienblasen platzten. Aber mittlerweile war es zu spät: Kapital, das eigentlich die Produktivkräfte dieser Volkswirtschaften hätte entfesseln sollen, finanzierte Konsum und Immobilienpreisblasen (in Spanien und Irland) sowie Staatsdefizite (in Griechenland).

Das vorige Kapitel zeigte auch, dass die Importe im Verhältnis zu den Exporten anstiegen, als die Preise in diesen Ländern, beispielsweise relativ zu denen in Deutschland, anstiegen. Die Außenhandelsdefizite wurden in diesen Ländern chronisch. Die innere Abwertung sollte den angerichteten Schaden ausgleichen.[3] Aber wie wir sahen, wirkt die innere Abwertung bestenfalls langsam und sie kann sehr kostspielig sein: Es ist viel leichter, Löhne und Preise zu erhöhen, als sie zu senken.

Als dieselben irrationalen Kapitalgeber, die die Eurokrise herbeiführten, den riesigen Fehler erkannten, der gemacht worden war, taten sie, was Finanziers in solchen Situationen immer tun: Sie verdrückten sich.

Diese Analyse beschreibt selbstverständlich nicht alle Länder, die sich in einer Rezession befinden oder große Außenhandelsdefizite aufweisen. Wie bereits erwähnt, hat Finnland mit Problemen in einigen seiner führenden Exportsektoren und mit Schwächen auf etlichen seiner wichtigsten Exportmärkte zu kämpfen. Aber auch hier ist der Euro an dem lang anhaltenden Abschwung schuld, weil er dem Land die Standardinstrumente, mit denen es vielleicht schnell zu Vollbeschäftigung und einer ausgeglichenen Handelsbilanz zurückgefunden hätte, wegnahm – und nichts Gleichwertiges an ihre Stelle setzte.

Kapitalflucht

Bei Ausbruch der Eurokrise floss Kapital aus den Bankensystemen der schwachen Länder in diejenigen der starken Länder. Als Kapital aus ihren Bankensystemen abgezogen wurde, mussten die Banken in schwachen Ländern ihre Kreditvergabe einschränken. Ich nenne diese Einschränkung der Kreditvergabe *private Austerität.* Das Ausmaß dieser Kreditverknappung ist enorm und wirkt sich insbesondere auf die mittelständische Wirtschaft aus. Es ist nicht weiter verwunderlich, dass Länder, in denen solche Firmen eine größere Rolle spielen, stärker in Mitleidenschaft gezogen werden. (Große multinationale Konzerne können sich auf internationalen Finanzmärkten Kapital beschaffen und sind daher nicht so abhängig von dem, was in einem bestimmten Land geschieht.) Im Jahr 2013 war das Volumen an Kleinkrediten von weniger als 1 Million Euro – ein Indikator für die Kreditvergabe an kleine und mittelständische Unternehmen – in allen Krisenländern noch immer weit von seinem Höchststand vor der Krise entfernt: nahezu halbiert in Portugal, minus zwei Drittel in Griechenland und Spanien und über minus 80 Prozent in Irland. Aber auch in vielen schwächelnden Ländern war der Rückgang deutlich: So verzeichnete zum Beispiel Italien ein Minus von 20 Prozent.[4] Im Jahr 2015 feierte die Europäische Kommission »zarte Pflänzchen« des Aufschwungs bei der mittelständischen Wirtschaft des Kontinents, auf die etwa 67 Prozent der Beschäftigung in der Europäischen Union entfallen.[5] Vielen erschien diese optimistische Einschätzung verfrüht, insbesondere was die Lage in den Krisenländern anlangte. Die mittelständischen Firmen haben sich jedenfalls in Griechenland nicht erholt, wo über ein Drittel weiterhin den »Zugang zu Krediten« als das größte Hindernis für ihre geschäftlichen Aktivitäten ansieht.[6] Später sehen wir, wie die Europäische Zentralbank unter Führung von Mario Draghi einschneidende Maßnahmen ergriff, um das Vertrauen auf dem Anleihemarkt wiederherzustellen, insbesondere für Anleihen aus den Krisenländern. Draghi mag dadurch zwar die Anleihemärkte gerettet haben, aber dem Mittelstand schien das alles wenig zu bringen.

Wieso fließt Kapital »bergauf«?

Es ist verständlich, dass aus den Bankensystemen der Krisenländer Kapital abfloss. Das Vertrauen in das Bankensystem beruht teilweise auf dem Vertrauen in die Fähigkeit und den Willen des jeweiligen Staates, Banken zu retten, die in eine Schieflage geraten sind. Dies wiederum hängt erstens zum Teil von einem institutionellen Ordnungsrahmen ab, der die Wahrscheinlichkeit verringert, dass eine staatliche Bankenrettung notwendig wird, zweitens von der Einrichtung eines Sonderfonds für einen notwendigen Rettungsschirm, und drittens von einem Verfahren, das Einleger in voller Höhe ihrer Einlagen entschädigt.[7]

In Ländern, in denen der Staat eher zur Rettung insolvenzgefährdeter Banken in der Lage ist, profitieren Banken normalerweise von einer stillschweigenden Subventionierung. Der Zusammenhang zwischen dem Vertrauen in Banken und dem Vertrauen in Staaten, unter deren Aufsicht die Banken tätig sind, lässt sich an dem geringen Abstand zwischen Risikoprämien auf Staatsanleihen und auf Bankanleihen desselben Landes ablesen.[8]

Nach der globalen Krise von 2008 floss Kapital in die USA, obwohl die Krise durch Mängel im US-Finanzsystem verursacht worden war. Warum? Die Investoren glaubten nicht etwa, dass amerikanische Banken besser gemanagt oder diese Risiken besser absichern würden. Die Investoren hatten schlichtweg mehr Vertrauen in den Willen und die Fähigkeit der USA, ihre Banken zu retten. (Die US-Regierung hatte mit Unterstützung beider Parteien im Kongress im Jahr 2008 rasch ein Rettungspaket in Höhe von 700 Milliarden Dollar geschnürt, und es war klar, dass sie nötigenfalls mehr Mittel bereitstellen würde. Der Einfluss der Wall Street auf die US-Regierung war mit Händen zu greifen.)[9]

Ebenso gilt heute für Europa: Warum sollte ein rational handelnder wohlhabender Spanier oder Grieche sein Geld bei einer inländischen Bank belassen, wenn er es (fast) genauso einfach und mit größerer Sicherheit auf ein Konto bei einer deutschen Bank einzahlen kann?[10]

Die Kapitalabwanderung aus den Krisenländern hat weitreichende Folgen: Die dortigen Banken können nur durch höhere Zinsen wettbewerbsfähig bleiben, doch bedeuten höhere Zinsen für diese Länder und ihre Unternehmen einen Wettbewerbsnachteil. Es kommt zu einem Teufelskreis: Je mehr Kapital abfließt, umso stärker müssen die Banken des Landes die Kreditvergabe einschränken, was die Wirtschaft schwächt; mit zunehmender Wirtschaftsschwäche verringert sich die wahrgenommene Fähigkeit des Landes, angeschlagene Banken zu retten; und dies wiederum erhöht den Zins, den die Banken bezahlen müssen, sodass die Banken weiter geschwächt werden und Kapital noch stärkere Anreize hat, abzuwandern.[11]

Divergenz ohne Krise

Die Eurokrise hat verdeutlicht, wie die Struktur der Eurozone selbst dafür sorgte, dass sich die Länder auseinanderentwickelten, was sie jedoch auch ohne Krise würden. Die EZB setzt einen *einheitlichen* Zinssatz für die gesamte Region fest. Aber der Zins, etwa auf deutsche Staatsanleihen, ist nicht der Zins, den Unternehmen in Frankreich oder Italien geschweige denn Griechenland oder auch die öffentlichen Hände zahlen. Es gibt eine Zinsspanne, in der sich unterschiedliche Einschätzungen des Marktes von Risiken sowie der Fähigkeit von Banken in jedem Land, den inländischen Unternehmen Kredite bereitzustellen, widerspiegeln. Die ärmeren und leistungsschwächeren Volkswirtschaften sowie die Länder mit höheren »geerbten« Schulden müssen höhere Zinsen zahlen, und da Banken und Regierungen *in der gegenwärtigen Struktur der Eurozone* eng verflochten sind, müssen dies vor allem auch die Unternehmen in diesen Ländern. Dieser deutliche Wettbewerbsnachteil für das Land und seine Unternehmen verstärkt die Divergenz weiter.

Das Problem beheben

Dieses spezielle Problem lässt sich leicht lösen, nämlich durch eine gemeinsame und umfassende Einlagensicherung für alle Banken in der Eurozone. Bei einer solchen gemeinschaftlichen Versicherung würde niemand mehr befürchten, dass sein Geld auf der Bank nicht sicher wäre; Kapital hätte keinen Anreiz mehr, von den schwachen zu den starken Ländern zu fließen.[12]

Eine Bankenunion

Die deutsche Regierung befürchtet, dass es bei einer gemeinsamen Versicherung zu einem Netto-Transfer von starken Ländern (wie Deutschland) zu den schwachen Ländern käme. Dabei betont Deutschland immer wieder, die Eurozone sei keine Transferunion – also kein Staatenbund, in dem Finanzmittel von einem Land oder einer Region des Bundes an ein(e) andere(s) übertragen werden. Deshalb vertritt die deutsche Regierung den Standpunkt, dass eine gemeinsame Einlagensicherung einen gemeinsamen rechtlichen Regelungsrahmen erfordere. Und um eine faire Behandlung aller Banken in der Eurozone im Fall einer Zahlungsunfähigkeit zu gewährleisten, sei ein gemeinsames »Abwicklungsverfahren« notwendig, ein Mechanismus, um eine notleidende Bank abzuwickeln, wenn Einleger mehr Geld abheben wollen, als die Bank an liquiden Mitteln zur Auszahlung besitzt.[13]

Diese drei Mechanismen – Einlagensicherung, gemeinsamer Regelungsrahmen und ein Abwicklungsverfahren – werden zusammen »Bankenunion« genannt. Und im Jahr 2014 *schien* breites Einvernehmen innerhalb der Eurozone über die Notwendigkeit zu bestehen, eine solche Bankenunion voranzutreiben, wenn Europa der wachsenden Divergenz zwischen den Ländern entgegenwirken wollte. Die deutsche Regierung mahnte allerdings zu einem wohlüberlegten und schrittweisen Vorgehen. Vor einer gemeinsamen Einlagensicherung müsse zunächst ein gemeinsamer Aufsichtsmechanismus (Regulierungsmechanismus) geschaffen werden. Anschließend schien die deutsche Regierung von der Bereitschaft, eine gemeinsame Einlagensicherung einzuführen, wieder abzurücken, jedenfalls wollte sie diese nicht in naher Zukunft, *nicht einmal nach Einführung eines gemeinsamen Aufsichts- und Abwicklungsmechanismus.* Aber dieser halbherzige Kompromiss mit einer gemeinsamen Aufsichtsstruktur, jedoch ohne gemeinsame Einlagensicherung wäre schlimmer als gar keine Lösung. Ein gemeinsamer Aufsichtsmechanismus würde in Europa eine neue Art von Rigidität einführen. Aber wie ich im letzten Kapitel erläuterte, stellt die mangelnde Flexibilität und Unfähigkeit der Eurozone, sich an die besonderen

Umstände verschiedener Länder anzupassen, eines der Schlüsselprobleme der Region dar. Es ist insbesondere in einem Abschwung ein diffiziles Unterfangen, das Bankensystem eines Landes effektiv zu managen. Schließen Banken, trifft dies nicht nur deren Aktionäre und Anleiheinhaber, sondern auch Kreditnehmer – sie finden möglicherweise nicht so leicht eine andere Finanzierungsquelle – und, wenn es keine Einlagensicherung gibt, Einleger.

Von jeher gehörte es zu den üblichen Praktiken von Zentralbanken, situationsadäquat *Zurückhaltung* zu üben – das heißt die Regulierung in wirtschaftlichen Krisenzeiten etwas zu lockern, was den Banken, die normalerweise wegen ihren schwachen Bilanz geschlossen worden wären, erlaubte, den Geschäftsbetrieb aufrechtzuerhalten. Wären die Banken *vor* der Rezession besser reguliert worden, müssten die Aufseher natürlich weniger Zurückhaltung üben. Aber Zentralbanken und Aufsichtsbehörden müssen nun einmal mit den Gegebenheiten klarkommen, die sie vorfinden.

Für die Eurozone steht zu befürchten, dass die sture Anwendung von Regeln Ermessensspielräume stark einschränkt. Entscheidungen, die in Brüssel und Frankfurt getroffen werden, sind vielleicht für die Volkswirtschaften in der Peripherie der Eurozone nicht optimal. Die Schließung von Banken kommt die Volkswirtschaft des betreffenden Landes womöglich teuer zu stehen. Bankenaufseher sind in der Regel keine Ökonomen. Sie halten sich streng an Regeln. Ohne gemeinsame Einlagensicherung macht es diese starre Anwendung von Regeln für Einleger womöglich noch riskanter, ihr Geld bei den Banken eines schwachen Landes zu belassen: Dies könnte das Problem der Divergenz weiter verschärfen.

Regulatorische Unterbietungswettläufe

Europa erlaubte nicht nur *Kapital*, sondern auch Finanzunternehmen und -produkten, sich frei über Grenzen hinweg zu bewegen – ganz gleich, wie schlecht sie in ihrem Heimatland reguliert werden. Ohne angemessene EU-Regulierung führte der Grundsatz des Binnenmarkts für Finanzinstitute und Kapital zu einem regulatorischen Unterbietungswettlauf, bei dem zumindest ein Teil der

Insolvenzkosten von anderen Ländern getragen werden muss. Der Zusammenbruch eines Finanzinstituts erlegt anderen Kosten auf (wie die Krise von 2008 so deutlich zeigte), und Regierungen berücksichtigen diese »grenzüberschreitenden Kosten« bei ihren Entscheidungen normalerweise nicht.

Tatsächlich sah sich jedes Land, insbesondere vor der globalen Finanzkrise von 2008, unter Druck gesetzt, Regulierungen abzubauen. Finanzinstitute drohten andernfalls mit Abwanderung.[14] Diesen regulatorischen Unterbietungswettlauf hätte es in Europa auch ohne den Euro gegeben. Tatsächlich waren die Gewinner in diesem Wettstreit vor dem Jahr 2008 Island und Großbritannien, die beide nicht der Eurozone angehören (Island gehört nicht einmal der EU an). Großbritannien rühmte sich seiner lockeren Regulierung, die im Grunde nichts anderes als Selbstregulierung bedeutete – ein Widerspruch in sich. Die Bankmanager stellten ihre persönlichen Interessen über diejenigen der Aktionäre und Anleihegläubiger, und die Banken als Institute stellten ihre Interessen über diejenigen ihrer Kunden. Die britische Barclays Bank gestand, den Libor-Markt, den Londoner Referenzzinssatz für Interbankenkredite, auf dem Derivate und andere Finanzprodukte im Volumen von rund 350 *Billionen* Dollar basieren, manipuliert zu haben.[15]

Dennoch war die Eurozone so *entworfen* worden, dass alles noch schlimmer kommen konnte. Die Verfechter des Euro sagten, dieser ermögliche einen freieren grenzüberschreitenden Austausch von Finanzprodukten, da das Wechselkursrisiko ausgeschaltet worden sei. Sie verstanden unter Finanzinnovation die Entwicklung von Produkten, die den Bedürfnissen von Verbrauchern und Unternehmen besser gerecht würden. Das ist die neoliberale Standardtheorie. Modernere Theorien gehen hingegen von der Annahme unvollkommen informierter und oftmals irrationaler Verbraucher sowie von Unternehmen aus, die auf Märkten mit unvollständiger und asymmetrischer Information tätig sind, auf denen sich Gewinne üblicherweise vor allem durch Ausnutzung dieser Marktunvollkommenheiten als auf irgendeine andere Weise steigern lassen. Die Wirtschaftsnobelpreisträger George Akerlof und Rob

Shiller dokumentieren dieses weitverbreitete Verhalten in ihrem brillanten Buch *Phishing for Fools* – wobei sie den Ausdruck für Internet-Betrüger verwenden, die systematisch »nach leichtgläubigen Naivlingen fischen«.[16] Da jetzt Finanzprodukte in ganz Europa noch leichter vertrieben werden konnten, mochte die Gelegenheit, die Bevölkerung eines ganzen Kontinents zum Kauf von Finanzprodukten zu verleiten, die für sie ungeeignet waren, schier unwiderstehlich sein.

Regulierungsprobleme

Weltweite Bemühungen zur Regulierung des Finanzsektors haben gezeigt, dass eine solche Regulierung nicht einfach ist. Gut bezahlte Lobbyisten aus dem Finanzsektor versuchen jeden Politiker oder Abgeordneten mit einem so großen Geschenk beziehungsweise einer so großen Partei- oder Wahlkampfspende, wie es die Antikorruptions- und Wahlgesetze des jeweiligen Landes zulassen, in ihrem Sinne zu beeinflussen.[17] Da verwundert es nicht weiter, dass der Finanzsektor über enormen politischen Einfluss verfügt und überaus erfolgreich ist, Politiker davon zu überzeugen, dass sie nicht »überregulieren« sollten. Diese Gegner behaupten, Überregulierung könne das Finanzsystem abwürgen und es so davon abhalten, die wichtigen Funktionen zu erfüllen, die es erfüllen müsse, wenn eine Volkswirtschaft prosperieren solle. Daher ist der Finanzsektor in den meisten Ländern unterreguliert.

Aus irgendeinem Grund lässt das Geld der Banken ihre Argumente überzeugender erscheinen, obwohl uns die Geschichte lehrt, welche negativen Folgen eine zu laxe Bankenregulierung haben kann – einschließlich der Krise von 2008.[18]

Dieser politische Einfluss auf regulatorische Reformen in Europa und den Vereinigten Staaten hat zur Folge, dass die Reformen höchstwahrscheinlich nicht ausreichen, um eine weitere Krise zu verhindern; in gewissen Bereichen, etwa dem Schattenbankensystem, gab es kaum Fortschritte, und auf anderen Gebieten, etwa bei Derivaten, wurden erreichte Fortschritte oftmals wieder weitgehend zurückgenommen, zumindest in den Vereinigten Staaten.[19]

Das Problem beheben

Aufgrund der Gefahr eines regulatorischen Unterbietungswettlaufs bedarf es einer strengen Regulierung auf europäischer Ebene. Aber unter den gegenwärtigen institutionellen Rahmenbedingungen politischer Entscheidungsfindung in Europa wird dies noch schwieriger sein, als auf Landesebene eine effektive Regulierung zu erreichen. Großbritannien hat sein System der »Regulierung light« energisch verteidigt. Es mag seine Steuerzahler Hunderte von Milliarden Pfund gekostet haben, aber die heutigen politischen Entscheidungsträger konzentrieren sich auf den potenziellen Verlust von Gewinnen, Steuern und Arbeitsplätzen, den eine Verkleinerung (beziehungsweise Verschlankung auf die angemessene Größe) des Finanzsektors zur Folge hätte. Die Verluste vor ein paar Jahren scheinen längst vergessen zu sein und in der artigen Debatte über eine ordnungspolitische Reform keinen Platz mehr zu haben.

Eine europaweite Finanzmarktregulierung und -aufsicht wirft noch ein zweites Problem auf: Kann sie mit hinreichend feinem Gespür den besonderen Umständen der verschiedenen Länder gerecht werden? Zuvor haben wir bereits nahegelegt, dass dies bei der Bankenaufsicht unwahrscheinlich sei.

Ohne ein angemessenes System der Finanzmarktregulierung und -aufsicht auf europäischer oder Eurozonen-Ebene hat jedes Land Verantwortung gegenüber seinen eigenen Bürgern, um dafür zu sorgen, dass sie nicht von anderen übervorteilt werden, die mangelhafte Finanzprodukte verkaufen. Doppelte Regulierungssysteme sind sehr ineffizient. Aber die Kosten verblassen im Vergleich zu dem Schaden, der bei einer unzureichenden Regulierung des Finanzsektors entstehen kann. Der Grundsatz der Finanzmarktliberalisierung – der es Finanzdienstleistern und -produkten erlaubt, sich innerhalb Europas frei zu bewegen – muss durch einen differenzierteren Grundsatz ersetzt werden: Kein Land darf die Finanzprodukte und -dienstleister eines anderen Mitgliedslands benachteiligen, aber jedes kann verlangen, dass Banken in der Weise reguliert werden, wie es ihm angemessen erscheint; es kann verlangen, dass Banken, die auf seinem Hoheitsgebiet tätig sind, in einer juristisch eigenständigen Gesellschaft (Tochtergesellschaft) angemessen kapitalisiert werden – sodass die Bürger dieses Landes im Fall eines Zusammenbruchs des Finanzinstituts ausgezahlt würden beziehungsweise das Unternehmen ausreichend Eigenkapital hätte, würde es wegen betrügerischer Geschäftspraktiken verklagt und müsste es Schadensersatz leisten. Das Land hätte das Recht, sicherzustellen, dass sein Finanzsektor stabil ist, dass er tut, was er tun sollte, und nicht tut, was er nicht tun sollte.[20]

Divergenz und Arbeitnehmerfreizügigkeit

Ökonomische Rahmenbedingungen, die Arbeitnehmerfreizügigkeit mit hohen Landesschulden (einzelstaatlicher Schuldenlast) verbinden, erzeugen Divergenz, und zwar in der gleichen Weise, wie es der freie Kapitalverkehr tut.[21] Sie führen auch zu einer ineffizienten Verteilung von Arbeitskräften.[22]

Das mag sich erstaunlich anhören. Schließlich soll gemäß der Standardtheorie die freie Mobilität dafür sorgen, dass Arbeitnehmer dorthin wandern, wo ihre (Grenz-)Erträge am höchsten sind. Dies träfe dann zu, wenn Löhne gleich der (Grenz-)Produktivität eines Arbeitnehmers wären, denn Arbeitnehmer zieht es im Großen und Ganzen dorthin, wo die Löhne am höchsten sind.

Aber Arbeitskräfte interessieren sich für ihre Löhne *nach Steuern*, und diese hängen nicht nur von ihrer (Grenz-)Produktivität, sondern auch von den Steuern ab. Steuern wiederum hängen zum Teil von der *Schuldenerblast* ab. Dies sieht man beispielsweise an Irland, Griechenland und Spanien. Alle drei Länder haben riesige ererbte Schuldenberge, die durch finanzpolitische und makroökonomische Misswirtschaft angehäuft wurden. Im Fall Irlands hat die Europäische Zentralbank die Regierung *gezwungen*, einen Teil der Schulden der Privatbanken zu übernehmen, also Verluste zu sozialisieren, obgleich frühere Gewinne privatisiert worden waren.[23]

Bei gleichen Grenzproduktivitäten bedeutet dies eine Wanderung aus den hochverschuldeten Staaten in geringer verschuldete Länder, und je mehr Arbeitnehmer abwandern, umso höher wird die Steuerbelastung der Verbliebenen, sodass die Arbeitskräfte in einer Weise wandern, die sich immer weiter von einer effizienten Allokation entfernt.[24]

Die Tatsache, dass Fachkräfte mobiler als ungelernte Arbeitskräfte sind, ist eine weitere Triebkraft von Divergenz und Ungleichheit. Die Abwanderung von Fachkräften führt zur »Auszehrung« einer Volkswirtschaft: Die Einkommen sinken und die zukünftigen Wachstumsaussichten trüben sich ein. Durch Auszehrung verlieren diese Länder potenzielle dynamische Existenzgründer und jene Wissenschaftler, die eine neue Generation von Forschern ausbilden könnten. Sie beeinträchtigt die Fähigkeit eines Landes, aufzuholen. Die ärmsten Arbeitnehmer, die nicht mobil sind, zahlen schließlich für die Fehler ihrer Eltern beziehungsweise genauer gesagt der Banker und Politiker einer früheren Ära. Sie zahlen doppelt, wenn eine Komplementarität zwischen Fachkräften und ungelernten Arbeitskräften besteht (das heißt, wenn die Produktivität der gering qualifizierten Arbeitskräfte steigt, wenn sie mit höher qualifizierten Arbeitskräften zusammenarbeiten). In diesem Fall führt der Fachkräfteschwund zu sinkenden Löhnen bei den ungelernten Arbeitskräften. Dies geschieht zweifellos in Griechenland und einigen anderen Krisenländer.

Verschlimmert wird alles noch durch die Wechselwirkung von Kapital- und Arbeitskräfteflüssen: Die schlechtere Kreditversorgung des Mittelstands verringert die Beschäftigungschancen in den Krisen- und krisengefährdeten Ländern weiter. Dies fördert wiederum noch mehr Migration, insbesondere jener gut ausgebildeten Arbeitskräfte, die in anderen EU-Ländern leicht Beschäftigung finden können.

Kurzfristig mag die Auswanderung dem Krisenland selbstverständlich Vorteile bringen: Sie verringert die Belastung für die Arbeitslosenversicherung, und die inländische Kaufkraft steigt, wenn Auslandsüberweisungen (von den Auswanderern) eintreffen.[25] Aber die Abwanderung verschleiert zugleich den Schweregrad der Rezession, die ihr zugrunde liegt, denn sie hat zur Folge, dass die Arbeitslosigkeit niedriger, vermutlich viel niedriger ist, als sie es ohne Abwanderung wäre.[26]

Diese steuerlich bedingten »Verzerrungen« des Migrationsverhaltens werden durch Unterschiede in den Staatsausgaben verstärkt. Für Arbeitskräfte zählen nicht nur ihre nachsteuerlichen Löhne, sondern auch öffentliche Einrichtungen. Länder mit hohen Schuldenerblasten haben nur begrenzte öffentliche Einnahmen, die sie ausgeben können, um diese Einrichtungen bereitzustellen. Dies gilt umso mehr für die Krisenländer, in denen die Troika tiefe Einschnitte in den Staatshaushalten erzwingt.

Die freie Migration, die von angehäuften Schuldverpflichtungen der Vergangenheit ebenso gefördert wird wie von der auf Sicherung der Schuldenrückzahlung ausgerichteten Politik der Troika, mag tatsächlich in gewissen Ländern zu einem starken Bevölkerungsschwund führen und in manchen Fällen den Trend natürlicher Marktkräfte in diese Richtung verstärken. Wie im letzten Kapitel erwähnt, ist die Binnenwanderung einer der wichtigsten Anpassungsmechanismen in den Vereinigten Staaten (die eine Gemeinschaftswährung haben). Führte eine solche Wanderung zur Entvölkerung eines ganzen Bundesstaates, löste dies eine gewisse, aber begrenzte Besorgnis aus, die jedoch verblasst verglichen mit den begründeten Sorgen der Griechen und Iren über die Entvölkerung ihrer Heimatländer, angesichts der Risiken, die dies für ihre Kultur und Identität mit sich bringt.

Das Problem beheben

Es gibt eine partielle *ökonomische* Lösung für diese Probleme, die auch einigen der im letzten Kapitel angesprochenen volkswirtschaftlichen Schlüsselprobleme abhelfen würde: Die Ersetzung ländergebundener, einzelstaatlicher Schuldtitel durch Eurobonds, also Anleihen, die eine gemeinsame Schuldenaufnahme bedeuten.[27] Deutschland hat diese und ähnliche Ideen entschieden abgelehnt, jedoch keinen Alternativvorschlag vorgelegt, der die Ineffizienzen bei der Arbeitskräftewanderung innerhalb der Eurozone beheben würde.

Die Reform würde in mehrfacher Hinsicht eine Verbesserung gegenüber der jetzigen Situation darstellen. Die Zinszahlungen in den Krisenländern wären viel geringer. Niedrigere Ausgaben für den Schuldendienst würden es diesen Ländern erlauben, Steuern zu senken und eine expansivere Fiskalpolitik zu betreiben, welche die Einkommen erhöhen würde. All dies würde die Divergenzkräfte schwächen – sowohl die Abwanderung besonders hoch qualifizierter Arbeitskräfte als auch die Kapitalflucht.

Weitere Ursachen der Divergenz

Ich habe die beiden vielleicht wichtigsten Divergenzursachen beschrieben – Kapitalflucht und Arbeitskräftewanderung. Aber es gibt noch drei weitere, die es verdienen, dass wir kurz auf sie eingehen.

Divergenzen bei öffentlichen Investitionen

Wegen der in den Konvergenzkriterien festgelegten Schulden- und Defizitgrenzen sind die Regierungen wirtschaftlich geschwächter Länder nicht in der Lage, (international) wettbewerbsfähige Investitionen in Infrastruktur, Technologie und Bildung zu tätigen.[28] Dies gilt auch dann, wenn die Rendite dieser Investitionen deutlich höher als der Zins ist, den das Land zahlen muss, um sich Finanzmittel zu beschaffen. Folglich wächst der Abstand zwischen den starken und schwachen Ländern in Bezug auf diese öffentlichen Dienstleistungen und Investitionen, die oftmals private Investitionen ergänzen.

Dies wirkt sich wiederum auf die beiden bereits diskutierten Formen der Divergenz aus: Wenn diese öffentlichen Investitionen die Faktoren Arbeit und Kapital ergänzen – das heißt, deren Produktivität erhöhen –, dann haben reiche Länder höhere *private* Kapitalerträge, obwohl sie ein Überangebot an privatem Kapital haben. Haben diese Länder im Schnitt höher qualifizierte Arbeitnehmer (aufgrund höherer öffentlicher Humankapitalinvestitionen), gilt das Gleiche.

Die Entwicklungsökonomik treibt seit Langem eine Frage um: Warum fließt offenbar Kapital von Entwicklungsländern in Industrieländer?[29] Ein Teil der Antwort auf diese Frage liegt in diesen komplementären öffentlichen Investitionen, die den Ertrag privater Investitionen steigern.

Das Problem beheben

Europaweite Investitionen, finanziert von der Europäischen Investitionsbank (EIB), der in Europa flächendeckend aktiven Entwicklungsbank, lösen das Problem zum Teil. Aber obgleich die EIB die größte multilaterale Finanzierungsinstitution der Welt ist, sind ihre Mittel begrenzt. Erforderlich ist eine weitere Rekapitalisierung der EIB.

Einige schlagen als ähnliche zweite Abhilfsmaßnahme die Schaffung nationaler Entwicklungsbanken vor, deren Investitionskredite nicht in der jeweiligen Länderbilanz ausgewiesen werden und daher nicht von den Konvergenzkriterien betroffen sind. Doch indem sie die Risiken der verschiedenen Mitgliedsländer bündelt, kann die EIB sehr wahrscheinlich Mittel zu einem niedrigeren Zins aufnehmen als eine Entwicklungsbank in einem Krisenland, und dies ist ein großer Vorteil. Tatsächlich können sich einige multinationale Entwicklungsbanken Finanzmittel zu einem Zinssatz beschaffen, der niedriger ist als derjenige, zu dem jedes ihrer Mitgliedsländer Kapital aufnehmen kann.[30] Andererseits kann eine nationale Entwicklungsbank vielleicht die mittelständischen Unternehmen, die Kredite beantragen, besser beurteilen und daher den Mittelstand effizienter mit Krediten versorgen. Einige Länder (etwa Brasilien) halten es für sinnvoll, sowohl nationale als auch bundesstaatliche Entwicklungsbanken zu unterhalten.

Ganz allgemein sollten die Defizitgrenzen korrigiert werden, um zwischen Konsum- und Investitionsausgaben zu unterscheiden und Ländern zu erlauben, über die Drei-Prozent-Grenze hinaus Investitionskredite aufzunehmen.[31] Schließlich erhöhen solche Investitionen die ökonomische Leistungsstärke des betreffenden Landes.

Technologische Divergenzen

Im Gegensatz zur Annahme der Standardtheorie kommt es zwischen Ländern nicht zwangsläufig zu einer technologischen (Wissens-)Konvergenz.[32] Die führenden Länder bleiben an der Spitze. Ostasien ist die Ausnahme, aber Länder in dieser Region erreichten die Konvergenz durch aktive politische Maßnahmen, die sogenannte *Industriepolitik.* Sie erkannten, dass das, was die fortgeschrittenen von den weniger fortgeschrittenen Ländern trennt, eine Wissenslücke ist, und Wissen breitet sich nicht von selbst ungehindert über Grenzen hinweg aus.[33] Das volkswirtschaftliche Standardmodell beschreibt Wissensmärkte nicht besonders gut; Volkswirtschaften, in denen Wissen eine wichtige Rolle spielt, sind im Allgemeinen ineffizient: Märkte investieren zu wenig und oftmals in die falsche Richtung.[34] Und Märkte beseitigen von sich aus auch nicht unbedingt die Wissenslücke.

Tatsächlich ist allgemein bekannt, dass Skalenerträge, die mit Innovation verbunden sind (und Investitionen in Forschung und Entwicklung werfen Erträge ab, die mit steigendem Absatz tendenziell überproportional ansteigen), Groß- gegenüber Kleinunternehmen einen Vorteil verschaffen. Möglicherweise ergeben sich Verbundvorteile, das heißt Forschungsprojekte in einem Bereich haben Vorteile für andere Bereiche und Übertragungseffekte von einem Unternehmen auf ein anderes, was zu Clusterbildung führt. Solche Skalen- und Verbundeffekte bewirken, dass Länder mit technologischen Vorsprüngen diese Vorteile oftmals behalten, es sei denn, es gibt aufgrund politischer Maßnahmen Gegenkräfte.

Eine Politik, die darauf abzielt, die Technologielücke zu schließen, heißt wie bereits gesagt Industriepolitik – und dies auch dann, wenn sie in einem anderen Wirtschaftssektor wie etwa dem für Dienstleistungen angewendet wird. Aber europäische Wettbewerbsgesetze ver- oder behindern solche industriepolitischen Maßnahmen.[35] Solche Gesetze wären gerechtfertigt, *wenn man glaubte, dass Märkte von sich aus konvergierten:* Man würde dem Unternehmen eines Landes nicht durch staatliche Unterstützung künstlich auf die Beine helfen wollen.[36]

Führen natürliche Marktkräfte nicht zu Konvergenz, sondern zu Divergenz oder zumindest zur Aufrechterhaltung von Vorteilen, dann erhält das Verbot industriepolitischer Maßnahmen lediglich bestehende Unterschiede aufrecht und verstärkt diese sogar noch. Ein Zyniker würde vielleicht sagen, genau dies sei der Zweck des Gesetzes: Machtverhältnisse zu zementieren. Aber ich bin überzeugt davon, dass dieser Regelung in Europa kein engstirniger Eigennutz, sondern vor allem ideologische und verfehlte ökonomische Anschauungen zugrunde liegen. In neoliberalen Politikkreisen herrschte zur Zeit, als der Euro eingeführt wurde, die Meinung vor, Marktkräfte würden von sich aus zu Konvergenz führen; industriepolitische Maßnahmen seien weder notwendig noch effektiv. Diese Ansicht ist mittlerweile weitgehend diskreditiert.

Selbstverständlich verstärken technologische Divergenzen ihrerseits all die früher erwähnten anderen Divergenzen. Ist die deutsche Technologie der portugiesischen überlegen, fließt Kapital vom kapitalarmen Land in das kapitalreiche Land, und das Gleiche gilt für Fachkräfte.

Das Problem beheben

Auch dieses Divergenzproblem lässt sich leicht beheben: Statt der Industriepolitik Fesseln anzulegen, sollte die Eurozone industriepolitische Maßnahmen aktiv fördern, insbesondere in Ländern, die hinterherhinken. Eine solche aktive Politik verheißt eine *wirkliche* Konvergenz.

Wohlstandsdivergenz

Schließlich gibt es die *Wohlstands*divergenz. Im letzten Kapitel wurde beschrieben, dass Deutschland einen Außenhandelsüberschuss erzielt, während die Länder der Peripherie Defizite aufweisen, wenn der Wechselkurs für die Eurozone insgesamt so festgelegt wird, dass er im Gleichgewicht ist. Ein Außenhandelsüberschuss bedeutet nichts anderes, als dass man dem Rest der Welt Kredit gibt; ein Außenhandelsdefizit bedeutet, dass man Kredite aufnimmt. Das ist vielleicht der verstörendste Aspekt der Divergenz in der Eurozone: Einige Länder, vor allem Deutschland, sind in zunehmendem Maße zu Gläubigerländern geworden, andere zu Schuldnerländern. Dadurch entsteht eine Divergenz der ökonomischen Interessen und Perspektiven: Diese macht es umso schwieriger für eine Gemeinschaftswährung, dem Wohl aller zu dienen.

Die Krisenpolitik hat die Divergenz verstärkt

Kapitel 3 zeigte das Ausmaß der Divergenzen, die sich in Europa aufgetan haben. Einige davon sind eine unvermeidliche Folge der Konstruktionsweise der Eurozone, andere des Krisenmanagements.

So haben wir bereits auf die Abwanderung hochqualifizierter Arbeitskräfte aus einem Land mit hoher inländischer Schuldenlast hingewiesen. Die Sparpolitik hat die Abwanderung von Kapital und Arbeitskräften aus armen Ländern noch verstärkt: Wie ich in späteren Kapiteln ausführlich darlege, führt Austerität zu tieferen und längeren Rezessionen, und Anleger investieren nicht gern in Länder, die sich in einer Rezession befinden, sodass Kapital dorthin fließt, wo die wirtschaftliche Lage besser ist. Auch hohe Arbeitslosigkeit fördert Abwanderung, sodass diejenigen, die bleiben, eine höhere Schuldenlast pro Kopf tragen müssen. Überdies verringern Einschnitte bei öffentlichen Dienstleistungen im Zuge der Sparpolitik und unzureichende öffentliche Investitionen – etwa in Infrastruktur, Technologie und Bildung – Lebensqualität und Attraktivität der Krisenländer für Investitionen.

Verschlimmert wird alles noch dadurch, dass die Politik der Troika in Zypern und Griechenland die weitere Kapitalflucht aus den Bankensystemen dieser Länder – beziehungsweise jedes Krisenlands – gefördert hat. Die Troika zeigte, dass sie sogar dann, wenn eine Regierung die Sicherheit der Bankeinlagen garantiert, zumindest gewillt ist, einen erzwungenen Forderungsverzicht (»Haircut«) in beachtlicher Höhe zu erwägen (der dazu führt, dass selbst Kleineinleger nur einen Bruchteil des Werts ihrer Einlagen zurückbekommen), wenn sie keine bessere Möglichkeit sieht, die Banken zu retten. Die Troika hat auch gezeigt, dass sie, um ihren Wünschen Nachdruck zu verleihen, gewillt ist, Maßnahmen zu ergreifen, welche die vorübergehende Schließung der Banken eines Landes erzwingen. Dies macht es natürlich noch riskanter, sein Geld auf Konten inländischer Banken zu belassen, und fördert die Übertragung von Geldern an solidere Banken in Deutschland und anderen Ländern.

Jüngste Bemühungen, die Konjunktur in der Eurozone zu beleben, haben neue Quellen der Divergenz geschaffen, deren Tragweite wir erst im Lauf der Zeit beurteilen können. Im Rahmen eines Anfang 2016 angekündigten neuen geldpolitischen Programms kann die EZB Unternehmensanleihen ankaufen, aber die Unternehmensanleihen, die die EZB ankaufen kann und wahrscheinlich ankaufen wird, sind diejenigen deutscher und französischer Großunternehmen, die hierdurch gegenüber Unternehmen anderer Ländern abermals begünstigt werden.

Die Risiken laufender »Reformen«

Es ist unverkennbar, dass die Eurozone nicht so funktioniert wie geplant. Und dies hat, wenig überraschend, den Anstoß zu Reformen gegeben. Daraus ging ein Sicherheitsnetz für Länder und Banken in Zahlungsschwierigkeiten im Volumen von 500 Milliarden Euro hervor, das sich um die gesamte Eurozone spannt.[37] Wir haben auch die vorgeschlagene Bankenunion diskutiert – und erklärt, warum die gegenwärtige halbherzige Kompromisslösung womöglich schlechter ist, als wenn man gar nichts getan hätte.

Zwei weitere Reformen – die eine für die gesamte Eurozone, die andere Teil des jüngsten Hilfsprogramms für ein Krisenland – sind ebenfalls große Schritte in die falsche Richtung. Die deutsche Regierung hat die Ursachen für die Funktionsstörungen innerhalb der Eurozone falsch diagnostiziert: Sie lastete diese einer laxen Haushaltspolitik an und forderte verbindliche Zusagen der Mitglieder der Eurozone bezüglich der Einhaltung von Defizit- und Schuldengrenzen sowie empfindliche Strafen für die »Defizitsünder«. Genau das wurde im sogenannten Europäischen Fiskalpakt festgelegt, der für die Eurozone eine Ära noch größerer Leistungsschwäche verheißt.

Die zweite Reform war Teil des neuen Hilfsprogramms für Griechenland im Sommer 2015. Wir wiesen bereits darauf hin, dass die Troika das Ausmaß der konjunkturellen Abschwächung, das die von ihr auferlegten Maßnahmen erzeugten, durchgehend unterschätzt und entsprechend die Verbesserung der Haushaltslage überschätzt hat. Tatsächlich wurden die Sparauflagen durch die Gegebenheiten in Griechenland etwas abgeschwächt.[38]

Die schlechte Nachricht ist, dass die Troika heute fordert, dass die von ihr vorgegebenen Haushaltszahlen auch tatsächlich eingehalten werden: Fallen höhere Ausgaben an oder sind die Steuereinnahmen niedriger als ursprünglich erwartet – etwa weil ein Abschwung heftiger ausfällt als vorhergesagt –, müssen die Ausgaben weiter gekürzt und die Steuern noch stärker erhöht werden. Dies wird ein starker automatischer *Destabilisator* sein. Mit zunehmender konjunktureller Abschwächung bleiben die tatsächlichen Steuereinnahmen immer weiter hinter den erwarteten Einnahmen zurück, sodass Griechenland gezwungen sein wird, die Steuern noch weiter zu erhöhen, was die Konjunktur zusätzlich dämpft.[39]

Wie freie Mobilität »Reformen« begünstigt, die Instabilität und Ungleichheit fördern

Bislang konzentrierten wir uns darauf, die destabilisierenden Auswirkungen auf die europäische Wirtschaft darzustellen, die auf die Schaffung der Eurozone und deren krisenpolitische Maßnahmen zurückzuführen sind. Aber in Europa kommen noch weitere Faktoren ins Spiel, die das Wirtschaftssystem möglicherweise noch weiter destabilisieren. Progressive Steuern und umfassende Sozialleistungen wirken als starke *automatische* Stabilisatoren; da die Steuerprogression in vielen europäischen Ländern verringert und Sozialleistungen beschnitten wurden, steht zu erwarten, dass die konjunkturellen Schwankungen zunehmen.

Die freie Mobilität von Arbeitskräften und Kapital hat zu diesem unerwünschten Trend beigetragen. Es gibt nicht nur einen regulatorischen, sondern auch einen steuerlichen Unterbietungswettlauf. Länder konkurrieren um Unternehmen, Kapital und hochqualifizierte Fachkräfte, unter anderem durch niedrigere Steuern. Da es so leicht geworden ist, in andere Länder abzuwandern, ist auch eine stark progressive Besteuerung sehr schwierig geworden. Reiche Privatpersonen drohen, ihren Wohnsitz und den Sitz ihrer Firmen ins Ausland zu verlagern.

Luxemburg und Irland sind die schlimmsten Beispiele: Sie geben einigen der größten multinationalen Konzerne de facto einen steuerlichen Freibrief – eine legale Möglichkeit, die Steuern zu umgehen, die sie eigentlich zahlen sollten.[40] Der freie Warenverkehr ermöglicht es Unternehmen, sich in einem Niedrigsteuerland innerhalb der EU niederzulassen und ihre Waren frei in jedem Land der EU zu verkaufen. Die daraus resultierende Verringerung der Progressivität im Steuer-und-Transfer-System bewirkt, dass Einkommens- und Vermögensungleichheiten *innerhalb* der meisten Euroländer zugenommen haben – was die Divergenz zwischen den Ländern noch verstärkt, zu der die Struktur der Eurozone selbst in so vielfältiger Weise beigetragen hat.[41]

Abschließende Bemerkungen

Es kann gefährlich sein, an einem Wirtschaftssystem herumzubasteln, wenn man nicht richtig versteht, wie es funktioniert. Und da Wirtschaftssysteme sich fortwährend weiterentwickeln, ist es wirklich schwierig, ihre Funktionsweise zu verstehen. Die Erfinder des Euro änderten die Spielregeln. Sie legten den Wechselkurs ein für alle Mal fest, zentralisierten die Festlegung der Leitzinsen und schufen neue Regeln für Defizite sowie für das Bankensystem. Hochmut wiegte sie in dem Glauben, sie wüssten, wie das Wirtschaftssystem arbeitet, und sie könnten in dieser tief greifenden Weise daran herumpfuschen und es verbessern.

Europa glaubte, es würde die Märkte besser verstehen, und die Märkte würden immer leistungsfähiger und höher entwickelt – man denke nur an die »Fortschritte« und »Innovationen« auf den Finanzmärkten –, und beides zusammen würde zu einem besser funktionierenden Wirtschaftssystem führen. Ein größerer Markt mit sachgerechten Regeln und eine Einheitswährung würden das Wirtschaftssystem noch weiter verbessern. Aber so kam es nicht.

Ich habe erklärt, wie Europa trotz bester Absichten die ökonomische Instabilität und Divergenz verstärkte und ein Wirtschaftssystem gestaltete, in dem die wohlhabenderen Länder wohlhabender, die ärmeren Länder ärmer werden und in dem innerhalb jedes

Landes die Ungleichheit wächst. Der Teufel steckt im Detail. Man kann nicht einfach sagen, der freie Kapitalverkehr erhöhe die Effizienz. Man muss wissen, was passiert, wenn eine Bank zusammenbricht. Wer zahlt die Rechnung? Man kann nicht einfach sagen, Arbeitnehmerfreizügigkeit führe zu erhöhter Effizienz. Man muss etwas über die Ausgestaltung des Steuersystems wissen und wer die angehäuften Schulden der Vergangenheit eines Landes bezahlt. Vor allem muss man etwas von Geldpolitik und Zentralbankwesen verstehen. Gut konzipierte Zentralbanken können die Stabilität und die Leistungsfähigkeit einer Volkswirtschaft erhöhen, schlecht konzipierte zu höherer Arbeitslosigkeit und niedrigerem Wachstum führen. Im nächsten Kapital betrachten wir die Fehler, die die Eurozone bei der Konstruktion ihrer zentralen und wichtigsten Institution, der Europäischen Zentralbank, gemacht hat.

6 Geldpolitik und die Europäische Zentralbank

Im Zentrum der Währungsunion steht die Europäische Zentralbank (EZB), die sich als stärkste und effektivste Institution der Eurozone und vielleicht sogar der umfassenderen Europäischen Union erwiesen hat. Tatsächlich hat Mario Draghi, der seit 2011 Präsident der Europäischen Zentralbank ist, möglichweise die Eurozone mit seinen berühmten Worten gerettet, die EZB werde *alles Notwendige tun*, um den Euro zu erhalten – denn damit stellte er das Vertrauen in die Anleihen der angegriffenen Länder wieder her.[1]

Spielte die EZB in diesem Fall eine konstruktive Rolle für die Erhaltung der Eurozone, werfen ihr Mandat, ihre Steuerungs- und Aufsichtsstrukturen und die geldpolitischen Maßnahmen der EZB, die sie seit ihrer Gründung 1998 ergriffen hat, die Frage auf, ob die EZB so, wie sie gegenwärtig gestaltet ist, »ihren Zweck erfüllt«: Kann und wird sie eine Geldpolitik betreiben, die Wachstum, Stabilität und gemeinsamen Wohlstand innerhalb der gesamten Eurozone fördert?

Ihr Mandat verpflichtet die Bank auf das Ziel der Preisstabilität – selbst wenn das größte Problem Europas heute die Arbeitslosigkeit ist und viele eine Deflation (also sinkende Preise) befürchten. Ganz allgemein scheint sich in ihrem Handeln mitunter das zu manifestieren, was Kritiker als ihr größtes Manko ansehen – die mangelhaften Aufsichtsstrukturen, in denen sich die unzureichende demokratische Legitimierung widerspiegelt, die das größere europäische Projekt gefährdet, wie wir in Kapitel 2 ausführten. Ihre Politik scheint oftmals mehr mit den Interessen und Werten der Banken in Einklang zu stehen als mit den Belangen der Bürger, denen sie doch eigentlich dienen sollte.

Dieses Kapitel zeigt, wieso die Kritik an der EZB im Großen und Ganzen berechtigt ist. Wie der Euro kam auch die EZB mit einem Geburtsfehler zur Welt. Ihre Konstruktion basierte auf gewissen ideologischen Anschauungen, die dem damaligen Zeitgeist entsprachen. Diese Überzeugungen werden jedoch zunehmend infrage gestellt, insbesondere seit der Weltfinanzkrise von 2008. Während sich andere Zentralbanken, insbesondere die US-Notenbank (Federal Reserve oder kurz Fed), reformiert haben und ihr Augenmerk weit mehr auf die Bekämpfung der Arbeitslosigkeit und die Aufrechterhaltung der Stabilität des Finanzsystems richten – und mittlerweile sogar thematisieren, wie sich ihre geldpolitischen Maßnahmen auf die Ungleichheit auswirken –, schränkt der 1992 geschlossene Vertrag von Maastricht das Mandat der EZB weitestgehend auf die Gewährleistung der Preisstabilität ein.

Das tiefere Problem der EZB ist allerdings ihre fehlende demokratische Rechenschaftspflicht. Konservative haben versucht, die Geldpolitik als eine rein technokratische Angelegenheit hinzustellen. Es genüge, die versiertesten Technokraten einzustellen, um die beste Geldpolitik zu bekommen. Die Euro- wie die Weltfinanzkrise, in der die Zentralbanken eine so wichtige Rolle spielten, enthüllten jedoch, dass Zentralbanken immens politische Entscheidungen treffen. Aber Zentralbanken trafen schon immer politische Entscheidungen – selbst wenn sich diese auf die Einschätzung von Inflationsrisiken beschränkten; sie taten nur so, als wären sie rein technokratische Institutionen. Die Entscheidung, die EZB unabhängig zu machen, ihr keine angemessene politische Rechenschaftspflicht aufzuerlegen und sie vorrangig auf das Ziel der Geldwertstabilität zu verpflichten, waren selbst politische Entscheidungen mit weitreichenden Verteilungswirkungen.

In diesem Kapitel beschreibe ich die strukturellen Mängel der EZB und deren Auswirkungen auf geldpolitische Entscheidungen, von denen sich einige bewährt, andere dagegen die Wirtschaft der Eurozone geschwächt und ihre inneren Spaltungen verschärft haben.

Das Mandat der Preisstabilität

Als die EZB 1998 im Zuge der Euro-Einführung gegründet wurde, schränkte man ihre Handlungsfreiheit bewusst stark ein und verpflichtete sie auf ein einziges, klares Mandat: die Aufrechterhaltung der Preisstabilität.[2] Darin unterscheidet sie sich grundsätzlich von der US-Notenbank, deren Mandat sich nicht nur auf Inflationsbekämpfung, sondern auch auf Förderung von Wachstum und Vollbeschäftigung erstreckt. Nach der Krise von 2008 erhielt die Fed ein weiteres Mandat – die Stabilität des Finanzsektors aufrechtzuerhalten. Es entbehrte nicht einer gewissen Ironie, dass diese Aufgabe der Liste hinzugefügt werden musste, denn die Federal Reserve war 1913 eigens dafür gegründet worden, nach der Panik von 1907 die Integrität des Finanzsystems zu schützen. In den Jahrzehnten vor ihrer Gründung war Deflation das größte Problem der amerikanischen Volkswirtschaft.

Im Lauf der Zeit bildete sich in weiten Teilen der Ökonomenzunft (insbesondere unter Konservativen, die sich dem »Neoliberalismus« beziehungsweise »Marktfundamentalismus« verschrieben haben) die Überzeugung, dass eine niedrige, stabile Inflation, die von den Währungshütern gewährleistet werden müsse, eine notwendige und fast schon zureichende Bedingung für eine gute makroökonomische Leistung sei. Heute wissen wir, dass dem nicht so ist: Der Schaden, den die Finanzkrise angerichtet hat, ist weitaus größer als jeglicher Schaden, den eine Inflation hätte anrichten können (mit Ausnahme einer galoppierenden Inflation). In Kapitel 3 erklärte ich, wie in Europa allein der Gesamtverlust an Wirtschaftsleistung (BIP) aufgrund der Finanzkrise Billionen von Dollar beträgt. Niemand, nicht einmal der glühendste Fürsprecher des Inflationsfokus der EZB, hätte jemals gedacht, dass sich die Kosten einer Inflation auch nur annähernd auf eine solche Summe belaufen könnten. Die Bank hatte die falschen Prioritäten, aber das war nicht ihre Schuld: Geldwertstabilität war nun einmal ihr Mandat und sie tat lediglich, was ihr aufgetragen worden war.

Die Überzeugung, die Zentralbank solle sich auf die Preisstabilität konzentrieren, basierte auf einer holzschnittartigen Ideologie, die sich auf grob vereinfachende makroökonomische Modelle stützte, die von effizienten Märkten ausgingen.[3] Diese Ideologie fand Eingang in die Satzung der Europäischen Zentralbank, die ihr das Mandat erteilte,[4] »im Einklang mit dem Grundsatz einer offenen Marktwirtschaft mit freiem Wettbewerb zu handeln, wodurch ein effizienter Einsatz der Ressourcen gefördert wird«.[5] Europa schien zu sagen, dass eine offene Marktwirtschaft mit freiem Wettbewerb zu einem effizienten Einsatz von Ressourcen führe, obwohl die wirtschaftswissenschaftliche Forschung und Theorie sowie empirische Daten erdrückende Belege dafür vorlegten, dass dies *nur bei angemessener staatlicher Regulierung* der Fall ist.

Nach dieser Auffassung, die der EZB-Satzung zugrunde liegt, ist der Staat das Problem, und daher muss der Staat gebändigt werden. Der Goldstandard hatte dies getan, aber unter ihm war das Geldangebot weitgehend dem Zufall unterworfen, abhängig von dem Glück, neue Goldvorkommen zu finden (oder Vorkommen anderer Edelmetalle, wenn sie in das Währungssystem aufgenommen wurden). Die Folge dieses »Systems« war eine Phase hoher Inflation, wenn das Angebot an Gold sehr stark zunahm – beispielsweise nach der Entdeckung der Neuen Welt – und Zeiten der Deflation, wie etwa Ende des 19. Jahrhunderts in den Vereinigten Staaten, als Gold knapp war.[6] Im 20. Jahrhundert verabschiedete sich die Welt von Währungen mit Golddeckung und stieg auf Fiatgeld (Papiergeld ohne Edelmetalldeckung) um – Geldscheine und edelmetallfreie Münzen, die nur durch die staatliche Garantie gedeckt sind; diese Garantie verlieh diesen an sich wertlosen Zetteln ihren Wert. Allerdings war dieses Papiergeld mit dem Risiko behaftet, dass der Staat zu viel davon druckte, woraufhin die Preise außer Kontrolle gerieten und der Markt nicht länger reibungslos funktionierte. Daher musste man sich nur um Inflation Sorgen machen. Aufgabe der Zentralbank war es, durch Steuerung der Geldmenge Inflation zu verhindern.

Nach der Großen Depression bildete sich eine entgegengesetzte Auffassung heraus. Staatliche Eingriffe könnten demnach helfen, schneller wieder Vollbeschäftigung zu erreichen, als dies der Markt aus eigener Kraft tun würde. Es bedürfe sowohl der Geld- als auch der Fiskalpolitik (Veränderungen der Steuern und der Ausgaben) – wobei ihre relative Rolle von den jeweiligen Umständen abhängig sei. In den Vereinigten Staaten ging diese Sichtweise in den *Employment Act* von 1946 ein, der der US-Bundesregierung die Verantwortung übertrug, Preisstabilität *und einen hohen Beschäftigungsstand* aufrechtzuerhalten.[7]

Zudem erzeugt der Markt selbst die schlimmsten Schwankungen in der Gesamtproduktion und Beschäftigung; dies sind nicht einfach naturgegebene Prozesse. Dies zeigte sich besonders drastisch 2008: Eine von Menschen gemachte Immobilienpreisblase führte zum Zusammenbruch der Weltwirtschaft. Aber die Krise von 2008 war selbst nur die jüngste Manifestation von Problemen, die dem Kapitalismus von Anfang an zu schaffen machten.[8] In den letzten 40 Jahren haben Ökonomen das »Marktversagen«, das Blasen, Booms, Paniken und Rezessionen entstehen lässt, immer besser verstanden. Besonders häufig tritt Marktversagen in Finanzmärkten auf. Eine sachgerechte Finanzmarktregulierung kann zumindest die Häufigkeit und Tiefe der Krisen, die durch die Exzesse der Finanzmarktakteure herbeigeführt werden, verringern: Der nach der Großen Depression eingeführte Regulierungsrahmen verhinderte fast 50 Jahre lang eine erneute schwere Wirtschaftskrise. Obwohl manche Vertreter der Zentralbanken durchaus einräumten, dass »irrationaler Überschwang« Märkte zu irrationalem Verhalten verleiten mochte, weigerten sie sich einzugreifen, um die Spekulationsblasen zu dämpfen.[9] Dies zeigt, dass ihre Identifikation mit der Ideologie freier Märkte einfach zu stark war.

Auf beiden Seiten des Atlantiks überschätzten Zentralbanken die Rationalität der Märkte und unterschätzten die Kosten, die zu schwach regulierte Märkte dem Rest der Gesellschaft aufbürden konnten. Diesem Versagen wiederum lag ein weiteres Versagen zugrunde: das mangelnde Verständnis für die Verflechtungen zwischen Finanzinstituten, zwischen Finanzinstituten und der »Realwirtschaft« sowie das fehlende Verständnis für die Anreize von

Entscheidungsträgern in der Finanzindustrie; diese veranlassten Marktteilnehmer automatisch dazu, kurzsichtig und allzu riskant zu handeln – und dazu gehörten auch Handlungen, die systemische Risiken schufen, die das gesamte Wirtschafts- und Finanzsystem destabilisierten.[10]

Folgen der Fixierung auf die Inflation

Bestand die offensichtliche und kostspieligste Folge der Fixierung auf die Inflation darin, dass die Finanzmarktstabilität zu wenig beachtet wurde, hätte Europa auch ohne die Krise einen hohen Preis dafür gezahlt, dass es die EZB allzu eingeschränkt mandatierte. Da die EZB nicht den Auftrag hat, die Arbeitslosigkeit zu bekämpfen, ist es praktisch unvermeidlich, dass die durchschnittliche Arbeitslosigkeit höher liegt – höher als sie es wäre, wenn Vollbeschäftigung zu ihren Hauptzielen zählte, unabhängig davon, ob mit oder ohne Krise. Die Lücke zwischen dem realisierten und dem möglichen Output (BIP) ist folglich immer größer, als sie sein müsste.

Das Ziel der Preisstabilität kann auch zu einer kontraproduktiven Reaktion auf eine Krise führen, insbesondere einer, die von einer Kostendruckinflation begleitet wird, die beispielsweise aus hohen Energie- oder Lebensmittelpreisen resultieren kann. In solchen Situationen leiden Arbeitnehmer unter einer Inflation, die durch hohe Ölpreise verursacht wird. Aber dann wird ihnen gesagt, sie sollten »doppelt leiden«: Höhere Zinsen (die zur Bekämpfung der Inflation angehoben werden) dämpfen die Nachfrage, sodass die Beschäftigung und die Löhne sinken.[11]

Die einseitige Ausrichtung auf Preisstabilität war besonders ungeeignet in einem globalen Umfeld, in dem andere Zentralbanken flexiblere Mandate hatten. Während die Fed auf die Krise reagierte, indem sie die Leitzinsen senkte, hatten die anhaltenden Inflationsängste in Europa zur Folge, dass man dem Beispiel der Fed nicht folgte und die Zinsen nicht herabsetzte.[12] Dies führte letztlich zu einer Aufwertung des Euro (da der höhere *relative* Zins die Nachfrage nach europäischen Anleihen erhöhte) – mit negativen Auswirkungen auf den europäischen Output. Hätte die EZB Maßnahmen ergriffen, um den Wechselkurs des Euro zu drücken, hätte sie die Wirtschaft beleben und die Effekte der Sparpolitik teilweise ausgleichen können. So aber erlaubte sie den Vereinigten Staaten, eine kompetitive Abwertung gegen die Eurozone zu betreiben.[13]

Manche in Amerika feierten Europas Fehler – wenn sie kurzsichtig waren. Sie dachten: Europa macht uns ein großes Geschenk, indem es uns erlaubt, auf Kosten seiner Exporte mehr zu exportieren und weniger aus Europa einzuführen. Dies war eine der Ursachen dafür, dass die Erholung in den USA kraftvoller war als in Europa und dass Europa schwächelte.

Kurzum, aufgrund der einseitigen Ausrichtung der EZB auf Geldwertstabilität sind Wachstum und Stabilität geringer, als sie es sein könnten – ein paradoxes Ergebnis, denn der angebliche Zweck des ökonomischen Ordnungsrahmens der Eurozone ist die Förderung von Wachstum und Stabilität. Aber das enge Regelkorsett, in das die Eurozone die EZB einschnürte, schlägt noch negativer zu Buche: Aufgrund weiterer Beschränkungen hat die EZB nur wenig Spielraum, um Stabilität und Wachstum zu fördern; und ihre geldpolitische Praxis hatte zur Folge, dass jenes bisschen Wachstum, das es gab, auch noch überproportional den Vermögenden zugutekam. Die EZB hat also zur wachsenden Ungleichheit in Europa beigetragen.

Währungshütern Zügel anlegen

Langjährige Kontroversen um die Geldpolitik drehen sich um die Frage, welche Beschränkungen den Währungsbehörden auferlegt werden sollten. Das Mandat, *ausschließlich* Geldwertstabilität anzustreben, ist ein Beispiel für eine weitreichende Handlungsbeschränkung. Konservative trauen dem Staat nicht – und die Zentralbank ist Teil des Staates. Einige wie etwa der erzkonservative Milton Friedman sind sogar der Meinung, Zentralbanken hätten durch übermäßige Verknappung der Geldmenge die Große Depression verursacht.[14] Die Geldpolitik tat während der Krise von 2008 viel, um diese Theorie zu entkräften: Überall weiteten Zentralbanken die Geldmenge massiv aus. Friedmans Theorie zufolge hätte die

Wirtschaft schnell wieder Vollbeschäftigung erreichen müssen und wäre sogar mit Inflation konfrontiert gewesen. Aber das Wirtschaftswachstum in Japan, Europa und den Vereinigten Staaten war anämisch, und viele Länder litten sogar unter Deflation.

Überzeugungen, die unter konservativen Bankern – und dazu gehören auch die Entscheidungsträger der EZB – weitverbreitet sind, engten den Handlungsspielraum von Zentralbanken noch weiter ein. Konservative Ökonomen wie Friedman waren der Auffassung, Zentralbanken sollten keinerlei Ermessensentscheidungen treffen, sondern einfach nur die Geldmenge um eine feste Rate ausweiten.[15] Würde dies die Wirtschaft nicht stabilisieren, sollten sie die Geldmenge gemäß einer einfachen Formel, die von der Inflationsrate diktiert wurde, entweder erhöhen oder verringern.

Auch die geldpolitischen Instrumente sollten begrenzt sein und die Zentralbanken nur kurzfristige Staatsanleihen kaufen und verkaufen. Deutsche Vertreter im EZB-Rat, dem obersten Entscheidungsorgan der Bank, lehnten die Quantitative Lockerung (QL) ab – bei der die Bank langfristige Anleihen aufkauft, bei denen es sich nicht ausnahmslos um Staatsanleihen handeln muss –, lange nachdem die US-amerikanischen und japanischen Notenbanker ihr Instrumentarium um diese Maßnahme erweitert hatten.[16] (QL soll die Wirtschaft dadurch beleben, dass sie die Kosten langfristiger Kreditaufnahme senkt, die inländische Währung abwertet und die Kurse am Aktienmarkt nach oben treibt. In der Praxis erwiesen sich diese Effekte allerdings als gering.)

Diese Restriktionen verengten den Handlungsspielraum der EZB deutlich – sogar über die Beschränkungen hinaus, die ihr das Inflationsmandat auferlegte. Insbesondere nach der Krise stand die EZB, die wichtigste ökonomische Institution der Eurozone, vor einer unmöglichen Aufgabe: Sie sollte in *allen* Ländern der Zone wieder Vollbeschäftigung herstellen, obwohl ihr die Hände hinter dem Rücken gebunden waren.

Das Fehlen fiskalpolitischer Gestaltungsmöglichkeiten – dass die EU als Ganze nur über bescheidene eigene Budgetmittel verfügt und alle Länder Schuldengrenzen haben – erlegt der Geldpolitik eine besondere Bürde auf. Auch ohne Restriktionen waren die Befugnisse der EZB, ihre Fähigkeit begrenzt, Wachstum und Beschäftigung in der gesamten Eurozone aufrechtzuerhalten. Statt sich zu fragen, wie sie den Handlungsrahmen der EZB möglichst weit spannen könnten, konzentrierten sich die Wirtschaftskonservativen darauf, ihr Beschränkungen aufzuerlegen. Sie waren auf das Risiko fixiert, die EZB könnte eine übermäßig lockere Geldpolitik betreiben und so die Inflation anheizen, nicht auf die Chancen höheren Wachstums und höherer Beschäftigung.

Würde das Instrumentarium der EZB um regulatorische Befugnisse (wie Eigenkapitalvorschriften und Kapitaladäquanz-Richtlinien für Banken) erweitert, könnte es dazu genutzt werden, eine nuancierte Geldpolitik zu betreiben, die unterschiedlichen wirtschaftlichen Situationen in verschiedenen Ländern Rechnung trägt. Diskretionäre, also mit Ermessensspielräumen ausgestattete Regulierungsbefugnisse hätten der EZB ermöglicht, die Kreditvergabe in einzelnen Ländern in unterschiedlicher Weise zu beeinflussen. Obwohl es für den gesamten Euroraum nur einen einzigen Euro-Zinssatz für de facto risikofreie Staatsanleihen gibt, können für Unternehmen, die in verschiedenen Ländern Kredite aufnehmen, tatsächlich sehr unterschiedliche Kapitalkosten anfallen. Firmen in schwachen Ländern müssen höhere Zinsen zahlen – obwohl sie dringend niedrige Zinsen bräuchten. Würde man den Banken in schwachen Ländern ermöglichen, mehr Kredite zu vergeben, könnte man zumindest das Ausmaß der ungleichen Wettbewerbsbedingungen reduzieren, sodass die Kreditversorgung in schwachen Ländern nicht so stark eingeschränkt würde.[17]

Aufgrund ihrer Marktgläubigkeit sind die Neoliberalen der Meinung, die Geldpolitik könne nur wenig tun, um die Vollbeschäftigung aufrechtzuerhalten, und sie halten Finanzmarktregulierungen zur Vermeidung von »Exzessen« für weitgehend unnötig. Das Ideal der Konservativen ist die Bankfreiheit (das »Free Banking«), der Verzicht auf jegliche Regulierung. 1975 überredete Milton Friedman den chilenischen Despoten Augusto Pinochet dazu, die Bankfreiheit probeweise einzuführen. Die katastrophalen

Ergebnisse waren absehbar: Banken reichten unbekümmert Kredite aus, und als die Kreditblase schließlich platzte, rutschte Chile in eine tiefe Rezession. Erst über 25 Jahre später sollte Chile schließlich die Schulden zurückzahlen, die es aufnahm, um aus diesem Schlamassel herauszukommen. In jüngster Vergangenheit war die Große Rezession ein Musterbeispiel für die Gefahren nicht ausreichend regulierter Märkte.

Zentralbanken können maßgeblich dazu beitragen, den Finanzsektor davon abzuhalten, der übrigen Gesellschaft zu schaden (sie können »negative externe Effekte« wie Kreditkartenmissbrauch und überzogene Risikobereitschaft verhindern), und dafür zu sorgen, dass der Sektor tut, was er tun sollte: die mittelständische Wirtschaft ausreichend mit Krediten zu versorgen.[18]

Ehrlicherweise muss man sagen, dass sich die Ökonomen in diesen Fragen uneins sind. Keynesianer reagieren besonders empfindlich auf die Verschwendung von Ressourcen, das menschliche Leid und die langfristigen Kosten niedrigeren Wachstums, die aus einer unnötig hohen Arbeitslosigkeit resultieren. Sowohl die Struktur der EZB als auch ihre Arbeitsweise sind Ausdruck einer politischen Entscheidung, in der sich die Überzeugungen der Wirtschaftskonservativen widerspiegeln.

Die politische Natur der Geldpolitik

Wir wiesen im Vorwort darauf hin, dass die Geldpolitik, so technisch sie auch anmuten mag, schon seit Langem als ein eminent politisches Handlungsfeld anerkannt wird: Die Inflation verringert den tatsächlichen Wert der Verbindlichkeiten von Schuldnern und hilft ihnen auf Kosten der Gläubiger. Daher ist es nicht weiter verwunderlich, dass Banker und Investoren an den Anleihemärkten so heftig gegen die Inflation wettern. Andererseits ist die Bekämpfung der Inflation normalerweise mit Zinserhöhungen verbunden, die das Wachstum dämpfen und sich negativ auf Beschäftigung und Arbeitnehmer auswirken. Inflation und Arbeitslosigkeit gegeneinander abzuwägen ist eine politische Entscheidung – oder sollte es sein.

In der Krise von 2008 wurden im Rahmen des umfangreichsten staatlichen Hilfsprogramms für den Privatsektor, das jemals aufgelegt wurde, Hunderte von Milliarden Dollar von Zentralbanken in Industrieländern faktisch an Geschäftsbanken verschenkt (beziehungsweise als Kredite vergeben, zu einem Zinssatz, der unter dem Marktzins lag). Dieses Programm der »Konzernwohlfahrt« für notleidende Banken mobilisierte Finanzmittel, die zehnmal so groß sind wie die jedes staatlichen Sozialprogramms für bedürftige Bürger in den USA. Ein Großteil der Gelder wurde von den Zentralbanken bereitgestellt und nicht von nationalen Parlamenten bewilligt – auch das ein immens politischer Akt ohne demokratische Rechenschaftspflicht.[19]

Wäre die Geldpolitik einfach eine technokratische Sache, könnte man sie bedenkenlos Technokraten überlassen. Aber das ist sie nicht. Sie hat beträchtliche Verteilungswirkungen. Tatsächlich spricht einiges dafür, dass die Zentralbanken maßgeblich dazu beigetragen haben, die Ungleichheit zu erhöhen.

Wachsende Ungleichheit

Heute gilt in den meisten Ländern der Welt Ungleichheit als eine der größten Bedrohungen für den zukünftigen Wohlstand. In Davos, wo sich alljährlich im Januar die globale Wirtschaftselite trifft, haben aktuelle Erhebungen über globale Risiken durchgehend Ungleichheit an die erste Stelle oder zumindest weit oben auf die Liste gesetzt.[20] Ungleichheit ist insoweit von Belang, als gespaltene Gesellschaften nicht gut funktionieren; Ungleichheit schwächt den gesellschaftlichen Zusammenhalt, was weitreichende politische, ökonomische und soziale Folgen hat. In meinem Buch *Der Preis der Ungleichheit* erläuterte ich die Mechanismen, durch die Ungleichheit die wirtschaftliche Leistungsfähigkeit beeinträchtigt – zu niedrigerem Wachstum und mehr Instabilität führt. Seither haben zahlreiche Studien des IWF und anderer Einrichtungen diese Sichtweise bestätigt.[21]

Leider haben Zentralbanken überall und vor allem die EZB weitgehend die Augen vor ihrem eigenen Beitrag zur Ungleichheit verschlossen. Ihre einseitige Ausrichtung auf Geldwertstabilität – selbst dann, wenn ihre Mandate nominell breiter gefasst sind – hat zu gestiegener Arbeitslosigkeit geführt und so die Ungleichheit erhöht. Geldpolitische Maßnahmen haben dazu beigetragen, die Löhne zu drücken. In Rezessionen sinken die Reallöhne normalerweise, aber sobald sie in der anschließenden Erholung zu steigen beginnen, machen Inflationsfalken ein großes Trara um angebliche Inflationsrisiken, die Zinsen werden erhöht, und die Arbeitslosigkeit steigt auf ein Niveau, das die Durchsetzung von Lohnerhöhungen erschwert.[22]

Aber die EZB hat die Ungleichheit auch noch auf schlimmere Weise gefördert. Die Zentralbanken haben einen enormen Einfluss, der über die Geldpolitik im engeren Sinne – also die Festsetzung der Leitzinsen und die Steuerung der Geldmenge – hinausgeht. Man erwartet vom Präsidenten der EZB, dass er die wirtschaftspolitische Agenda bestimmt, und es ist nicht verwunderlich, dass sich der jeweilige Amtsinhaber tendenziell auf die eng umschriebene Aufgabe der EZB (Gewährleistung der Preisstabilität) konzentriert, in der Überzeugung, durch Kontrolle der Inflation ließen sich Wachstum und Wohlstand fördern. Jean-Claude Trichet, der im Vorfeld der Krise an der Spitze der EZB stand, hat – vielleicht in dem Bestreben, dem EZB-Mandat der Preisstabilität Nachdruck zu verleihen – seinen Einfluss geltend gemacht, um auf eine Politik zu drängen, die die Ungleichheit förderte. In der Anfangszeit der Krise (von 2008 bis 2011) forderte er wiederholt eine größere Lohnflexibilität (ein Euphemismus für Lohnkürzungen – als Teil der in Kapitel 4 erörterten Strategie zur Bekämpfung der Arbeitslosigkeit nach dem Motto »Gib dem Opfer die Schuld«, die die Arbeitnehmer zu Sündenböcken ihrer Arbeitslosigkeit macht, weil sie angeblich überhöhte Lohnforderungen stellen und Arbeitsvertrage wollen, die ihnen ein Minimum an Sicherheit geben). Natürlich waren Lohnsenkungen im kurzfristigen Interesse von Unternehmen und deren Eigentümern: Ich sage bewusst »kurzfristigen« Interesse, weil Trichet hätte erkennen müssen, dass Europa nach dem Ende der Krise an einer unzureichenden Nachfrage leiden würde und dass

Lohnkürzungen die Nachfrage noch weiter schwächen und die Rezession vertiefen würden.

Trichet ging in einem vertraulichen Brief an den damaligen spanischen Ministerpräsidenten, José Luis Rodríguez Zapatero, (den Zapatero in seinen Memoiren veröffentlichte)[23] sogar so weit, anzudeuten – ja im Grunde mehr als nur anzudeuten –, dass er dann und nur dann gewillt wäre, spanischen Banken zu helfen, wenn die spanische Regierung Arbeitsmarktreformen durchführe, die zu Lohnsenkungen und vermindertem Kündigungsschutz führten.[24] Anscheinend lehnte Zapatero dies ab, brachte aber interessanterweise Reformen auf den Weg, die annähernd die gleiche Wirkung hatten – worauf die EZB die versprochene Unterstützung zur Verfügung stellte.[25]

Verteilung, Interessenpolitik und die Krise

Die politische Natur der EZB zeigte sich in der Eurokrise besonders deutlich – nämlich daran, wem die Schuld gegeben wurde, wer gerettet wurde und zu welchen Bedingungen. Besonders dramatisch war der Beschluss der EZB im Sommer 2015, *nicht* als letztinstanzlicher Kreditgeber für Griechenland zu fungieren. Während Griechenland noch mit der Troika verhandelte, mussten die griechischen Banken schließen, und hinter den Kulissen drohte die EZB, Griechenland weitere Kosten aufzuerlegen, sollte es den Forderungen der Troika nicht nachgeben. Die EZB war sozusagen zum Vorschlagshammer Europas geworden, dem Werkzeug, mit dem Griechenland gezwungen wurde, sich den Wünschen der Troika zu fügen.

Da die EZB frei darüber entscheidet, welche Kreditsicherheiten sie akzeptiert und mit welchem Abschlag (so mag sie beispielsweise einen Kredit über 70 Euro gegen Hinterlegung einer 100-Euro-Anleihe als Sicherheit gewähren), entscheidet sie unter Umständen über Leben und Tod eines Finanzinstituts. Und wenn sich ein Land in einer Krise befindet und zahlreiche Banken auf wackligen Beinen stehen, dann entscheidet die EZB tatsächlich über Leben und Tod des gesamten Bankensystems dieses Landes.

Keine Entscheidung könnte politischer sein. Es gibt hierfür kein technisches Handbuch; solche Entscheidungen basieren auf Einschätzungen – der zukünftigen wirtschaftlichen Bestandsfähigkeit des Instituts –, aber tatsächlich werden diese Einschätzungen maßgeblich von den politischen Konsequenzen der Alternativen beeinflusst.[26]

Dass den Interessen der Banken Vorrang vor den Interessen der Bürger eingeräumt wurde, war während der Krise in Europa genauso unverkennbar wie in den USA, und manchmal bei Draghi fast genauso offensichtlich wie bei seinem Vorgänger Trichet.[27] Als Irland 2010 in eine Krise geriet, verlangte Trichet von der irischen Regierung, die Verbindlichkeiten der insolventen irischen Banken zu übernehmen, und die Kosten der Restrukturierung der Banken führten zu einer Erhöhung der irischen Staatsverschuldung von 24 Prozent des BIP im Jahr 2007 auf schätzungsweise 95,2 Prozent des BIP in 2015.[28] Während es nicht ganz sicher ist, ob Irland ohne Intervention einen Teil dieser Schulden übernommen hätte, steht weitgehend außer Frage, dass ein Teil der Schulden nur übernommen wurde, weil die EZB dies zu einer Voraussetzung für Finanzhilfen machte. (Tatsächlich war die Troika in dieser Frage uneins: Der IWF war der Meinung, die irische Regierung hätte nicht für all diese Verbindlichkeiten einstehen müssen; vielmehr hätte es eine weitreichende Umschuldung geben sollen, bei der die Aktionäre und Anleihegläubiger der Banken höhere Verluste hätten tragen müssen. Nach den normalen Gesetzen des Kapitalismus hätte der Staat keine Verbindlichkeiten übernehmen sollen, solange Aktionäre und Anleihegläubiger nicht in voller Höhe ihrer eigenen Ansprüche an den Verlusten beteiligt worden wären.)[29]

Die EZB sorgte sich offensichtlich um die Auswirkungen, die eine erzwungene höhere Beteiligung von Aktionären und Anleihegläubigern an den Kosten der irischen Bankenkrise auf andere europäische Banken gehabt hätte. Aber darüber hätten sie sich vor der Krise Gedanken machen und sicherstellen sollen, dass die europäischen Banken ausreichend kapitalisiert sind und keine hochriskanten Geschäfte tätigen.

Entscheidend ist: Die Troika verlangte von den einfachen irischen Bürgern, die Zeche für das regulatorische Versagen der EZB und anderer Aufsichtsbehörden in der Eurozone zu zahlen. Das ist meines Erachtens ungerecht und unzumutbar – und so sehen es auch die meisten Iren, mit denen ich über diese Angelegenheit gesprochen habe. Die Verantwortlichen in der EZB sind offensichtlich anderer Mcinung.

Governance

Zu den grundlegenden Entscheidungen jeder Gesellschaft gehören diejenigen, die sich auf die *Governance* (institutionelle Aufsichts- und Steuerungsstrukturen) beziehen, das heißt auf die Frage, wer Entscheidungen trifft und wem diejenigen rechenschaftspflichtig sind, die Entscheidungen treffen. Wie transparent sind Entscheidungsprozesse? Ein Großteil der Kritik, die an der Europäischen Union in ihrer gegenwärtigen Form geübt wird, bezieht sich auf die Governance. Aber im Fall der Eurozone und ihrer wichtigsten Institution, der Europäischen Zentralbank, sind die Governance-Probleme besonders gravierend. Dies hängt teilweise damit zusammen, dass die Finanzmärkte die Idee erfolgreich propagiert haben, unabhängige Zentralbanken würden die Leistungsfähigkeit von Volkswirtschaften steigern. Europa hat dieses Mantra allerdings auf die Spitze getrieben.[30]

Die zentrale Frage der Governance ist das Ausmaß der Rechenschaftspflicht der EZB gegenüber demokratischen Prozessen. Tatsächlich gibt es ein breites Spektrum faktischer und rechtlicher Grade der Unabhängigkeit. In Großbritannien zum Beispiel setzt die Regierung jedes Jahr das Inflationsziel fest, aber die Zentralbank des Landes, die Bank of England, ist bei der Umsetzung dieses Ziel unabhängig. Während die Federal Reserve grundsätzlich unabhängig ist, haben einige ihrer Notenbanker die Grenzen dieser Unabhängigkeit sehr deutlich verstanden: »Der Kongress hat uns erschaffen, und der Kongress kann uns auch wieder abschaffen«, wie es der ehemalige Vorsitzende der Fed Paul Volcker formulierte.[31]

Die Krise von 2008 stellt vielleicht den besten Test für die Hypothese von der Überlegenheit einer unabhängigen Zentralbank dar. Dabei zeigt sich, dass sich die Länder ohne unabhängige Zentralbanken wirtschaftlich viel besser entwickelten.

Vereinnahmung

Diese unterschiedliche Erfolgsbilanz hat hauptsächlich einen Grund: Eine wirklich »unabhängige« Institution gibt es nicht. Alle Institutionen werden mehr oder minder von einer Gruppe »vereinnahmt«. Eine Zentralbank sollte ihre Politik an den allgemeinen Interessen einer Gesellschaft ausrichten. Aber in den meisten Ländern hat eine kleine Gruppe, nämlich der Finanzmarkt, die Zentralbanken – auch die Europäische Zentralbank – »gekapert«.[32] Die Interessen und Überzeugungen des Finanzmarkts unterscheiden sich jedoch von denen der allgemeinen Bevölkerung. Auch wenn die Verantwortlichen von Goldman Sachs und anderer Großbanken sowohl in den USA als auch in Europa seit Langem mit Nachdruck die Idee propagieren, was gut für Goldman Sachs und andere Großbanken sei, das sei gut für *alle*, ist das schlichtweg unwahr. Und jeder, der ihnen diese Idee abkaufte, wurde zweifellos von der Großen Rezession und den unlauteren Machenschaften des Finanzsektors eines Besseren belehrt.

Viele, wenn nicht die meisten Notenbanker stammen aus dem Finanzsektor und/oder treten nach dem Ende ihrer Amtszeit in diesen ein. (Draghi selbst hat jahrelang für Goldman Sachs gearbeitet, ehe er zur italienischen Notenbank ging.) Dies ist durchaus verständlich: Man benötigt finanzwirtschaftliche Sachkunde, und da liegt es nahe, sich diese durch eine Tätigkeit im Finanzsektor anzueignen.[33]

Obwohl sich die meisten Menschen nicht weismachen ließen, dass das, was gut für Goldman Sachs sei, auch gut für die Wirtschaft sei, war es für diese demokratisch nicht rechenschaftspflichtigen Notenbanker leicht, mit Ideen wie »Selbstregulierung« durchzukommen. Diese fand insbesondere bei denjenigen großen Anklang, die an Meritokratie und Technokratie glauben. Eine Zentralbank lässt sich nach dieser Auffassung genauso managen wie ein Bergwerk: Man überlasse das Ruder einem sachkundigen Ingenieur (oder Ökonomen), und alles wird gut.

Aber unsere frühere Diskussion machte deutlich, dass die Entscheidungen, die Notenbanker treffen, *nicht* rein technokratischer Natur sind: Sie haben unter Umständen beträchtliche Verteilungswirkungen, und solange dies der Fall ist, darf es keine vollständige Übertragung der Entscheidungsbefugnisse auf Technokraten geben. Zudem sind sich alle Ökonomen über die große Bedeutung von Anreizen einig. Die »Drehtür« – der einfache Wechsel von der Privatwirtschaft in öffentliche Ämter und umgekehrt – bedeutet, dass es im Interesse der Notenbanker ist, alles in ihrer Macht Stehende zu tun, um ihren Freunden im Finanzsektor zu helfen, aus dem sie selbst kommen und in den sie wahrscheinlich zurückkehren werden.[34] Die Hilfe für Freunde in Privatbanken muss nicht einmal eine bewusste Entscheidung sein – auch wenn sie es in einigen Fällen ganz bestimmt ist. Vielmehr sorgt schon der enge Kontakt der Führungsverantwortlichen und Mitarbeiter der Zentralbanken mit den privaten Finanzmärkten – ein unvermeidliches Symptom der »Drehtür« – dafür, dass sich Prioritäten und Perspektiven annähern. (Man spricht in diesem Zusammenhang auch von *kognitiver Vereinnahmung*.)

Die Selbstregulierung erwies sich als ein Witz: Die Akteure im Finanzsektor haben keine Anreize (und in vielen Fällen auch nicht die Fähigkeit) zur Selbstregulierung. Selbst im besten Fall hätten die Banken keine Anreize, die externen Effekte ihrer Handlungen (oder Unterlassungen) auf andere zu berücksichtigen. Aber es hätte offensichtlich sein müssen, dass Banken und Banker Anreize haben, überzogene Risiken einzugehen und gesamtgesellschaftlich unproduktiven – und manchmal destruktiven – Aktivitäten nachzugehen. Es war eine vorsätzliche Unterlassung, dass Zentralbanken in Europa und Amerika dies nicht berücksichtigten.[35]

Folgen der Vereinnahmung

In sämtlichen Aspekten der Zentralbankpolitik in Europa wie Amerika spiegelten sich vor und nach der globalen Finanzkrise sowie in der Eurokrise die Vereinnahmung der Zentralbank durch den Finanzsektor – wobei sich dieses Phänomen am dramatischsten vielleicht inmitten der Krisen selbst manifestierte. 2012 musste Griechenland seine Anleihen umschulden. Umsichtige Banken hatten Kreditausfallversicherungen (»Credit Default Swaps« oder kurz CDS) gekauft, um sich gegen das Risiko abzusichern, dass von ihnen gehaltene Anleihen nicht länger bedient würden. Bei der Umschuldung von Anleihen werden neue Anleihen gegen die alten eingetauscht. Die neuen Anleihen strecken in der Regel die Tilgungsfrist, doch kommt es auch zu einer teilweisen Abschreibung, das heißt die neuen Anleihen haben einen deutlich geringeren Nennwert als die alten.[36] In diesem Fall würden die Kreditausfallversicherungen die Verluste ausgleichen.

Es gibt gewisse Arten der Umschuldung, welche die CDS »auslösen« – das heißt zu einer Auszahlung führen. Eine Bank, die einen CDS als Versicherung kauft, will verständlicherweise, dass die Umschuldung in einer Weise stattfindet, die dafür sorgt, dass sich die Versicherungspolice auszahlt. Und eine *gute* Regulierungsbehörde würde wollen, dass die Banken, die in ihrem Portfolio riskante Anleihen halten, versichert sind *und* dass die Versicherung zahlt.

Die EZB hingegen bestand darauf, dass die Restrukturierung in einer Weise stattfand, die die CDS *nicht* auslöste. Ihr Standpunkt war unverständlich – bis man sich vor Augen führt, dass erstens einige Banken Versicherungen (CDS) gegen den Wertverlust ihrer Anleihen gekauft hatten, während andere Banken (in der Regel Großbanken) CDS verkauft hatten. (Wenn man eine Versicherung kauft, muss es jemanden auf der anderen Seite des Marktes geben, der eine Versicherung verkauft. Wenn nun das Ereignis eintritt, gegen das man sich versichert hat, macht die Firma/Bank, welche die Versicherung verkauft, einen Verlust.) Diese Banken hatten CDS als intransparente Spekulationsinstrumente verkauft. Und zweitens sorgte sich die EZB mehr um die Großbanken, die Versicherungen verkauften – im Grunde genommen schlossen diese Banken damit Wetten auf die Fähigkeit Griechenlands ab, seine Schulden zurückzuzahlen –, als um die kleinen Banken, die die Versicherungen gekauft hatten.[37]

Zentralbanken als politische Institutionen

Diese Beispiele sowie unsere früheren Diskussionen geldpolitischer Entscheidungen, bei denen es um Abwägungen zwischen Inflation und Arbeitslosigkeit geht, verdeutlichen, dass Zentralbanken – einschließlich der EZB – politische Entscheidungen treffen. Sie sind mit Zielkonflikten konfrontiert. Ihre Entscheidungen haben beträchtliche Verteilungswirkungen. Mit verschiedenen geldpolitischen Handlungsoptionen sind unterschiedliche Risiken verbunden. Als die US-Regierung den Banken Finanzhilfen bereitstellte, hätte sie diese an Bedingungen knüpfen können, beispielsweise dass die Banken Kredite an die mittelständische Wirtschaft vergeben. In Europa hätten die Verantwortlichen der EZB verlangen können, dass Irland die Schulden seiner Banken nicht übernimmt, anstatt das Gegenteil zu tun.[38] Sie hätten darauf drängen können, dass die Restrukturierung der griechischen Schulden so stattfindet, dass die CDS ausgezahlt worden wären.

Nicht einmal die Verantwortlichen der EZB würden bestreiten, solche Entscheidungsspielräume zu haben. Müssen jedoch Abwägungen vorgenommen werden, sollten die Personen, die sie vornehmen, politisch rechenschaftspflichtig sein. In Europa ist die Governance sogar noch unzulänglicher als in den USA. Europa tut so, als könne es das Problem der Rechenschaftspflicht dadurch umschiffen, dass es der EZB ein einfaches, eng umschriebenes Mandat gab – Gewährleistung der Preisstabilität (Inflationsbekämpfung). Aber wenn definiert werden muss, was Preisstabilität bedeutet (Null-Inflation oder eine Inflationsrate von 2 oder 4 Prozent), geht es um grundlegende Entscheidungen, und bei diesen Entscheidungen müssen Verantwortungsträger die Folgen verschiedener Inflationsziele bedenken. Würde ein Inflationsziel von 2 Prozent verglichen mit einem Ziel von 4 Prozent zu einem viel niedrigeren Wachstum führen, bezweifle ich, dass viele Wähler dieses Ziel befürworten würden, wenn sie die Möglichkeit hätten, darauf Einfluss zu nehmen.

Bei den meisten wirtschaftspolitischen Maßnahmen gibt es Gewinner und Verlierer. Die Verantwortlichen der EZB treffen im Rahmen ihrer geldpolitischen Kompetenzen Entscheidungen *mit Verteilungswirkungen*. Es geht nicht nur um technokratische Fragen wie die beste Planung einer Brücke. Eine geringfügig höhere Inflation könnte die Anleihekurse drücken, während sie gleichzeitig zu mehr Beschäftigung und höheren Löhnen führen könnte. Anleiheinhaber wären unzufrieden, selbst wenn alle anderen feierten. Aber Zentralbanken ohne demokratische Rechenschaftspflicht gewichten die Interessen von Anleihegläubigern und anderen Kapitalgebern fast immer stärker als die Belange von Arbeitnehmern.

Einmal meinte die Europäische Kommission, falle die Arbeitslosigkeit in Spanien unter 25 Prozent, würde die Inflation anziehen. Später korrigierte sie diese Zahl nach unten auf 18,6 Prozent. Andere halten solche Spekulationen für absurd.[39] Aber auch hier geht es um Abwägungen, diesmal bezüglich der Frage, wer die Risiken tragen soll. Wenn man so tut, als *wäre* die kritische Schwelle eine hohe Zahl, wie etwa 25 Prozent oder auch 18,6 Prozent, während sie tatsächlich niedriger liegt, verdammt man unnötigerweise viele Arbeitswillige zu Arbeitslosigkeit, und die höhere Arbeitslosigkeit drückt die Löhne von vielen Arbeitnehmern. Interessenvertreter der Finanzmärkte und des Unternehmenssektors werden diese niedrigeren Löhne vielleicht begrüßen, Arbeitnehmer hingegen verständlicherweise nicht.

Behauptet man, die Geldpolitik sei eine technokratische Materie, die man am besten Experten des Finanzsektors überlasse, verfolgt man damit bestimmte politische Ziele. Diese »Experten«, die die Denkweise des Finanzsektors übernommen haben, reagieren auf unvermeidliche Zielkonflikte ganz anders, als es durchschnittliche Arbeitnehmer tun würden. Befreit man die Zentralbank von politischer Rechenschaftspflicht, dann kommt dies, zumindest in der Weise, wie es in den USA und Europa getan wurde, faktisch einer Überantwortung der Entscheidungsfindung an den Finanzsektor gleich, der dabei seine Interessen und seine Ideologie zur Geltung bringt.

Die Krisen selbst hätten zeigen sollen, dass die Genies des Finanzmarkts weder Sachverstand noch Klugheit mitbrachten. Bei der Deregulierungsagenda, die Finanziers in Europa und Amerika propagierten, ging es in Wirklichkeit darum, die Regeln und Regulierungen des Finanzmarkts so umzuschreiben, dass sie die Finanzmarktakteure auf Kosten der Allgemeinheit begünstigten. Es ging *nicht* darum, einen Finanzmarkt zu schaffen, der schnelleres und stabileres Wachstum fördern würde, und deshalb war das Ergebnis denn auch niedrigeres Wachstum und höhere Instabilität.[40]

Das neoliberale Argument für eine unabhängige Zentralbank

Das neoliberale Argument für die Unabhängigkeit der Zentralbank – das Argument, das zum Zeitpunkt der Gründung der EZB ausschlaggebend war – basiert auf drei falschen Annahmen: dass erstens nur die Inflation zähle, zweitens die Bekämpfung der Inflation mithilfe der Geldpolitik eine rein technokratische Sache sei, und dass drittens die Unabhängigkeit der Zentralbank den Kampf gegen die Inflation wirkungsvoller mache.

Ich habe bereits erklärt, was an den ersten beiden Hypothesen falsch ist. Die dritte Hypothese basiert auf einem tiefen Misstrauen gegen die Demokratie. Man befürchtete, demokratische Regierungen wären versucht, vor einer Wahl die Konjunktur zu stimulieren. Eine stärkere Konjunktur würde der Regierung helfen, wiedergewählt zu werden – wobei der Preis einer erhöhten Inflation erst danach anfallen würde. Nur dadurch, dass man die Geldpolitik dem Einfluss von Politikern entziehe, könne man dieses Inflationsmuster durchbrechen; und in dem Vertrauen darauf, dass die Technokraten, die die Inflation in Schach halten sollen, ihr Mandat erfüllen, würden die Inflationserwartungen gedämpft und die wirtschaftliche Stabilität wäre gesichert. Demokratische Wähler sind allerdings intelligenter, als es ihnen diese Hypothese zutraut. Tatsächlich haben Regierungen vor einer Wahl den gleichen Anreiz, die Staatsausgaben zu erhöhen. Aber deshalb hat noch niemand vorgeschlagen, ihnen die Ausgabenhoheit wegzunehmen, um dafür zu sorgen, dass sie sich nicht »schlecht benehmen«. Tatsächlich haben Wähler in Demokratien Regierungen, die zu viel Geld ausgegeben haben, entschlossen abgestraft. Eine verantwortungsvolle Haushaltspolitik – in manchen Fällen eine *übertrieben verantwortungsvolle Haushaltspolitik* mit Defizitbeschränkungen, die keinerlei sachliche Rechtfertigung haben – spielt bei Wahlen regelmäßig eine große Rolle.[41]

Jenseits der Unabhängigkeit

Selbst wenn man glaubt, eine unabhängige Zentralbank mache eine bessere Geldpolitik, hätte man die Europäische Zentralbank so ausgestalten können, dass sie *repräsentativer* gewesen wäre, das heißt, dass sie die unvermeidlichen politischen Zielkonflikte (einschließlich der verdeckten Zielkonflikte) auf eine ausgewogenere Weise betrachtet hätte. Einige Länder haben dies erkannt – und beispielsweise Managern aus dem Finanzsektor verboten, ins Direktorium der Zentralbank zu wechseln, da sie starke persönliche Interessen und eine »besondere« Sicht der Geldpolitik haben. Einige Länder verlangen, dass im Direktorium der Zentralbank auch Vertreter der Arbeitnehmer sitzen – weil diese in der Regel eine andere Sicht der Dinge haben als Vertreter des Finanzsektors. Die Eurozone tat nichts dergleichen. Das Inflationsmandat der EZB erzeugt auf diese Weise eine Unausgewogenheit: Eine aggressive Inflationsbekämpfung einerseits und eine unzureichende Berücksichtigung der Auswirkungen auf Wachstum und Beschäftigung.

Abschließende Bemerkungen: Ökonomische Modelle, Interessen und Ideologie

Eine zentrale These dieses Buches lautet, dass gewisse Ideen – gewisse ökonomische Modelle – die Konstruktion der Eurozone entscheidend prägten; diese Ideen sind bestenfalls fragwürdig und schlimmstenfalls falsch. In der Informatik gibt es ein altes Sprichwort: Müll rein, Müll raus. Das gilt auch für die Konstruktion von Institutionen: Institutionen, die auf falschen ideologischen Prämissen aufbauen, können nicht gut funktionieren; wirtschaftliche Institutionen, die auf fehlerhaften wirtschaftlichen Grundannahmen errichtet wurden, leisten der Wirtschaft keine guten Dienste. Dieses Kapitel machte dies im Zusammenhang mit der Geldpolitik und der zentralen Institution der Eurozone, der EZB, mehr als hinreichend deutlich.

Die EZB ist gelinde gesagt umstritten, obwohl das alleinige Inflationsmandat und der enge Blickwinkel, unter dem sie die ihr zur Verfügung stehenden Instrumente betrachtet, ihren Handlungsspielraum erheblich eingeschränkt haben mag. Insbesondere in Deutschland wurden Stimmen laut, die ihr vorwarfen, ihr Mandat zu überschreiten und untaugliche Maßnahmen zu ergreifen. Wenngleich der Rechtsrahmen, der die Tätigkeit der EZB regelt, von konservativen Ideen geprägt ist, hat sie seit Ausbruch der Krise neue Instrumente eingesetzt und neue Verantwortungen übernommen, die nach konservativer Ansicht nicht in ihren Zuständigkeitsbereich fallen. Sie wurde wegen ihres Ankaufsprogramms für Staatsanleihen, wegen ihres Einstiegs in die Quantitative Lockerung und ihrer neuen Aufsichtskompetenzen sogar verklagt. Die EZB wird von einem Direktorium beziehungsweise Rat geleitet, dessen Mitglieder sehr unterschiedliche Ansichten darüber haben, was die Bank tun kann und tun sollte. Die Deutschen haben sich durchweg für ein möglichst eng gefasstes Mandat ausgesprochen, und obwohl Deutschland nach verbreiteter Auffassung eine Vormachtstellung innerhalb der Eurozone hat, hat die EZB mehrmals – insbesondere mit dem Einstieg in die Quantitative Lockerung – Maßnahmen ergriffen, die von Deutschland strikt abgelehnt wurden, sowohl aus politischen Gründen als auch deshalb, weil die EZB mit den Maßnahmen angeblich ihr Mandat überschritt.

Institutionen entwickeln sich weiter. Heute sind Europa und die Welt mit anderen Problemen konfrontiert als zu jener Zeit, in der die Eurozone konzipiert wurde. Schon bei Gründung der Eurozone war die Inflation kein echtes Problem mehr. Die Welt war in eine neue Ära eingetreten, in der chinesische Billigwaren mithelfen, die Preise zu dämpfen. Es war klar, dass Wachstum und Beschäftigung die großen Probleme der Zukunft sein würden. Die Krise von 2008 erinnerte alle daran, weshalb einige Zentralbanken ursprünglich gegründet worden waren: um die Stabilität des Finanzsystems zu sichern, eine Verantwortung, die in den Jahren, als die Fixierung auf die Inflation alles andere in den Hintergrund rückte, beinahe in Vergessenheit geriet. Die weitgehenden Restriktionen, denen die EZB unterliegt, schränken ihre Fähigkeit ein, sich flexibel an veränderte Bedingungen anzupassen. Das eng gefasste Mandat der EZB und ihr begrenztes Instrumentarium benachteiligen Europa im Vergleich zu anderen Ländern erheblich.

Die EZB hatte in ihrer kurzen Geschichte drei Präsidenten, die jeweils ihren eigenen Stil pflegten und der Institution ihren persönlichen Stempel aufdrückten. Trichet wird man wegen seiner kolossalen Fehlentscheidungen in Erinnerung behalten; so hob er die Leitzinsen just in den Momenten an, in denen sich die Konjunktur abkühlte. Er schien entschlossen, das Mandat der EZB buchstabengetreu zu erfüllen, bekämpfte die Inflation ohne Rücksicht auf Verluste. Die Kosten dieser Fehlentscheidungen waren mit Händen zu greifen. Er spielte eine verhängnisvolle Rolle bei der Entwicklung der Eurokrise, indem er die irische Regierung zwang, die Verbindlichkeiten der irischen Banken zu übernehmen. Die irische Bevölkerung wurde zu Unrecht gezwungen, den Preis für die Fehler anderer zu bezahlen – eine doppelte Ungerechtigkeit, denn tatsächlich handelte es sich um einen Geldtransfer von den Armen an die Reichen. Aber Trichet wusste, auf welcher Seite er stand: Er war ein Verbündeter der Banken gegen die einfachen Arbeitnehmer, und er verlangte fortwährend Lohnkürzungen, die deren Lebensstandard senken würden.

Während Trichet die Eurozone schwächte (hätte sie überlebt, wenn er weiter im Amt geblieben wäre?), wird Mario Draghi Anerkennung dafür gezollt, dass er ihr mit seinen berühmten Worten »alles, was notwendig ist« das Überleben sicherte. In der Geschichte gibt es nur wenige Äußerungen, die eine vergleichbare Wirkung entfalteten – die Zinssätze auf Staatsanleihen in der gesamten Region gingen deutlich zurück.

Diese Äußerung war noch in einer anderen Hinsicht magisch: Niemand wusste, ob die EZB überhaupt die Befugnis und die Mittel hatte, um »alles Notwendige« zu tun. Einige Wissenschaftler und Kommentatoren fragten sich besorgt, was wohl geschehen würde, wenn das Versprechen auf die Probe gestellt würde. Was, wenn es zu einem Run auf italienische Anleihen käme? Wenn ein plötzlicher Stimmungsumschwung die Investoren zu der Überzeugung brächte, dass die EZB nicht die Mittel hätte, um die Kurse der enormen Anzahl in Umlauf befindlicher italienischer Staatsanleihen auf einem hohen Niveau zu halten? Was wäre geschehen, wenn Deutschland die EZB erfolgreich davon abgehalten hätte, »alles Notwendige« zu tun? Kurzum, niemand wusste, ob Draghi ein Kaiser mit oder ohne Kleider war. Es war selbstverständlich in niemandes Interesse, dies herauszufinden, zumindest nicht zur damaligen Zeit. Und solange nicht gezeigt wurde, dass der Kaiser keine Kleider hatte, verhielt sich der Markt bemerkenswerterweise so, als hätte er welche an, ob das stimmte oder nicht.

Spielräume

Die Quantitative Lockerung, die widerwillig und gegen heftigen Widerstand einiger Mitglieder des EZB-Rats eingeführt wurde, hat Europa kein robustes Wachstum zurückgebracht. Und sie führte auch nicht zu massiver Inflation, wie es ihre Kritiker befürchtet hatten. In den fast 20 Jahren ihres Bestehens ist die EZB nicht in der Lage gewesen, für *ganz* Europa Vollbeschäftigung und ökonomische Stabilität zu gewährleisten. Vielleicht ist das zu viel verlangt: In Anbetracht der großen Unterschiede zwischen den Ländern würden Kritiker sagen, das sei eine unmögliche Aufgabe. Aber sie hat nicht einmal *im Durchschnitt* angemessenes Wachstum, Beschäftigung und ökonomische Stabilität erreicht. Kapitel 3 beschrieb anschaulich die klägliche wirtschaftliche Bilanz der Eurozone: Sie erlebte eine Double-Dip-Rezession und stand mehrfach am Rande einer Deflation, außerdem ist die Arbeitslosigkeit im Durchschnitt der gesamten Zone unannehmbar hoch.

In ihrer kurzen Geschichte hat die EZB kostspielige Fehlentscheidungen getroffen, und zugleich hat sie ihre enorme Macht eingesetzt, um Dinge zu erreichen, von denen die Geschäftsbanken und die mächtigen Staaten in der Eurozone profitieren, während die Bürger und die schwächeren Länder das Nachsehen haben. Dies sollte uns zutiefst beunruhigen.

In diesem Kapitel ging es um eine einfache Feststellung: Zentralbanken lassen sich anders gestalten. Man kann sie mit anderen Mandaten, anderen Instrumenten und vor allem mit anderen Rechenschaftspflichten versehen, die sie in die Lage versetzen, den Wohlstand auf breiter Front zu mehren, sodass die Bürger mehrheitlich profitieren. Dies sollte weit oben auf der Reformagenda der Eurozone stehen. Wenn die Eurozone wieder auf den Pfad von Wachstum und Wohlstand zurückfinden soll, muss sie diese Aufgabe anpacken.

Nachtrag: Entwicklungen in der Geldtheorie und -politik in den letzten 30 Jahren

Die Eurozone ist eine *Währungs*union. Daher ist es wichtig, die Geldtheorien und geldpolitischen Konzeptionen zu verstehen, die zur Zeit der Gründung der Eurozone und danach besonders einflussreich waren. Dieser Abschnitt schildert die Entwicklung der maßgeblichen Lehrmeinungen in den letzten 30 Jahren. Ideen, die zur Zeit der Gründung der Eurozone in Mode waren – wie etwa, dass sich eine Zentralbank *ausschließlich* auf die Bekämpfung der Inflation konzentrieren solle, denn dies sorge automatisch für Wachstum und Stabilität –, gelten mittlerweile bei universitären Wirtschaftswissenschaftlern wie Entscheidungsträgern etwa des IWF als weitgehend diskreditiert.

Aber diese Ideen sind bei der EZB sozusagen eherne Gesetze, und einflussreiche Gruppen innerhalb der Eurozone sind nach wie vor von ihrer Richtigkeit überzeugt. Dies bringt die EZB in eine schwierige Lage: Hält sie sich strikt an ihr Mandat, muss sie einen

Kurs fahren, der von einem Großteil der demokratischen Öffentlichkeit in Europa abgelehnt wird. Es ist wichtig, Regeln zu haben, aber wenn es die falschen sind, kann es wie bereits erwähnt verheerende Folgen haben.

In den letzten Jahrzehnten wurde die Zentralbankpolitik von mehreren verschiedenen, aufeinanderfolgenden Doktrinen geprägt – man könnte geradezu von religiösen Glaubenssystemen sprechen, denn ihre Verfechter sind felsenfest von der Wahrheit ihrer jeweiligen Anschauung überzeugt. Doch sind die empirischen Belege allenfalls dünn.

Erfreulich ist, dass die »Religionen« der Zentralbanken in fortwährendem Wandel begriffen sind, wenngleich sie ihre Überzeugungen unter dem Eindruck empirischer Befunde, die den gerade herrschenden Lehrmeinungen widersprechen, nur sehr langsam ändern.

Monetarismus

Eine Zeit lang war der sogenannte *Monetarismus* diese Religion – alle Zentralbanken glaubten, die Geldmenge müsse mit einer konstanten Rate erhöht werden, und die Währungshüter sollten daher die Geldmenge aufmerksam beobachten.

Der Monetarismus war im Grunde keine Theorie, sondern beruhte auf einer vermeintlichen empirischen Regelmäßigkeit – der Tatsache, dass das Verhältnis der Geldmenge zum Transaktionsvolumen (auch Umlaufgeschwindigkeit des Geldes genannt) konstant ist. Es gab keinen theoretischen Grund für diese Beobachtung. Kaum hatte Milton Friedman dieses neue Naturgesetz verkündet, spielte die Natur ihm und den Ländern, die sich an seine Maximen hielten, auch schon einen Streich: Die Umlaufgeschwindigkeit des Geldes begann sich nämlich zu ändern. Diejenigen von uns, die die Natur der Finanzmärkte eingehend untersucht hatten, verstanden diese Veränderungen und sagten sie vorher. Neue Finanzinstrumente wie etwa Geldmarktfonds, die wir heute für selbstverständlich erachten, kamen ins Spiel, und die Finanzmarktregulierung änderte sich.

Der Monetarismus war die neue Religion der Zentralbanken. Er basierte auf einem grob vereinfachenden Modell. Er war für Notenbanker mit begrenzten Abstraktionsfähigkeiten leicht verständlich und bot vielfältige Möglichkeiten zur empirischen Überprüfung. Die Theorie enthielt zahlreiche Unklarheiten, die zu hitzigen Diskussionen führten: Was war die richtige Definition der Geldmenge? Wie sollte sie am besten gemessen werden? Was war das richtige Maß des BIP? Wie sollte es gemessen werden?

Interessanterweise haben konservative Notenbanker, die sich an dieser Doktrin orientierten, die Volkswirtschaften, für die sie verantwortlich waren, großen Risiken ausgesetzt. Zu der Zeit, als das Experiment mit dem Monetarismus begann, waren dessen weitreichende Konsequenzen noch unbekannt. Damals, Ende der Siebzigerjahre, hatte die Inflationsrate in den USA eine Höhe erreicht, die viele für unannehmbar hielten, und so setzte Paul Volcker, der gerade zum Präsidenten der Federal Reserve ernannt worden war, dieses neue Instrument ein. Die Zinsen erreichten neue historische Höchststände, mit denen niemand gerechnet hätte – der Tagesgeldsatz der Fed wurde schließlich auf 19 Prozent angehoben. Doch obgleich es dieser neuen »Theorie« zu gelingen schien, die Inflation zu senken, von 13,5 Prozent im Jahr 1980 auf 3,5 Prozent im Jahr 1983, hatte die Arznei gravierende Nebenwirkungen: Die tiefste Rezession in den USA seit der Großen Depression, in der die Arbeitslosigkeit im Jahr 1982 10,8 Prozent erreichte, trotz eines massiven fiskalpolitischen Impulses durch die große Steuersenkung Reagans von 1981. Hinzu kamen Schuldenkrisen auf der ganzen Welt in Ländern, die sich in den Siebzigerjahren verschuldet hatten, um die Auswirkungen des steigenden Ölpreises aufzufangen, in der vielleicht nachvollziehbaren Überzeugung, dass sie damit klarkämen, solange die Zinsen innerhalb des Bereichs blieben, in dem sie sich in der Vergangenheit bewegten. Das Ergebnis war die verlorene Dekade der Achtzigerjahre in Lateinamerika.

Direkte Inflationssteuerung

Als die Religion des Monetarismus unter dem Ansturm überwältigender empirischer Belege dafür, dass sie keine geeignete Orientierungshilfe bot, an Zugkraft verlor und seine schädlichen Nebenwirkungen deutlich wurden, trat eine neue Religion an ihre Stelle, die direkte Inflationssteuerung.[42] Wenn sich Zentralbanken nur um Inflationsbekämpfung kümmern sollten, war es sinnvoll, dass sie ihre geldpolitischen Instrumente direkt auf die Inflation ausrichteten. Für Arbeitslosigkeit oder Wachstum waren andere zuständig. Länder auf der ganzen Welt übernahmen diese Philosophie, und da Konservative Regeln lieben, entwickelten sie eine Regel, die nach John Taylor benannt wurde, mit dem ich in Princeton und Stanford lehrte und der später in der Regierung Bush Staatssekretär für Internationale Angelegenheiten im Finanzministerium wurde. Seine Regel (die »Taylor-Regel«) legt fest, um wie viel die Zentralbank den Leitzins anheben soll, wenn die Inflationsrate über den von ihr festgelegten Inflationszielwert ansteigt. Im Grunde benötigt man nach dieser Sichtweise keinen Zentralbankvorstand, um die Leitzinsen festzusetzen, sondern lediglich einen Techniker, der die Inflationsrate berechnet (Statistikämter tun das) und die Zahl einfach in die Formel einsetzt. Diese stößt dann den Zinssatz aus. Die Geldmenge soll so lange erhöht oder verringert werden, bis das Inflationsziel erreicht ist. Man kann sich die Frage sparen, warum die Inflation hoch ist oder ob die Störung der Volkswirtschaft vorübergehend oder dauerhaft ist. Diese von sterblichen Staatsbediensteten vorgenommenen Einschätzungen sind zwangsläufig fehleranfälliger als die unfehlbare Regel.

Für Länder, die eine solche holzschnittartige Geldpolitik betrieben, hatte diese mitunter verheerende Folgen. Als 2007 die Nahrungsmittelpreise sehr schnell stiegen, zog auch die Inflation an – insbesondere in den Entwicklungsländern, wo Nahrungsmittel ein sehr wichtiger Teil des Warenkorbs sind. Aber es hätte nichts gebracht, die Zinsen anzuheben, denn dadurch wären die Nahrungsmittelpreise nicht gesunken. Das Problem der Nahrungsmittelpreise war global, aber selbst in einem Land mittlerer Größe hätte sich die Anhebung der Zinsen kaum auf die globalen Nahrungsmittelpreise ausgewirkt. Die Währungsbehörde konnte die Inflation nur beeinflussen, indem sie andere Preise drückte – eine *Deflation* bei den nicht-handelbaren Gütern der Volkswirtschaft erzeugte. Und dies wiederum ließ sich nur dadurch erreichen, dass man diese Sektoren in eine Depression stürzte, indem man die Zinsen sehr stark anhob. Ganz gleich für wie gefährlich man die Inflation hielt, die Therapie war schlimmer als die Erkrankung. Die Europäische Zentralbank hat sich keine dieser beiden Extrempositionen – Monetarismus oder Taylor-Regel – zu eigen gemacht, aber etwas genauso Schlechtes getan. Sie achtete ausschließlich auf die Inflation – dies war ihr alleiniges Mandat –, und lange Zeit benutzte sie die Wachstumsrate der Geldmenge als Indikator für die Angemessenheit ihres geldpolitischen Kurses (ob ihre Geldpolitik zu locker oder straff war) – ein Überbleibsel aus der Zeit der uneingeschränkten monetaristischen Herrschaft.

Quantitative Lockerung

Als die Federal Reserve die Zinsen auf Null senkte – und sich die Konjunktur noch immer nicht erholte –, erschien es ihr angezeigt, mehr zu tun. Eine Idee war der Ankauf langfristiger Staatsanleihen, um so die langfristigen Zinsen zu drücken und der Volkswirtschaft mehr Liquidität zur Verfügung zu stellen. Dieses Instrument wurde *Quantitative Lockerung* genannt. Die EZB führte die Quantitative Lockerung nur zögerlich ein, lange nach den USA und auch Japan. Und als die EZB die Quantitative Lockerung schließlich einsetzte, durchschaute sie womöglich nicht, warum dieses Instrument in den USA nur eine so geringe Wirkung entfaltete – und weshalb daher die positiven Effekte in Europa wahrscheinlich noch schwächer sein würden. Das Problem der Quantitativen Lockerung, wie sie in den USA zwischen 2009 und 2011 angewandt wurde, bestand darin, dass das auf diese Weise geschöpfte Geld nicht dorthin floss, wo es gebraucht wurde und es die Fed eigentlich haben wollte – nämlich zur Steigerung der Ausgaben für den Kauf von Gütern und Dienstleistungen in den USA. Wichtige Kreditkanäle insbesondere für mittelständische Unternehmen waren verstopft. Also flossen die Gelder automatisch ins Ausland, vor allem in Volkswirtschaften, die bereits ein starkes Wachstum verzeichneten und in denen die Inflation anzog. Diese Länder wollten diese zusätzlichen Gelder nicht, und sie versuchten deren Zufluss einzudämmen, was ihnen nicht völlig, aber bis zu einem gewissen Grad gelang. Die drei Hauptkanäle, über welche die Quantitative Lockerung die Konjunktur anschob, waren allesamt schwach: eine leichte Abwertung des Dollars half den Exporten – aber diese Effekte wurden schließlich durch Amerikas Handelspartner kompensiert; die Hypothekenzinsen sanken, als die langfristigen Zinsen fielen, aber die monopolistischen Banken – die Bankenkonzentration war nach der Krise größer als zuvor – strichen einfach einen Großteil der niedrigeren Zinsen als zusätzliche Gewinne selbst ein; und die Blase am Aktienmarkt veranlasste die Superreichen dazu, etwas mehr zu konsumieren, insbesondere Luxusgüter, von denen viele im Ausland produziert wurden. Was die Wirtschaft wirklich benötigte, war eine bessere Kreditversorgung der Unternehmen, aber Großunternehmen saßen bereits auf 2 Billionen Dollar an liquiden Mitteln, und die Quantitative Lockerung hatte keinen nennenswerten Effekt auf sie. Und weil die Fed und die Regierung Obama ihr Augenmerk vor allem auf die New Yorker Großbanken und internationale Banken gerichtet hatten, vergaben kleinere Regional- und Lokalbanken auch weiterhin allzu zögerlich Kredite.[43] Die Folge war, dass diese Kreditvergabe selbst Jahre nach der Krise noch nicht wieder das Niveau vor der Krise erreicht hatte.

Als die EZB den Einsatz der Quantitativen Lockerung erwog, war also bekannt, dass es sich um ein schwaches Instrument handelte. Die EZB hätte erkennen können und müssen, dass die positiven Effekte auf den Wechselkurs wahrscheinlich geringer ausfallen würden, als es in den USA der Fall gewesen war. Erstens würde Europa nicht von einer kompetitiven Abwertung profitieren, weil mittlerweile alle diese Strategie verfolgten. Zweitens hatten die Schwellenländer Kontrollmechanismen eingeführt, die sicherstellen sollten, dass sie nicht benachteiligt wurden. Drittens – und das war am wichtigsten – würde solange keine nennenswerte Inlandsnachfrage entstehen, wie die Kreditkanäle nicht repariert wurden, und in dieser Hinsicht war Europa viel schlechter dran als die USA, wie wir im letzten Kapitel sahen, da es zu einem dramatischen Rückgang der Mittelstandskredite und einem Schwund von Banken in den Ländern der Peripherie gekommen war. Die EZB hätte aggressivere Maßnahmen ergreifen können, um sicherzustellen, dass die Gelder nicht in Kreditblasen fließen und dass ein größerer Teil der Mittel zur Förderung von Existenzgründungen und für die Expansion bestehender Firmen verwendet würde. Aber ihre Philosophie des »Marktvertrauens« hielt sie ganz offensichtlich davon ab.

Einige befürchteten, die Quantitative Lockerung würde die Inflation anheizen. Aber in den USA hatte der massive Einsatz dieses Instruments nicht zu Inflation geführt, und es gab sogar noch weitere Gründe dafür, sich nicht über eine bevorstehende Inflation in Europa zu sorgen. Die Banken hielten einen Großteil des Geldes – aber sie verliehen es nicht. Das von der Fed und der EZB geschaffene Geld blieb also überwiegend innerhalb der Fed und der EZB; jedenfalls kurbelte es die Kreditvergabe nicht an. Da die zusätzliche Liquidität nicht zu mehr Ausgaben führte, konnte sie die Inflation nicht anheizen.

Allerdings waren mit dieser massiven Ausweitung der Zentralbankbilanzen andere Risiken verbunden. So konnten sich etwa Vermögenspreisblasen bilden – wie eine Politik des billigen Geldes schon in der Vergangenheit mehrfach Immobilienpreisblasen geschaffen hatte. Wenn diese Blasen platzten, könnte dies die Konjunktur dämpfen. Die Fed verfügte immerhin über Instrumente, um dieses Problem zu bekämpfen. Sie konnte den »Mindesteinschuss« erhöhen (die Eigenleistung, die Investoren erbringen müssen, wenn sie etwa in Aktien oder Rohstoffe investieren). Und im Anschluss an die Krise hatte sie sogar das Mandat dazu – sie sollte nicht nur eine niedrige Inflation, hohes Wachstum und Vollbeschäftigung, sondern auch die Stabilität des Finanzsystems gewährleisten. Leider konzentriert sich die Europäische Zentralbank, deren Mandat formuliert wurde, als der Neoliberalismus die vorherrschende Denkströmung war, ausschließlich auf die Inflation und überlässt es anderen, sich um die Stabilität des Finanzsystems zu kümmern.

Die Hypothese der natürlichen Arbeitslosenquote

So, wie die Geldpolitik in Europa und in den USA eingesetzt wurde, erwies sie sich als wenig effektiv, um die Wirtschaft auf den Pfad robusten Wachstums zurückzuführen. Schon Keynes behauptet, dass die Geldpolitik in einer Rezession beziehungsweise Depression wahrscheinlich wenig bewirke. Aber eine ökonomische Denkschule hat grundsätzlich infrage gestellt, ob eine *aktive* Geldpolitik, die auf Aufrechterhaltung der Vollbeschäftigung zielt, überhaupt effektiv und wünschenswert ist; und diese Ideen hatten einen großen Einfluss auf Konservative. Kritiker einer aktiven Geldpolitik behaupten: Versucht man, die Arbeitslosigkeit unter eine kritische Schwelle, die sogenannte *natürliche Arbeitslosenquote*, zu drücken und sie dort zu halten, sei die Folge eine ständig anwachsende Inflation.[44] Diese Theorie schränkt den Handlungsspielraum von Zentralbanken stark ein: Will man eine Superinflation vermeiden, kann man allenfalls eine kurze Phase der Arbeitslosigkeit unterhalb dieser Schwelle akzeptieren, die durch eine zweite Phase darüber ausgeglichen werden muss. Nach dieser Auffassung gibt es für Zentralbanken keine Zielkonflikte. Ihre Aufgabe besteht lediglich darin, die Arbeitslosigkeit auf dem Niveau der »natürlichen Arbeitslosenquote« zu halten.

Diese Theorie wurde zunehmend hinterfragt.[45] Sieht man sich die Daten an, kann man keinen systematischen Zusammenhang zwischen Inflation beziehungsweise dem Anstieg der Inflation und Arbeitslosigkeit erkennen. *Wenn* es eine natürliche Arbeitslosenquote gibt, dann ist es ein bewegliches Ziel, und wir wissen praktisch nie, wo sie liegt. Daher müssen Entscheidungsträger diese abschätzen, und dabei kommen bedeutende Zielkonflikte ins Spiel: das Risiko einer viel höheren Arbeitslosigkeit als nötig gegenüber dem Risiko einer etwas höheren Inflation als gewünscht.

Selbst wenn die grob vereinfachenden Modelle richtig wären, die behaupten, es gebe keinen Zielkonflikt zwischen Arbeitslosigkeit und Inflation, sind wir doch mit Abwägungen konfrontiert, sobald wir berücksichtigen, dass wir nicht wissen, wie hoch die natürliche Arbeitslosenquote ist. Die Risiken der Unter- beziehungsweise Überschätzung der natürlichen Rate tragen unterschiedliche Personengruppen. Notenbanker in Europa und den USA haben bei der Verteilung dieser Risiken mehr Rücksicht auf die Interessen der Finanzmärkte denn auf die Belange der Arbeitnehmer genommen, mit der Folge, dass die Wirtschaftsleistung eindeutig geringer und die Zunahme der Ungleichheit eindeutig größer war, als es bei einer anderen Risikoverteilung der Fall gewesen wäre.

TEIL III

Politische Fehler

7 Krisenpolitik: Wie die Troika-Politik die Konstruktionsfehler der Eurozone verschlimmerte

Viele außer- wie auch innerhalb Europas waren erschüttert über das Drama, das sich in den Krisenländern abspielte, insbesondere in Griechenland, Spanien, Portugal und Zypern. Die Medien berichteten ausführlich über den jähen Abstieg der Mittelschicht: Rentner, deren Renten drastisch gekürzt wurden, und junge Menschen, Hochschulabsolventen, die (vergeblich) nach einer Stelle suchten, während sie in Obdachlosenheimen hausten. Diese Geschichten sagen uns, dass etwas falschläuft. Und das Gleiche sagt uns eine Jugendarbeitslosigkeit von 30 Prozent oder mehr. Vor der Einführung des Euro gab es so etwas nicht.

Bei einem privaten Treffen im Jahr 2013 versuchten meine Frau und ich behutsam, den Regierungschef eines nordeuropäischen Landes darauf anzusprechen. Wusste er, wie schlimm die Lage wirklich war? Zeitungsartikel in jenem Herbst und Winter schilderten, wie Mitglieder ehemaliger Mittelschichtfamilien in Spanien und Griechenland, die es sich nicht einmal mehr leisten konnten, ihre Häuser im Winter zu beheizen, auf der Suche nach Lebensmitteln umherstreiften und sogar Mülleimer nach Essbarem durchstöberten.[1] Seine mit freundlichem Lächeln vorgetragene frostige Antwort lautete, sie hätten ihre Wirtschaft eben *früher* reformieren und nicht so über ihre Verhältnisse leben sollen. Dabei war klar, dass nicht diese konkreten Personen verschwenderisch gelebt oder Reformen aufgeschoben hatten. Bürger, die für die Missstände nicht verantwortlich waren, wurden aufgefordert, vielmehr gezwungen, die Folgen von Entscheidungen zu tragen, die Politiker getroffen hatten – ironischerweise oftmals Politiker aus derselben rechtsgerichteten Partei, die die Troika so zu mögen schien.

Die mangelnde Empathie, die bei diesem Abendessen zum Vorschein kam, die fehlende europäische Solidarität hat sich immer wieder gezeigt. Diese kaltschnäuzige Schelte mancher Personen, mit denen wir über die Krise sprachen, wie des gerade erwähnten Regierungschefs, war schon schlimm genug, wenn man bedenkt, dass die schuldlosen Bürger der am schwersten gebeutelten Krisenländer echte Not litten. Aber die größte Herzlosigkeit kam nicht in öffentlichen oder vertraulichen Kommentaren von Politikern zum Ausdruck, sondern in den politischen Maßnahmen, die die Troika diesen Ländern just in ihren Momenten tiefster Verzweiflung auferlegte. Diese politischen Auflagen verschärften die Krisen, schwächten die hart erkämpften Bande der europäischen Einheit und verstärkten die in der Struktur der Eurozone selbst angelegten Schwächen und Defizite.

Erstaunlicherweise behaupteten die Verantwortlichen der Troika – ungeachtet der Fülle von Belegen dafür, dass ihre Programme die Lage der Menschen in den Ländern, denen sie helfen sollten, nicht verbesserten –, ihr Sparkurs sei erfolgreich gewesen. Eine solch abenteuerliche Behauptung – Spanien, Portugal und Irland seien Erfolgsgeschichten – konnte man nur aufstellen, wenn man Scheuklappen trug, die bis auf die am wenigsten aussagekräftigen wirtschaftlichen Indikatoren alles ausblendeten. Ja, das makroökonomische Anpassungsprogramm der Troika für Irland von 2010 bis 2013 bewahrte den Finanzsektor des Landes und den Staat vor dem totalen wirtschaftlichen Zusammenbruch.[2] Aber die Sparvorgaben der Troika trugen dazu bei, dass die Arbeitslosigkeit in Irland fünf Jahre lang, bis Anfang 2015, zweistellig blieb, was der irischen Bevölkerung immenses Leid auferlegte und für zahllose Menschen verlorene Chancen bedeutet, die sich nicht mehr zurückholen lassen. (Dagegen währte der Höchststand der Arbeitslosigkeit von 10 Prozent in den USA während der Großen Rezession im Jahr 2009 nur einen Monat.)

Und Irland war einer der *besten* Fälle. Im Jahr 2011 griff der IWF der portugiesischen Regierung mit einem Rettungspaket unter die Arme, als diese im Gefolge der Weltfinanzkrise mit sprunghaft steigenden Kreditkosten konfrontiert war. Seine Finanzspritze in Höhe von 78 Milliarden Euro war selbstverständlich mit Auflagen verbunden. Die Regierung musste ihr Defizit von fast 10 Prozent des BIP im Jahr 2010 auf 3 Prozent 2013 senken.[3] Ohne starkes Wirtschaftswachstum war Austerität die einzige Möglichkeit, einen so gewaltigen Defizitabbau zu erzielen – und dies hieß Einschnitte bei den Staatsausgaben wie etwa Kürzungen der Löhne und Gehälter im öffentlichen Dienst und Steuererhöhungen. (Ohne diese Finanzhilfe hätte Portugal noch drastischere Einsparungen vornehmen müssen, weil es ebenfalls von den Kapitalmärkten abgeschnitten war.) Der IWF behauptete, auch sein Portugal-Programm sei ein Erfolg gewesen. Betrachtet man nur den Zinssatz, den die öffentliche Hand für Kredite zahlen muss, dann hat das Rettungspaket in der Tat seine Ziele erreicht. Statt 13 Prozent wie noch Ende 2011 zahlte Portugal Ende 2014 (als das Programm auslief) auf seine 10-jährigen Anleihen nur knapp 3 Prozent;[4] hinzu kamen weitere Verbesserungen, etwa der staatlichen Haushaltslage und bei der Kreditaufnahmefähigkeit.[5] Aber aufgrund der Sparpolitik blieben die wirtschaftlichen Eckdaten schwach. 2015 lag das BIP pro Kopf noch immer schätzungsweise 4,3 Prozent niedriger als vor der Krise.[6] Die Arbeitslosigkeit betrug Anfang 2016 weiterhin mehr als 12 Prozent. Die Wachstumsvorhersagen für die nächsten Jahre sind verhalten: Der IWF schätzt, dass das BIP in den kommenden Jahren nicht mehr als 1,4 Prozent jährlich wachsen wird. Der Staat konnte leichter an Kredite kommen, aber die portugiesische Bevölkerung bemerkte nichts von der Erholung.

Auch wenn das Rettungspaket für die spanischen Banken im Jahr 2012 nicht mit direkten Auflagen wie etwa staatlichen Ausgabenkürzungen oder Steuererhöhungen verbunden war, schluckte das Land nach 2008 dennoch die wirkungslose Austeritätspille, die in Europa so aggressiv vermarktet wurde. Betrachtet man die Daten – und die Hunderttausenden von *indignados*, die 2011 durch die

Straßen marschierten – mit gesundem Menschenverstand, dann zeigen sie, dass die Folgen dieser Politik – Zwangsräumungen, Lohnkürzungen und Arbeitslosigkeit – alles andere als ein Triumph waren. Dennoch stellte der deutsche Sachverständigenrat zur Begutachtung der gesamtwirtschaftlichen Entwicklung (zusammen mit vielen anderen Austeritätsbefürwortern) Mitte 2015, als noch immer fast ein Viertel der spanischen Erwerbsbevölkerung arbeitslos war, Spanien als Paradebeispiel für die positiven Wirkungen der Austerität dar.[7] Mit diesen fundamentalen Verdrehungen der Definition von wirtschaftlichem Erfolg stolperte die Troika in ihr bislang schlimmstes Debakel – Griechenland. Ihr Griechenland-Programm war falsch, zerstörerisch und zeugt überdies von einer bemerkenswerten intellektuellen Beschränktheit. Mehr noch: Es grenzte an Unmenschlichkeit. Trotzdem verschlimmerte die Troika im Jahr 2015 das von ihr angerichtete Desaster noch weiter.

Als etwa Griechenland im Herbst 2015 sein drittes »Hilfsprogramm« erhielt, verlangte Europa, Griechenland solle sein Programm der »Nachsicht« gegenüber Hypothekenschuldnern beenden: Um weite Teile der Bevölkerung vor Obdachlosigkeit und Verelendung zu bewahren, hatte Griechenland zu Beginn der Krise Zwangsversteigerungen von Immobilien vorübergehend verboten.[8] Das Verbot war 2015 zwar weiterhin in Kraft, aber mit vielen Einschränkungen, sodass es mittlerweile für deutlich weniger Kredite galt. (Die Troika kaschiert ihre »Forderungen« übrigens oft als simple »Vorschläge«, die das Krisenland *erwägen* möge. Aber es sind mehr als nur Vorschläge – Griechenland *musste* ihnen zustimmen. Es gibt »Verhandlungen«, aber wie der »Zwangsversteigerungsvorschlag« verdeutlicht, unterscheidet sich das, worauf man sich »verständigt«, kaum von dem, was ursprünglich vorgeschlagen wurde, auch wenn vielleicht einige kosmetische Retuschen vorgenommen werden, die nichts anderes als eine gesichtswahrende Geste sind, um der Regierung des Krisenlands zu erlauben, die bitteren Pillen zu schlucken.)

Die Verantwortlichen der Troika scheinen zu glauben, dass Menschen, die ihre Hypothekenkredite nicht zurückzahlen, Faulpelze sind, die das Zwangsvollstreckungsverbot ausnutzen, um sich ihren Verpflichtungen zu entziehen. Sei streng und die Faulpelze werden zahlen. Die Wirklichkeit sieht jedoch anders aus. Angesichts der Depression, angesichts der Hunderttausenden, die ohne Arbeit sind, und weiteren Hundertausenden, die massive Lohnkürzungen von 40 Prozent und mehr hinnehmen mussten, *können* die meisten der säumigen Schuldner nicht zahlen. Europa wettete darauf, dass Härte den Banken einen Geldsegen bescheren würde, und dass sich der Betrag, den Europa aufbringen müsste, um sie zu rekapitalisieren, entsprechend vermindern würde. Wahrscheinlicher aber ist, dass weitere Tausende armer Griechen obdachlos werden und dass die Banken auf Häusern sitzen bleiben, die sie nicht verkaufen können.[9]

Griechenland ersuchte die Troika, ihre drakonischen Forderungen abzuschwächen. Aber die Troika blieb hart und verlangte eine erhebliche Einschränkung der Schutzvorschriften für Hypothekenschuldner: Nur diejenigen mit einem Einkommen unter 23 000 Euro pro Jahr sollten weiterhin vollen Schutz genießen.[10] Selbstverständlich besitzen Familien mit einem so niedrigen Einkommen normalerweise keine Immobilie, sodass de facto nur wenige von dieser Ausnahmeregelung profitierten. Griechische Unterhändler kapitulierten, auch wenn sie einwandten, den meisten Griechen stünde ein gewisser Schutz zu – kleinlaut, aber vergeblich. Klar war jedenfalls, dass viele, die von Armut bedroht waren, dieser noch näher rückten.

Die Technokraten der Eurozone schenkten den Statistiken, die dieses menschliche Leid abbildeten, keine große Beachtung. Und sahen auch nicht, dass hinter den nüchternen statistischen Daten Menschen aus Fleisch und Blut stehen, deren Leben ruiniert wurde. Wie Flugzeuge, die ihre Bomben aus 15 Kilometern Höhe abwerfen, wird der Erfolg an der Zahl der getroffenen Ziele, nicht an der Zahl der vernichteten Menschenleben gemessen.

Die Technokraten interessierten sich für andere Statistiken: Zinssätze und -aufschläge auf Staatsanleihen (wie viel müssen die Krisenländer für die Kreditaufnahme *mehr* bezahlen als die Nicht-

Krisenländer), Haushalts- und Leistungsbilanzdefizite. Die Arbeitslosigkeit schien mitunter lediglich als ein Indikator unumgänglicher Kollateralschäden oder, positiv gewendet, als ein Vorzeichen einer besseren Zukunft aufgefasst zu werden: Die hohe Arbeitslosigkeit würde die Löhne drücken, das Land wettbewerbsfähiger machen und das Leistungsbilanzdefizit beheben.

Das vielleicht einzig Gute an der griechischen Tragödie der Troika ist, dass sie auf mustergültige Weise die Problematik der politischen Reaktion der Eurozone auf die Weltfinanzkrise und deren Folgen verdeutlicht. Während ich in diesem und im folgenden Kapitel den Fall Griechenland sehr ausführlich diskutiere, sollte immer bedacht werden, dass die verfehlte Politik, welche die Troika Athen in Notzeiten auferlegte, lediglich eine verschärfte Version jener »Reformen« ist, die sie durch Druck, Überredung und Kreditbedingungen auch anderen Krisenländern aufnötigte.

Die Notwendigkeit, etwas zu tun

Als sich die Krise in der Eurozone Anfang 2010 ausweitete, mussten die Verantwortlichen der Währungsunion *etwas* unternehmen. Die Anleiherenditen schnellten in die Höhe – die langfristigen Zinsen in Griechenland stiegen von 6 Prozent zu Jahresanfang auf 12 Prozent im Dezember.[11] Die Lage spitzte sich endgültig zu, als Griechenland neue Kredite aufnehmen musste, um sein gewaltiges Haushaltsdefizit (10,8 Prozent des BIP 2010) zu finanzieren und fällig werdende Kredite zurückzuzahlen. Niemand wollte dem Land Kredit geben. Und bekam der griechische Staat kein Geld mehr, konnte er seine Schulden nicht zurückzahlen. Der nächste Schritt wäre die Zahlungsunfähigkeit gewesen. Bediente Griechenland jedoch seine Staatsanleihen nicht mehr, gerieten die Anleihebesitzer in eine prekäre Lage. Deutsche und französische Banken (ganz zu schweigen von griechischen), die erhebliche Bestände an diesen Anleihen hielten, würden womöglich selbst insolvent. Schlimmer noch, aufgrund der Intransparenz des Finanzmarkts wusste niemand genau, welche Auswirkungen eine solche Zahlungseinstellung auf jede einzelne Bank hätte. Einige Banken hatten

Griechenland kein Geld geliehen, aber vielleicht anderen Banken Kredite gewährt, die ihrerseits in Griechenland engagiert waren, sodass sie ebenfalls gefährdet waren. Manche Banken hatten sich gegen Verluste abgesichert, andere jedoch auch gezockt und darauf gewettet, dass Griechenland nicht zahlungsunfähig würde. Es war ein Durcheinander. Und zwar eines, das sich ausbreiten konnte. Die Welt hatte gerade eine Kostprobe einer solchen Ansteckung erhalten: Nach dem Zusammenbruch von Lehman Brothers rutschte die gesamte Welt in eine Rezession, als die Finanzmärkte einfroren. Es war nicht klar, ob Griechenland im Vergleich zu Lehman Brothers klein oder groß war; viel wichtiger aber war, dass niemand wusste, ob Griechenland *systemrelevant* war.

In Kapitel 1 habe ich beschrieben, wie die Troika für jedes Krisenland ein Programm ausarbeitete, das *vorgeblich* das Land fit machen und ihm wieder Zugang zu den internationalen Kreditmärkten verschaffen sollte, falls es diesen verloren hatte. Hier lag der entscheidende Fehler: sich einseitig auf den Kapitalmarktzugang und die Schuldenrückzahlung zu konzentrieren anstatt auf die Wiederherstellung des Wachstums und einen verbesserten Lebensstandard der Bevölkerung. Es ist nicht weiter erstaunlich, dass sich Finanzminister auf die Finanzmärkte konzentrieren. Aber im Zentrum des europäischen Projekts sollten nicht die Finanzmärkte stehen – sie waren lediglich ein Mittel zu einem Zweck. Aber das Mittel wurde zu einem Selbstzweck.

Während ein Programm nach dem anderen aufgelegt wurde und ein Land nach dem anderen in die Krise rutschte, wurde zweierlei deutlich: Erstens führten die Programme zu einem tief greifenden Abschwung, manchmal einer Rezession, manchmal einer Depression, von der sich die Länder bestenfalls langsam erholten; und diese Ergebnisse waren zweitens *immer* eine Überraschung für die Troika, die nach einem anfänglichen Rückgang der Wirtschaftsleistung eine rasche Erholung vorhergesagt hatte. Trat diese vorhergesagte Erholung nicht ein, behaupteten Vertreter der Troika unverdrossen, sie stehe spätestens jetzt unmittelbar bevor. Abbildung 7 zeigt die Diskrepanz zwischen der Entwicklung, welche die Troika für den Fall vorhersagte, dass Griechenland ihr erstes Programm vom Mai 2010 konsequent umsetzte, und den tatsächlichen Zahlen. Die Troika rechnete mit einem Abschwung, erwartete aber eine zügige Trendwende.[12] 2015, nur fünf Jahre später, war die griechische Wirtschaftsleistung fast 20 Prozent niedriger, als die Troika vorhergesagt hatte (vgl. Abb. 7 in Euro von 2010).[13]

Abbildung 7
Griechenland, reales BIP

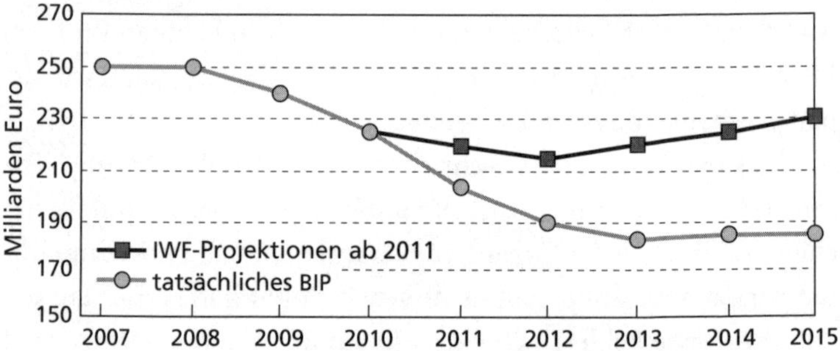

Diese völlig verfehlten Prognosen verdeutlichten, dass die Troika die grundlegenden ökonomischen Zusammenhänge schlichtweg nicht begriff. Während die Troika heute die Schuld gern abwälzen würde – Griechenland habe die geforderten Maßnahmen nicht umgesetzt –, verhält es sich in Wirklichkeit genau andersherum: Griechenland schlitterte nicht deshalb in eine Depression, weil es nicht tat, was es hätte tun sollen, sondern weil es genau das tat, was man von ihm forderte. Und dasselbe gilt für die anderen Krisenländer. Ihre Rezessionen waren weitgehend darauf zurückzuführen, dass die Länder getreulich die Anweisungen der Troika befolgten.

In diesem und im folgenden Kapitel gehen wir der Frage nach, wie die europäische Krisenpolitik diese negativen Effekte herbeiführte. Ich analysiere die Programme, die den Krisenländern auferlegt wurden, und zeige, dass sie *unweigerlich* zu tiefen Rezessionen und Depressionen führen mussten. Ich erkläre überdies, weshalb die negativen Effekte sogar noch größer waren, als von den meisten ökonomischen Standardmodellen vorhergesagt.

Es gab durchaus eine alternative Politik, die diese Länder wieder auf den Weg der Erholung zurückgeführt hätte – eine Wachstumspolitik statt Austerität sowie eine tief greifende Umschuldung. Im Mittelpunkt dieses Kapitels steht die *makroökonomische Politik* – also die Maßnahmen, die direkt auf Haushalt, Defizite und Verschuldung abzielen. Denn die Flauten, Rezessionen und Depressionen, von denen Europa gebeutelt wird, resultieren aus der makroökonomischen Politikgestaltung. Im nächsten Kapitel setzen wir die Diskussion der Programme fort, wobei wir uns dort auf die strukturpolitischen Maßnahmen konzentrieren, die den Ländern auferlegt wurden und die auf die Neuordnung bestimmter Märkte abzielten, um die Krisenländer wettbewerbsfähiger zu machen.

Der Schwerpunkt wird auf dem Griechenland-Programm liegen, schlichtweg weil dieses Programm die Probleme *aller* Programme, die den Krisenländern auferlegt wurden, sowie den Ansatz der Troika besonders deutlich macht.

Der makroökonomische Rahmen der Krisenprogramme

Die führenden europäischen Politiker möchten glauben, dass die Krisenprogramme sowohl die Symptome lindern – also das unmittelbare Problem ausräumen – als auch die Grundlage für eine erfolgreiche langfristige Anpassung legen. Genau genommen handelt es sich bei den Programmen um Mechanismen, die sicherstellen sollen, dass Schuldner die Anpassungskosten tragen und die Forderungen der Gläubiger beglichen werden.

Hinzu kommen gewichtige politische Interessen: Einige Gläubigerländer, insbesondere Deutschland, wollten nicht, dass ihre Steuerzahler die Kosten erfahren, die womöglich auf sie zukommen würden; sie wollten, dass ihre Bürger *glauben*, sie bekämen ihr Geld zurück, auch wenn dies im Grunde unmöglich war. Eine solche Farce hat einen hohen Preis, vor allem für die griechische Bevölkerung. Aber auch Deutschland wird wegen der verringerten Wahrscheinlichkeit der Rückzahlung nicht ungeschoren davonkommen.

Dieses politische Taktieren betrifft sowohl Gläubiger als auch Schuldner, und Griechenland liefert das beste Beispiel für dieses Wechselspiel. Deutschland und die Troika erlegten der Regierung von Giorgos Papandreou harte Bedingungen auf, nachdem diese die fiskalischen Tricksereien der Vorgängerregierung aufgedeckt hatte.[14] Die Strafe ebnete den Weg für die Rückkehr der rechtsgerichteten Regierung unter Samaras, die Griechenland in seine ausweglose Lage gebracht hatte.[15]

Anstatt die Partei zu bestrafen, die für die Manipulationen verantwortlich war, belohnte die Troika diese noch. Damit nicht genug: Die Regierung Papandreou hatte begonnen, die Macht der griechischen Oligarchen zu beschneiden, die Mehrheitsbeteiligungen an Banken und Medienkonzernen hielten und die Verflechtungen zwischen beiden für ihre Interessen nutzten. Die Partei Nea Dimokratia von Samaras dagegen war eng mit denselben Oligarchen verbunden, und es war nicht weiter überraschend, dass Samaras nach seiner Rückkehr an die Regierung die Reformen Papandreous rückgängig machte, während die Troika keinen Ton darüber verlor. Die Troika-Programme waren mithin kontraproduktiv, da sie die grundlegendsten Reformen nicht förderten, die weithin als notwendig erachtet wurden, um langfristig das allgemeine Wohlstandsniveau in Griechenland zu erhöhen.

Ein ausgeglichener Staatshaushalt lässt sich dadurch wiederherstellen, dass man Ausgaben senkt und Einnahmen erhöht. Die sozialen und wirtschaftlichen Folgen hängen weitgehend davon ab, welche Ausgaben gesenkt und wie die Einnahmen erhöht werden. Unter den Troika-Programmen wurde der Wiederherstellung eines ausgeglichenen Haushalts nicht nur an sich ein zu großes Gewicht beigemessen; die Programme suchten dieses Ziel außerdem mit einer verfehlten Strategie zu erreichen: Sie wirkten sich negativer auf die Wirtschaftsleistung, die Beschäftigung und das Wohlstandsniveau aus, als es nötig gewesen wäre. Gerade der IWF hätte wissen müssen, dass schlecht durchdachte steuerliche Maßnahmen kontraproduktiv sein können – mit dem Ergebnis, dass die Steuereinnahmen und möglicherweise ebenso die gesamtwirtschaftliche

Produktion sinken. In den folgenden Abschnitten wenden wir uns verschiedenen Aspekten der makroökonomischen Politik zu, die den Krisenländern auferlegt wurden.

Sparsamkeit: Der Mythos von der schwäbischen Hausfrau

Im Zentrum der makroökonomischen Programme stand die Sparpolitik – die Verringerung der Staatsausgaben und die Erhöhung der Einnahmen. Die europäischen Institutionen schienen von den äußerst negativen Folgen ihrer Sparauflagen überrascht zu sein, die deutlich schlechter waren als das, was ihre Modelle vorhersagten. Mich dagegen überraschte ihre Überraschung. Denn wie in früheren Kapiteln dargelegt, haben Sparprogramme *noch nie* funktioniert.

Gedanken zum Thema Sparsamkeit

Dass die Verantwortlichen der Eurozone Griechenland aufforderten, sein Defizit zu verringern, war in gewisser Hinsicht nicht erstaunlich. Ursächlich für die Krise in Griechenland schien zu sein, dass der Staat keine Kredite mehr bekam und das Land seit Jahren untragbare hohe Defizite verzeichnete. Allerdings traf dies nicht auf Spanien zu, wo die Krise ihren Ursprung im Bankensektor hatte und der Staat vor der Krise Haushaltsüberschüsse erwirtschaftete – die Krise war die Ursache des Defizits und nicht umgekehrt.[16]

Offensichtlich wollte man zunächst einmal dafür sorgen, dass die Länder keine weiteren Kredite benötigten, und das sollte mithilfe der Sparprogramme erreicht werden: Die Ausgaben sollten so stark gekürzt und die Steuern so weit erhöht werden, dass der Staat auf externe Finanzquellen verzichten konnte. Aber so einfach ist das nicht. Sparpolitik führt zu konjunktureller Abkühlung, die ihrerseits die Einnahmen verringert und die Sozialausgaben etwa für Arbeitslosenversicherung und Sozialhilfe erhöht; die Haushaltslage verbessert sich in der Regel nicht in dem erwarteten Umfang, während die schmerzhaften Folgen für die Bevölkerung weitaus größer als erwartet sind.

Dies ist der grundlegende Unterschied zwischen der schwäbischen Hausfrau, auf die Bundeskanzlerin Angela Merkel gern verweist, und einem Land: Ja, die schwäbische Hausfrau muss mit dem Geld auskommen, das ihr zur Verfügung steht, aber wenn sie ihre Ausgaben senkt, verliert ihr Mann nicht seinen Job. Wenn er das täte, stünde die Familie ganz offensichtlich viel schlechter da. Doch genau das geschieht, wenn einem Land ein Sparkurs aufgezwungen wird: Staatliche Ausgaben werden zusammengestrichen und Menschen arbeitslos. Es gibt eine bessere Analogie als die schwäbische Hausfrau, und das ist diejenige zwischen einem Land und einem *Unternehmen.* Bei Unternehmen zählt die Bilanz. Niemand fragt nach der Höhe der Verbindlichkeiten; was interessiert, sind Vermögenswerte und Eigenkapital. Nimmt ein Unternehmen Fremdkapital auf, um Vermögenswerte zu kaufen, die sein Eigenkapital erhöhen, ist das ein guter Schritt. Länder, die Kredite aufnehmen, um Investitionen etwa in Infrastruktur, Bildung und Technologie zu finanzieren, können dadurch Wachstum und Wohlstand steigern, vor allem wenn es nicht genutzte Ressourcen (Arbeitslosigkeit) gibt. Haushaltseinsparungen wirken sich dann sowohl kurzfristig – sie führen zu höherer Arbeitslosigkeit – als auch langfristig negativ aus – sie führen zu niedrigerem Wachstum.

Primärüberschüsse

Die Troika richtete ihr Augenmerk vor allem auf die Höhe der Primärüberschüsse in den Krisenländern, also den Überschuss der Einnahmen über die Ausgaben *ohne* Zinszahlungen. Dies war angesichts der Interessen von Gläubigerländern wie Deutschland verständlich. Sie wollten ihr Geld zurück. Aber ein Land, das sich verschuldet, kann keine Schulden zurückzahlen. Die Regierung kann die Schulden nur dann zurückzahlen, wenn sie einen Haushaltsüberschuss erwirtschaftet. Es liegt auf der Hand, dass ein solcher Überschuss normalerweise die Wirtschaft schwächt: Bei einem Überschuss entzieht der Staat seinen Bürgern mehr Kaufkraft, als er ihnen durch seine Ausgaben zurückgibt. Auf diese Weise schwächt er die Nachfrage.

Manchmal kann etwas anderes diesen Nachfrageausfall ausgleichen. Die Vereinigten Staaten erzielten gegen Ende des 20. Jahrhunderts unter Präsident Clinton einen Primärüberschuss, was jedoch mit einem Boom zusammenhing, der von der Spekulationsblase bei Hightech-Aktien angetrieben wurde. Das hohe Investitionsniveau stützte die Konjunktur. Aber als die Hightech-Blase platzte, schlitterte die US-Wirtschaft sehr schnell in eine Rezession.

Gerade Deutschland sollte das verstehen. Am Ende des Ersten Weltkriegs wurde Deutschland durch den Versailler Vertrag zu Reparationszahlungen verpflichtet. Um die Reparationen zu finanzieren, musste es einen Überschuss erwirtschaften. Keynes sagte zutreffend vorher, dass die deutschen Reparationsverpflichtungen und die sich daraus ergebende Notwendigkeit eines Überschusses zu einer Rezession oder Schlimmerem führen würden. Die anschließende schwere Wirtschaftskrise in Deutschland hatte nicht nur für das Land selbst, sondern für die gesamte Welt verheerende politische Folgen. Deutschland konnte die Depression eine Zeit lang hinauszögern, indem es Kredite bei den USA aufnahm, um die Nachfrage zu stützen. Aber mit der Großen Depression in den USA fiel diese Finanzierungsquelle weg und Deutschland stürzte ebenfalls in eine Depression.

Angesichts dieser historischen Erfahrungen ist es schockierend, dass Deutschland und die Troika von Griechenland und anderen Krisenländern verlangten, hohe Primärüberschüsse zu erzielen. So sollte Griechenland bis 2018 einen Primärüberschuss von 3,5 Prozent erreichen.[17] Selbst der IWF weiß, dass ein solches Ziel eine bestehende Depression nur verlängern und vertiefen wird. Die in dem laufenden Programm für die Jahre 2015 bis 2017 festgesetzten Ziele sind weniger streng, aber wenn Griechenland das Primärüberschussziel der Vereinbarung für das Jahr 2018 einhalten will, dann wird es, ganz gleich, wie gewissenhaft es Strukturreformen durchführt, ganz gleich, wie erfolgreich es seine Einnahmen steigert oder wie stark es die Renten kürzt, ganz gleich, wie viele Menschen in unterfinanzierten Krankenhäusern einen vermeidbaren Tod sterben, weiterhin in einer Depression verharren.

Die Ausgestaltung der Sparprogramme

Der Rahmenentwurf eines Programms legt Haushaltsziele fest, wobei das Primärdefizit immer weiter herabgesetzt wird, bis schließlich ein Primärüberschuss erreicht wird. Die in den früheren Vereinbarungen zwischen Griechenland und seinen »Partnern« festgesetzten Haushaltsziele wurden fast nie erreicht – schlichtweg deshalb, weil sich die Troika auf Wunschprognosen stützte.[18]

In dem »Memorandum« vom 19. August 2015 wurde vereinbart, dass in dem (sehr wahrscheinlichen) Fall, dass die Ziele nicht erreicht werden, automatisch zusätzliche Sparmaßnahmen greifen. Bestand früher immer noch die Hoffnung, dass die Troika einlenken würde, wenn sie das ganze Ausmaß des durch ihre Sparauflagen herbeigeführten Abschwungs realisierte, gibt es heute einen *automatischen Destabilisator*, der eine tiefe Talfahrt *garantiert.* Bei zunehmender konjunktureller Abkühlung und wegbrechenden Steuereinnahmen müssen die Steuern erhöht werden – was die Wirtschaft noch tiefer in die Krise stürzt. (Selbst Konservative in den Vereinigten Staaten plädieren dafür, bei nachlassender Konjunktur die Steuern zu senken, nicht zu erhöhen.) Und wenn die Märkte dies erst einmal erkennen, werden sich die negativen Auswirkungen potenzieren.

Heimliche Agenda

Selbst wenn man auf das Haushaltsdefizit fixiert ist, gibt es fiskalpolitische Maßnahmen, die die Konjunktur ankurbeln können, ohne laufende Defizite zu erhöhen. Diese stützen sich auf den Multiplikatoreffekt eines ausgeglichenen Haushalts. Wenn man eine Steuer einführt und die daraus resultierenden Einnahmen ausgibt – sodass das Defizit heute völlig unverändert bleibt –, wächst die Wirtschaft. Der konjunkturanregende (expansive) Effekt der Ausgaben ist größer als der konjunkturdämpfende (kontraktive) Effekt der Steuer. Und werden die Ausgabenbereiche klug ausgewählt – zum Beispiel das Bildungswesen, nicht das Militär – und ebenso die Steuern – zum Beispiel auf Vermögende –, dann kann der »Multiplikatoreffekt des ausgeglichenen Haushalts« groß sein: Eine Ausgabenerhöhung um einen Dollar kann eine Erhöhung des BIP um weit mehr als einen Dollar zur Folge haben. Wird das Geld außerdem für langlebige Investitionsgüter ausgegeben, welche die Produktivität steigern, sorgt der sich daraus ergebende Anstieg *zukünftiger* Steuereinnahmen dafür, dass sich die staatliche Haushaltslage langfristig verbessert.

Einige Länder der Eurozone haben jedoch das genaue Gegenteil getan. Frankreich etwa senkte die Körperschaftssteuer und verringerte die Ausgaben, um die Einnahmeausfälle auszugleichen. Der Multiplikatoreffekt des ausgeglichenen Haushalts sagt vorher, dass dies das Wachstum dämpft. Frankreich setzte darauf, dass eine niedrigere Körperschaftssteuer zu mehr Investitionen führen würde, die ihrerseits das gesamtwirtschaftliche Angebot und die Gesamtnachfrage erhöhen sollten. Aber die Investitionszurückhaltung bei Großunternehmen in Frankreich und in anderen europäischen Ländern ist auf die mangelnde Nachfrage nach ihren Produkten zurückzuführen. Ohne Nachfrage nach ihren Produkten investieren Unternehmen nicht, selbst wenn der Steuersatz nahe Null liegen würde.

Aber selbst wenn die Produkte des Unternehmens nachgefragt würden, ist es sowohl aus theoretischen als auch aus empirischen Gründen zweifelhaft, ob Körperschaftssteuern tatsächlich wichtige Investitionstreiber sind. Das hat einen einfachen Grund. Die meisten Investitionen werden größtenteils mit Fremdkapital finanziert. Was Firmen interessiert, sind die *nachsteuerlichen* Kosten dieser Mittel. Wenn sie 10 Prozent Zinsen zahlen müssen und ihr Steuersatz 50 Prozent beträgt, weil all ihre Zinszahlungen steuerlich abzugsfähig sind, dann betragen ihre nachsteuerlichen Kosten nur 5 Prozent. Tatsächlich teilen sie sich die Investitionskosten mit dem Staat, der die Hälfte der Rechnung in Form verminderter Steuereinnahmen übernimmt. *Je höher der Steuersatz ist, desto niedriger sind die Finanzierungskosten für das Unternehmen.* An sich würde dies dafür sprechen, dass die Investitionen mit steigendem Steuersatz *zunehmen*; aber höhere Steuern schmälern selbstverständlich auch die Investitionsrendite. Entscheidend ist der Saldo der beiden

Effekte – und bei näherer Betrachtung sieht man, dass der Effekt auf die Investitionen gering ist.

Hätte Frankreich seine Wirtschaft ankurbeln wollen, dann hätte es die Steuern für jene Unternehmen senken sollen, die in Frankreich investieren und Arbeitsplätze schaffen, und sie für jene erhöhen sollen, die dies nicht tun.[19]

Dass der Multiplikatoreffekt eines ausgeglichenen Haushalts in Bezug auf die Krise in der Eurozone so gut wie nie diskutiert wurde, deutete darauf hin, dass es eine heimliche Agenda gab: Der Staat sollte zurückgedrängt, sein Einfluss auf die Wirtschaft verringert werden. Dieser Verdacht erhärtet sich, wenn wir uns die Einzelheiten der Sparprogramme näher ansehen.

Erhöhung der Einnahmen

Die Programme konzentrierten sich auf zwei Methoden der Einnahmenerhöhung: Besteuerung und Privatisierung.

Steuererhöhungen

Normalerweise warnt der IWF vor den Gefahren einer hohen Besteuerung. Dort fürchtet man den negativen Anreizeffekt, die abschreckende Wirkung auf Leistungs- und Sparbereitschaft. Dennoch bestand die Troika in Griechenland bereits bei sehr niedrigen Einkommen auf hohen tatsächlichen Steuersätzen. So verlangte sie etwa (und erhielt) eine Mehrwertsteuer von 23 Prozent auf viele Produkte und Dienstleistungen, die in Verbindung mit einer Einkommensteuer, die schon bei sehr geringen Einkommen etwa 22 Prozent beträgt, eine tatsächliche steuerliche Belastung von fast 40 Prozent ergibt.

Alle griechischen Regierungen der letzten Jahre haben erkannt, wie wichtig die Erhöhung der Steuereinnahmen ist, aber eine verfehlte Steuerpolitik kann die Zerstörung einer Volkswirtschaft beschleunigen. In einer Volkswirtschaft, in der das Finanzsystem nicht richtig funktioniert, in der mittelständische Unternehmen Probleme haben, Kredite zu bekommen, forderte die Troika, dass griechische Firmen – einschließlich Tante-Emma-Läden – sämtliche Steuern zu Beginn des Jahres im Voraus entrichten, noch bevor sie auch nur einen Cent verdient haben und bevor sie überhaupt wissen, wie hoch ihr Einkommen sein wird.

Diese Vorschrift soll die Steuerhinterziehung bekämpfen, zerstört jedoch in der Situation, in der sich Griechenland befindet, die Existenz von Kleinunternehmen. Während die Troika in Bezug auf ihre Strukturreformen von *positiven* Angebotseffekten sprach, hat allein diese Maßnahme vermutlich einen stärkeren negativen Angebotseffekt als *all* ihre Strukturreformen zusammengenommen. Solch drakonische Maßnahmen führen unweigerlich zu noch mehr Steuerhinterziehung – auch dies in scheinbarem Widerspruch zu einem weiteren wichtigen Anliegen der Troika-Programme.[20]

Diese neue Steuervorschrift scheint auch im Widerspruch zu einer der anderen Forderungen zu stehen, denen sich Griechenland gegenübersah: Es solle seine Quellensteuer für Überweisungen aus Griechenland an ausländische Investoren abschaffen. Solche Quellensteuern sind ein Kennzeichen leistungsfähiger Steuersysteme in Ländern wie Kanada und ein wesentliches Element der Steuereinziehung. Ganz offensichtlich erachtet man es für weniger wichtig, dafür zu sorgen, dass Ausländer ihre Steuern zahlen, als dass Griechen dies tun. Diese Forderung erhält besondere Bedeutung wenn man weiß, dass das deutsche Unternehmen, das bis 2013 den Athener Flughafen betrieb, zu den größten Steuerschuldnern in Griechenland gehören soll. Nach manchen Berichten hat dieses Unternehmen Steuerrückstände in Höhe von mehreren Hundert Millionen Euro.[21] Wenn ein verantwortungsloser ausländischer Investor der Meinung ist, dass die Steuerverwaltung eines Landes ineffektiv arbeitet, wird er versuchen, sein Geld außer Landes zu schaffen, ohne Steuern zu zahlen. Wie heißt es doch: Sei im Besitz und du wohnst im Recht. In diesem Fall gilt das vielleicht noch mehr als sonst. Für den Staat wird es dann sehr schwierig, solche Beträge einzutreiben.[22]

Unter Ökonomen besteht breiter Konsens über die zentralen Merkmale eines guten Steuersystems. Ein gutes Steuersystem sollte eine Volkswirtschaft nicht stärker »verzerren« als nötig. Aus diesem

Grund ist die Besteuerung von Grundbesitz und natürlichen Ressourcen wünschenswert – die Grundstücksfläche als solche verändert sich nicht, ganz gleich, wie hoch sie besteuert wird. Ganz allgemein werden in einem guten Steuersystem Tatbestände besteuert, bei denen sich die Auswirkungen auf Nachfrage oder Angebot in Grenzen halten. Bei hoher und wachsender Ungleichheit muss ein gutes Steuersystem die »richtigen« Personen belasten, nämlich überproportional die Vermögenden, nicht die Armen. Schließlich können zielgerichtete Steuern auch den wirtschaftlichen Strukturwandel fördern, etwa durch Begünstigung erneuerbarer Energien und Belastung umweltverschmutzender Aktivitäten.

Die steuerpolitischen Forderungen der Troika verstoßen, etwa im Falle Griechenlands, gegen diese Grundsätze. Der Tourismus ist ein weiterer Bereich, in dem die steuerrechtlichen Forderungen der Troika wahrscheinlich kontraproduktiv sind. Gerade in der Nische, in der Griechenland mit anderen Ländern konkurriert, stellen Touristen Preisvergleiche an. Griechenland befürchtet, eine höhere Mehrwertsteuer werde sich negativ auf den Tourismus auswirken, insbesondere auf den griechischen Inseln, die schon mit hohen Transportkosten belastet sind. Hohe Steuern schadeten der griechischen Tourismus-Branche, hätten negative Auswirkungen auf die Beschäftigung, das BIP und die griechische Leistungsbilanz – und das Steueraufkommen würde vermutlich sogar sinken. Aber davon wollte die Troika nichts hören.

Viele Probleme, die es in Griechenland mit der Steuerehrlichkeit gibt, kommen in ähnlicher Weise in anderen Volkswirtschaften mit einem hohen Prozentsatz an Kleinunternehmen vor, insbesondere in einer überwiegend auf *Bar*geschäften beruhenden Wirtschaft. Doch die Politik der Troika ermunterte die Bürger in Ländern mit finanziell angeschlagenen Regierungen geradezu, ihr Geld von den Bankkonten abzuheben.[23]

Die Troika schwächte die Steuererhebung noch in anderer Weise: Haben Inländer das Gefühl, ihnen würden von Außenstehenden hohe Steuern aufgebürdet, die ihnen zudem ungerecht oder nicht nachvollziehbar erscheinen (beispielsweise weil Auslandsüberweisungen von der Quellensteuer befreit oder Kleinbetriebe gezwungen werden, Steuern ein Jahr im Voraus zu entrichten), dann löst dies Unmut aus und Vertrauen und Steuerehrlichkeit werden untergraben. Die Steuern werden nicht als Ergebnis eines demokratischen Konsenses angesehen, sondern als ein Diktat von Ausländern – noch dazu heuchlerischer Ausländer, die ihre Steuerschulden selbst nicht begleichen.[24] Und wenn die Anzahl und das Gehalt der Finanzbeamten verringert werden – ebenso wie ihre Arbeitsplatzsicherheit –, muss man sich nicht wundern, dass die Arbeitsmoral derjenigen, die für die Steuereinziehung verantwortlich sind, auf den Nullpunkt sinkt.

Es gab Alternativen, die besser mit den Grundprämissen eines guten Steuersystems übereinstimmen. So kann es sinnvoll wie zweckmäßig sein, Grundbesitz zu besteuern, aber auch hier versagte die Troika. Grundstücke sind der einzige Vermögenswert in einem Land, der nicht beweglich ist. Und Grund ist nicht nur immobil, sondern das Angebot an Grundstücken ist zudem unelastisch: Die Grundflächen nehmen nicht ab, wenn man sie höher besteuert. Lange Zeit wurden Grundsteuern daher gegenüber anderen Steuern favorisiert.[25]

Im Rahmen der Troika-Programme führte Griechenland zwar eine neue Grundsteuer ein, aber da ihre kleine Immobilie das Einzige ist, was viele griechische Normalverdiener von dem Absturz in die Armut bewahrt, löste diese Steuer großen Unmut aus. Würde diese Grundsteuer konsequent erhoben, würden Arbeitslose ohne Einkommen ihren wichtigsten Vermögenswert verlieren. Stattdessen hätte eine *progressive Grundsteuer* auf *großen* Grundbesitz eingeführt werden sollen.

Die Troika hätte außerdem frühzeitig erkennen müssen, dass es in Griechenland kein umfassendes *nationales* Liegenschaftsregister gibt. Aber diesem Manko hätte leicht abgeholfen werden können: Man hätte die Bürger verpflichten können, ihr gesamtes Grundeigentum behördlich zu melden, mitsamt einer Beschreibung, die etwa die Anzahl der Zimmer, einen vorhandenen Swimmingpool sowie eine Wertangabe beinhalten sollte. Mithilfe moderner Technik einschließlich Satellitenbildern lassen sich zumindest einige Punkte der Beschreibung überprüfen. Für den Fall einer nicht wahrheitsgetreuen Meldung des Immobilienvermögens könnte man die Vermögenseinziehung androhen, und auf große Häuser und Swimmingpools könnte eine Sondersteuer erhoben werden (die allerdings nicht so hoch sein sollte, dass es sich für die Betreffenden lohnen würde, ihre Swimmingpools zuzuschütten). Der Staat könnte das Recht erhalten, die Immobilie – beispielsweise – für 125 Prozent des erklärten Werts zu erwerben, was einen klaren Anreiz für eine ehrliche Wertangabe schaffen würde. Das Gesetz könnte auch verlangen, dass die wirtschaftlichen Eigentümer sämtlicher Immobilien offengelegt werden.

Eine wohldurchdachte Steuerpolitik kann Marktversagen korrigieren und so zwei Fliegen mit einer Klappe schlagen – die Steuereinnahmen erhöhen und die Volkswirtschaft insgesamt effizienter machen. Das global vielleicht wichtigste Marktversagen betrifft den Klimawandel: Wir setzen keinen Preis für Kohlenstoff fest. Griechenland verfügt über ein reiches Potenzial für erneuerbare Energien, sowohl Solarenergie als auch Windkraft. Die Entwicklung dieser Industrien verringerte außerdem den griechischen Ölverbrauch. Erdölraffinerien sind ein wichtiger griechischer Industriezweig, sodass Griechenland bei geringerem Eigenverbrauch mehr Erdöl exportieren könnte. Eine hohe Steuer auf nicht-erneuerbare Energien würde gleichzeitig Einnahmen generieren und die Zahlungsbilanz Griechenlands verbessern.[26]

Wir haben wiederholt darauf hingewiesen, dass eines der Probleme der Eurozone darin besteht, dass sie den teilnehmenden Ländern die Fähigkeit genommen hat, den nominellen Wechselkurs anzupassen. Aber dieses Manko hätte durch steuerliche Maßnahmen aufgefangen werden können: Da Griechenland selbst relativ wenig produziert, hätten progressive Verbrauchsteuern, insbesondere auf Luxusgüter wie hochpreisige Autos, die eingeführt und im Land zugelassen werden müssen, ein erhebliches Aufkommen gebracht, welches das Handelsbilanzdefizit deutlich verringert hätte.

Privatisierungen

Einnahmen lassen sich auch noch auf andere Weise beschaffen, nämlich durch Verkauf von Staatsvermögen, also Privatisierung. Selbstverständlich verbessern solche Verkäufe nicht direkt oder notwendigerweise die Bilanz des betreffenden Landes und seiner Regierung.

Wie in diesem Kapitel bereits dargelegt, sollte man sich nicht einfach nur die Schulden eines Landes ansehen, sondern seine Bilanz – seine Verbindlichkeiten im Verhältnis zu seinen Vermögenswerten. Die Troika und die Eurozone allgemein haben dies nicht getan. Bei Privatisierungen betrachteten sie allzu oft nur den *Cashflow*, ohne die langfristigen Konsequenzen zu berücksichtigen. Wenn ein Land in einem Notverkauf all seine Vermögenswerte veräußert, verringert sich sein »Reinvermögen« mit langfristigen Folgen – entweder weniger Staatseinnahmen, weil der Staat jetzt nicht mehr im Besitz eines Vermögenswerts ist, der Erträge abwirft, oder höhere Kosten, weil die Behörde jetzt etwa Miete für ihre Büroräume zahlen muss, nachdem sie ihre eigenen Gebäude verkauft hat.[27]

Eine Privatisierung ist dann sinnvoll, wenn sich die öffentliche Hand als unfähig erwiesen hat, einen Vermögenswert effizient zu managen, und wenn es mehrere miteinander konkurrierende Interessenten gibt, die diesen Vermögenswert jeweils effizienter bewirtschaften würden. Dagegen ist eine Privatisierung kontraproduktiv, wenn der Vermögenswert an einen Monopolisten veräußert wird, der seine Marktmacht (seine Macht, die Preise über die Produktionskosten hinaus anzuheben) dazu nutzt, Verbraucher zu schröpfen – sodass Verbraucher und Unternehmen selbst unter einem effizienten Monopolisten schlechter dastehen als unter einem ineffizienten staatlichen Betreiber.

Außerdem setzen Privatisierungen eine ungesunde politische Dynamik in Gang: Der Monopolist kauft sich mit seinen Gewinnen politischen Einfluss, der seine Marktmacht erweitert und verstärkt. Folglich können Privatisierungen nicht nur den Wettbewerb in einer Volkswirtschaft und deren Effizienz beeinträchtigen, sondern auch der Korruption Vorschub leisten. (In Europa findet Korruption eher in der subtilen Form von Partei- und Wahlkampfspenden statt, es werden also keine dicken Geldumschläge überreicht, aber es ist trotzdem Korruption.)[28]

Wenn bei einer Privatisierung ein ausländischer Investor zum Zuge kommt, entstehen weitere Probleme. Die Änderung von Steuervorschriften und Regulierungsstrukturen, die sich auf die Ertragskraft des Unternehmens, das sich jetzt in ausländischer Hand befindet, auswirken, können einen enormen politischen Druck seitens der Regierung seines Heimatlands auslösen. Aus einer inländischen wird plötzlich eine internationale Angelegenheit. Besitzt der neue Eigentümer des Vermögenswerts oder dessen Regierung einen starken politischen Einfluss auf das Land – wie es bei der Troika gegenüber den Krisenländern der Fall ist –, werden die Interessen der inländischen Bürger möglicherweise vernachlässigt, wie die Befreiung grenzüberschreitender Kapitaltransfers von der Quellensteuer auf eindringliche Weise vor Augen führt.[29]

Außerdem können ins Ausland abfließende Gewinne die Zahlungsbilanz negativ beeinflussen. Insbesondere bei einem Notverkauf werden die positiven Effekte der kurzfristigen Kapitalzufuhr durch die langfristigen Kapitalabflüsse im Rahmen der Gewinnabführung mehr als aufgewogen.

Besonders problematisch ist ein Sonderfall der Privatisierung, bei dem sich das Unternehmen, das den Vermögenswert erwirbt, teilweise oder vollständig im Besitz einer ausländischen Regierung befindet. Man muss sich fragen, in welchem Sinne es eine *Privatisierung* ist, wenn ein öffentliches Unternehmen als Käufer auftritt. Es ist widersprüchlich, einerseits zu behaupten, öffentliche Körperschaften seien *notwendigerweise* ineffizienter, und andererseits eine Regierung zu bedrängen, sie solle ihre Vermögenswerte an ausländische Staatsunternehmen veräußern.

Im Fall Griechenlands sind die mit der Privatisierung verbundenen Probleme bereits deutlich geworden. Bei einigen der – schon durchgeführten oder geplanten – Privatisierungen kamen Unternehmen zum Zug, an denen der deutsche Staat (auf subnationaler

Ebene) beteiligt ist. Wie bereits erwähnt, hielt ein deutsches Unternehmen bis 2013 eine große Beteiligung an der Betreibergesellschaft des Athener Flughafens, und bei der geplanten Privatisierung der Regionalflughäfen soll ein deutsches Unternehmen den Zuschlag erhalten, an dem deutsche öffentliche Körperschaften maßgeblich beteiligt sind – so hält das Bundesland Hessen als größter Anteilseigner eine Beteiligung von 34 Prozent an besagtem Unternehmen.

Zumindest eine Privatisierung, die im Rahmen der griechischen Programme durchgeführt wurde, nämlich jene der oben erwähnten Regionalflughäfen, wirkt etwas anrüchig: Einer der Partner bei der Privatisierung ist einer der Oligarchen – was seltsam ist, da eine der wichtigsten Strukturreformen im Griechenland-Programm darauf abzielen *sollte*, die Macht der Oligarchen zu schwächen.[30]

Es liegt auf der Hand, dass die Troika vor Interessenkonflikten steht. Ebenso offensichtlich ist allerdings, dass der Umgang mit diesen Interessenkonflikten und den sich daraus ergebenden PR-Problemen alles andere als konstruktiv war – dieses Versagen hat das Vertrauen in das gesamte Troika-Programm unterminiert, nicht nur in Griechenland, sondern in allen Krisenländern, und beunruhigende Fragen darüber aufgeworfen, wessen Interessen diese Programme eigentlich dienen.

Ausgabenkürzungen

Um einen ausgeglichenen Haushalt wiederherzustellen, müssen nicht nur die Einnahmen erhöht, sondern auch die Ausgaben gesenkt werden. Die Verschuldung Irlands und Spaniens stieg nicht so sehr aufgrund *ordentlicher* Ausgaben als vielmehr aufgrund von Bankenrettungen. Diese beiden Fälle sind so bedeutsam, dass wir uns im folgenden Abschnitt dieses Kapitels näher damit beschäftigen.

Die Ausgabenkürzungen, welche die Troika den Krisenländern auferlegte, waren wie die Steuererhöhungen nicht wohldurchdacht. Wie bei den Steuersenkungen hätte sich die Troika auf Kürzungen mit den geringsten negativen Auswirkungen auf das BIP und das soziale Wohlergehen konzentrieren *sollen*. Einfache Bürger sind besonders auf öffentliche Ausgaben wie Schulen, öffentliche Gesundheitsversorgung und Sozialleistungen angewiesen. Die Reichen können sich um sich selbst kümmern. (Selbstverständlich gibt es in jedem Land und bei jedem Programm Ineffizienzen, aber die Troika-Programme haben solche Ineffizienzen in fahrlässiger Weise geradezu produziert.) Es gibt weitere naheliegende Kürzungsmöglichkeiten, sofern der politische Wille vorhanden wäre, sie anzugehen. Im 21. Jahrhundert gab es im Herzen Europas kaum militärische Konflikte. Dies hat vermutlich wenig mit der Europäischen Union selbst zu tun, sehr viel hingegen mit den Vereinten Nationen und mit veränderten Einstellungen gegenüber militärischer Gewaltanwendung sowie in gewissem Umfang auch mit der NATO. Jedenfalls würden sich deutliche Kürzungen der Verteidigungsbudgets nicht nennenswert auf die Verteidigungsfähigkeit der meisten Länder auswirken, da ihnen im Falle eines Angriffs ihre NATO-Bündnispartner zur Seite stehen müssten.[31]

Hinzu kommen viele ineffiziente Subventionen (einige davon im Steuergesetz versteckt), von denen oftmals kapitalstarke Konzerne profitieren; ihre Beseitigung würde die volkswirtschaftliche Effizienz verbessern und die soziale Ungleichheit verringern. Die meisten Länder (einschließlich der Krisenländer) haben beispielsweise hohe Energiesubventionen insbesondere für fossile Energieträger. Ein sehr großer Teil der Ausgaben auf EU-Ebene (mehr als 40 Prozent des EU-Haushalts) fließt in verzerrende Agrarsubventionen, von denen wiederum vor allem landwirtschaftliche Großbetriebe und nicht Kleinerzeuger profitieren.

Renten

Im Falle Griechenlands hat die Troika vor allem Kürzungen der ihres Erachtens allzu üppigen öffentlichen Pensionen angemahnt. Für *einige* Pensionen scheint dies tatsächlich zuzutreffen; andere reichen nicht einmal zum Überleben. Mit einer monatlichen Rente, die unterhalb der Armutsschwelle von 665 Euro liegt, kann man keinen Lebensabend in Würde verbringen – und doch versuchen 45 Prozent der griechischen Ruheständler genau dies.[32]

Tatsächlich war das Armutsrisiko älterer Griechen im Jahr 2013 höher als im Durchschnitt der Eurozone (etwa 15 Prozent waren von Armut bedroht), und Anfang 2012 – lange vor den Forderungen von 2015, die beinahe zum Ausscheiden Griechenlands aus der Eurozone (dem »Grexit«) geführt hätten – gab der griechische Staat für die Pensionen ehemaliger Staatsbediensteter tatsächlich weniger aus als Deutschland und die meisten anderen Länder der Eurozone.[33] Aber Renten gelten zu Recht als eine Art aufgeschobene Vergütung. Der Erwerbstätige verrichtet heute Arbeit, für die er in zweierlei Weise entlohnt wird: mit dem heutigen Gehalt und einer Rente in der Zukunft. Die Rente ist also Teil des Arbeitsvertrags.

Sowohl vor als auch nach der Griechenlandkrise im Sommer 2015 forderten deutsche Regierungsvertreter, die griechischen Schulden dürften nicht umgeschuldet werden – gemäß dem Grundsatz *pacta sunt servanda* –, obwohl eine Restrukturierung völlig offensichtlich *unabdingbar* war. Aber aus irgendeinem Grund erstreckt sich dieser Glaube an die Unantastbarkeit von Verträgen nicht auf Renten. Eine zugesicherte Rente nicht in voller Höhe zu zahlen ist in der Tat nichts anderes als die einseitige Aufkündigung eines Vertrags.[34] Schlimmer noch, Rentenkürzungen treffen ausgerechnet die schutzbedürftigsten Mitglieder einer Gesellschaft besonders hart – anders als bei einem Kreditvertrag, bei dem der Kreditgeber finanziellen Sachverstand besitzt und die Ausfallrisiken kennt.

Heute ist Lohndiebstahl weltweit ein großes Thema – nachdem ein Arbeitnehmer seine Arbeit getan hat, zahlt ihm der Arbeitgeber nicht den vereinbarten Lohn. Der Arbeitnehmer kann seinen Zeitaufwand und seine Anstrengungen natürlich nicht rückgängig machen. Daher gilt Lohndiebstahl als ein abscheuliches Verbrechen. Nimmt man Abstriche an der zugesicherten Rentenhöhe vor, *ist* das Lohndiebstahl, nur in anderer Form.[35]

Der Staatsrat, das oberste griechische Verwaltungsgericht, urteilte, die geplanten Rentenkürzungen seien rechtswidrig.[36] Die

Troika schien es nicht weiter zu bekümmern, dass sie die Grundrechte dieser Menschen verletzte. Sie reagierte auf diese Entscheidung, indem sie andere Reformen forderte, welche »die Haushaltswirkungen der Entscheidung des Verfassungsgerichts vollständig kompensieren«.[37]

Rentenzusagen der Vergangenheit sind eine Sache, zukünftige Renten eine andere. Die Höhe dieser zukünftigen Renten sollte als Teil der angemessenen Gesamtvergütung betrachtet werden – was muss man fähigen Fachkräften anbieten, um sie für den öffentlichen Dienst zu gewinnen? Die Troika sah dies allerdings anders. Klar ist: Werden die Beschäftigten im öffentlichen Dienst nicht angemessen entlohnt, kann der öffentliche Dienst seine notwendigen und wichtigen Aufgaben nicht erfüllen. Die Bürger sind dann zu Recht der Meinung, dass sie keine angemessene Gegenleistung für ihre Steuern bekommen, und die Steuerehrlichkeit wird abnehmen. Ein erneuter Teufelskreis beginnt, bei dem die Troika eindeutig mehr Teil des Problems als seiner Lösung ist.

Bankenrettung

Der Finanzsektor stand im Zentrum der Großen Rezession, und er steht im Zentrum der Eurokrise. Wie wir sahen, brachte eine Immobilienpreisblase, die durch leichtfertige Vergabe von Wohnungsbaukrediten aufgebläht wurde, die spanische Wirtschaft zu Fall. Und wie es nach dem Platzen einer solchen Blase die Regel ist, konnten viele derjenigen, die Kredite aufgenommen hatten, diese nicht zurückzahlen, und die geschwächten Banken drosselten die Kreditvergabe. Dieser Ausfall eines der Hauptmotoren des Wirtschaftswachstums – Immobilieninvestitionen – führte zusammen mit der Kreditverknappung notwendigerweise zu einer Rezession. Staatliche Stützungsmaßnahmen für die Banken, sinkende Steuereinnahmen infolge der einbrechenden Konjunktur und steigende Sozialausgaben sorgten wiederum für eine sich stetig verschlechternde Haushaltslage der spanischen Zentralregierung.

Die Eurozone war auf der Prämisse errichtet worden, dass jede Regierung für ihre Banken selbst verantwortlich sei. Nehmen wir

Spanien. Je schwächer die spanischen Banken wurden, umso höhere Zinsen mussten sie zahlen. Sie standen am Rand einer Krise – vielleicht hätten sie sich keine Kredite mehr beschaffen, Einleger ihre Gelder abziehen können, und die hohen Zinsen hätten sie vielleicht in die Insolvenz treiben können. Banken und Regierung waren eng miteinander verflochten, wie wir in Kapitel 5 ausführten. Die finanzielle Rückendeckung durch den Staat ließ die Einleger darauf vertrauen, dass sie zu jedem Zeitpunkt an ihr Geld herankämen. Aber die Verschlechterung der Haushaltslage der Regierung schwächte das Vertrauen in die Banken. Außerdem hatte sie zur Folge, dass sich die Regierung nur gegen hohe Zinsen Kapital beschaffen konnte. Viele Investoren waren nicht bereit, Spanien überhaupt noch Geld zu leihen. Um zu verhindern, dass die Zinsen auf Staatsanleihen noch weiter anstiegen, mussten spanische Banken große Mengen spanischer Staatstitel aufkaufen und halten. Aufgrund der Kursverluste spanischer Staatsanleihen verschlechterten sich die Bankbilanzen weiter.

Für einen Außenstehenden war offensichtlich, dass sich die beiden sozusagen wechselseitig aus der Patsche halfen: Die Banken liehen der Regierung Geld (üblicherweise durch Kauf von Staatsanleihen), und die Regierung übernahm Garantien für die Banken, die diesen erlaubten, an den Märkten zu niedrigeren Zinsen Mittel aufzunehmen – solange die Staatsgarantien etwas wert waren –, die sie wiederum teilweise der Regierung zur Verfügung stellten.

Die Politik der Eurozone gegenüber Spanien (und einigen anderen Krisenländern) basierte in vielerlei Hinsicht auf dieser gegenseitigen Nothilfe, bei der man sich wechselseitig am Schopf aus dem Sumpf zu ziehen versucht: Die an die Regierung vergebenen Kredite halfen, die Banken zu retten, und die Kredite an die Banken halfen, die Regierung zu retten, da die Banken auch dann noch Staatsanleihen aufkauften, wenn es sonst niemand mehr tun wollte.[38]

Die Eurozone intervenierte mit einer Reihe von Maßnahmen, um den spanischen Banken zu helfen, auch wenn die spanische Regierung letztlich das Verlustrisiko tragen sollte. Doch hätte die spanische Regierung das Verlustrisiko tragen können, dann hätte sie die Banken aus eigener Kraft retten können. Gerade wegen der engen Verflechtung der beiden wurde externe Hilfe benötigt. Allerdings waren diese Maßnahmen, wenig überraschend, bestenfalls vorübergehend wirksam.

Ein »Vertrauenstrick«?

Es war Draghis Versprechen im Jahr 2012, alles Notwendige zu tun, um den europäischen Markt für Staatsanleihen zu stützen, das schließlich für eine Stabilisierung, jedoch kein starkes Wachstum sorgte. Die Zinsaufschläge (»Spreads«) auf Staatsanleihen verringerten sich, die Griechenland, Spanien und andere Krisenländer verglichen mit Deutschland bezahlen mussten. Der Zinsaufschlag auf griechische Staatspapiere fiel von 27,3 Prozentpunkten im Februar 2012 auf 12,0 Prozentpunkte am Jahresende. Auch die Spreads auf Anleihen Italiens, Portugals und Spaniens sanken – wenngleich diese Länder zu keinem Zeitpunkt einen so hohen Aufschlag wie Griechenland bezahlen mussten –, und zwar auf 3,2, 6,0 und 4,0 Prozent.[39] Die steigenden Anleihekurse verbesserten die Bankenbilanzen. Es war eine Art Trick, der scheinbar kostenlos war und zumindest eine Zeit lang aufging. Selbstverständlich weiß niemand, ob die EZB tatsächlich »alles Notwendige« tun kann und wird, sollte diese Stunde der Wahrheit kommen, wenn nämlich ein Land der Peripherie aufgrund eines plötzlichen Vertrauensverlusts in seine Anleihen die Unterstützung der EZB benötigt.[40]

Das Vertrauen in das Versprechen der EZB würde selbstverständlich in hohem Maße erschüttert, verließe Griechenland oder ein anderes Mitgliedsland die Eurozone just deshalb, weil die EZB nicht alles Notwendige getan hätte. In der Griechenlandkrise im Sommer 2015 lehnte die EZB entschieden jegliche Hilfe für Griechenland ab, solange die griechische Regierung nicht den Forderungen der Troika nachkam. Als sich die Verhandlungen hinzogen, ging die EZB so weit, nicht länger als letztinstanzlicher Kreditgeber zu agieren und die griechischen Banken auf diese Weise zu zwingen, für drei Wochen zu schließen – das ist wohl kaum ein Beleg für die Bereitschaft, alles Notwendige zu tun, sondern vielmehr ein Beleg für die in Kapitel 6 diskutierte *politische* Rolle der EZB.

Scheiden ein oder mehrere Länder aus dem Euro aus, wird das Wissen, dass der Euro *keine* bindende Verpflichtung seiner Mitgliedsländer darstellt (eine Verpflichtung, die *niemals* gebrochen wird), die Wahrscheinlichkeit deutlich verringern, dass Draghis Vertrauenstrick das nächste Mal wieder aufgeht. Die Anleiherenditen könnten nach oben schießen, und selbst wenn die EZB und die europäischen Regierungen noch so viele Garantieversprechen abgeben würden, genügte dies nicht, um sie von ihrer astronomischen Höhe herunterzuholen.

Selbst wenn die EZB bereit wäre, alles *Notwendige zu tun*, ist unklar, ob dies tatsächlich ausreichen würde – es sei denn, sie würde zu massiven Umschuldungsmaßnahmen greifen. Der IWF wird immer dann hinzugezogen, Liquiditätshilfe zur Verfügung zu stellen, wenn die Märkte nicht mehr genügend Vertrauen haben. In sehr vielen Fällen gelingt es dem IWF allerdings nicht, die angeschlagene Volkswirtschaft aus der Krise zu führen, und zwar aus zwei Gründen: Erstens ist der IWF ein erstrangiger Gläubiger – das heißt, seine Forderungen haben Vorrang vor denen aller anderen Gläubiger. Folglich können IWF-Kredite das Risikoprofil aller anderen Gläubiger verschlechtern; sie stehen dann weiter hinten in der Schlange. Die »Rettung« durch den IWF macht diese Anleihen daher noch riskanter.[41] Zweitens verknüpft der IWF seine Kredite mit einer langen Liste von »Auflagen« (Konditionalität), ähnlich wie die Troika bei ihren Hilfsprogrammen. Für gewöhnlich sind diese Konditionalitäten kontraproduktiv – sowohl die Auflagen für Makroökonomie und Budget als auch die Strukturanpassungen. Wie in Griechenland verstärken sie vielfach den konjunkturellen Abschwung. Und trüben sich die konjunkturellen Aussichten ein, ist es unwahrscheinlich, dass das Vertrauen der Märkte zurückkehrt.[42]

Rettungspakete und Umschuldungen: Wem wirklich geholfen wird

Das erste Krisensymptom waren die hohen Zinsen, die Griechenland auf Staatsanleihen zahlen musste. Anschließend wurde Griechenland vom Markt ausgeschlossen – niemand kaufte neu emittierte griechische Staatsanleihen.

Die Verantwortlichen der Eurozone erkannten, dass sie etwas unternehmen mussten, denn wenn Griechenland die fälligen Kredite nicht zurückzahlte, könnte dies nicht nur das Land selbst, sondern auch die übrige Eurozone in Bedrängnis bringen. Viele der griechischen Staatsanleihen wurden von deutschen und französischen Banken gehalten. Die Eurozone griff Griechenland kurzfristig mit Krediten unter die Arme, allerdings tat sie dies weniger für Griechenland als für ihre eigenen Banken. Aber zu welchem Zins? Um den deutschen Steuerzahlern zu demonstrieren, dass sie die Griechen nicht subventionieren, forderte die Troika hohe Zinsen – so hoch, dass von Anfang an klar war, dass Griechenland kaum in der Lage sein würde, die Schulden zurückzuzahlen. Wenn sie sich für einen niedrigeren Zins entschieden hätten, wäre dies vielleicht nicht der Fall gewesen. Als die Krise ausbrach, beliefen sich die griechischen Staatsschulden auf 109 Prozent des BIP – niedriger als die US-Schulden am Ende des Zweiten Weltkriegs (122 Prozent) und viel niedriger als die heutige japanische Staatsverschuldung (246 Prozent) oder die britischen Schulden am Ende des Zweiten Weltkriegs (rund 250 Prozent).[43] Gelingt es, das Wirtschaftswachstum anzukurbeln, das BIP zu steigern und die Zinsen niedrig zu halten, kann diese Staatsschuldenquote drastisch gesenkt werden, wie die Geschichte der Vereinigten Staaten und Großbritanniens verdeutlicht. Aber wenn man Bedingungen auferlegt, die die Konjunktur abwürgen, und hohe Zinsen verlangt, führt dies zu wirtschaftlicher Stagnation und einer steigenden Schuldenquote.

Einige in Deutschland (und andernorts) behaupten, hohe Zinsen seien notwendig, um von dem »moralischen Risiko« (*moral hazard*) abzuschrecken, also dem Risiko, dass Staaten leichtfertig Geld ausgeben und sich anschließend Hilfe suchend an

Europa wenden. Aber keine Regierung würde sich selbst freiwillig den Torturen unterziehen, die Griechenland über sich ergehen lässt. Und obgleich in der Vergangenheit Fehler bei der Kreditvergabe gemacht wurden, würde es die Fehler der Vergangenheit nicht wiedergutmachen, wenn man Griechenland heute bestrafte.

Das eigentliche »moralische Risiko« betrifft Banken, die einen Anreiz haben, Länder zu einer übermäßigen Verschuldung zu verleiten, da sie wissen, dass gegenwärtige Politiker von den erhöhten Ausgaben profitieren, während zukünftige Politiker die Zeche dafür zahlen. Wiederholte Bankenrettungen fördern ein solches Verhalten: Die Rettungspakete für Mexiko, Lateinamerika und Ostasien, die jeweils den Namen eines Landes tragen, dienen in Wahrheit der Rettung der europäischen und amerikanischen Banken, die leichtfertig Kredite vergeben haben.

Diese Rettungspakete verzerren nicht nur die Anreize, sondern sind auch teuer. Tatsächlich sind sie nur eine der vielen Subventionen, von denen der Finanzsektor und insbesondere die Großbanken profitieren.[44] Diese Subventionen verbergen sich manchmal in den niedrigeren Zinsen, die sie denjenigen zahlen, die ihnen Mittel zur Verfügung stellen und die davon ausgehen, dass der Staat notfalls schon einspringt. Wenn die Regierung, statt notleidende Banken lediglich zu retten, sich an diesen Banken beteiligen würde, würde sich die Haushaltslage des betreffenden Landes erheblich verbessern, sobald sich die Banken erholen, und die Banken wären bei der Kreditvergabe vielleicht vorsichtiger.[45]

Wie in der Vergangenheit taten Deutschland und die Troika wenig, um die Banken in Griechenland und bei einigen der anderen europäischen Hilfspakete vom Eingehen »moralischer Risiken« abzuschrecken. Wie wir im Fall Irlands sahen, verlangte die EZB insgeheim von der irischen Regierung, die Schulden ihrer Banken zu übernehmen.

Die hohen Zinsen, die Deutschland aus welchen Gründen auch immer forderte, lagen weit über den Zinsen, zu denen die öffentliche Hand in Deutschland Kapital aufnehmen kann. Dies spricht der Idee der europäischen Solidarität Hohn: Was bedeutet Solidarität, wenn ein Land fähig und willens ist, aus seinem Nachbarn Gewinn herauszupressen, wenn dieser Hilfe braucht?[46]

Als deutlich wurde, dass Griechenland die fälligen Rückzahlungen nicht würde leisten können, benötigte das Land neue Kredite, die mit noch härteren Auflagen verbunden waren. Von sämtlichen Krediten, die Griechenland erhielt, kamen weniger als 10 Prozent der griechischen Bevölkerung zugute. Mit dem Rest wurden Gläubiger ausgezahlt, unter ihnen deutsche und französische Banken.[47] Es mag von der deutschen und anderen europäischen Regierungen nett gewesen sein, dass sie ihre Banken retteten (ob das richtig war, ist eine andere Frage), aber die Griechen fragten zu Recht, warum das alles auf ihrem Rücken ausgetragen wird.

Ein Neuanfang: Eine Alternative zu einer Sparpolitik, die in die Depression führt

Umschuldungen sind ein wesentliches Element des Kapitalismus. Wenn eine Privatperson (oder ein Unternehmen, eine Familie, ein Land) vorübergehend Probleme hat, ihre Schulden zu bedienen, ist es sinnvoll, wenn sie einen kurzfristigen Kredit aufnimmt, der ihr durch diese schwierige Zeit hindurchhilft.[48] Handelt es sich jedoch um ein langfristiges Problem, muss der Kredit abgeschrieben werden. Die Privatperson braucht einen Neuanfang. Das Konkurs- beziehungsweise Insolvenzgesetz, über das die meisten Länder verfügen, soll diesen Neustart ermöglichen. Das Gleiche gilt für Staaten. Aber es fehlt ein internationales Gesetz zur Restrukturierung von Staatsschulden – auch wenn es mittlerweile innerhalb der Vereinten Nationen Bestrebungen gibt, einen solchen Ordnungsrahmen zu schaffen: So wurde etwa im September 2015 eine Resolution, die eine Reihe von Grundsätzen für ein geordnetes Umschuldungsverfahren aufstellt, mit überwältigender Mehrheit verabschiedet.

Die Restrukturierung von Schulden verbessert die Haushaltssituation eines Landes, weil der Staat weniger Mittel für den Schuldendienst aufwenden muss. Die nicht ins Ausland überwiesenen

Gelder können zur Konjunkturbelebung verwendet werden. Von allen möglichen Maßnahmen mögen die Regierungen der Gläubigerländer eine Umschuldung am wenigsten – insbesondere dann, wenn die Gläubiger »öffentliche« Körperschaften sind.[49]

Strenge Sparauflagen (und die anderen Aspekte der Troika-Programme) sind selbst aus Sicht der Gläubiger wenig sinnvoll. Sie ähneln dem Schuldnergefängnis des 19. Jahrhunderts: Eingesperrte Schuldner können kein Einkommen erzielen, um ihre Schulden zurückzuzahlen. Gleichermaßen wird Griechenland aufgrund der sich stetig vertiefenden Depression immer weniger in der Lage sein, seine Gläubiger zu befriedigen. Umschuldungen sind kein Allheilmittel, da sie nicht alle Probleme eines Landes lösen. Aber ohne Restrukturierung, ohne (teilweise) Abschreibung ihrer Schulden, *können* überschuldete Länder *nicht* wieder auf die Beine kommen. Bei Griechenland hat der IWF selbst die Notwendigkeit eines Schuldenschnitts eingesehen; aber sogar bei einer Restrukturierung bleiben die Aussichten für das Land düster, sofern die gegenwärtigen extremen Sparmaßnahmen nicht gelockert werden.

Man sollte die privaten Gläubiger nicht allzu sehr bedauern: Sie werden normalerweise für die Risiken, die sie eingingen, reichlich mit Zinsen entschädigt, die weit über dem risikofreien Zinssatz liegen, beispielsweise über dem Zins auf US-Schatzwechsel.[50] Werden die Gläubiger nicht gut bezahlt, dann haben sie die Kapitalanlage nicht sorgfältig geprüft oder sind einem Anfall von irrationalem Überschwang erlegen.[51] Selbstverständlich geben Gläubigerregierungen gegenüber ihren Bürgern ungern zu, dass sie oder die Banken ihres Landes einen Verlust hinnehmen müssen. Es gibt starke Anreize für ein »Durchmogeln« – so tun, als hätte der Schuldner nur ein vorübergehendes Problem, und zugleich den Kredit verlängern, um den Verlust nicht »ausweisen« zu müssen. Aber die Kosten dieser Farce sind normalerweise hoch, vor allem für die verschuldeten Länder und ganz besonders in Griechenland.

Deutschland hat eine Restrukturierung der griechischen Staatsschulden kategorisch ausgeschlossen – nur um einer weiteren Etappe des »Durchmogelns« Vorschub zu leisten. Das Problem dieser Strategie des »Durchmogelns« besteht darin, dass sie keinerlei Wachstumsperspektive eröffnet, sondern das Schuldnerland vielmehr zu nicht enden wollendem Elend verdammt; es gibt keinen Neuanfang. Außerdem ließ Deutschlands Ablehnung eines Schuldenschnitts Griechenland keine andere Wahl, als einem Programm zuzustimmen, von dem es wusste, dass es nicht funktionieren würde und konnte. Das Troika-Programm war widersprüchlich: Die Deutschen sagten, es dürfe keinen (teilweisen) Schuldenerlass geben, bestanden aber zugleich darauf, dass der IWF bei dem Programm mitmacht. Doch darf sich der IWF gar nicht an einem Programm für ein Land beteiligen, dessen Schuldenlast langfristig nicht tragfähig ist, und der IWF *war bereits* zu dem Schluss gekommen, dass dies bei den griechischen Schulden der Fall war.[52]

Könnte Griechenland selbst mit der Umschuldung beginnen?

Manche behaupten, Griechenland solle selbst mit dem Prozess der Umschuldung beginnen, wenn Deutschland nicht zustimmt, obwohl der IWF einen Schuldenschnitt für absolut notwendig hält. Selbst wenn das laufende Programm konsequent umgesetzt würde, führt es zu einer untragbar hohen Schuldenlast. Die Griechen könnten sich eine Scheibe von Argentinien abschneiden und umlaufende Anleihen gegen BIP-indexierte Anleihen tauschen, bei denen die Zahlungen mit steigender Wirtschaftsleistung Griechenlands zunehmen. Solche Anleihen sorgen für eine Angleichung der Anreize von Schuldnern und Gläubigern.[53]

Nachdem Argentinien seine Schulden restrukturiert sowie seine Währung abgewertet hatte, wuchs seine Wirtschaft bis zur Weltfinanzkrise von 2008 sehr dynamisch – mit der nach China weltweit zweithöchsten Wachstumsrate. Selbstverständlich sind Griechenland und Argentinien unterschiedliche Volkswirtschaften. Argentinien profitierte von einer Umschuldung wie einer Abwertung: Wäre es nun ausreichend, wenn Griechenland nur seine Schulden restrukturierte?[54] Argentinien profitierte zudem von einer starken Zunahme der Exporte infolge des Rohstoffbooms.

Allerdings gibt es auch zahlreiche bemerkenswerte Gemeinsamkeiten: Die Wirtschaft beider Länder wurde durch Austerität abgewürgt. Im Zuge der IWF-Programme kam es zu einem Anstieg der Arbeitslosigkeit und der Armut sowie zu großem menschlichem Leid. Hätte Argentinien den Sparkurs weiterverfolgt, wäre alles noch schlimmer geworden. Aber die Argentinier lehnten sich auf und sagten: Genug. Griechenland ist in einer ähnlichen Lage: Ändert sich nichts an den Auflagen, wird die Depression endlos andauern.

Abschließende Bemerkungen

Dieses Kapitel beschäftigte sich mit den makroökonomischen und finanzmarktbezogenen Dimensionen der Programme, die den Krisenländern auferlegt wurden. Vor allem sie haben das Schicksal der Krisenländer bestimmt; ihre tief greifende Wachstumsschwäche ist das Ergebnis der makroökonomischen Austerität.

Auch wenn Griechenland in mancherlei Hinsicht untypisch für die Krisenländer ist – in den meisten Ländern wurden die Probleme durch privatwirtschaftliches Fehlverhalten, nicht durch staatliche Verschwendungssucht verursacht –, so verdeutlicht es doch die Fehler, die an der überaus wichtigen makroökonomischen Front gemacht wurden. Im Anschluss an die Weltfinanzkrise war Griechenland unter allen fortgeschrittenen europäischen Volkswirtschaften das Land, das seine Haushaltslage durch schonungslose Ausgabenkürzungen und Erschließung neuer Einnahmen am schnellsten und tief greifendsten verbesserte.[55]

Als im Sommer 2011 die ersten Anzeichen für ein Scheitern der Sparpolitik sichtbar wurden, erkannten die politischen Verantwortungsträger Europas, dass eine Wachstumsstrategie benötigt wurde. Sie versprachen Griechenland eine solche. Aber sie lösten ihr Versprechen nicht ein. Es gab nur noch mehr vom Selben. Die Rettungspakete für Spanien, Griechenland und die anderen Krisenländer schienen mehr auf die Rettung der europäischen Banken abzuzielen, die diesen Ländern Geld geliehen hatten, als auf die wirtschaftliche Sanierung der Krisenländer. Sie schienen mehr auf die Rettung des Euro abzuzielen als auf die Erhaltung des Wohlstands und der ökonomischen Leistungsfähigkeit der Krisenländer.

Letztlich war die »Hilfe«, die Deutschland seinen krisengebeutelten Partnern in der Eurozone zukommen ließ, also weniger europäischer Solidarität als vielmehr bloßem Eigennutz geschuldet. Bei Ausbruch der Krise 2010 wäre es ökonomisch am sinnvollsten gewesen, die griechischen Staatsschulden zu restrukturieren, während Deutschland seine eigenen, unzureichend regulierten Banken mit direkten Finanzhilfen hätte stützen sollen. Aber für deutsche Politiker war es leichter, Griechenland zu diffamieren und deutschen Banken durch einen Stützungskredit, der »Rettungspaket für Griechenland« genannt wurde, indirekte Hilfen zukommen zu lassen und anschließend Griechenland politische Auflagen zu machen, die scheinbar sicherstellen sollten, dass es seine Kredite zurückzahlt.

Die gewählte wirtschaftspolitische Therapie blieb letztlich wirkungslos. Sie half weder den Schuldner- noch den Gläubigerländern und ist auch für die Eurozone insgesamt gescheitert. Griechenland konnte seine Schulden nicht bedienen und die Griechen zahlten einen sehr hohen Preis für das politische Manöver der deutschen Regierung. Da die Eurokrise ungelöst weiter vor sich hin schwelt, ist es zu früh zu sagen, ob sie der Regierung Merkel letztlich nutzen oder schaden wird.

Es wäre leicht gewesen, das griechische Wirtschaftswachstum anzukurbeln: eine tief greifende Umschuldung (verbunden mit der schlichten Anerkenntnis, dass die griechische Schuldentragfähigkeit nicht gegeben ist), ein Primärüberschuss von 1 Prozent im Jahr 2018 statt der von der Eurozone verlangten 3,5 Prozent und sachdienliche Strukturreformen, die sich auf die zentralen aktuellen Probleme der griechischen Volkswirtschaft fokussieren (darauf gehe ich im nächsten Kapitel näher ein).

Die kurzfristigen ökonomischen Folgen der verfehlten Programme in Griechenland sind bereits offensichtlich. Die längerfristigen Folgen – geringeres Wachstum und niedrigeres BIP – werden erst im Lauf der Zeit sichtbar. Die empirischen Daten sagen uns, dass ein Land, das eine tiefe Rezession durchmacht, die Verluste auch in einer noch so robusten Erholung nicht wieder ausgleichen kann. Was verloren ist, ist für immer verloren.

Nicht nur in Griechenland, sondern in der gesamten Eurozone sind negative – möglicherweise katastrophale – soziale und politische Konsequenzen praktisch vorprogrammiert. Tatsächlich sind einige davon bereits unverkennbar: Extreme Parteien erstarken, nachdem die Parteien der Mitte – sowohl Mitte-links- als auch Mitte-rechts-Parteien –, die sich mit ihrem Ruf für den Erfolg der Troika-Programme verbürgten und versprachen, der Euro würde Wohlstand für alle bringen, weitgehend diskreditiert sind. Über 60 Prozent der Wähler in Spanien, Griechenland und Portugal versagten den Austeritätsparteien ihre Gefolgschaft. Die irische Regierung wurde bereits zu Beginn der Krise abgewählt. Auch wenn diese Auswirkungen vor allem in den Krisenländern spürbar sind, machen sie sich auch in anderen Ländern der Eurozone bemerkbar, vor allem in Frankreich und Italien. Und das Versagen der Politik in der Eurozone hat zweifellos zu den weit verbreiteten Zweifeln an Sinn und Nutzen der europäischen Integration beigetragen, die sich am deutlichsten im Erfolg der Brexit-Kampagne in Großbritannien niederschlagen. In Spanien und andernorts sind separatistische Parteien auf dem Vormarsch, die die Aufspaltung seit Langem bestehender Nationalstaaten fordern und einen seit 200 Jahren andauernden Trend der Nationenbildung in Europa rückgängig machen wollen.

Während dieses Kapital die makroökonomische Politik der Troika darstellte, gibt das nächste einen Überblick über die Strukturreformen, welche die Troika den Krisenländern auferlegte. Wir erläutern, warum auch sie scheiterten und welche – erfolgversprechenden – Alternativen es gegeben hätte.

Wissenschaftler für Austerität: Eine Nebenbemerkung

Die in diesem Kapitel beschriebenen Sparprogramme wurden maßgeblich von Politikern und Interessenpolitik bestimmt. Aber auch Wirtschaftswissenschaftler haben sich dazu geäußert. Die große Mehrheit teilt die hier vertretene Auffassung: Sparpolitik ist immer gescheitert. Dämpft der Staat die Nachfrage, sinkt die Wirtschaftsleistung – es sei denn, die Lücke wird durch etwas anderes geschlossen. So einfach ist das. Und weil es so einfach ist, haben wir nicht viel Zeit darauf verwandt, zu erklären, warum genau Sparpolitik noch immer gescheitert ist. Jetzt befassen wir uns mit der Frage, warum Spardoktrinen manchmal – jenseits von Ideologen und jenen Partikularinteressen, die vielleicht von einem Sparkurs profitieren – auch von Wirtschaftswissenschaftlern unterstützt wurden und warum der IWF und die Troika bei der Vorhersage der Folgen eines Austeritätsprogramms wiederholt so danebenlagen.

Unmittelbar im Anschluss an die Finanzkrise propagierten drei Volkswirte das scheinbar paradoxe Konzept der »expansiven Kontraktion«, einer wachstumsfördernden Konsolidierungspolitik.[56] Sie behaupteten, es gäbe Fälle, in denen Regierungen die Staatsausgaben kürzten, worauf die Wirtschaft gewachsen sei.

Aber die Idee, es könne so etwas wie expansive Kontraktionen geben, war eine Schimäre. Eine Reihe von Aufsätzen wies grundlegende Fehler in ihrer Analyse nach.[57] Der IWF, der in der Vergangenheit eine Austeritätspolitik unterstützt hatte, vollzog eine Kehrtwende. Er wies darauf hin, dass die Wirtschaftsleistung schrumpft, wenn die Regierung die Ausgaben zurückführt.[58]

Der entscheidende Fehler in der Pro-Austeritätsstudie war das Verwechseln von Korrelation mit Kausalität. Bei einigen kleinen Volkswirtschaften mit flexiblen Wechselkursen waren staatliche Haushaltseinsparungen mit Wachstum verbunden, doch in diesen Fällen wurde die Nachfragelücke infolge der verringerten Staatsausgaben von Exporten geschlossen. Kanada hatte Anfang der Neunzigerjahre Glück, weil die USA eine Phase raschen Wachstums durchmachten, als sie sich von der Rezession von 1991 erholten. Kanada profitierte auch von einem flexiblen Wechselkurs, der der kanadischen Wirtschaft erlaubte, ihre Güter billiger an die USA zu verkaufen. Dieses Beispiel lehrt uns: Befindet man sich in einer Rezession und will sich erholen, kann man sich glücklich schätzen, wenn die Nachbarn gerade eine Phase der Hochkonjunktur durchlaufen, die man für einen Neustart der eigenen Wirtschaft nutzen kann.

Aber für die europäischen Krisenländer waren solche »kontraktiven Expansionen« keine Option: Europa insgesamt – der Haupthandelspartner der Krisenländer – verzeichnete schwaches Wachstum und befand sich teilweise sogar in einer Rezession. Weil alle Krisenländer der Eurozone angehörten, konnte keines seine Währung abwerten, und aufgrund der verfehlten EZB-Politik war der Euro gegenüber den anderen Währungen sehr stark. Unter solchen Bedingungen bewirkt ein Austeritätskurs genau das, was er normalerweise tut: eine konjunkturelle Abkühlung, wenn nicht gar eine Rezession oder Depression.

Dass Austerität in einigen wenigen Fällen mit Wachstum einherging, bedeutet lediglich, dass die Wirtschaft in diesen Fällen ohne Sparkurs noch stärker gewachsen wäre. In einigen Fällen wurde ungeachtet der Handelsausweitung keine Vollbeschäftigung erreicht. Hier *erhöhte* die Austerität die Arbeitslosigkeit; der Sparkurs hatte die Verringerung der Arbeitslosigkeit nicht *verursacht.*

Ein Vergleich mag nützlich sein: Als Ronald Reagan amerikanischer Präsident wurde, ergriff die Regierung fast zeitgleich zwei Maßnahmen: eine große Steuersenkung und eine sehr restriktive Geldpolitik. Daraufhin kam es zur bis dahin schlimmsten und tiefsten Rezession seit der Großen Depression. Es wäre falsch, daraus zu folgern, dass die Steuersenkung den Konjunktureinbruch verursachte; vielmehr milderte sie die Rezession ab. Vor der Krise von 2008 behaupteten einige, erhöhte Staatsausgaben würden das Bruttoinlandsprodukt nicht steigern. Die empirische Studie, die zu diesem Schluss kam, konzentrierte sich auf Jahre, in denen annähernd oder tatsächlich Vollbeschäftigung herrschte. Bei (annähernder) Vollbeschäftigung kann das BIP nicht steigen. Daher »verdrängt« eine Erhöhung der Staatsausgaben notwendigerweise andere Ausgabenarten. Aber solche Analysen sind für eine Welt nach der Krise, in der massive Arbeitslosigkeit herrscht, irrelevant – in der Eurozone beträgt die Arbeitslosigkeit gegenwärtig 10,2 Prozent.[59] Bei bestehender hoher Arbeitslosigkeit kommt ein »Multiplikator« zum Tragen – das heißt, Kürzungen der Staatsausgaben können das BIP um ein Vielfaches der Einschnitte verringern.[60]

Andere wirtschaftswissenschaftliche Studien, auf die sich Austeritätsbefürworter berufen, beschäftigen sich mit den Folgen der Verschuldung, die auftreten, wenn Staatsausgaben mit Krediten finanziert werden. Kenneth Rogoff und Carmen Reinhart behaupteten, Staaten mit einer Schuldenquote von über 80 Prozent würden langsamer wachsen.[61] Eine eingehende Überprüfung deckte gravierende »Tabellenkalkulations«- und weitere technische Fehler in ihrer Arbeit auf. Viel bedeutsamer aber war, dass Rogoff und Reinhart nicht untersuchten, ob das Wachstum bei höheren Schuldenquoten in einer statistisch signifikanten Weise niedriger war und ob dies *immer* oder nur unter bestimmten Bedingungen der Fall war. Ein solcher Test hätte geholfen, die verschiedenen Bedingungen zu bestimmen, unter denen eine Zunahme der Verschuldung erhebliche Auswirkungen hat. Ein weiteres statistisches Problem ihrer Arbeit bestand darin, dass sie die Kausalität nicht eindeutig nachwiesen: Hatte das niedrige Wachstum Defizite und hohe Verschuldung *verursacht* (wie es nach 2008 der Fall war), oder hatten die Defizite beziehungsweise Schulden das niedrige Wachstum verursacht, wie sie behaupteten?[62]

Die Schuldenquote an sich sagt uns nicht viel über die Schuldentragfähigkeit. Die Quote ist vielleicht nicht einmal ein gutes Maß für die Widerstandsfähigkeit eines Landes, seine Fähigkeit, Schocks zu verkraften, oder für seine wirtschaftliche Stärke insgesamt. Die USA hatten, wie erwähnt, nach dem Zweiten Weltkrieg eine Schuldenquote von 122 Prozent. In den folgenden Jahrzehnten verzeichneten sie ihre höchsten Wachstumsraten – und dies ungeachtet der Tatsache, dass Kriegsausgaben das zukünftige Wirtschaftswachstum nicht so positiv beeinflussen wie andere Arten von Investitionen. Ein Staat, der sich für produktive Investitionen in Bildung, Technik oder Infrastruktur verschuldet, verbessert sein zukünftiges Wachstumspotenzial: Für die meisten Länder sind die Renditen dieser öffentlichen Investitionen höher als die Kapitalkosten. Daher stärken solche Investitionen, obgleich sie schuldenfinanziert sind, die Bilanz eines Landes und seine Fähigkeit, Schocks zu widerstehen.

Das Ausmaß des Abschwungs

Olivier Blanchard wies während seiner Zeit als Chefökonom des IWF darauf hin, dass der griechische Konjunkturrückgang größer sei, als sich mit dem Ausmaß der auferlegten Haushaltseinsparungen erklären lasse. Er hatte selbstverständlich in dem Sinne recht, dass die Troika-Modelle die Folgen der von ihr selbst betriebenen Politik sehr schlecht abschätzten. Aber er meinte damit noch etwas anderes: »Normale« Multiplikatoren – die angeben, wie sich eine Veränderung der Staatsausgaben auf die Höhe des BIP auswirkt – sagten einen Rückgang des BIP vorher, der viel geringer war als der tatsächlich beobachtete. Vergleicht man jedoch die Tiefe des Abschwungs mit der Höhe der auferlegten Einsparungen, ist Griechenland kein ungewöhnlicher Fall. Es stimmt, dass Griechenland höhere Haushaltseinschnitte vornehmen musste als jedes andere Land. Aber in Anbetracht der Höhe der Einsparungen entsprach das Ausmaß des Abschwungs ungefähr dem, was zu erwarten war.

Zwar weisen die Standardmodelle zahlreiche Begrenzungen auf, die erklären, weshalb sie die *Größe* des Multiplikators so schlecht vorhersagten – und weshalb Blanchard und andere von der Tiefe der Abschwünge überrascht waren –; die gravierendsten Versäumnisse aber waren zum einen die unzulängliche Analyse des Finanzsektors und zum anderen die unzulängliche Analyse der Verteilungswirkungen der politischen Maßnahmen.[63]

In den Modellen kommen normalerweise keine Banken vor; dies ist besonders merkwürdig, denn lässt man die Banken weg, klammert man auch die Zentralbank aus. Doch wie kam es dann zur Bankenkrise von 2008? Standardmodelle legten den Schwerpunkt auf die Geldmenge, nicht auf Kredite. Aber die Eurokrise und die Krisenpolitik führten, wie wir in Kapitel 5 sahen, zu einer massiven Kreditverknappung insbesondere für mittelständische Unternehmen, und diese »private Austerität« verschärfte die Auswirkungen der öffentlichen.

Ungleichheit und Verteilung

Die Standardmodelle ignorierten auch die Auswirkungen wachsender Ungleichheit auf die gesamtwirtschaftliche Leistung. Tatsächlich lehnen es einige Ökonomen entschieden ab, über die Einkommensverteilung auch nur zu diskutieren.[64] Die Krisen und die zu ihrer Eindämmung ergriffenen Maßnahmen haben sich negativ auf die Ungleichheit ausgewirkt. In Spanien hatte die Ungleichheit vor der Krise abgenommen, nach ihr nahm sie zu. Arbeitslosigkeit führt zwangsläufig sowohl direkt als auch indirekt zu einem Anstieg der Ungleichheit, weil die Löhne sinken und staatliche Dienstleistungen gekürzt werden, auf die das Gros der Bürger angewiesen ist.

Weil die Bezieher oberer Einkommen einen geringeren Prozentsatz ihres Einkommens ausgeben als der Rest, dämpft wachsende Ungleichheit die Gesamtnachfrage und damit die wirtschaftliche Leistungsfähigkeit. In den letzten Jahren hob der IWF immer wieder hervor, dass Ungleichheit das Wachstum schwächt.[65]

Während der IWF also die Bedeutung der Ungleichheit für die wirtschaftliche Leistungskraft erkannt hat und seine eigenen Forschungen überzeugende Belege dafür liefern, dass staatliche Ausgabenkürzungen zu einem deutlichen Rückgang der Wirtschaftsleistung führen, hat nicht einmal die eigene Forschungsabteilung des IWF die Auswirkungen der Austeritätsprogramme vollständig erfasst, weil ihre Modelle die dramatische Schwächung der Finanzsektoren in den Krisenländern und die Zunahme der Ungleichheit nicht angemessen berücksichtigt haben. Gleichzeitig überschätzten sie das Exportwachstum und unterschätzten die Auswirkungen der sinkenden Nachfrage nach nicht-handelbaren Gütern. Aber der IWF war nur ein Mitglied der Troika. Und, schlimmer noch, die Troika-Programme schienen nicht die Möglichkeit in Betracht zu ziehen, dass diese unerwünschten Wirkungen sehr groß werden, und sie taten dies selbst dann noch nicht, als sich ebendiese Effekte entfalteten. Die Troika selbst schien ihre Programme nicht überdenken zu wollen, obwohl es immer mehr Anzeichen dafür gab, dass sie nicht wie erwartet wirkten.

8 Das Debakel der Strukturreformen

Das Troika-Programm machte *Strukturreformen* zur Bedingung für Kredithilfen an die Krisenländer. »Strukturreformen« bedeutet dabei nichts anderes als die Neugestaltung der Struktur einer Volkswirtschaft und der einzelnen Märkte in ihr, etwa der Arbeits- und Finanzmärkte. Alle Länder benötigen fortwährend Strukturreformen und Umgestaltungen, da sich die wirtschaftlichen Rahmenbedingungen stetig wandeln. Nach der Finanzkrise von 2008 bestand breiter Konsens darüber, dass in allen fortgeschrittenen Ländern *tief greifende* Strukturreformen der Finanzmärkte notwendig seien.

In den Krisenländern verlangte die Troika als Bedingung für ihre Kredithilfen eine Mischung aus teils trivialen, teils kontraproduktiven Reformen, von denen sich nur wenige auf wirklich wichtige Dinge bezogen. Die anspruchsvollsten Reformen wurden Griechenland auferlegt, aber sie waren bemerkenswert ineffektiv und mitunter sogar destruktiv.

Griechenland befand sich in einer Depression. Viele Griechen darbten. Eile wäre geboten gewesen. In einem Krankenhaus nehmen Ärzte eine Ersteinschätzung der Notfallpatienten vor: Sie kümmern sich zunächst um lebensbedrohliche Gesundheitsprobleme und anschließend um die weniger ernsten Fälle. Aber die Troika versäumte es nicht nur, Prioritäten festzulegen; viele der dringend gebotenen Reformmaßnahmen standen gar nicht auf der Troika-Liste.

Der Angebotsseite die Schuld geben

Die Troika behauptete, die Krise sei zu einem erheblichen Teil die Folge von Strukturproblemen, und diese müssten daher direkt angegangen werden. Aber Strukturprobleme treten nicht über Nacht auf. Es gab keine strukturellen Veränderungen in den krisengebeutelten Ländern, die erklären könnten, wieso aus der annähernden Vollbeschäftigung vor der Krise eine massive Arbeitslosigkeit nach 2010 wurde.[1] Wie in Kapitel 3 erwähnt, wuchsen einige Krisenländer vor der Krise sogar schneller als der Durchschnitt Europas insgesamt. Ohne irgendeine dieser Strukturreformen hatte Griechenland zwischen 1995 und 2007, als die globale Finanzkrise ausbrach, eine höhere Wachstumsrate als die EU (3,9 Prozent gegenüber 2,6 Prozent), und dasselbe gilt für Spanien (3,8 Prozent).[2]

Die Troika würde vielleicht entgegnen, die Strukturprobleme hätten die Krise zwar womöglich nicht verursacht, aber die Reformen würden den Volkswirtschaften trotzdem helfen, sich wieder zu erholen. Es sind jedoch keine »strukturellen Hemmnisse«, die die Erholung der Krisenländer verhindern – es ist vielmehr die Eurozone selbst. Daher können strukturelle Probleme nicht die *Ursache* der Krise sein, und deshalb können Strukturreformen *innerhalb der einzelnen Länder* auch nicht das Heilmittel sein.

Die Verantwortlichen der Eurozone behaupteten wahrheitswidrig, die Bürger in den Krisenländern würden von diesen Reformen profitieren.[3] Mittlerweile ist offensichtlich, dass sie dies nicht taten – und es hätte zu dem Zeitpunkt, als die Troika diese Forderungen stellte, offensichtlich sein müssen, dass es der breiten Masse danach keineswegs besser gehen würde.

Einige Reformen schienen darauf abzuzielen, die Wahrscheinlichkeit zu erhöhen, dass die Forderungen der Gläubiger befriedigt werden; hierfür verringerten sie das Leistungsbilanzdefizit (die notwendige Kreditaufnahme der Länder) und verwandelten es sogar in einen Überschuss, sodass das betreffende Land die für die Rückzahlung der Schulden benötigten Euro hatte. Ohne flexible Wechselkurse besteht die einzige Möglichkeit, Leistungsbilanzdefizite zu korrigieren, darin, den *realen Wechselkurs* anzupassen, das heißt die Preise der Güter zu senken, die ein Land im Ausland verkauft (vgl. Kapitel 4). Aber wie wir sehen, scheinen einige Reformen vor allem darauf ausgerichtet zu sein, den Interessen von Unternehmen in den tonangebenden Ländern der Eurozone zu dienen. Und ironischerweise erwiesen sich die Reformen insgesamt – die Kombination struktureller und makroökonomischer Reformen – als kontraproduktiv, da sie insbesondere Griechenland so sehr schwächten, dass es kurz vor der Staatspleite stand.

Die Strukturreformen der Troika: Vom Trivialen zum Kontraproduktiven

Die Strukturreformen waren ein Durcheinander vom Trivialen bis zum Kontraproduktiven.

Falsche Schwerpunkte

Einige Reformen lassen sich damit begründen, dass sie helfen sollten, untragbare Handelsbilanzdefizite der einzelnen Krisenländer zu korrigieren. Aber für viele andere gilt das nicht. Die Troika hätte ihr Augenmerk auf »handelbare« Güter – Exporte und Importe – richten müssen, hätte sie das Handelsbilanzdefizit abbauen wollen. Doch allzu oft unterließ sie dies und konzentrierte sich nicht einmal auf nicht-handelbare Inputgüter für den Handelsgütersektor. Stattdessen rückten nicht-handelbare Konsumgüter (wie Taxis und Brot) in den Fokus ihrer Aufmerksamkeit. Niedrigere Preise für nicht-handelbare Güter, insbesondere für bestimmte Konsumgüter, hätten sich möglicherweise auf den Lebensstandard der Griechen ausgewirkt. Aber auch das ist nicht sicher, berücksichtigt man alle Effekte, einschließlich der Auswirkungen auf die Beschäftigung. Doch wirken sich solche Änderungen kaum auf die Leistungsbilanz aus. In einigen Fällen haben die »Reformen« das Außenhandelsdefizit wohl sogar vergrößert.[4]

Handelsbilanzdefizite lassen sich verringern, indem der *reale* Wechselkurs erhöht wird, das heißt die Preise der Güter sinken, die das Land exportiert. Dies kann auf dreierlei Weise geschehen: Man senkt erstens die Löhne und hofft, dass sich die geringeren Löhne in sinkenden Preisen niederschlagen; zweitens senkt man die Kosten anderer Inputgüter, insbesondere nicht-handelbarer Vorleistungen (wie Strom), indem man den Wettbewerb in diesen Sektoren erhöht; oder man fördert drittens die technologische Innovation und den Wettbewerb bei handelbaren Gütern.

Technologie

Technologische Innovation ist wichtig, braucht normalerweise aber Zeit – und die Troika-Politik hat diesen Prozess wohl eher behindert. Unternehmen in Volkswirtschaften, die kurz vor dem Zusammenbruch stehen, kämpfen ums Überleben und denken nicht an Investitionen in Forschung und Entwicklung. Und staatliche Investitionen in Infrastruktur, Bildung, berufliche Ausbildung oder auch technologische Innovation (die wahrscheinlich die Produktivität erhöht hätten) mussten unter dem Spardiktat gekürzt werden. All dies verstärkte die negativen Auswirkungen der Struktur der Eurozone, die wir in Kapitel 5 diskutierten: Die Abwanderung einiger der talentiertesten jungen Menschen aus den Krisenländern verringert die Produktivität nicht nur auf kurze, sondern auch auf lange Sicht; und durch den Kapitalabfluss aus den Krisenländern stiegen die Kapitalkosten von Unternehmen in diesen Ländern sprunghaft an – sofern sie überhaupt an Finanzmittel kamen –, was die Bereitschaft zu produktivitätssteigernden Investitionen noch weiter verringerte. Und das Verbot industriepolitischer Maßnahmen, mit deren Hilfe rückständige Länder vielleicht zu den fortgeschrittenen Partnern in der Eurozone aufschließen könnten, machte es noch schwieriger, die Technologielücke zu schließen.

Das Triviale

Im Bestreben, den Wettbewerb zu fördern, hat sich die Troika rätselhafterweise auf nicht-handelbare Verbrauchsgüter konzentriert – anstatt auf handelbare Güter oder auch solche nicht-handelbaren Güter, die vielleicht einen Effekt auf den Handel gehabt hätten. Jedenfalls war die Auswahl der Güter, bei denen der Wettbewerb gestärkt werden sollte, äußerst sonderbar. Niemand hat jemals erklärt, warum die Troika ausgerechnet Gefallen an scheinbar trivialen Reformen fand – wie diese auf ihre »Trefferliste« kamen.[5] Hier beschreibe ich einige der umstrittenen Reformen im Griechenland-Programm.[6]

Frischmilch

Man könnte meinen, wenn das schlimmste griechische Problem die Definition von »Frischmilch« wäre, müsste das Land eigentlich in guter Verfassung sein. Die Griechen genießen ihre Frischmilch, die im Inland produziert und schnell und auf kürzesten Wegen an die Geschäfte ausgeliefert wird. Aber niederländische und andere europäische Milchproduzenten wollten ihren Umsatz steigern, indem sie ihre über weite Entfernungen transportierte Milch als genauso frisch ausgeben wie das inländische Produkt. 2014 zwang die Troika Griechenland dazu, auf die Kennzeichnung »frisch« auf ihrer wirklich frischen Milch zu verzichten und die Haltbarkeitsdauer zu verlängern. Unter diesen Bedingungen scheinen Massenproduzenten in anderen europäischen Ländern zu glauben, sie könnten die griechischen Kleinerzeuger aus dem Markt drängen. Theoretisch würden griechische Verbraucher von niedrigeren Preisen profitieren, wenngleich niedrigere Preise vielleicht mindere Qualität bedeuten. In der Praxis ist der neue Einzelhandelsmarkt weit davon entfernt, ein funktionierender Wettbewerbsmarkt zu sein, und erste Anzeichen sprechen dafür, dass die niedrigeren Preise größtenteils nicht an die Verbraucher weitergegeben wurden.

Die Größe eines Brotlaibs

Oder betrachten wir eine andere scheinbar seltsame Debatte mitten in einer Wirtschaftskrise: Die Troika verlangte von Griechenland, seine rechtlichen Vorschriften über die Größe von Brotlaiben zu ändern. In der Vergangenheit durften Laibe nur in genau festgelegten Größen verkauft werden: 0,5 Kilo, 1 Kilo, 1,5 Kilo und 2 Kilo. Viele Publikationen erklären, dass solche Standards tatsächlich den Wettbewerb steigern, weil sie die vergleichende Warenprüfung erleichtern. Aber die Troika will, dass Einzelhandelsgeschäfte Brotlaibe beliebiger Größe verkaufen dürfen. Aus irgendeinem Grund halten sie diese Standardisierung für ein Wettbewerbshindernis.[7] (Ich habe noch kein triftiges Argument für den Standpunkt der Troika in dieser Sache gehört.) Aber selbst wenn man Griechenlands frühere Vorschriften nicht rechtfertigen könnte, ist es völlig absurd, dass die Troika ein ganzes Land wegen solcher Trivialitäten in Geiselhaft nahm.

Apotheken

Es gibt einige Wettbewerbsbeschränkungen, deren Beseitigung sinnvoll gewesen wäre, wären sie wohldurchdacht vorgenommen worden und hätte man in überzeugender Weise dafür geworben. Aber auch das hat die Troika vermasselt. Sie beanstandete unter anderem rechtliche Beschränkungen, denen Apotheken unterliegen. So verlangte der griechische Staat beispielsweise, dass jede Apotheke von einem Apotheker geführt wird, und er erlaubte nicht, dass rezeptfreie Medikamente außerhalb von Apotheken verkauft werden. Die Troika behauptete, die staatliche Regulierung dieses Sektors sei die Ursache für hohe Medikamentenpreise. Auch hier war es rätselhaft, weshalb sich die Troika so sehr ins Zeug legte, wo es viele tief greifende Probleme gab. Angeblich sollte die Apothekenreform den Verbrauchern nutzen, indem sie den Wettbewerb förderte und dadurch zu Preissenkungen führte. Aber warum war die Troika plötzlich so sehr am Wohl der griechischen Bevölkerung interessiert – wo sie doch Forderungen an die griechische Regierung stellte, die dazu führten, dass die Realeinkommen um ein Viertel sanken und verarmte Griechen auch noch obdachlos wurden? Die plötzliche und scheinbar isolierte Sorge für den griechischen Durchschnittsbürger schien nicht mit anderen Aspekten der Troika-Politik in Einklang zu stehen. Und Preissenkungen für rezeptfreie Medikamente würden auch die Zahlungsbilanz Griechenlands nicht verbessern.

Vielleicht nährten ja Zweifel an den Motiven der Troika den Widerstand gegen die Reform. Für die Griechen sind viele der Apotheken »Läden an der Ecke«, deren Inhaber in ihrer Nachbarschaft wohnen, sich mit der Apotheke mehr schlecht als recht durchschlagen und keineswegs mit Monopolgewinnen auf großem Fuß leben. Die Griechen sahen in der großen Zahl von Apotheken einen Beleg dafür, dass der Wettbewerb funktionierte, und fanden die Kritik, es mangele an Wettbewerb, nicht nachvollziehbar. Viele Griechen fühlen sich der Apotheke in ihrer Nachbarschaft verbunden; sie sind bereit, einen etwas höheren Preis zu bezahlen, und unterstützen daher die staatliche Regulierung, die dies erlaubte. Vielleicht wissen sie, dass die Apotheker womöglich weniger Gewinn machen würden, wenn andere Geschäfte rezeptfreie Medikamente verkaufen dürften, dass die Anzahl der Apotheken wahrscheinlich sinken würde, wenn sich deren Betrieb nicht mehr rentiert, dass sich verschreibungspflichtige Medikamente eventuell noch verteuerten und dass es schwieriger würde, sich im Notfall Medikamente zu besorgen.[8] Die Menschen, die das so sahen, glaubten bei der Troika eine andere Agenda zu erkennen, ganz ähnlich derjenigen im Fall der »Frischmilch«: Griechenland sollte für multinationale Ketten geöffnet werden, und Lebensmittelgeschäfte (einschließlich Ketten), die diese Produkte jetzt – vielleicht preiswerter – verkaufen dürften, sollten gestärkt werden, aber gleichzeitig würden diese neuen Anbieter die Existenzgrundlage Tausender Griechen zerstören.

Die Troika hätte die griechische Bevölkerung mit der Versicherung beruhigen können, bei der Apothekenreform gehe es ihr ausschließlich darum, die Preise für die Verbraucher zu senken. Dass es der Troika nicht gelang, die meisten Griechen von diesen Zielen zu überzeugen, spricht Bände darüber, wie sehr die Bevölkerung ihren Motiven misstraute. Niemand unterstellte der Troika hehre Absichten.[9]

Verstärkt wurde dieses Misstrauen dadurch, dass viele der gesetzlichen Vorschriften, deren Änderung die Troika von Griechenland so vehement verlangte, wie etwa Ladenschlusszeiten, durchaus vergleichbar waren mit den Bestimmungen in anderen europäischen Ländern, *Deutschland eingeschlossen.* Als der deutsche Finanzminister Wolfgang Schäuble darauf angesprochen wurde, antwortete er, Griechenland mache schwere Zeiten durch und könne sich daher diesen Schlendrian nicht erlauben. Aber Deutschland konnte es. Er erklärte allerdings nicht, wie lange die Geschäfte länger geöffnet haben müssten, um das Handelsbilanzdefizit zu verkleinern oder das Bruttoinlandsprodukt zu erhöhen. Diese gesetzlichen Vorschriften betrafen einen Sektor nicht-handelbarer Güter und waren daher für die griechischen Ausfuhren unerheblich. Geld, das nicht am Sonntag ausgegeben wird, wird zu einem anderen Zeitpunkt ausgegeben – es gibt keine Anhaltspunkte dafür, dass sich diese Beschränkungen in irgendeiner Weise auf die nationalen Sparquoten auswirken.[10]

Der Verdacht der Griechen, der Troika gehe es in Wirklichkeit um etwas anderes als darum, das Wohl des griechischen Volkes zu mehren, wurde dadurch noch verstärkt, dass die Troika eine bedeutendere Reform, die die Arzneimittelpreise deutlich gesenkt hätte, nicht unterstützte: Die E-Government-basierte Arzneimittelpreis-Initiative von Ministerpräsident Giorgos Papandreou (die durch verbesserte Markttransparenz zu Preissenkungen geführt hätte) wurde fallen gelassen, nachdem er aus dem Amt gedrängt worden war.

Schwächung der Gewerkschaften

Die Alternative zur Verbesserung der Wettbewerbsfähigkeit durch Produktivitätssteigerungen waren Lohnsenkungen. Auch wenn der starke Anstieg der Arbeitslosigkeit in den Krisenländern manch einen schockierte, war man innerhalb der Troika wohl überwiegend der Ansicht, dies sei ein beinahe notwendiges Mittel für das langfristige Ziel, den Euro zu einer gut funktionierenden Währung zu machen: Wie in Kapitel 4 erwähnt, würde eine höhere Arbeitslosigkeit zu sinkenden Löhnen führen, die ihrerseits niedrigere Preise nach sich zögen, und dieser Prozess der »inneren Abwertung« würde *irgendwann* die Leistungsbilanz wieder ins Gleichgewicht bringen und Vollbeschäftigung wiederherstellen. Es war eine Strategie, die gegenüber der Alternative einer flexiblen Wechselkursanpassung sehr kostspielig war.

Da die Troika mit dem enormen Rückgang der Arbeitskosten (in Griechenland um etwa 20 Prozent), die der Markt von sich aus erreicht hatte, nämlich einfach durch die hohe Arbeitslosigkeit infolge der Troika-Auflagen, noch immer nicht zufrieden war, verlangte sie Reformen der Arbeitnehmerorganisationen, um (wie es so schön heißt) die »Arbeitsmärkte zu flexibilisieren«. Tatsächlich würden die Reformen die Verhandlungsmacht der Arbeitnehmer schwächen, die Löhne noch weiter senken und die Unternehmensgewinne erhöhen. Die Troika stellte sogar ihr eigenes Bekenntnis zum Grundrecht auf Tarifverhandlungen infrage, das zu den sogenannten Kernarbeitsnormen – grundlegenden Arbeitnehmerrechten – zählt, die praktisch alle Länder anerkannt haben.

Die Sprache, in die europäische Behörden ihre Forderungen kleideten, war oftmals wolkig, aber die Absicht schien klar zu sein – so klar, dass 2011 einer der Gefolgsleute Papandreous, ein intelligenter und engagierter Ökonom, sein Regierungsamt niederlegte, weil er nicht länger an dieser Demontage grundlegender Arbeitnehmerrechte mitwirken wollte.

Nachfolgend zitieren wir die Forderungen der Troika an die Regierung Tsipras (mit denen diese sich notgedrungen einverstanden erklärte) und ergänzen in eckigen Klammern die Interpretation durch den ehemaligen griechischen Finanzminister Yanis Varoufakis. Die griechische Regierung erklärte sich demnach bereit,

> gründliche Überprüfungen und eine Modernisierung der Rechtsnormen vorzunehmen, die Tarifverhandlungen regeln [sprich: sorgen sie dafür, dass Tarifverhandlungen zukünftig nicht mehr zulässig sind] und Arbeitskampfmaßnahmen [sprich: die müssen verboten werden] sowie, in Einklang mit der einschlägigen EU-Richtlinie und besten Praktiken Massenentlassungen [im Klartext: sie sollen dem Arbeitgeber ohne jede Einschränkung erlaubt sein], und dies entsprechend dem Zeitplan und der Vorgehensweise, die mit den Institutionen vereinbart wurden [sprich: die Troika entscheidet].

> Auf der Grundlage dieser Überprüfungen sollte die Arbeitsmarktpolitik den internationalen und europäischen besten Praktiken angeglichen werden und eine Rückkehr zu vergangenen politischen Rahmenrichtlinien ausschließen, die nicht mit den Zielen der Förderung eines nachhaltigen und inklusiven Wachstums vereinbar sind [sprich: es sollte keine Mechanismen geben, die Lohnarbeiter nutzen können, um Arbeitgebern bessere Bedingungen abzuringen].[11]

Aber es war sonderbar, dass die Troika weiterhin »Arbeitsmarktreformen« von Griechenland verlangte, denn 2015 war das Leistungsbilanzdefizit weitgehend beseitigt. Laut EZB lag die Wettbewerbsfähigkeit Griechenlands sogar über dem Durchschnitt der Eurozone. Forderungen nach weitergehenden Einschnitten schienen eher auf eine Strafaktion hinauszulaufen, und sie waren auf jeden Fall kontraproduktiv, wie wir gleich erklären. Sie würden höchstwahrscheinlich zu einem weiteren Rückgang des BIP führen.

Die Politik der Troika verdeutlicht zwei allgemeine Grundsätze: Erstens kommt es auf die Spielregeln an (die Rahmenbedingungen der Tarifverhandlungen von Gewerkschaften), und zwar in hohem Maße; und zweitens kommt es – entscheidend – auf denjenigen an, der die Regeln festlegt. Finanzminister formulieren völlig andere Arbeitsgesetze als Arbeitsminister. Kein Land wäre gut beraten, würde das Finanzministerium seine Arbeitsgesetze erlassen, denn in einem demokratischen Gemeinwesen sollten nicht nur die Interessen und Sichtweisen der Finanzmärkte zum Tragen kommen. Und das ist gut so. Und erst recht würde kein Land wollen, dass seine Arbeitsgesetze vom Parlament eines anderen Landes geschrieben werden – geschweige denn vom Finanzministerium eines anderen Landes.

Die Regierung eines Krisenlands gibt diesen Forderungen immer nach, allerdings unter vorgehaltener Waffe: Tut sie es nicht, muss sie mit gravierenden Folgen rechnen.

Kontraproduktive Reformen

Die Troika warb für ihre Reformen mit der Begründung, sie förderten das Wirtschaftswachstum. Griechenland zeigte auf dramatische Weise, dass sie das genaue Gegenteil bewirkten. Einige Strukturreformen, einschließlich derjenigen, die wir vorstehend erörterten, hatten sogar extrem negative Folgen, denn inländische Unternehmen wurden von großen europäischen Konzernen verdrängt. In diesem Fall steigerte die »Reform« die Gewinne des multinationalen Konzerns, während das Einkommen der Inländer sank. Zwar profitieren Verbraucher von den niedrigeren Preisen, aber es gab diesmal einen anderen negativen Effekt: Da die Gewinne an die ausländische Muttergesellschaft abgeführt wurden, nahmen die Ausgaben für nicht-handelbare Güter ab, mit einer Multiplikatorwirkung auf inländische Einkommen und Arbeitsplätze – das heißt, das Einkommen in den Krisenländern sank um ein *Mehrfaches* der ins Ausland abgeführten Gewinne.[12] Erwerbstätige Verbraucher profitieren in geringem Maße von den niedrigeren Preisen, aber wenn die Steuereinnahmen erwartungsgemäß mit dem rückläufigen BIP sinken, müssen auch sie infolge der Kürzungen von staatlichen Dienstleistungen und bei den sozialen Sicherungssystemen Wohlfahrtsverluste hinnehmen.[13] Viele, insbesondere auf den unteren sozialen Stufen, stehen unter dem Strich schlechter da als vorher, einige sehr viel schlechter. Arbeitslose leiden doppelt: unter dem Verlust ihres Arbeitsplatzes und dem Abbau öffentlicher Dienstleistungen.

Viele der von der Troika geforderten Strukturreformen könnten sich insbesondere in ihrer Gesamtheit *zumindest geringfügig negativ auf die Leistungsbilanz auswirken*. Kaufen Griechen niederländische Milch, steigen die Importe und die Außenhandelsbilanz verschlechtert sich. Und das Gleiche gilt für viele andere sogenannte Strukturreformen.[14]

Versäumte Reformen

In jedem der Krisenländer gibt es Reformen, die die Wirtschaft kurz- und langfristig gestärkt hätten.

Industriepolitik

In den meisten fortgeschrittenen Ländern bedarf es eines wirtschaftlichen Strukturwandels: von denjenigen Sektoren, die in der Vergangenheit dominant waren (vor allem des verarbeitenden Gewerbes), hin zu den Sektoren, die das 21. Jahrhundert bestimmen werden. Da die Produktivität im verarbeitenden Gewerbe schneller zunimmt als die Nachfrage, wird die globale Beschäftigung im verarbeitenden Gewerbe zurückgehen. Und aufgrund der Globalisierung wird der Anteil der fortgeschrittenen Länder (einschließlich der europäischen Industriestaaten) an dieser globalen Beschäftigung sinken. Einige wenige Länder wie Deutschland können sich zumindest eine Zeit lang in einer Nische behaupten, insbesondere wenn sie von einer unterbewerteten Währung profitieren. Deutschland zieht großen Nutzen daraus, mit den »schwächeren« Ländern der Eurozone verheiratet zu sein, denn unter dem Strich ist der Euro schwächer, als es die Deutsche Mark wäre. Aber die meisten fortgeschrittenen Länder müssen sich umstrukturieren, weg von der industriellen Produktion und hin zu neuen Sektoren, etwa den dynamischeren Dienstleistungssektoren. Und selbst diejenigen, bei denen das verarbeitende Gewerbe weiterhin eine wichtige Rolle spielt, müssen sich einem Strukturwandel unterziehen: Der Industriearbeiter der Zukunft wird eine hochqualifizierte Fachkraft sein.

Aus eigener Kraft bewältigen Märkte Umstrukturierungsprozesse nicht besonders gut. Der Strukturwandel von der Landwirtschaft zur Industrie Ende des 19. und Anfang des 20. Jahrhunderts war für viele Betroffene ein traumatischer Prozess.[15] Die Beschäftigten in den traditionellen Sektoren mussten erleben, wie ihr Einkommen und ihr Vermögen dahinschwanden, und sie hatten in der Regel auch keinen Zugang zu Krediten, mit denen sie jene (Bildungs-)Investitionen hätten finanzieren können, die notwendig gewesen wären, um ihnen den Wechsel aus den alten in die neuen Sektoren zu ermöglichen. Das Gleiche gilt für den Wandel von der Industrie- zur Dienstleistungsgesellschaft, insbesondere wenn diese mit der Entwicklung zu einer Innovations- und Wissensökonomie verbunden ist. Es ist nicht leicht, eine innovative Volkswirtschaft aufzubauen, und der Staat muss dabei eine zentrale Rolle spielen.[16] Im Zentrum der amerikanischen Wissensökonomie stehen die exzellenten Hochschulen, von denen viele vor über hundert Jahren, manche sogar vor Hunderten von Jahren gegründet wurden. Sie verdanken einen Großteil ihrer hervorragenden wissenschaftlichen Leistungen der Zuwanderung aus Europa um den Zweiten Weltkrieg herum sowie der massiven staatlichen Forschungsförderung während und nach dem Krieg. Auch die Kultur und die »Ökologie« des Silicon Valley – mit seinen Wagniskapitalfirmen und seiner engen Vernetzung zwischen Hochschulen und Unternehmen – wurden im Lauf von Jahrzehnten geschaffen.

Ohne entschlossenes politisches Handeln bleiben die Nachzügler rückständig.[17] Der wirtschaftliche Strukturwandel lässt sich mit einem Bündel politischer Maßnahmen, die in ihrer Gesamtheit als »Industriepolitik« bezeichnet werden und die wir kurz in Kapitel 5 diskutierten, in effektiver Weise vorantreiben. Beim Übergang von einer landwirtschaftlich geprägten zu einer Wirtschaft der Industrie und Fertigung waren im Fall der USA die Kriegsanstrengungen selbst *die* Industriepolitik. Im Agrarsektor Beschäftigte wurden als Soldaten eingezogen oder wanderten in städtische Regionen ab, wo sie in Rüstungsfabriken die Waffen herstellten, die für den Krieg benötigt wurden. Nach dem Krieg bot die Regierung allen ehemaligen Soldaten (das waren praktisch alle jungen Männer) ein kostenloses Studium an, damit sie die Qualifikationsanforderungen der »neuen Ökonomie« erfüllten. In den letzten 50 Jahren hat die US-Regierung einmal mehr eine zentrale Rolle gespielt, da sie erhebliche Summen in die technologische Innovation investierte.[18] Aber wie wir in Kapitel 5 sahen, sind jene industriepolitischen Maßnahmen, die überall auf der Welt so erfolgreich angewandt wurden, innerhalb der Eurozone weitgehend verboten;[19] und die von der Troika auferlegten Sparmaßnahmen haben eine Verringerung der öffentlichen Ausgaben erzwungen, die einen solchen Strukturwandel vielleicht gefördert hätten.

Förderung der Gleichheit

Märkte erzeugen von sich aus oftmals eine übermäßig hohe Ungleichheit – das heißt ein Ausmaß an Ungleichverteilung, das gesellschaftlich inakzeptabel ist oder sein sollte und das die wirtschaftliche Leistungsfähigkeit schwächt. Manchmal ist dies darauf zurückzuführen, dass Regierungen zu wenig tun, um die generationenübergreifende Weitergabe von Vorteilen auszugleichen.[20] Manchmal hängt es damit zusammen, dass Regierungen zu wenig tun, um der Anhäufung von politischer und ökonomischer Macht entgegenzuwirken, die ein sich selbst verstärkender Prozess sein kann: Ökonomische Ungleichheit resultiert in politischer Ungleichheit, die ihrerseits dazu führt, dass die Regeln der Marktwirtschaft in einer Weise festgelegt werden, die die wirtschaftliche Ungleichheit in einer Art Teufelskreis aufrechterhält und verstärkt.[21] Einige Krisenländer haben lange Phasen faschistischer Herrschaft hinter sich, die zu einer vergleichsweise hohen Ungleichheit führten, und es bedürfte entschlossenen politischen Handelns, um eine größere sozioökonomische Inklusion zu erreichen.

Viele der von der Troika geforderten Maßnahmen erhöhten jedoch die Ungleichheit und verringerten die ökonomische Inklusion, die Chancen auf Teilhabe am Arbeitsmarkt.[22] Vor der Krise war es Spanien gelungen, die Lohnungleichheit abzubauen; seit der Krise haben Ungleichheit und Armut hier ebenso wie in anderen Krisenländern zugenommen.[23]

In Griechenland legte die Troika großen Wert darauf, dass die »[Lasten der] Haushaltskonsolidierung ausgewogen auf alle gesellschaftlichen Gruppen verteilt und die besonders gefährdeten Personen geschützt werden«, sowie dass die »Bezieher der niedrigsten Einkommen und niedrigsten Renten sowie die besonders Gefährdeten und diejenigen, die auf familiäre Unterstützung angewiesen sind, geschützt werden und einen Ausgleich für die negativen Auswirkungen der Anpassungspolitik erhalten«.[24] Wie wir sahen, haben sich jedoch seit der Einführung des Programms, das angeblich die griechische Wirtschaft mit Sicherheit wieder auf Wachstumskurs bringen würde, die Wohlstandsindikatoren allesamt verschlechtert.

Ende des Jahres 2014 waren rund 36 Prozent der Griechen »armutsgefährdet oder von sozialer Ausgrenzung bedroht«. Die Quote ist die höchste in der Eurozone, sie ist rund 10 Prozent höher als im Durchschnitt der Eurozone. Der Prozentsatz der Griechen, die unter der Armutsgrenze (50 Prozent des mittleren [Median-]Einkommens) leben, ist ebenfalls gestiegen, von 12,2 Prozent im Jahr 2009 auf 15,8 Prozent im Jahr 2014. Dies mag sich nicht sonderlich dramatisch anhören, doch muss man sich vor Augen führen, dass das mittlere Einkommen ebenfalls deutlich gesunken ist. Der Anstieg der Armutsquote zeigt mithin, dass die sozial Schwachen durch die Troika-Programme überproportional belastet wurden.[25]

Aber die Troika tat nicht nur zu wenig, um den Schwächsten zu helfen; sie tat auch zu wenig, um die Einkommens- und Vermögenskonzentration an der Spitze der Pyramide zu verhindern. Es hätte alternative politische Strategien gegeben, die die Belastungen durch den Anpassungsprozess gerechter verteilt hätten und zu einem geringeren Anstieg der Armutsquote geführt hätten.[26]

Ein neues Machtgleichgewicht

In Griechenland und andernorts hätte sich die Troika auf die *größten* Konzentrationen ökonomischer und politischer Macht und die hauptsächlichen Quellen ökonomischer Renten fokussieren sollen, die ihrerseits erheblich zur Ungleichheit beitragen.[27] Stattdessen wurden die wichtigsten Reformen, die die Macht der griechischen Oligarchen wirksam beschnitten hätten, größtenteils gar nicht auf die Agenda gesetzt. Die Troika blieb stumm, als Vorschläge unterbreitet wurden, Transparenz- und E-Government-Initiativen der Regierung Papandreou zurückzunehmen. Dabei hätten diese zu drastischen Preissenkungen bei Arzneimitteln geführt, Nepotismus eingedämmt und es Banken erschwert, Kredite an Medienunternehmen auszureichen, die entweder ihnen selbst oder ihren Freunden gehörten. Sie hätten den Einfluss des Geldes auf den politischen Prozess zurückgedrängt.

Die Troika hätte sich auch hinter die progressive Grundsteuer, die auf die Oligarchen abzielte und die ich im letzten Kapitel diskutierte, stellen können, statt auf der Mehrwertsteuer zu beharren, jener nicht-progressiven Steuer, die viele zusätzlich belastete, die sowieso kaum über die Runden kamen.

Selbstverständlich hätten sich die Oligarchen, die einen Großteil des griechischen Immobilienvermögens besitzen, heftig gegen eine solche umfassende und progressive Grundsteuer gewehrt, aber gerade deshalb hätte die Troika hier ihren Einfluss geltend machen sollen. Aber blickte man auf die Details der Troika-Programme, musste man sich fragen, auf welcher Seite die Troika eigentlich stand: War es lediglich ein Zufall, ein Versehen, dass sie sich für eine Grundsteuer entschied, die den Normalverdiener unverhältnismäßig stark belastet hätte, statt für eine Steuer, die die Oligarchen getroffen hätte?

Die Troika griff zu symbolischen Maßnahmen, um *den Eindruck zu erwecken*, sie greife genauso hart gegen die Reichen durch, Maßnahmen, von denen sie mit Sicherheit wusste, dass sie untauglich waren: So forderte sie beispielsweise die Beseitigung sämtlicher Vergünstigungen für die Reederei-Branche. Die Vorzugsbehandlung der Reedereien ist in der griechischen Verfassung verankert, was sowohl von der Bedeutung dieses Wirtschaftszweigs als auch von dem politischen Einfluss reicher Reeder zeugt. Die Besteuerung von Schifffahrtsgesellschaften wirft allerdings eine Reihe besonderer Probleme auf, und die Forderung der Troika, Reedereien sollten mit *normalen* Sätzen besteuert werden, wurde diesen komplexen Fragen nicht gerecht. Die Steuer würde daher aller Voraussicht nach keine nennenswerte Einnahmen bringen.[28] Keine anderen Unternehmen können so leicht abwandern und ihren Sitz in ein Niedrigsteuerland verlegen wie Reedereien. Die fehlende internationale Zusammenarbeit bei der Besteuerung von Kapitalgesellschaften, die grenzüberschreitend tätig sind, hat die Steuervermeidung tatsächlich zu einem zentralen Element des Geschäftsmodells jedes multinationalen Konzerns gemacht.[29] Während die Troika die Steuerumgehung in Griechenland anprangerte, waren maßgebliche Länder der Eurozone entschieden *dagegen*, den internationalen steuerrechtlichen Rahmen in einer Weise zu ändern, die Steuerumgehung erschweren würde. Der Präsident der Europäischen Kommission, Jean-Claude Juncker, trug während seiner Amtszeit als luxemburgischer Premierminister selbst dazu bei, das Großherzogtum zu einer Drehscheibe der Steuerumgehung zu machen.[30]

Während die von der Troika geforderte Steuer auf Reedereien – die wahrscheinlich keine nennenswerten Einnahmen generiert, sich aber negativ auf das griechische BIP auswirken dürfte, schlichtweg weil viele Reedereien mitsamt ihren Beiträgen zur Wertschöpfung wohl in andere Länder abwandern – als Beispiel dafür präsentiert wird, dass die Troika hart gegen die Oligarchen durchgreift, ist kaum verständlich, was sie dem griechischen Mittelstand antut: Sie zwingt Kleinbetriebe, die ihren Standort nicht verlagern können, dazu, Steuern für ein Jahr im Voraus zu entrichten.[31]

Reform des Finanzsektors

Die vierte Strukturreform, die die Krisenländer benötigen, ist die Neuordnung des Finanzsektors – selbst Länder, die sich nicht in einer Krise befinden, benötigen solche Reformen. Der Finanzsektor hatte vor der Krise nicht die grundlegenden Dienstleistungen erbracht, die er eigentlich hätte erbringen sollte – Kapital effizient zu verteilen, Kredite an mittelständische Unternehmen zu vergeben und Risiken abzusichern. Statt der Gesellschaft zu dienen, hatte er ihr geschadet. Europa mag stolz darauf sein, dass es hier nicht zu solch krassen Fehlentwicklungen wie in den Vereinigten Staaten kam, dass der Finanzsektor nicht in gleichem Umfang auf Kosten der übrigen Wirtschaft gewachsen war (in den Vereinigten Staaten betrug sein Anteil am BIP in den Jahren vor der Krise annähernd 8 Prozent, im Unterschied zu Europa, wo sein Anteil unter etwa 6 Prozent blieb) und so wenig zurückgegeben hatte. Aber das ist nichts, womit man prahlen könnte. In Griechenland zum Beispiel blieben die Banken weitgehend in den Händen einheimischer Oligarchen. Diese setzten ihre Praxis der »vernetzten« Kreditvergabe fort, das heißt sie vergaben Kredite an ihre anderen Unternehmen und an die Firmen ihrer Freunde und Verwandten. Besonders verwerflich war die Darlehensgewährung an die Medienunternehmen, die ihnen gehörten – und oftmals rote Zahlen schrieben, aber ihren politischen Einfluss stärkten. So bereicherten sie sich und festigten ihre wirtschaftliche und politische Machtstellung.

Während der Krise wurde deutlich, dass die griechischen Banken Kapitalspritzen benötigten, und es war sinnvoll, als Gegenleistung stimmberechtigte Aktien für den Staat zu verlangen. Dies war notwendig, um die »vernetzte« Kreditvergabe, auch an die Medienunternehmen der Oligarchen, zu unterbinden. Als jedoch die Regierung unter Papandreou diesen Vorschlag machte, widersetzte sich die Troika. Er hielt trotzdem daran fest, aber als er zurücktrat – nachdem die Troika seine Initiative, eine Volksabstimmung über das Programm abzuhalten, entschieden abgelehnt hatte –, verschwand dieser Plan in der Schublade.[32]

Tatsächlich wurde der Finanzsektor in den Krisenländern nicht *restrukturiert*, sondern lediglich *geschwächt* – wie erwähnt, eine fast unvermeidliche Folge der Struktur der Eurozone selbst. Hätte die Eurozone dieses Problem erkannt, dann hätte sie Gegenmaßnahmen ergreifen und einen Fonds für die Kreditvergabe an mittelständische Unternehmen auflegen können. Und tatsächlich wurde die Einrichtung eines solchen Fonds wiederholt diskutiert.

Aber die Troika ergriff Maßnahmen, die die Banken in den Krisenländern *noch weiter* schwächten. Die Schließung der griechischen Banken war hierfür der deutlichste Beleg. Und da die Troika wiederholt den Plan diskutierte, Einleger zu einem teilweisen Verzicht auf ihre Forderungen gegen die Banken zu zwingen, veranlasste sie diese Einleger dazu, ihr Geld von den Banken der Krisenländer abzuheben. In der Praxis war dies nicht nur eine kontraproduktive Maßnahme – zumindest unter dem Gesichtspunkt einer Steigerung des BIP –, sie war zudem auch ungerecht, denn Großkonzerne konnten auf die Warnung hin ihr Geld mühelos außer Landes schaffen. Kleinbetriebe und einfache Bürger, die im Ausland keinen leichten Zugang zu Banken hatten, blieben zurück.

Klimawandel

Eine fünfte Strukturreform, die in den Krisenländern genauso notwendig ist wie überall auf der Welt, ist die angemessene Reaktion auf den Klimawandel. Der Markt regelt das nicht von sich aus, insbesondere solange es keinen angemessen hohen Preis für Kohlenstoffemissionen gibt. Vor der Krise haben mehrere europäische Länder Strategien zur allmählichen Umstellung der Energieversorgung auf erneuerbare Energien in Angriff genommen. Länder wie Griechenland und Spanien haben das Potenzial, Sonnenenergie und Windkraft zu erzeugen und den Strom in das restliche Europa zu exportieren.

Der Privatsektor tätigt diese Investitionen nicht von sich aus – nicht, solange es keinen angemessenen Kohlenstoffpreis gibt. Europa hätte Ländern helfen können, die Abhängigkeit ihrer Energiesektoren von fossilen Energieträgern zu verringern, was Ausgaben erfordert hätte, die die Haushaltsrahmen dieser Länder gesprengt hätten. Dabei handelt es sich um Investitionsausgaben, die hohe soziale und vielleicht auch private Erträge abgeworfen hätten. Europa hätte Bürgschaften für diese Investitionen übernehmen können. Und diese Investitionen hätten die Konjunktur in den betreffenden Ländern belebt – im Gegensatz zu den untauglichen Strukturreformen, auf die sich die Troika fokussierte. Diese Investitionen hätten außerdem die Leistungsbilanzen verbessert, da sie die Energiekosten gesenkt, die Exporte konkurrenzfähiger gemacht und die Abhängigkeit der Länder von Öl- und Gaseinfuhren verringert hätten.[33]

Abschließende Bemerkungen

In vielerlei Hinsicht erinnerten mich die Programme, die Griechenland und den anderen Krisenländern auferlegt wurden, an jene Programme, zu denen Jahrzehnte zuvor Indonesien und andere Schwellenländer verdonnert worden waren und die neben drastischen Sparauflagen eine Unzahl von Strukturreformen enthielten. Das Indonesien-Programm des IWF etwa enthielt Dutzende und Aberdutzende Auflagen, die jeweils mit einem präzisen

Zeitplan versehen waren. Auf den ersten Blick wirkten viele merkwürdig: Warum diskutierte der IWF mitten in einer schweren Wirtschaftskrise, in der die Arbeitslosigkeit auf der Hauptinsel Java 40 Prozent erreichte, das Nelkenmonopol? Und wieso hat die Troika, als Griechenland von extrem hoher Arbeitslosigkeit gebeutelt wurde und die Jugendarbeitslosigkeit 60 Prozent erreichte, nichts Besseres zu tun, als zu fordern, auch eingeführte H-Milch solle als »Frischmilch« etikettiert werden oder die Standardgrößen von Brotlaiben sollten abgeschafft werden?

In beiden Fällen wurden die Vorgaben bestenfalls unverständlich erklärt, und dies untergrub das Vertrauen in das Programm und den politischen Willen, dafür zu sorgen, dass es erfolgreich umgesetzt wurde. Manchmal kam heraus, dass die Auflagen maßgeblich von Sonderinteressen beeinflusst worden waren, denen es gelungen war, sich bei den Institutionen, die die Auflagen formulierten, Gehör zu verschaffen. Wenngleich es kein Desaster gab, das mit der unverzeihlichen Zerstörung des privaten Bankensystems in Indonesien durch den IWF vergleichbar gewesen wäre, so war die Zerstörung des griechischen Bankensystems doch nahezu vergleichbar:[34] Allein im Jahr 2011 verringerten sich die Einlagen um 17 Prozent, und Ende 2015 waren die Einlagen bei griechischen Banken gegenüber ihrem Höchststand von 2010 um fast 30 Prozent gesunken.[35] Diese Kapitalflucht wurde selbstverständlich durch das Binnenmarktprinzip und das Fehlen einer Bankenunion erleichtert, wie in Kapitel 5 ausgeführt, aber die Politik der Troika verschlimmerte sie noch.

Die Eurozone behauptet, Spanien sei eine Erfolgsgeschichte, schlicht weil das Wachstum zurückgekehrt ist, obwohl die Jugendarbeitslosigkeit hoch bleibt. Aber dies stimmt nicht, wenn man sich die Bilanzen des Landes ansieht, seine Investitionen in Infrastruktur und Humankapital, sogar sein BIP, das 2015 noch immer 2 Prozent niedriger war als 2007, acht Jahre zuvor. Es ist auch kein Erfolg, stellt man das menschliche Leid in Rechnung. Ähnliche Geschichten lassen sich über die anderen Krisenländer erzählen. Selbst Irland, das als Beweis dafür hochgehalten wird, dass die Troika-

Programme funktionieren *können*, und das 2015 ein hohes Wachstum verzeichnete (7,8 Prozent), ist *kein* Erfolg, wenn man diese längerfristigen Indikatoren berücksichtigt. Das BIP pro Kopf war (inflationsbereinigt) 2015 nur 3,4 höher als 2007. Und dies ist das Krisenland, das sich *am besten* entwickelte.

Selbst wenn man lediglich die Schuldentragfähigkeit betrachtet, stehen *alle* Krisenländer schlecht da – und sehr viel schlechter als vor der Krise. Zwischen 2007 und 2015 stieg Spaniens (Brutto-) Staatsverschuldung von 36 Prozent auf schätzungsweise 99 Prozent des BIP, die Griechenlands von 103 Prozent auf 178 Prozent (und es wird erwartet, dass sie auf über 200 Prozent hochschnellt), Zyperns Schuldenquote wuchs von 54 Prozent auf 109 Prozent an, und selbst beim Musterknaben Irland hat sich die Schuldenquote *fast vervierfacht*, von 24 Prozent auf 95 Prozent.

Aber die Programme der Eurozone sind ein Erfolg gewesen – in dem Sinne, dass Griechenland seine Schulden bei deutschen und französischen Banken zurückgezahlt hat (von denen dadurch einige vor der Pleite gerettet worden sein mögen) und die Leistungsbilanz wieder ausgeglichen wurde, was notwendig ist, wenn eine Übertragung von Finanzmitteln von den Krisenländern an deren Gläubiger stattfinden soll. Vielleicht haben Deutschland und die anderen Gläubigerländer ihre eigentlichen Ziele erreicht.

Wachstumsbedarf

Die führenden europäischen Politiker haben erkannt, dass sich die Probleme Europas nicht ohne Wachstum lösen lassen. Aber sie haben nicht erklärt, wie mit Sparauflagen und den von ihnen propagierten schlecht konzipierten und oftmals kontraproduktiven Strukturreformen Wachstum angeschoben werden soll. Stattdessen sagen sie, das Vertrauen müsse wiederhergestellt werden, und sobald Vertrauen wiederhergestellt sei, wachse die Wirtschaft auch wieder. Da die Sparpolitik jedoch das Wachstum zerstörte und den Lebensstandard senkte, hat sie auch Vertrauen zerstört, selbst wenn noch so viele Reden über die Bedeutung von Vertrauen und Wachstum gehalten werden.

Vertrauen wird nur dann wiederhergestellt, wenn die Struktur der Eurozone und die Politik, welche die Verantwortlichen ihren krisengebeutelten Partnern in der Eurozone auferlegt haben, grundlegend reformiert werden. Aber das geschieht vermutlich nur, wenn ein stärkeres politisches Zusammengehörigkeitsgefühl und mehr soziale Solidarität vorhanden sind als heute.

Europa und insbesondere Deutschland, das eine zentrale Rolle bei der Formulierung dieser Krisenpolitik spielt, haben eine völlig andere Sicht dieser Politik. Wie mittelalterliche Aderlasser plädieren Deutschland und seine Verbündeten in der Eurozone dafür, Kurs zu halten und weiter zur Ader zu lassen. Es bedürfe einer noch strengeren Austeritätspolitik und noch weiterer Strukturreformen. Aber ein solcher Kurs wird die gegenwärtigen negativen Auswirkungen und insbesondere das menschliche Leid nur verlängern. Die Lage mag sich geringfügig verbessern. Aber nach allen Maßstäben – einmal abgesehen von einem Vergleich mit dem Tiefpunkt der Rezession – gibt Europa wirtschaftlich ein sehr schlechtes Bild ab, und daran dürfte sich auf absehbare Zeit nichts ändern. Viele Menschen in den Krisenländern haben nur dadurch überlebt, dass sie auf ihre Ersparnisse zurückgriffen, einige indem sie das Familiensilber verscherbelten, andere indem sie ihr Elternhaus veräußerten. Aber das ist eine reine Überlebensstrategie, ohne Hoffnung.

Wir haben in diesem und im vorangehenden Kapitel eine Alternative zur aktuellen europäischen Krisenpolitik vorgestellt – eine Alternative, *die sich innerhalb des Rahmens der meisten der gegenwärtig in der Eurozone geltenden Regeln bewegt.* Selbst innerhalb dieser Vorgaben bestanden Spielräume, die man hätte nutzen können; die Entscheidungen, die getroffen wurden, haben die Abschwünge verschärft, sie länger und tiefer gemacht und so die menschlichen Kosten in die Höhe getrieben. Diese Regeln legten auch nicht fest, wie schnell der Staatshaushalt wieder ausgeglichen sein musste. So wie Griechenland wegen seines angeblich verantwortungslosen Verhaltens zum Prügelknaben der Eurozone geworden ist, so ist das Griechenland-Programm zum Paradebeispiel für die Fehler der Troika geworden. Die Regeln der Eurozone schrieben nicht vor, dass Griechenland sein gigantisches Haushaltsdefizit innerhalb eines unzumutbar kurzen Zeitraums – sehr wenigen Jahren – in einen hohen Überschuss von 4,5 Prozent verwandeln müsse. Und sie diktierten auch nicht die brutale Zwangsvollstreckungspolitik, die immer mehr Griechen in die Armut trieb. Dies gilt gleichermaßen für die Strukturreformen. Die Alternative zu den von der Troika geforderten trivialen, nebensächlichen und kontraproduktiven Reformen wären sinnvolle Reformen gewesen, die Griechenland vielleicht auf den Pfad geteilten Wohlstands geführt hätten. Griechenland wäre noch immer nicht so reich wie Deutschland, aber es wäre von der bitteren Armut und der lang anhaltenden Wirtschaftskrise verschont geblieben.

Um dieses alternative Programm zu konzipieren, bedurfte es keines Nobelpreises, keiner besonderen Informationen, die den Behörden der Eurozone zu dem Zeitpunkt, als sie das Programm erarbeiteten, nicht bereits zugänglich gewesen wären. Liest man sich die verschiedenen Vereinbarungsprotokolle (*Memoranda of Agreement*) zwischen Griechenland und der Troika durch, ist man perplex: Sie lagen mit ihren Vorhersagen durchweg völlig daneben, trugen diese aber in der Überzeugung vor, Irrtümer seien ausgeschlossen. Im ersten Memorandum schrieben die Troika-Unterhändler: »Das Programm ist so ausgestaltet, dass es eine Reihe ungünstiger Entwicklungen auffangen kann ... Das fiskalische Programm basiert auf konservativen Annahmen ... Die Lasten der Haushaltskonsolidierung sind ausgewogen auf alle Bevölkerungsgruppen verteilt, und die Schwächsten werden geschützt ... Die Strategie für den Wiederaufschwung berücksichtigt die Notwendigkeit sozialer Gerechtigkeit und Fairness, sowohl zwischen als auch innerhalb von Generationen ... Das Griechenland-Programm basiert auf einem sehr starken Fundament.« War es irrationaler Optimismus, die Überzeugung, alles würde tatsächlich so kommen? Oder war es die Heuchelei von Beamten – sie wussten, was sie sagen sollten, und die Tatsache, dass sich die Wirklichkeit und ihre Worte nicht deckten, störte sie nicht weiter? Man kann es totale kognitive Dissonanz oder auch Unaufrichtigkeit nennen, wie es einem beliebt.

Das letzte Memorandum, das unterzeichnet wurde, kurz nachdem die griechischen Wähler praktisch das gleiche Programm mit der überwältigenden Mehrheit von 61 Prozent der Stimmen und der Unterstützung der griechischen Regierung abgelehnt hatten, enthält eine Formulierung, aus der zweifelsfrei hervorgeht, dass es bloße Heuchelei war. Die Vereinbarung beginnt mit der Feststellung: »Der Erfolg setzt voraus, dass sich die griechischen Behörden uneingeschränkt hinter das Programm der Reformagenda stellen« und suggeriert, dass diese Reformbereitschaft vorhanden wäre.

Bei der Prüfung dieser Programme erkannte ich dieselben beiden Kräfte, welche die gescheiterten IWF-Programme in vielen der Länder prägten, die ich in *Die Schatten der Globalisierung* beschrieben habe: Konzern- und Finanzinteressen in Übereinstimmung mit und unterstützt von einer bestimmten Ideologie. Nur dass diese Kräfte diesmal innerhalb Europas wirkten.

Die Troika hätte ein sachgerechtes, zielführendes Programm erarbeiten können – oder zumindest eines, das nicht auf ganzer Linie gescheitert wäre –, aber diese Aufgabe erschwerte die Struktur der Eurozone selbst. Dort stellt sich die Situation demnach folgendermaßen dar: Die Schöpfer des Euro haben eine Währungsordnung gestaltet, die nicht Konvergenz, sondern Divergenz befördert und die eindeutig krisenanfällig ist – in der Krisen keine einmaligen Ereignisse sind, die man im Geschichtsunterricht analysiert, sondern häufige Vorkommnisse, sodass die Krisenbewältigung zum Dauerzustand wird. Und die dominanten Staaten propagierten unter dem Einfluss mächtiger Interessengruppen und ideologischer Anschauungen eine Politik, die den Menschen in den Krisenländern außerordentlich harte Einschnitte auferlegt. Schon die erste Dekade des Euro stand im Zeichen von Krisen. Diese hatten unterschiedliche Ursachen, die ihrerseits die Vielfalt der Eurozone widerspiegelten; nur in einem Krisenland (Griechenland) spielte mangelnde öffentliche Ausgabendisziplin eine Rolle, während in anderen Fehlverhalten und Fehlzuteilung von Ressourcen im privaten Sektor entscheidende Faktoren waren. In wieder anderen war es einfach Pech; das ökonomische Glück kehrte ihnen den Rücken.

Während manche Nordeuropäer die Probleme der südeuropäischen Länder für die Krise verantwortlich machen, führen uns Irland und Finnland vor Augen, dass Kultur und Geografie nicht die treibenden Kräfte sind. Für Finnland, dessen führendes Unternehmen (Nokia) stark angeschlagen ist und dessen Nachbarland Russland in einer Rezession steckt, wird für 2017 ein BIP pro Kopf vorhergesagt, das weniger als 93 Prozent des BIP zehn Jahre zuvor betragen soll. Nicht einmal für die fleißigen, gut ausgebildeten und hochdisziplinierten Finnen funktioniert das System der Eurozone.

Und weil die Länder Europas alle eng miteinander verbunden sind, werden selbst die leistungsstarken Volkswirtschaften heruntergezogen. Die Double-Dip-Rezessionen sind keine Überraschung. Es ist ein unschönes Bild. Und einer Sache können wir sicher sein: Die seit Beginn der Eurokrise angepackten Reformen genügen nicht, einige werden vermutlich jahrelang nur halbherzig umgesetzt und die Lage noch weiter verschlimmern.

Ein kontrafaktisches Szenario

Selbst Verteidiger der Austeritäts- und verfehlten Strukturreformpolitik der Eurozone müssen zugeben, dass sich die Dinge nicht wie erhofft entwickelten. In den Diskussionen vor Einführung des Euro glaubte man, die neue Währung hätte sowohl Vor- als auch Nachteile: Einerseits würde eine einheitliche Währung das Wachstum ankurbeln (zum Beispiel durch niedrigere Zinsen aufgrund der Verringerung des Wechselkursrisikos), andererseits würden Anpassungsprozesse an Störungen im Wirtschaftsgeschehen länger dauern. Kapitel 3 zeigte, dass es in der Eurozone insgesamt nach der Einführung des Euro keinen Wachstumsschub gab, während nach der Krise eine gravierende Wachstumsschwäche auftrat. Die empirischen Daten deuten darauf hin, dass der Nutzen, den der Euro brachte, gleich Null ist, während die Kosten des verfehlten Krisenmanagements deutlich zu spüren sind. Dennoch fragen manche: Wäre die Lage Griechenlands und der anderen Krisenländer ohne den Euro und die Hilfe, die diese Länder von ihren Partnern in der Eurozone erhalten, nicht noch schlimmer? Wirtschaftswissenschaftler spielen solche Fragen in kontrafaktischen Szenarien durch: Wir wissen, was geschehen ist. Wir können nur darüber spekulieren, was gewesen wäre, wenn ein Ereignis nicht stattgefunden hätte.

Selbstverständlich ist in den Jahren vor der Einführung des Euro nicht alles glattgelaufen. Die Wechselkurse schwankten. In einigen Ländern gab es Phasen hoher Inflation. Das postfaschistische Spanien litt unter hoher Arbeitslosigkeit. Viele waren Spielball derselben globalen Kräfte, die zu episodischen Rezessionen führten. Dennoch wurde keines der Länder damals wirtschaftlich so schwer gebeutelt wie in der Eurokrise. Nehmen wir Griechenland, den Prügelknaben, der angeblich alles falsch machte. Die Datenbanken des IWF zeigen, dass Griechenland zwischen 1980 und der Einführung des Euro drei tiefe Abschwünge durchmachte: in den Jahren 1981 bis 1983, als die Wirtschaft um fast 4 Prozent schrumpfte, sowie 1987 und 1993, als das BIP um 2,3 Prozent beziehungsweise 1,6 Prozent zurückging. Aber in der Eurokrise nahm die Wirtschaftsleistung in einem einzigen Jahr (2011) um 8,9 Prozent ab, und seither ist sie Jahr für Jahr stetig gesunken. Griechenland hatte auch schon früher Phasen hoher Arbeitslosigkeit – diese erreichte 1999 12,1 Prozent. Aber das war weniger als die Hälfte ihres Höchststands von über 27 Prozent im Jahr 2013.

Das Kosten-Nutzen-Verhältnis des Euro für die Krisenländer ist klar: Geringe Vorteile während der kurzen Zeitspanne zwischen der Einführung des Euro und der Krise von 2008, als diese Länder von dem hohen Kapitalzufluss profitierten, der jene Ungleichgewichte schuf, die ihnen anschließend zum Verhängnis wurden. Aber diese Vorteile wurden weit übertroffen von den Kosten in den Jahren nach der Krise. Hätten die Krisenländer im Jahr 1992, als sie ihren Willen bekundeten, eine Gemeinschaftswährung einzuführen, gewusst, was sie heute wissen – und hätten die europäischen Völker die Chance bekommen, über den Beitritt zum Euro abzustimmen –, ist es kaum vorstellbar, dass sie diesen unterstützt hätten. Aber Europa steht heute vor einer anderen Frage. Diese Frage lautet: Wie soll es mit dem Euro weitergehen?

Die folgenden vier Kapitel beschreiben, *was getan werden muss.*

TEIL IV

Lösungsansätze

9 Eine funktionierende Eurozone schaffen

Der Euro kann und sollte gerettet werden – aber nicht um jeden Preis. Nicht um den Preis der Rezessionen und Depressionen, an denen die Eurozone leidet, der hohen Arbeitslosigkeit, ruinierter Biografien und zerstörter Lebensträume. Das muss nicht sein. Es ist möglich, eine gut funktionierende Eurozone zu schaffen, die den Wohlstand fördert und den europäischen Einigungsprozess voranbringt. Die Flickschusterei, die Europa gegenwärtig betreibt, ist jedenfalls langfristig nicht tragfähig: Es muss entweder »mehr« oder »weniger Europa« geben; die wirtschaftliche und politische Integration müssen entweder entschlossen vorangetrieben oder aber die Eurozone muss in ihrer gegenwärtigen Form aufgelöst werden.

Die Verfechter des Euro erkannten, dass die Gemeinschaftswährung in ihrer ursprünglichen Ausgestaltung unvollständig ist und es weiterer Schritte bedarf. Ein erfolgreicher Euro erfordert und führt seinerseits zu »mehr Europa«. Und tatsächlich ist einiges geschehen. Aber das reicht bei Weitem nicht aus. Was noch zu tun bleibt, liegt mehr oder weniger auf der Hand – und die notwendigen Schritte sind größtenteils bekannt. Dazu bedarf es allerdings »mehr Europa«, als es bislang verwirklicht wurde, und erst recht »mehr Europa«, als diejenigen haben wollen, die sagen, die Eurozone sei keine Transferunion.

Die nachfolgend beschriebenen strukturellen und politischen Reformen werden die Häufigkeit und die Schwere der Krisen, die mittlerweile zu einer chronischen Krankheit der Eurozone geworden sind, verringern, die Krisen jedoch nicht völlig aus der Welt schaffen. Ich bin fest davon überzeugt, dass die gesamte Eurozone, insbesondere aber die Krisenländer von einem anders konzipierten krisenpolitischen Maßnahmenpaket profitieren würden. Die mit der Eurokrise einhergehenden Depressionen mit ihren lang anhaltenden negativen Effekten sind vermeidbar.

Strukturreformen

Die Struktur der Eurozone sollte so reformiert werden, dass in *jedem* Mitgliedsland mit nachhaltigem Leistungsbilanzdefizit zugleich Vollbeschäftigung und robustes Wachstum erreicht werden, wenngleich die einzelnen Länder selbst *keine* flexiblen Wechselkurse und *keine* eigenständige Geldpolitik mehr haben. *Die Eurozone muss sich dazu verpflichten, in sämtlichen Mitgliedsländern Vollbeschäftigung zu erreichen und zu erhalten.* Märkte sorgen nicht von selbst für Vollbeschäftigung, und Märkte sind im Allgemeinen auch nicht von sich aus stabil. Ohne staatliche Eingriffe kann es zu anhaltender Arbeitslosigkeit und hoher wirtschaftlicher Instabilität kommen.

Die meisten Kritiker der Eurokrisenpolitik haben hauptsächlich an der Austerität Anstoß genommen – und dies zu Recht. Aber ohne geeignete Reformen an der *Struktur*, am institutionellen und rechtlichen Rahmen der Eurozone wird die Wiederherstellung der Vollbeschäftigung zu nicht beherrschbaren Leistungsbilanzdefiziten führen. Wir sahen, warum die gegenwärtige Struktur der Eurozone die Divergenz ihrer Mitgliedsländer fördert und Leistungsbilanzdefizite und Krisen erzeugt. Die Eurozone muss so reformiert werden, dass *alle* Euroländer Vollbeschäftigung erreichen und aufrechterhalten können. Aber ihre gegenwärtige Struktur lässt dies nicht zu. Wie im vorherigen Kapitel gezeigt, sollen die den Krisenländern auferlegten Programme zwar langfristig wieder zu Vollbeschäftigung führen, aber der Weg dorthin ist außerordentlich kostspielig und der Erfolg ungewiss. Sicher dagegen ist, dass diese Programme das Wachstumspotenzial der Krisenländer auf Jahre hinaus dämpfen. Sicher ist auch, dass diese Programme noch andere Auswirkungen haben; so verstärken sie die Spaltungen innerhalb und zwischen den Euroländern und setzen eine bedenkliche politische Dynamik in Gang. Sechs Strukturreformen – Veränderungen der Grundregeln und des gemeinsamen ökonomischen Ordnungsrahmens der Eurozone – sind unabdingbar.

Strukturreform Nr. 1: Eine Bankenunion

Über diese Reform sind sich die Regierungen der Eurozone bereits einig. Ein gemeinsames Bankensystem – eine Bankenunion – bedeutet nicht nur eine gemeinsame Aufsicht, sondern auch eine gemeinsame Einlagensicherung und gemeinsame Verfahrensregeln für den Fall, dass Banken ihren Zahlungsverpflichtungen nicht nachkommen können (sogenannter gemeinsamer Abwicklungsmechanismus).[1] Das wichtigste dieser drei Elemente ist ein gemeinsamer Einlagensicherungsfonds. Ohne einen solchen Fonds fließen Gelder aus dem Bankensystem »schwacher« Länder zu den Banken »starker« Länder, sodass diejenigen, die bereits mit Problemen kämpfen, noch weiter geschwächt werden. Ohne gemeinsamen Regulierungsrahmen könnte ein System mit gemeinsamer Einlagensicherung jedoch missbraucht werden. Allerdings muss ein gemeinsames Regulierungssystem, wie ich später darlege, *sachgerecht ausgestaltet* werden, sodass es das Wachstum in den schwachen Ländern fördert und die Kreditvergabe in überhitzten Volkswirtschaften drosselt. Ohne eine solche Flexibilität, ohne Ausweitung der Mandate und Instrumente wirkt ein gemeinsamer Regulierungsrahmen als *automatischer Destabilisator*, das heißt er verstärkt konjunkturelle Abschwächungen. Tatsächlich zeigte Kapitel 5, dass unter den gegenwärtigen Rahmenbedingungen die *private Austerität* infolge der rückläufigen Kreditvergabe durch die Banken maßgeblich zu den Depressionen in den Krisenländern beigetragen hat. Wird jedoch der Rechtsrahmen der Bankenregulierung starr umgesetzt, würde dies einen laufenden Abschwung lediglich verstärken: Bei jedem Konjunktureinbruch wächst die Anzahl der notleidenden (nicht bedienten) Kredite. Halten sich die Aufsichtsbehörden dann starr an die Regeln, zwingen sie Banken dazu, ihre Kreditvergabe einzuschränken, was den Abschwung verschärft.[2]

Die konsequente Durchsetzung von Rechtsvorschriften ist im Einzelfall – in Bezug auf eine einzelne Bank – sinnvoll, sind die Schwächen jedoch auf einen Abschwung zurückzuführen, ist dies kontraproduktiv, denn die konjunkturelle Abkühlung führt infolge der rückläufigen Kreditvergabe zu weiteren Zahlungsausfällen, was einen Teufelskreis in Gang setzt.[3]

Dass politische Entscheidungsprozesse nicht mit dem Tempo der Märkte Schritt halten, bedroht das Überleben des Euro. Viele europäische Regierungen geben durchaus zu, dass *langfristig* ein gemeinsamer Ordnungsrahmen für das Bankenwesen notwendig sei – mit gemeinsamer Regulierung, Einlagensicherung und einheitlichem Abwicklungsregime. Andere wiederum behaupten, eine so weitreichende Reform müsse mit größter Sorgfalt und schrittweise erfolgen. Zunächst müsse ein gemeinverbindliches Regelwerk eingeführt werden, und habe sich dieser Regulierungsrahmen »bewährt«, könne man die nächste(n) Stufe(n) in Angriff nehmen.[4] Gäbe es keine akute Krise, wäre dies ein durchaus stichhaltiges Argument. Aber wer etwa Gelder auf spanischen Bankkonten liegen hat, wird nicht warten, denn Abwarten bringt ihm keinerlei Vorteile, wobei die Risiken erheblich sind. Während die europäischen Regierungen zaudern, wird das Bankensystem mehr und mehr geschwächt, und die Schwächung des Bankensektors legt auch den Volkswirtschaften Fesseln an.[5] Und der Schaden kann beträchtlich sein: Ist das Kapital erst einmal abgewandert und das Bankensystem geschwächt, kann es sehr lange dauern, ehe das Bankwesen und die Volkswirtschaft wieder auf die Beine kommen.

Strukturreform Nr. 2: Vergemeinschaftung der Staatsschulden

So notwendig die Schaffung einer Bankenunion ist, um divergente und destabilisierende Kapitalbewegungen zu unterbinden, so ist irgendeine Form der Vergemeinschaftung von Staatsschulden (»Schuldenunion«) unabdingbar, um divergente Arbeitskräftewanderungen zu verhindern. Die *landesgebundene* Schuldenaufnahme ist in einer Welt mobiler Arbeitskräfte wenig sinnvoll, denn diese können sich den Schulden, die ihre Eltern, verschwendungssüchtige Politiker oder auch die EZB aufgrund von Fehlentscheidungen angehäuft haben, einfach entziehen. Die Bevölkerungsbewegungen wirken nicht nur destabilisierend, sie sind auch ineffizient: Sie stehen im Widerspruch zu Sinn und Zweck der Arbeitnehmerfreizügigkeit.

Die Vergemeinschaftung von Schulden ließe sich durch mehrere institutionelle Mechanismen erreichen, etwa durch die Ausgabe von Eurobonds durch die EZB. Für diese Anleihen würde die gesamte Eurozone haften und ihre Einnahmen würden an verschiedene Euroländer weitergeleitet. Es gibt bereits Vorschläge, wie ein solches System so konzipiert werden könnte, dass es eine übermäßige Kreditaufnahme verhindert.[6] Man könnte eine Obergrenze für die Gemeinschaftsschulden festlegen, mit Sonderregelungen für Schulden, die im Zusammenhang mit konjunkturellen Schwankungen aufgenommen werden, da es im Fall einer Rezession für ein Land sinnvoll sein kann, ein hohes Haushaltsdefizit in Kauf zu nehmen. Die Erlöse aus der Emission dieser neuen Anleihen dürften zweckgebunden beispielsweise nur in die Infrastruktur oder in die Bildung investiert werden. Außerdem könnte vorgeschrieben werden, dass bei einer beabsichtigten Erhöhung der Schuldenaufnahme über eine gewisse Obergrenze hinaus ein Referendum in dem betreffenden Land abgehalten werden muss – es sei denn, die Wirtschaft befindet sich in einer Rezession.

Die Position einiger Europäer, die eine solche Vergemeinschaftung mit dem Hinweis ablehnen, Europa sei keine Transferunion, ist aus zwei Gründen nicht stichhaltig:

1. Das Ausfallrisiko wird überschätzt, jedenfalls *wenn* die Schulden vergemeinschaftet werden. Bei niedrigen Zinsen sollten die meisten Krisenländer kein Problem haben, ihre Schulden zu bedienen. Ohne eine Vergemeinschaftung von Schulden besteht selbstverständlich das ernste Risiko eines teilweisen Ausfalls (was im Fall Griechenlands bereits geschehen ist). Ironischerweise können die bestehenden Regelungen tatsächlich zu grö-

ßeren Verlusten bei den Gläubigern führen als ein gut konzipiertes System der Vergemeinschaftung.

2. Ein System der wirtschaftlichen Integration kann nur funktionieren, wenn die stärkeren Länder die schwächeren in irgendeiner Weise unterstützen. Europa hat dies erkannt und stellt daher neuen Mitgliedern schon heute erhebliche Finanzmittel zur Verfügung (es handelt sich um Mittel aus dem Struktur- und dem Kohäsionsfonds, die ihrerseits zahlreiche Programme umfassen). Ein Programm, der Europäische Fonds für regionale Entwicklung, stellt dem größten Empfänger Polen von 2014 bis 2020 40,2 Milliarden Euro bereit.[7]

Die gerade beschriebenen Reformen sind unabdingbar, um Divergenz zu verhindern. Später in diesem Kapitel beschreibe ich weitere strukturelle und politische Reformen, die darauf abzielen, die Konvergenz zu fördern.

Strukturreform Nr. 3: Ein gemeinsamer Stabilitätsrahmen

Europa steht vor zwei entscheidenden Fragen: Wie lässt sich erstens die Eurozone insgesamt stabiler gestalten, und wie kann man zweitens dafür sorgen, dass sich *alle* Länder der Eurozone gut entwickeln? Wie bereits ausgeführt, können die im Vertrag von Maastricht verankerten Defizitgrenzen tatsächlich als automatischer Destabilisator wirken. Wird die 3-Prozent-Defizitgrenze bei fallenden Steuereinnahmen überschritten, müssen Ausgaben gekürzt werden, was zu einem weiteren Rückgang des BIP führt.[8] Die gegenwärtigen automatischen Destabilisatoren müssen auf der Ebene der Eurozone durch automatische Stabilisatoren ersetzt werden. Wir werden in Kürze Beispiele dafür vorstellen.

Selbst bei Reformen, die den Output und die Beschäftigung *im Durchschnitt* der Eurozone insgesamt stabilisieren würden, blieben erhebliche Unterschiede zwischen den Ländern – einige werden eine Rezession durchmachen, während sich andere in einer Phase der Hochkonjunktur befinden. Da der Wechselkurs und der Zinssatz aus dem Werkzeugkasten entfernt wurden, müssen andere Instrumente gefunden werden, um sicherzustellen, dass *jedes* Land in der Eurozone prosperiert.

Eine stabilitätsorientierte Reformagenda umfasst sechs Punkte. Zunächst einmal müssen die im Vertrag von Maastricht festgelegten Konvergenzkriterien revidiert werden. Zweitens ist ein neuer Wachstumspakt notwendig, der von einem europäischen *Solidaritätsfonds für Stabilisierung* flankiert wird, ähnlich dem erwähnten europäischen Solidaritätsfonds für neue EU-Mitglieder. Drittens müssen *progressive automatische Stabilisatoren* eingeführt werden, die Ausgaben automatisch erhöhen, wenn ein Land in eine Rezession abgleitet – und ein entsprechendes Verbot automatischer Destabilisatoren. Viertens muss die Flexibilität verbessert werden, mit der die Geldpolitik auf einen Konjunkturrückgang in einem Mitgliedsland reagieren kann. Fünftens müssen angesichts der Tatsache, dass Märkte mitunter von selbst Instabilität *erzeugen*, Regulierungen eingeführt werden, welche die vom Markt erzeugte Instabilität eindämmen. Und sechstens benötigt die Eurozone eine aktive antizyklische Fiskalpolitik, welche die Belastungen verringert, die in den letzten Jahren der Geldpolitik auferlegt wurden.

(1) Ein gemeinsamer Fiskalrahmen – jenseits eines »Selbstmordpakts«

Wenn die Eurozone funktionieren soll – wenn sie also einen effizienten Rahmen für Wohlstandsmehrung und *anhaltende* Vollbeschäftigung in all ihren Mitgliedsländern bereitstellen will –, besteht die erste notwendige Reform in der Einführung eines gemeinsamen fiskalpolitischen Rahmenwerks. Diese Reform unterscheidet sich grundlegend von einem Austeritätspakt oder auch einer strengeren Version des Stabilitäts- und Wachstumspakts – der »Reform«, die Deutschland vorzuschweben scheint, wenn es eine konsequentere Durchsetzung von zwingenden Haushaltsvorschriften anmahnt. Die deutsche Regierung betonte, *alle* Euroländer müssten sich an die Regeln halten – und insbesondere an die Budgetvorgaben (die 3-Prozent-Defizitgrenze). Sie befürchtet, ohne diese konsequent durchgesetzten Vorschriften komme es zu wirtschaftlichen Turbulenzen, könne die Eurozone nicht funktionieren. Die Haltung der deutschen Regierung basiert auf der Überzeugung, zügellose Staatsausgaben seien die Ursache von Wirtschaftskrisen und auch für die gegenwärtige Krise in der Eurozone verantwortlich. Das aber ist schlichtweg falsch.

Sachgerechte Haushaltsvorschriften

Man kann die Haushaltsdisziplin auch dann wahren, wenn man sich auf das strukturelle Defizit konzentriert – das heißt auf die Höhe des Defizits, gäbe es Vollbeschäftigung. Viele Defizite der Krisenländer erscheinen in einem ganz anderen Licht, betrachtet man sie aus dieser Perspektive.[9] Die wichtigste Reform betrifft jedoch die Einrichtung eines *Investitionsbudgets*, um zwischen konsumtiven und investiven Staatsausgaben zu unterscheiden, wobei es Beschränkungen für die Ausgaben zu Konsumzwecken geben sollte. Ein Staat sollte sich nicht wie die schwäbische Hausfrau verhalten, sondern wie ein modernes Unternehmen – das sich seine Bilanz ansieht und Schulden macht, wenn die Renditen der Investitionen, die es (kredit-)finanziert, höher als die Kapitalkosten sind.

(2) Ein Solidaritätsfonds für Stabilisierung

Die grundlegenden Probleme Europas sind ihrem Wesen nach *Probleme kollektiven Handelns*, deren Bewältigung die Mobilisierung gesamteuropäischer Ressourcen verlangt; die gegenwärtig in den Krisenländern verfügbaren Ressourcen reichen hierfür nicht aus. Bereits ein Jahr nach Beginn der griechischen Krise war unverkennbar, dass die gleich zu Anfang auferlegten Sparmaßnahmen der Wirtschaft nicht wieder auf die Beine helfen würden. Die europäischen Regierungen hatten sich dazu verpflichtet, das griechische Wirtschaftswachstum zu fördern. Das taten sie offensichtlich nicht – und zwar unter anderem deshalb, weil ihnen die Instrumente fehlten. Sie hatten im Rahmen des Europäischen Stabilitätsmechanismus Mittel bereitgestellt, um überschuldete Banken und

Länder zu retten.[10] Aber dieser Mechanismus konzentriert sich auf den Moment der Krise selbst, wenn eine Bank unmittelbar vor dem Zusammenbruch steht oder ein Land keinen Zugang mehr zu den Kapitalmärkten hat.

Selbst die Krisenländer, die alles taten, was man ihnen sagte, kommen nur langsam wieder auf die Beine. Länder, die von negativen Schocks betroffen sind, benötigen ausreichend Finanzmittel, um Vollbeschäftigung und Wachstum zu erreichen. Dazu gehört etwa die gemeinsame Finanzierung der Arbeitslosenversicherung, insbesondere zur Deckung der ungewöhnlich hohen Ausgaben in einem tiefen Abschwung.[11] Mit Mitteln aus dem Solidaritätsfonds für Stabilisierung könnten verwendet werden, um das Arbeitslosengeld und andere konjunkturabhängige Sozialausgaben zu finanzieren sowie eine aktive Arbeitsmarktpolitik zu fördern, die Arbeitskräften hilft, nach einem wirtschaftlichen Strukturwandel neue Stellen zu finden.

Auch nach Einführung einer Bankenunion und einer gemeinsamen Einlagensicherung werden die Banken in den Krisenländern wahrscheinlich schwach sein. Die Kreditverknappung trifft die mittelständischen Unternehmen besonders hart, weil sie zur Beschaffung von Finanzmitteln auf Banken angewiesen sind. Sind sie von Finanzierungsquellen abgeschnitten, müssen sie Mitarbeiter entlassen, was die Abwärtsspirale verstärkt.[12] Von daher bedarf es einer europaweit tätigen *Kreditanstalt zur Mittelstandsförderung*, vergleichbar der Small Business Administration in den USA, die Kredite und/oder Teilbürgschaften für Mittelstandskredite bereitstellt. Sie sollte sich insbesondere auf die Länder oder Regionen innerhalb eines Landes konzentrieren, in denen das Angebot an Mittelstandskrediten unzureichend ist und/oder in denen eine besonders ausgeprägte Konjunkturschwäche besteht.[13]

Die Erweiterung bestehender europäischer Institutionen

Einige der bestehenden europäischen Institutionen könnten einen Beitrag zur Stabilität leisten, insbesondere wenn dies Teil ihres Mandats wäre. Die Europäische Investitionsbank ist die größte multilaterale Finanzierungsinstitution, die Infrastrukturprojekte in der gesamten Region erfolgreich finanziert hat.[14] Obgleich sie sich bereits bemüht, im Rahmen ihrer Tätigkeit konjunkturellen Schwankungen entgegenzuwirken, könnte dieser Aspekt ihres Mandats noch deutlich gestärkt werden.[15]

Füreinander einstehen

Ich habe zahlreiche Formen der Unterstützung beschrieben, die Europa Ländern mit deutlichen Konjunkturrückgängen zukommen lassen könnte. Ein Land könnte zu einem Zeitpunkt Empfänger sein und zu einem anderen Zeitpunkt zu den großen Gebern gehören – ein kurzer Blick auf die Rangordnung der Wachstumsraten in Europa und ihren Wandel im Lauf der Zeit verdeutlicht, wie veränderlich die Rangplätze sind. Wir haben bereits festgestellt, dass viele Krisenländer in den Jahren vor der Krise schneller wuchsen als die Eurozone insgesamt. Und das Gleiche gilt für andere – so wuchsen beispielsweise zwischen 1995 und 2000 nicht nur Irland, Spanien und Griechenland viel schneller als Deutschland (mit Wachstumsraten von 10,1 Prozent, 4,1 Prozent und 3,6 Prozent), sondern auch Frankreich (2,9 Prozent) und Italien (2,0 Prozent). In Deutschland dagegen betrug das Wachstum nur 1,9 Prozent. Unter diesen Ländern nahm Deutschland zwischen 2000 und 2005 gerade einmal den zweitletzten Platz ein (mit durchschnittlich 0,5 Prozent Wachstum).

(3) Automatische Stabilisatoren

Der dritte Teil eines Fiskalpakts für Stabilität konzentriert sich auf die Schaffung automatischer Stabilisatoren, damit bei konjunktureller Abkühlung dem System *automatisch* Geld zugeführt wird. Die Arbeitslosenversicherung ist ein Beispiel. Werden Arbeitnehmer infolge eines negativen »Schocks« arbeitslos, beispielsweise aufgrund einer rückläufigen Exportnachfrage, senken sie ihre Ausgaben, sodass sich die Effekte *vervielfachen*. Werden jedoch Arbeitnehmer durch eine Arbeitslosenversicherung geschützt, wird dieser Multiplikator ausgehebelt.

In Ländern mit flexiblen Wechselkursen kann der Wechselkurs als automatischer Stabilisator wirken; in einem Land mit schwächelnder Wirtschaft sinkt der Wechselkurs, was die Ausfuhren fördert und die Einfuhren verringert, sodass das Volkseinkommen steigt. Aber durch ihren Beitritt zum Euro haben die Länder diesen automatischen Stabilisator aufgegeben; deshalb ist es umso wichtiger, andere automatische Stabilisatoren zu stärken (wie etwa eine progressive Besteuerung, eine leistungsstarke Arbeitslosenversicherung und andere Formen der sozialen Absicherung). Leider wurden diese automatischen Stabilisatoren in den letzten Jahren geschwächt. Tatsächlich besteht die Sorge, dass automatische Trendverstärker (Destabilisatoren) eingeführt wurden oder werden. Wir haben bereits darauf hingewiesen, dass insbesondere die strenge Durchsetzung von Eigenkapitalanforderungen für Banken als automatischer Destabilisator wirken würde, und dies erst recht ohne ein gemeinsames Einlagensicherungssystem. Unter anderem deshalb dürfte die gegenwärtige europäische Vorgehensweise zur Errichtung einer Bankenunion (zuerst den gemeinsamen Regulierungs- und Aufsichtsrahmen schaffen und dann, vielleicht, sukzessive eine gemeinsame Einlagensicherung einführen) in absehbarer Zukunft nicht funktionieren.

(4) Flexible Kreditschöpfung

Frühere Kapitel beschrieben, wie die Eurozone in ihrer gegenwärtigen Form vielfältig als automatischer Destabilisator wirkt. Besonders negativ schlägt die Kreditvergabepraxis zu Buche: Das derzeitige Design der Eurozone führt zu hohen *prozyklischen* Kreditströmen insbesondere an mittelständische Unternehmen. Das heißt die Kreditvergabe geht zurück, sobald ein Land in Schwierigkeiten gerät, sodass sich der Abschwung vertieft. Diese Veränderungen sind teilweise ganz normal, weil Unternehmen bei Konjunkturabschwächung weniger Geld benötigen, um zu expandieren. Aber das Problem in der Eurozone besteht darin, dass die mittelständischen Firmen, die expandieren wollen – etwa weil sie ausländische Kunden haben –, die benötigten Finanzmittel nicht auftreiben können. Einige können sich nicht einmal das Betriebskapital beschaffen, das sie benötigen, um ihren Geschäftsbetrieb aufrechtzuerhalten. Unzureichender Zugang zu Finanzierungen trägt dazu bei, die Wirtschaft abzuwürgen. In Kapitel 5 wiesen wir darauf hin, dass die Vorhersagen der Troika möglicherweise deshalb durchweg danebenlagen, weil sie die aus der Kreditverknappung resultierende private Austerität nicht hinlänglich berücksichtigten. Dieses Problem *muss* ausgeräumt werden, soll sich die Eurozone stabilisieren.

Die Eurozone nahm den Mitgliedsländern zwei Mechanismen der Flexibilität: den Wechselkurs und den Zins. Obgleich es unvermeidlich ist, dass die EZB für die Eurozone insgesamt einen einheitlichen Zinssatz festsetzt, müssen regulatorische Standards nicht genauso streng umgesetzt werden, insbesondere was die *makroprudenzielle Regulierung* anlangt – also jene Regulierungen, die die Gesamtwirtschaft stabilisieren sollen. Notwendig ist nicht nur ein breit gefasstes Mandat, das sich auf Beschäftigung, Wachstum und Stabilität erstreckt, sondern auch mehr *Flexibilität* in der Beaufsichtigung und Steuerung des Bankensystems der Eurozone. Kapitalanforderungen (die Menge an Eigenkapital, das Banken im Verhältnis zu ihren Ausleihungen vorhalten müssen) können in Ländern (Regionen), in denen ein Nachfrageüberschuss besteht, verschärft werden. Dies würde eine Verringerung des Kreditangebots erzwingen, die ihrerseits den Inflationsdruck dort dämpfen würde. Entsprechend könnten die Kapitalanforderungen in Ländern mit Nachfrageschwäche gelockert werden. Dies würde die Kreditvergabe anregen und dadurch die Konjunktur in den schwachen Volkswirtschaften stimulieren.

Es gibt viele weitere Regulierungsvorschriften, die der jeweiligen makroökonomischen Lage eines Landes oder einer Region angepasst werden könnten. Ein weiteres Beispiel sind Vergaberichtlinien für Hypothekenkredite, die in einer Region oder zu einer Zeit, in der möglicherweise das Risiko besteht, dass sich eine Immobilienpreisblase bildet, verschärft werden könnten.[16] Es kommt entscheidend darauf an, dass das Bankensystem der Eurozone *flexibler* reguliert wird.

Die Krise von 2008 hat uns gelehrt, dass frühere Konzeptionen der Geldpolitik nicht sachgerecht gewesen sind – sie hatten den Zentralbanken nicht nur allzu eng gefasste Mandate auferlegt, sondern auch zu wenige Instrumente an die Hand gegeben (so vertraten sie etwa die Auffassung, das einzige Instrument sollte der kurzfristige Zinssatz sein). Und selbst wenn zugegeben wurde, dass weitere Instrumente zweckmäßig wären, wurde nicht anerkannt, dass sie flexibel eingesetzt werden sollten. Ein zentraler Reformschritt für die Schaffung eines langfristig existenzfähigen Euro ist die Errichtung von Finanzregulierungsbehörden unter dem Dach der EZB und der EU mit weiter gefassten Mandaten und mehr Instrumenten, die flexibler gehandhabt werden sollten.

(5) Die Wirtschaft so regulieren, dass es nicht zu Exzessen kommt

Wie wir sahen, waren in jüngster Vergangenheit in mehreren Euroländern platzende Immobilienpreisblasen der Auslöser von Abschwüngen. Diese Blasen waren die Folge von wiederholt getätigten Fehlentscheidungen im privaten Sektor. Eine übermäßige Kreditausweitung und überzogene Risikobereitschaft ziehen oftmals konjunkturelle Schwankungen nach sich; Finanzmärkte sind von sich aus nicht stabil. Anders gesagt, um Rezessionen und Depressionen zu verhindern, muss man die Exzesse verhindern, die sie verursachen. Die erfolgreiche Kontrolle dieser übermäßigen Expansion bedarf einer gemeinsamen Anstrengung von EZB, Bankenaufsicht und übergeordneten Regulierungsbehörden des Finanzsystems insgesamt. Dies wird mit dem Regime der »lockeren« Regulierung oder »Selbstregulierung«, das vor der Krise von 2008 weit verbreitet war, unmöglich sein. Es wird auch nicht möglich sein, wenn sich die EZB ausschließlich auf die Bekämpfung der Inflation konzentriert, wie sie herkömmlicherweise definiert wird. Die EZB und die Finanzmarktregulierer verfügen bereits über Instrumente (oder sollten jedenfalls über sie verfügen), die diese Blasen verhindern oder zumindest begrenzen können.[17]

(6) Stabilisierende Fiskalpolitik

Obgleich die unmittelbare Ursache der ökonomischen Volatilität, die Marktwirtschaften so zu schaffen macht, die Exzesse im Finanzsektor sind, *dulden* Zentralbanken dieses Fehlverhalten, wenn sie ihm nicht sogar Vorschub leisten. Nachdem in den USA Anfang der Nullerjahre die Hightech-Blase platzte, brach die Gesamtnachfrage ein. Da man sich aufgrund parteipolitischer Divergenzen nicht auf ein öffentliches Konjunkturprogramm einigen konnte, wurde die ganze Bürde der Geldpolitik aufgelastet. Und die Vereinigten Staaten griffen auf ihr Lieblingsinstrument zurück und senkten die Zinsen. Deregulierung war das Mantra der Regierung Bush, aber die Kombination aus niedrigen Zinssätzen und Deregulierung war ein toxischer Cocktail. Den ehemaligen US-Notenbankchefs Ben Bernanke und Alan Greenspan gefiel es vielleicht, dass sie, gemessen an den Maßstäben, nach denen Notenbankchefs normalerweise beurteilt werden, sehr gut dastanden: die Inflation war niedrig (vor allem wegen der niedrigen, konkurrenzfähigen Preise Chinas sowie der chinesischen Wechselkurspolitik einer stetigen, langsamen Aufwertung), und es herrschte fast Vollbeschäftigung. Grub man jedoch tiefer, war unverkennbar, dass sie die Augen vor den größer werdenden Exzessen verschlossen hatten. Dasselbe lässt sich von Willem Frederik »Wim« Duisenberg und Jean-Claude Trichet behaupten, den ersten beiden Präsidenten der EZB. Während ihrer Amtszeiten entstanden die Ungleichgewichte, die die Eurokrise herbeiführten.

Man kann die Last der makroökonomischen Anpassung nicht allein der Geldpolitik aufbürden, auch wenn die Neoliberalen sehr viel diesem Instrument halten, sofern es richtig – zur Stabilisierung der Inflation – eingesetzt wird. Eine auf notwendige Investitionen ausgerichtete Fiskalpolitik muss stärker ins Zentrum der gesamtwirtschaftlichen Stabilisierung rücken. Sowohl die USA als auch die EU müssen hohe Investitionen tätigen, um ihre Volkswirtschaften fit zu machen für die Bewältigung der Folgen der globalen Erwärmung. Beide müssen massiv in Bildung und Technologie investieren, wollen sie ihren Lebensstandard weiterhin steigern. Reduzierte

Investitionen in die Grundlagenforschung (in Prozent des BIP) drosseln möglicherweise die Innovationsgeschwindigkeit in der Zukunft. Jüngst hat Robert Gordon prophezeit, dass wir in eine Ära eintreten, in welcher der Lebensstandard viel langsamer ansteigt.[18]

Aber dies ist zumindest teilweise eine Folge von Entscheidungen, die beiderseits des Atlantiks getroffen wurden, nämlich weniger in die Grundlagenforschung, in Technologie und Bildung zu investieren, denn gerade von ihnen hängen zukünftige Steigerungen des Wohlstands ab. Dies steht selbstverständlich im Widerspruch zur konservativen Ideologie, die eine weitgehende Verschlankung des Staates fordert. Und so reagierte man auf beiden Seiten des Atlantiks in manchen Ländern auf den Abschwung mit Steuersenkungen für Kapitalgesellschaften und reiche Privatpersonen, während gleichzeitig die Staatsausgaben beschnitten wurden. Dieses Buch erklärte, warum dieses Vorgehen vorhersehbarerweise die Wirtschaftsleistung in der Gegenwart verringert, aber wenn unerlässliche öffentliche Investitionen zurückgefahren werden, verringert dies auch den zukünftigen Output.[19] Entscheidend ist: Machen die Steuerbehörden ihre Arbeit gut, ist der Druck auf die Währungsbehörden geringer, Auswüchsen entweder selbst Vorschub zu leisten oder sie zumindest zu tolerieren.[20]

Strukturreform Nr. 4: Eine echte Konvergenzpolitik, die zu struktureller Angleichung führt

Der Wegfall des Wechselkursmechanismus in der Eurozone bedeutet, dass es infolge von Unterschieden in den Produktivitätszuwächsen oder Preisanstiegen zwischen den Euroländern zu einer Fehlanpassung der *realen* Wechselkurse kommen kann. In den Jahren vor der Krise kam es zu einer solchen Fehlanpassung, die teilweise durch den Euro verursacht wurde. Die geeignete Gegenstrategie besteht aus drei Maßnahmen, die sich jeweils gegen grundlegende Ursachen der Fehlanpassung richten.[21]

(1) Überschüsse verhindern

Im Allgemeinen würde man erwarten, dass der Wechselkurs der Eurozone für die ganze Region eine ausgeglichene Leistungsbilanz erreicht. Jedes Land oder jede Region mit einem großen Leistungsbilanzüberschuss (beziehungsweise -defizit) stellt ein Risiko für das gesamte Weltwirtschaftssystem dar. Deshalb haben der IWF und die internationale Gemeinschaft wiederholt auf globale Ungleichgewichte hingewiesen und Länder ermahnt, diese zu beseitigen. Überschüsse stellen ein Risiko dar, weil es für jeden Überschuss ein Defizit geben *muss*, und Defizite müssen finanziert werden. Allerdings kann der Kapitalzufluss jäh zum Erliegen kommen, wenn diejenigen, die diese Mittel bereitstellen, zu der Auffassung gelangen, dass der Kredit mit hoher Wahrscheinlichkeit nicht zurückgezahlt wird, und keine weiteren Finanzmittel gewähren beziehungsweise bestehende Kredite nicht verlängern. Dieses plötzliche Versiegen der Kapitalzufuhr ist eine bedeutende Ursache von Krisen.

Wenngleich die Eurozone insgesamt normalerweise eine ausgeglichene Bilanz hat, bedeutet dies: Betreibt ein Land eine Wirtschaftspolitik, die zu einem Überschuss führt, weisen andere Länder *notwendigerweise* ein Defizit auf. Die Überschussländer erlegen durch ihr Vorgehen anderen Ländern Kosten auf, eine Externalität, die darin besteht, dass sie in diesen Ländern Defizite erzeugen. Durch diese Handelsbilanzdefizite wiederum entsteht ein Instabilitätsrisiko – so können beispielsweise plötzliche Stimmungsumschwünge am Markt die Kapitalzuflüsse, die diese Defizite finanzieren, abrupt versiegen lassen und dadurch eine Krise auslösen. Aber selbst wenn es zu keiner Krise kommt, machen es Außenhandelsdefizite für die Defizitländer schwieriger, Vollbeschäftigung zu erreichen, weil diese Defizite die *inländische* Gesamtnachfrage *verringern* – unter dem Strich wird ein Teil der Nachfrage nicht durch heimische Produkte, sondern durch Importe befriedigt –, und als Folge der mangelnden Binnennachfrage steigt die Arbeitslosigkeit.[22] Um die Auswirkungen der schwachen Gesamtnachfrage aufzufangen, erhöhen Regierungen in der postkeynesianischen Welt im Allgemeinen die (kreditfinanzierten) Ausgaben. Daher können

Überschussländer – und insbesondere Deutschland – sogar als die eigentlichen Verursacher der Haushalts- und Außenhandelsdefizite und der langfristig untragbaren Kreditausweitung in anderen Ländern der Eurozone angesehen werden.

Man kann dies noch auf andere Weise betrachten: Indem man den Geldflüssen folgt. Ein Leistungsbilanzüberschuss bedeutet, dass ein Land Kredite vergeben muss, so wie ein Defizit bedeutet, dass ein Land Kredite aufnehmen muss. Ist die Leistungsbilanz der Eurozone insgesamt ausgeglichen, folgt daraus, dass die Überschussländer (hauptsächlich Deutschland) tatsächlich Kredite an die Defizitländer vergeben. Weist Deutschland einen Überschuss auf (und ist die Eurozone insgesamt im Gleichgewicht), dann *müssen* sich die anderen Länder verschulden. In einigen Fällen nahm der öffentliche Sektor Kredite auf, in anderen der private. Aber ihre Defizite waren lediglich Teil des *Gleichgewichts*, das aus Deutschlands Überschuss folgte. Selbstverständlich war es nur ein vorübergehendes und instabiles Gleichgewicht.

Ich habe dargelegt, weshalb die deutschen Überschüsse beinahe zwangsläufig zur Divergenz zwischen den Euroländern führen. Dies hat politische wie wirtschaftliche Folgen. Man erkannte frühzeitig, dass angesichts unterschiedlicher wirtschaftlicher Situationen jeweils unterschiedliche geldpolitische Maßnahmen für jedes Land angemessen wären.[23] Dies erklärt die Notwendigkeit politischer Maßnahmen zur Förderung der Konvergenz. Unterschiedliche Gegebenheiten können auch zu großen *politischen* Unterschieden führen, unterschiedliche wirtschaftliche Gegebenheiten zu Interessenunterschieden. Wie bereits ausgeführt, gibt es keinen bedeutenderen Unterschied als den zwischen einem Gläubiger und einem Schuldner, und Deutschlands anhaltende Überschüsse sorgten dafür, dass nicht länger Solidarität die Grundlage der Eurozone bildete, sondern das konfliktträchtige Verhältnis zwischen Gläubiger und Schuldner.[24]

Europa benötigt eine *echte Konvergenzpolitik*, und eine solche Politik muss Überschüsse verhindern. Keynes schlug eine Lösung vor – eine Steuer auf Überschüsse. Diese Steuer würde nicht nur

Länder davon abhalten, einen Überschuss anzustreben, sondern die Einnahmen aus der Steuer könnten auch dazu verwendet werden, den weiter oben skizzierten Solidaritätsfonds für Stabilisierung zu finanzieren.[25]

(2) Expansive Lohn- und Fiskalpolitik in Überschussländern

Viele wirtschaftspolitische Maßnahmen der Überschussländer tragen zu den Überschüssen bei. Im Falle Chinas waren lange zwei Strategien zentral: Die Regierung steuerte den Wechselkurs und kontrollierte die Löhne – beispielsweise indem sie den Spielraum für gewerkschaftliche Organisierung einschränkte. Niedrige Löhne wiederum senken die Preise und verringern dadurch den *realen* Wechselkurs. Das erste Instrument stand Deutschland nicht zur Verfügung, aber das zweite war entscheidend. Fortgeschrittene Länder verfügen über verschiedene Werkzeuge, um die Löhne zu beeinflussen; am wichtigsten sind Mindestlöhne und der Rechtsrahmen für die Tätigkeit von Gewerkschaften und für Tarifverhandlungen. Bis vor Kurzem hatte Deutschland keinen Mindestlohn, und das Fehlen eines Mindestlohns setzt die Löhne allgemein unter Druck. Unter Bundeskanzler Gerhard Schröder verzeichneten Geringverdiener Einkommenseinbußen.[26] Obgleich dieser Einkommensrückgang Deutschland angeblich wettbewerbsfähiger machte und weithin gelobt wurde, handelte es sich in Wahrheit um eine ärgerliche Form der kompetitiven Abwertung und der »Beggar-thy-Neighbor«-Politik. Sie verschafften Deutschland einen Vorteil gegenüber seinen Nachbarn, weil diese aufgrund anderer sozialer und ökonomischer Strukturbedingungen keine ähnlich unfairen Lohnsenkungen vornehmen konnten. Die Senkung des realen Wechselkurses Deutschlands ging also teilweise auf Kosten seiner Handelspartner.[27]

Außerdem erlegt der gegenwärtige Anpassungsrahmen die Anpassungslasten dem Defizitland auf, und zwar in Form der früher beschriebenen internen Abwertung. Es ist ein sehr kostspieliger und asymmetrischer Anpassungsprozess.[28] Normalerweise ist es für das Überschussland viel leichter, seinen Überschuss zu verringern, als für die Defizitländer, ihre Defizite abzubauen. Das globale Ungleichgewicht kann letztlich so oder so behoben werden – aber die Kosten für die Wiederherstellung des »Gleichgewichts« können sehr unterschiedlich sein.

Überschussländer sollten nicht nur ihre Mindestlöhne erhöhen, sie sollten auch die Tarifverhandlungsrechte der Arbeitnehmer stärken und eine expansive Fiskalpolitik betreiben.[29] Sie können sich die für eine solche expansive Politik erforderlichen Mittel leicht beschaffen. Diese Politik wird einen gewissen Aufwärtsdruck auf die Preise ausüben (wenn auch weit entfernt von einer galoppierenden Inflation) –, und genau das soll sie. Es *muss* zu einer Anpassung des realen Wechselkurses kommen, und diese Maßnahmen erreichen dies zu weit niedrigeren Kosten, als sie der gegenwärtige Ordnungsrahmen der Eurozone auferlegt.

(3) Die Divergenzpolitik rückgängig machen

In Kapitel 5 haben wir eine Politik beschrieben, die entweder Divergenz fördert oder Konvergenz verhindert: beispielsweise die europäischen Beschränkungen industriepolitischer Maßnahmen, die den Nachzüglerländern dabei helfen könnten, Anschluss an die Spitzenreiter zu finden. Reiche Länder sind gegenüber armen Ländern in vielerlei Hinsicht im Vorteil. Sie können etwa ihren Kindern eine bessere Erziehung zuteilwerden lassen. Europa kann nicht alle diese Unterschiede korrigieren – wenngleich es zukünftig mit größerer Solidarität sehr viel mehr erreichen kann. Einige Unterschiede jedoch kann und sollte Europa möglichst schnell angehen, etwa Differenzen in der Qualität der Infrastruktur. Eine gute Infrastruktur (teilweise finanziert durch die Europäische Investitionsbank) kann helfen, Europa näher zusammenzubringen. Die öffentliche Infrastruktur erhöht die Renditen des privaten Sektors und kann daher sowohl auf der Angebots- als auch auf der Nachfrageseite Multiplikatorwirkung entfalten.

Strukturreform Nr. 5: Eine Struktur der Eurozone, die in ganz Europa Vollbeschäftigung und Wachstum fördert – Makroökonomik

Selbst wenn die Eurozone all diese Reformen umsetzte und die Euroländer schließlich konvergieren oder sich zumindest aufeinander zubewegen würden, wäre Vollbeschäftigung oder hohes Wachstum nicht garantiert. Die europäische Wirtschaft könnte zwar stabil sein, aber unter niedrigem Wachstum und hoher Arbeitslosigkeit leiden. Tatsächlich bewegt sich Europa bislang in diese Richtung. Es ist mit sich selbst zufrieden, wenn es ihm gelingt, die nächste Krise abzuwenden – obwohl ein Viertel seiner Jugend arbeitslos und obwohl das Wachstum bestenfalls mittelmäßig ist. Einige Reformen am makroökonomischen Rahmen der Eurozone und an der Struktur der Eurozone selbst würden Vollbeschäftigung und nachhaltiges Wachstum fördern. Die zentrale *makroökonomische Reform* ist hierbei die Änderung des Mandats der EZB.

Bei der Umsetzung eines über die Inflationsbekämpfung hinausgehenden, erweiterten Mandats zur Förderung von Vollbeschäftigung, Wachstum und wirtschaftlicher Stabilität sollte die EZB insbesondere dafür sorgen, dass der Finanzsektor seine eigentlichen Aufgaben ordnungsgemäß erfüllt – und sich nicht lediglich damit begnügt, die Wirtschaft *keinen* hohen Risiken auszusetzen oder die übrigen Wirtschaftssektoren *nicht* auszubeuten, sondern der Gesellschaft zu dienen, indem er Kredite für produktive Zwecke bereitstellt, etwa im Bereich der Mittelstandsfinanzierung.[30] Die EZB weitete wie die Fed die Liquidität deutlich aus, aber kaum etwas von diesem Geld wurde ausgegeben, um Arbeitsplätze oder neue *produktive* Investitionen zu schaffen. Mit einem Großteil davon wurden Investitionen in Anlagevermögen wie Grundstücke finanziert, die keinen wachstumsfördernden Effekt haben. Andere Kredite sind schlichtweg Teil einer »Ringoperation«, in der die Zentralbank Geld an die Banken transferiert, die dann ihrerseits Geld (Reserven) bei der Zentralbank hinterlegen. Jemand, der diesen ganzen Prozess von außen betrachtete, würde darüber genauso rätseln wie jemand, der den Bergbausektor betrachtet, wo große Mengen an Geld und Ressourcen dafür ausgegeben werden, Gold aus der Erde zu holen (mit erheblichen Risiken für die Umwelt), das anschließend unter großem Kostenaufwand in Tresorräumen sozusagen wieder in der Erde vergraben wird.

Strukturreform Nr. 6: Strukturreformen für Vollbeschäftigung und Wachstum in ganz Europa

Hier diskutiere ich vier *allgemeine* Strukturreformen, die nachhaltiges Wachstum mit Vollbeschäftigung fördern können. Viele dieser Reformen machen es notwendig, den Politikrahmen der letzten 30 Jahre, in denen der Neoliberalismus und eine radikale Marktgläubigkeit tonangebend waren, hinter sich zu lassen und zu erkennen, dass Märkte oftmals gerade keine effizienten und stabilen Ergebnisse hervorbringen.

(1) Ein Finanzsystem, das der Gesellschaft dient

Die Diskussion über die Reform des Finanzsektors (einschließlich der obigen »Struktureform Nr. 2«) konzentrierte sich auf Vorkehrungen, die den Finanzsektor davon abhalten sollen, anderen zu schaden – beispielsweise durch die Instabilität, die er aufgrund exzessiver Risikobereitschaft der gesamten Volkswirtschaft auferlegt.[31] Wenig beachtet wurde dagegen die Frage, wie man sicherstellen kann, dass das Finanzsystem jene grundlegenden Dienstleistungen erbringt, die unabdingbar für eine gut funktionierende Wirtschaft insgesamt sind. Genau dieses Versagen liegt der vermeintlichen Ersparnisschwemme zugrunde: Ben Bernanke sah die Ursache für die Schwäche der Weltwirtschaft vor der Krise in einem globalen Überhang der Ersparnisse, insbesondere in China. Aber zur gleichen Zeit, als er von der Ersparnisschwemme sprach, gab es in vielen Unternehmen und Ländern hochrentierliche Investitionsprojekte, die nicht finanziert wurden. Es gibt keineswegs ein Überangebot an Ersparnissen. Vielmehr haben die Finanzmärkte ihren grundlegenden Auftrag, die Ersparnisse in den Wirtschaftskreislauf zurückzuführen und sicherzustellen, dass sie produktiv genutzt werden, nicht erfüllt. Man nennt diese Aufgabe der Vermittlung zwischen Ersparnissen und Investitionen auch »Intermediation«, doch Finanzsysteme in Europa und in den USA haben diese zentrale Funktion nur ungenügend erfüllt. Vielmehr betreibt der Finanzsektor in den USA »Disintermediation«, das heißt er *entzieht* dem Unternehmenssektor Finanzmittel, sodass weniger Kapital für Investitionen zur Verfügung steht. So verlieren Unternehmenzum Beispiel immense Summen durch Aktienrückkäufe – Beträge, die sich im Jahr 2014 auf rund 4 Prozent des BIP und 2015 auf 3,5 Prozent des BIP beliefen. Außerdem entfällt ein Großteil der Ersparnisse auf »langfristige Sparer«, also Personen, die für ihre Altersrente sparen, oder Länder, die Gelder in ihren Staatsfonds anlegen. Viele der ertragsträchtigsten Investitionsmöglichkeiten (Infrastruktur und Technologie) sind langfristige Investitionen. Es ist vielleicht nicht verwunderlich, dass die kurzatmigen Finanzmärkte nicht gut zwischen langfristigen Sparern und langfristigen Investitionen ermitteln können. Reformen des europäischen Rechts-, Aufsichts- und Steuerrahmens könnten dazu beitragen, dass sich der Finanzsektor wieder stärker langfristig orientiert – und das tut, was er tun sollte, nicht das, was er nicht tun sollte.[32]

(2) Reform des Ordnungsrahmens verantwortungsvoller Unternehmensführung

Die kurzfristige Orientierung von Unternehmen hat ebenfalls zugenommen; sie sind immer stärker auf ihre Quartalsergebnisse fokussiert. Ein Unternehmen, das nur das nächste Quartal im Blick hat, unterlässt wichtige Investitionen in Forschung und Technologie, in Sachanlagen und, was am wichtigsten ist, in seine Mitarbeiter. Ein Unternehmen, das seinen Vorstandschefs und anderen Topmanagern exzessive Gehälter zahlt und über Dividenden und Aktienrückkäufe zu viel an seine Aktionäre ausschüttet, hat nicht mehr genügend Mittel, um seinen Beschäftigten einen auskömmlichen Lohn zu zahlen oder Zukunftsinvestitionen zu tätigen. Diese Entwicklungen haben in Europa zwar nicht zu solchen Auswüchsen geführt wie in den USA, aber der Abstand schwindet. Europa muss verstehen, was zu der kurzfristigen Orientierung in den USA führte, und dafür sorgen, dass sich diese Krankheit nicht weiter in Europa ausbreitet.

In Anbetracht der Bedeutung der Finanzmärkte beiderseits des Atlantiks ist es vielleicht nicht erstaunlich, dass die Kurzsichtigkeit der Finanzmärkte auf die übrigen Wirtschaftssektoren übergegriffen hat. Einige der Institutionen Europas – wie etwa der »sozialpartnerschaftliche« Stakeholder-Kapitalismus, in dem sich Unternehmen nicht ausschließlich auf das Wohl der Aktionäre im engeren Sinne konzentrieren – haben sich als Bollwerk gegen die Auswüchse bewährt, zu denen es in den USA gekommen ist, wo Vorstandschefs heute das 300-Fache eines durchschnittlichen Arbeiters verdienen.[33]

Allerdings haben noch weitere Faktoren zur grassierenden kurzsichtigen Ertragsorientierung beigetragen – beispielsweise die Tatsache, dass Aktienoptionen in den Vergütungspaketen von Führungskräften eine immer wichtigere Rolle spielen. Obgleich Topmanager gern behaupten, diese seien ein wichtiges Element ihres Anreizsystems, besteht tatsächlich zwischen Vergütung und Leistung nur ein geringer Zusammenhang: Der Kurs der Aktien einer Fluggesellschaft steigt beispielsweise, wenn der Ölpreis sinkt. Grundsätzlich steigen Aktienkurse, wenn die Zinsen sinken. Dass Aktienoptionen überhaupt zu einem so wichtigen Element der Vergütung werden konnten, hängt mit Defiziten im Ordnungsrahmen der Unternehmensleitung und -aufsicht (»Corporate Governance«) und bei den Transparenz- und Offenlegungsvorschriften zusammen.[34] Viele Aktionäre sind sich gar nicht bewusst, inwieweit die Aktienbezugsrechte des Topmanagements den Wert ihrer Anteile verwässern. Auch hier gibt es also erheblichen Reformbedarf, um die »Spielregeln« zu ändern.[35] Dieses Umschreiben der Regeln in einer Weise, die Unternehmen zu einer langfristigen Orientierung anhält, würde dazu führen, dass die Wirtschaft stärker und stabiler wächst.

(3) Beschleunigte Insolvenzverfahren

In einem kapitalistischen System kommt es immer wieder zur Überschuldung von Unternehmen und privaten Haushalten. Dann benötigen sie einen Neuanfang. Deshalb hat praktisch jede moderne Volkswirtschaft ein Insolvenzgesetz, ein geordnetes Verfahren zur Schuldenbefreiung und -restrukturierung. In einem Abschwung, wie er in Europa bereits seit einigen Jahren andauert, sind allerdings *viele* Unternehmen und Haushalte überschuldet. In den Vereinigten Staaten gibt es für Unternehmen ein beschleunigtes Insolvenzverfahren; ihre Schulden werden zügig abgeschrieben, damit sie ihren Geschäftsbetrieb aufrechterhalten können und keine Arbeitsplätze verloren gehen. Die entsprechenden Bestimmungen sind im »Chapter 11« des US-Insolvenzgesetzes enthalten. Gehen Unternehmen und Haushalte gleichzeitig pleite, ist ein beschleunigtes Verfahren noch wichtiger. Denn ohne zügige Schuldenabwicklung droht die wirtschaftliche Lähmung. Gerade die Eurokrisenländer bräuchten dringend ein solches beschleunigtes Insolvenzverfahren.[36]

(4) Förderung von Umweltinvestitionen

Eine gut funktionierende Eurozone benötigt nicht nur hohes, sondern nachhaltiges Wachstum, und Nachhaltigkeit bedeutet nicht nur ökonomische, sondern auch ökologische Nachhaltigkeit. Sobald man einmal den immensen Investitionsbedarf erkannt hat, der für den klimafreundlichen Umbau der Wirtschaft notwendig ist, sieht man, wie abstrus das Gerede von einer »Ersparnisschwemme« ist. Aber wie wir gesehen haben, ist es schwierig, Anreize für Unternehmen zu schaffen, Umweltschutzinvestitionen zu tätigen, solange es keinen Preis für Kohlenstoff gibt – das heißt solange die Verschmutzer nicht für die Folgen der von ihnen verursachten Umweltverschmutzung einstehen müssen. Deshalb ist es wichtig, europaweit einen hohen Kohlenstoffpreis zu haben.[37]

Strukturreform Nr. 7:
Ein Bekenntnis zu gemeinsamem Wohlstand

Ein zentrales Problem in den fortgeschrittenen Industrieländern ist die wachsende Ungleichheit. Ungleichheit beeinträchtigt die Leistungsfähigkeit einer Volkswirtschaft auf vielfältige Weise. Aber der gegenwärtige Ordnungsrahmen der Eurozone begrenzt die Möglichkeiten, Ungleichheit einzudämmen.

Der freie Kapital- und Warenverkehr kann ohne Steuerharmonisierung zu einer ineffizienten Kapitalverteilung führen. Er kann überdies die Spielräume für eine umverteilende Besteuerung verringern und so zu einer hohen nachsteuerlichen und Transferungleichheit und in manchen Fällen sogar zu einer Markteinkommensungleichheit führen. Wettbewerb zwischen Ländern kann nützlich sein, aber es kann auch zu einem Unterbietungswettlauf kommen. Kapital fließt in das Land, in dem es am niedrigsten besteuert wird, nicht dorthin, wo seine Grenzproduktivität am höchsten ist. Um konkurrenzfähig zu bleiben, müssen andere Länder ihre Steuern auf Kapital senken. Folglich verringert sich der Spielraum für eine umverteilende Besteuerung. (Ähnliches gilt für Fachkräfte.)

Die Struktur der Eurozone führte nicht nur dazu, dass die Topverdiener deutliche Einkommenszuwächse (nach Steuern) verzeichnen, sondern auch zu einer gestiegenen Zahl von Armen. Wie die Krisen in Spanien, Griechenland, Portugal und andernorts zeigen, sind die Armen die Hauptleidtragenden von Instabilität.[38] Zudem trägt hohe Arbeitslosigkeit, wie sie in fast allen Krisenländern aufgetreten ist, maßgeblich zum Anstieg der Ungleichheit bei. Das Versäumnis der Eurozone, einen echten *Stabilitäts*rahmen zu schaffen, beförderte somit die Ungleichheit.

Die EU (und diese Analyse geht über die Eurozone hinaus) muss zwei weitere politische Maßnahmen ergreifen: Erstens muss sie den Unterbietungswettlauf einschränken, die Art von Steuerwettbewerb, die sich für einige Länder wie Luxemburg so (auf Kosten anderer) prächtig ausgezahlt hat. Dies ist ein echtes Beispiel einer Externalität – einer Handlung eines Landes, die anderen schadet. Und dennoch ging Europa nicht in angemessener Weise dagegen vor – nicht zuletzt, weil viele in Europa von der Idee niedriger Steuern und eines schlanken Staates begeistert sind, und ein solcher Unterbietungswettlauf passt ihnen da bestens ins Konzept.

Zweitens sollte in Anbetracht der Tatsache, dass jeder EU-Bürger innerhalb der EU seinen Wohnort frei wählen kann, die Hauptzuständigkeit für die Umverteilung auf der Ebene der EU liegen.[39] Die EU sollte dem Beispiel der USA folgen und Steuern gemäß der Staatsangehörigkeit erheben, unabhängig davon, wo die Person ihren Wohnsitz hat oder sich ständig aufhält. Sämtliche Einkommen über einer gewissen Schwelle, die beispielsweise bei 250 000 Euro liegen könnte, sollten mit einer EU-Steuer in geringer Höhe (beispielsweise 15 Prozent) belastet werden. Dieses Steueraufkommen könnte verwendet werden, um Projekte wie die Umsiedlung von Migranten oder Auslandshilfe zu finanzieren. Dies wäre der politischen Integration Europas vielleicht weitaus förderlicher als der Euro selbst.

Es bestehen vielfältige Wechselwirkungen zwischen einer echten *Wachstums- und Stabilitäts*agenda und anderen Elementen der Reformagenda. Entscheidend ist, dass nur gemeinsamer Wohlstand nachhaltiger Wohlstand ist.

Reformen der »Krisenpolitik«

Diese Strukturreformen sind *notwendig*, um die Existenz der Eurozone langfristig zu sichern. Selbst bei einem sachgerecht ausgestalteten Ordnungsrahmen der Eurozone wird es Schocks geben, die einige der Länder innerhalb der Eurozone in eine Rezession treiben. Die vorherigen Kapitel haben hinlänglich verdeutlicht, dass die europäische Krisenpolitik die Abschwünge zumeist verstärkte, statt in den gebeutelten Ländern zügig wieder Vollbeschäftigung herzustellen. Eine klägliche Politik führt zu kläglichen Ergebnissen. Es besteht auch dringender politischer Reformbedarf in den Krisenländern. Aber wie bereits dargelegt, können auch die besten politischen Maßnahmen nur dann greifen, wenn sie mit den beschriebenen Strukturreformen einhergehen (beziehungsweise wenn diese ihnen vorangehen).

Die Bedeutung von Ermessensspielräumen und Flexibilität

Zwei wichtige Aspekte des politischen Rahmens habe ich bereits kurz erwähnt. Die deutsche Regierung betonte immer wieder, wie wichtig es sei, *sich an die Regeln zu halten.* Aber wenn man sich an die *falschen* Regeln hält, kann dies in einer Katastrophe münden – und die wirtschaftliche Schwäche der Eurozone ist das Ergebnis falscher Regeln.

Es ist schwer, ein Regelwerk zu konzipieren, das für alle Länder unter allen Umständen sachgerecht ist. Tatsächlich müssen wir einräumen, dass unser Wissen begrenzt ist. Und selbst wenn wir einen Politikrahmen hätten, der für die Wirtschaft von 1990 ideal war, wäre dieser 2016 vermutlich nicht mehr angemessen.

In ihrer Reaktion auf die Eurokrise hat die Troika in der Tat ihre weitreichenden Entscheidungsspielräume genutzt, dabei allerdings oftmals die falschen Entscheidungen getroffen – zu oft und auf zu vielen entscheidenden Gebieten. Als sie den Krisenländern die Programme auferlegte, strotzte sie nur so vor Selbstvertrauen: Ihre Verantwortlichen schienen zu glauben, dass sie die Folgen jeder politischen Maßnahme ganz genau kannten. Im Anschluss hat der IWF oftmals die Fehler zugegeben, während die anderen Mitglieder der Troika weniger selbstkritisch waren.

Wenn die Eurozone gut funktionieren soll, muss sie anerkennen, dass es zwischen den Euroländern große Unterschiede gibt, und der Rahmen muss hinreichend flexibel sein, um diesen Unterschieden Rechnung zu tragen. Es muss möglich sein, den verschiedenen wirtschaftlichen Rahmenbedingungen und Anschauungen besser gerecht zu werden.[40] Für einige Länder hat etwa Gleichheit einen höheren Stellenwert als für andere. Einige machen sich größere Sorgen wegen der Folgen der Arbeitslosigkeit als andere. Selbst innerhalb der USA hat jeder Bundesstaat weite politische Handlungsspielräume. Das Grundprinzip ist klar: Jene Politikfelder, die keine externen Effekte auf andere Länder haben, sollten in der Verantwortung der einzelnen Länder verbleiben. (Dieses Prinzip wird in der Europäischen Union auch »Subsidiarität« genannt.) Manche Aspekte der Harmonisierung bringen vielleicht geringfügige wirtschaftliche Vorteile mit sich, aber die Einschränkung der Gestaltungsspielräume des einzelnen Landes erzeugt dennoch soziale Kosten. Es ist schwierig, die richtige Balance zu finden. Aber zumindest auf einigen Feldern haben die den Krisenländern auferlegten Programme deren wirtschaftspolitische Souveränität *übermäßig* eingeschränkt, ohne dass dies unbedingt notwendig gewesen wäre, um negative Externalitäten zu verringern. Nachfolgend diskutiere ich zwei notwendige Änderungen im politischen Rahmen für die Krisenbewältigung in der Eurozone.

Reform Nr. 1: Von der Austerität zum Wachstum

Führende europäische Politiker haben erkannt, dass sich die Probleme Europas nicht ohne Wachstum lösen lassen. Aber sie haben nicht erklärt, wie Wachstum durch Sparen erreicht werden soll. Vielmehr beteuern sie, es komme darauf an, Vertrauen wiederherzustellen. Aber Austerität erzeugt weder Wachstum noch Vertrauen. Europas trauriger Rekord an gescheiterten politischen Programmen hat das Vertrauen untergraben – nach wiederholten Versuchen, Lösungen für fehldiagnostizierte wirtschaftliche Probleme dilettantisch zusammenzuschustern.[41]

Die von mir beschriebenen strukturellen Reformen an der Eurozone – unter anderen die Vergemeinschaftung von Schulden, die Bankenunion und der Solidaritätsfonds für Stabilisierung – würden die Voraussetzungen für eine Rückkehr des Wachstums schaffen: Es könnte zu einer sich wechselseitig verstärkenden Erhöhung der Staatsausgaben etwa für wachstumsfördernde öffentliche Investitionen kommen. Dies könnte verbunden mit staatlichen Hilfen für die private Kreditvergabe werden, die private Investitionen stützen würden. Diese Politikreform umfasst noch zwei weitere Maßnahmen.[42]

(1) Die Grenzen der Geldpolitik: Eine gemeinsame Fiskalpolitik

Bei ihrer Reaktion auf die jüngsten Wirtschaftskrisen haben sich Europa wie die USA auf die Geldpolitik gestützt, sogar mehr als das: Beide verlegten sich aufs Sparen. Aber die Geldpolitik kann die Lücke nicht füllen. Und die einseitige Ausrichtung auf die Geldpolitik führte zu noch größerer Ungleichheit: Die großen Gewinner sind die Reichen, die Aktien und andere Vermögensgegenstände besitzen, deren Wert infolge der niedrigen Zinsen und der Quantitativen Lockerung angestiegen ist; die großen Verlierer sind die älteren Menschen, die ihr Geld in Staatsanleihen anlegten, nur um zu erleben, dass sich die Zinserträge praktisch in Luft auflösten. In Europa und in den USA gibt es mittelmäßiges Wachstum, Stagnation und den Anfang dessen, was ich in meinem Buch *Im freien Fall* »Die Große Malaise« nannte und was heute vom IWF auch das »Neue Mittelmaß« genannt wird.

Tatsächlich beschwört diese Abhängigkeit von der Geldpolitik zukünftige wirtschaftliche Probleme herauf. Weil der Kreditkanal nicht repariert wurde, floss ein zu großer Teil der Liquidität, die geschöpft wurde, in Vermögenspreisblasen, die die zukünftige wirtschaftliche Stabilität bedrohen. Für Unternehmen, die sich zinsgünstig Kapital beschaffen können, sind trotz stagnierender Löhne in einigen Fällen die Kapitalkosten weiter gesunken. Dies veranlasst sie dazu, kapitalintensivere Produktionstechniken einzusetzen, was langfristig die Arbeitslosigkeit erhöhen wird.

(2) Die Multiplikatorwirkung des ausgeglichenen Haushalts anerkennen

Wenngleich die Höhe des Haushaltsdefizits Beschränkungen unterliegt, kann der Staat die Wirtschaft beleben: Werden die Ausgaben und im gleichen Umfang auch die Steuern erhöht, steigt das BIP, weil der anregende Effekt der Ausgaben größer ist als der kontraktive Effekt des (gleich hohen) Steuerbetrags. Und werden die Ausgaben und die Steuern sorgfältig ausgewählt – beispielsweise Sozialhilfeleistungen für die Armen und Erbschaftssteuern für die

Reichen –, dann kann die Multiplikatorwirkung groß sein, das heißt das BIP kann um ein Mehrfaches der zusätzlichen Ausgaben ansteigen. Öffentliche Investitionen in die Infrastruktur und Technologie können die Renditen privater Investitionen erhöhen und regen diese daher an. Tatsächlich gibt es einige Steuern, etwa Umweltsteuern, die die Konjunktur anregen und gleichzeitig die gesellschaftliche Wohlfahrt erhöhen, indem sie die Umwelt verbessern: Eine Steuer auf Kohlenstoffemissionen etwa veranlasst Unternehmen dazu, emissionsmindernde Investitionen zu tätigen. Andere Steuern, beispielsweise auf Luxusautos (die etwa Griechenland ausnahmslos einführt), verbessern die Leistungsbilanz des Landes, indem sie die Nachfrage nach solchen Einfuhrgütern dämpfen; sie verbessern außerdem die Einkommensverteilung, weil nur die Reichen Steuern auf diese Güter zahlen, und sie fördern die Beschäftigung im Inland, da sie die Verschiebung der Ausgaben von diesen importierten Gütern weg auf andere Güter begünstigen, von denen einige im Inland produziert werden. Wie in Kapitel 7 dargelegt, streben viele Anhänger des Neoliberalismus verdeckt (oder offen) einen weitgehenden Staatsabbau an.

Reform Nr. 2: Wege zur Umschuldung

Für die meisten Volkswirtschaften der Eurozone würden diese Reformen vorläufig genügen. Aber bei einigen (wie Griechenland) sind die Auswirkungen vergangener Fehler – ihrer eigenen und derjenigen, die ihnen aufgezwungen wurden – in ihrer Gesamtheit so gravierend, dass es mehr bedarf.

Die hohe Verschuldung hemmt das Wachstum eines Landes. In der Vergangenheit gingen Länder auf drei verschiedene Weisen mit hohen Staatsschulden um. Viele Länder heizten gezielt die Inflation an, sodass der reale Wert ihrer Schulden sank. Dies ist besonders wirkungsvoll, wenn es sich um langfristige Schulden handelt. Zweitens kann man das Wirtschaftswachstum ankurbeln, denn bei steigendem Bruttoinlandsprodukt sinkt die Schuldenquote. Die Schulden werden *relativ* unbedeutend. Aber wie wir sahen, entfernte die

Eurozone diese beiden Strategien aus ihrem Werkzeugkasten. Die EZB lässt Inflation nicht zu, und die Troika lässt verschuldete Staaten nicht in die Zukunft ihres Landes investieren. Tatsächlich ist das BIP im Gefolge der Austeritätsprogramme gesunken, sodass die bestehende Verschuldung weniger tragfähig ist – dies erklärt, wieso die Schuldenquoten heute durchweg höher sind als zu Beginn der Krise.)[43] Und so bleibt nur die dritte Alternative, die Schulden zu restrukturieren. Umschuldungen sind ein wesentliches Element des Kapitalismus. Wie erwähnt verfügen Staaten normalerweise über ein Insolvenzgesetz, das die geordnete Restrukturierung von Schulden erleichtert. Nach der Argentinienkrise wurden Forderungen laut, einen Restrukturierungsmechanismus für Staatsschulden zu schaffen – eine der vielen Sünden von Präsident George W. Bush war es, sein Veto gegen diese Initiative einzulegen. Da es in den folgenden Jahren keine Staatsschuldenkrisen gab, schwand das Interesse an dieser Frage.[44]

Benötigt ein Land eine Umschuldung, um seine Wachstumsaussichten zu verbessern, dann sollten die Schulden zügig und tief greifend restrukturiert werden. Die Schuldenabschreibung sollte umfassend sein – andernfalls wird die Erholung überschattet von der anhaltenden Ungewissheit über eine mögliche weitere Umschuldung. Aus demselben Grund sind die Kosten für die restrukturierenden Volkswirtschaften möglicherweise geringer als weithin angenommen, und die Vorteile können beträchtlich sein. Sowohl theoretische Überlegungen als auch empirische Daten deuten darauf hin, dass Länder, die eine solche Restrukturierung vornehmen, später wieder – und oftmals recht schnell – Zugang zu den Weltfinanzmärkten erhalten.[45] Aber selbst wenn diese Länder zukünftig vor allem auf ihre eigenen Finanzmittel angewiesen sein sollten, weil ihnen die ausländischen Märkte zunächst verschlossen sind, fallen die negativen Konsequenzen gegenüber den Vorteilen, die ihnen aus einer umgehenden Schuldenrestrukturierung erwachsen, vermutlich kaum ins Gewicht. Eine tiefe Umschuldung verschafft größere fiskalische Spielräume für eine expansive Politik, solange der Staat kein Primärdefizit hat. Geld bleibt im Inland, das für den Schuldendienst ins Ausland überwiesen worden wäre.

Argentinien hat auch gezeigt, dass es ein Leben nach den Schulden gibt und dass Reformen von Wechselkurssystemen große wirtschaftliche Vorteile mit sich bringen können. Mit diesen Veränderungen entkam Argentinien einer jahrelangen Todesfalle, in der die Arbeitslosigkeit bis auf 22,5 Prozent im Jahr 2002 anstieg – und sich damit dem heutigen griechischen Niveau annäherte; nach den Reformen wuchs das argentinische BIP zwischen 2003 und 2007, also bis zum Beginn der Weltfinanzkrise, durchschnittlich um 8,7 Prozent pro Jahr, und die Arbeitslosigkeit sank auf schätzungsweise 6,5 Prozent im Jahr 2015.

Aufgrund der Unsicherheit über das zukünftige Wachstum und darüber, ob ein bestimmter Schuldenstand tatsächlich tragfähig ist, können BIP-indexierte Anleihen – deren Zinsauszahlungen umso höher sind, je besser sich die Wirtschaft entwickelt – sinnvolle Instrumente einer Schuldenrestrukturierung sein. Solche Anleihen stellen eine effektive Form der Risikoteilung zwischen einem Land und seinen Kreditgebern dar. Sie sind das staatliche Gegenstück zur privatwirtschaftlichen Umwandlung von Forderungen in Eigenkapital bei einer Kapitalgesellschaft.[46] Diese Anleihen haben noch einen weiteren Vorteil: Sie bringen die Interessen von Gläubigern und Schuldnern zur Deckung. Mit BIP-indexierten Anleihen geht es Griechenlands Gläubigern besser, wenn es Griechenland besser geht. Nach den derzeitigen Regelungen trägt Griechenland sämtliche Folgen der verfehlten Politik, die ihm von außen aufoktroyiert wurde. Mit BIP-indexierten Anleihen hätten Gläubiger wie Deutschland einen Anreiz, es sich zweimal zu überlegen, welche politischen Forderungen sie an Griechenland stellen.

Abschließende Bemerkungen

Ich habe eine Reihe von Reformen an der Struktur und am Politikrahmen der Eurozone skizziert, die es ihr erlauben würden, gut zu funktionieren und der gesamten Region geteilten Wohlstand zu bringen. In gewisser Weise handelt es sich um geringfügige Veränderungen. Sie bleiben weit hinter dem Ausmaß an wirtschaftlicher und politischer Integration zurück, das die Vereinigten Staaten und andere föderale Staaten mit einer gemeinsamen Währung definiert. Aber was heute existiert, genügt bei Weitem nicht.

Ich habe mich hier auf jene *wirtschaftlichen Reformen* konzentriert, die die Konvergenz der europäischen Länder fördern und gemeinsamen Wohlstand schaffen würden. Diese Veränderungen würden zumindest die Chance auf eine Stärkung der Solidarität zwischen europäischen Ländern in sich bergen, sodass die Spaltungen der letzten Jahre überwunden werden könnten. Insbesondere gemeinsame Projekte – etwa Infrastrukturprojekte, welche die europäischen Länder näher zusammenbringen, und der Solidaritätsfonds für Stabilisierung – fördern wahrscheinlich die politische Integration. Aber es muss mehr getan werden.[47] So sollte der Geschichtsunterricht in den Schulen erweitert werden, damit Schülern nicht nur die konfliktträchtige Vergangenheit Europas vermittelt wird, sondern auch das gemeinsame Streben des Kontinents, Menschenrechte und Demokratie durchzusetzen.

Der Euro sollte ein weiterer Schritt auf dem Weg der politischen Einigung sein. Viele glaubten, er beschleunige den Einigungsprozess. Heute sehen wir, dass er das genaue Gegenteil bewirkte. Manche behaupten, Europa habe das Pferd von hinten aufgezäumt. Eine Vertiefung der politischen Integration mit einem breiten Konsens über die Grundlinien guter Politikgestaltung dürfte die Erfolgsaussichten eines gemeinsamen Währungssystems deutlich erhöhen. Viele politische Reformen, die in Europa weithin diskutiert werden, würden die EU und die Eurozone stärken – allerdings oftmals auf Kosten der Politiker, die heute auf nationaler Ebene tonangebend sind. Da verwundert es nicht weiter, dass viele dieser Reformschritte von Politikern abgelehnt werden, die die Sicherheit, »ein großer Fisch in einem kleinen Teich« zu sein, der Aussicht vorziehen, eine ungewisse Rolle in einer politisch aufgewerteten EU/Eurozone zu spielen. Es war schlicht naiv zu glauben, dass eine gemeinsame Währung etwas an dieser politischen Dynamik ändern würde.

Einige mögen sich meine Reformliste ansehen und zu dem Schluss kommen, dass sie sich keineswegs auf das Allernötigste beschränkt. Ich bin jedoch überzeugt davon, dass Reformen, die hinter dieser umfassenden Agenda zurückbleiben, die Wahrscheinlichkeit deutlich erhöhen, dass der Euro *scheitert*. Und falls er trotzdem überlebt, wird er nicht die versprochenen Vorteile bringen. Ich habe mehrfach betont, dass der Euro kein Selbstzweck ist, sondern ein Mittel, übergeordnete Ziele zu verwirklichen. Bislang hat er diese übergeordneten Ziele nicht nur nicht verwirklicht, sondern *gegenteilige* Effekte gehabt: niedrigeres Wachstum und größere Uneinigkeit. Diese oder ähnliche Reformen sind notwendig, um der Divergenz, Instabilität, Stagnation, Zunahme der Ungleichheit und dem Anstieg der Arbeitslosigkeit entgegenzuwirken, die der Euro mit sich gebracht hat. Sie sollen die Folgen fehlender Wechselkursflexibilität und eines einheitlichen Zinssatzes für eine ökonomisch heterogene Region auffangen und außerdem dafür sorgen, dass die Eurozone *ungeachtet* sich daraus ergebender grundlegender Anpassungsbeschränkungen gut funktioniert.

Da diese normalen Marktmechanismen nicht vorhanden sind, ist es umso wichtiger, dass das Wirtschaftssystem der Eurozone nicht durch *weitere* Hemmnisse, weitere Quellen von Instabilität und/oder Stagnation belastet wird. Doktrinen und eine Politik, die vor 25 Jahren in Mode waren, taugen nicht für das 21. Jahrhundert. Die dargestellten Reformen sollen die Eurozone von diesem desaströsen historischen Vermächtnis befreien und ihr hinreichend Flexibilität verleihen, um neu auftretende Probleme anzugehen und neue Ideen zu integrieren.

Die EZB hat unter Draghi mehr Flexibilität bewiesen, als es viele für möglich hielten – und sie hat einige mutige Maßnahmen ergriffen, die nach Ansicht vieler in Deutschland nicht von ihrem Mandat gedeckt sind. Dennoch ist die EZB in ihren Handlungsmöglichkeiten viel eingeschränkter, viel schlechter an die wirtschaftlichen Gegebenheiten unserer Zeit angepasst als die US-Notenbank.

Nicht wenige in Europa erachteten viele, wenn nicht die meisten der skizzierten Reformen ebenfalls für sinnvoll. Aber sie würden sagen, Europa sei eine Demokratie, und Demokratien bewegen sich langsam. Daher müsse man Geduld haben. Aber der Zeitrahmen und die Abfolge von Reformen sind entscheidend, und dies gilt insbesondere, wenn wirtschaftliche und politische Integration nicht Hand in Hand gehen. Das Gläubiger-Schuldner-Verhältnis zwischen Nord- und Südeuropa ist destruktiv. Wenn die von mir vorgeschlagenen (oder ähnliche) Reformen nicht angegangen werden, verstärkt sich diese zersetzende Wirkung noch. Der angerichtete Schaden lässt sich dann nur schwer rückgängig machen.

Märkte sind ungeduldig und warten nicht, bis vielleicht weitere Reformen angepackt werden. Die Tatsache, dass es 2017 vielleicht eine Bankenunion mit gemeinsamer Einlagensicherung geben wird, ist kein Grund, sein Geld nicht heute von einer spanischen oder griechischen Bank abzuheben. Die Abwärtsspirale verursachte bereits hohe Kosten, und selbst wenn dem weiteren Niedergang Einhalt geboten wird, fordert die langsame Erholung ihren Tribut. Heutige Fehlentscheidungen verringern das zukünftige Wachstumspotenzial Europas. Es treten bedeutende *Hysterese*-Effekte auf: Die Generation, die heute ins Erwerbsleben eintritt, kann ihre Kompetenzen und Qualifikationen nicht nennenswert erweitern und daher nicht jenes Humankapital aufbauen, das ihre Produktivität in späteren Jahren erhöhen würde. *Hysterese* bezeichnet einfach Asymmetrien in Zeit- und Anpassungskosten: Die Beseitigung der Ungleichgewichte, die der Euro in nur wenigen Jahren schuf, benötigt viel mehr Zeit als ihre Entstehung, und die Kosten für diese Beseitigung sind deutlich größer als der Nutzen, den sie generierten, als sie entstanden. Das gilt ebenfalls für Kapital und Fachkräfte: Sind sie erst einmal abgewandert, ist es schwer, sie zurückzuholen. Die ökonomische Debatte dreht sich zu einem großen Teil um die Frage, welche Asymmetrien wichtig sind. So befürchten beispielsweise »Inflationsfalken«, dass es kostspielig ist, die Inflation zu senken, sobald sie erst einmal angezogen hat; der Nutzen selbst eines kurzen Zeitraums hoher Inflation ist (sofern ein solcher Nutzen überhaupt existiert) ihres Erachtens viel geringer als die Kosten, die anfallen, um die Inflation zu senken. Vieles spricht jedoch dafür, dass die Asymmetrien, auf die wir uns hier konzentriert haben, weitaus bedeutsamer sind.

Ich habe allerdings den Eindruck, dass es nicht sehr wahrscheinlich ist, dass *hinlänglich* schnell *ausreichende* Fortschritte bei den tief greifenden Reformen an der Struktur der Eurozone gemacht werden.[48] Verzögerungen sind noch aus einem weiteren Grund kostspielig: Während Europa sich mit einer fehlkonstruierten Eurozone herumschlägt, die die beschriebenen ökonomischen Probleme nach sich zieht, sind andere Krisen entstanden – vor allem die Gefahr, dass Spanien auseinanderbricht, die unabsehbaren Folgen des »Brexit« und der Ansturm von Flüchtlingen, vor allem aufgrund des Syrien-Konflikts. Die anhaltende Eurokrise und die Konflikte um die geeignete Strategie zu ihrer Beilegung machen es noch schwieriger, als es sowieso schon wäre, auf all diesen Gebieten einen politischen Konsens zu erreichen.

Deshalb muss Europa dringend damit anfangen, über Alternativen zu dem Einheitswährungsregime nachzudenken – Alternativen, die ich in den nächsten beiden Kapiteln umreißen werde. Vielleicht wird dies die Entschlossenheit Europas stärken, das Notwendige zu tun, um eine gut funktionierende Eurozone zu schaffen.

10 Ist eine einvernehmliche Scheidung möglich?

Das letzte Kapitel beschrieb eine Agenda, die den Euro zu einer krisenfesten, wachstumsfördernden Währung machen kann, und ich hielte es für das Beste, wenn die vorgeschlagenen Reformen umgesetzt würden. Doch obwohl ich der Meinung bin, dass sie sich leicht realisieren lassen, besteht eine mehr als geringe Wahrscheinlichkeit, dass es nicht dazu kommt. Dann gibt es nur drei Alternativen: Man setzt erstens die gegenwärtige Strategie des Durchwurstelns fort – oder anders gesagt tut man das unbedingt Notwendige, um die Eurozone zusammenzuhalten, aber nicht genug, um sie wieder auf Wachstumskurs zu bringen. Die zweite Möglichkeit ist die Schaffung eines »flexiblen Euro«, die ich im nächsten Kapitel erläutere. Die dritte Option ist eine Scheidung, die Europa so einvernehmlich wie möglich über die Bühne bringen sollte.[1]

In diesem Kapitel diskutieren wir eine solche gütliche Trennung – nicht unbedingt eine Rückkehr zu 19 verschiedenen Währungen, wie sie vor der Eurozone existierten, sondern eine Aufspaltung in mindestens zwei oder drei Währungszonen. Die zentrale Botschaft ist einfach: Eine einvernehmliche Scheidung ist möglich. Tatsächlich dürften einige institutionelle Neuerungen, die diese Scheidung erleichtern würden und die sich auf Technologien des 21. Jahrhunderts stützen, im Lauf der Zeit auch die gesamtwirtschaftliche Leistungsfähigkeit steigern.[2] Und um das Argument zu untermauern, dass eine solche Trennung ohne hohe Kosten für das austretende Land oder auch für die restliche Eurozone vollzogen werden kann, veranschauliche ich die Analyse am Beispiel Griechenlands. Diese Betrachtung würde jedoch in ähnlicher Weise für jedes andere Land gelten, das in Erwägung zieht, die Eurozone zu verlassen. Ist ein Ausscheiden Griechenlands – ein »Grexit« – möglich, ohne die griechische Wirtschaft zu zerstören oder dem Rest der Eurozone hohe Kosten aufzuerlegen? Wenn Griechenland es schaffen kann, könnten Länder, die wirtschaftlich viel besser dastehen, es erst recht. Natürlich fallen Kosten an. Der Austritt aus einem gemeinsamen Währungsraum ist eine tief greifende Zäsur. Aber die gegenwärtige Strategie des »Durchwurstelns« verursachte *immense* Kosten – wie in Kapitel 3 gezeigt. Für die gesamte Eurozone dürften es Billionen von Euro sein. Für Griechenland, das sich in einer endlosen Depression befindet, sind die heutigen Verluste nur ein kleiner Vorgeschmack auf zukünftige. Man muss diese bekannten und fortdauernden Kosten gegen die Risiken einer Scheidung abwägen. Auch wenn nach einer Scheidung der Start in ein neues Leben schwierig sein mag, besteht andererseits die begründete Hoffnung auf ein Ende der Depression und den Beginn nachhaltigen Wachstums.[3] In diesem Kapitel zeige ich, dass es Griechenland nach einer einigermaßen gut über die Bühne gebrachten einvernehmlichen Scheidung weit besser gehen würde als unter den gegenwärtigen Troika-Programmen.[4]

Selbstverständlich gibt es politische Dimensionen, die nicht in ökonomische Berechnungen eingehen. Und diese politischen Dimensionen sind facettenreich. Die Scheidung gäbe den Griechen, die von der deutschen Regierung und der Troika recht schäbig behandelt wurden, ihre Würde zurück, und sie würde die Demokratie wiederherstellen – die Tatsache, dass Tsipras den Forderungen der Troika nachgab, nachdem das Sparprogramm in einem Referendum mit einer Mehrheit von gut 61 Prozent der abgegebenen Stimmen *abgelehnt* worden war, beseitigte jegliche Zweifel daran, dass Griechenland seine wirtschaftspolitische Souveränität eingebüßt hatte.

Der Schlussabschnitt des Kapitels erläutert, wieso im Fall einer begrenzten Aufspaltung der Eurozone ein »Dexit« – ein Ausscheiden Deutschlands – sinnvoller wäre als ein Austritt von Ländern der Peripherie. Abschließend erläutern wir, warum es so wichtig ist, dass die Scheidung *gütlich* erfolgt.

Mehr Wohlstand durch einen Exit

Ein geordneter Austritt ist mit zahlreichen Schwierigkeiten verbunden. Zunächst einmal müssen das Haushalts- und Leistungsbilanzdefizit sowie die Schulden gemanagt werden, es muss ein stabiles Bankensystem aufgebaut und aufrechterhalten werden, das ein stabiles Angebot an Krediten zur Finanzierung von Neuinvestitionen bereitstellt, und es muss ein neues Finanztransaktionssystem geschaffen werden.

Die Weltfinanzkrise von 2008 und die anschließend diskutierten Reformen des Finanzsektors verdeutlichten das Versagen der Finanzmärkte und die gravierenden Folgen dieses Versagens für das gesamte Wirtschaftssystem. Dazu gehörten etwa eine extrem stark schwankende Kreditschöpfung mit einer Fehlleitung von Kapital und unzureichendem Risikomanagement; Kredite wurden überwiegend für den Kauf von Sachanlagen statt für die Schaffung produktiver Vermögenswerte verwendet; exzessive und volatile grenzüberschreitende kurzfristige Kapitalflüsse führten zu starken Schwankungen der Wechselkurse und der Handelsströme; es gab überhöhte Gebühren für die Nutzung der Zahlungsmechanismen und eine ganze Palette gesamtwirtschaftlich unproduktiver Praktiken, von Marktmanipulation über Insiderhandel bis zu ausbeuterischer Kreditvergabe. Ich habe die gesamtwirtschaftlichen Folgen beschrieben: Fehlgeleitete Kreditströme in die Peripherieländer brachten die Ungleichgewichte hervor, unter denen Europa noch immer leidet.

Eine Währungsunion bedeutet, dass die Geld- und Finanzsysteme der teilnehmenden Länder zusammengeführt werden. Die Krise wurde durch Funktionsstörungen im Finanzsystem der Eurozone verursacht; die EZB und die Troika konzentrierten sich darauf, die Finanzstabilität wiederherzustellen, doch ohne Rücksicht darauf zu nehmen, wie sich diese Bemühungen auf die Lebensverhältnisse der Menschen in den betreffenden Ländern auswirken. Wenn beispielsweise Griechenland aus einem gescheiterten Währungs- beziehungsweise Finanzsystem ausscheidet, lautet die entscheidende Frage: Was soll an dessen Stelle treten? Normalerweise wird angenommen, dass Griechenland zur Drachme zurückkehren würde, mitsamt all den damit verbundenen Problemen. Diejenigen, die diese Alternative darstellen, lassen normalerweise außer Betracht, dass Griechenland in den 20 Jahren vor der Einführung des Euro viel schneller wuchs und eine geringere Arbeitslosigkeit hatte als in den beinahe 20 Jahren seit dem Beitritt zur Eurozone.

Aber in den letzten 40Jahren hat sich viel getan. Moderne Technologien bilden die Grundlage eines *neuen* Finanzsystems. Griechenland muss nicht in die Vergangenheit zurück. Es kann das Finanzsystem der Zukunft schaffen – jenes Finanzsystem, dessen Verwirklichung heutzutage von mächtigen Interessengruppen innerhalb des Finanzsektors hintertrieben wird, die weiterhin ihre hohen Profite einstreichen wollen. Die folgenden Abschnitte beschreiben kurz die zentralen Elemente eines solchen Systems – ein kostengünstiges »Tauschmittel«, um Transaktionen ebenso zu erleichtern wie ein System der Kreditschöpfung, das sich auf die *Realwirtschaft* konzentriert und in einer Weise gesteuert wird, welche die gesamtwirtschaftliche Stabilität weitaus stärker fördert als das gegenwärtige System.

Ein Finanztransaktionssystem für das 21. Jahrhundert

Unser Banken- und Währungssystem dient mehreren Zwecken. Einer davon ist es, ein Tauschmittel bereitzustellen. Die Welt wechselte mehrere Male das vorherrschende Tauschmittel. Eine Zeit lang wurde Gold benutzt, dann stellte man zumindest in den USA auf einen bimetallischen Standard um, bei dem Gold und Silber als Währungsmetalle verwendet wurden, und schließlich gingen wir zum Papiergeld (»Fiatgeld«) über. Seit Jahren wissen wir, dass eine Umstellung von Papiergeld auf elektronisches Geld viel effizienter wäre. Ein Grexit könnte eine Gelegenheit sein, dies zu tun – in einer Weise, die den Grexit erleichtern und die griechische Volkswirtschaft stärken würde.

Als verschiedene Experten das potenzielle griechische Ausscheiden aus der Eurozone diskutierten, erschienen Zeitungsartikel, die sich mit der Logistik und mit der Frage befassten, ob Griechenland genügend Banknoten drucken könnte und wie es die Umstellung auf die Drachme bewältigen würde – Bankguthaben müssten umgerechnet werden, eine neue Banknote müsste entworfen, gedruckt und ausgeliefert werden und zudem die Werthaltigkeit der neuen Währung sichergestellt werden. Griechenland könnte vor dem Ausscheiden aus der Eurozone kaum mit dem Gelddrucken beginnen, und es war nicht klar, was zwischenzeitlich geschehen würde.[5]

Menschen, die diese Fragen stellen, haben anscheinend noch nicht bemerkt, wie sehr sich der Zahlungsmechanismus verändert hat – also die Abwicklung der Geschäfte, die wir tätigen. Banknoten, diese seltsamen Zettel mit Porträts berühmter Persönlichkeiten oder Gebäude, sind überwiegend ein Relikt der Vergangenheit – wie Gold und Silber einstmals das zentrale Element des Zahlungsmechanismus waren, es aber nicht mehr sind. Wir verfügen heute über einen viel effizienteren elektronischen Zahlungsmechanismus und könnten in den meisten Ländern der Welt sogar einen noch effizienteren haben, wenn er der Kontrolle des monopolistischen Finanzsystems entzogen würde. Elektronische Überweisungen verursachen nur verschwindend geringe Kosten, aber Banken und Kreditkartengesellschaften berechnen für ihre Dienstleistung überhöhte Gebühren und streichen folglich Monopolgewinne ein.[6]

Elektronisches Geld ist für Menschen auf beiden Seiten der Transaktion bequemer und deshalb zur vorherrschenden Zahlungsweise geworden. Es spart die Kosten für das Drucken von Geld, die in dem Maße angestiegen sind, wie Fälscher immer raffinierter wurden. Es hat noch einen weiteren Vorteil, vor allem in Ländern wie Griechenland mit seiner mittelständisch geprägten Wirtschaft – es vermindert ganz erheblich das Ausmaß der Steuervermeidung.[7]

Mit elektronischem Geld kann der Ausstieg aus dem Euro grundsätzlich reibungslos verlaufen – vorausgesetzt er geschieht in enger Abstimmung mit anderen europäischen Behörden. Bei einem

Grexit entstünde sofort der Griechische Euro. Er wäre das Geld *innerhalb* des griechischen Bankensystems. Tatsächlich wäre das Geld »eingeschlossen«. Aber jeder könnte das Geld von seinem Bankkonto auf jedes andere Konto überweisen und somit beinahe vollständig über sein Geld verfügen.[8] Der Griechische Euro wäre eine Währung wie jede andere, mit einem wohldefinierten Wert relativ zum gewöhnlichen Euro.

Die meisten Menschen haben heutzutage Konten; nur die Allerärmsten sind ohne Zugang zu Bankdienstleistungen, und in den letzten Jahren haben Staaten und nichtstaatliche Organisationen wie die Gates Foundation große Anstrengungen unternommen, um Personen ohne Bankkonto eines zu verschaffen. Der Staat könnte schnell neue Bankkonten für die wenigen noch »kontolosen« Personen schaffen. In den meisten Ländern werden Altersrenten mittlerweile auf Konten überwiesen, um das Risiko gestohlener Schecks zu verringern und die mitunter horrenden Gebühren bei der Scheckeinlösung einzusparen.[9]

Kredit: Ein Bankensystem im Dienst der Gesellschaft

Wir haben bereits erwähnt, dass sich Währungsordnungen und mit ihnen die »Tauschmittel« änderten. Ein großer Vorteil der Verwendung von Fiatgeld (ungedecktem Papiergeld) besteht darin, dass man das Angebot steuern kann. Als Gold als Tauschmittel verwendet wurde, kam es jedes Mal zu Inflation, sobald ein größeres Goldvorkommen entdeckt wurde – oder auch als das Goldangebot im Zuge der spanischen Eroberung der Neuen Welt zunahm –, weil der Goldpreis relativ zu anderen Gütern fiel; wurden keine nennenswerten neuen Goldfunde gemacht, kam es dagegen zu Deflation. Beides verursachte Probleme. Beispielsweise verteilt Deflation Einkommen von Schuldnern zu Gläubigern um, sodass die Ungleichheit zunimmt und Schuldner in Not geraten. Der zentrale Streitpunkt bei den US-Präsidentschaftswahlen von 1896 war die Geldmenge. Die Schuldner wollten durch Übergang von Gold auf einen bimetallischen Standard – Gold und Silber – die Geldmenge ausweiten.[10]

Zwar leidet das auf Fiatgeld beruhende moderne Finanzsystem nicht unter den Unwägbarkeiten von Goldentdeckungen, krankt jedoch an etwas noch Schlimmerem: Die Schwankungen in der Geld- und Kreditschöpfung des Bankensystems führen ohne sachgerechte Regulierung zu dem zyklischen Auf und Ab, welches das kapitalistische System kennzeichnet. Banken erhöhen die Geldmenge, indem sie das Kreditangebot ausweiten. In einer modernen Volkswirtschaft steuern die Zentralbanken, normalerweise indirekt, die Geld- und Kreditschöpfung der Banken. Sie sollen dafür sorgen, dass *genau die richtige Menge* erzeugt wird, sodass sich die Wirtschaft in einem »Goldlöckchen«-Zustand befindet, also weder unterkühlt noch überhitzt, sondern »genau richtig temperiert« ist.

Zielgenaue Steuerung der Kreditschöpfung

In diesem System gibt es ein Problem: Da die Steuerungsmechanismen der Zentralbanken im Allgemeinen sehr indirekt wirken, ist die Wirtschaft oftmals überhitzt oder unterkühlt. Manchmal wird zu viel Kredit geschaffen, was zu einem gesamtwirtschaftlichen Nachfrageüberschuss führt, und die Preise steigen, es kommt zu Inflation. Manchmal gibt es eine Nachfrageschwäche und die Preise sinken; es kommt zu einer Deflation.

Dieses Versagen ist teilweise darauf zurückzuführen, dass Zentralbanken zwar das Kreditangebot ziemlich gut steuern können, nicht aber die *Verwendung* der Kredite (genauer gesagt könnten sie es, tun es jedoch nicht). Ein Großteil der Kredite wird für den Kauf bereits vorhandener Vermögenswerte wie Land verwendet. Dabei entscheidet der Kauf neuer Güter und Dienstleistungen (ob zum Konsum oder für Investitionen) darüber, ob die Wirtschaft überhitzt oder unterkühlt ist. So gab es nach der Krise von 2008 eine massive Liquiditätszunahme, als die Fed Geld in die Wirtschaft pumpte. Aber davon floss vergleichsweise wenig in den Kauf von Gütern und Dienstleistungen in den USA, sodass die Wirtschaft ungeachtet der enormen Ausweitung der Geldmenge schwach blieb.[11]

Kurz gesagt kann es auch mit Fiatgeld zu einer inländischen Nachfrageschwäche kommen – einer Lücke, die leicht geschlossen werden könnte, denn es gibt Privatpersonen und Unternehmen, die gern mehr ausgeben würden, aber keinen Zugang zu Krediten haben. Ich habe bereits mehrfach darauf hingewiesen, dass dies ein zentrales Problem in Griechenland und Spanien ist. Die EZB hat, mit ihrem Glauben an Märkte und ihrem inflationsfokussierten Tunnelblick in der Geldpolitik, den Kreditfluss wenig beachtet. Ein Zinssatz von Null oder nahe Null bedeutet nicht, dass Unternehmen Kredite zu einem solchen Zins – beziehungsweise einem beliebigen Zins – bekommen können.

Trotz des einheitlichen Marktes gibt es keinen einheitlichen Kreditzinssatz. Tatsächlich ist die Ungleichheit der Kreditzinsen ein Aspekt der Divergenz, die in das System der Eurozone eingebaut ist. Die einzelnen Länder, die die Kontrolle über ihr Währungssystem aufgegeben haben, können nicht mehr auf eine Angleichung der Kapitalkosten für Unternehmen, Haushalte oder auch die öffentliche Hand hinwirken. Das sind die ungleichen Wettbewerbsbedingungen, die dem gegenwärtigen Eurosystem innewohnen.

Die Auswirkungen einer »Scheidung« auf den Strom von Bankkrediten

Das Bankensystem spielt bei der Bereitstellung von Krediten eine zentrale Rolle. Daher besteht die Sorge, das Ausscheiden aus dem Euro könne zum Zusammenbruch des Bankensystems oder zumindest zu einem schweren Herzinfarkt der Wirtschaft führen. Tatsächlich war es allem Anschein nach die Drohung, dass dies passieren könnte, welche die griechische Regierung im Sommer 2015 dazu veranlasste, den Forderungen der Troika nachzugeben.

Aber diese Furcht ist unbegründet. Nach traditioneller Auffassung funktioniert das Bankwesen ähnlich wie eine primitive Landwirtschaft. Landwirte mit überschüssigem Saatgut – mit Ernten, die ihren Bedarf für den Konsum oder an Saatgut für die nächste Saison übertreffen – konnten dieses zur Bank bringen, die es dann gegen Zins an einen Landwirt auslieh, der mehr Saatgut wollte, als er besaß, entweder für den Konsum (beispielsweise weil er in diesem Jahr eine schlechte Ernte hatte) oder zur Aussaat. Die Bank benötigte Saatgutlager, um Kredite vergeben zu können. Tatsächlich schwebte denjenigen, die sich besorgt fragten, wo Griechenland das für den Betrieb seines Bankensystems notwendige Geld herbekommen würde, diese Getreide-Ökonomie vor: Die Griechen haben kein Getreide, das sie in dem neuen Bankensystem anlegen könnten, und weshalb sollte ein Ausländer sein Getreide bei den neuen griechischen Banken einzahlen?[12]

Aber eine solche Betrachtungsweise geht völlig am Wesen des Kredits im 21. Jahrhundert vorbei. In einer modernen Volkswirtschaft schöpfen Banken tatsächlich Kredite aus dem Nichts, die gedeckt werden durch das allgemeine Vertrauen in den Staat, in seine Fähigkeit und Bereitschaft, die Banken zu retten, die auch seine Besteuerungskompetenz und Kreditaufnahmefähigkeit umfasst. Der Euro hat diese Fähigkeiten jedoch eingeschränkt und mangels einer Bankenunion die nationalen Bankensysteme untergraben.

Wiederherstellung der nationalen Kontrolle über die Kreditschöpfung

Sobald wir die wirtschaftspolitische Souveränität eines Landes wiederherstellen, ist auch seine Fähigkeit, Kredit zu schöpfen, weitgehend wiederhergestellt, wenn es – wie etwa Griechenland – aus der Eurozone ausscheidet. Stellen wir uns vor, dies geschehe ganz direkt durch eine staatliche Bank. Sie kann dem Zahlungsmechanismus »Geld« zuführen, indem sie einen Kredit an ein kleines Unternehmen mit gutem Ruf vergibt, das ein Hotel auf einer Insel errichten will, auf der die Nachfrage nach Hotelzimmern dauerhaft größer ist als das Angebot. Der Staat zahlt einfach mehr »Geld« auf das Bankkonto des Unternehmens ein, und das Unternehmen kann dann dieses Geld dazu verwenden, Firmen zu bezahlen, die es mit dem Bau des Hotels beauftragt. Selbstverständlich besteht bei der Vergabe eines Kredits immer das Risiko, dass dieser nicht zurückgezahlt wird, und es müssen Standards für die Beurteilung der Rückzahlungswahrscheinlichkeit festgelegt werden.

In den letzten Jahrzehnten ist der Glaube an die Fähigkeit des Staates gesunken, solche Beurteilungen durchführen zu können;

stattdessen vertraute man auf das private Finanzsystem. Die Krise von 2008 sowie zahlreiche weitere Krisen der letzten 30 Jahren haben gezeigt, dass dieses Vertrauen fehl am Platze ist. Die Banken besaßen nicht nur kein gutes Urteilsvermögen – wie die massiven, wiederholten Rettungspakete belegen –, sondern erfüllten auch systematisch nicht das, was sie als ihre Hauptaufgabe hätten ansehen sollen: Kredite an Unternehmen zu vergeben, damit diese neue Arbeitsplätze schaffen. Nach einigen Schätzungen beläuft sich ihre »reale« Kreditvergabe auf nur 3 Prozent ihrer Aktivitäten, nach anderen auf rund 15 Prozent. Fest steht jedenfalls, dass sich das Finanzierungsgeschäft der Banken in andere Richtungen verlagerte.[13]

Bei der Übertragung der Befugnis zur Schöpfung staatlich abgesicherter Kredite auf private Institute gab es von jeher Probleme, denn diese konnten ihre Macht nutzen, um durch »vernetzte Kreditvergabe« ihre Eigentümer zu begünstigen. Regulierungen schränkten diese Möglichkeiten ein; den Anstoß dazu gaben wohl vor allem die Erfahrungen massiver Kreditausfälle und nicht die stillschweigende Korruption und Ungleichheit, zu denen eine solche Kreditvergabe führt. Aber die Einschränkung »vernetzter Kreditvergabe« löste das grundlegende Problem nicht: Kredit ist knapp. Als die Privatbanken das Recht erhielten, staatlich gedeckte Kredite zu schöpfen, verschaffte ihnen dies enorme »ökonomische Renten«. Sie konnten diese ökonomische Macht dazu nutzen, sich selbst und ihre Freunde zu bereichern. Russland ist das Paradebeispiel: Wer eine Banklizenz besaß, konnte damit unglaublich wertvolle staatliche Vermögenswerte (hauptsächlich in Form natürlicher Ressourcen) zu erwerben. Vor allem das Bankensystem hat die russischen Oligarchen hervorgebracht. In westlichen Ländern geschieht dies subtiler – durch die Schaffung sehr großer Ungleichheiten (wenn diese auch nicht russische Größenordnungen erreichen).

In vielen Fällen leihen Banken denjenigen Geld, denen sie »vertrauen«, die sie als kreditwürdig einstufen und die aus ihrer Sicht werthaltige Sicherheiten bieten: Die Banker leihen also denjenigen Geld, die ihnen selbst ähneln. Selbst wenn Banker A keine Kredite an sich selbst oder seine Verwandten vergeben darf, darf Banker A den Verwandten von Banker B Kredite gewähren, und Banker B darf Darlehen an die Verwandten von Banker A ausreichen. Immer wieder zeigte sich, wie sehr sie sich irren konnten: Bald wurden überhöhte Kredite an Glasfaser-Hersteller vergeben, dann an Fracking-Unternehmen und schließlich an die Bauwirtschaft.

Die Übertragung des Rechts zur Kreditschöpfung an Privatbanken ist noch mit einer zweiten Gefahr verbunden. Von jeher stehen Geldverleiher in einem schlechten Ruf, weil sie die Armen skrupellos ausbeuten, vor allem zu Zeiten, zu denen diese in großer Not sind und sie selbst, ihre Kinder oder ihre Eltern ohne Geld vielleicht sterben. Zu solchen Zeiten besteht eine extreme Asymmetrie in der Verhandlungsmacht, die die Geldverleiher rücksichtslos ausnutzen. Praktisch jede Religion hat diese Ausbeutung geächtet, Wucher und in einigen Fällen auch Zinsnahme verboten. Aus irgendeinem Grund geriet diese lange Geschichte unter dem magischen Bann des Neoliberalismus in Vergessenheit: Banker litten nicht unter dem Stigma des »Geldverleihers«, sie wurden vielmehr als mustergültige Vertreter des Kapitalismus verklärt. In der Begeisterung über ihre neuen Tugenden, als Dreh- und Angelpunkte im Getriebe des kapitalistischen Systems selbst, ging man einfach davon aus, dass es zu keiner solchen Ausbeutung kommen würde, vielleicht in der Überzeugung, der Wettbewerb würde schon sicherstellen, dass es nicht geschehen *könne,* vielleicht in dem Glauben, dass es die Bürger angesichts des neuen Wohlstands der Arbeiter nicht geschehen lassen würden.

All dies war Wunschdenken. Befreit von Beschränkungen haben sich Banker, unsere Geldverleiher des 21. Jahrhunderts, als genauso skrupellos erwiesen wie die Geldverleiher der Vergangenheit. In mancher Hinsicht sind sie sogar noch schlimmer, weil sie neue Strategien austüftelten, um sowohl die Armen als auch die Investoren auszubeuten. Sie haben Geld von der Basis der ökonomischen Pyramide zur Spitze umverteilt.[14] Der Finanzsektor bereicherte sich selbst auf dem Rücken der Glaubwürdigkeit des Staates, ohne die wichtigen gesellschaftlichen Funktionen zu erfüllen, die

Banken erfüllen sollten. Dadurch wurde der Finanzsektor zu einer Hauptquelle wachsender Ungleichheit in Europa und weltweit.[15]

Will der Staat ungeachtet dieser historischen Erfahrungen die Verantwortung für Kreditentscheidungen trotzdem an Privatunternehmen delegieren, sollte er starke Systeme von Anreizen und Rechenschaftspflichten entwickeln, damit sich das Finanzsystem tatsächlich auf die Vergabe von Krediten zur Schaffung von Arbeitsplätzen und für Existenzgründungen konzentriert und keine überhöhten Gewinne einstreicht. Anders gesagt: Der Staat sollte einen angemessenen Ausgleich (Gegenwert) dafür erhalten, dass er die private Kreditschöpfung absichert. Denn in dem gegenwärtigen System wird der gesamte »Wert« der impliziten staatlichen Kreditgarantie vom privaten Sektor abgeschöpft.[16]

Kreditauktionen

Kreditauktionen sind ein Lösungsansatz für dieses Problem, der gleichzeitig für größere gesamtwirtschaftliche Stabilität sorgen würde. Und ein Land, das aus der Eurozone mit ihren Einschränkungen und rechtlichen Ordnungsrahmen ausscheidet, könnte diese Möglichkeit nutzen. Als Erstes versteigert die Zentralbank (der Staat) die Rechte zur Vergabe neuer Kredite. Die Beträge würden dem »Geld« hinzugefügt, das sich bereits im Finanzsystem befindet. Die Zentralbank bestimmt die Höhe des Nettokredits, der monatlich zugeführt werden darf – auf Grundlage ihrer Einschätzung der wirtschaftlichen Lage, das heißt bei schwacher Konjunktur stellt sie mehr Kredit zur Ankurbelung der Wirtschaft bereit. Die Gewinner der Kreditauktion verteilen dieses »Geld« dann an Kreditnehmer – auf der Basis *ihrer* Einschätzungen der Rückzahlungsfähigkeit, innerhalb des von der Zentralbank vorgegebenen Regulierungsrahmens (den wir unten beschreiben).[17] In diesem System können Banken keine Kredite »aus dem Nichts« schöpfen, und die jeden Monat geschaffene Geldmenge ist sehr genau bekannt. Die Gewinner der Kreditauktion können lediglich Geld von ihrem Konto auf die Konten der Kreditnehmer überweisen.

Der Verkauf der »Kreditvergaberechte« an die Banken wäre mit gewissen Konditionen verbunden. Mindestprozentsätze der Kredite müssten mittelständischen Unternehmen und neu gegründeten Unternehmen zufließen; ein Maximum würde auf Immobilienkredite entfallen (diese würden möglicherweise auf der Basis lokaler Preisänderungen in Abhängigkeit vom Standort der Immobilie zugeteilt), während Kredite für Käufe anderweitiger bestehender Vermögenswerte und Darlehen an Unternehmen, die Spekulationsgeschäfte tätigen, wie Hedgefonds, nur unter strengen Auflagen vergeben werden sollten. Für gesellschaftlich unerwünschte Aktivitäten wie solche, die zur globalen Erwärmung beitragen, oder die gesundheitliche Risiken mit sich bringen, wie Zigaretten, würden keine Mittel bereitgestellt. Es gäbe kurz gesagt Mindeststandards der gesellschaftlichen Verantwortung. Für die Kreditzinsen würden zulässige Höchstgrenzen festgelegt. Diskriminierende Kreditvergabepraktiken und andere missbräuchliche Praktiken der Kreditkartengesellschaften wären verboten, ebenso »vernetzte Kreditvergabe«. Weitere Auflagen sollten sicherstellen, dass der Kreditbestand der Banken risikofrei und solide ist. Die Aufsichtsbehörden würden die Einhaltung der rechtlichen Rahmenvorschriften streng überwachen.

In einem Bankensystem des 21. Jahrhunderts ist das Kreditvergaberecht in einem gewissen Sinne immer befristet. Es ist an die Einhaltung geltender Regeln und Standards gebunden. Der Staat regelt den Eintritt ins Bankensystem. Tatsächlich sollte die Trennung des Einlagengeschäfts vom Kreditgeschäft und die offene Versteigerung der Rechte zur Kreditvergabe den Eintritt (von Unternehmen) in den Bankensektor erleichtern und den Wettbewerb beleben.

Da die Kreditvergabe ein Geschäft ist, das auf Informationen basiert, und die Sammlung von Informationen mit Fixkosten verbunden ist, sollte das neue Bankensystem stabil sein, und dazu ist es notwendig, dass Banken keine übermäßigen Risiken eingehen – das heißt dass sie ausreichend kapitalisiert und hinlänglich profitabel sein sollten. Mit »hinlänglich profitabel« meine ich keine Eigenkapitalrendite von 25 Prozent, die eine europäische Bank, die

Deutsche Bank, bekanntlich einmal als normalen Richtwert ausgab. Der Eintritt von Unternehmen, die über ausreichend Kapital verfügen und weitere Bedingungen erfüllen, die sie als verantwortungsvolle zukünftige Kreditgeber ausweisen, würde also gefördert.[18] Das System der Kreditauktion würde sicherstellen, dass Banken keine überhöhten Gewinne einstreichen; der größte Teil des Werts einer staatlichen Absicherung der Geld-/Kreditschöpfung würde dem Staat und nicht wie bislang den Banken zufließen. Gleichzeitig sorgte das neue System der Kreditschöpfung dafür, dass der Finanzsektor seine eigentlichen gesamtwirtschaftlichen Aufgaben jedenfalls besser erfüllte als unter den gegenwärtigen Rahmenbedingungen. Dieses Beispiel verdeutlicht, wie man ein Bankensystem für das 21. Jahrhundert aufbauen kann, das sich technologische Innovationen zunutze macht, um Leistungen zu erbringen, die in früheren Jahrzehnten viel schwieriger zu erbringen gewesen wären – ein Bankensystem, das verantwortungsvolle Kreditvergabe und gesamtwirtschaftliche Stabilität viel stärker fördert als das gegenwärtige System und das den immensen »ökonomischen Renten« sowie der Ausbeutung einen Riegel vorschiebt, die in so hohem Maße zu der Ungleichheit beitragen, von der fortgeschrittene Länder weltweit zunehmend betroffen sind.

Aber bei dieser Reform geht es nicht nur darum, den Spielraum der Banken zur Ausbeutung ihrer Kunden zu begrenzen. Es geht auch darum, die gesamtwirtschaftliche Stabilität zu verbessern. Die Instabilität des Kreditangebots und insbesondere des Kreditangebots für den Kauf von bereits *produzierten* Waren sowie Dienstleistungen hat maßgeblich zur gesamtwirtschaftlichen Instabilität beigetragen. Die Krise von 2008 zeigte, dass die verbesserte Funktionstüchtigkeit von Märkten und die Fortschritte in unserem Verständnis von Märkten *nicht* zu größerer Stabilität in dieser entscheidenden Variablen führten –im Gegenteil. Unser System dagegen verbessert nicht nur die Stabilität in dieser kritischen Variablen, es schafft auch die Grundlage für eine Aufwärtsdynamik, die die Volkswirtschaft insgesamt stabiler macht. Konjunkturelle Schwankungen sind ein Hauptgrund dafür, dass mittelständische Unternehmen Kredite nicht zurückzahlen: In einer wirtschaftlichen Depression können sie Kredite schlichtweg nicht bedienen. Eine erhöhte gesamtwirtschaftliche Stabilität (als unter der gegenwärtigen Ordnung) würde mehr als alles andere die Bestandsfähigkeit des Bankensystems sichern.

Woher soll das Bankkapital kommen?

Das Schöne am modernen Kreditsystem ist, dass es im Grunde nicht mehr die gleiche Art Kapital wie früher benötigt: Um das zerstörte Bankensystem eines Eurolands zu rekapitalisieren, bräuchte man kein Gold und keine Kredite mehr. Wie wir sahen, kann der Staat einfach selbst Kredit schöpfen (durch eine staatliche Bank), oder er kann die Kreditschöpfung über den gerade beschriebenen Auktionsmechanismus delegieren.

Dass das staatlich geschöpfte Geld zur Bezahlung von Steuerschulden verwendet werden kann und der Staat die Macht hat, Steuern zu erheben, stellt sicher, dass staatlich geschöpfter Kredit werthaltig ist. Weil es sich bei dem Kredit um elektronisches Geld handelt, dessen Bewegung leicht überwacht werden kann, hat der Staat nicht nur die Möglichkeit, Steuern zu erheben, er kann Steuerschulden auch besser einziehen.

Das Eigenkapital einer Bank dient unter diesen Rahmenbedingungen lediglich als Teilbürgschaft dafür, dass die Bank den Kredit zurückzahlen kann – die Bank »kauft« vom Staat das Recht zur Kreditvergabe nur für eine befristete Zeit, und daher muss sie den dergestalt geschöpften Kredit an den Staat zurückzahlen. (Dass die Bank ihr eigenes Kapital verlieren wird, übt zudem starke Anreizeffekte aus; es motiviert sie, potenzielle Kreditnehmer sehr sorgfältig zu prüfen und den Kredit gut zu überwachen.) Arbeitet jedoch die staatliche Bankenaufsicht zuverlässig und erlässt geeignete Regulierungen (um etwa »vernetzte« und übermäßig riskante Kredite zu beschränken), ist der erforderliche Kapitalbetrag begrenzt. Und allein diese Tatsache sollte auf dem Kreditmarkt zu mehr Wettbewerb führen – und die überhöhten Erträge verringern, die Anbieter einstreichen.

Das Leistungsbilanzdefizit bei einer einvernehmlichen Scheidung steuern

Die Eurokrise wurde dadurch verursacht, dass Griechenland sein Außenhandels- und Staatsdefizit nicht länger finanzieren konnte – beziehungsweise, konkreter gesagt, dadurch, dass die Gläubiger ihre Kredite an Griechenland nicht verlängern wollten. Griechenland wurde zwar massiv von seinen Partnern in der Eurozone unterstützt; doch floss der größte Teil der sogenannten Hilfskredite nicht Griechenland selbst, sondern seinen europäischen Gläubigern zu. Dies ist an sich eine gute Nachricht für Griechenland (oder jedes andere Krisenland), was die Fähigkeit betrifft, die Situation aus eigener Kraft zu bewältigen.

Bei einer sachgerechten Schuldenrestrukturierung (die später in diesem Kapitel diskutiert wird) stünde Griechenland kaum schlechter da als jetzt, selbst wenn ihm seine »Partner« in einer einvernehmlichen Scheidung nicht unter die Arme greifen würden. Tatsächlich wäre das Land in einer besseren Verfassung, wenn es befreit wäre von den Bedingungen, die ihm im Rahmen der »Hilfe« auferlegt wurden, befreit von der Austerität und kontraproduktiven Strukturreformen. Zum jetzigen Zeitpunkt, fünf Jahre nach Beginn der Krise, gibt es sogar noch bessere Neuigkeiten: Griechenland, das von allen Krisenländern am schlechtesten dastand, hat sein Außenhandels- und sein (primäres) Haushaltsdefizit praktisch beseitigt. Wäre die Beseitigung dieser Defizite das einzige Ziel der Troika-Programme gewesen und ignorierte man die Kosten für die Realisierung dieser Ziele, dann könnte man die Troika-Programme tatsächlich als Erfolg werten. Aber die Ziele waren ambitionierter: Griechenland sollte auf eigenen Beinen stehen können, Vollbeschäftigung und Wachstum erreichen. Aber stattdessen steckt Griechenland in einer tiefen Depression. Und wie wir in diesem Buch gezeigt haben, waren die Kosten für die Verringerung des Handelsbilanz- und Haushaltsdefizits immens.

Nach der Scheidung wird unter dem Strich zukünftig Geld *in die andere Richtung* fließen: nicht *von* Deutschland und anderen europäischen Staaten nach Griechenland, sondern von Griechenland *nach* Deutschland und zu anderen in der Troika. Dieser umgekehrte Fluss wird absehbarerweise *jahrzehntelang* andauern. Griechenland wird keine Hilfe von außen benötigen – und auch keine bekommen.

Außerhalb der Eurozone könnte Griechenland (oder jedes andere Krisenland) seinen flexiblen Wechselkurs (die Tatsache, dass der Griechische Euro wahrscheinlich einen geringeren Wert hätte als der Euro) nutzen, um ein gegebenenfalls bestehendes Handelsungleichgewicht zu korrigieren und die Wirtschaft zu stärken. Wie wir sahen, ist das Außenhandelsdefizit vor allem darauf zurückzuführen, dass Griechenland den Wechselkurs seiner Währung nicht anpassen kann. Wertet eine Währung ab, werden Exporte attraktiver und Importe unattraktiver, und normalerweise kann (wenn auch manchmal nicht sofort) das Leistungsbilanzdefizit dadurch auf ein Niveau gedrückt werden, auf dem es beherrschbar ist oder sogar ganz beseitigt werden kann. Die Umstellung auf einen Griechischen Euro käme de facto einer solchen Abwertung gleich.

Griechenland exportiert einige Waren wie etwa Olivenöl, und sein Bergbausektor ist ebenfalls groß. Aber wie jede moderne Volkswirtschaft verkauft Griechenland nicht nur Güter, sondern auch Dienstleistungen – tatsächlich entfallen 80 Prozent des BIP auf Dienstleistungen. Der Tourismus steuert rund 7 Prozent zum griechischen BIP bei.[19] Die faktische Abwertung würde Griechenland in diesem Bereich einen Wettbewerbsvorteil verschaffen, weil Verbraucher hier preisempfindlich sind, und dieser Vorteil würde die griechischen Deviseneinnahmen erhöhen.[20]

Selbstverständlich könnte und sollte Griechenland langfristig noch andere Dinge tun und etwa, wie bereits erwähnt, seine Kapazitäten im Bereich der erneuerbaren Energien ausbauen. Eine Abwertung würde Griechenland erlauben, mit dem Verkauf dieser Energie an die übrigen europäischen Länder mehr Griechische Euro zu verdienen. Es könnte sich auch zum »Sonnengürtel Europas« entwickeln (wie es Florida und Arizona in den USA getan haben), als Rentnerparadies (vor allem wenn es sein Gesundheitssystem verbesserte) und als attraktiver Standort für Unternehmen wie American Express, die ihre Transaktionen elektronisch abwickeln und sich daher praktisch überall ansiedeln können. Eine weitere Sorge: Werden diejenigen, die nach Griechenland exportieren, bereit sein, Griechische Euro als Zahlungsmittel zu akzeptieren? Höchstwahrscheinlich – und insbesondere dann, wenn sich Finanzmärkte entwickelten, auf denen man Versicherungen gegen Änderungen des Werts des Griechischen Euro und des gewöhnlichen Euro kaufen könnte. Selbstverständlich wird es zu gewissen Wertschwankungen kommen, so wie der Wert der vielen verschiedenen Währungen innerhalb der EU schwankt – etwa der schwedischen Krone oder des Britischen Pfunds. Aber moderne Finanzmärkte verfügen über Instrumente zur wirksamen Risikoabsicherung.

Das Leistungsbilanzdefizit durch Handelsgutscheine steuern

Es gibt eine weitere Reform, die gleichzeitig sämtliche Zweifel an der Akzeptanz des Griechischen Euro ausräumen und den Anpassungsprozess erleichtern und auch den notwendigen Fluss von Handelskrediten sicherstellen würde. Diese geht auf eine Idee zurück, die von niemand Geringerem als Warren Buffett vorgeschlagen wurde – für die Vereinigten Staaten, die ein chronisches Leistungsbilanzdefizit haben, das zur Schwäche der US-Wirtschaft beiträgt.[21] Gemäß diesem Vorschlag würde die Regierung jedem Exporteur einen »Chit« (auch »Trade-Chit« oder »Buffett-Chit«) bereitstellen, einen (in diesem Fall elektronisch gespeicherten) »Gutschein«. Die Anzahl dieser Gutscheine wäre proportional zum Wert der ausgeführten Güter; um Güter im Wert eines Griechischen Euro einzuführen, müsste man zusätzlich Chits oder »Handelsgutscheine« im Wert eines Griechischen Euro bezahlen. Es gäbe einen freien Markt für Chits, sodass sich Nachfrage und Angebot an Chits ausgleichen würden, und durch Ausgleich der Nachfrage und des Angebots an Chits würde die Leistungsbilanz automatisch ins Gleichgewicht gebracht.

In der Praxis wäre der Wert des Chit normalerweise wohl sehr klein. So hatte Griechenland beispielsweise vor den Turbulenzen, die die griechische Wirtschaft Anfang 2015 erfassten, einen Leistungsbilanzüberschuss – in diesem Fall wäre der Wert des Chit gleich Null. Aber dieses System würde es erlauben, die hohe Volatilität in Marktwirtschaften besser zu steuern. Bei freiem Kapitalfluss hängt der Wechselkurs von den Launen des Marktes ab. Und diese unberechenbaren Wechselkursänderungen sind die entscheidenden Bestimmungsfaktoren der Exporte, Importe, des Außenhandelsdefizits und der Kreditaufnahme. Dadurch destabilisieren sie die Wirtschaft. Mit dem System von »Handels-Chits« lässt sich das Außenhandelsdefizit kontrollieren, was die gesamtwirtschaftliche Stabilität verbessert.[22]

Da im beschriebenen Modell für jeden Import ein Chit benötigt wird, entsteht entweder ein Außenhandelsüberschuss oder -gleichgewicht. Die Regierung könnte mithilfe dieses Systems auch die Höhe des Defizits oder des Überschusses begrenzen. Will sie beispielsweise die Importe so beschränken, dass diese maximal 20 Prozent über den Exporten liegen, kann sie für jeden Euro an Exporten 1,2 Import-Chits ausgeben. Bei einem übermäßigen Exportüberschuss würde für jeden Import ein »Export-Chit« gewährt. Für jeden Export bräuchte man dann einen Chit. Dies würde die Exporte automatisch auf das Niveau der Einfuhren senken. Durch Ausgabe sowohl von Import- als auch Export-Chits lässt sich die Schwankung der Außenhandelsbilanz innerhalb im Voraus festgelegter Grenzen halten.

Die Tatsache, dass das betreffende Land auf diese Weise die Größe des Außenhandelsdefizits oder -überschusses stabilisieren könnte, hat einen immensen gesamtwirtschaftlichen Vorteil: Es erleichtert die makroökonomische Stabilisierung als solche. Es bedeutet beispielsweise, dass ein kleines Land nicht unter den Unwägbarkeiten seiner »Außenbilanz«, seiner Nettoexportposition leiden muss. Denn diese Schwankungen erlegen einer Gesellschaft gewaltige Kosten auf, die der Markt erzeugt, ohne sie selbst zu tragen.

Die Stabilisierung der Außenhandelsbilanz sorgt auch für längerfristige Stabilität, denn wie wir gesehen haben, kann eine über viele Jahre aufgebaute nationale Verschuldung plötzlich untragbar werden. Der Markt betrachtet die Welt durch seine kurzsichtige Brille. Er ist bereit, Jahr für Jahr Kredite zu vergeben – bis er unvermittelt seine Meinung ändert. Durch Begrenzung des Außenhandelsdefizits schränkt ein Land tatsächlich seine nationale Kreditaufnahme ein; das Chit-System reduziert damit eine wesentliche Quelle von Instabilität.

Die Erfahrung Europas und anderer Länder zeigte, dass nicht so sehr die staatliche als vielmehr die nationale Kreditaufnahme zu Krisen führt. In einigen Fällen war die nationale Kreditaufnahme vorwiegend eine Kreditaufnahme der öffentlichen Hand (Griechenland), aber in vielen anderen Fällen (Irland und Spanien) war sie privat. Kommt es zu einer Krise, werden die Schulden schnell von der privaten in die öffentliche Bilanz verschoben.

Außerdem würde dieses System helfen, den Griechischen Euro zu stärken. Ohne das Chit-System würde eine Zunahme der griechischen Importnachfrage (das heißt beispielsweise nach Deutschen Euro, um deutsche Autos zu kaufen) den Preis des Griechischen Euro senken. Aber jetzt, da Importe durch die Notwendigkeit erschwert werden, gleichzeitig einen Chit zu kaufen, würde sich die gestiegene Nachfrage nach Importen im erhöhten Preis eines Chit widerspiegeln und nicht im sinkenden Wert des Griechischen Euro. Dieser wäre stärker, als er es andernfalls wäre. Der bei einem Grexit zu erwartende dramatische Wertverlust des Griechischen Euro würde somit vermieden.[23]

Das Haushaltsdefizit steuern

Außerhalb der Eurozone könnte Griechenland (oder die anderen Krisenländer) nicht nur sein Außenhandelsdefizit ohne fremde Hilfe bewältigen, sondern auch mit seinem Haushaltsdefizit selbst zurechtkommen. Höheres Wachstum würde mehr Steuereinnahmen generieren, und eine Schuldenrestrukturierung (siehe unten) würde den Abfluss nationaler Ressourcen ins Ausland verringern. Längerfristig würde der umsichtige Einsatz von Trade Chits die Anhäufung hoher (öffentlicher wie privater) Auslandsschulden verhindern.

Interessanterweise hat Griechenland heute selbst *innerhalb* der Eurozone kein größeres Problem, sein Haushaltsdefizit zu finanzieren. Das Land kann leicht ohne die Kredite des IWF und der Eurozone überleben. Griechenland hat bei der Sanierung seiner Wirtschaft so große Fortschritte gemacht, dass es (abgesehen von seinem Schuldendienst) 2014 einen Überschuss erwirtschaftete. Die Turbulenzen im Sommer 2015 haben die Staatsfinanzen zwar strapaziert, aber Anfang 2016 war der Haushalt wieder ausgeglichen, und es wird erwartet, dass Griechenland 2018 einen großen Haushaltsüberschuss erzielt.[24]

Hilfe auf dem Weg, eine eigenständige Währung zu schaffen, wäre jedoch auch bei einer gütlichen Scheidung sehr nützlich. Der Prozess des Ausstiegs aus der Eurozone wird holprig verlaufen und von Unsicherheiten geprägt sein. Europa sollte in der Umstellungsphase »Anpassungshilfe« leisten. Aus Solidarität sollten die Gelder als nicht-rückzahlbare Zuschüsse gewährt werden.[25]

Selbst wenn diese Hilfe nicht geleistet würde, könnten die Übergänge relativ reibungslos bewältigt werden. Der Staat benötigt Geld für drei Zwecke: um den Kauf inländischer Güter und Dienstleistungen zu finanzieren, um seine Schulden zu bedienen und um den Kauf ausländischer Güter und Dienstleistungen zu finanzieren. Für Ersteres gibt es zumindest theoretisch eine einfache Lösung. Denn der Staat kann Kredite an sich selbst vergeben (in der in unserer Diskussion über die Delegation der staatlichen Kreditschöpfung an Banken bereits beschriebenen Weise). Der anschließende Anstieg der Gesamtnachfrage würde sich positiv auf die Wirtschaft auswirken. Kritiker werden einwenden, dies heize die Inflation an. Aber in den Krisenländern herrscht Deflation, also eine Nachfrageschwäche.

Hat der Staat einen Finanzierungsbedarf, der über den Betrag hinausgeht, der wieder Vollbeschäftigung herstellt, muss er die Steuern erhöhen. Aufgrund der Informationen, die durch den elektronischen Zahlungsmechanismus zur Verfügung stehen, kann er ausstehende Steuerschulden jedoch viel besser einziehen, sodass eine Steuererhöhung kaum notwendig sein wird.

Die Schuldenrestrukturierung, die bei einer gütlichen Trennung zentral sein sollte, führt zu einer deutlichen Verringerung des Bedarfs an Mitteln für den Schuldendienst. Damit befassen wir uns im nächsten Abschnitt. Der Devisenbedarf lässt sich ebenfalls leicht decken, sofern die übrigen Teile des Programms (einschließlich der Verwendung von Buffett-Chits) umgesetzt werden. Denn dann wird es keinen nennenswerten »Mangel« an Devisen geben.[26]

Schuldenrestrukturierung

Die meisten Krisenländer haben hohe Schulden, die auf Euro lauten. Wie ich im letzten Kapitel ausführte, ist in manchen Fällen, etwa Griechenland, längst offensichtlich, dass eine Umschuldung stattfinden muss, die nach dem Ausstieg aus der Eurozone noch dringlicher wird. Denn wahrscheinlich wird die neue Währung (der Einfachheit halber nennen wir diese weiterhin Griechischen Euro statt Drachme) weniger wert sein als der »gewöhnliche« Euro, den wir weiterhin schlicht Euro nennen.

In Kapitel 7 habe ich erläutert, dass Schuldenrestrukturierungen zwar ein zentrales Merkmal des modernen Kapitalismus, doch häufig umstritten sind. Die griechische Regierung könnte vielerlei tun, um diesen Umschuldungsprozess möglichst reibungslos über die Bühne zu bringen. Als Erstes sollte die Regierung erklären, dass alle auf Euro lautenden Schulden in Griechischen Euro zahlbar sind. Solche Umstellungen gab es in der Geschichte immer wieder. Als die USA den Goldstandard aufgaben, wurden auf Gold lautende Schulden auf Dollar umgestellt. Und beim Eintritt in die Eurozone mussten auf Drachmen lautende Schulden auf Euro umgestellt werden.[27] Würden die Griechischen Euro im Verhältnis zum gewöhnlichen Euro mit einem Abschlag gehandelt, käme dies einer Schuldenrestrukturierung gleich, allerdings einer, die anders als eine normale Umschuldung mit ihren komplexen Problemen reibungslos verlaufen würde. Interessanterweise würde das früher beschriebene Chit-System das Ausmaß der Abwertung verringern.[28]

In einigen wenigen Fällen – Griechenland ist einer davon – muss es zu klaren Schuldenschnitten kommen. Das gilt auch für

Schulden im Rahmen von Verträgen, die ausländischem Recht unterliegen, denn in diesem Fall kann das Land nicht einseitig auf seine neue Währung umstellen. (Im Zuge einer wirklich gütlichen Trennung sollten andere EU-Länder damit einverstanden sein, dass Schuldtitel, die ihrem Recht unterliegen, auf Griechische Euro umgestellt werden.)

Was Privatschulden betrifft, sollte die Regierung ein Gesetz verabschieden, das eine zügige Umschuldung ermöglicht.[29] Die USA haben in Abschnitt 11 ihres Insolvenzgesetzes ausdrücklich anerkannt, dass es wichtig ist, überschuldeten Unternehmen zügig einen Neuanfang zu ermöglichen. Wenn viele Unternehmen von einer Pleite bedroht sind (was möglich sein kann, werden ihre auf Euro lautenden Schulden nicht umgestellt), ist dies umso wichtiger. Wie im vorherigen Kapitel ausgeführt, müssen die Krisenländer in Europa auf die eine oder andere Weise solche Möglichkeiten zu einer zügigen Schuldenbefreiung schaffen – unabhängig davon, ob sie die Eurozone verlassen oder nicht.

Dieses Kapitel konzentriert sich auf eine gütliche Trennung, und da die größten Gläubiger Griechenlands seine europäischen Partner sind, kann man nur hoffen, dass sie einsehen, wie wichtig es ist, dem Land eine Chance für einen Neustart zu geben. Sie sollten erkennen, dass ein weitreichender Schuldenerlass unabdingbar ist, und anstatt das Land mit einer Welle von Klagen zu überziehen, sollten sie ihre Macht und ihren Einfluss geltend machen, um den Spielraum für solche Klagen durch private Gläubiger einzuschränken. Wären die europäischen Partner wirklich solidarisch, könnten sie eine Schuldenrestrukturierung durchführen, die weit über die Mindestanforderungen hinausginge, auf die sich die internationale Gemeinschaft 2015 verständigte. So könnte der Prozess der Schuldenrestrukturierung noch reibungsloser und erfolgreicher verlaufen.[30]

Die Vorteile eines Ausscheidens Deutschlands

Die vorherige Diskussion skizzierte eine Reihe institutioneller Reformen und Neuerungen, die die Grundlagen für einen reibungslosen Ausstieg eines Krisenlands aus der Eurozone schaffen würden.

Unsere Analyse zeigt auch, dass ein Grexit weder kurz- noch langfristig die Probleme der Eurozone behebt. Andere Länder stecken in einer Rezession oder gar Depression, aus der sie so bald nicht herauskommen. Statt dass die einzelnen Krisenländer nacheinander ausscheiden oder die Länder der Eurozone zusammenbleiben und auf unabsehbare Zeit in einer Stagnation verharren, gibt es eine weitere Alternative: Deutschland und vielleicht einige west-, mittel- und nordeuropäische Länder (beispielsweise die Niederlande und Finnland, sollte das Land seine gegenwärtigen Probleme bald überwinden) könnten ausscheiden. Dies wäre ein leichterer Weg, um Europa wirtschaftlich wieder fit zu machen.[31]

Schieden einige dieser Länder aus, könnten die übrigen Länder ihren Wechselkurs relativ anpassen. Diese Anpassung würde helfen, die Leistungsbilanz wieder auszugleichen – ohne dass es dazu einer Rezession oder Stagnation bedürfte, um die Importe zu drücken. Aufgrund der Abwertung würden die Exporte steigen und die Importe zurückgehen, was das Wachstum anregen würde. Der Wachstumsschub würde zusätzliche Einnahmen in die Staatskasse spülen, sodass die Sparpolitik beendet werden könnte. Die Abwärtsspirale, in der sich Europa seit dem Beginn der Krise befindet, würde durch eine Aufwärtsspirale von Wachstum und Wohlstand ersetzt.

Die zunehmende Stärke der südeuropäischen Volkswirtschaften würde sie in die Lage versetzen, ihre Schulden zu bedienen und sogar teilweise zurückzuzahlen. Nach dem Ausscheiden der (hier sogenannten) Nordländer (mit dem »Nord-Euro«) würden die Südländer auch weiterhin den Euro als Währung verwenden. Weil die Schulden auf Euro lauten und die Länder im Süden den Euro behalten, käme es nicht zu einem Anstieg der Verschuldung, wie es der Fall wäre, verließen die südeuropäischen Länder die Eurozone – mit all den negativen Effekten, die mit dem Anstieg der Verschuldung verbunden sind.

Unterdessen würde der stärkere Nord-Euro im nördlichen Teil Europas den anhaltenden Handelsbilanzüberschuss beseitigen, der nicht nur für die Partner in der Eurozone, sondern auch für die Weltwirtschaft problematisch ist. Deutschland müsste dann andere

Wege finden, um seine Wirtschaft anzukurbeln – indem es einige der im vorangehenden Kapitel vorgeschlagenen Reformen anstößt, etwa Lohnerhöhungen für Geringverdiener, Verringerung der Ungleichheit und Erhöhung der Staatsausgaben. Unter den gegenwärtigen Rahmenbedingungen wäre die Geldpolitik (selbst die der Nordländer) relativ unwirksam, und wenn Deutschland Vollbeschäftigung aufrechterhalten wollte, müsste es fiskalpolitische Maßnahmen ergreifen. Da die Schulden von Unternehmen, Haushalten und öffentlichen Händen in Nordeuropa auf Euro lauten und der Nord-Euro relativ zum Euro aufwerten würde, käme es zu einer automatischen Entschuldung der Wirtschaft, was das Wachstum anregen würde. Dies würde die konjunkturdämpfenden Effekte der Beseitigung des Handelsbilanzüberschusses teilweise ausgleichen.

Abschließende Bemerkungen

In diesem Kapitel haben wir beschrieben, wie eine gütliche Trennung ablaufen könnte. Wir haben gezeigt, dass es geeignete Lösungsansätze für alle zentralen Probleme gibt, mit denen die Krisenländer bei einer solchen Trennung konfrontiert wären. Leistungsbilanzdefizite könnten beseitigt oder sogar in Überschüsse umgewandelt werden. Staaten wären in der Lage, ihre Ausgaben selbst zu finanzieren. Sie könnten zu Vollbeschäftigung zurückkehren – nachdem sie jahrelang in Rezession und Depression verharrten –, ohne unter Inflation oder Deflation zu leiden. Ich habe ein System beschrieben, in dem selbst die traditionell »schwachen« Volkswirtschaften keine Auslandsschulden mehr anhäufen müssten, die wiederholt Krisen verursacht haben. Auch innerhalb dieses Ordnungsrahmens müssen Entscheidungen getroffen werden: Zumindest in den ersten Jahren des Übergangs würde ich ihnen empfehlen, einen Leistungsbilanzüberschuss anzustreben, die öffentlichen Investitionen deutlich zu erhöhen, möglichst einen kleinen Haushaltsüberschuss zu erwirtschaften und, falls nötig, den Multiplikator des ausgeglichenen Haushalts zu nutzen, um die Gesamtnachfrage zu stärken.

Selbstverständlich läuft es selten so glatt. Wie immer gibt es wahrscheinlich Kränkungen und Schuldzuweisungen: Wer ist schuld? Hätte die Ehe besser funktioniert, wenn ...? Was wäre, hätte Griechenland sich besser verhalten? Was wäre, wenn die Troika ihre Macht nicht so missbraucht hätte? Die Griechen werden höchstwahrscheinlich Symptome einer Person zeigen, die sich in einer Missbrauchsbeziehung befunden hat (auch »Syndrom der misshandelten Frau« genannt) – sie werden sagen, wären wir doch nur entgegenkommender gewesen ... Wenn wir doch nur ... Aber wir haben hinlänglich verdeutlicht, dass die *Struktur* der Eurozone selbst für das Versagen verantwortlich ist. Ich habe erklärt, wieso es unwahrscheinlich ist, dass ein anderes Ergebnis herausgekommen wäre, wenn die griechischen Unterhändler entgegenkommender gewesen wären; im Verlauf der Krise hatte Griechenland Unterhändler, die sehr unterschiedliche Stile pflegten, und keiner hat viel erreicht. Es gibt keinen Grund für Selbstvorwürfe.

Viele in Europa werden den Tod des Euro betrauern. Aber das ist nicht das Ende der Welt: Währungen kommen und gehen. Der Euro ist lediglich ein schlecht durchdachtes, 17 Jahre dauerndes Experiment, das aufgrund von Konstruktionsfehlern scheiterte. Das europäische Projekt, die Vision eines geeinten Europa, geht weit über eine Gemeinschaftswährung hinaus. Die Währung sollte Solidarität fördern sowie Einigung und Wohlstand bringen. Nichts davon hat der Euro erreicht: So, wie er konstruiert ist, ist er zu einem Hindernis für die Verwirklichung all dieser Ziele geworden, und wenn die im letzten Kapitel diskutierten Reformen der Eurozone heute nicht realisierbar sind, ist es besser, den Euro aufzugeben, um Europa und das europäische Projekt zu retten.

11 Der Übergang zu einem flexiblen Euro

Betrachtet man Europa heute, könnte man sagen, dass es ganz schön in der Tinte sitzt. Es hält am Euro fest, obwohl er nicht funktioniert. Es würde gern so tun, als wäre alles bestens gewesen, hätten sich die Euroländer an die Regeln gehalten und wäre die Finanzkrise von den USA nicht nach Europa herübergeschwappt. Aber tief im Innersten muss Europa wissen, dass dies nicht stimmt. Auch Länder, die sich an die Regeln hielten, sind von der Krise betroffen. Nicht nur Länder der südlichen Peripherie, sondern auch Irland gerieten in ihren Sog. Selbst das mustergültige Finnland hat Anpassungsschwierigkeiten; so lag die Arbeitslosigkeit Anfang 2016 bei unannehmbaren hohen 9,3 Prozent.

Es liegt in der Natur der Marktwirtschaft, dass Dinge auch »mal schiefgehen«. Und geht etwas schief, sind verschiedene Länder unterschiedlich betroffen, und es bedarf erheblicher Anpassungsleistungen. Aber der Euro erschwert diese, gelinde gesagt.

Während Nordeuropa die südlichen Länder wegen der vermeintlich unsoliden Haushaltspolitik des sogenannten »Knoblauchgürtels« geißelt, zeigen die Schwierigkeiten Finnlands, dass die Probleme tief greifender sind und andere Ursachen haben. Finnland war eine europäische Erfolgsgeschichte. Nachdem es eine Zeit lang praktisch ein russischer Vasallenstaat war, betrug sein Pro-Kopf-Einkommen 1960 (inflationsbereinigt) lediglich 10 500 Dollar, 68 Prozent des damaligen Pro-Kopf-BIP der USA. Dank hoher Bildungsinvestitionen erzielte das Land dann so hohe Wachstumsraten, dass sein Pro-Kopf-Einkommen im Jahr 2007 42 300 Dollar erreichte, 93 Prozent des US-Pro-Kopf-Einkommens. Aber dann brachen unvermittelt zahlreiche Probleme über das Land herein: In der sich schnell wandelnden Hightech-Branche geriet das finnische Vorzeigeunternehmen Nokia gegenüber seinen Wettbewerbern ins Hintertreffen. Finnland unterhält außerdem enge Handelsbeziehungen zu Estland, das von der Krise 2008 besonders schwer getroffen wurde. Und nach dem Fall der Berliner Mauer profitierte Finnland von der starken Nachfrage aus Russland. Aber westliche Sanktionen im Gefolge der Ukrainkrise schadeten Finnland dann ebenso sehr wie Russland, das zudem unter sinkenden Öl- und Gaspreisen litt. Das finnische BIP schrumpfte 2009 um 8,3 Prozent, und 2015 lag es noch immer 5,5 Prozent unter seinem Höchststand von 2008. Wäre Finnland nicht in der Eurozone gewesen, hätte die finnische Währung abgewertet und die sinkenden Einfuhren sowie die Zunahme der Ausfuhren hätten die Wirtschaft angekurbelt. Ohne die fiskalischen Beschränkungen, die mit der Mitgliedschaft in der Eurozone verbunden sind, hätte Finnland Kredite aufnehmen können, um durch höhere Staatsausgaben die Konjunktur zu beleben. So aber geriet es in den Sog der Austeritätswelle, die über Europa hinwegrollte. Lohnkürzungen im öffentlichen Dienst, die für erheblichen Unmut sorgten, sollten auf mysteriöse Weise die finnische Exportwirtschaft wettbewerbsfähiger machen. Stattdessen dämpften die Lohnsenkungen die Nachfrage und verstärkten so den Abschwung. Kurz gesagt wirkte die Euro-Arznei in dem sich vorbildlich verhaltenden Finnland kaum besser als bei den aufsässigeren Patienten des Südens.

Die Alternative eines »mehr Europa«, die Schaffung einer Eurozone gemeinsamen Wachstums und Wohlstands, ist mit Sicherheit der beste Weg für die Zukunft Europas, aber zumindest einige Länder in der Eurozone scheinen sich mit dieser Idee nicht anfreunden zu können. Andererseits ist die im letzten Kapitel diskutierte Alternative der einvernehmlichen Scheidung genauso unangenehm. Für diejenigen, die den Euro als den nächsten und entscheidenden Schritt der europäischen Einigung ansahen, wäre die Trennung ein Zeichen des Aufgebens, der Resignation. Ich habe dargelegt, wieso ich diese Sichtweise für falsch halte (eine gemeinsame Währung steht nicht im Zentrum des europäischen Projekts oder sollte es jedenfalls nicht), aber so, wie wir die Dinge wahrnehmen, so *sind* sie für uns, zumindest bis zu einem gewissen Grad: Sieht daher eine große Zahl von Menschen in Europa eine einvernehmliche Scheidung zumindest als ein vorübergehendes Scheitern an, könnte dies tatsächlich ein Rückschlag für die europäische Einigung bedeuten.[1]

Hier möchte ich kurz eine letzte Alternative diskutieren, die ich den »flexiblen Euro« nenne. Zunächst ist anzuerkennen, dass seit dem Ausbruch der Eurokrise gewisse Verbesserungen des institutionellen Rahmens der Eurozone erreicht wurden, die allerdings nicht ausreichen, um das System der Gemeinschaftswährung zu stabilisieren. Der flexible Euro baut auf diesen Erfolgen auf – in der Hoffnung, ein System zu schaffen, in dem verschiedene Länder (oder Gruppen von Ländern) jeweils ihren eigenen Euro hätten. Der Wert der verschiedenen Euro würde schwanken, allerdings innerhalb von Grenzen, die von der Politik innerhalb der Eurozone beeinflusst würden. Im Lauf der Zeit und mit wachsender Solidarität zwischen den Ländern könnten diese Bandbreiten verringert werden, und auf lange Sicht könnte schließlich das 1992 im Vertrag von Maastricht festgeschriebene Ziel einer Einheitswährung verwirklicht werden. Da sodann die notwendigen institutionellen Voraussetzungen erfüllt wären, könnte die Einheitswährung vielleicht tatsächlich die Ziele erreichen, die mit ihr angestrebt wurden: den Wohlstand und die Solidarität in Europa zu fördern und die politische Einigung voranzubringen.

Die Grundidee

Die Grundidee basiert auf den Kapiteln 9 und 10: In Anerkennung der strukturellen Defizite der Eurozone, die heute existieren und wahrscheinlich in den kommenden Jahren fortbestehen, können wir einige Werkzeuge einsetzen, die wir im Fall einer gütlichen Trennung benutzen würden, um für eine hinreichende politische Koordinierung zu sorgen, sodass sich die Schwankungen der verschiedenen Euro-Währungen gegeneinander in Grenzen halten.

Das letzte Kapitel verwies darauf, dass wir im 21. Jahrhundert weitgehend in eine digitale Wirtschaft eingetreten sind. Die Beschleunigung dieses Prozesses würde die gesamtwirtschaftliche Effizienz steigern und die Steuereinziehung erleichtern. Statt einer Einheitswährung für die gesamte Region der heutigen Eurozone gäbe es mehrere Ländergruppen, die jeweils ihre eigene Währung hätten. Jedes Land beziehungsweise jede Ländergruppe würde eine elektronische Währung einführen – entsprechend den in Kapitel 10 dargelegten Grundsätzen. Geld könnte leicht vom Konto einer Person auf das einer anderen übertragen werden, beispielsweise beim Kauf von Gütern und Dienstleistungen. Unternehmen würden die Löhne ihrer Mitarbeiter auf diese Konten einzahlen, und in der gleichen Weise würden sie ihre Zulieferer bezahlen und von ihren Kunden bezahlt. Ich beschrieb in Kapitel 10, wie dem elektronischen System Geld zugeführt oder entnommen werden könnte – etwa durch Schöpfung neuer Kredite oder durch ein verringertes Kreditangebot.

Ich beschrieb auch ein System, durch das Nettozahlungen ans Ausland und aus dem Ausland im Gleichgewicht gehalten werden könnten: Zusätzlich zu Zahlungen in lokalen Euro auf ihr Konto würden Exporteure Chits erhalten, und diejenigen, die importieren wollten, müssten nicht nur Zahlungen aus ihren Konten tätigen, sondern auch eine entsprechende Anzahl von Chits kaufen. Das System marktgängiger Trade-Chits würde sicherstellen, dass der Wert der Exporte gleich dem Wert der Importe wäre – es gäbe keinen Nettofluss in das Zahlungssystem hinein oder aus ihm heraus. Wie wir in Kapitel 10 sahen, könnten Länder beschließen, ein Außenhandelsdefizit zuzulassen oder einen Außenhandelsüberschuss zu erzielen, indem sie einfach das Verhältnis verändern zwischen den Chits, die man für Exporte im Wert von 1 Euro erhält, und den Chits, die man für Importe benötigt.

In diesem System könnte der Wert des Euro eines Landes im Verhältnis zum Wert des Euro eines anderen Landes schwanken (und mehr noch: der Wert des Euro dieses Landes plus der damit verbundene Wert eines Chits). Genau diese Flexibilität der Wechselkurse fehlt dem gegenwärtigen System. Gleichzeitig erklärte ich, wie das System der Chits wahrscheinlich die Schwankungen des Werts einer Euro-Währung gegenüber einer anderen begrenzen würde.

Die relativen Wechselkurse stabilisieren

Europa könnte gemeinsam viel unternehmen, um die Wechselkursbewegungen in unserem System flexibler Euro zu begrenzen. Da ich diese Maßnahmen bereits in Kapitel 9 diskutiert habe, fasse ich mich hier kurz.

Die Überschüsse begrenzen

Erstens könnten sich die traditionellen Überschussländer (insbesondere Deutschland) dazu verpflichten, diese Überschüsse abzubauen – die ihren europäischen Nachbarn und der Weltwirtschaft insgesamt durch die aus den Überschüssen entstehenden Ungleichgewichte hohe externe Kosten auferlegen. Sie würden dies ebenfalls mit dem Chit-System tun. Dies verringerte nicht nur die weltwirtschaftlichen Ungleichgewichte; vielmehr würde aus den gleichen Gründen, aus denen der Griechische Euro (mit Chits, die die Außenhandelsdefizite begrenzen) wahrscheinlich stärker sein wird als ohne Chits, der Deutsche Euro mit – den Überschuss begrenzenden – Chits schwächer sein, als er es ohne Chits wäre. Die Verantwortlichen der Eurozone könnten daher schlicht dadurch eine weitgehende Parität zwischen den verschiedenen nationalen oder regionalen Euro erreichen, dass sie das Chit-System entsprechend anpassen.

Effizientere Teilung der Anpassungslasten

Wir haben bereits ausgeführt, dass Handelsungleichgewichte durch die Starrheit der realen Wechselkurse verursacht werden, die eine Folge der Starrheit der nominellen Wechselkurse sind. Die Strategie der Eurozone, durch magische Produktivitätssteigerungen (beispielsweise durch Strukturreformprogramme) oder innere Abwertung die gewünschten realen Wechselkursanpassungen zu erreichen, ging nicht auf und war für viele Menschen sehr schmerzhaft. Die Anpassung ist unter anderem deshalb gescheitert, weil Deutschland auf einem asymmetrischen Anpassungsprozess bestand und die Defizitländer (durch Lohn- und Preissenkungen) die Anpassungslasten tragen mussten – ungeachtet der Tatsache, dass »Abwärtsanpassungen« erheblich kostspieliger sind als ihr Gegenstück, Anpassungen nach oben. Es wäre viel besser, wenn Europa sich zu einem asymmetrischen Prozess verpflichtete, diesmal aber mit entgegengesetzter Tendenz: Die Überschussländer sollten eine Politik (etwa Fiskal- und Lohnpolitik) verfolgen, die zu Aufwärtsanpassungen von Löhnen und Preisen führt.

Produktivitätskonvergenz

Die vorangehenden Kapitel zeigten auch, dass Europa einen Prozess der Produktivitätsdivergenz in Gang setzte, weil die Finanzierungsquellen in schwachen Ländern nach und nach versiegen und öffentliche Investitionen in Infrastruktur, Bildung und Technologie stark zurückgehen. Europa besitzt bereits einige Institutionen, die dem entgegenwirken sollen, und sagt, es sei entschlossen, mehr zu tun. So kann beispielsweise die Europäische Investitionsbank ihre Investitionen in schwachen Ländern erhöhen. Setzt die Eurozone ihre Zusage zügig um, eine wirkliche Bankenunion mit einer gemeinsamen Einlagensicherung zu schaffen, würde sie verhindern, dass die Divergenz beim Zugang zu privaten Finanzierungen extreme Formen annimmt. Aber selbst dann hätten mittelständische Unternehmen in schwachen Ländern höchstwahrscheinlich immer noch einen Wettbewerbsnachteil. Eine Kreditanstalt zur Mittelstandsförderung, die speziell auf die schwachen Länder ausgerichtet wäre, könnte helfen, diese Nachteile auszugleichen. Würde Europa einen Solidaritätsfonds für Stabilisierung einrichten oder mehr Verantwortung für die gemeinsame Finanzierung von Sozialausgaben wie der Arbeitslosenversicherung in Krisenländern übernehmen, machte es in den Haushalten dieser Länder Mittel für mehr Zukunftsinvestitionen frei.[2] Und förderte Europa industriepolitische Maßnahmen anstatt sie zu verbieten, hätten die Nachzüglerländer eine bessere Chance, zu den Spitzenreitern aufzuschließen.

Die ökonomische Logik

Wir haben in früheren Kapiteln die Probleme erläutert, die das System der einheitlichen Währung der Eurozone mit sich bringt. In den Jahren vor der Krise bauten sich aufseiten der Peripherieländer große Handelsungleichgewichte auf – und das System unternahm nichts, um diese Entwicklung zu stoppen. Im Anschluss an die Krise erlegte es dann einen schmerzlichen und kostspieligen Anpassungsprozess auf – dessen Kosten im Allgemeinen von den Defizitländern getragen wurden und werden. Sehen wir *in* die Länder hinein, ist die Situation sogar noch schlimmer: Arbeitnehmer und Kleinunternehmen bezahlen den Preis für diesen asymmetrischen Anpassungsprozess; von der Entstehung der früheren Ungleichgewichte profitierten dagegen andere – in Spanien etwa Baufirmen und Immobilienspekulanten. Wir verlangen von Unbeteiligten, dass sie für die Fehler anderer zahlen. Das System erzeugt zahlreiche makroökonomische Externalitäten – das heißt die Handlungen einiger Privatpersonen und Unternehmen erlegen anderen hohe Kosten auf. Externalitäten erfordern staatliche Eingriffe. Dies ist offensichtlich im Fall von Umweltexternalitäten wie Umweltverschmutzung; hier führten politische Gegenmaßnahmen zu reinerer Luft und saubereren Flüssen. Es hat funktioniert. Aber die US-amerikanischen Banken haben die Weltwirtschaft mit toxischen Hypothekenpapieren »verschmutzt«. Die Aufsichtsbehörden hätten etwas dagegen tun sollen, blieben jedoch untätig. Innerhalb der Eurozone geschah Ähnliches. In einigen Fällen (Irland und Spanien) gab es eine Immobilienpreisblase, in anderen Fällen nahmen die Exzesse andere Formen an.

Das beschriebene System stellt einen einfachen Rahmen bereit, in dem sich gesamtwirtschaftliche Externalitäten besser steuern lassen. Es ist sicherlich kein Allheimmittel. Konjunkturelle Schwankungen wird es weiterhin geben; werden sie jedoch wirksam begrenzt, haben sie weniger gravierende Auswirkungen. Mit diesem System könnte Europa die Stagnation überwinden.

Einige mögen einwenden, dass dies ein Eingriff in den Markt sei. Doch ist die Eurozone selbst ein massiver Eingriff in den Markt.

Sie legt einen eminent wichtigen Preis fest, den Wechselkurs. Sie sagt, es müsse für die gesamte Region einen einheitlichen Zinssatz geben, der von einer *öffentlichen* Institution, der Europäischen Zentralbank, festgesetzt wird. Die Frage ist: Wie gut funktioniert der Rest des Marktes mit dieser staatlich auferlegten Starrheit? Kann sie Stabilität gewährleisten? Wir haben mittlerweile über ein Jahrzehnt an praktischen Erfahrungen gesammelt, und die Antwort ist ein klares Nein.

Unser Vorschlag ist mit minimalen Eingriffen in den Markt verbunden, und er stützt sich überdies auf Marktmechanismen. Er korrigiert eine allgemein anerkannte Externalität, die mit außenwirtschaftlichen Ungleichgewichten verbundene Marktexternalität. Europa hat sich diese Suppe selbst eingebrockt, nicht zuletzt weil es davon ausging, Märkte seien perfekter, als sie es tatsächlich sind. Aber Märkte zeichnen sich durch eine äußerst hohe Volatilität von Preisen und Quantitäten aus: die Zinssätze, die von Kreditnehmern verschiedener Länder verlangt werden, entwickelten sich sehr unterschiedlich, und Kapital- und Kreditströme schwankten in einer Weise, die unter den derzeitigen Rahmenbedingungen praktisch nicht beherrschbar ist.

Arbeitnehmern sagt man, sie sollten sich einfach damit abfinden, von diesen Mahlströmen hin und her geworfen zu werden, obwohl diese keine Naturereignisse sind, sondern Produkte irrationaler und ineffizienter Märkte. Arbeitnehmer sollen Lohnkürzungen und die Beschneidung sozialer Absicherungen hinnehmen, damit die Kapitalmärkte ihre »Freiheit« genießen können. Das System des flexiblen Euro soll ein bisschen Ordnung in dieses Chaos bringen, das nicht das versprochene höhere BIP-Wachstum erzeugt hat – geschweige denn die sozialen Wohlfahrtseffekte, die dieses höhere BIP begleiten sollten.

Es gibt einige grundlegende theoretische Unterschiede zwischen dem Ordnungsrahmen eines flexiblen Euro und dem des heutigen Euro. Letzterer geht davon aus, dass schon alles bestens sein wird, wenn die EZB den Leitzins richtig festlegt und einzelne Länder ihre Schulden- und Defizitgrenzen einhalten. Aber so ist es nicht. Es gibt eine Theorie (die sogenannte Arrow-Debreu-Wettbewerbsgleichgewichtstheorie), die erklärt, wann ein solches System uneingeschränkter Wettbewerbsmärkte funktionieren und zu gesamtwirtschaftlicher Effizienz führen kann. Dazu bedarf es Märkten und Informationen, die ein Maß an Vollkommenheit besitzen müssen, wie es nirgendwo auf der Welt anzutreffen ist. Und selbst unter solchen Bedingungen konnten diese Ökonomie-Nobelpreisträger nicht nachweisen, dass das Wirtschaftssystem dynamisch stabil ist. Es ist eine *Gleichgewichts*theorie; aber sie haben nicht erklärt, wie eine Volkswirtschaft dieses Gleichgewicht erreicht.

In der realen Welt, in der wir leben, ist es oftmals besser, sich nicht nur auf die Preise zu stützen – sondern zu versuchen, wie es unser Ordnungsrahmen des flexiblen Euro tut, die *Menge* an Krediten und Nettoausfuhren zu kontrollieren und die Verwendungszwecke der Kredite und die Höhe der Fremdwährungsschulden zu regulieren. Allerdings basiert die Steuerung der Volkswirtschaft in dem von uns vorgeschlagenen Ordnungsrahmen in hohem Maße – wenngleich nicht ausschließlich – auf dem Preismechanismus; es gibt kein Mikro-, aber mehr Makromanagement als heute.

Wir wissen heute, dass sich eine Marktwirtschaft nicht selbst steuern kann. Deshalb hat jedes Land beispielsweise eine Zentralbank, die die Leitzinsen festsetzt, und Regulierungsbehörden, die das Bankgewerbe beaufsichtigen. Einige Erzkonservative würden die Uhr gern zurückdrehen, in eine zentralbanklose Welt mit »Bankfreiheit«, in der Banken keiner besonderen staatlichen Regulierung unterliegen. Jeder, der sich mit Wirtschaftsgeschichte befasst hat, weiß, was für eine Katastrophe das wahrscheinlich wäre.

Jeder, der sich die wirtschaftliche Leistungsbilanz der Eurozone in den letzten Jahren ansieht, erkennt, dass sie sehr zu wünschen übrig lässt. In Kapitel 3 beschrieben wir die massive Verschwendung von Ressourcen. Es wäre falsch, wenn wir nicht versuchten, diese klägliche Bilanz zu verbessern. Der skizzierte Ordnungsrahmen würde hierfür die Voraussetzungen schaffen. Diese maßvollen Reformschritte würden das System nicht umkrempeln, doch systematisch einige der größten Schwächen des gegenwärtigen wirtschaftlichen Ordnungsgefüges, einige der schwerwiegendsten Instabilitäten beseitigen, die uns so hohe ökonomische und soziale Kosten auferlegten.

Selbstverständlich müssen zahlreiche Details ausgearbeitet werden. Das System ist zweifellos nicht vollkommen, doch mit Sicherheit besser als das derzeitige, das so viele Menschen in der Eurozone teuer zu stehen kommt. Mit dem flexiblen Euro würde der Rahmen der wirtschaftlichen Zusammenarbeit in der Eurozone Stabilität und Wachstum auf breiter Front fördern.[3]

Notwendige Zusammenarbeit in der Eurozone

So, wie die Länder der Eurozone bei einer gütlichen Trennung zusammenarbeiten müssten, wäre eine europäische Kooperation auch hilfreich, um das reibungslose Funktionieren des flexiblen Euro sicherzustellen. Wenn einige Länder Bedenken gegen diese vorgeschlagene Alternative hegen, könnte eine »Koalition der Willigen« schon einmal vorangehen; jede beliebige Gruppe von Ländern innerhalb der Eurozone könnte das System einführen.[4] Diese Länder könnten dann zusammenarbeiten, um die Wechselkursschwankungen der lokalen Euro in der in diesem Kapitel beschriebenen Weise zu stabilisieren. Schlössen sich alle oder auch nur die meisten Länder der Eurozone – vielleicht mit Ausnahme Deutschlands – dieser Koalition der Willigen an, dann würde auch der Wechselkurs der deutschen Währung de facto flexibel, denn er würde im Verhältnis zu allen anderen lokalen Euro schwanken. Es läge dann im Interesse Deutschlands, sich dem System anzuschließen, um den Wechselkurs seiner Währung im Verhältnis zu denen der anderen möglichst stabil zu halten.

Bei hinlänglicher Solidarität und Kooperation zwischen den europäischen Ländern würde dieser Ordnungsrahmen dazu führen, dass sich die Wechselkurse in immer engeren Bandbreiten bewegen würden. Wenn die Wechselkurskoordinierung hinreichend erfolgreich wäre, die Schwankungsbreite also immer geringer würde, dann könnte Europa vielleicht eines Tages den Schritt zu einer Einheitswährung vollziehen.

12 Wie geht es weiter?

In diesem Buch haben wir den Zustand der Eurozone und ihre Zukunftsaussichten in recht düsteren Farben geschildert, ihre grundlegenden Konstruktionsfehler und deren Ursachen beschrieben: teils mangelndes Verständnis ökonomischer Zusammenhänge, teils fehlender politischer Wille und unzureichende Solidarität. Wir haben gesehen, dass die gleichen Ursachen auch zu der verfehlten Krisenpolitik führten.

Nicht nur Europas Gegenwart, sondern auch seine Zukunft wird geopfert. Der Euro sollte den Europäern »dienen«; heute verlangt man von ihnen, für die Rettung des Euro niedrigere Löhne, höhere Steuern und soziale Einschnitte hinzunehmen. Und nicht nur die Wirtschaft Europas wird geopfert, sondern in gewisser Weise auch der Glaube an die Demokratie. Deutsche Regierungsmitglieder und andere Verantwortliche der Eurozone beteuerten immer wieder, die drakonische Sparpolitik sei »*alternativlos*«. Ich habe dargelegt, dass es durchaus Alternativen gibt, von denen sogar die Gläubiger profitieren würden.

In diesem abschließenden Kapitel möchte ich mich drei Fragen zuwenden: Wie geht es mit der Eurozone wahrscheinlich weiter? Warum verfolgt sie überhaupt diesen Kurs – ist vielleicht insgeheim noch *etwas anderes* im Spiel? Und warum ist das europäische Projekt so wichtig?

Wohin steuert die Eurozone?

Ich habe drei Alternativen zur derzeitigen Strategie des Durchwurstelns skizziert. Ich weiß, welche *ich* vorziehen würde, wäre ich ein Europäer – die in Kapitel 9 beschriebenen Reformen, die der

Eurozone Wachstum und Wohlstand bringen würden. Wirtschaftswissenschaftler sind nicht besonders gut darin, Dinge vorherzusagen (die Troika prognostizierte in den Eurokrisenländern die Folgen ihrer Programme mehrfach völlig falsch), doch noch schwieriger sind politische Vorhersagen. Meine Sorge ist, dass die derzeitige Strategie des Durchwurstelns einfach fortgesetzt wird und dass die einvernehmliche Scheidung oder der flexible Euro nicht einmal erwogen werden. Man macht den Krisenländern immer wieder gerade so viel Hoffnung, dass sie in der Eurozone bleiben. Deutschland und andere Befürworter des Status quo werden ausnutzen, dass es in Griechenland und anderen Ländern eine große Unterstützung für die Eurozone gibt: Die Bürger in diesen Ländern glauben fälschlicherweise, ein Ausscheiden aus der Eurozone bedeute, nicht mehr zu Europa oder zur EU zu gehören. Dabei vergessen sie, dass Länder wie Dänemark, Schweden und – bis vor Kurzem – Großbritannien zwar Mitglieder der EU, nicht aber der Eurozone sind. Sie vergessen auch die Schweiz, Island und Norwegen, die nicht einmal der EU angehören, aber sehr wohl Teile Europas sind.

Für die weitere politische Entwicklung verheißt dies nichts Gutes: Die Parteien der Mitte, die sich für den Euro einsetzen, verlieren gegenüber extremen Parteien an Boden; in Spanien etwa erstarken jene Parteien, die regionale Unabhängigkeit fordern. In dem Maße, wie die Angst vor Arbeitslosigkeit immer weiter um sich greift, werden überall in Europa Parteien wachsenden Zulauf verzeichnen, die offene Grenzen ablehnen und sie vor allem für Flüchtlinge schließen wollen. Niemand weiß mit Sicherheit, wann der politische Wille, in der Eurozone zu bleiben, in dem einen oder anderen Land zerbrechen wird. Aber es ist klar, dass das Risiko da ist und es mit erheblicher Wahrscheinlichkeit dazu kommt. Man sieht es bereits an den Wahlergebnissen.

Und findet dieser Bruch statt, besteht die Gefahr, dass es kein Halten mehr gibt: Ist ein Land erst einmal ohne größere Probleme ausgeschieden, folgen höchstwahrscheinlich andere dem Beispiel – es sei denn, die Troika hat zuvor eingelenkt oder diese Länder haben sich erholt. Aber gegenwärtig ist sowohl das eine wie das andere eher unwahrscheinlich. Es wäre untertrieben zu sagen, dass diese dramatischen Ereignisse nicht nur für Europa, sondern für die ganze Welt tief greifende wirtschaftliche und politische Folgen hätten.

Die Gründerväter des Euro hielten sich selbst für Visionäre, als sie den Euro aus der Taufe hoben. Sie dachten, sie würden über die kurzfristigen Belange hinausblicken, die politische Führer normalerweise beschäftigen. Die Zukunft Europas und des Euro hängen heute davon ab, ob die gegenwärtigen politischen Führer der Eurozone ein Mindestmaß an ökonomischem Sachverstand mit einem visionären Sinn für und Interesse an europäischer Solidarität verbinden können.

Was geht hier vor? Das Wechselspiel zwischen Politik und Wirtschaft

Ich habe wiederholt darauf hingewiesen, dass es merkwürdig ist, welche Politik den Krisenländern auferlegt wurde. Normalerweise erlegen Kreditgeber Schuldnern Bedingungen auf, die die Wahrscheinlichkeit erhöhen sollen, dass ein Kredit zurückgezahlt wird. Dagegen haben die von der Troika auferlegten Bedingungen die Fähigkeit dieser Länder zur Schuldentilgung verringert, insbesondere im Falle Griechenlands. Während ich dies schreibe, befindet sich Griechenland bereits seit Jahren in einer tiefen Depression; sein BIP ist gegenüber dem Höchststand um 27 Prozent gesunken, die Arbeitslosigkeit beläuft sich auf 24 Prozent und die Jugendarbeitslosigkeit ist sogar mehr als doppelt so hoch: Ich kenne keine zweite wirtschaftliche Depression, die in dieser Weise geradezu absichtlich herbeigeführt worden wäre und derart katastrophale Folgen gehabt hätte. Da ist es doch ganz natürlich, dass man fragt: Was geht hier vor?

Ideologie – einmal mehr

Es ist nicht von der Hand zu weisen, dass die Architekten der Austerität wirklich an die von ihnen vertretenen ökonomischen Doktrinen glaubten, obwohl im Lauf der letzten 75 Jahre überwältigend viele empirische Befunde zusammengetragen wurden, die diese widerlegen. Fortschritte auf dem Gebiet der Verhaltensökonomik und der Psychologie liefern eine Erklärung für die Beständigkeit solcher Überzeugungen – nach der Theorie vom sogenannten *Bestätigungsfehler* neigen Menschen dazu, Informationen auszublenden, die nicht mit ihren bestehenden Überzeugungen in Einklang stehen. Und in unserer komplexen Welt ist es leicht, dies zu tun. Selbstverständlich lässt sich kaum leugnen, dass das griechische BIP zurückgegangen ist. Aber man kann alternative Erklärungen dafür finden – Griechenland hat nicht alles getan, was es hätte tun sollen.

Ich selbst habe erlebt, wie der IWF das Scheitern seiner Programme in Entwicklungs- und Schwellenländern auf diese Weise erklärte. Die Programme seien gut konzipiert gewesen, so hieß es; versagt habe das betreffende Land, das sie nicht ordnungsgemäß umgesetzt habe. Solche Argumente sind meines Erachtens unaufrichtig – der Versuch, dem Opfer des Programms die Schuld an dessen Scheitern zuzuschieben.

Dem Opfer die Schuld geben

Wie wir sahen, gab es beim Griechenland-Programm 2015 den Versuch, die griechische Regierung für den Misserfolg und sogar die schlechte Konzeption des Programms verantwortlich zu machen. Hätten sie doch nur besser verhandelt … Hätten sie doch nur einen konzilianteren Finanzminister als Yanis Varoufakis gehabt, der die Konventionen besser eingehalten hätte (Finanzminister tragen *immer* Krawatten, aber Varoufakis weigerte sich) und der nicht so forsch aufgetreten wäre. Sogar viele Griechen machten sich Vorwürfe. Ich habe in den letzten fünf Jahren sehr genau verfolgt, wie die griechische Regierung mit der Troika über die Hilfsprogramme verhandelte, zunächst mit dem freundlichen, intelligenten, versöhnlichen Giorgos Papandreou, dann mit dessen Nachfolger Antonis Samaras und schließlich mit der Syriza-Regierung. In allen Fällen waren die Ergebnisse mehr oder minder gleich.

Es ist nicht weiter verwunderlich, dass Deutschland und andere in der Eurozone Griechenland zum Sündenbock machen. Sie halten lieber an ihren widersprüchlichen und diskreditierten Theorien fest. Um die Realität mit den Vorhersagen ihrer Theorien in Einklang zu bringen, *mussten* sie Griechenland die Schuld geben: Der Patient hielt sich nicht an die Anweisungen des Arztes. Dabei haben nur wenige Demokratien binnen weniger Jahre eine derart weitgehende »Haushaltskonsolidierung« erreicht, ihr Haushaltsdefizit derart weitgehend zurückgeführt wie Griechenland. Innerhalb von gerade einmal fünf Jahren wurde aus einem großen Primärdefizit ein Überschuss.

Auch die Modalitäten der Kreditvergabe vermittelten den Eindruck, Griechenland sei stärker von Deutschland und seinen anderen Partnern in der Eurozone abhängig, als es tatsächlich war. Der in einzelnen Tranchen vergebene kurzfristige Kredit hat das negative griechische Image verstärkt. Man vergleiche einen 5 jährigen Kredit über 100 Milliarden Dollar mit einer Folge von 5 einjährigen Krediten, die bei Fälligkeit immer wieder verlängert werden müssen. In letzterem Fall muss sich Griechenland 500 Milliarden Dollar leihen – und hat trotzdem seine Probleme noch nicht im Griff. Selbstverständlich sind die tatsächlichen Geldbeträge in beiden Fällen gleich. Aber für gewöhnliche Bürger, die nicht mit den Tricks der Hochfinanz vertraut sind, macht es einen großen Unterschied, ob Griechenland 100 Milliarden Dollar oder 500 Milliarden Dollar geliehen wurden. Letztere Zahl scheint klar zu signalisieren, dass Griechenland »von Stütze« lebt. Wie wir sahen, erhielt Griechenland selbst nur einen Bruchteil der Kredite, während der größte Teil an private Gläubiger floss. Aber Griechenland bezahlte einen hohen Preis dafür, dass es die Bankensysteme anderer Länder rettete.

Das Szenario gleicht auf unheimliche Weise den ausbeuterischen Kreditpraktiken, die heute in den USA immer weiter um sich greifen. Ein armer Amerikaner kauft eine Couch für 500 Dollar und zahlt einen doppelt- oder dreifach überhöhten Preis, nur um einen Kredit zu bekommen. Er muss für den Kredit 200 Prozent

Zinsen pro Jahr zahlen. Leistet er eine fällige Zahlung nicht, werden zusätzliche Gebühren erhoben. Innerhalb weniger Jahre hat die arme Person Schulden in Höhe von 2000 Dollar. Aber es ist nicht so, dass sie auf Kredit in Saus und Braus lebt. Ihr einziger Luxus war die Couch für 500 Dollar. Der Rest sind Zinsen, Zinseszinsen und Zinseszinseszinsen. Bei den ausbeuterischen Kreditpraktiken geht es um maximalen Profit – die Banken und andere Kreditgeber haben raffinierte Methoden ausgeheckt, um arme Menschen im Rahmen des Gesetzes zu schröpfen.

Aber hier geschieht etwas anderes. Der IWF und die anderen »offiziellen« Kreditgeber benötigen das Geld, dessen Rückzahlung sie verlangen, nicht dringend selbst für andere Zwecke. Und sie sind auch nicht darauf aus, Gewinne zu erwirtschaften. Üblicherweise würden sie das Geld, das sie von Griechenland erhalten, wohl gleich wieder an Griechenland ausleihen (normalerweise praktisch unverzüglich) – das es seinerseits an die Kreditgeber zurückzahlen würde, in einer großen Scharade, einem Hütchenspiel, jedoch mit realen Konsequenzen.

Im Rahmen der Gespräche über jeden einzelnen Kredit beziehungsweise jede Kredittranche stellt die Troika Forderungen, die Griechenland regelmäßig unannehmbar findet. Und selbstverständlich widerstrebt es jedem griechischen Politiker, dem das Wohl seines Landes am Herzen liegt, Menschen einfach auf die Straße zu setzen, was die Folge einer Troika-Forderung gewesen wäre. Aber da sich Griechenland ein ums andere Mal den Forderungen der Troika widersetzte, vermittelte es in zunehmendem Maße den Eindruck eines aufsässigen und sturen Kreditnehmers. Zumindest bei der eigenen Bevölkerung findet der harte Kurs der deutschen Regierung gegenüber Griechenland breite Zustimmung.

Alternativlos

Die in Kapitel 1 diskutierte Haltung der deutschen Regierung, dass die Sparpolitik alternativlos sei, gab den Ton für die Verhandlungen vor. In Bezug auf den Primärüberschuss (die entscheidende Variable der gesamtwirtschaftlichen Leistung) kam man Griechenland kaum entgegen; 2015 gelang es der Syriza-Regierung lediglich, aufgrund der veränderten Umstände einen Aufschub der Verschärfung der Auflagen zu erwirken, aber der geforderte Primärüberschuss in Höhe von 3,5 Prozent für das Jahr 2018 blieb unverändert bestehen. Deutschland wollte mit dem IWF nicht einmal über einen Schuldenschnitt verhandeln, obwohl jedem klar sein musste, dass dieser unumgänglich war. Wie in Kapitel 7 ausgeführt, musste Griechenland einem Programm zustimmen, von dem alle Parteien wussten, dass es inkohärent war, nur um den Schein zu wahren, dass es keines Schuldenschnitts bedürfe.

Einige in Europa, die wenig von Wirtschaft verstehen, konnten sich selbst einreden, das Programm werde erfolgreich sein. Halten Menschen an einer Überzeugung fest, die durch empirische Befunde widerlegt wird – Überzeugungen, die sich durch gegenteilige Beweise nicht erschüttern lassen –, dann bezeichnen wir sie als ideologisch verblendet. In den letzten Jahren haben wir gesehen, wie Ideologien das Verhalten in zahlreichen öffentlichen und privaten Lebensbereichen beeinflusst haben. Es verwundert nicht weiter, dass in der wirtschaftlichen Sphäre, die so eng mit politischen Interessen und Prozessen verquickt ist, Ideologien oftmals eine wichtige Rolle spielen.

Lernunfähigkeit

Dass die Troika nicht aus der Geschichte gelernt hat (dass nämlich private und öffentliche Austerität praktisch immer zu Rezessionen und Depressionen führt), ist fast ebenso erstaunlich wie die Tatsache, dass die führenden Politiker Europas nicht aus den Erfahrungen in Europa gelernt haben. Der IWF sollte dazu beglückwünscht werden, dass er immerhin erkannte, dass konjunkturdämpfende politische Maßnahmen konjunkturdämpfend sind, und er räumte zumindest ein, dass einige politische Auflagen, die Griechenland und Irland gemacht wurden, kontraproduktiv gewesen seien.[1] Anscheinend gefiel den anderen Mitgliedern der Troika diese Aufrichtigkeit nicht.[2] Die Troika fordert *noch immer*, dass Griechenland 2018 und darüber hinaus einen primären Haushaltsüberschuss (ohne Zinszahlungen) von 3,5 Prozent des BIP erreicht. Dieses Ziel ist völlig unrealistisch. Ironischerweise hat diese Politik nicht nur Griechenland eine Depression eingetragen, sondern auch die Gläubigerländer schon erhebliche Summen gekostet, und sie wird sie zukünftig wahrscheinlich noch mehr kosten.

Mangelndes Vertrauen in die Demokratie

Warum hat sich Europa so verhalten? Weshalb haben die Verantwortlichen der Europäischen Union das erste Referendum, das Papandreou abhalten wollte, oder auch das Referendum der Syriza-Regierung 2015 abgelehnt – und sich geweigert, die Frist für die nächste Zahlung Griechenlands an den IWF, den 30. Juni, auch nur um ein paar Tage zu verlängern? Macht nicht die Demokratie den Kern Europas aus? Papandreou war davon überzeugt, dass er das Referendum gewinnen und eine Mehrheit die schmerzlichen Einschnitte absegnen würde, und er glaubte, dass die Unterstützung für die erfolgreiche Umsetzung des Programms notwendig sei. Die Syriza-Regierung wollte sicherstellen, dass ihre Annahme eines Programms, das im Widerspruch zu dem stand, was so viele in Griechenland gefordert hatten, zu den Ergebnissen der Wahl im Januar 2015, demokratisch legitimiert würde.

Dieses Bemühen um demokratische Legitimierung war unvereinbar mit den politischen Entscheidungsprozessen auf der Ebene der Eurozone, *die nie ein besonders demokratisches Projekt gewesen ist.* Die meisten Regierungen der Mitgliedsländer bemühten sich nicht darum, die direkte Zustimmung ihrer Bürger zu erhalten, um nationale geldpolitische Souveränität auf die EZB zu übertragen. Zudem war die EZB, die wichtigste Institution der Eurozone, nur begrenzt politisch rechenschaftspflichtig. Als Schweden und Dänemark Referenden über den Beitritt zur Eurozone abhielten, sagten ihre Bürger Nein. Vielleicht verstanden die Menschen in diesen Ländern ja, dass die Arbeitslosigkeit ansteigen würde, wenn eine Zentralbank, die allein das Ziel der Preisstabilität verfolgt, die Geldpolitik ihres Landes bestimmen würde. Anfang der Neunzigerjahre hatten die Skandinavier auf schmerzhafte Weise gelernt, welche Folgen es hat, schenkt man der Finanzstabilität nicht genügend Aufmerksamkeit: Damals erlebten sie die schlimmste Wirtschaftskrise seit der Großen Depression.

Heute ist der Widerstand gegen den Euro in weiten Teilen der Bevölkerung teilweise auf die Sorge vor dem übermächtigen deutschen Einfluss und der dort vorherrschenden Ideen und Ideologien zurückzuführen. In diesem Buch haben wir wiederholt darauf hingewiesen, dass der Neoliberalismus Struktur und Politik der Eurozone maßgeblich beeinflusste. In vielen anderen Ländern stimmt die vorherrschende Meinung mit der Auffassung überein, die von der Forschungsabteilung des IWF und in diesem Buch vertreten wird: Austerität hemmt das Wachstum und die Troika-Politik ist kontraproduktiv. Aber innerhalb der Eurozone wurden diese Ideen wenig beachtet. Selbstverständlich *leitet* Deutschland weder die EZB noch die Europäische Kommission, die anderen beiden Mitglieder der Troika. Tatsächlich stand noch kein Deutscher an der Spitze der EZB, und einige ihrer geldpolitischen Maßnahmen wie die Quantitative Lockerung widersprechen der in Deutschland vorherrschenden geldpolitischen Doktrin. Doch aus irgendeinem Grund hat sich das alte Sprichwort im Großen und Ganzen bewahrheitet, dass der die Melodie bestimmt, der die Musik bezahlt. Da Deutschland die stärkste Volkswirtschaft der Eurozone ist, kann seine politische Dominanz kaum überraschen.[3]

Entsprechend sollten die Deutschen eigentlich ganz begeistert vom Euro sein. Als der Euro aus der Taufe gehoben wurde, befürchteten viele, der Zusammenschluss mit den unsoliden südeuropäischen Ländern würde ihn zu einer schwachen Währung machen und die Eurozone unter hoher Inflation leiden. Die Deutschen bekamen, was sie wollten, und vielleicht noch mehr: Eine starke Währung und eine Region, in der eher Deflation droht. Aber selbst in Deutschland zeigen Umfragen, dass fast zwei Drittel der Bürger der Meinung sind, Deutschland würde es außerhalb der Eurozone besser gehen – obgleich sie andere Gründe dafür anführen.[4] Sie befürchten, sie müssten eines Tages im Zuge eines Rettungspakets mit ihren ärmeren Nachbarn im Süden »teilen«.

Was sich 16 Jahre nach der Gründung der Eurozone abspielte, war allerdings das Gegenteil von Demokratie: Viele führende europäische Politiker wünschten sich das Ende der linksgerichteten Regierung von Ministerpräsident Alexis Tsipras herbei. Sie schienen zu glauben, sie könnten die griechische Regierung über kurz oder lang zu Fall bringen, indem sie sie unter Druck setzten, einer Vereinbarung zuzustimmen, die ihrem Mandat widersprach. Letztlich gelang es ihnen nicht, die Regierung zu Fall zu bringen – Tsipras erhielt 2015 mit noch größerer Mehrheit ein neues Mandat. Aber er musste sich mit Bedingungen abfinden, die dem widersprachen, was die große Mehrheit der Griechen wollte. Griechenland hatte seine wirtschaftspolitische Souveränität abgetreten, um in der Eurozone zu bleiben. Als ich sah, wie Tsipras aus Brüssel zurückkehrte, nachdem er schließlich den Forderungen der Troika nachgegeben hatte, musste ich an das Foto denken, das den indonesischen Präsidenten Suharto zeigt, als er 18 Jahre zuvor die wirtschaftspolitische Souveränität seiner Regierung an den IWF übertrug, dessen damaliger Generaldirektor Michel Camdessus den einst so mächtigen Staatschef ziemlich herablassend behandelte.[5]

Obgleich die Lage bereits schlecht sein mag, gibt es Vorschläge für weitere »Reformschritte« in der Eurozone, die alles noch schlimmer machen würden. Deutschland pocht darauf, dass Länder nicht mehr ausgeben, als sie einnehmen, und wenn sie dies täten, wäre alles bestens. Und um diese Regeln durchzusetzen, haben der deutsche Finanzminister Wolfgang Schäuble und der ehemalige außenpolitische Sprecher der CDU-Bundestagsfraktion Karl Lamers vorgeschlagen, »einen europäischen Haushaltskommissar [einzusetzen], der befugt sein sollte, Einspruch gegen nationale Haushalte einzulegen, wenn sie nicht den von uns gemeinsam beschlossenen Regeln entsprechen«.[6] Ein ernannter Kommissar könnte folglich die Beschlüsse nationaler Parlamente außer Kraft setzen.[7]

Ideologie und Macht

Obwohl es nur wenige zugeben würden, geht es in der Debatte, im Kampf um den Euro, ebenso sehr oder sogar noch mehr um Macht und Demokratie, um konkurrierende Ideologien, Weltanschauungen und Gesellschaftskonzeptionen wie um Geld und wirtschaftliche Fragen. Dies ist nicht einfach nur eine akademische Debatte zwischen Linken und Rechten. Es geht für manche um eine handfeste politische Botschaft: Die harten Bedingungen, die der linksgerichteten Syriza-Regierung auferlegt wurden, sollen eine Warnung an alle in Europa sein, was ihnen passieren könnte, falls sie sich wehren sollten.[8] Für andere steht eine wirtschaftliche Machtdemonstration im Vordergrund: Die Gelegenheit, Griechenland einen ökonomischen Ordnungsrahmen aufzuerlegen, der sonst nicht durchsetzbar gewesen wäre.

Es ist bemerkenswert, dass es der Troika nicht gelungen ist, die Bürger Griechenlands, Portugals und Spaniens von den segensreichen Wirkungen ihrer Politik zu überzeugen. Ich halte sehr viel von demokratischen Prozessen – ich bin der Meinung, dass man allein durch Überzeugungsarbeit erreicht, dass der wirtschaftliche Ordnungsrahmen, den man für richtig hält, auch von der Bevölkerung akzeptiert wird. Im gegenwärtigen Fall scheinen griechische, portugiesische und spanische Bürger die wirtschaftlichen Zusammenhänge besser zu verstehen als der deutsche Finanzminister oder die Troika. Selbst wenn man kein überzeugter Anhänger der Demokratie und demokratischer Prozesse wäre, hängt der Erfolg der den Krisenländern auferlegten Programme teilweise davon ab, wie sehr sie sich damit identifizieren und ob sie glauben, dass die Medizin, obgleich sie bitter schmeckt, die richtige Medizin ist. Die Troika hat einige in den Krisenländern davon überzeugt, dass dies der Fall ist (mehr als ich erwartet hätte, angesichts der gewichtigen theoretischen und empirischen Belege, die gegen ihre Wirksamkeit sprechen). Aber die Umfragen zeigen unmissverständlich, dass die Mehrheit nicht überzeugt ist.

Jeder, der sich politisch engagiert, weiß, wie wichtig öffentliche Wahrnehmungen sind. Sind diese falsch, muss man ihnen entgegentreten, will man politische Maßnahmen erfolgreich umsetzen. So ist die Erhebung von Steuern in allen Ländern weitgehend auf die freiwillige Steuerehrlichkeit der Bürger angewiesen. Wird jedoch das Steuersystem als unfair und unausgewogen angesehen, sollte man keine erhöhte Steuerehrlichkeit erwarten – obgleich man die angebliche Faulheit und Unehrlichkeit der Griechen noch so oft geißelt. Programme scheitern auch dann in vorhersehbarer Weise, wenn den Bediensteten der Verwaltungsbehörden, die für ihre Ausführung zuständig sind, beispielsweise durch Mittelkürzungen die Arbeit erschwert und ihre Arbeitsmoral untergraben wird.

Als zur Zeit der wiederholten Krisen in Schwellenländern die IWF-Programme scheiterten, behauptete der IWF, diese seien sachgerecht konzipiert gewesen. Er wollte den Ländern die Schuld am Scheitern geben: Die Fehler seien bei der Umsetzung gemacht worden. Und das Gleiche tat die Troika, als ihre Programme wiederholt scheiterten. Es ist ein Widerspruch in sich zu sagen, Programme seien gut konzipiert, wenn ihre Umsetzung mehrmals, ja beinahe durchweg scheitert. Programme müssen so ausgestaltet werden, dass Normalsterbliche – Verwaltungsbeamte, die mit knappen Ressourcen auskommen müssen, und politische Entscheidungsträger, die nicht die Interessen der Wähler ignorieren können, denen sie verantwortlich sind – sie problemlos ausführen können. Und sie können nur erfolgreich sein, wenn Wähler und Verwaltung sie mittragen. Das hat die Troika offenbar nicht erkannt; tatsächlich scheint sie mit ihrer antidemokratischen Einstellung, die beispielsweise in ihrer Missbilligung von Referenden zum Ausdruck kommt, solche Sichtweisen offen abzulehnen.

Ich bin nicht so naiv-optimistisch zu glauben, dass demokratische politische Prozesse notwendigerweise zu einer guten Wirtschafts- oder Gesellschaftspolitik führen. Amerikaner, die die Folgen einer von Konservativen propagierten Wirtschaftspolitik sahen, die in einigen US-Bundesstaaten auf breite Zustimmung der Wähler stieß, müssen zugeben: In manchen Bundesstaaten führte dies ausgerechnet in einer Zeit negativer Realzinsen, in der die realen Erträge öffentlicher Investitionen sehr hoch sind, zu einer

Sparpolitik. Das mehrfache Wiederaufwärmen der angebotsorientierten Wirtschaftspolitik, deren Vorhersagen nur wenige Jahre zuvor eindeutig falsifiziert wurden, ist ein weiteres Beispiel. Aber ich bin auch nicht naiv expertengläubig, denn schließlich waren es die sogenannten Experten im Finanzsektor, die Modelle für Regulation und Makromanagement entwickelten, die zur Krise von 2008 führten. Es waren die Experten, die glaubten, der Euro steigere die wirtschaftliche Leistungsfähigkeit.

In einem Großteil der Welt setzt sich immer mehr die Einsicht durch, dass die rechtsgerichtete Ideologie gescheitert ist und ebenso der Neoliberalismus, ihre ökonomische Doktrin. Als Amerikaner habe ich dies gesehen und erlebt: Etwa 1980 begann das Land mit einem gewagten Experiment, als die Regierung den Spitzensteuersatz senkte – angeblich, um die Anreize zu verbessern – und durch Deregulierung »die Wirtschaft befreite«, insbesondere den Finanzsektor. Die Ergebnisse sind mittlerweile bekannt: Die Einkommen von 90 Prozent der Einkommensbezieher stagnierten, ein hoher Prozentsatz verzeichnete sogar Einkommenseinbußen – nur die Topverdiener haben zugelegt. Und die Wirtschaft insgesamt entwickelte sich schlechter und wächst schwächer als in den Jahrzehnten nach dem Zweiten Weltkrieg. Die politische Rechte schrieb die Regeln der Marktwirtschaft in einer Weise um, die den wenigen Privilegierten zugutekam. Deshalb gibt es jetzt eine Kampagne, um die Regeln erneut umzuschreiben – aber diesmal so, dass die große Mehrheit der Amerikaner davon profitiert.[9]

Die Eurozone war ein weiterer Versuch, die Regeln umzuschreiben – ein weiterer Versuch, der zu mehr Ungleichheit und wirtschaftlicher Stagnation führte. Da nun diese Ideen auf beiden Seiten des Atlantiks gescheitert sind, überrascht es nicht weiter, dass ihre Anhänger in der Defensive sind und auf Gewalt (beziehungsweise in manchen Fällen auf Täuschung und unheilige Allianzen mit fremdenfeindlichen Gruppen) angewiesen sind, um ihre politischen Ziele zu erreichen.

Austerität würgt die Wirtschaft ab; nur durch einen inklusiven Kapitalismus – das Gegenteil dessen, was die Troika anstrebt – lässt sich gemeinsamer und nachhaltiger Wohlstand schaffen.[10] Aber Austerität ist nur Teil einer umfassenderen Strategie, die auf eine Änderung der Rolle des Staates abzielt. So behauptete beispielsweise Wolfgang Schäuble, dass »unter normalen wirtschaftlichen Umständen die öffentlichen Ausgaben nicht schneller steigen sollten als das nominale Bruttoinlandsprodukt«.[11] Eine solche Schlussfolgerung wird jedoch von keiner allgemeinen Theorie gestützt, weder in den Wirtschaftswissenschaften noch in der politischen Philosophie. Ist der Staat für das Gesundheitswesen verantwortlich, wie es in den meisten Ländern der Fall ist, und beschließt eine Gesellschaft mit steigendem Wohlstand und zunehmender Lebenserwartung ihrer Bürger auf demokratischem Wege, mehr öffentliche Mittel für das Gesundheitswesen bereitzustellen, warum sollte das *nicht* getan werden?

Angesichts des Strukturwandels unserer Wirtschaft und Gesellschaft ist es vermutlich durchaus angezeigt, die öffentlichen Ausgaben zu erhöhen: In einer Innovationsökonomie wird die Grundlagenforschung immer bedeutender, und nur der Staat kann sie finanzieren. Je mehr Menschen in Städten leben, umso mehr städtische Infrastruktureinrichtungen werden benötigt. In Anbetracht der wachsenden Ungleichheit, die der Markt erzeugt, wird eine Gesellschaft, die Wert auf Stabilität und Gerechtigkeit legt, diese vielleicht konsequenter bekämpfen. Und aufgrund der globalen Erwärmung und anderer Umweltrisiken bedarf es vermutlich vermehrter öffentlicher Anstrengungen zum Schutz der Umwelt. Allerdings geht es hier nicht darum, wer recht hat oder welche Sichtweise richtig ist. Mich besorgt vielmehr, dass der wirtschaftliche Ordnungsrahmen der Eurozone dazu benutzt wird, eine bestimmte Wirtschafts- und Gesellschaftskonzeption zu propagieren – und sie de facto den Krisenländern aufzuerlegen.[12]

Warum das europäische Projekt so wichtig ist

Es ist nicht im Interesse Europas oder der Welt, einen Keil zwischen ein Land an der Peripherie und seine Nachbarn zu treiben – gerade jetzt nicht, wo die geopolitische Instabilität so deutlich sichtbar ist.

Der benachbarte Nahe Osten ist im Aufruhr, der Westen versucht, ein neuerdings wieder aggressiv auftretendes Russland einzudämmen, und China – schon heute Weltmeister im Sparen, größter Exporteur und größte Volkswirtschaft (in Kaufkraftparitäten) – konfrontiert den Westen mit neuen wirtschaftlichen und strategischen Realitäten. Dies ist keine Zeit für europäische Uneinigkeit und wirtschaftliche Schwäche. Ich würde sogar noch weiter gehen und behaupten, dass alle Menschen ein Interesse am Erfolg des europäischen Projekts haben. Europa ist die Wiege der Aufklärung, der wir den enormen Anstieg des Lebensstandards in den letzten 200 Jahren verdanken. Die Aufklärung wiederum brachte die moderne Naturwissenschaft und Technik hervor. Wir vergessen allzu oft, dass sich bis dahin der Lebensstandard über Jahrtausende hinweg kaum veränderte.[13]

In vielen Teilen der Welt und oftmals sogar innerhalb der Vereinigten Staaten genießt man zwar bereitwillig die Früchte der Aufklärung, stellt ihre grundlegenden Werte aber infrage. Einer meiner Freunde in der Regierung Obama, den der Kampf gegen die globale Erwärmung und den Klimawandel zermürbte, sagte, er müsse der Aufklärung jeden Tag aufs Neue zum Durchbruch verhelfen. Europa steht an der Spitze des Kampfs zur Rettung des Planeten, und ein wirklich geeintes Europa wäre besser in der Lage, diesen Kampf zu führen.

Die Aufklärung ging auch mit einer neuen Toleranz gerade gegenüber denjenigen einher, die anders waren als man selbst. Sie brachte neue Ideen grundlegender Menschenrechte hervor, die für alle Menschen gelten. Die USA wurden just zu jener Zeit gegründet, als sich diese Ideen der Aufklärung ausbreiteten, und daher haben sie sowohl in der Unabhängigkeitserklärung als auch in der Bill of Rights (den zehn Zusatzartikeln zur US-Verfassung) ihren Niederschlag gefunden. Das Ringen um die Schaffung politischer und gesellschaftlicher Systeme, die diese Werte der Aufklärung uneingeschränkt zum Ausdruck bringen, endet nie. Es gibt immer wieder neue Herausforderungen, und auch auf vielen dieser Gebiete hat Europa eine Vorreiterrolle gespielt – ob es um die Gleichberechtigung der Geschlechter oder einen besseren Datenschutz geht, um die Transparenz behördlicher Abläufe, das »Recht auf Information« oder demokratische Mitbestimmung in allen gesellschaftlichen Bereichen.

Die Welt in ihrem derzeitigen Zustand hat diese Werte bitter nötig, zumal im Kampf gegen den Klimawandel, bei dem es ums Überleben der Menschheit geht. Obgleich US-Präsident Obama ein entschiedener Befürworter globaler Kooperation ist, kommt Europa dennoch eine Schlüsselrolle zu, weil in der Republikanischen Partei und im US-Kongress viele sitzen, die die Realität des Klimawandels leugnen. So könnten die Europäer gemeinsam Einfuhrabgaben auf Güter aus Ländern wie den USA und China erheben, die auf klimaschädliche Weise produziert werden. Die Staatengemeinschaft führt zudem einen Kampf gegen den »Islamischen Staat« und den Terrorismus allgemein. Sie muss dringend die humanitäre Flüchtlingskrise bewältigen – eine Krise, die Europa im Sommer 2015 mit voller Wucht traf. Die unmittelbare Ursache dieser Krise ist der Krieg in Syrien, der seinerseits Teil eines umfassenderen Kriegs gegen den IS und den globalen Terrorismus ist. Diese Krisen fordern westliche Werte und das europäische Projekt in mehrfacher Hinsicht heraus. Da ist zum einen die Frage, wie wir die Kriege gegen den IS und den Terrorismus führen können, ohne die Werte zu opfern, die wir verteidigen wollen. Europa spielt eine wichtige Rolle, wenn es darum geht, eine ausgewogene und effektive globale Antwort sicherzustellen, und ein geeintes Europa wird erfolgreicher darauf dringen können, dass die Reaktionen in Einklang mit unseren Werten stehen.

Während sich die USA lange Zeit ihrer offenen Türen für Einwanderer rühmten, ist die Realität in den letzten Jahren eine andere. Die USA nahmen nur einen Bruchteil der Zahl irakischer Flüchtlinge auf – Menschen, die überhaupt erst durch den amerikanischen Irakkrieg zu Flüchtlingen gemacht wurden – wie das viel kleinere Schweden. Offensichtlich empfand die Regierung Bush keinerlei moralische Verantwortung gegenüber den Millionen Vertriebener, die sie mit ihrem Krieg geschaffen hatte. Die Welt braucht ein geeintes Europa, um eine humanitäre Antwort auf diese Flüchtlingskrise zu finden.

Doch wie unsere Diskussion in den vorherigen Kapiteln verdeutlichte, wird sich Europa nur dann zu einer einvernehmlichen Lösung mit fairer Lastenteilung durchringen, wenn die Wirtschaft überall in Europa floriert. Die Flüchtlinge wollen nicht in Länder mit hoher Arbeitslosigkeit gehen, und Länder, die in einer tiefen Rezession oder auch nur einer Stagnation stecken, können es sich kaum leisten, sie aufzunehmen. Sowohl Migranten als auch das Aufnahmeland wissen, dass den Zuwanderern ohne Aussicht auf Arbeit der ersehnte Neuanfang verwehrt bleibt. Und konkurrieren Migranten mit inländischen Langzeitarbeitslosen um Arbeitsplätze, ruft dies Missgunst und Feindseligkeit hervor.

Ironischerweise haben die Auflagen, die Griechenland gemacht wurden, einen Aspekt der Flüchtlingskrise selbst hervorgebracht. So ist etwa Griechenland Heimat für viele Menschen aus den Balkanstaaten gewesen. Als die schwere Wirtschaftskrise in Griechenland begann, mussten sich die Migranten neu orientieren. Aufgrund der hohen Arbeitslosigkeit in vielen Euroländern kamen für sie nur Deutschland und die wenigen anderen Länder in der Eurozone infrage, in denen Vollbeschäftigung herrscht.[14]

Der unausgewogene Zustrom von Flüchtlingen ist ein vorhersagbares Ergebnis der wirtschaftlichen Ungleichgewichte, die der Euro innerhalb Europas geschaffen hat. In Kapitel 5 haben wir erläutert, wie die derzeitige Struktur der Eurozone zu Divergenz führt. Aber die vergleichsweise wenigen Wachstumsländer finden sich nicht auf Dauer damit ab, die Last der Flüchtlingskrise allein zu tragen. Das Unvermögen, sich auf eine gemeinsame Lösung für die Flüchtlingskrise zu verständigen, stellt gegenwärtig eine existenzielle Bedrohung für die EU dar: Ein grundlegendes Prinzip der EU ist die Arbeitnehmerfreizügigkeit, die jedoch zusammen mit der Divergenz innerhalb der Eurozone zwangsläufig zur Folge hat, dass Länder wie Deutschland, die wirtschaftlich *vergleichsweise* gut dastehen, die Hauptlast der Flüchtlingskrise tragen werden. Ohne geteilten Wohlstand – jedenfalls mehr geteilten Wohlstand, als im

Rahmen der divergenten Struktur der Eurozone wahrscheinlich erreicht werden kann – wird Europa nur schwerlich sowohl seinen humanitären Grundsätzen als auch dem Prinzip der Freizügigkeit gerecht werden können. Eins von beiden wird auf der Strecke bleiben: Dabei wäre es im Interesse aller Beteiligten, die bestehende Währungsordnung entsprechend einem der von uns vorgeschlagenen Modelle zu reformieren.

Die wirtschaftliche Divergenz macht es insbesondere dann schwer, einen europäischen Konsens in anderen Fragen zu erreichen, wenn sie mit dem Gefühl der Ungerechtigkeit und mit tief greifenden Auffassungsunterschieden in Bezug auf Werte und ökonomische Grundsätze einhergeht. Auch dies zeigt sich auf dramatische Weise in der Flüchtlingskrise. Griechenland grenzt an die Türkei und den Nahen Osten, und nachdem die Programme der Eurozone das griechische BIP um 27 Prozent schrumpfen ließen, ist das Land mit dem Flüchtlingsansturm restlos überfordert. Dass Griechenland von seinen »Partnern« so schlecht behandelt wurde, sorgte verständlicherweise dafür, dass es bei der Bewältigung des Flüchtlingsproblems nicht mehr auf deren Unterstützung vertraute. Dass Griechenland, das bereits unter den Folgen einer schweren Wirtschaftskrise leidet, die Belastungen durch die Flüchtlinge, insbesondere aus Syrien, größtenteils allein stemmen muss, hat den Eindruck erhärtet, dass europäische Solidarität oder auch nur ein minimaler Sinn für Gerechtigkeit und Fairplay gänzlich verschwunden sind.

Politische und wirtschaftliche Integration: Lehren aus der Eurozone

Aufgrund der Globalisierung sind die Staaten der Welt heute enger miteinander verflochten als je zuvor. Dies bedeutet, dass sich die Handlungen eines Landes auf andere Länder auswirken: Was Bürger in einem Land tun, kann Auswirkungen auf Bürger in anderen Ländern haben. In vielerlei Hinsicht sind wir zu einer globalen Gemeinschaft geworden – einer Gemeinschaft mit einem System globaler Ordnungspolitik, jedoch ohne eine Weltregierung. Diese globale Gemeinschaft auszugestalten ist ein kontinuierlicher Prozess, in dem sich die Werte und Anliegen verschiedener Weltregionen widerspiegeln. Die europäische Stimme mitsamt den beschriebenen Werten muss Gehör finden, und sie wird deutlicher vernommen, wenn das europäische Projekt erfolgreich ist. Sie wird kein Gehör finden, wenn Europa uneins ist und es keinen gemeinsamen Wohlstand gibt. Die Erfahrungen der Eurozone halten für die restliche Welt noch eine weitere wichtige Lehre bereit: Die wirtschaftliche Integration sollte niemals der politischen Integration vorauseilen. Man sollte jedem misstrauen, der behauptet, der wirtschaftlichen Integration folge zwangsläufig die politische. Insbesondere sollte man jedem misstrauen, der eine Währungsunion vorschlägt, obwohl noch keine hinreichende politische Integration erreicht wurde. Dass diese Lektion gelernt wurde, ist vielleicht der eine Silberstreif am europäischen Horizont: Zahlreiche Vorschläge für Währungsunionen in anderen Regionen wurden sang- und klanglos auf Eis gelegt. Weltweit gibt es vielfältige Bestrebungen, wirtschaftliche Verflechtungen zwischen Ländern voranzutreiben, ohne entsprechende Schritte zu einem engeren politischen Zusammenschluss zu unternehmen. Diesen Integrationsbestrebungen – und den Konstruktionsfehlern – liegen oftmals ganz ähnliche Motive zugrunde wie der Einführung des Euro. Der Euro wurde in der allzu simplen Annahme geschaffen, eine Einheitswährung erleichtere den Kapital- und Güterverkehr und die daraus resultierende wirtschaftliche Verflechtung hebe *überall* in der Eurozone das Wohlstandsniveau. Bei wirtschaftlichen Veränderungen gibt es immer Gewinner und Verlierer; die Veränderungen werden damit begründet, dass die Wohlfahrtszuwächse der Gewinner weitaus größer als die Einbußen der Verlierer seien und dass langfristig fast alle zu den Gewinnern gehörten. Wie wir sahen, ist die Wirklichkeit eine andere: Deutschland ist der große Gewinner, und die meisten anderen Euroländer, vor allem aber die Krisenländer, sind die großen Verlierer, während sich die Eurozone insgesamt schlecht entwickelte – die Verluste der Verlierer sind weitaus größer als die Gewinne der Gewinner.[15] Das lehrt uns, dass Märkte komplexe

Institutionen sind; bloße Flickschusterei, die auf ideologischen Überzeugungen und nicht einem gründlichen Verständnis der komplexen Funktionsweise von Märkten basiert, kann zu verheerenden Ergebnissen führen.

Die USA setzen sich heute für transpazifische und transatlantische Handelsabkommen ein, die auf der Annahme basieren, der vollkommen freie grenzüberschreitende Handel mit Gütern werde in *allen* beteiligten Ländern den Wohlstand in ähnlicher Weise steigern – ja sogar allen Ländern der Welt zugutekommen. Aber die gegenwärtig diskutierten Handelsabkommen – die Transpazifische Partnerschaft und die Transatlantische Handels- und Investitionspartnerschaft – werden angesichts der Tatsache, dass sie von einer allzu naiven Marktideologie und Sonderinteressen geprägt sind, ihre Versprechen noch weniger einlösen können als die Eurozone. Es wird Gewinner geben – die großen Konzerne, insbesondere die Pharmaunternehmen sowie Bergbau- und Erdölkonzerne, deren Aktivitäten die Umwelt gefährden. Aber wie in der Eurozone (in ihrer derzeitigen Form) werden die Verluste der Verlierer größer als die Gewinne der Gewinner sein. Das Abkommen würde den Zugang zu verschreibungspflichtigen Generika einschränken, sehr wahrscheinlich zu mehr Ungleichheit führen und es außerdem Staaten erschweren, gesetzliche Rahmenvorschriften zum Schutz der Umwelt und der öffentlichen Gesundheit sowie allgemeine Sicherheitsnormen zu erlassen oder auch die Wirtschaft im öffentlichen Interesse zu regulieren.[16]

Das europäische Projekt retten

Die derzeitige Debatte über den Euro, seine Struktur und die den Krisenländern auferlegte Politik und Programme, hat tief greifende Fragen über Werte und Ziele aufgeworfen. Allzu oft schien es, als erhielte die Rettung der Banken Vorrang gegenüber dem Wohlergehen der Menschen. Der Erfolg wurde an den Zinsaufschlägen auf Staatsanleihen gemessen, an der Differenz zwischen dem Zins, den griechische oder italienische Anleihen abwerfen, und der Verzinsung deutscher Anleihen. Als diese Zinsaufschläge sanken, wurde der Sieg verkündet.

In ähnlicher Weise wurden Programme schon dann als Erfolg gewertet, wenn die Arbeitslosigkeit zurückging oder das BIP leicht zunahm – nicht erst dann, wenn die Arbeitslosigkeit auf ein annehmbares Niveau sank oder der Lebensstandard die Höhe erreichte, die er ohne die Krise erreicht hätte, oder, bescheidener, auch nur seine Höhe vor der Krise. Bei der Beurteilung des Erfolgs der Troika-Programme – Programmen, die oftmals vermeintlich besorgniserregende Staatsschulden oder Haushaltsdefizite eindämmen sollten – wurde die Staatsschuldenquote (der Schuldenstand im Verhältnis zum BIP) nur wenig beachtet, ein Maß der Schuldentragfähigkeit, das sich nicht verbesserte. Bekanntlich stieg die Schuldenquote in den Krisenländern, in einigen Fällen auf ein Niveau, das wegen der negativen Auswirkungen auf das BIP normalerweise als nicht tragfähig angesehen würde.[17] Der Nenner der Verhältniszahl ging stärker zurück, als der Zähler verringert wurde.

Es sollte ein einziges, einfaches Maß für den Erfolg eines jeden Wirtschaftsprogramms geben, und das ist das Wohlergehen aller Bürger eines Landes, und nicht nur das des 1 Prozents der Topverdiener. Wohlergehen ist *mehr* als nur Einkommen, und Erfolg lässt sich nicht allein danach beurteilen, wie sich das BIP oder auch das BIP pro Kopf verändert hat. Für die meisten Menschen ist eine sinnerfüllte und auskömmliche Arbeit ein wichtiger Teil ihres Lebens, und eine Gesellschaft, die einem Großteil ihrer Bürger – und sogar einer Mehrheit ihrer Jugend – eine sinnerfüllte Arbeit vorenthält, ist eine gescheiterte Gesellschaft. Ist ein Wirtschaftssystem oder ein ökonomischer Ordnungsrahmen nicht imstande, das Wohlergehen eines großen Teils der Menschen zu gewährleisten, ist es ein gescheitertes Wirtschaftssystem, ein gescheiterter wirtschaftlicher Ordnungsrahmen. Ein Wirtschaftssystem, das einen Großteil der Bevölkerung einem hohen Maß an Unsicherheit aussetzt, ist ein gescheitertes System.

Für junge Menschen ist die Aussicht, ihre Träume leben, ihre Hoffnungen und Ambitionen verwirklichen zu können, entscheidend für ihr Wohlergehen. Für ältere Menschen sind ein Ruhestand in Würde und ein Mindestmaß an Absicherung zentrale Elemente ihres Wohlbefindens. Viele ältere Menschen hatten gar nicht vor, in Rente zu gehen, sie wollten weiterarbeiten. Aber im Gefolge der hohen Arbeitslosigkeit und eines tiefen Abschwungs wurden ihre Arbeitsplätze abgebaut. Man könnte sagen: Sie hätten darauf vorbereitet sein sollen. Aber wie hätte man vorhersehen sollen, dass die europäischen Regierungschefs ein derart dysfunktionales System schaffen oder politische Auflagen machen würden, die so verheerende Konsequenzen hätten? Wirtschaftswissenschaftliche Erkenntnisfortschritte hatten uns angeblich Mittel an die Hand gegeben, um dem konjunkturellen Auf und Ab ein Ende zu setzen oder es zumindest zu dämpfen.

Die wissenschaftliche Erforschung individuellen und gesellschaftlichen Wohlergehens bestätigte, was vielleicht voraussehbar war: Menschen legen Wert auf Sicherheit und Arbeitsplätze. Die Eurozone und die Auflagen, die den Krisenländern gemacht wurden, erhöhten die Unsicherheit und führten zum Verlust von Arbeitsplätzen. Ein Symptom der schlechten Lage in vielen Krisenländern ist der dramatische Anstieg der Selbstmorde.[18] Beim wichtigsten Ziel der Wirtschaftspolitik, das individuelle und gesellschaftliche Wohlergehen zu steigern, war die Eurozone gelinde gesagt eine Enttäuschung.

Währungssysteme kommen und gehen. Das Bretton-Woods-System, das die internationalen Währungsbeziehungen nach 1944 regelte und den Goldstandard ablöste, schien nach dem Zweiten Weltkrieg zunächst zu funktionieren, hatte aber letztlich nicht einmal 30 Jahre Bestand. Die Sternstunde des Euro war noch kürzer, und selbst in der kurzen Zeit, in der er zu funktionieren *schien*, bauten sich die Ungleichgewichte auf, die schließlich die Eurokrise auslösten, und daran war vor allem der Euro (und die mit ihm verbundenen wirtschaftlichen Rahmenbedingungen) schuld.

Dieses Buch zeigte, dass der Euro gerettet werden kann und sollte, und zwar in einer Weise, die jenen gemeinsamen Wohlstand und die Solidarität schafft, die er ursprünglich einmal versprochen hat. Der Euro war ein Mittel zu einem Zweck, kein Selbstzweck. Ich habe eine Reformagenda für die Struktur der Eurozone und für die Politik dargelegt, die die Eurozone umsetzen sollte, sobald eines ihrer Mitglieder in eine Krise gerät. Diese Reformen sind nicht schwer durchzuführen, weder die wirtschaftlichen noch die institutionellen. Aber sie verlangen, dass Europa solidarisch zusammensteht, eine Art von Solidarität übt, die sich grundlegend von dem Selbstmordpakt unterscheidet, den einige führende europäische Politiker fordern.

Ungeachtet aller Emotionen, die der Euro geweckt hat, ungeachtet all der öffentlichen Bekenntnisse, alles zu tun, um ihn zu erhalten, ist der Euro letztlich nur ein künstliches Gebilde, ein menschliches Produkt, eine weitere fehlbare Institution, von fehlbaren Menschen erschaffen. Er wurde mit den besten Absichten von visionären Staatsmännern aus der Taufe gehoben, deren Vision von einem unvollkommenen Verständnis dessen getrübt war, was eine Währungsunion bedeutet. Dies war vielleicht verständlich: Noch nie hatte man Vergleichbares gewagt. Es wäre eine echte Sünde, würde Europa nichts aus dem lernen, was in den vergangenen rund 20 Jahren geschehen ist.

Aus meiner Analyse ergeben sich drei eindeutige Befunde: Eine Gemeinschaftswährung bedroht die Zukunft Europas. Eine Strategie des Durchwurstelns wird nicht funktionieren. Und das europäische Projekt ist zu wichtig, um es am Kreuz des Euro zu opfern. Europa – die Welt – hat etwas Besseres verdient. Ich habe gezeigt, dass es Alternativen zum gegenwärtigen System gibt. Die Neugestaltung der Eurozone gemäß einer dieser Alternativen wird nicht leicht sein, aber sie ist machbar. Um Europas willen, um der Welt willen, wollen wir hoffen, dass Europa diese Aufgabe anpackt.

Nachwort
Der Brexit und seine Folgen

Das Ergebnis des britischen Referendums am 23. Juni 2016 über das Ausscheiden aus der Europäischen Union – mit 52 zu 48 Prozent der abgegebenen Stimmen für einen Brexit – entfesselte auf beiden Seiten des Ärmelkanals einen politischen und ökonomischen Flächenbrand. Premierminister David Cameron trat zurück; manche forderten auch den Vorsitzenden der oppositionellen Labour Party zum Rücktritt auf und warfen ihm vor, er habe sich nicht entschlossen genug für die »Remain«-Kampagne eingesetzt. Das Britische Pfund fiel gegenüber dem Dollar in nur vier Tagen um 11 Prozent auf ein 30-Jahres-Tief, während es gegenüber dem Euro nur 8 Prozent an Wert verlor. Es zeigte sich, dass die Befürworter des »Leave« keinen Plan für den Fall hatten, dass sie als Sieger aus der Volksabstimmung hervorgehen sollten, und dass sich diejenigen, die für den Brexit geworben hatten, wilder Übertreibungen, wenn nicht gar unverhohlener Lügen bedient hatten.

Europa reagierte auf den Ausgang des britischen Referendums genauso schroff wie auf die Ablehnung des Rettungspakets bei der griechischen Volksabstimmung im Juni 2015. Herman Van Rompuy, der ehemalige Präsident des Europäischen Rates, brachte eine weitverbreitete Meinung zum Ausdruck, als er sagte, Camerons Entscheidung, ein Referendum abzuhalten, sei »die schlimmste politische Entscheidung seit Jahrzehnten«.[1] Mit dieser Äußerung gab er zu erkennen, dass er nichts von demokratischer Rechenschaftspflicht hält. Und das ist verständlich, denn die Wähler lehnten in den meisten Fällen, in denen sie direkt gefragt wurden, den Euro, die Europäische Union und die Europäische Verfassung ab.[2] Umfragen zur Zeit des Brexit-Referendums zeigten zudem, dass nicht nur in Großbritannien, sondern auch in vielen anderen europäischen Ländern (unter anderem Griechenland, Frankreich und Spanien) die Befragten mehrheitlich eine negative Meinung über die EU hatten.[3]

Die wirtschaftlichen und politischen Folgen des Brexit hängen selbstverständlich in hohem Maße von der Reaktion Europas ab. Die meisten nehmen an, Europa werde sich nicht »ins eigene Fleisch schneiden«. Alle dürften an einer »einvernehmlichen Scheidung« interessiert sein, um die bestmöglichen Wirtschaftsbeziehungen zu erreichen, die mit den demokratischen Wünschen und Anliegen beiderseits des Ärmelkanals vereinbar sind. Beide profitieren von einer engen Handels- und Wirtschaftsverflechtung, und nimmt die EU ihre Überzeugung ernst, dass die wirtschaftliche Integration so eng wie möglich sein sollte, würde sie die *engsten* Beziehungen anstreben, die unter diesen Umständen möglich sind. Alles, was die EU unternähme, um Großbritannien zu bestrafen, hätte eine »gleich große entgegengesetzte Wirkung«, die ihr selbst mindestens genauso sehr schaden würde. Die Tatsache, dass die europäischen Aktienmärkte deutlich nachgaben und europäische Banktitel besonders stark unter Druck gerieten, deutet zumindest darauf hin, dass der Brexit auch schlecht für Europa ist.[4]

Aber Jean-Claude Juncker, der stolze Architekt der luxemburgischen Modelle zur massiven Steuervermeidung und heutige Präsident der EU-Kommission, will Härte zeigen – vielleicht verständlicherweise, wenn man bedenkt, dass er möglicherweise als die Person in die Geschichte eingeht, unter deren Ägide die Auflösung der EU begann. Er ist der Meinung, Europa müsse Großbritannien unnachsichtig bestrafen und solle dem Land nur wenig mehr anbieten als das, was Großbritannien im Rahmen üblicher globaler Handelsabkommen wie der WTO garantiert wird, damit andere nicht auf die Idee kommen, auch zum Ausgang zu stürmen.[5] Was für eine Reaktion! Juncker zufolge soll die EU nicht von den Vorteilen, die sie all ihren Mitgliedern bringt, zusammengehalten werden, von dem die Kosten weit übersteigenden Nutzen, dem wirtschaftlichen Wohlstand, dem Solidaritätsbewusstsein, dem Stolz, ein Europäer zu sein. Nein, Europa soll von Drohungen und Furcht zusammengehalten werden – von der Angst davor, was passiert, wenn ein Land auszusteigen wagt. Es war ein perfekter Sturm – ein Zusammentreffen ungünstiger Umstände –, der zu dem führte, was die Eliten weltweit (und 48 Prozent der britischen Wähler) für eine große Katastrophe hielten, einen schweren Rückschlag für die allgemeine Tendenz zur Globalisierung und engeren wirtschaftlichen Verflechtung. Historiker werden das »*Was wenn*«-Szenario ausführlich diskutieren – *was wäre gewesen, wenn* die führenden Politiker Europas oder Großbritanniens mehr getan hätten, um jenes Ergebnis zu vermeiden, das praktisch keiner von ihnen wollte? Aber es scheint unstrittig, dass das Ergebnis des Referendums erhebliche Folgen für die weitere Entwicklung der EU, der Eurozone und der Globalisierung hat.

Schon jetzt ist offenkundig, dass es unterschiedliche Auffassungen über das weitere Vorgehen gibt: Die meisten britischen Politiker sprechen sich für eine sorgfältig geplante, gründlich durchdachte Trennung aus und hoffen, dass diese gütlich verläuft. Viele in Europa (am deutlichsten der französische Staatspräsident François Hollande) wollen eine schnelle Scheidung. Eine Hängepartie ist kostspielig, und das derzeit ungeklärte Verhältnis zwischen Großbritannien und der EU schreckt möglicherweise sowohl in Europa als auch in Großbritannien Investoren ab. Und wie gesagt wollen manche, etwa Juncker, eine Regelung, die für Großbritannien so unangenehm ist, dass niemand jemals wieder auch nur auf den Gedanken kommt, aus der Union auszuscheiden.

Europa rühmt sich seiner Rechtsstaatlichkeit, und die EU-Verträge überlassen es dem Land, das aus der EU austreten will, den Austrittsprozess in Gang zu setzen. Sie schreiben lediglich vor, dass dieser Prozess zwei Jahre nach der Austrittserklärung abgeschlossen sein muss; aber Realpolitik deckt sich nicht immer mit dem Völkerrecht. Drohungen und Gegendrohungen sind eine Realität. Zum jetzigen Zeitpunkt sind selbst die besten Kristallkugeln trübe.

Das Thema dieses Buches war enger gefasst – wir haben uns auf die Fehlkonstruktion des Euro, der Gemeinschaftswährung von

19 der 28 Mitgliedsländer der EU, und die unzulänglichen Institutionen konzentriert, die sich bemühten, die Währungsunion zum Erfolg zu führen, jedoch zahlreiche politische Maßnahmen ergriffen, die zu wirtschaftlicher und politischer Divergenz Vorschub leisteten. Großbritannien war so klug, nicht der Währungsunion beizutreten, aber ich erläutere nachfolgend, dass die Schwächen des Euro dennoch ihre Spuren im britischen Referendum hinterließen. Und einige derselben Kräfte, die zum Scheitern des Euro führten, wirkten auch in der EU insgesamt und untergruben in ihr den Rückhalt in der Bevölkerung. Und ebenso erstrecken sich viele der in Kapitel 9 und 12 vorgeschlagenen Reformen über die Eurozone hinaus auf die gesamte EU. Darunter sind auch Schritte, die notwendig sind, um die EU zu der Erfolgsgeschichte zu machen, die ihren Gründern vorschwebte – eine Union, zusammengehalten durch Solidarität und gemeinsame Interessen, nicht durch Angst vor dem Unbekannten oder noch schlimmer durch die Vergeltung, die angebliche »Freunde« üben. Im Schlussabschnitt dieses Nachworts diskutiere ich einige zusätzliche Reformen, die meines Erachtens unabdingbar sind. Der Neoliberalismus und die Sichtweisen der Wirtschaftseliten bildeten den intellektuellen Bezugspunkt nicht nur für die Schöpfung des Euro, sondern auch für die Weiterentwicklung der Europäischen Union.[6] In diesem Buch haben wir das Scheitern dieser Ideen im Kontext der Währungsunion erklärt. Aber das Scheitern war umfassender, und wenn die Union erfolgreich sein will – wenn es keine weiteren chaotischen Scheidungen wie jene von Großbritannien geben soll –, muss sich die EU von dieser Ideologie und den Interessen befreien, denen sie dient.

Der perfekte Sturm

Großbritannien wurde teilweise von dem gleichen Mahlstrom erfasst wie die USA. Die einfachen Bürger beiderseits des Atlantiks haben die Nase voll. Ein gemeinsames Thema trug zum Ergebnis sowohl der republikanischen Vorwahlen in den USA als auch des britischen EU-Referendum teil: Große Teile der Bevölkerung fühlen sich abgehängt. Die neoliberale Agenda der letzten dreißig

Jahre war vielleicht für die Spitzenverdiener gut, nicht aber für den Rest. Ich sage schon seit Langem vorher, dass diese Stagnation über kurz oder lang politische Konsequenzen haben würde (tatsächlich ist es für all jene, die keinen Studienabschluss haben, schlimmer als eine Stagnation). Dieser Tag scheint jetzt gekommen zu sein.

Für die Vereinigten Staaten belegen die Daten eindeutig, wie schlecht die Lage ist: Das mittlere Haushaltseinkommen ist heute, inflationsbereinigt, weniger als 1 Prozent höher als 1989.[7] Wütende weiße Männer mittleren Alters aus der Mittelschicht gehören zu den stärksten Unterstützern von Donald Trump, was ebenfalls nicht überrascht: Das Realeinkommen eines typischen männlichen Vollzeitarbeitnehmers ist heute niedriger als vor über 40 Jahren.[8] Der Stress, den stagnierende Löhne, zunehmende wirtschaftliche Unsicherheit und verringerte Arbeitsplatzsicherheit erzeugen, hat viele überfordert, zumal die Gewerkschaften, die nicht mehr dem Druck entgegentreten können, den das Management auf die Arbeitnehmer ausübt; die Sterblichkeit hat zugenommen, auch die Krankheiten, die mit der sozioökonomischen Lage zusammenhängen, Drogenmissbrauch, Alkoholismus und Suizid.[9] Bei den Geringverdienern ist die Situation noch schlimmer: Die Löhne liegen hier inflationsbereinigt auf einem Niveau, das mit dem vor 60 Jahren vergleichbar ist. Die Daten für Großbritannien und Europa sind nur geringfügig besser.[10] Branko Milanović hat gezeigt, wie es verschiedenen Gruppen weltweit in den 20 Jahren zwischen 1988 und 2008 erangen ist. Die großen Gewinner waren das globale 1 Prozent (die Superreichen) und die neue Mittelschicht in Schwellenländern wie China und Indien. Das Einkommen der globalen Mittelschicht stieg um 70 bis 80 Prozent, während die Einkünfte des obersten Prozents (das allein 27 Prozent der Einkommenszuwächse abschöpfte) um 60 Prozent zunahmen.

Andererseits gab es zwei Kategorien, die in diesen Jahrzehnten ins Hintertreffen gerieten und die weiterhin stagnieren. Die untersten Einkommensbezieher einschließlich armer Landwirte in den ärmsten Ländern wurden von Handelsabkommen schwer getroffen, die reichen Ländern erlaubten, ihre massiven Subventionen beizubehalten. Die landwirtschaftlichen Interessenvertreter in den USA und der EU waren so raffgierig, dass sie ihre Regierungen dazu brachten, aus den Handelsgesprächen der Doha-»Entwicklungsrunde« auszusteigen, die schließlich 14 Jahre nach ihrem Beginn im Dezember 2015 endgültig beerdigt wurde. Sie nahmen lieber das Scheitern der Handelsgespräche in Kauf, als auf ihre üppigen Subventionen zu verzichten; vor allem in den USA floss der größte Teil davon reichen Landwirten – oftmals landwirtschaftlichen Großbetrieben – zu, während die daraus resultierenden Produktionssteigerungen die Weltmarktpreise drückten und so den Ärmsten der Armen in Entwicklungsländern schadeten. Selbst als ein Gericht feststellte, dass die USA mit ihren massiven Zuckersubventionen, die armen Landwirten in Afrika, Indien und Lateinamerika Einkommenseinbußen bescherten, gegen geltende WTO-Regeln verstoßen, weigerten sie sich, diese Subventionen abzuschaffen.

Aber die Gruppe, der es *am schlechtesten* erging und die innerhalb von 20 Jahren keinerlei Einkommenszuwächse verzeichnete, war die Arbeiterschaft in Europa und Amerika.[11] Schon *vor* der Weltfinanzkrise von 2008 lief es nicht gut für sie, aber die Krise verschlimmerte ihre Lage, insbesondere die der Schutzbedürftigsten unter ihnen.[12] Die Banken, deren Aktionäre und Anleihegläubiger sowie die Banker, die die Krise verursacht hatten, wurden mit vielen Milliarden Dollar gerettet, während die Opfer nur wenig bekamen. Sie wurden arbeitslos. In vielen Ländern, etwa den USA, Irland, Spanien und Griechenland, verloren sie bei Zwangsräumungen ihre Häuser. In Großbritannien und den Krisenländern, auf die ich mich konzentriert habe, verschlechterte sich die Lage der Opfer noch weiter, als die Ideologie der Austerität die Oberhand gewann. Massive und umstrittene Einschnitte im sozialen Sicherungsnetz, bei Gesundheits- und Sozialleistungen waren notwendig, um die großzügige Unterstützung für die Banken zu kompensieren. Das alles schien *unfair* zu sein – und war es auch.

Das große Experiment

Vor 30 Jahren machten die Banker und andere Mitglieder der Elite indirekt gänzlich andere Versprechungen – ähnlich jenen, die zum Zeitpunkt der Einführung des Euro gemacht wurden. Globalisierung, Finanzialisierung, wirtschaftliche Integration, Steuersenkungen für Unternehmen und Privatpersonen sowie die Liberalisierung im Allgemeinen würden eine neue Wirtschaftsordnung hervorbringen. Niedrigere Steuern wären ein Anreiz für die Wirtschaft, die Liberalisierung kurbele die Wirtschaft an. Beides zusammen führe zu einem wirtschaftlichen Energieschub, der allen zugutekäme. Vielleicht würde die Ungleichheit ansteigen, aber man fördere nur Sozialneid, wenn man der Ungleichheit allzu große Beachtung schenke. Wären alle besser gestellt, wäre der Wirtschaftskuchen insgesamt größer. Und wer könnte dann Anstoß daran nehmen, dass es einigen besser ginge als anderen – insbesondere wenn die Hauptprofiteure diejenigen waren, die Arbeitsplätze schufen, sowie die Innovatoren, denn diese legten die Grundlage für die Wohlstandsmehrung für alle?

Von dieser Erzählung bewahrheitete sich nur, dass diese »Reformen« zu mehr Ungleichheit führten – zu noch mehr, als selbst die schärfsten Kritiker befürchteten. Tatsächlich verlangsamte sich das Wachstum, und die Folge waren wirtschaftliche Stagnation und zunehmende Unsicherheit für weite Teile der Gesellschaft – in den USA sogar für 90 Prozent der Erwerbstätigen. Und die meisten europäischen Länder (mit Ausnahme Skandinaviens) folgten in nicht allzu großem Abstand.

Großbritannien konnte sich rühmen, eine niedrigere Arbeitslosigkeit zu haben als das restliche Europa – 5 Prozent gegenüber 8,7 Prozent (und 10,2 Prozent für die Eurozone) im März 2016.[13] Aber für diejenigen, die keine Arbeit und auch keine Aussicht auf Arbeit haben, sind Statistiken ein schwacher Trost. Und denjenigen, die Arbeit hatten, ging es auch nicht besonders gut: Die Löhne und die Produktivität stagnierten, und die ständige Gefahr von Einschnitten im sozialen Sicherungsnetz, auf das so viele angewiesen waren, verunsicherte sie zusätzlich.

Auf beiden Seiten des Atlantiks übernahmen viele Linke neoliberale Ideen. Sie warfen der politischen Rechten vor, sie sei kaltherzig. Es wurde immer schwieriger, zwischen »mitfühlenden« Konservativen und »neuen Linken« zu unterscheiden. Bill Clinton in den USA, Tony Blair in Großbritannien und Gerhard Schröder in Deutschland führten Reformen durch, um die sich die Konservativen seit Jahrzehnten vergeblich bemüht hatten. In den USA beispielsweise senkte Clinton die Steuer auf Kapitalerträge – die Hauptquelle des Einkommens der Superreichen – und leitete eine massive Finanzmarktliberalisierung in die Wege. In Großbritannien propagierten Blair und sein Nachfolger Gordon Brown eine Regulierung »light« – was fast genauso ein Widerspruch in sich ist wie »Selbstregulierung«. Es gab einen regulatorischen Unterbietungswettlauf, in dem die Banken die großen Gewinner und unsere Gesellschaften die großen Verlierer waren. Alle diese Regierungschefs setzten sich für Handelsabkommen ein, die nicht nur Zölle senkten, sondern auch geistige Eigentumsrechte stärkten, sie trieben die Liberalisierung und Verflechtung der Finanzmärkte voran und förderten Unternehmensinteressen noch auf vielfältige andere Weise, indem sie etwa den Erlass gesetzlicher Rahmenvorschriften in den Bereichen Umweltschutz, Gesundheit und Wirtschaft erschwerten.

Die neue Politik, die sich abzeichnete, hatte etwas sehr Eigenartiges. Eliten innerhalb der Linken und der Rechten waren sich über viele Grundsätze der Wirtschaftsordnung weitgehend einig geworden. Selbstverständlich gab es Meinungsverschiedenheiten in Detailfragen. Die Linke legte größeren Wert auf den Umweltschutz und sprach zumindest über soziale Gerechtigkeit und grundlegende Menschenrechte. Aber bei den Mitte-rechts-Parteien und der »neuen« Linken gab es breite Unterstützung für eine wirtschaftspolitische Agenda, zu der Liberalisierung und Deregulierung, Globalisierung und Steuersenkungen gehörten (wenngleich nicht ganz so niedrige Steuern, wie von der Rechten gefordert). In makroökonomischer Hinsicht sollte die Inflation bekämpft und ein ausgeglichener Haushalt aufrechterhalten werden. In Europa stand die Förderung des europäischen Projekts im Mittelpunkt des neuen

Konsenses, und im größten Teil Europas war dies gleichbedeutend mit dem Euro. Aber dieser Mitte-links-/Mitte-rechts-Konsens der Elite funktionierte für die meisten Bürger nicht. Die wirtschaftliche und politische Ordnung hielt für die meisten Amerikaner oder Europäer nicht, was sie versprach.

Die Finanz- und Wirtschaftskrise von 2008 trug möglicherweise entscheidend zur derzeitigen politischen Krise bei. Politiker, die Reformen versprachen, erfüllten nicht die Erwartungen, die sie geweckt hatten. Bürger wussten, dass das System unfair und manipuliert war, aber nach der Krise und der einseitigen »Erholung« erschien es ihnen noch unfairer, noch manipulierter, als sie es sich vorgestellt hatten – und sie verloren auch noch das bisschen Vertrauen, das sie in den politischen Prozess hatten, diese Missstände zu korrigieren. Sie stimmten für Politiker, die versprachen, die Situation zu verbessern. Der Leitspruch des Präsidentschaftswahlkampfs von Barack Obama lautete »Wandel, auf den du dich verlassen kannst«. Obgleich Obama seine Versprechen teilweise einlöste und etwa eine Gesundheitsreform durchsetzte, um die sich die Demokraten seit Jahrzehnten vergeblich bemühten, erreichte er auf wirtschaftlichen Gebieten, die das Wohlergehen der Einzelnen maßgeblich beeinflussen, nicht das, was er angekündigt hatte. Das ist nicht verwunderlich: Die neuen Politiker – in den USA, Großbritannien und andernorts – waren alle mehr oder minder gleich, dienten derselben Ideologie, waren verantwortlich für ebenjene Sonderinteressen, die versprochen hatten, alle würden von der Globalisierung profitieren.

Das Scheitern erklären: Die Stärkung der Mitte-rechts-Parteien

Es gibt zahlreiche Erklärungen und Lösungsansätze für die gegenwärtigen Missstände und unzählige Erklärungen dafür, weshalb die Errichtung der »neoliberalen Ordnung« in den letzten 30 Jahren, die Wohlstandsmehrungen *für alle versprach*, dieses Versprechen nicht hielt und dazu führte, dass es vielen heute schlechter als früher geht. Die Störung des Gleichgewichts zwischen den Sozialpartnern – Gewerkschaften, Arbeitgebern und Regierung – veränderte die ökonomische, soziale und politische Dynamik. So hatte die geschwächte Verhandlungsposition der Arbeitnehmer beispielsweise eine sinkende Lohnquote und größere Arbeitsplatzunsicherheit zur Folge. Es bedeutete auch, dass es kein Gegengewicht mehr zum politischen Einfluss der Großunternehmen gab. Die Finanzialisierung führte zusammen mit einer kurzfristigen Ertragsorientierung zu niedrigerem Wachstum, sodass Arbeitnehmer ein kleineres Stück von einem kleineren Kuchen bekamen.

Die Rechte (die Konservativen in Großbritannien und die Republikaner in den USA) sagte, wir müssen unseren Einsatz lediglich verdoppeln: Noch mehr vom selben sollte reichen – mehr Haushaltskürzungen, mehr Handelsabkommen, mehr Liberalisierung und Verflechtung der Finanzmärkte, niedrigere Steuern für Unternehmen und Privatpersonen. Es glich dem Aderlass im Mittelalter: Sahen die Ärzte, dass es dem kranken Patienten nicht besser ging, zapften sie ihm noch mehr Blut ab – ganz offensichtlich waren die schädlichen Körpersäfte, die die Krankheit verursachten, noch immer da. Der damalige britische Schatzkanzler George Osborne war besonders unaufrichtig. Während er unentwegt nach Einsparungen rief, nahm er vor den Wahlen 2015 vorsichtig den Fuß von der Bremse und stellte ihn aufs Gas – und konnte so behaupten, seine Sparpolitik funktioniere.[14] Aber selbst seine Trickserei vermochte nichts gegen die stagnierende Produktivität und die Langzeitarbeitslosigkeit insbesondere im Norden Englands auszurichten, und seine ständigen Drohungen mit Haushaltskürzungen verstärkten die ökonomischen und sozialen Ängste.

Das Scheitern erklären: Mitte-links-Parteien werden mit ins Boot geholt

Innerhalb der Eurozone verteidigten Mitte-links-Parteien die verfehlte Politik, die zu Stagnation oder Schlimmerem führte. Im Wahlkampf versprachen sie, die Sparpolitik zu beenden – die Bürger hatten begriffen, dass die Austerität nicht funktionierte. Aber in Deutschland tat das keine Partei. So ging die Sparpolitik weiter und die Bürger fühlten sich zunehmend entmündigt. Was für sie am wichtigsten war – Entscheidungen, die sich auf ihre Lebenssituation und ihren Lebensunterhalt auswirkten –, lag offensichtlich nicht mehr in ihren, sondern in den Händen derjenigen, die keiner demokratischen Rechenschaftspflicht unterlagen.

Die Menschen in den Euroländern, denen es wirtschaftlich schlecht geht, können dem Euro aus guten Gründen zumindest eine Mitschuld an ihrer Notlage geben. Aber das trifft nicht auf Großbritannien zu, zumindest nicht unmittelbar, denn die Schwäche seiner wichtigsten Handelspartner auf der anderen Seite des Ärmelkanals schadete eindeutig auch Großbritannien. Das Land hatte sich aus eigenem Antrieb eine Sparpolitik verordnet. Die Tories standen unter dem Einfluss der gleichen verfehlten ökonomischen Doktrinen, derselben Ideologie, die in Deutschland tonangebend war: Sie glaubten, das Defizit verursache die Schwäche der britischen Wirtschaft und seine Beseitigung sei eine notwendige und nahezu hinreichende Bedingung für eine Rückkehr robusten Wachstums. Sie waren auch überzeugt davon, dass die Einkommenseffekte dieses Wachstums von oben nach unten »durchsickern« und so allen zugutekommen würden.

Die Mitte-links- und Mitte-rechts-Parteien hatten zwei Probleme: Sie konnten entweder nicht überzeugend erklären, weshalb sie ihre Versprechen nicht eingelöst hatten, oder keine realisierbaren Alternativen anbieten. Ganz allgemein hatten sie ihre Glaubwürdigkeit verloren. Weshalb sollte man ihnen vertrauen, wenn Anspruch und Wirklichkeit so weit auseinanderklafften?

Dies bot denjenigen eine günstige Gelegenheit, die sowohl auf der Linken wie auf der Rechten »extreme« Positionen vertraten. Tatsächlich hätte man das, was heute als »linksextrem« etikettiert wird, in einer anderen Zeit als gemäßigt angesehen. Die Mitte mit ihrer neoliberalen Ideologie hat sich so weit nach rechts bewegt, dass die sogenannten Gemäßigten nicht länger als solche wahrgenommen werden. Diese Gemäßigten, die heute als Extremisten gelten, haben eine Agenda vorgeschlagen, die zu mehr Wachstum und Gleichheit führen würde. Sie fordern, die Austerität zu beenden und anzuerkennen, dass *jede* Änderung der Wirtschaftspolitik womöglich weitreichende Verteilungsfolgen hat, die berücksichtigt werden sollten. Wir kommen noch auf diese Agenda zurück.

Die extreme Rechte konzentriert sich auf zwei Themen (abgesehen von den Auswüchsen im Finanzsektor): Handel und Einwanderung. Es steckt mehr als ein Körnchen Wahrheit in den Vorwürfen, die Liberalisierung des Handels und die unbeschränkte Zuwanderung hätten keinen geringen Anteil an der misslichen Lage der Arbeiter, so unangenehm dies auch für die politische Mitte ist. Selbstverständlich spielten auch andere Kräfte (wie neue Technologien) eine Rolle und in vielen Fällen sogar eine größere. Aber technologische Innovationen entziehen sich weitgehend unserer (politischen) Kontrolle, zumindest scheint es so. Handel und Einwanderung sind hingegen politische Angelegenheiten: In ihnen spiegeln sich politische *Entscheidungen* wider. Eine andere Politik hätte vielleicht zu besseren Ergebnissen geführt, zu mehr Arbeitsplätzen mit höheren Löhnen und besserem Kündigungsschutz. Und selbst bei weitgehender Handelsliberalisierung und freizügiger Einwanderung hätte eine andere Politik die negativen Auswirkungen besser auffangen können. Ironischerweise widersetzten sich die Verfechter des Freihandels insbesondere in den USA aktiv einer solchen Politik.

Dagegen ergriff der konservative ehemalige britische Schatzkanzler George Osborne zahlreiche Maßnahmen, um den unteren Einkommensbeziehern zu helfen und für mehr Chancengerechtigkeit zu sorgen, aber diese Maßnahmen waren unzureichend. Der Mindestlohn für Arbeitnehmer ab dem 25. Lebensjahr wurde von 6,70 auf 7,20 Pfund pro Stunde erhöht, und bis 2020 waren weitere Erhöhungen bis auf etwa 9 Pfund pro Stunde geplant. Das war nicht genug, aber immerhin ein Anfang, insbesondere verglichen mit den scheinbar viel reicheren USA, wo der Mindestlohn 7,25 Dollar pro Stunde beträgt, womit er inflationsbereinigt niedriger ist als Ende der Fünfzigerjahre (auf der Basis des Wechselkurses vor der Brexit-Abstimmung entsprach dies 4,83 Pfund pro Stunde). Dass die Arbeiter in einigen Ländern wie Frankreich, Dänemark und

Schweden höhere Einkommenszuwächse verzeichneten als in anderen (etwa Großbritannien und den USA) spricht dafür, dass politische Maßnahmen durchaus etwas bewirken.[15] Osbornes einkommensabhängiges Kreditprogramm (das die Rückzahlung von Studentendarlehen an die Höhe des späteren Einkommens des Kreditnehmers bindet) sollte für mehr Bildungsgerechtigkeit in Großbritannien sorgen und direkt ein Problem angehen, das im US-Präsidentschaftswahlkampf eine große Rolle spielt: die Last der Studienkreditschulden (die sich auf insgesamt über eine Billion Dollar belaufen), die eine Hochschulausbildung für gewöhnliche Amerikaner immer unerschwinglicher macht. Aber es blieb fraglich, ob dieses Programm die Auswirkungen der deutlichen Erhöhung der Studiengebühren in England wirklich vollständig ausglich.[16]

Die wichtigste politische Maßnahme, die neue Arbeitsplätze geschaffen und zugleich aufgrund der steigenden Arbeitskräftenachfrage zu höheren Löhnen geführt hätte, wäre ein Ende des Sparkurses gewesen. Aber die Konservativen hatten, unterstützt von Mitte-links (New Labour), die Bevölkerung davon überzeugt, dass eine Defizitsenkung wichtig sei. Osborne warb vielleicht nicht so erfolgreich für den Defizitfetischismus wie Merkel, die ständig auf die verantwortungsvolle schwäbische Hausfrau verwies (vergleiche Kapitel 7), aber er folgte nicht weit dahinter. Also wandte sich die nationale Debatte den weitaus komplexeren und strittigeren Fragen von Handel und Einwanderung zu.

Handel

Beiderseits des Atlantiks machten Bürger Handelsabkommen für ihre Probleme mitverantwortlich. Das ist zwar eine allzu grobe Vereinfachung, aber verständlich. Die Handelsabkommen (darunter auch diejenigen, die derzeit vorbereitet werden, nämlich die Transpazifische Partnerschaft ›TTP‹, die 12 Pazifikanrainer zusammenbringt, und die Transatlantische Handels- und Investitionspartnerschaft ›TTIP‹ zwischen den USA und Europa) wurden unter Ausschluss der Öffentlichkeit ausgehandelt, wobei Vertreter der Großunternehmen mit am Tisch saßen – hingegen keine Vertreter der Durchschnittsbürger oder der einfachen Arbeitnehmer. Das einseitige Ergebnis verwundert daher nicht weiter. Die Verhandlungsposition der Arbeitnehmer wird weiter geschwächt, was die Auswirkungen anderer Gesetze, die die Rechte von Gewerkschaften und Arbeitnehmern beschneiden, sowie die Folgen technologischer Veränderungen noch verstärkt.

Die Bedenken gegen die Handelsliberalisierung richteten sich nicht gegen den Freihandel *innerhalb* der EU, sondern gegen Handelsabkommen, die die EU (und die USA) mit der restlichen Welt geschlossen hatten. Paul Samuelson, einer der bedeutendsten Wirtschaftswissenschaftler des 20. Jahrhunderts, stellte ein einfaches Theorem auf, wonach unter der Annahme vollkommener Märkte (die den meisten neoliberalen Wirtschaftsanalysen zugrunde liegt) Freihandel weltweit zur Angleichung der Löhne ungelernter Arbeiter führt. Der Güterhandel ist ein Ersatz für die Wanderung von Arbeitskräften.[17] Die Einfuhr von Gütern aus China – Güter, deren Herstellung viele ungelernte Arbeitskräfte benötigt – verringert die Nachfrage nach ungelernten Arbeitskräften in Europa und in den USA. Und diese Kraft ist so stark, dass es irgendwann so wäre (wenn keine Transportkosten anfielen und wenn die USA sowie Europa keine anderen Wettbewerbsvorteile hätten, beispielsweise aufgrund technologischer Vorsprünge), *als gäbe* es Arbeitnehmerfreizügigkeit, *als würden* chinesische Arbeitskräfte so lange nach Europa und in die USA einwandern, bis keine Lohnunterschiede mehr vorhanden wären.[18] Die Neoliberalen verschwiegen diese Folge der Handelsliberalisierung verständlicherweise, da sie – wahrheitswidrig – behaupteten, alle würden davon profitieren. In den USA gingen die Republikaner im Kongress sogar noch weiter: Sie lehnten es ab, diejenigen zu unterstützen, denen diese Maßnahmen unmittelbar schadeten. Jüngste Forschungen haben gezeigt, dass jene Regionen der USA, die Güter produzierten, die durch chinesische Importe leicht ersetzbar waren, niedrigere Löhne und eine höhere Arbeitslosigkeit haben.[19] Obgleich solche komplexen und detaillierten Studien für Europa nicht durchgeführt wurden, wäre es überraschend, ließen sich dort ähnliche Effekte nicht nachweisen.[20]

Neoliberale Analytiker, die behaupteten, Freihandel komme allen zugute, begingen zwei entscheidende Fehler. Erstens nahmen sie an, Märkte seien effizient, sodass immer Vollbeschäftigung herrsche. Dies ist darauf zurückzuführen, dass Märkte in den neoliberalen Analysen perfekt funktionieren und ein Anstieg der Importe immer durch eine Erhöhung der Exporte ausgeglichen wird. Exporte schaffen, Importe vernichten Arbeitsplätze, aber in perfekt funktionierenden Volkswirtschaften – mit einer Zentralbank, die sich auf Vollbeschäftigung konzentriert, und einer Regierung, die nicht durch Sparvorgaben eingeschränkt ist – sorgt die makroökonomische Politik dafür, dass stets Vollbeschäftigung herrscht. Die Umstellung auf den produktiveren Exportsektor erhöht den Lebensstandard. Aber die Wirklichkeit sieht ganz anders aus – in Europa blieb die Arbeitslosigkeit auf hohem Niveau. Und das bedeutet, dass die arbeitsplatzvernichtenden Effekte der Handelsliberalisierung die arbeitsplatzschaffenden Effekte mehr als wettmachen können, insbesondere kurz- bis mittelfristig. Die Vernichtung von Arbeitsplätzen in einem Sektor bedeutet nicht automatisch, dass in einem anderen Arbeitsplätze entstehen.

Zweitens ignorierten sie die Verteilungswirkungen von Handelsabkommen. Selbst wenn das Bruttoinlandsprodukt steigt, gibt es große Verlierer. Das Argument »Handel ist gut« bedeutet lediglich, dass die Gewinne der Gewinner die Verluste der Verlierer ausgleichen *können*. Und wenn der Handel allen zugutekommen soll, dann *sollten* die Gewinner die Verlierer kompensieren, was jedoch nicht bedeutet, dass sie das auch tun. Unter der neoliberalen Politik haben sie es jedenfalls *nicht* getan. Selbst in Ländern wie den USA, denen es gelang, die »offizielle« Arbeitslosenquote niedrig zu halten, gab es enorme Verteilungseffekte. Vernichtet die Handelsliberalisierung Arbeitsplätze in der Textil- und Bekleidungsindustrie, schafft jedoch welche im Hightech-Sektor, haben Textilarbeiter weder die Fähigkeiten noch die Kompetenzen, die sie bräuchten, um in den expandierenden Sektoren Arbeit zu finden. Außerdem entstehen die neuen Arbeitsplätze oftmals nicht dort, wo die alten vernichtet werden, sondern in entfernten Orten, was zumindest bedeutet, dass gewachsene Gemeinschaften zerstört und Familien auseinandergerissen werden. Ohne großzügige Entschädigungen und aktive Qualifizierungs- und Umschulungsmaßnahmen schadet der Freihandel vielen Menschen.[21] Und diejenigen sind wütend, die jetzt schlechter gestellt sind und das Gefühl haben, dass Politiker der Mitte sie anlogen, als sie sagten, die neuen Handelsabkommen würden allen Wohlstandssteigerungen bringen. Und sie sind umso wütender, als man ihnen heute sagt, sie müssten sich nicht nur mit Lohnkürzungen und weniger Arbeitsplatzsicherheit abfinden, sondern auch Einschnitte bei den für sie so existenziell wichtigen Sozialleistungen hinnehmen – um »wettbewerbsfähig« zu sein. Die Politiker, die ihnen versprachen, diese Handelsabkommen würden ihren Wohlstand mehren, sagen ihnen jetzt, dass sie sich mit einer deutlichen Senkung ihres Lebensstandards abfinden müssen, wenn sie es im Rahmen dieser Handelsabkommen »zu etwas bringen« wollten. Da verwundert es nicht weiter, dass sie diesen Politikern beziehungsweise dem politischen System nicht mehr vertrauen.

Einwanderung

Das Thema Zuwanderung ist emotional sogar noch stärker aufgeladen als das Thema Handel. Viele Flüchtlinge sind Opfer von Bürgerkriegen, zu denen die westlichen Mächte beigetragen haben, sowohl durch aktives Tun wie durch Unterlassen. Die Kolonialmächte taten weniger, als sie hätten tun sollen, um den von ihnen kolonisierten Gesellschaften demokratische Werte zu vermitteln. Die Nachwirkungen ihrer autoritären Herrschaftsformen machen vielen Exkolonien noch immer zu schaffen, und es ist eine moralische Verpflichtung aller Staaten, aber insbesondere der ehemaligen Kolonialmächte, jenen Menschen beizustehen, die vor Unterdrückung und Verfolgung fliehen.

Rein ökonomisch betrachtet lassen sich aus den Standardgesetzen eindeutige Vorhersagen ableiten, obgleich dies viele bestreiten mögen: Bei fallenden Nachfragekurven (der übliche Fall) führt ein zunehmendes Angebot *normalerweise* zu einem niedrigeren Gleichgewichtspreis. Auf Arbeitsmärkten bedeutet dies, dass der

Zustrom von ungelernten Arbeitskräften das Lohnniveau senkt. Und wenn die Löhne nicht gesenkt werden können oder gesenkt werden, ist höhere Arbeitslosigkeit die Folge. Dies ist besonders dort problematisch, wo es aufgrund einer verfehlten Wirtschaftspolitik bereits hohe Arbeitslosigkeit gibt.

Es gibt Ausnahmen von dieser allgemeinen Regel: Der Zustrom hochqualifizierter Arbeitskräfte könnte die Produktivität (und damit der Löhne) ungelernter Arbeitskräfte steigern. Der Zustrom wohlhabender Flüchtlinge könnte die Nachfrage nach Gütern steigern, wobei die Nachfrageeffekte weitaus größer als die Angebotseffekte wären. Aber auch dann können erhebliche Verteilungsfolgen auftreten: Aufgrund der reichen Zuwanderer kann es in bestimmten Orten wie New York, Vancouver und London zu derart starken Preissteigerungen bei Immobilien kommen, dass das Leben in diesen Großstädten für amerikanische, kanadische oder britische Durchschnittsverdiener unerschwinglich wird. Dass die reichen Grundbesitzer in diesen Städten noch reicher geworden sind, ist da nur ein geringer Trost.

Innerhalb Europas strömen überproportional viele Flüchtlinge in jene Länder, die die Arbeitslosigkeit *erfolgreicher* bekämpft haben als andere. Die dortigen Arbeitnehmer tragen die Kosten dafür: niedrigere Löhne und eine höhere Arbeitslosigkeit, während die Unternehmen sich über billige Arbeitskräfte freuen. Die Leidtragenden sind diejenigen, die am wenigsten in der Lage sind, die Anpassungslasten zu bewältigen.

Das Problem geriet schon früher ins Blickfeld, als nämlich die deutlich ärmeren osteuropäischen Länder in die EU aufgenommen wurden. Es war bemerkenswert, dass die Regierungschefs der EU diese ökonomischen Grundgesetze nicht stärker berücksichtigten, als sie sich für die Aufnahme osteuropäischer und baltischer Staaten in die EU aussprachen. Es war ein Akt der Großzügigkeit, der sich tief greifend auf diejenigen auswirkte, die in diesen Ländern lebten. Die meisten Studien deuten darauf hin, dass die wichtigste Variable für den erfolgreichen Übergang vom Kommunismus zur Marktwirtschaft die Aufnahme in die EU war. Diese half, den rechtlichen und institutionellen Rahmen zu schaffen, der für eine moderne Marktwirtschaft notwendig ist.

Aber diese Großzügigkeit ging größtenteils zulasten der einfachen Arbeitnehmer – während die Konzerne in Westeuropa, die billigere Arbeitskräfte bekamen, zu den Nutznießern gehörten. Es gibt zwei konkurrierende Interpretationen: Die europäischen Regierungen waren in sträflicher Weise nachlässig, als sie die gesellschaftlichen und wirtschaftlichen Kosten nicht berücksichtigten – und diejenigen, die sie tragen würden. Oder die Regierungen Europas machten sich zu Erfüllungsgehilfen der Konzerne – die genau das wollten: Arbeitnehmer unter Druck setzen –, um fügsamere Arbeitnehmer zu haben und die Macht der Gewerkschaften endlich zu brechen. Dass die negativen Auswirkungen auf die Arbeitnehmer vernachlässigt werden, scheint den Verdacht derjenigen zu bestätigen, die der Meinung sind, dass die neoliberale Agenda der EU überwiegend den Konzerninteressen dient.

Die Befürworter einer liberalen Einwanderungspolitik haben (wie die Verfechter des Freihandels) die Wohlfahrtsgewinne überschätzt und die Verteilungseffekte und deren Konsequenzen unterschätzt. Man hört häufig, dass ein Land, das Einwanderer aufnehme, *insgesamt* davon profitiere. Dies mag für ein Land gelten, das all seinen Bürgern nur geringe Leistungen garantiert – ein schlechtes soziales Sicherungssystem, ein grobmaschiges soziales Netz, ein schlechtes Bildungs- und Gesundheitssystem und so weiter. Aber in den Ländern, die ein Mindestmaß an Sozialleistungen für alle bereitstellen, tritt das Gegenteil ein. Selbst wenn das Land insgesamt profitieren sollte, verzeichnen wahrscheinlich bestimmte Gruppen von Arbeitnehmern Einkommenseinbußen. Profitiert das Land als Ganzes, *könnten* die Gewinner die Verlierer entschädigen, aber eine solche Entschädigung findet fast nie statt. Sie war im Ordnungsrahmen der EU nie vorgesehen.

Und ebenso wurde allgemein *angenommen*, dass die Herkunftsländer der Migranten profitieren würden. Für den einzelnen Auswanderer scheint dies auf der Hand zu liegen: Er würde nicht auswandern, wäre er nicht davon überzeugt, dass es ihm im Zielland besser ginge. Aber eine Analyse des gesamtwirtschaftlichen Nutzens ist komplizierter. Wandern die hochqualifizierten Fachkräfte aus Griechenland ab, werden möglicherweise weniger neue Arbeitsplätze für die zurückbleibenden ungelernten Arbeitskräfte geschaffen, die zudem Lohnsenkungen hinnehmen müssen.[22] In Kapitel 5 wiesen wir darauf hin, dass dies zu niedrigeren Steuereinnahmen und einer Erhöhung der öffentlichen Schuldenlast pro Kopf bei den nicht auswandernden Bürgern führt. Im Fall Griechenlands führten von Deutschland und der Troika erzwungene Einschnitte im Gesundheitssystem angeblich dazu, dass 7500 griechische Ärzte unter anderem nach Deutschland auswanderten.[23] Und so verbessert sich die Gesundheitsversorgung in Deutschland und anderen europäischen Ländern, während die Griechen medizinisch schlechter versorgt werden – nachdem sie Hunderttausende von Euro in die Ausbildung jedes Mediziners investiert haben.[24]

Zu Beginn des Übergangs vom Kommunismus zur Marktwirtschaft nahm diese Abwanderung junger hochqualifizierter Fachkräfte solche Ausmaße an, dass man von einer »Auszehrung« der Wirtschaft sprach. Zurück blieben die Alten, Gebrechlichen und diejenigen, die zu jung zum Auswandern waren. Obgleich das Auswanderungsland von den Rücküberweisungen der Migranten profitierte, verringerten sich diese Überweisungen oftmals im Lauf der Zeit, und sie konnten in keinem Fall die Folgen der »Auszehrung« wirklich wettmachen.[25]

Wie ich in Kapitel 5 ausführte, kann die freie Kapital- und Arbeitskräftemobilität außerhalb der unrealistischen Modelle vollkommener Märkte ohne Steuern, ohne Schulden, ohne Informationsunvollkommenheiten und so weiter zu *Divergenz* statt zu Konvergenz führen. Daraus lässt sich folgern, dass die unbeschränkte Migration sowohl im Aufnahmeland *als auch* im Herkunftsland der Migranten zu Wohlfahrtsverlusten führen kann. Selbst wenn das Land als Ganzes profitiert, kommt es unter Umständen zu erheblichen Verteilungswirkungen – mit der Folge, dass große Bevölkerungsgruppen (womöglich sogar die Mehrheit) schlechter gestellt sind als zuvor. Die Einzigen, die mit Sicherheit besser gestellt sind, sind die Zuwanderer selbst und die Unternehmen, die billigere Arbeitskräfte bekommen.

Während die neoliberale Analyse der Migration eindeutig fehlerhaft war, waren weder die Zuwanderung noch der Freihandel an sich die eigentliche Ursache für die Wohlfahrtsverluste von Arbeitnehmern. Hätten europäische Regierungen einschließlich der britischen eine andere Politik betrieben – eine Wachstums- statt einer Austeritätspolitik, eine aktivere Arbeitsmarktpolitik einschließlich höherer Mindestlöhne, besserer Umschulungsprogramme und Reformen, die die Verhandlungsmacht der Gewerkschaften nicht geschwächt, sondern gestärkt hätten –, dann würden heute mehr Arbeitnehmer besser dastehen.

Die freie Migration lässt sich mit dem Euro vergleichen: ein Beispiel dafür, wie die wirtschaftliche Integration der politischen vorauseilt. Langfristig ist es unvorstellbar, ein einiges Europa ohne Personenfreizügigkeit zu haben. Aber während meiner Jahre als Chefökonom der Weltbank habe ich gelernt, dass es entscheidend auf die Feinsteuerung und sachgerechte Abfolge der Reformen ankommt. Es war eine wirtschaftliche und politische Katastrophe, dass Europa eine Gemeinschaftswährung einführte, ohne zuvor die notwendigen institutionellen Voraussetzungen dafür zu schaffen – es erschwert heute die weitere wirtschaftliche und politische Integration. Dies gilt gleichermaßen für die freie Migration.

Das Versagen der Eurozone trug zur Enttäuschung über die EU bei

Es war klug von Großbritannien, nicht dem Euro beizutreten. Aber innerhalb Großbritanniens bestand bereits beim EU-Beitritt eine große Skepsis, vielleicht eine größere Skepsis als in jedem anderen europäischen Land, und alles, was seither geschah, verstärkte die Ablehnung gegenüber der EU nur noch. Die europäische Wirtschaftspolitik und insbesondere die der Eurozone hat kläglich versagt, was sich daran ablesen lässt, dass die durchschnittliche Arbeitslosigkeit in den letzten Jahren durchgehend über der amerikanischen Arbeitslosenquote lag und häufig zweistellig war. Dies hat das Vertrauen in Europa untergraben. Aber es gibt noch weitere Konsequenzen.

Erstens hat die freie Migration innerhalb Europas die bereits erwähnte Folge: Länder, die die Arbeitslosigkeit erfolgreicher als andere bekämpft haben, erhalten mehr als ihren gerechten Anteil an Flüchtlingen. In einem Europa mit freier Migration hat Großbritannien einen besonderen Platz: Es ist ein Land, das bereits multiethnisch und multikulturell geworden ist. Da Englisch zur Weltsprache wurde, übt Großbritannien eine besonders starke Anziehungskraft auf Migranten aus. Aufgrund seiner niedrigen Arbeitslosigkeit ist es außerdem sehr attraktiv für Einwanderer, die froh über jede Arbeit sind, die sie finden können.

Zweitens hat die Dysfunktion der Eurozone, die Tatsache, dass auf der nationalen Souveränität der Krisenländer herumgetrampelt wurde, Europa zu einem »Klub« gemacht, der zusehends unattraktiv wirkt – insbesondere da er von Deutschland in einer selbstherrlichen Weise dominiert wird, die viele ärgert. Hätte die Krisenpolitik in diesen Ländern wenigstens die Arbeitslosigkeit schnell und deutlich gesenkt, aber das klägliche Scheitern dieser Politik– zusammen mit ihrer arroganten, rigorosen Umsetzung – verschlimmerte alles nur noch.

Dies wiederum hat eine langjährige Ansicht bekräftigt, nach welcher die EU ein Verwaltungsapparat ist, der sich blindlings an Regeln hält. Die britischen Konservativen haben sich dieses Image lange gezielt zunutze gemacht. Es war eine nützliche Strategie, die EU-Bürokratie für sämtliche Missstände in Großbritannien verantwortlich zu machen, und diese Sichtweisen haben vielleicht auch bestehende Stereotype verstärkt. Im »Leave«-Lager gab es einfach zu viele irreführende Übertreibungen, etwa die Behauptung, die EU fordere, dass Bananen gerade sein müssten. Solche falschen Behauptungen waren so weit verbreitet, dass ein eigener Begriff für sie geprägt wurde: »Euro-Mythen«.[26] Zahlreiche falsche Gerüchte kursierten, einige enthielten ein Körnchen Wahrheit. Jeder in Großbritannien kannte die eine oder andere Vorschrift (oder glaubte, sie zu kennen), mit der er nicht einverstanden war: Beispielsweise was unter der Bezeichnung »Eiscreme« verkauft werden durfte oder dass Eier nicht dutzendweise verkauft werden durften, sondern sich ihr Preis nach dem Gewicht richten musste.

Die Ereignisse innerhalb der Eurozone bestätigten eine weitere langjährige Meinung über die EU: dass sie ein großes Demokratiedefizit hat. Die hier wiedergegebenen Meinungen über dieses Defizit, das sich in den Leitungs- und Aufsichtsstrukturen ihrer wichtigsten Institutionen wie der EZB (die wir in Kapitel 6 diskutierten) und in der Krisenpolitik widerspiegelt, stammen nicht von mir – man hört sie überall in Europa. Van Rompuys Ablehnung von Volksbefragungen wird von den regierenden Eliten weithin geteilt. Obwohl das Demokratiedefizit, das in der Eurokrise so deutlich zum Vorschein kam, also keine *unmittelbaren* negativen Auswirkungen auf die Briten hatte, beeinflusste es ihre Wahrnehmungen der EU doch direkt.[27]

Die Flüchtlingskrise

Seit Mitte 2015 verlagerte sich die Aufmerksamkeit von der Euro- auf die Flüchtlingskrise – Hunderttausende Flüchtlinge hauptsächlich aus dem vom Krieg erschütterten Nahen Osten und insbesondere aus Syrien, aber auch aus Nordafrika, Subsahara-Afrika und noch weiter entfernten Regionen. Deutschland stempelt die meisten Flüchtlinge, die nicht aus Kriegsregionen kommen, gern als »Wirtschaftsflüchtlinge« ab, die kein Recht auf Einwanderung hätten – wenngleich diese Unterscheidung keineswegs so klar ist, wie ihre Ungleichbehandlung nahelegt, und der Westen hat möglicherweise auch mehr als eine geringe Mitschuld daran, dass es überhaupt so etwas wie Wirtschaftsmigranten gibt. Wir haben ein Weltwirtschaftssystem, das zu so niedrigen Baumwollpreisen führt, dass ein malischer Kleinbauer seine Familie nicht ernähren kann – und in der Auswanderung den einzigen Weg sieht, den Tod seiner Kinder abzuwenden. Ein Grund dafür, dass Baumwollpreise so niedrig sind, liegt in den gigantischen Baumwollsubventionen der fortgeschrittenen Länder. Die globale Erwärmung – eine Folge der

Kohlenstoffemissionen der fortgeschrittenen Länder seit Beginn der Industrialisierung – hat zur Desertifikation der Sahelzone beigetragen, die ihrerseits die Zahl der Wirtschaftsflüchtlinge ansteigen lässt. Unabhängig davon, welche moralische Verantwortung Europa gegenüber den Flüchtlingen hat, unabhängig von seinen völker- und verfassungsrechtlichen Verpflichtungen bezüglich der Aufnahme von Flüchtlingen, besteht weitgehende Einigkeit darüber, dass Europa die Flüchtlingskrise schlecht gemanagt hat. Die Divergenzen innerhalb Europas, zu denen der Euro beigetrug, machten es praktisch unmöglich, eine gerechte Lastenverteilung zu erreichen. Ökonomisch gesehen ist es sinnvoll, dass Länder mit annähernder Vollbeschäftigung den Löwenanteil der Flüchtlinge aufnehmen und die wohlhabenden Länder den ärmeren helfen, die sozialen Kosten der Zuwanderung zu tragen. Aber Deutschland erklärte wiederholt, Europa sei »keine Transferunion«, und blockierte damit diese gerechte und vernünftige Strategie. Daraus folgte unweigerlich Stillstand, und die Flüchtlingslager im französischen Calais, wo Migranten auf eine Gelegenheit warten, durch den Eurotunnel nach Großbritannien zu gelangen, erinnern uns tagtäglich an dieses Versagen.

Die Folgen des Brexit

Die unmittelbaren Folgen des Referendums waren so negativ oder sogar noch schlimmer, als diejenigen behauptet hatten, die sich für einen Verbleib in der EU aussprachen. Wie erwähnt, fiel das Pfund innerhalb von vier Tagen um fast 11 Prozent auf ein 30-Jahres-Tief. Die Aktienkurse brachen massiv ein. Die Ratingagenturen stuften britische Staatsanleihen herab.[28] Aber im Einklang mit der Sichtweise, dass Handel und wirtschaftliche Verflechtung *für beide Seiten* vorteilhaft sei, fiel der Euro auch gegenüber dem Dollar, und die europäischen Aktienmärkte gaben nach. Wie 2008 gab es eine »Flucht in sichere Anlagen«, während die deutschen und US-amerikanischen Zinsen auf ein Fünf-Jahres-Tief fielen.[29]

Allerdings sind wir daran gewöhnt, dass Märkte überreagieren – und negativ auf erhöhte Ungewissheit reagieren. Schon wenige Tage nach dem Referendum lag der Financial Times Stock Exchange Index (FTSE 100) höher als zehn Monate zuvor. Aber dieser Index setzt sich hauptsächlich aus Aktien multinationaler Konzerne zusammen. Britische Immobilienfonds traf es besonders hart; viele Anteilsinhaber fürchteten weitere Verluste und wollten verkaufen, aber wenn sie ihre Verkaufsorder durchgeben wollten, sagte ihnen eine Computerstimme am anderen Ende der Leitung, zumindest vorläufig würden keine Aufträge angenommen, sodass sie ihr Geld nicht zurückbekamen. Die einzige Gewissheit war, dass die Zukunft noch ungewisser geworden war. Und Ungewissheit schreckt Investoren ab.

Die weitere Entwicklung hängt davon ab, wie die neuen wirtschaftlichen (und politischen) Beziehungen zwischen der EU und Großbritannien gestaltet werden. Experten haben zahlreiche Szenarien dazu vorgelegt. In einem Szenario verschiebt Großbritannien die Austrittserklärung nach Artikel 50 des EU-Vertrags, die die Zweijahresfrist für den Abschluss der Trennung auslöst. In der Zwischenzeit würde es auf dem Verhandlungsweg gelingen, die Zuwanderung zu begrenzen, und andere demokratische Reformen würden durchgeführt, die ausreichten, um ein zweites Referendum über den Verbleib in der EU zu rechtfertigen. In diesem Szenario gewinnt das »Reformieren und Verbleiben«-Lager – und es kommt zu keinem Brexit.[30] Der andere Extremfall wäre ein echter Brexit und ein kompromissloses Europa, das sich zunächst weigern würde, Großbritannien einen Sonderstatus zu gewähren. Vielleicht würde die EU sogar damit drohen, Großbritannien umso schlechtere »Konditionen« einzuräumen, je länger es die Austrittserklärung nach Artikel 50 hinauszögerte.[31] In diesem Szenario schneidet sie sich ins eigene Fleisch – obgleich es alle anderen abschrecken soll, die mit dem Austritt aus einer EU liebäugeln, die in manchen Ländern so unpopulär geworden ist, dass sie nur noch durch solche Drohungen zusammengehalten werden kann. Großbritannien wird jedoch wahrscheinlich nicht viel schlechter – und möglicherweise sogar besser – dastehen, solange die Trennung einigermaßen einvernehmlich über die Bühne geht und die EU ihren Verpflichtungen gemäß den WTO-Regeln nachkommt (einschließlich der entscheidenden Meistbegünstigungsklausel, wonach ein Land ein anderes außerhalb eines gemeinsamen Marktes nicht schlechter stellen darf als alle anderen Länder, mit denen es Handel treibt; Großbritannien dürfte also nicht schlechter behandelt werden als die USA).

Es wurde viel Aufhebens um wirtschaftliche Integration gemacht, und höchstwahrscheinlich hat die Welt von der Senkung der Zölle profitiert. Die WTO war der erste Schritt zu einem verbindlichen Rechtsrahmen für den internationalen Handel – ich sage bewusst »der erste Schritt«, weil mächtige Staaten sich oft über die Regeln hinwegsetzen, wenn es ihnen aus innenpolitischen Gründen wünschenswert erscheint. Aber bei den jüngsten Abkommen – selbst sogenannten »Handelsabkommen« – geht es mehr um die »Angleichung« von Rechtsnormen, den Schutz geistigen Eigentums und die Liberalisierung der Finanzmärkte als um den Handel selbst. Davon profitierten zwar die Konzerne, aber der gesamtgesellschaftliche Nutzen ist mehr als fraglich. Beispielsweise soll sich die »engere« wirtschaftliche Verflechtung durch das umfassende regionale Handelsabkommen der Transpazifischen Partnerschaft kaum auf das US-amerikanische Bruttoinlandsprodukt auswirken: Unterschiedlichen Schätzungen zufolge sinkt es entweder leicht oder steigt höchstens um 0,15 Prozent – und dies auch nur nach einer langen Zeit und unter unrealistisch optimistischen Annahmen.[32] Sogar der IWF stellt mittlerweile den Nutzen eines vollständigen Abbaus sämtlicher Schranken für den freien Kapitalverkehr infrage – im Anschluss an die Weltfinanzkrise empfiehlt er in seiner neuen »institutionellen Betrachtungsweise« den selektiven Einsatz von Kapitalverkehrskontrollen im Rahmen der »Steuerung der Kapitalbilanz«.[33] Ohne solche Kapitalverkehrskontrollen können destabilisierende Flüsse von kurzfristigem Spekulationskapital (»Hot Money«) die Instabilität noch verschlimmern.

Wir sollten darauf hinweisen, dass die USA und Kanada auch ohne freie Migration, ohne einen Binnenmarkt und ohne vollständige wirtschaftliche Verflechtung wirtschaftlich gut dastehen – sogar deutlich besser als die Eurozone (vergleiche Kapitel 3). Kanada kann sich glücklich schätzen, dass seine wirtschaftliche Verflechtung mit den USA begrenzt ist; andernfalls hätte es die negativen Folgen der Krise von 2008 mit voller Wucht zu spüren bekommen, da sein Finanzsektor gezwungen gewesen wäre, die verfehlten neoliberalen Ideen zu übernehmen, die das US-Finanzsystem prägten. (Die Welt kann sich ebenfalls glücklich schätzen, dass es eine gewisse »Vielfalt« der Wirtschaftsordnungen gibt, denn andernfalls wären die Folgen der Weltfinanzkrise um ein Vielfaches schlimmer gewesen.)

Ich sprach an früherer Stelle über den Nutzen und die Kosten ökonomischer und politischer Integration. Kriege zwischen Ländern haben immense Schäden angerichtet, und ein gewisses Maß an globaler Kooperation ist zweifellos nützlich. Die Vereinten Nationen waren ein Segen für die Welt, wenngleich sie keineswegs eine vollkommene Institution sind. Aber auch als die Vereinigten Staaten gegründet wurden, blieben weite Teile der Politikgestaltung den einzelnen Bundesstaaten vorbehalten. Es war ein föderales System, keine zentralistische Regierung. Es lässt sich nur schwer bestimmen, welche Zuständigkeiten dezentralisiert werden und welche Befugnisse bei einer zentralen Instanz liegen sollten, und tatsächlich gibt es keine »richtige« Antwort darauf. Es gibt viele mögliche Lösungen. Der Grundsatz der Subsidiarität ist entscheidend: Jene Aktivitäten, die ihrem Wesen nach lokal sind und nur begrenzte externe Effekte auf andere haben, sollten auf einer unteren Staatsebene entschieden werden. Das Problem besteht darin herauszufinden, welche Entscheidungen nicht dezentralisiert werden können oder sollten, und welche Kombinationen von dezentralisierten und zentralen Befugnissen wahrscheinlich nicht funktionieren.

Ich wies bereits darauf hin, dass die Eurozone auf falschen Annahmen errichtet wurde: Man glaubte, begrenzte *fiskalische* Defizite und öffentliche Schuldenstände seien die entscheidenden Voraussetzungen für eine gut funktionierende Währung. Aufgrund dieser Irrtümer schufen die Gründer der Eurozone ein divergentes System, das in hohem Maße zur Stagnation und der schwindenden politischen Solidarität beitrug. Ähnliche Fehler beging die Eurozone sowohl durch aktives Tun wie durch Unterlassen. Auf zwei davon ging ich bereits ein: Aus Angst vor unfairem Wettbewerb und unter dem Einfluss der neoliberalen Ideologie verboten die Verantwortlichen jene Industriepolitik, die es den Beitrittsländern erlaubt hätte, den Rückstand aufzuholen und zu konvergieren. Eine enge Auslegung des Begriffs »unfaire Staatshilfen« weckte Zweifel daran, ob Italien seinen notleidenden Banken unter die Arme greifen darf – aber ohne solche Finanzhilfen bleibt die Kreditversorgung des Mittelstandes unzureichend und das italienische Wirtschaftswachstum bleibt gedämpft. Außerdem haben, wie erwähnt, das Fehlen einer steuerpolitischen Harmonisierung und einer europaweiten progressiven Besteuerung zu einem zerstörerischen Steuerwettbewerb und zur wachsenden Ungleichheit in Europa beigetragen. Will ein Land innerhalb seiner Grenzen eine progressive Steuer einführen, steht es auf verlorenem Posten: Seine wohlhabendsten Bürger drohen mit Abwanderung, und sie können die Drohung wahr machen, denn sie können ihre Unternehmen auch aus dem Ausland leiten. Der amtierende Präsident der Europäischen Kommission, Jean-Claude Juncker, war während seiner Zeit als luxemburgischer Premierminister ein Meister dieses Unterbietungswettlaufs. Selbstverständlich kam diese Senkung der Einkommens- und Körperschaftssteuer den Unternehmen sehr zupass.[34]

Es gab noch weitere Fehler. Die EU trieb ganz offensichtlich die regulatorische Harmonisierung weiter, als es notwendig gewesen wäre – und diese übermäßige Begeisterung für regulatorische Angleichung war ein Grund für das gespannte Verhältnis zwischen der EU und Großbritannien. Die Kosten dieses Übereifers sind offensichtlich, der Nutzen ist es weniger – mit Ausnahme vielleicht für die Brüsseler Bürokraten, die Spaß daran zu haben scheinen, Regulierungen zu erlassen: Weshalb sollten für alle in Europa genau die gleichen Standards für Eiscreme oder Windschutzscheiben gelten (unabhängig davon, ob diese Vorschriften zu locker oder zu streng sind)? Die Vereinigten Staaten und Kanada bilden eine gemeinsame Wohlstandssphäre mit einem umfangreichen grenzüberschreitenden Handel, ohne solche strengen Regulierungen in den kleinsten Details.

Die EU-Politik hätte sich an einem einfacheren Prinzip orientieren sollen: Wo eine fehlende Vereinheitlichung erhebliche *grenzüberschreitende* Effekte hat, mag eine Vereinheitlichung notwendig sein. Man könnte es für »unfairen« Wettbewerb halten, wenn englische Eiscreme anders als italienische keine Sahne enthalten müsste. Die Produktionskosten von Eiscreme in England wären dann niedriger. In der idealen neoliberalistischen Welt, in der vollkommene Information gegeben ist, wäre dies ironischerweise kein Problem. Englische Eiscreme – oder bestimmte Marken englischer Eiscreme, die keine Sahne enthalten – würden einen Ansehensverlust erleiden. Gut informierte Verbraucher würden entscheiden, ob der Nutzen von Eiscreme mit Sahne die Kosten wert wäre – und sich im einen Fall für das italienische Produkt, im anderen für das englische entscheiden. In der Wirklichkeit sind Verbraucher alles andere als gut informiert, aber es gibt eine viel einfachere Lösung, als einen bestimmten Sahnegehalt für alle Eiscremes vorzuschreiben: angemessene Angaben über den Sahnegehalt. Man stellt die sachdienlichen Informationen zur Verfügung und lässt die Verbraucher selbst entscheiden.

Windschutzscheiben sind ein komplexeres Beispiel. Es mag etwas billiger sein, für alle Autos den gleichen Glasstandard vorzuschreiben – aber nur ein wenig. Die USA und Europa haben problemlos mit Autos gehandelt, die unterschiedliche Standards erfüllen. Es ist offensichtlich, dass man Farben nicht vereinheitlichen muss. Es kann etwas billiger sein, wenn alle Autohersteller sämtliche Autos schwarz lackieren würden – aber verschiedene Verbraucher wollen verschiedene Farben, und der Vorteil der Produktvielfalt übertrifft bei Weitem die durchschnittliche Kostenminderung, die mit der Verwendung einer einzigen Farbe verbunden ist. Ebenso sind die Kosten für die Anpassung eines Autos an unterschiedliche Windschutzscheiben – ob getönt oder nicht, ob bruchsicher oder nicht – vernachlässigbar.[35]

Eine andere Sache ist es, einen Standard für gentechnisch verändertes Saatgut festzulegen. Gentechnisch verändertes Saatgut kann über eine Grenze geweht werden und in einem gentechnikfreien Feld austreiben. Viele Europäer legen großen Wert darauf, dass ihre Nahrungsmittel nicht gentechnisch verändert werden, und sind bereit, mehr dafür zu bezahlen. Wird daher in ein benachbartes Feld eines anderen Landes gentechnisch verändertes Saatgut eingetragen, erlegt dies dem Inhaber des gentechnikfreien Feldes eine *Externalität* auf, grenzüberschreitende Kosten. In diesem Bereich kann eine einheitliche Regulierung notwendig sein.

Aber auch hier ist Handel ohne eine einheitliche Regulierung möglich. Die USA und Europa können unterschiedliche Regulierungen haben. Aber selbstverständlich sollten die Verbraucher das Recht haben, darüber informiert zu werden. Bei den Handelsgesprächen zwischen den USA und Europa verlangten die USA, dass Verbraucher *kein* Recht auf Information erhalten – dass *keine* entsprechende Kennzeichnung erfolgt, weil eine solche Kennzeichnungspflicht gentechnisch veränderte Produkte aus den USA benachteiligen würde. Aber Europa sollte auf einer solchen Kennzeichnungspflicht bestehen und dem Druck der US-Unterhändler nicht nachgeben. Eine entsprechende Kennzeichnungspflicht steigert das Wohlergehen der europäischen Bürger, während es verringert wird, erhält die EU kein solches Kennzeichnungsrecht. Bis jetzt haben die EU-Unterhändler *in diesem Punkt* nicht nachgegeben.

Beim Erlass von Regulierungen scheint man allzu oft auf dieses sorgfältige Abwägen von Nutzen und Kosten zu verzichten. Manchmal, wenngleich nicht immer, setzen sich die Unternehmensinteressen durch. Dem gleichen Problem begegneten wir im Zusammenhang mit den sogenannten Strukturreformen in den Krisenländern. Es gab keinen Grund, Griechenland dazu zu zwingen, zehn Tage alte Milch als »Frischmilch« zu deklarieren – abgesehen davon, dass dies den großen Milchproduzenten in den Niederlanden und andernorts nützt.

Zusammenhänge zwischen Freihandel, Finanzmarktliberalisierung, Menschenrechten und Freizügigkeit

Während der Referendumskampagne behaupteten viele, darunter auch der britische Premierminister David Cameron, Großbritannien habe innerhalb der EU »die beste aller möglichen Welten«. Es habe nicht den dysfunktionalen Euro, aber alle Vorteile der wirtschaftlichen Integration in die EU. Diese Vorteile lassen sich nur schwer präzise quantifizieren, und die obige Diskussion zeigte, dass dem Nutzen Kosten gegenüberstehen.

Viele Verantwortliche in der EU vertreten den Standpunkt, dass Großbritannien nur dann besondere außenhandelspolitische Vergünstigungen (Vorteile, die über diejenigen hinausgehen, auf die Großbritannien nach den WTO-Regeln Anspruch hat) zugestanden werden sollten, wenn es den Grundsatz der Personenfreizügigkeit anerkennt. Auf diese Weise versuchen sie die Handels- und Finanzmarktintegration mit der Arbeitsmarktintegration zu verknüpfen. Eine solche Verknüpfung ist wenig sinnvoll. Schließlich verschafft die Haltung Großbritanniens zu Einwanderern den britischen Banken oder Autoherstellern keinen Wettbewerbsvorteil – ganz im Gegenteil, glaubt man der europäischen Rhetorik über den wirtschaftlichen Nutzen der Migration. Sorgt man sich über »unfaire« Wettbewerbsvorteile auf Arbeitsmärkten, sollte man das Fehlen eines ausreichenden Mindestlohns oder eines hinlänglichen Kündigungsschutzes oder auch ein Tarifverhandlungssystem kritisieren, das Lohnsenkungen erleichtert. Aber Europa schwieg zu diesen Fragen, wodurch es die Sichtweise bestätigte, dass die wirtschaftspolitische Agenda der EU stärker die Unternehmensinteressen als den »fairen Handel« fördere.

Gleichzeitig hat Europa eine aktive Menschenrechtsagenda, und in einigen Fällen wurden diese Menschenrechte um Arbeitnehmerrechte – mit bestimmten Schutzmaßnahmen und Mindeststandards – erweitert. Interessanterweise waren dies die Gründe, weshalb sich viele Mitglieder der Labour Party (einschließlich ihres Parteichefs Jeremy Corbyn), die ansonsten wenig begeistert von der

EU waren, für den Verbleib in der EU aussprachen – und einige Konservative für den Ausstieg plädierten.

Teile des Finanzsektors drohten, ohne den Binnenmarkt, ohne die Personenfreizügigkeit zwischen Großbritannien und der EU sowie angesichts unterschiedlicher Regulierungssysteme in der EU und Großbritannien würden sie London verlassen und in ein anderes EU-Land abwandern. Auch das ist nicht sonderlich sinnvoll. Wie bereits erwähnt, sind globale Banken weltweit tätig. Ein Großteil des Geschäfts mit US-Finanzderivaten wird von London aus gesteuert. Praktisch sämtliche Finanzdienstleister, die ihren Sitz in Steueroasen wie den Cayman Islands haben, tätigen ihre Geschäfte tatsächlich in London und New York: In diesen Offshore-Zentren unterhalten sie oftmals nur einen Briefkasten oder eine Postanschrift. Die wirkliche Arbeit findet andernorts statt. Banken und andere Finanzdienstleistungsfirmen haben gelernt, mit zahlreichen verschiedenen Rechtsrahmen klarzukommen (in den USA gibt es 50 verschiedene Aufsichtsbehörden für die Versicherungswirtschaft). Selbstverständlich wäre ihnen ein einziges System lieber – vorausgesetzt, es ist das mit der schwächsten Regulierung. Und dies liefert vielleicht einen Hinweis auf das eigentliche Motiv: Großbritannien ist sowohl unter Labour als auch unter den Konservativen zum stärksten Befürworter einer »Regulierung light« geworden. Der Finanzsektor befürchtet vielleicht, dass ohne britischen Druck die Forderung nach einer strengeren Regulierung Gehör finden könnte, die von so vielen Seiten in Europa erhoben wird.

Die eigentlichen Kosten – oder Vorteile – sind vielleicht politischer Natur

Obgleich sich die Aufmerksamkeit unmittelbar nach dem Brexit-Referendum auf die wirtschaftlichen Folgen richtete, sind die politischen Konsequenzen für Großbritannien und Europa womöglich von sehr viel größerer Tragweite. Ein seit über hundert Jahren bestehender Trend zu mehr Integration wurde umgekehrt. Einige befürchten, dass sich Schottland, das mit großer Mehrheit für den Verbleib in der EU stimmte, womöglich von Großbritannien abspalten könne. Andere befürchten, der Brexit gebe separatistischen Bestrebungen in Spanien und anderen Ländern Auftrieb. Wieder andere sorgen sich, dass ein Großbritannien, dem es wirtschaftlich einigermaßen gut geht, italienische, griechische, spanische oder portugiesische Wähler dazu verleiten könnte, ebenfalls mehrheitlich für einen Austritt aus der Eurozone zu stimmen. Tatsächlich fördert vermutlich der rigorose Austeritätskurs der Europäischen Kommission – die droht, Strafen gegen Spanien und Portugal zu verhängen, weil sie auch nach jahrelangen sehr schmerzlichen Einschnitten ihre Defizite noch nicht *hinreichend* gesenkt haben – die Bereitschaft, aus der Eurozone auszuscheiden, stärker als alles, was Großbritannien tut. Das Versagen der Eurozone, nicht der Brexit, wird die Eurozone letztlich zugrunde richten.

Hoffentlich ist das Brexit-Referendum ein Weckruf für die EU-Regierungschefs: Machen sie die EU nicht demokratischer und wirtschaftlich erfolgreicher, könnten die Chancen für eine weitergehende politische oder wirtschaftliche Integration gleich Null sein. Dass es der EU nicht gelungen ist, den Wohlstand großer Bevölkerungsgruppen innerhalb Europas zu steigern, ist nicht auf unerbittliche ökonomische Kräfte zurückzuführen, sondern auf eine Wirtschaftspolitik, die allzu oft von einer neoliberalen Ideologie und von Konzern- und Finanzinteressen geprägt ist.

Das weitere Vorgehen

Der Leitspruch derjenigen in Großbritannien, die in der EU bleiben wollten, lautete »Bleiben und Reformieren«. Reformen sind tatsächlich unumgänglich, wenn die EU überleben und prosperieren soll – und wenn ich von »prosperieren« spreche, meine ich damit nicht nur einen Anstieg des BIP, sondern geteilten Wohlstand und die gemeinsame Achtung demokratischer Werte. Die Bürger sollten in der EU bleiben *wollen*, weil sie ihnen Wohlstand bringt, nicht aus Furcht davor, den Zorn ihrer Freunde und Nachbarn auf sich zu ziehen, wenn sie ausscheiden.

Im Anschluss an das Brexit-Referendum wird die europäische Debatte über diese Reformen fast mit der gleichen Erbitterung geführt wie die Brexit-Kampagne in Großbritannien. Weitgehende Einigkeit besteht darüber, dass das Auseinanderklaffen von politischer und wirtschaftlicher Integration die Ursache der Probleme der EU wie des Euro ist. Ich habe hier die These vertreten, dass der Euro nur funktionieren kann, wenn es *mehr* Europa gibt – nicht unbedingt wie das föderale System der USA, wo über zwei Drittel der öffentlichen Ausgaben auf nationaler Ebene entschieden wird –, aber dennoch deutlich mehr als heute. Die Alternative ist *weniger* und das bedeutet auch das Ende der Gemeinschaftswährung. Die gegenwärtige Flickschusterei ist jedenfalls keine nachhaltige Lösung. Ein ähnliches Argument gilt für die EU im Allgemeinen. Soll ein einheitliches Regelwerk für ganz Europa gelten, müssen die Menschen darauf vertrauen können, dass die Regeln so festgelegt werden, dass sie dem Gemeinwohl und nicht nur den Konzerninteressen dienen. Soll die Freizügigkeit uneingeschränkt gewährleistet werden, muss die europäische Wirtschaftsordnung reformiert werden – um dafür zu sorgen, dass mehr Länder Vollbeschäftigung erreichen und hinreichend leistungsfähige soziale Sicherungssysteme geschaffen werden. Das System der Lastenteilung innerhalb von und zwischen Ländern muss verbessert werden, dazu gehört auch die angemessene soziale Absicherung von Migranten. Ohne eine gewisse Risiko- und Lastenteilung ist keine *Wirtschafts*union möglich. Darauf zu pochen, dass »Europa keine Transferunion ist«, nimmt das Scheitern der Europäischen Union in Kauf.

Viele führende europäische Politiker haben weitere Schritte in Richtung »mehr Europa« sehr schnell ausgeschlossen. Europa sei noch nicht bereit dazu, sagten sie. Doch ist dies der Fall, dann ist Europa auch noch nicht bereit für eine Gemeinschaftswährung, Personenfreizügigkeit oder den Binnenmarkt. Die These dieses Buches lautet, dass eine einheitliche Währung *mehr* Europa erfordert. Die These dieses Nachworts lautet, dass Binnenmarkt und freie Migration ebenfalls *mehr* Europa erfordern. Aus ökonomischer Sicht bedarf es nicht viel. Europa kann dies zweifelsfrei schaffen. Ob es angesichts der derzeitigen politischen Uneinigkeit in Europa *politisch* durchsetzbar ist, ist eine andere Frage.

Im Schlusskapitel dieses Buches haben wir dargelegt, was getan werden muss, um den Euro zu einer gut funktionierenden Währung zu machen. Mehrere Punkte in dieser Agenda gelten auch für die EU allgemein: Steuerharmonisierung, ein progressives europaweites Steuersystem und ein soziales Sicherungsnetz, zudem industriepolitische Maßnahmen, um den Nachzüglerländern zu helfen, den Rückstand aufzuholen.

In diesem Nachwort wiesen wir auf weitere notwendige Reformen hin: eine fairere Handels- und Migrationspolitik, welche nationale Kosten und Verteilungskosten der Migration, die ungleichen Belastungen infolge von Handelsliberalisierung und Migration anerkennt, und EU-weite Hilfen für die Länder und Gruppen, die in überproportionalem Umfang diese Lasten tragen müssen. Was für den Euro gilt, gilt auch hier: Probleme, die gemeinsam geschaffen wurden, müssen auch gemeinsam gelöst werden.

Die soziale Integration von Migranten benötigt Zeit und Ressourcen, aber ohne Integration sind die Risiken negativer Effekte noch größer. Dies bedeutet, dass Länder das Recht haben sollten, gewisse Beschränkungen aufzuerlegen. Die Herkunftsländer der Migranten sollten auch eine gewisse Entschädigung für den Verlust an Humankapital erhalten, in das sie investiert haben. Das Ausmaß dieser Beschränkungen hängt selbstverständlich von dem Ausmaß der europäischen Solidarität und dem Erfolg des europäischen Projekts insgesamt ab. Gelingt es mehr Ländern innerhalb Europas, Vollbeschäftigung zu erreichen, führt dies automatisch zu einer besseren Lastenteilung und es stärkt die Bereitschaft, neue Migranten aufzunehmen.

Wenn jedoch die europäischen Regierungen Arbeitsgesetze weiterhin mit dem Ziel reformieren, die Kollektivverhandlungsrechte der Arbeitnehmer zu schwächen, und wenn, wie erwartet (teilweise als Folge dessen), die Löhne nur geringfügig steigen, wird der Widerstand gegen die Aufnahme von Migranten wachsen. Wird das Budget der EU erhöht und stellt die EU einen größeren Teil ihrer Haushaltsmittel dafür bereit, die Zuwanderung zu bewältigen, anstatt landwirtschaftliche Großbetriebe zu subventionieren oder angeschlagene Finanzinstitute zu retten, dann dürfte die gesellschaftliche Akzeptanz der Migration zunehmen.

Am wichtigsten aber ist, dass die EU begreift, was in Europa geschieht: Wie in den USA gibt es eine wachsende soziale Spaltung, eine abgehobene politische Elite, die den Kontakt zu den kleinen Leuten verloren hat, stagnierende Einkommen für weite Bevölkerungsteile und ein Wirtschaftssystem, das für viele Menschen (in manchen Regionen sogar für die Mehrheit) seine Versprechen nicht eingelöst hat. Beiderseits des Atlantiks schrumpft die Mittelschicht – mit ganz ähnlichen Konsequenzen. Es gibt Wut, verständliche Wut. Lässt man sich jedoch an der Wahlurne von Wut leiten – was zumindest einige beim britischen Referendum getan haben, genügend jedenfalls, um das Zünglein an der Waage zu sein –, ist das Problem nicht gelöst. Es führt möglicherweise zu einer politischen und wirtschaftlichen Situation, die für diejenigen, die so abgestimmt haben, noch schlechter ist. Allerdings sollte man auf ein solches Ergebnis weder mit Schuldzuweisungen noch mit mehr Wut reagieren, die sich gegen diejenigen richtet, die »falsch« gewählt haben, oder gegen die führenden Politiker, die vielleicht mehr hätten tun können, um Wähler davon zu überzeugen, ihnen noch einmal »zu vertrauen«, dass die versprochenen Reformen tatsächlich durchgeführt werden und dass eine neue, erstarkte EU endlich ihre Versprechen einlösen würde. In Großbritannien wurden *beide* etablierte Parteien als die Schuldigen wahrgenommen. Bei denjenigen, die sich von der Politik der letzten 30 Jahre betrogen fühlen, mag ihre gemeinsame Ablehnung des Brexit das Image eines Zweiparteien-Establishments in London verstärkt haben, das einmal mehr eine Establishment-Politik betreibt.

Das europäische Projekt war ein Projekt, das die Völker und Länder Europas näher zusammenführen sollte. In mancher Hinsicht ist das tatsächlich gelungen. Junge Menschen überall in Europa identifizieren sich heute als Europäer. Selbst in Großbritannien stimmten drei Viertel der Jungen für einen Verbleib in der EU.[36] Sie waren optimistisch in Bezug auf die europäische Zukunft und hofften, dass die EU reformiert werden könnte. Vielleicht war dies schlicht naive jugendliche Begeisterung. Die Älteren hatten die Hoffnung verloren, und zwar aus gutem Grund. Sie hatten gesehen, wie ein Projekt, das Solidarität und Wohlstand fördern sollte, genau das Gegenteil tat; es schien zu einer Geisel von Unternehmensinteressen und der neoliberalen Ideologie geworden zu sein. Obgleich Großbritannien von den schlimmsten Auswirkungen verschont blieb, weil seine Regierung die kluge Entscheidung getroffen hatte, der Eurozone nicht beizutreten, *wussten* die Arbeitslosen und die noch größere Zahl der schlecht bezahlten Geringverdiener, dass es ihnen nicht gut ging, sie *wussten*, dass das System unfair war, sie *wussten*, dass sie von den Politikern, die ihnen Wohlstand versprochen hatten, belogen worden waren. Viel zu viele Briten hatten nicht nur die Hoffnung, sondern auch das Vertrauen verloren. Und wählten entsprechend.

Wenn ich die Diskussionen beiderseits des Ärmelkanals nach dem Brexit verfolge, bin ich abwechselnd hoffnungsvoll und mutlos. Es entmutigt mich, dass so viele nicht verstanden haben, worum es eigentlich geht. Es entmutigt mich, dass einige europäische Führungspersonen, die sich so nachdrücklich für Unternehmensinteressen eingesetzt und damit selbst zu den Problemen Europas beigetragen haben, eine harte Linie verfolgen. Es entmutigt mich, dass es unmöglich ist, diesen Verantwortungsträgern ökonomische Grundprinzipien begreiflich zu machen, damit sie jene Strukturreformen der Eurozone durchführen, die es Europa ermöglichen, zu geteiltem Wohlstand zurückzukehren. Wenn sie schon die unverkennbar notwendigen Reformen nicht anpacken, gehen sie wohl erst recht nicht die grundlegenden Reformen an, die notwendig wären, um die EU wirtschaftlich und politisch auf Erfolgskurs zu bringen.

Ein ökonomisches Grundprinzip lautet, man solle die Vergangenheit Vergangenheit sein lassen. Auf beiden Seiten des Ärmelkanals sollten sich die Politiker darum bemühen, die Ursachen der Wut zu verstehen. Wie war es möglich, dass das politische Establishment die Anliegen und Sorgen so vieler Bürger so wenig beachtete? Sie sollten durch vertragliche und institutionelle Reformen ein neues, demokratisches Europa schaffen, das sich dem Ziel verpflichtet fühlt, den Wohlstand der Durchschnittsbürger zu mehren. Dazu müssen sie sich aus den Fängen der neoliberalen Ideologie befreien, die in den letzten 30 Jahren tonangebend war. Und sie dürfen nicht länger Mittel und Zweck verwechseln – der Euro ist kein Zweck an sich, sondern ein Mittel, das gut gemanagt *vielleicht* mehr gemeinsamen Wohlstand bringt, schlecht gemanagt jedoch ganz sicher zu niedrigeren Lebensstandards für viele, wenn nicht die meisten Bürger führt. Es entmutigt mich, dass so wenige Entscheidungsträger auf beiden Seiten des Ärmelkanals dies begreifen.

Aber vielleicht noch wichtiger als all diese Gründe für Pessimismus sind die Gründe zur Hoffnung: Dass so viele in ganz Europa ihren Glauben an das europäische Projekt nicht verloren haben, dass selbst in Ländern, in denen man allen Grund hat zu verzweifeln, noch immer Hoffnung besteht – Hoffnung darauf, dass die EU reformiert werden kann. Es gibt in ganz Europa Politiker, die sich dafür engagieren, die hier skizzierten Vorschläge umzusetzen, und die Politiker wurden, weil sie weiterhin daran glauben, dass demokratische politische Prozesse Veränderungen herbeiführen können, die der breiten Masse der Bürger Wohlstand bringen. Und überall in Europa haben insbesondere junge Menschen zu Zehntausenden für ein anderes Europa demonstriert, eines, in dem beispielsweise neue Handelsabkommen nicht nur den Interessen der Unternehmen, sondern auch dem Wohl der Gesellschaft insgesamt dienen.

Glücklicherweise gibt es Alternativen zu den gegenwärtigen Vereinbarungen, die wirklichen gemeinsamen Wohlstand schaffen können: Die Herausforderung besteht darin, aus der Vergangenheit zu lernen, um diesen neuen wirtschaftlichen und politischen Ordnungsrahmen der Zukunft zu schaffen. Das Brexit-Referendum war ein Schock. Ich hoffe, dass dieser Schock beiderseits des Ärmelkanals Wellen auslöst, aus denen diese neue, reformierte Europäische Union hervorgeht.

Dank

Die Eurokrise bahnte sich über etliche Jahre an, und in jenen Jahren häufte ich eine Menge Schulden bei denjenigen an, mit denen ich oftmals über die Zukunft des Euro diskutierte – Wissenschaftler, führende Politiker, Finanzmarktakteure und einfache Bürger.

Einige zentrale Ideen stellte ich auf der Konferenz »Debt Crises: How to Prevent Them, How to Manage Them, How to Ensure There Is Life after Debt« vor, die am 13. und 14. August 2012 von der International Economic Association in Buenos Aires organisiert wurde, sowie in der 14. Angelo-Costa-Vorlesung, die ich am 6. Mai 2014 an der Freien Internationalen Universität für Sozialstudien Guido Carli in Rom hielt.[1] Ich erkenne hiermit ausdrücklich meine Dankesschuld gegenüber den Diskussionspartnern Martin Guzman und Daniel Heyman sowie anderen Teilnehmern an.

Viele hier vorgestellte Ideen wurden in den letzten Jahren auf Konferenzen diskutiert, die in Washington, Berlin, Brüssel, Rom, Madrid, New York und andernorts von der Initiative for Policy Dialogue (IPD), der Foundation for European Progressive Studies (FEPS) und der Initiative for New Economic Thinking (INET) veranstaltet wurden, sowie bei zahlreichen weiteren Tagungen, die sich mit der Zukunft des Euro befassten.

Besonders profitierte ich vom lebhaften Gedankenaustausch beim Symi-Symposium, das die Andreas-G.-Papandreou-Stiftung jeden Sommer in Griechenland abhält und an dem ich regelmäßig teilnehme. Sehr anregend war insbesondere das Treffen 2015, mit einer Diskussion über die Krise in Griechenland, an der sich unter anderen Richard Parker, Robert Skidelsky, Nathan Gardels, Kemal

Dervis, Leif Pagrotsky, Mats Karlsson und Mary Kaldor einsichtsreich beteiligten.

Im Lauf der Jahre – insbesondere inmitten, aber auch vor und nach der Krise – hatte ich das Glück, mich mit zahlreichen führenden europäischen Politikern austauschen zu können, mit Präsidenten, Regierungschefs, Notenbankern und Finanzministern – und mit einigen in ziemlich profunder Weise. Sie stammten nicht nur aus den Krisenländern (Irland, Portugal, Spanien und Griechenland – das einzige Krisenland, das ich nicht besuchen konnte, war Zypern), sondern auch aus Ländern mit Problemen (Italien, Frankreich, Finnland) sowie aus einigen scheinbar starken Ländern (Deutschland, Niederlande, Belgien). Dies erlaubte mir, besser zu verstehen, wie sie die Zukunft Europas und des Euro sahen. Ich war Mitglied des Beratenden Ausschusses Progressiver Intellektueller von José Luis Rodríguez Zapatero (spanischer Ministerpräsident von 2004 bis 2011). Ich beteiligte mich unter anderem an Debatten und Diskussionen mit den italienischen Ministerpräsidenten Mario Monti (2011–2013) und Matteo Renzi (seit 2014), den französischen Staatspräsidenten Nicolas Sarkozy (2007–2012) und François Hollande (seit 2012), Enda Kenny, Premierminister der Republik Irland (seit 2011), José Sócrates und António Costa, Premierminister Portugals (2005–2011 beziehungsweise seit 2015) und Alexis Tsipras, griechischer Ministerpräsident (seit 2015). Eigens erwähnt seien außerdem Yanis Varoufakis (ehemaliger griechischer Finanzminister) und James Galbraith für besonders erkenntnisreiche Diskussionen im Sommer 2015 während der kritischen Zeit um einen potenziellen Grexit herum, und Giorgos Papandreou (2009–2011 griechischer Ministerpräsident und Organisator des Symi-Symposiums), dessen Ausführungen nicht nur über Griechenland, sondern über die gesamte Eurozone höchst aufschlussreich waren. Sein Lehraufenthalt an der Columbia University nach seinem Ausscheiden aus dem Amt ermöglichte uns noch ausführlichere Gespräche. Sein Bruder Nikos, ein ehemaliger Volkswirt der Weltbank und einer meiner Studenten in Princeton, beschrieb die Schnittstelle zwischen Wirtschaft und Politik in Griechenland sowie die Oligarchie aus Medien und Banken, die dort lange Zeit überaus einflussreich gewesen ist, sehr plastisch. Der IWF, ein Mitglied der Troika, die die Krisenpolitik formulierte, ist nicht nur offener als in der Vergangenheit, sondern auch ungewöhnlich selbstkritisch gegenüber einigen Länderprogrammen. Ich profitierte ungemein von Diskussionen mit hochrangigen IWF-Vertretern und möchte mich für ihre Offenheit und Bereitschaft bedanken, freimütig über die ökonomischen und politischen Aspekte zu diskutieren – wenngleich ich ihre Schlussfolgerungen nicht immer teile.

Die globale Finanzkrise von 2008 ging praktisch nahtlos in die Eurokrise über, und als die Sturmwolken aufzogen, bat mich der Präsident der UN-Generalversammlung, den Vorsitz der Sachverständigenkommission zur Reform des internationalen Währungs- und Finanzsystems zu übernehmen, deren Empfehlungen die Grundlage einer allgemeinen und bedeutenden Erklärung zur Weltfinanz- und -wirtschaftskrise und ihrer Auswirkung auf die Entwicklung bildeten, die am 26. Juni 2009 einvernehmlich von allen 192 Mitgliedstaaten verabschiedet wurde.[2] Ich schulde den Mitgliedern und Mitarbeitern der Kommission großen Dank für ihre Einsichten in die Dynamik von Krisen, deren Ursachen und Folgen. Obgleich wir uns auf die Auswirkungen der Krise auf die Schwellen- und Entwicklungsländer konzentrierten, zeigte sich, dass unsere Feststellungen größtenteils ebenso für Europa gelten.

Das Thema Euro fasziniert verständlicherweise viele Ökonomen. Von den zahllosen Menschen lernte ich unglaublich viel, und drei möchte ich namentlich erwähnen: Martin Wolf, sowohl aus Gesprächen als auch aus seinem Buch *The Shifts and Shocks* (New York 2014); George Soros, dessen große Sorge um die Folgen der Eurokrise und dessen profundes Verständnis der Finanzmärkte unweigerlich dazu führten, dass er sich eingehend mit der Eurokrise befasste – ich habe sowohl aus seinen Schriften über das Thema als auch aus zahllosen Gesprächen mit ihm viel gelernt; und Rob Johnson, Präsident der INET und mein ehemaliger Student an der Universität Princeton, dem ich nicht nur für die häufigen Diskussionen über das Thema, sondern auch dafür dankbar bin, dass er europäische wie amerikanische Ökonomen zusammenbrachte, die sich bemühten, zu einem gemeinsamen Verständnis der Ursachen und der geeigneten Antworten auf die Krise zu gelangen.

Zu den erkenntnisreichsten Studien über die Eurokrise und die Reform der Eurozone gehören diejenigen, die die Denkfabrik Bruegel in Brüssel erstellte, wobei für mich insbesondere die Arbeiten von Jean Pisani-Ferry, Paul De Grauwe und André Sapir anregend waren sowie Diskussion bei zahlreichen Veranstaltungen. Auf die Gefahr hin, einige wichtige Personen auszulassen, möchte ich namentlich danken: Jean-Paul Fitoussi, Maria João Rodrigues, Stephany Griffith-Jones, Daniel Gros, Daniel Cohen, Ernst Stetter, José Antonio Ocampo, Adair Turner, Paul Krugman, Nouriel Roubini, Peter Bofinger, Heiner Flassbeck, Richard Koo, Hans-Werner Sinn, Richard Portes, George de Ménil, Dennis Snower, George Akerlof, Olivier Blanchard, Jeff Sachs, Nick Stern, Dominique Strauss-Kahn, Dani Rodrik und Thomas Piketty.

Wie ich im Vorwort erläuterte, fasziniert mich das »Euro-Experiment« unter anderem deshalb ungemein, weil es so viele verschiedene Denkströmungen und Probleme zusammenbringt, mit denen ich mich beschäftigt habe: Die ökonomische Integration, um die es dabei im Kern geht, ist von zentraler Bedeutung für das Thema der Globalisierung, mit dem sich zwei meiner früheren Bücher (*Die Schatten der Globalisierung* und *Die Chancen der Globalisierung*) beschäftigten. In diesen Büchern werden die vielen Kollegen – sowohl an den Hochschulen als auch bei der Weltbank und anderen internationalen Institutionen – erwähnt, denen ich zu Dank verpflichtet bin. Diese Bücher, aber auch *Im freien Fall. Vom Versagen der Märkte zur Neuordnung der Weltwirtschaft* und *Die Roaring Nineties. Der entzauberte Boom* zeigen die Gefahren auf, die mit allzu simplen Ideen (Neoliberalismus beziehungsweise Marktfundamentalismus) über die Funktionsweise von Märkten verbunden sind – Gefahren, die ich während meiner Jahre in der Regierung Clinton und bei der Weltbank mit eigenen Augen sah. Dieses Buch baut auf diesen Erkenntnissen auf, und so wachsen meine Schulden weiter an. Die Asienkrise, in deren Bewältigung ich als Chefökonom der Weltbank direkt eingebunden war, beeinflusste meine Ansichten über Krisen und ihr Management. (Schon zuvor, unmittelbar nach meinem Amtsantritt bei der Weltbank, mussten wir uns mit den Nachwirkungen der Mexikokrise befassen, die Ende 1995 begonnen hatte, als ich noch dem wirtschaftswissenschaftlichen Beirat von Präsident Clinton angehörte.) Ganz besonders dankbar bin ich meinen Kollegen bei der Weltbank, die halfen, unsere Strategien zur Beilegung dieser und anderer Krisen sowie zur Prävention zukünftiger Krisen auszuarbeiten – insbesondere Amar Bhattacharya, Ravi Kanbur, Masood Ahmad, Gerard Caprio, Patrick Honohan, Uri Dadush, Bill Easterly, Roumeen Islam, Anupam Khanna, Guillermo Perry, Boris Pleskovic, Ajay Chhibber, Stijn Claessens, Dennis de Tray, Ishac Diwan, Isabel Guerrero, Michael Walton, Danny Kaufman, Danny Leipziger, Homi Kharas, Mustapha Kamel Nabli,[3] Akbar Noman, John Page, Jean-Michel Sévérino (der während dieser kritischen Zeit als Vizepräsident für Ostasien zuständig war), Marilou Uy,[4] Jason Furman und Vinod Thomas. Ich bin auch weiterhin für die Weltbank tätig und sitze unter anderem im Beirat des Chefvolkswirts. Unsere Diskussionen wenden sich dabei zwangsläufig auch der globalen und der Eurokrise zu, und die Erkenntnisse des Beirats und der Mitarbeiter der Weltbank waren sehr hilfreich. Insbesondere möchte ich mich bei dem gegenwärtigen Chefvolkswirt Kaushik Basu für die anregenden Gespräche bedanken.[5]

Seit mittlerweile fast zwanzig Jahren ist die Columbia University meine intellektuelle Heimat. Sie gab mir die Freiheit, auf den Gebieten zu forschen, die mir wichtig sind, und sie schenkte mir intelligente, begeisterungsfähige Studenten, die gezielt nach Herausforderungen suchten, sowie brillante Kollegen, von denen ich sehr viel gelernt habe, darunter viele, die die Eurokrise oder andere Krisen in Marktwirtschaften erforscht haben, unter anderem Patrick Bolton, Charles Calomiris, Glenn Hubbard, Frederic Mishkin und Tano Santos. Tano brachte seine besonderen Kenntnisse der spanischen Krise ein. Die Vielfalt von Studenten aus der ganzen Welt – viele von ihnen interessieren sich brennend für die Zukunft des Euro – verschaffte mir unzählige Gelegenheiten für ausführliche Diskussionen über die hier erörterten Themen. Am wichtigsten aber war, dass die in diesem Buch vorgestellten Ideen in langen Gesprächen mit meinem langjährigen Freund und Koautor Bruce Greenwald ausgefeilt wurden. Wir behandeln seit vielen Jahren die Eurokrise in unserem gemeinsamen Seminar über Globalisierung und Märkte, und wir haben diese Ideen mehrfach in diesem Rahmen zur Diskussion gestellt. Natürlich sollte ich wie üblich darauf hinweisen, dass keiner derjenigen, die mich mit Einsichten und Ideen versorgten, in irgendeiner Weise verantwortlich gemacht werden sollte für irgendetwas, was in diesem Buch steht.

Die Herstellung eines Buches wie diesem erfordert gemeinsame Anstrengungen vieler Personen. Im Lauf der Jahre haben mir zahlreiche Forschungsassistenten geholfen, und ihnen allen möchte ich danken: Sandesh Dhungana, Jun Huang, Leo Lijun Wang, Laurence Wilse-Samson, Ruoke Yang und Feiran Zhang. Ein besonderes Dankeschön an Hannah Assadi und Sarah Thomas für ihre Unterstützung während des Schreibprozesses. Einmal mehr hatte ich das große Glück, mit den Verlagen W. W. Norton und Penguin zusammenarbeiten; Drake McFeely, Stuart Proffitt und vor allem Brendan Curry haben den Text hervorragend redigiert. Debarati Ghosh und Eamon Kircher-Allen in meinem Büro haben das Projekt nicht nur durchgezogen und dabei die gewaltigen Aufgaben der Datensammlung und Faktenüberprüfung erfolgreich gestemmt, sondern auch wichtige intellektuelle und redaktionelle Anregungen beigesteuert.

Schließlich schulde ich meiner Ehefrau, Anya Schiffrin, den größten Dank. Sie hat nicht nur geholfen, das Manuskript zu redigieren – und so dafür gesorgt, dass anstelle eines weitschweifigen Wälzers ein wie ich hoffe gut lesbares Werk entstand –, sondern mich überdies fortwährend daran erinnert, wie wichtig das europäische Projekt ist, und dass die Schlüsselfrage der Einfluss des Euro darauf ist. Ohne sie gäbe es dieses Buch nicht.

ANHANG

Anmerkungen

Vorwort

1 Genauer gesagt laut Eurostat Anfang 2016 etwa 45 Prozent.

2 Die Ansprache wurde veröffentlicht als Robert E. Lucas Jr., »Macroeconomic Priorities«, *American Economic Review* 93, Nr. 1 (2003), S. 1–14, hier S. 1.

3 Da jede Landeswährung an Gold gebunden war, war auch der Wert jeder Währung *im Verhältnis* zu den anderen festgelegt.

4 So Bryan in seiner Rede auf dem Nominierungsparteitag der Demokraten in Chicago am 9. Juli 1896.

5 Vgl. Barry Eichengreen, *Golden Fetters: The Gold Standard and the Great Depression, 1919–1939*, New York 1992.

6 Die entsprechenden Werte für das BIP der USA und Chinas sind 17,9 Billionen Dollar und 11,0 Billionen Dollar. (In Kaufkraftparität – einer gängigen Methode, um länderübergreifende Vergleiche anzustellen – war das BIP der EU etwa 1,0 Prozent kleiner als das chinesische, aber 7 Prozent größer als das der USA.) Aufgrund von Wechselkursschwankungen (der Wert des Euro im Verhältnis zum Dollar schwankte allein 2015 zwischen 1,06 und 1,13) ändert sich auch die relative Größe (zu aktuellen Wechselkursen). 2014 war die EU der größte Wirtschaftsblock – in dem Rückgang spiegeln sich vor allem Veränderungen des Wechselkurses wider, der um 17 Prozent sank.

7 Die offizielle Bezeichnung lautet »Vertrag über die Europäische Union«.

8 Viele andere Wirtschafts- und Politikwissenschaftler finden die Eurokrise ähnlich faszinierend, und zahlreiche Publikationen versuchen, sie zu erklären, wobei sie das Thema unterschiedlich perspektivieren – als Finanzkrise, politische oder wirtschaftliche Krise. Der besondere Ansatz dieses Buches besteht darin, dass wir uns auf jene strukturellen Aspekte der Eurozone selbst konzentrieren – die Regeln, Regulierungen und Aufsichts- und Kontrollmechanismen –, die die Krise und die wirtschaftliche Leistungsschwäche praktisch unvermeidlich machten. Für eine frühe Übersichtsdarstellung vgl. Philip R. Lane, »The European Sovereign Debt Crisis«, *Journal of Economic Perspectives* 26, Nr. 3 (Sommer 2012), S. 49–68. Für eine erkenntnisreiche europäische Sicht, die in den Anfangsjahren der Währungsunion geschrieben wurde, vgl. Tommaso Padoa-Schioppa, *The Euro and Its Central Bank: Getting United After the Union*, Cambridge 2004, und für

eine Darstellung der nächsten Schritte vgl. Henrik Enderlein u. a., »Completing the Euro: A Roadmap Towards Fiscal Union in Europe, Report of the ›Tommaso Padoa-Schioppa Group‹«, Notre Europe, 2012, abrufbar unter http://www.notre-europe.eu/media/completingtheeuroreportpadoa-schioppagroupnejune2012.pdf?pdf=ok. Für eine aktuellere Übersicht vgl. Enrico Spolaore, »What Is European Integration Really About? A Political Guide for Economists«, Tufts University und NBER Working Paper, Juni 2013, und eine Sondernummer des *Journal of Macroeconomics*, das der Eurokrise gewidmet ist, »The Crisis in the Euro Area. Papers Presented at a Bank of Greece Conference«, 39, Teil B (März 2014). Der Band enthält Beiträge (in der Reihenfolge, in der die Autoren in der Zeitschrift erscheinen) von Heather D. Gibson, Theodore Palivos, George S. Tavlas, George A. Provopoulos, Vitor Constancio, Seppo Honkapohja, Michael Bordo, Harold James, Barry Eichengreen, Naeun Jung, Stephen Moch, Ashoka Mody, John Geanakoplos, Costas Azariadis, Paul De Grauwe, Yuemei Ji, Vito Polito, Michael Wickens, Charles A. E. Goodhart, Lucrezia Reichlin, Stephen G. Hall, Karl Whelan, Anabela Carneiro, Pedro Portugal, Jose Varejao und anderen.

9 In *Die Schatten der Globalisierung*, Berlin 2002, beschreibe ich dieses Versagen und meine Interpretation von Politik, Interessen und Ideologien, die ihnen zugrunde liegen.

10 Vgl. *Die Schatten der Globalisierung* (Anm. 9).

11 Vgl. insbesondere *Der Preis der Ungleichheit: Wie die Spaltung der Gesellschaft unsere Zukunft bedroht*, München 2012, *Reich und Arm: Die wachsende Ungleichheit in unserer Gesellschaft*, München 2015, und (gemeinsam mit Nell Abernathy, Adam Hersh, Susan Holmberg und Mike Konczal) *Rewriting the Rules of the American Economy: An Agenda for Growth and Shared Prosperity*, New York 2015. Diese neueren Bücher basieren auf meinen früheren Arbeiten wie etwa »Distribution of Income and Wealth Among Individuals«, *Econometrica* 37, Nr. 3 (Juli 1969), S. 382–397, und (zusammen mit Ravi Kanbur) »Dynastic Inequality, Mobility and Equality of Opportunity«, Centre for Economic Policy Research Discussion Paper Nr. 10542, April 2015, das 2016 im *Journal of Economic Inequality* erscheint (abrufbar unter http://voxeu.org/sites/default/files/file/DP10542.pdf). Kanbur war während meiner Zeit bei der Weltbank einer meiner wichtigsten Berater.

12 Robert E. Lucas Jr., »The Industrial Revolution: Past and Future«, *The Region* (Mai 2004), Federal Reserve Bank of Minneapolis, S. 5–20, abrufbar unter https://www.minneapolisfed.org/publications/the-region/the-industrial-revolution-past-and-future. Weiter sagte er: »Das Potential zur Verbesserung der Lebensbedingungen armer Menschen durch neue Mechanismen zur Verteilung der laufenden Produktion ist nichts im Vergleich zu dem scheinbar grenzenlosen Potential zur Steigerung der Produktion.« Während das *Potential* zur Verbesserung der Lebensbedingungen der Armen immens sein mag, ist es allzu oft nicht realisiert worden. Sowohl Europa als auch die USA heute sind konkrete Beispiele dafür.

13 Vgl. etwa J. E. Stiglitz, *Der Preis der Ungleichheit* (Anm. 11), und die dort zitierte Literatur, OECD, »In It Together: Why Less Inequality Benefits All«, 21. Mai 2015, abrufbar unter http://www.oecd.org/social/in-it-together-why-less-inequality-benefits-all-9789264235120-en.htm, Andrew G. Berg und Jonathon D. Ostry, »Inequality and Unsustainable Growth: Two Sides of the Same Coin?«, IMF Staff Discussion Note 11/08, 8. April 2011, abrufbar unter https://www.imf.org/external/pubs/ft/sdn/2011/sdn1108.pdf, und Jonathan D. Ostry, Andrew Berg und Charalambos G. Tsangarides, »Redistribution, Inequality, and Growth«, IMF Staff Discussion Note 14/02, Februar 2014, abrufbar unter https://www.imf.org/external/pubs/ft/sdn/2014/sdn1402.pdf.

14 Bruce C. Greenwald und J. E. Stiglitz, »Externalities in Economies with Imperfect Information and Incomplete Markets«, *Quarterly Journal of Economics* 101, Nr. 2 (1986), S. 229–264.

15 Während meiner Zeit bei der Weltbank interessierte ich mich besonders für »die ökonomischen Aspekte von Krisen« und schrieb viele Aufsätze über das Thema, sowohl allein als auch mit meinen Kollegen bei der Weltbank. Eine populärwissenschaftliche Darstellung findet sich in *Die Schatten der Globalisierung* (Anm. 9). Siehe auch meine Aufsätze »Lessons from the Global Financial Crisis«, *Global Financial Crises: Lessons from Recent Events*, hg. von Joseph R. Bisignano, William C. Hunter und George G. Kaufman, Boston 2000, S. 89–109 (ursprünglich vorgestellt auf der Conference on Global Financial Crises, Bank für Internationalen Zahlungsausgleich und Federal Reserve Bank of Chicago, 6. Mai 1999), »Financial Market Stability and Monetary Policy«, *Pacific Economic Review* 7, Nr. 1 (Februar 2002), S. 13–30, »Lessons from East Asia«, *Journal of Policy Modeling* 21, Nr. 3 (Mai 1999), S. 311–330 (Vortrag auf dem American Economic Association Annual Meeting, New York, 4. Januar 1999), »Responding to Economic Crises: Policy Alternatives for Equitable Recovery and Development«, *Manchester School* 67, Nr. 5 (September 1999), S. 409–427 (Referat beim North-South Institute Ottawa am 29. September 1998), »The Procyclical Role of Rating Agencies: Evidence from the East Asian Crisis«, mit Giovanni Ferri und Li-gang Liu, *Economic Notes* 28, Nr. 3 (November 1999), S. 335–355, »Must Financial Crises Be This Frequent and This Painful?«, *Policy Options* 20, Nr. 5 (Juni 1999), S. 23–32 (Referat, ursprünglich gehalten am 23. September 1998 als McKay-Lecture an der University of Pittsburgh), »Knowledge for Development: Economic Science, Economic Policy, and Economic Advice«, *Annual World Bank Conference on Development Economics*, hg. von Boris Pleskovic und J. E. Stiglitz, Washington, DC 1998, S. 9–58. Ich habe mehrere Aufsätze geschrieben, in denen ich mich mit der Frage befasse, welche Arten von Reformen im Finanzsektor – sowohl national als auch global – zu größerer Stabilität führen würden, »Reforming the Global Economic Architecture: Lessons from Recent Crises«, *Journal of Finance* 54, Nr. 4 (August 1999), S. 1508–1521, »The Underpinnings of a Stable and Equitable Global Financial System: From Old Debates to New Paradigm«, mit Amar Bhattacharya, *Annual World Bank Conference on Development*

Economics 1999, hg. von Boris Pleskovic und J. E. Stiglitz, Washington, DC 2000, S. 91–130, »Robust Financial Restraint«, mit Patrick Honohan (der später Präsident der irischen Zentralbank wurde und mit dem ich die Gelegenheit hatte, viele Aspekte der Irland-Krise zu diskutieren) in *Financial Liberalization: How Far, How Fast?*, hg. von Gerard Caprio, Patrick Honohan und J. E. Stiglitz, Cambridge 2001, S. 31–63. Mit Jason Furman, der später Vorsitzender des wirtschaftswissenschaftlichen Beirats von Präsident Obama wurde, schrieb ich einen Aufsatz, in dem ich die Faktoren zu verstehen versuchte, die nicht nur zur Asienkrise, sondern zu Krisen im Allgemeinen beitrugen, »Economic Crises: Evidence and Insights from East Asia«, Brookings Papers on Economic Activity Nr. 2, September 1998, S. 1–114 (vorgestellt beim Brookings Panel on Economic Activity, Washington, DC, 3. September 1998). Und mit drei anderen Kollegen bei der Weltbank – Daniel Lederman, Ana Maria Menendez und Guillermo Perry – schrieb ich Reihe von Aufsätzen, in denen ich die Mexiko-Krise von 1994–1995 zu erklären versuchte: »Mexican Investment after the Tequila Crisis: Basic Economics, ›Confidence‹ Effect or Market Imperfection?«, *Journal of International Money and Finance* 22, Nr. 1 (Februar 2003), S. 131–151, und »Mexico – Five Years After the Crisis«, *Annual Bank Conference on Development Economics 2000*, Washington, DC 2001, S. 263–282. Schließlich schrieb ich mit zwei anderen Kollegen bei der Weltbank – William R. Easterly und Roumeen Islam – zwei Aufsätze, in denen ich die Kräfte, die konjunkturellen Schwankungen zugrunde liegen, zu erklären versuchte: »Shaken and Stirred: Explaining Growth Volatility«, *Annual Bank Conference on Development Economics 2000*, Washington, DC 2001, S. 191–212, und »Shaken and Stirred: Volatility and Macroeconomic Paradigms for Rich and Poor Countries«, *Advances in Macroeconomic Theory*, hg. von Jacques Dreze, IEA Conference Volume 133, Houndsmills, UK 2001, S. 353–372 (Vortrag gehalten als Michael Bruno Memorial Lecture, 12th World Congress of IEA, Buenos Aires, 27. August 1999). Meine Beschäftigung mit diesen Krisen hat mir zudem geholfen, die Schwächen der herkömmlichen Geldtheorie zu verstehen, wie ich in dem gemeinsam mit Bruce C. Greenwald geschriebenen Werk *Towards a New Paradigm in Monetary Economics*, Cambridge 2003, darlege, auf das ich mich nachstehend immer wieder beziehe.

16 Das Standardmodell heißt »Dynamisches stochastisches Gleichgewichtsmodell«. Es erklärt nicht einmal, wie dieses »Gleichgewicht« erreicht wird. Es nimmt einfach an, dass dies geschieht.

17 Vgl. *Towards a New Paradigm in Monetary Economics* (Anm. 15) und mein Buch *Im freien Fall: Vom Versagen der Märkte zur Neuordnung der Weltwirtschaft*, München 2010.

TEIL I EUROPA IN DER KRISE

1 Die Eurokrise

1 Ich habe aus Gründen der Konsistenz soweit wie möglich Daten des IWF benutzt, es sei denn, es ist ausdrücklich anders angegeben. (Einige Zahlen für 2014 und 2015 sind Schätzungen von IWF-Mitarbeitern.) Verschiedene Datenquellen liefern unterschiedliche Zahlen, aber das ändert nichts an den grundlegenden Fakten. Der Europäischen Union gehören 28 Länder an: Bulgarien, Kroatien, die Tschechische Republik, Dänemark, Ungarn, Polen, Rumänien, Schweden und Großbritannien gehören zur EU, haben aber nicht den Euro. Großbritannien und Schweden haben klargemacht, dass sie jedenfalls in naher Zukunft den Euro nicht einführen werden. Gegenwärtig hat die Eurozone 19 Mitgliedsländer. Im Jahr 2007 waren es erst 13 – Österreich, Belgien, Finnland, Frankreich, Deutschland, Griechenland, Irland, Italien, Luxemburg, die Niederlande, Portugal, Slowenien und Spanien. (Zypern, Estland, Lettland, Litauen, Malta und die Slowakei traten der Eurozone zwischen 2008 und 2015 bei.) Wie wir später in Kapitel 2 diskutieren, gibt es viele andere wirtschaftliche Zusammenschlüsse in Europa. Bei Vergleichen zwischen der Gegenwart und der Zeit vor der Finanzkrise habe ich im Allgemeinen nur Daten der 13 Länder benutzt, die am 1. Januar 2007 der Eurozone angehörten. In Diskussionen von Daten aus späteren Jahren beziehe ich mich auf die Gestalt der Eurozone zum jeweiligen Zeitpunkt. Wenn möglich habe ich im Zusammenhang einer konkreten Diskussion die betreffenden Länder namentlich angeführt – sofern dies den Erzählfluss nicht übermäßig beeinträchtigte.

2 Es ist von 30 294 Euro (Bruttoinlandsprodukt pro Kopf zu konstanten Preisen, 2010) im Jahr 2007 auf schätzungsweise 29 752 Euro im Jahr 2015 gesunken.

3 Es gibt keine Definition von »Depression«, die alle Ökonomen teilen. Ich verwende den Begriff entsprechend dem allgemeinen Sprachgebrauch für einen massiven Konjunkturrückgang, verbunden mit hoher Arbeitslosigkeit und einem Absinken des BIP unter seinen früheren Höchststand.

4 Sofern nicht anders angegeben, habe ich Daten über Arbeitslosigkeit, Armut, Ungleichheit, Arbeitskosten und Emigration der Eurostat-Datenbank entnommen. (Eurostat ist die Statistikbehörde der EU.) Im März 2016 lag die Arbeitslosigkeit in der Eurozone bei 10,2 Prozent, nachdem sie 2013 mit 12 Prozent ihren höchsten Stand erreicht hatte. Die Quote ist seit Ende 2009 fast durchgehend zweistellig gewesen. In den USA dagegen erreichte sie im Oktober 2009 kurzzeitig 10 Prozent. Seit 2010 geht sie nahezu kontinuierlich zurück und lag im April 2016 bei 5,0 Prozent. In Kapitel 3 befasse ich mich eingehender mit diesen Statistiken.

5 Im März 2016 lag die Jugendarbeitslosigkeit in der Eurozone bei 21 Prozent. In den am schlimmsten betroffenen Ländern, Griechenland und Spanien, betrug sie 52 Prozent (im Januar, dem letzten Monat, über den Daten verfügbar waren) beziehungsweise 46 Prozent.

6 Beziehungsweise im Fall Spaniens mit 5,9 Prozent 2012. Die Finanzlage eines Landes lässt sich üblicherweise am Zinsaufschlag (*spread*) ablesen,

also dem zusätzlichen Zinsbetrag, den ein Land im Verhältnis zu einem Bezugszins, etwa dem Zins auf deutsche Anleihen, bezahlen muss. Der Spread erreicht 2012 für Griechenland 21 Prozent und im selben Jahr für Spanien 4,4 Prozent. Quelle: OECD-Daten über langfristige Zinssätze (Zinsen auf Staatsanleihen mit 10-jähriger Laufzeit), abrufbar unter https://data.oecd.org/interest/long-term-interest-rates.htm.

7 Dennoch wird in der Praxis die Zuständigkeit für viele politische Entscheidungen nicht delegiert, vielmehr werden diese im sogenannten EU-Ministerrat getroffen. Und die Subsidiarität ist ein Grundsatz, der mehr ignoriert als beachtet wird.

8 Daten der Europäischen Union.

9 Congressional Budget Office, »Summary of the Budget and Economic Outlook: 2016 to 2026«, 19. Januar 2016, abrufbar unter https://www.cbo.gov/publication/51129.

10 Dies gilt auch für Länder, die nicht den Auflagen eines »Programms« unterliegen, weil sie Kredite von ihren Partnern erhalten haben, die mit bestimmten *Bedingungen* verbunden sind. Die Europäische Kommission ist befugt, ihr Veto gegen ein Budget einzulegen, wenn sie der Auffassung ist, dass dieses gewisse Bedingungen nicht erfüllt.
Im Oktober 2015 unterstützten 62 Prozent der portugiesischen Wähler Parteien, die die Sparpolitik ablehnen. Dies war das wichtigste Thema bei den Wahlen. Als die neu gewählte Regierung von António Costa einen Haushaltsentwurf mit *weniger* Einsparungen vorlegte, drohte die Europäische Kommission mit einem Veto. Letztlich kam es zu einem Kompromiss: Costa erklärte sich zu Kürzungen in Höhe von 135 Millionen Euro bereit. Dies verdeutlicht, zu welcher Prinzipienreiterei die Europäische Kommission fähig ist, auch wenn es um Kleinigkeiten geht (135 Millionen Euro stellten weniger als 0,01 Prozent des portugiesischen BIP dar). Peter Spiegel und Peter Wise, »Portugal Agrees Extra 135m Euro Budget Cuts to Avoid Brussel Veto«, *Financial Times*, 7. Februar 2016, S. 4.

11 Die britische Zentralbank verfolgt *mittlerweile* ebenfalls das Ziel der Stabilität, was zeigt, dass sie die Lektionen der Krise gelernt hat. Eines der Schlüsselprobleme der Eurozone besteht darin, dass sie nicht flexibel genug ist, um die »Lehren der Geschichte« zeitnah zu berücksichtigen.

12 Wie bereits erwähnt, können wir hier nicht die Entstehungsgeschichte des Euro nachzeichnen. Eine Schlüsselrolle spielte der ehemalige französische Finanzminister und spätere Präsident der Europäischen Kommission, Jacques Delors, und sein Bericht aus dem Jahr 1989 (der sogenannte Delors-Bericht), der den Weg für den drei Jahre später unterzeichneten Vertrag von Maastricht ebnete.

13 Ich verwende die Begriffe *Marktfundamentalismus* und *Neoliberalismus* synonym und in einem weit gefassten Sinn. Selbstverständlich glauben nicht alle im gleichen Maße an diese Theorie. Einige glauben vielleicht, dass Märkte *normalerweise* Ressourcen effizient verteilen und dass man sich auf sie verlassen kann, und trotzdem können sie von der Notwendigkeit einer Bankenregulierung überzeugt sein, weil sie einsehen, dass es in

diesem Sektor besonders gravierende Marktversagen gibt. Die meisten europäischen Neoliberalen gingen nie so weit wie ihre Gesinnungsgenossen in anderen Ländern, die sich für die Privatisierung praktisch aller staatlichen Dienstleistungen aussprechen, selbst der Gerichtsbarkeit.

14 Die verbreitete Skepsis gegenüber der EU hätte die führenden europäischen Politiker in Bezug auf die Umsetzung eines »unvollständigen« Projekts noch vorsichtiger machen müssen. Im nächsten Kapitel beschreibe ich das Ausmaß der »Euroskepsis«, das sich sowohl in Umfragen als auch in Volksabstimmungen zeigt.

15 Wenn ich von »realem BIP« oder »Reallöhnen« spreche, dann bedeutet dies, dass das BIP oder die Löhne inflationsbereinigt werden.

16 Wie bereits erwähnt, meine ich, wenn ich vom BIP der Eurozone spreche, die 13 Mitgliedsländer der Eurozone vom 1. Januar 2007 (vgl. Anm. 1).

17 Wenn ich von »durchschnittlicher Wachstumsrate« spreche, meine ich damit immer die durchschnittliche Wachstumsrate auf Jahresbasis.

18 Und wie wir in Kapitel 3 darlegen, war das deutsche Wirtschaftswachstum sogar niedriger als das japanische.

19 Vgl. Oxfam, »The True Cost of Austerity and Inequality: Germany Case Study«, September 2013. Laut Oxfam sanken die Reallöhne in Deutschland zwischen 2002 und 2012 um durchschnittlich 1,6 Prozent pro Jahr. Die Daten der OECD zeigen deutliche Lohnrückgänge für das neunte Dezil im Verhältnis zum zehnten, und der Anteil der Billiglohnarbeiter (Vollzeitarbeitnehmer, die weniger als zwei Drittel des mittleren Bruttoeinkommens eines Vollzeitarbeitnehmers verdienen) stieg von unter 16 auf fast 20 Prozent. Auch wenn Deutschland die starke Zunahme der vom Markt erzeugten Einkommensungleichheit viel besser »korrigiert« als die USA, deutet die Zunahme die Armut darauf hin, dass ihm dies keineswegs vollständig gelingt.

20 Gemeinhin gilt der 1. Januar 1999 als der »Geburtstag« des Euro: An diesem Tag wurden die Euro-Umrechnungskurse der nationalen Währungen der teilnehmenden Länder unwiderruflich festgelegt. Allerdings erfolgte die Euro-Bargeldausgabe erst im Jahr 2002.

21 Ich erörtere die Asienkrise in meinem Buch *Die Schatten der Globalisierung*, Berlin 2002.

22 Die grundlegende Arbeit auf diesem Gebiet ist Robert Mundell. Vgl. »A Theory of Optimum Currency Areas«, *American Economic Review* 51, Nr. 4 (1961), S. 657–665.

23 Eine Studie, die 2013 im *British Medical Journal* publiziert wurde, und eine Studie, die 2014 im *British Journal of Psychiatry* veröffentlicht wurde, kamen zu dem Ergebnis, dass sich im Gefolge der Großen Rezession die Anzahl der Suizide in Europa deutlich erhöht hat. Laut einer Studie, die in der Zeitschrift *BMJ Open* erschien, hat die Anzahl der Suizide in Griechenland zwischen 2010 und 2012 um 35 Prozent zugenommen. Eine weitere Studie, die 2014 erschien, wies einen engen Zusammenhang zwischen der Zunahme der Suizide und der Konsolidierungspolitik auf. Vgl. Nikolaos Antonakakis und Alan Collins, »The Impact of Fiscal Austerity on Suicide: On

the Empirics of a Modern Greek Tragedy«, *Social Science & Medicine* 112 (2014), S. 39–50.

24 Die Leistungsbilanz setzt sich zusammen aus der Handelsbilanz, dem Nettoprimäreinkommen oder -faktoreinkommen (Einkommen aus ausländischen Investitionen minus Zahlungen an ausländische Investoren) und dem Saldo der laufenden Übertragungen, die in einem bestimmten Zeitraum erfolgten.

25 Wie Keynes einmal schrieb: »Auf lange Sicht sind wir alle tot«, *Ein Traktat über Währungsreform*, Berlin 1924, S. 83.

26 Zum Beispiel berücksichtigen sie nicht oder jedenfalls nicht angemessener Weise Marktunvollkommenheiten – etwa die Irrationalität der Finanzmärkte, wie sie der Nobelpreisträger Robert Shiller in seinen Arbeiten nachgewiesen hat (vgl. etwa sein Buch *Irrationaler Überschwang*, Frankfurt/M. 2000), oder die weitverbreiteten Informationsunvollkommenheiten (wie sie von den Nobelpreisträgern Michael Spence, George Akerlof und mir selbst beschrieben wurden). Für eine umfassendere Diskussion der Unzulänglichkeiten der makroökonomischen Standardmodelle vgl. etwa J. E. Stiglitz, »Rethinking Macroeconomics: What Failed and How to Repair It«, *Journal of the European Economic Association* 9, Nr. 4 (2011), S. 591–645, und J. E. Stiglitz, »Stable Growth in an Era of Crises: Learning from Economic Theory and History«, *Ekonomi-tek* 2, Nr. 1 (2013), S. 1–38 (ursprünglich gehalten als Keynote-Vortrag bei der Tagung des Verbands türkischer Wirtschaftswissenschaftler in Izmir, November 2012). Vgl. auch *In the Wake of the Crisis: Leading Economists Reassess Economic Policy*, hg. von Olivier J. Blanchard, David Romer, Michael Spence und J. E. Stiglitz, Cambridge, MA 2012.

27 Einige Beobachter wiesen darauf hin, dass Deutschland selbst im Innern eine Sozialpolitik betreibt, die in vielerlei Hinsicht im Widerspruch steht zu den Griechenland und anderen Ländern auferlegten Bedingungen. Aber solche ökonomischen und sozialen Ordnungsrahmen basieren auf einem Solidaritätsbewusstsein; die innenpolitische Solidarität unterscheidet sich deutlich von der »Solidarität«, die Deutschland außerhalb seiner Grenzen zeigt. Gegenwärtige Debatten verdeutlichen die Komplexität politischer Prozesse: Während Deutschland einerseits vor kurzem einen Mindestlohn eingeführt hat, hat es andererseits eine Ausgabenbegrenzung (»Schuldenbremse«) in seiner Verfassung verankert, eine milde Form der Austerität, die womöglich die Wachstumsrate Deutschlands langfristig noch unter die gegenwärtige, sowieso schon niedrige Quote drücken wird. Die Flüchtlingskrise, die seit dem Sommer 2015 eine beispiellose Aufmerksamkeit auf sich gezogen hat, verdeutlicht ebenfalls die Komplexität dieser Fragen. Deutschland war, zumindest zu Beginn, unglaublich großzügig. Im Lauf des Jahres 2015 kamen rund eine Million Flüchtlinge nach Deutschland, und die Regierung kündigte an, in den nächsten Jahren 500 000 Flüchtlinge pro Jahr aufnehmen zu wollen. Andererseits trennt Deutschland strikt zwischen Flüchtlingen und anderen Migranten, die aus wirtschaftlichen Gründen nach Deutschland kommen. Und gegen Ende des Jahres wurde immer frag-

licher, ob Kriegsflüchtlinge langfristigen Schutz erhalten würden. Anfang 2016 waren die Lebensumstände mancher Migranten derart schlecht, dass es viele vorzogen, in vom Krieg verwüstete Gebiete zurückzukehren, als in Deutschland zu bleiben. Der deutsche Staat fördert die Rückkehr, indem er die Rückreisekosten übernimmt. 2015 nahmen 37000 Flüchtlinge an dem Programm zur Förderung der freiwilligen Rückkehr teil, eine Verdreifachung gegenüber 2014. Guy Chazan, »Frustrated Iraqis Head Home as German Services Struggle«, *Financial Times,* 7. Februar 2016, S. 4.

28 Es gibt viele verschiedene Spielarten des europäischen Sozialmodells. Bei einigen arbeiten Gewerkschaften und Arbeitgeber (die Sozialpartner) mit der Regierung zusammen, um gesellschaftliche Probleme zu lösen. Manche haben landesweite Flächentarifverträge, andere sektorale Tarifverträge. Einige haben leistungsfähigere soziale Schutzsysteme als andere.

29 Zahlreiche verhaltensökonomische Studien deuten jedoch darauf hin, dass Individuen sich nicht in dieser rationalen Weise verhalten.

30 Man nennt dies »Bestätigungsfehler«. Viele Studien belegen, dass dieses Phänomen von großer Bedeutung ist.

31 Anleihen sind Finanzinstrumente, mit denen Länder, Unternehmen und andere Institutionen Kredite an den *Kapitalmärkten* aufnehmen anstatt bei Banken. Sie sind nichts anderes als ein Schuldanerkenntnis, also das Versprechen, einen bestimmten Betrag samt Zinsen zurückzuzahlen. Sie sind Wertpapiere, die gekauft und verkauft werden können.

32 In meinem Buch *Im freien Fall*, München 2010, erklärte ich, wie die neoliberale Ideologie, die bei der Gründung der Eurozone Pate stand, zu der Finanzkrise führte, und in *Die Schatten der Globalisierung* (Anm. 21) erläuterte ich, warum die gleiche Ideologie verhinderte, dass die Globalisierung ihre Versprechen einlöste. Später werde ich auf einige grundlegende wirtschaftswissenschaftliche Arbeiten eingehen, die die Prämissen des Marktfundamentalismus/Neoliberalismus widerlegten.

33 Die bahnbrechende Arbeit stammt von Kenneth Arrow und Gerard Debreu (die dafür beide mit dem Nobelpreis ausgezeichnet wurden): Kenneth J. Arrow, »An Extension of the Basic Theorems of Classical Welfare Economics«, *Proceedings of the Second Berkeley Symposium on Mathematical Statistics and Probability*, hg. von Jerzy Neyman, Berkeley 1951, S. 507–532, und Gerard Debreu, »Valuation Equilibrium and Pareto Optimum«, *Proceedings of the National Academy of Sciences* 40, Nr. 7 (1954), S. 588–592, und Ders., *The Theory of Value*, New Haven, CT, 1959. Die von ihnen identifizierten Umstände, unter denen Märkte nicht zu effizienten Ergebnissen führten, wurden *Marktversagen* genannt. Später zeigten Bruce C. Greenwald und ich, dass Märkte unter unvollständiger Information und bei gegebener Marktunvollkommenheit – also praktisch immer – nicht effizient sind. Keynes hatte noch früher darauf hingewiesen, dass Märkte nicht von sich aus Vollbeschäftigung aufrechterhalten.

34 Vgl. James Edward Meade, *The Theory of International Economic Policy*, Bd. 2, *Trade and Welfare*, London 1955, und Richard G. Lipsey und Kelvin Lancaster, »The General Theory of Second Best«, *Review of Economic Stu-*

dies 24, Nr. 1 (1956), S. 11–32.

35 Vgl. David Newbery und J. E. Stiglitz, »Pareto Inferior Trade«, *Review of Economic Studies* 51, Nr. 1 (1984), S. 1–12.

36 Der Wechselkursmechanismus wurde faktisch 1992 mit dem Angriff auf das britische Pfund und den anschließenden Angriffen auf die Währungen Schwedens und Spaniens zerstört. Seit der Einführung des Euro wird er als WKM II fortgeführt, der eine Schwankungsbreite des Wechselkurses der dänischen Krone zum Euro festlegt.

37 Auch wenn die grundlegende Idee der Vollbeschäftigung klar ist – dass jeder, der eine Stelle sucht, eine solche finden kann, und zwar zu den geltenden Lohnsätzen für Arbeitskräfte mit den gleichen Qualifikationen und Fähigkeiten wie der Arbeitssuchende –, gibt es gewisse Kontroversen über die genaue Definition von Vollbeschäftigung. Grundsätzlich wird angenommen, dass der Arbeitsmarkt hinreichend »entspannt« ist – das heißt, dass eine passgenaue Zuordnung zwischen Arbeitssuchenden und Arbeitgebern, die Mitarbeiter suchen, stattfindet –, sodass kein Inflationsdruck entsteht. Aufgrund von Friktionen auf dem Arbeitsmarkt – eine gute Passung zwischen Arbeitgebern und Arbeitnehmern braucht Zeit – ist diese »natürliche Arbeitslosigkeit« größer als Null, normalerweise liegt sie zwischen 2 bis 3 Prozent. Arbeitslosigkeit kann auch aufgrund von Starrheiten bei der Anpassung relativer Löhne existieren – der Arbeitsmarkt für Fachkräfte ist vielleicht so angespannt, dass die Löhne steigen, aber es gibt vielleicht nach wie vor Arbeitslosigkeit bei ungelernten Arbeitskräften. Diese Arbeitslosigkeit wird manchmal auch »strukturelle Arbeitslosigkeit« genannt. »Vollbeschäftigung« bedeutet lediglich, dass die Arbeitslosigkeit, die noch vorhanden sein mag, nicht die Folge einer schwachen volkswirtschaftlichen Nachfrage ist. (Für eine weiterführende Diskussion des Konzepts und der Probleme bei der Bestimmung der Schwelle der Arbeitslosigkeit, unterhalb der die Inflation zunimmt, vgl. Kapitel 9, Anm. 9).

2 Der Euro: Hoffnung und Wirklichkeit

1 Zusammen mit den Vereinigten Staaten, gemessen an den Wechselkursen, wobei die genaue Rangordnung von den Schwankungen des Wechselkurses abhängig ist.

2 Vgl. mein Buch (zusammen mit Linda Bilmes) *Die wahren Kosten des Krieges. Wirtschaftliche und politische Folgen des Irak-Konflikts*, München 2008.

3 Dass Deutschland bereit war, weitreichende Wirtschaftssanktionen mitzutragen, belegt, dass nicht-ökonomische Erwägungen ebenfalls eine wichtige Rolle spielen.

4 Tatsächlich sehen wir in der Ausgestaltung der Programme für Griechenland und die anderen Krisenländer den fragwürdigen »Nutzen« gemeinsamen europäischen Handelns – politische Vorgaben, die ein Land nach dem anderen in die Depression stürzen. Selbst in diesem Fall einigt man sich nicht deshalb, weil man die gleiche Sichtweise hätte. Selbstverständlich stimmen viele Länder mit Deutschland und dem »Konsens« überein. Aber

der Konsens innerhalb der Eurozone basiert zumindest teilweise auf der Angst vor Deutschland. Italien und Frankreich haben lautstark bekundet, dass sie mit der Sparpolitik unglücklich sind. Sie *wissen*, dass Austerität kontraproduktiv ist, insbesondere wenn sie so extreme Einschnitte verlangt, wie dies heute geschieht. Das gilt auch für einige andere Krisenländer. Aber Länder, die auf deutsche Finanzhilfe angewiesen sind – oder es zukünftig sein könnten –, wollen Deutschland nicht vor den Kopf stoßen. In wieder anderen Ländern geht es nicht um die Frage, ob Austerität zielführend ist oder nicht. Es geht einfach darum, dass die Wähler dort die Bereitstellung von Hilfen an Länder, deren Bürger wohlhabender sind als sie, nicht gutheißen. In diesem Sinne spiegelt sich in der einvernehmlichen Unterstützung der Krisenpolitik die mangelnde innereuropäische Solidarität wider.

5 Auch in anderen Bereichen, jenseits eines militärischen Interventionismus, hätte ein mit einer Stimme sprechendes Europa womöglich mehr Einfluss – bei den Vereinten Nationen, bei der Weltbank, beim IWF und bei internationalen Verhandlungen allgemein.

6 Es ist notwendig, eine Unterscheidung zu treffen zwischen den Hoffnungen und Erwartungen, die die führenden Politiker Europas mit der Europäischen Union einerseits und dem Euro andererseits verbanden – sie haben erstere sehr viel engagierter als ein Projekt beworben, das den Kontinent zusammenbringen würde. Allerdings lässt sich nicht bestreiten, dass viele die Verwirklichung der Gemeinschaftswährung als ein wesentliches Element dieser Vision ansahen. Als Bundeskanzler Helmut Kohl im Jahr 1995 erklärte, die europäische Einigung sei eine Frage »von Krieg und Frieden im 21. Jahrhundert«, warb er nicht nur für die Idee der Europäischen Union, die zwar bereits formell gegründet, aber noch immer im Entstehen begriffen war, sondern auch für eine vollständige Wirtschafts- und Währungsunion. Laut seinem Biografen »ging es Kohl letztlich darum, den Frieden dauerhaft zu sichern. ›Wir sind entschlossen, diesen Prozess unumkehrbar zu machen‹, sagt er. Seiner Ansicht nach war die Gemeinschaftswährung das geeignete Mittel, um dieses Ziel zu erreichen, denn diese werde eine enge Verbindung zwischen den europäischen Volkswirtschaften hervorbringen« (Henrik Bering, *Helmut Kohl: The Man Who Reunited Germany, Rebuilt Europe, and Thwarted the Soviet Empire*, Washington, DC 1999, S. 164). Dass Kohl den Einigungsprozess unumkehrbar machen wollte unterstreicht, wie wichtig es für die Gründerväter des Euro war, alle Details richtig hinzubekommen – was ihnen leider nicht gelang. Vgl. Kapitel 1 für eine längere Diskussion über die Gründung des Euro und auch Alan Cowell, »Kohl Casts Europe's Economic Union as War and Peace Issue«, *New York Times*, 17. Oktober 1995. Manche vertreten die Auffassung, wechselseitige ökonomische Abhängigkeit erhöhe die Kriegskosten und mache daher Kriege unwahrscheinlicher. Die EU sorgte für eine weitgehende wirtschaftliche Verflechtung. Die Frage ist, ob die weitergehende wirtschaftliche Integration, die (möglicherweise) aus einer Währungsunion resultiert, einen erheblichen zusätzlichen Effekt haben würde.

7 Adam Smiths klassisches Werk ist *Der Wohlstand der Nationen* (ursprünglich 1776 erschienen), David Ricardo (1772–1823) war der Begründer der Theorie des komparativen Vorteils.

8 Deren Existenz kann tatsächlich Argumente für eine ökonomische Integration stärken.

9 J. E. Stiglitz, »Devolution, Independence, and the Optimal Provision of Public Goods«, *Economics of Transportation* 4, Nr. 1–2 (März–Juni 2015), S. 82–94.

10 Vgl. J. E. Stiglitz und Bruce C. Greenwald, *Die innovative Gesellschaft. Wie Fortschritt gelingt und warum grenzenloser Freihandel die Wirtschaft bremst*, Berlin 2015.

11 Wirtschaftswissenschaftler verwenden die Termini *öffentliche Güter* oder *reine öffentliche Güter* in einem technischen Sinne zur Bezeichnung von Gütern, die *ihrem Wesen nach* öffentlich sind – das heißt, es sind keine Kosten damit verbunden, dass eine weitere Person diese Güter nutzt. Viele öffentlich bereitgestellte Güter sind keine öffentlichen Güter in diesem Sinne. Wissen ist ein Beispiel für ein solches öffentliches Gut: Wenn noch eine weitere Person etwas weiß, dann vermindert dies das Wissen der anderen nicht.

12 Die Inflationsangst der Deutschen wird im Allgemeinen auf die Hyperinflation in der Zwischenkriegszeit zurückgeführt, die ihrerseits zum Aufstieg Hitlers beigetragen haben soll. Aber der Aufstieg Hitlers verdankte sich eindeutig der hohen Arbeitslosigkeit in Deutschland. Nicht die Inflation, sondern die Arbeitslosigkeit brachte die Nazis an die Macht (vgl. Robert Skidelsky, *John Maynard Keynes: The Economist as Saviour 1920–1937*, London 1992). Diejenigen, die etwas anderes behaupten, schreiben die Geschichte um. Da Deutschland die politischen und gesellschaftlichen Kosten hoher Arbeitslosigkeit kannte, hätte man meinen können, dass seiner Regierung die *Verhinderung* einer hohen Arbeitslosigkeit ein besonders wichtiges Anliegen sein sollte. Aber wie ich in Kapitel 7 darlege, war es das genaue Gegenteil: die politischen Maßnahmen, die Deutschland von Griechenland und Spanien verlangte, haben in absehbarer Weise eine *sehr* hohe Arbeitslosigkeit hervorgebracht, und wir sehen bereits deren beunruhigenden politischen Folgen.

13 So haben beispielsweise rumänische Staatsbürger das Recht, sich in Großbritannien *niederzulassen* (da beide Länder in der EU sind), aber weil Großbritannien nicht zum Schengen-Raum gehört, müssen sie durch die Passkontrolle gehen.

14 Kroatien, Ungarn und Rumänien sind Kandidaten, nehmen aber noch nicht teil.

15 Auf die umstrittene Gemeinsame Agrarpolitik der EU entfallen etwa 40 Prozent des Haushalts. Vgl. Europäische Kommission, *The European Union Explained: Agriculture*, Luxemburg: Publications Office of the European Union, 2014, abrufbar unter http://ec.europa.eu/agriculture/cap-overview/2014_en.pdf, und Europäische Kommission, »European Budget for 2016 Adopted«, 25. November 2015, abrufbar unter http://ec.europa.eu/budget/news/article_en.cfm?id=201511251641.

16 Obgleich die jüngsten Ereignisse in Griechenland zeigten, dass nicht einmal dieses Risiko vollständig beseitigt wurde. Der Beitritt zu einer Währungsunion mag die Eigenart des Risikos verändern – von häufigen, geringfügigen Anpassungen zu großen, episodischen und katastrophalen Veränderungen. In einem grundlegenden Sinne sind letztere womöglich mit einem noch höheren Risiko verbunden.

17 Anhänger fester Wechselkurse behaupten, dass sich stattdessen Löhne und Preise anpassen könnten. In späteren Kapiteln werden wir erklären, warum Lohn- und Preisanpassungen als Ersatz für Wechselkursanpassungen normalerweise nicht funktionieren.

18 Der Staatsbankrott war der bis dahin größte in der Geschichte. Die hohen Rohstoffpreise, die hauptsächlich eine Folge des raschen Wachstums Chinas waren, spielten selbstverständlich eine wichtige Rolle bei Argentiniens Erfolg in der Zeit nach der Abwertung.

19 An anderer Stelle habe ich erklärt, weshalb unter solchen Umständen das BIP kein gutes Maß der volkswirtschaftlichen Leistungsfähigkeit ist. Vgl. J. E. Stiglitz, Amartya K. Sen und Jean-Paul Fitoussi, *Mismeasuring Our Lives: Why GDP Doesn't Add Up*, New York 2010.

20 Ähnliches gilt innerhalb von Ländern: Wenn es zu viel Ungleichheit gibt, lässt sich jenes kollektive Handeln, das notwendig wäre, um ein hohes volkswirtschaftliches Leistungsniveau sicherzustellen, nur schwer erreichen. Dies ist ein Grund dafür, dass Ungleichheit einen so hohen Preis hat. Vgl. J. E. Stiglitz, *Der Preis der Ungleichheit*, München 2012.

21 Vgl. Scott J. Wallsten, »An Econometric Analysis of Telecom Competition, Privatization, and Regulation in Africa and Latin America«, *Journal of Industrial Economics* 49, Nr. 1 (2001), S. 1–19, Anzhela Knyazeva, Diana Knyazeva und J. E. Stiglitz, »Ownership Change, Institutional Development and Performance«, *Journal of Banking and Finance* 37, Nr. 7 (2013), S. 2605–2627.

22 Vgl. David E. Sappington und J. E. Stiglitz, »Privatization, Information and Incentives«, *Journal of Policy Analysis and Management* 6, Nr. 4 (1987), S. 567–582, Herbert A. Simon, »Organizations and Markets«, *Journal of Economic Perspectives* 5, Nr. 2 (Frühjahr 1991), S. 25–44.

23 Der Arbeitskostenindex (LCI) für Löhne und Gehälter betrug laut Eurostat für Griechenland im Jahr 2007 108,7 und im Jahr 2014 (dem letzten Jahr, für das Daten erhältlich sind) 91,5 – das entspricht einem Rückgang um 15,8 Prozent. Andere Arbeitskostenmaße zeigen etwas geringere Abnahmen.

24 Vgl. zum Beispiel die ausführliche Diskussion in Kapitel 8 über die Vereinbarung, die der griechische Ministerpräsident Alexis Tsipras am 12. Juli 2015 mit der Troika traf (weithin als »Kapitulationserklärung« Griechenlands betrachtet).

25 Diese Arbeitnehmerfragen werden ausführlich in Kapitel 8 behandelt.

26 Vgl. Robert N. Mefford, »The Effect of Unions on Productivity in a Multinational Manufacturing Firm«, *Industrial and Labor Relations Review* 40, Nr. 1 (1986), S. 105–114, und Kim B. Clark, »The Impact of Unionization on Productivity: A Case Study«, *Industrial and Labor Relations Review* 33, Nr. 4 (1980), S. 451–469.

27 Ökonomen verweisen auch darauf, dass keine Regel sämtliche ungewissen künftigen Ereignisse vollständig berücksichtigen kann. So haben ich und andere in der Regierung Clinton einen Zusatzartikel zur US-Verfassung, der Haushaltsdefizite verboten (sprich: ausgeglichene Haushalte vorgeschrieben) hätte, unter anderem deshalb so entschieden abgelehnt, weil wir wussten, dass über kurz oder lang Ereignisse wie die Große Rezession von 2008 eintreten würden. Man kann die Regeln natürlich differenzierter ausarbeiten, sodass sie einige ungewisse Ereignisse abdecken. Aber es ist unmöglich, sämtliche Kontingenzen vorwegzunehmen. Konservative wie Milton Friedman plädierten in ähnlicher Weise dafür, dass Währungsbehörden sich an einfache Regeln halten sollten, etwa die Geldmenge mit einer festen Rate auszuweiten. Es zeigte sich, dass das grundlegende Modell, so gut es in früheren Jahrzehnten funktioniert haben mag, Anfang der Siebzigerjahre versagte. Staaten, die Miltons einfachen Regeln folgten, mussten feststellen, dass ihre Wirtschaft schwächelte.

28 Obwohl die ost- und mitteleuropäischen Staaten, die der EU beitraten, sich wirtschaftlich viel besser entwickelten als diejenigen, die das nicht taten, war das Wachstum in den meisten dieser Länder enttäuschend, mit Ausnahme von Polen.

29 Die Beteiligung an den Referenden, bei denen die Einführung des Euro abgelehnt wurde, war erstaunlich hoch: in Dänemark stimmten am 28. September 2000 bei einer Beteiligung von 87,6 Prozent 53 Prozent dagegen, in Schweden stimmten am 14. September 2003 56 Prozent dagegen (bei einer Beteiligung von 81 Prozent). Rund 69 Prozent der irischen Wähler votierten 1992 für den Vertrag von Maastricht, aber nach der Ablehnung des Verfassungsvertrags durch die Wähler in Frankreich und den Niederlanden fand das geplante irische Referendum über den Euro nie statt. Großbritannien beschloss, der Eurozone nicht beizutreten, führte aber über diese Frage kein Referendum durch. Bei einer Umfrage im Jahr 2015 sprachen sich 70 Prozent der befragten Briten gegen den Beitritt zum Euro aus (*Daily Mail*, 30. Dezember 2015). Eine Umfrage aus dem Jahr 2009 ergab eine ähnlich hohe Ablehnung (71 Prozent) (*The Guardian*, 1. Januar 2009). Bemerkenswerter zeigte eine Befragung im Jahr 2012, dass sogar 65 Prozent der Deutschen der Meinung war, sie stünden ohne den Euro besser da, und 64 Prozent der Franzosen hätten in einem Referendum den Vertrag von Maastricht (durch den die Währungsunion gegründet wurde) abgelehnt (Reuters, 17. September 2012).

30 Diese und andere Details finden sich in dem Dokument »Memorandum of Understanding between the European Commission Acting on Behalf of the European Stability Mechanism and the Hellenic Republic and the Bank of Greece«, 19. August 2015, abrufbar unter http://ec.europa.eu/economy_finance/assistance_eu_ms/greek_loan_facility/pdf/01_mou_20150811_en.pdf. In Zeitungsberichten aus dieser Zeit werden die Verhandlungen geschildert, die schließlich in diese Vereinbarungen mündeten, auch wenn die amtlichen Dokumente selbstverständlich die unterschiedlichen Standpunkte der beteiligten Unterhändler nicht wiedergeben.

3 Europas klägliche Leistung

1 Der IWF berichtet, dass die irische Wirtschaft 2015 um 7,8 Prozent wuchs, eine Quote, die rund 1,5 Prozent höher war als die der am zweitschnellsten wachsenden Wirtschaft, Malta. Im restlichen Europa wuchs nur die maltesische Wirtschaft in diesem Jahr mit einer Rate von über 5 Prozent. In diesem Kapitel (und im gesamten Buch) betrachte ich die Zunahme des realen BIP, das heißt ich bereinige um die Inflationsrate. Bei solchen Vergleichen muss man ein Basisjahr auswählen und beispielsweise das BIP in jedem Jahr wertmäßig in Dollar oder Euro in diesem Jahr angeben. Bei der Betrachtung des Wachstums macht die Wahl des Basisjahrs keinen großen Unterschied; aber selbstverständlich unterscheidet sich das BIP im Jahr 2015 je nachdem, ob man etwa 2010 oder 2009 als Basis heranzieht. In den meisten Fällen habe ich bei der Angabe des BIP 2010 als Basisjahr gewählt, weil das die von den meisten offiziellen Statistiken benutzte Basis ist. In Fällen, in denen andere Basen verwendet wurden, habe ich die Daten an das Basisjahr 2010 angepasst. (Weil das US-Preisniveau – wie es für das BIP berechnet wird, der sogenannte BIP-Deflator – zwischen 2010 und 2015 um 8,4 Prozent stieg, muss man beispielsweise, um die BIP-Zahlen von 2010 in Dollar von 2015 umzurechnen, die Zahlen von 2010 lediglich mit 1,084 multiplizieren.)
Es gibt ein technisches Problem bei Vergleichen über längere Zeit. Der Warenkorb ändert sich vielleicht, und die Inflationsrate kann von ihm abhängen. Daher können geringfügige Unterschiede in den geschätzten realen Wachstumsraten auftreten, je nachdem, welches Jahr als Basis ausgewählt wird. Ökonomen haben dieses Problem dadurch gelöst, dass sie die Basis fortwährend korrigieren (sogenanntes kettengewichtetes BIP). Weil wir das Wachstum über eine relativ kurze Zeitspanne betrachten, sind diese technischen Probleme im Großen und Ganzen von zweitrangiger Bedeutung.
Es gibt ein weiteres technisches Problem: eine Verzögerung bei der Produktion von Daten. Man will Zahlen, die so aktuell wie möglich sind. Alle Daten werden überprüft. Solche Überprüfungen finden manchmal Jahre nach der erstmaligen Veröffentlichung statt, und sie ergeben mitunter ein etwas anderes Bild der Vorgänge.

2 Wie ich später in diesem Kapitel ausführe, erklärte die International Commission on the Measurement of Economic Performance and Social Progress (die Stiglitz-Sen-Fitoussi-Kommission), warum das BIP kein gutes Maß der gesamtwirtschaftlichen Leistungsfähigkeit ist (vgl. J. E. Stiglitz, Amartya K. Sen und Jean-Paul Fitoussi, *Mismeasuring Our Lives: Why GDP Doesn't Add Up*, New York 2010).

3 Das BIP wird durchgehend inflationsbereinigt, aber weil sich die Inflationsraten von Land zu Land unterscheiden, treten bei der Analyse von Gesamtgrößen wie dem BIP der Eurozone wichtige technische Fragen auf. Glücklicherweise waren die Inflationsraten über den hier betrachteten Zeitraum so niedrig, dass diese technischen Probleme so gut wie keine Rolle spielen. Noch kompliziertere Probleme treten auf, vergleicht man das

BIP zwischen Ländern, weil sich der Korb der konsumierten Waren von Land zu Land unterscheidet und weil verschiedene Waren in verschiedenen Ländern unterschiedlich viel kosten. In diesem Buch konzentrieren wir uns auf den Effekt des Euro auf das Wachstum, und wir schätzen das Wachstum unter Verwendung des eigenen Preisdeflators jedes Landes ab. Will man die Höhe des BIP unter Berücksichtigung von Preisunterschieden für verschiedene Güter in verschiedenen Ländern vergleichen, besteht eine Standardmethode darin, das reale BIP nach Kaufkraftparität zu berechnen, das wir kurz in Anmerkung 6 des Vorworts diskutierten. Sie vergleicht die Einkommen anhand eines standardisierten Warenkorbs.

4 Das BIP lag im Jahr 2015 für die 13 Länder, die den Euro bis 1. Januar 2007 einführten, nur 0,6 Prozent über dem BIP von 2007.

5 Der Graph zeigt die größten Konjunkturrückgänge zwischen 2007 und 2015. Für Länder mit mehreren Abschwüngen zwischen 2007 und 2015 verwendete ich den zeitgewichteten Mittelwert. Vgl. Social Democracy for the 21st Century: A Post Keynesian Perspective, »The Great Depression in Europe: Real GDP Data for 22 Nations«, 7. Juli, 2013, abrufbar unter http://socialdemocracy21stcentury.blogspot.com/2013/07/the-great-depression-in-europe-real-gdp.html.

6 »Europäische Länder außerhalb der Eurozone« meint in diesem Kapitel immer Norwegen, Schweden, die Schweiz und Großbritannien.

7 Dies ist der BIP-gewichtete Mittelwert der Wachstumsraten des realen BIP der nicht der Eurozone angehörenden europäischen Länder. Obwohl das reale BIP der Eurozone 2015 zunahm, sank das reale BIP pro Kopf, wie wir noch ausführlicher darlegen. Der Kernpunkt bleibt, dass die europäischen Länder außerhalb der Eurozone viel wachstumsstärker waren als die Eurozone.

8 Auswanderungsdaten von Eurostat. Die aktuellsten berichteten Daten stammen von 2013, und für 2007 liegen für Griechenland keine Daten vor.

9 Um über 1 Prozent zwischen 2008 und 2013, laut Daten der Weltbank. Wird 2014 einbezogen (das letzte verfügbare Jahr), beträgt der Bevölkerungsrückgang etwa 2 Prozent. Dies änderte sich wahrscheinlich, als Griechenland in den letzten Jahren zum Hauptaufnahmeland von Flüchtlingen aus Syrien und anderen Ländern wurde. Allerdings ist dies eine ganz andere Form der Migration – Flüchtlinge wählen Griechenland als Tor nach Europa und nicht, weil es das attraktivste Ziel ist, um sich dort anzusiedeln.

10 Griechenlands Bevölkerung im erwerbsfähigen Alter sank in Prozent der Gesamtbevölkerung von 66,7 Prozent im Jahr 2007 auf 64,6 Prozent im Jahr 2015. Daher ist der Anteil der Bevölkerung im erwerbsfähigen Alter an der Gesamtbevölkerung um mehr als zwei Prozentpunkte gesunken. Selbst wenn die Arbeitslosigkeit unverändert und die Produktivität gleich geblieben wäre, wäre das BIP allein deshalb um mehr als 4 Prozent zurückgegangen. Dies verringerte die Fähigkeit des Landes, seine Schulden zurückzuzahlen.

11 Staatsausgaben wurden mit Hilfe des BIP-Deflators unter Verwendung von IWF-Daten preisbereinigt.

12 Daten der Weltbank.

13 Eurostat-Daten.

14 Und weit unterhalb des so schlechtgemachten Japans, dessen reales BIP pro Person im Erwerbsalter erheblich größer ist als das Europas und der USA. Quelle: Economic Report of the President 2015, basierend auf Daten der Weltbank, abrufbar unter https://www.whitehouse.gov/blog/2015/02/19/2015-economic-report-president.

15 Diese Produktivitätszahlen basieren auf dem realen Output je Arbeitnehmer. Aber die Krise hat nicht nur die Arbeitslosigkeit erhöht, sondern auch die Anzahl der geleisteten Arbeitsstunden je Arbeitnehmer verringert – das lässt darauf schließen, dass die Produktivität, gemessen am Output *pro geleistete Arbeitsstunde*, sich etwas besser entwickelt hat, als aus diesen Zahlen hervorgeht. In Griechenland beispielsweise arbeiteten die Arbeitnehmer im Schnitt 17 Prozent mehr Stunden als die Amerikaner. Die Krise wirkte sich kaum auf die geleisteten Arbeitsstunden pro Beschäftigten in den USA aus (ein Minus von 0,5 Prozent, Stand von 2014), die geleisteten Arbeitsstunden pro griechischen Beschäftigten sanken dagegen um 3,3 Prozent, was auf eine Abnahme des Outputs pro Stunde von nur 2,1 Prozent schließen lässt; in Deutschland nahm die Anzahl der geleisteten Arbeitsstunden je Beschäftigten um 3,7 Prozent ab, was zu einer leichten Zunahme des Outputs pro Stunde führte. Quelle: Die Angaben über die geleisteten Arbeitsstunden stammen aus einer OECD-Datenbank.

16 Von 26,3 Prozent im Jahr 2013 auf 20,5 Prozent in Spanien Anfang 2016, und von 27,9 Prozent auf 24,4 Prozent in Griechenland Ende 2015 (die jüngsten Daten). Quelle: Eurostat.

17 Zahlreiche wirtschaftswissenschaftliche Studien zeigen, dass junge Menschen, die in einem Jahr mit hoher Arbeitslosigkeit ins Berufsleben einsteigen, erheblich niedrigere Lebenseinkommen haben als Berufseinsteiger, die ihre erste Stelle ein paar Jahre früher oder später antraten, als die Arbeitslosigkeit niedriger war. Till von Wachter, Philip Oreopoulos und Andrew Heisz, »Short- and Long-Term Career Effects of Graduating in a Recession«, *American Economic Journal: Applied Economics* 4, Nr. 1 (Januar 2012), S. 1–29.

18 Quelle: OECD-Daten. Man beachte: Berücksichtigt man den Rückgang in der Anzahl der geleisteten Arbeitsstunden, stellt sich die Produktivität, gemessen als Output pro Stunde, besser dar. Gleichzeitig bedeutet die Tatsache, dass die Anzahl der geleisteten Arbeitsstunden in Griechenland so viel höher ist als in Deutschland, dass die Produktivität pro geleisteter Arbeitsstunde viel geringer ist.

19 Oxfam, »The True Cost of Austerity and Inequality: Greece Case Study«, September 2013, abrufbar unter https://www.oxfam.org/sites/www.oxfam.org/files/cs-true-cost-austerity-inequality-greece-120913-en.pdf, und Hellenisches Statistikamt, »Living Conditions in Greece, 2013«, abrufbar unter http://www.statistics.gr/documents/20181/1216584/LivingConditionsInGreece_0413.pdf/991e648b-e175-4be0-8d2b-1bf70d297966.

20 Vgl. UNICEF, »Children of the Recession«, September 2014, abrufbar unter http://www.unicef-irc.org/publications/pdf/rc12-eng-web.pdf. Vgl. auch Yekaterina Chzhen, »Child Poverty and Material Deprivation in the European Union During the Great Recession«, Innocenti Working Paper Nr. 2014-06, UNICEF Office of Research, Florence, 2014, abrufbar unter http://www.unicef-irc.org/publications/pdf/wp_2014_yc.pdf.

21 Zur Eurozone gehören Österreich, Belgien, Finnland, Frankreich, Deutschland, Griechenland, Irland, Italien, Luxemburg, die Niederlande, Portugal und Spanien. Slowenien wird nicht in diese Analyse einbezogen, weil für die Achtzigerjahre keine Daten verfügbar sind. Das BIP der Eurozone wurde durch Zusammenrechnen der BIP (in nationaler Währung, zu konstanten Preisen) dieser Länder ermittelt, dabei wurden die verfügbaren Daten aus der WEO-Datenbank des IWF verwendet (abgerufen am 4. Mai 2016). Verwendet wurde auch der BIP-Deflator (Index) der betreffenden Länder aus der WEO-Datenbank (abgerufen am 4. Mai 2016), um alle BIP-Datensätze (in nationaler Währung, zu konstanten Preisen) in unserer Aggregation auf das gleiche Basisjahr 2010 zu beziehen. Die BIP (in nationaler Währung, zu konstanten Preisen) Belgiens und Luxemburgs im Jahr 2015 sind IWF-Schätzungen, keine realen Outputs. Die Projektion (Trendanpassung) stützt sich auf Daten von 1980 bis 1998.

22 Zukünftige Dollar haben einen geringeren Wert als heutige Dollar. Um dem gerecht zu werden, verwenden Ökonomen den Begriff des »diskontierten Gegenwartswerts«. Der diskontierte Gegenwartswert hängt von dem (realen) Zinssatz ab. Der Verlust von 200 Billionen Euro basiert auf einem realen Abzinsungssatz von 1 Prozent (etwas höher als der gegenwärtige Realzins).

23 Ökonomen nennen die Beziehung zwischen Inputs und Output »Produktionsfunktion«. Es hat den Anschein, als hätte sich die Produktionsfunktion nach unten verschoben – jedenfalls gegenüber ihrem Verlauf, der angesichts des technischen Fortschritts zu erwarten gewesen wäre.

24 Kenneth J. Arrow, »The Economic Implications of Learning by Doing«, *Review of Economic Studies* 29, Nr. 3 (Juni 1962), S. 155–173. Die hier angedeutete allgemeine Theorie ist ausführlicher beschrieben in meinem gemeinsam mit Bruce C. Greenwald verfassten Buch *Die innovative Gesellschaft*, Berlin 2015.

25 Vgl. *Rewriting the Rules of the American Economy*, New York 2015, für einige Kräfte, die zu diesem kurzsichtigen Verhalten beitragen.

26 Vgl. für eine längere Diskussion dieser Trends Kai Daniel Schmid und Ulrike Stein, »Explaining Rising Income Inequality in Germany, 1991–2010«, Institut für Makroökonomie und Konjunkturforschung, Düsseldorf 2013. Nach einem dort benutzten Maß sank der Einkommensanteil der untersten 10 Prozent der Deutschen von 1991 bis 2010 um 11,2 Prozent. Hinzu kommt: Wie in den meisten Ländern sinkt auch hier der Lebensstandard einfacher Arbeitnehmer möglicherweise noch stärker, als aus den herkömmlichen Statistiken hervorgeht, da ihre Arbeitsplätze unsicherer sind und öffentliche Programme gekürzt werden, die für ihr Wohlergehen von zentraler Bedeutung sind.

27 Der Einkommensanteil des obersten 1 Prozents der Deutschen, Kapitalerträge eingeschlossen, ist von 10,6 Prozent im Jahr 1992 auf 13,1 Prozent im Jahr 2010 gestiegen. Jüngste Daten aus der World Wealth and Income Database, abrufbar unter http://www.wid.world/#Database.

28 Vgl. OECD, »Country Note: Germany«, 2008, aus der Publikation der OECD von 2008: *Divided We Stand*, abrufbar unter http://www.oecd.org/els/soc/41525346.pdf.

29 Dies verdeutlicht die jüngste OECD-Studie, in der es heißt: »Gering qualifizierte Personen in Deutschland besitzen 60 Prozent weniger als Personen mit einer höheren/postsekundären Bildung, während Personen mit einem tertiären Abschluss 120 Prozent mehr besitzen. Dies ist die größte Kluft nach derjenigen, die in den Vereinigten Staaten beobachtet wird.« Außerdem »besitzen in Deutschland die unteren 60 Prozent der Bevölkerung lediglich 6 Prozent des gesamten Vermögens aller Haushalte«, OECD, »In It Together«.

30 Die Probleme sind komplexer, als man sie in dieser kurzen Zusammenfassung darstellen kann. Befürworter des Euro würden vielleicht auch darauf hinweisen, dass die Abwertung eine Inflationsspirale in Gang setzen könne, und bei steigenden Löhnen und Preisen würden sich die Vorteile des niedrigeren nominellen Wechselkurses verringern. Normalerweise steigen Löhne und Preise bei hoher Arbeitslosigkeit und Kapazitätsüberhängen jedoch nicht – und genau diese Situation liegt hier vor.

31 Neben den Studien, auf die ich in Kapitel 1 verwies, berichtet eine Oxfam-Studie von einem Anstieg der Suizidrate in Griechenland allein von 2010 auf 2011 um 26,5 Prozent. Basierend auf Daten des Hellenischen Statistikamts und der Nichtregierungsorganisation Klimaka. Vgl. Oxfam, »The True Cost of Austerity and Inequality: Greece Case Study«, September 2013, abrufbar unter https://www.oxfam.org/sites/www.oxfam.org/files/cs-true-cost-austerity-inequality-greece-120913-en.pdf.

TEIL II DIE GEBURTSFEHLER DES EURO

4 Wann kann eine Einheitswährung überhaupt funktionieren?

1 Am Anfang waren es 11 Währungen.

2 Früher bestimmten die meisten Länder den Wert ihrer Währung im Verhältnis zu Gold, und da jedes Land die Menge Gold festlegte, zu dem eine Einheit seiner Währung äquivalent sein sollte, waren die relativen Wechselkurse (beispielsweise zwischen dem US-Dollar und dem Britischen Pfund) fixiert. Seit Anfang der Siebzigerjahre waren die Wechselkurse nicht mehr so festgezurrt. In manchen Fällen werden sie vom Markt festgelegt – das heißt der Wert des Dollar im Verhältnis zum Pfund wird von den Gesetzen von Angebot und Nachfrage bestimmt. Aber es ist allzu stark vereinfacht, zu sagen, *nur* der Markt lege sie fest, da zu den wichtigsten Bestimmungsfaktoren der Nachfrage jene zählen, die staatlich vorgegeben werden. In manchen Fällen greifen Regierungen direkt in den Devisenmarkt ein, um Einfluss auf den Wert ihrer Währung zu nehmen; man spricht dann von einem »gelenkten Wechselkurs«. In einigen weni-

gen Fällen binden Länder den Wert ihrer Währung an eine andere Währung; um die Bindung aufrechtzuerhalten, müssen sie den Leitzins anpassen und Devisen kaufen und verkaufen. Oftmals können sie die Anbindung jedoch auf lange Sicht nicht aufrechterhalten – und genau dies geschah in Argentinien 2001.

3 Die relative Bedeutung der verschiedenen Kanäle, über die sich die Geldpolitik auf das Wirtschaftsgeschehen auswirkt, ist umstritten. Während viele Volkswirte der Ansicht sind, dass sich niedrigere Zinsen direkt auf den Konsum und die Investitionen auswirken, gehen andere davon aus, dass das eigentlich Entscheidende die größere Verfügbarkeit von Krediten ist, die mit der Lockerung der geldpolitischen Zügel (der Senkung der Zinsen) verbunden ist. Vgl. etwa J. E. Stiglitz und Bruce C. Greenwald, *Towards a New Paradigm in Monetary Economics*, Cambridge 2003.

4 Eine Region, die ohne weiteres eine gemeinsame Währung nutzen kann, wird *optimaler Währungsraum* genannt: Dieser muss einerseits groß genug sein, damit die Währung *ernst genommen* wird, darf aber nicht so groß sein, dass die Unterschiede zwischen den Ländern die gesamtwirtschaftliche Stabilität beeinträchtigen und überhöhte Kosten auferlegen würden. Die Diskussion um die Eurozone drehte sich jedoch nicht um die Frage, ob es ein »optimaler« Verbund von Ländern sei. Sie drehte sich um die Frage, ob es ein Zusammenschluss ist, der zum Funktionieren *gebracht* werden kann. Wie die nachfolgende Diskussion über die Vereinigten Staaten verdeutlicht, hängt das Ausmaß der Unterschiedlichkeit, das mit einer Gemeinschaftswährung vereinbar ist, von politischen Rahmenbedingungen und zahlreichen sozialen und ökonomischen Faktoren ab. Die entscheidende Frage lautet: Wie kann eine heterogene Region mit einer Einheitswährung in all ihren Teilen Vollbeschäftigung aufrechterhalten? Wenn es keine großen Migrationshemmnisse gibt, können Arbeitskräfte leicht aus Gebieten mit einem Mangel an Arbeitsplätzen in eine Region mit einem Überschuss an offenen Stellen wandern. Wenn der Staat in Gebieten mit hoher Arbeitslosigkeit eine aktive Beschäftigungspolitik betreibt, kann dies die fehlende Wechselkurs- und Zinsflexibilität ersetzen. Bei hinreichender Homogenität der gesamten Region könnten die *gleiche* Zinspolitik und der gleiche Wechselkurs in allen Teilen gleichzeitig zu Vollbeschäftigung führen. Die nachfolgende Diskussion verdeutlicht, dass diese Voraussetzungen innerhalb der Eurozone nicht erfüllt sind, vgl. Robert Mundell, »A Theory of Optimum Currency Areas«, *American Economic Review* 51, Nr. 4 (1961), S. 657–665.

5 Ich kenne keine überzeugende Analyse, die eine stichhaltige Begründung für diese konkreten Zahlen liefern würde. Höchstwahrscheinlich waren sie zumindest teilweise politisch motiviert: Man legte die Zahlen so fest, dass die Länder, die der Eurozone beitreten wollten, diese nur unter größten Anstrengungen erreichen konnten. Tatsächlich waren die Zahlen derart ambitioniert, dass Frankreich und Deutschland in den ersten Jahren nach Einführung des Euro die Vorgaben verfehlten. Ein Land, das dem Euro beitreten wollte, musste in den Jahren *vor* dem Beitritt weitere Bedingungen

erfüllen – die zum Beispiel die Stabilität seines Wechselkurses und seine langfristigen Zinsen betrafen.

6 Die Verpflichtungen gehen über die Defizit- und Schuldengrenzen hinaus und beziehen sich auch auf die »mittelfristigen Haushaltsziele«, die die fiskalische Tragfähigkeit über einen längeren Zeitraum sicherstellen sollen. Die Einzelheiten der Anforderungen und Verfahren sind komplex und brauchen uns hier nicht weiter zu interessieren.

7 Für die Bewohner South Dakotas mag das ein Anlass zur Sorge sein, aber sie werden dem gewiss keine so große Bedeutung beimessen wie die Griechen.

8 Allerdings sollte nicht unerwähnt bleiben, dass die Freizügigkeit in den USA die großen Unterschiede im Lebensstandard zwischen den Bundesstaaten nicht beseitigt hat.

9 In einem reinen Agrarland steht jeder Arbeitskraft umso mehr landwirtschaftliche Fläche zur Verfügung, je mehr Menschen abwandern, sodass die Einkommen steigen. Dies begrenzt das Ausmaß der Migration. In einer modernen Industriewirtschaft gibt es möglicherweise Skaleneffekte. Je mehr Menschen auswandern, umso stärker wird die Fähigkeit geschwächt, die Basis einer modernen Wissensökonomie aufrechtzuerhalten. So nimmt die Produktivität womöglich ab.

10 Tatsächlich wäre es nicht ganz so schlimm gewesen – die Summe der Aktiva von Washington Mutual entsprach in etwa dem BIP Washingtons. Dennoch wäre Washington in eine fiskalische Krise geraten, wenn es Washington Mutual hätte retten müssen.

11 Die Daten für Portugal, Deutschland und Lettland stammen vom IWF; verglichen wird das Bruttoinlandsprodukt pro Kopf zu konstanten Preisen. Für Connecticut und Mississippi stammen die Daten vom US Bureau of Economic Analysis und dem US Census Bureau. Der Abstand zwischen Deutschland und Portugal war zum Zeitpunkt der Einführung des Euro der größte zwischen allen teilnehmenden Staaten.

12 Eurostat-Daten. Estland hat die Defizitgrenze ebenfalls nicht überschritten, aber es trat der Eurozone auch erst 2011 bei.

13 Vgl. »Will It Hurt? Macroeconomic Effects of Fiscal Consolidation«, Kapitel 3 des vom IWF herausgegebenen *World Economic Outlook: Recovery Risk and Rebalancing*, Washington, DC 2010, S. 93–124 (abrufbar unter https://www.imf.org/external/pubs/ft/weo/2010/02/pdf/c3.pdf). Vgl. auch die hervorragenden früheren Studien, die in Kapitel 7, Anmerkung 57, zitiert werden.

14 Wenn der Euro gleichzeitig *aufwertet*, dann wird das Land selbstverständlich trotz der Tatsache, dass es gegenüber anderen Ländern in der Eurozone wettbewerbsfähiger wird, im Verhältnis zu Ländern außerhalb der Eurozone an Wettbewerbsfähigkeit einbüßen. Der Wert der britischen Währung, des Pfund Sterling, im Verhältnis zum Dollar, wird *nomineller* Wechselkurs genannt. Selbst wenn er unverändert bleibt, sagen wir, dass der *reale* Wechselkurs gesunken ist, wenn die Inflation in Großbritannien niedriger ist als in den USA.

15

Länder	Durchschnittliche Inflationsrate 2010–2015 (%)
Portugal	1.41
Spanien	1.36
Griechenland	0.89
Irland	0.38
Österreich	2.03
Luxemburg	1.97
Finnland	1.90
Belgien	1.77
Italien	1.57
Niederlande	1.55
Deutschland	1.38
Frankreich	1.32
Slowenien	1.28

16 Die durchschnittliche Wachstumsrate des Volumens der Exporte von Gütern und Dienstleistungen im Zeitraum 2010–2015: Zypern 1,75 Prozent, Griechenland 1,18 Prozent, Irland 6,40 Prozent, Portugal 4,68 Prozent und Spanien 5,42 Prozent.

17 Basierend auf Daten von Eurostat.

18 Das geht meines Erachtens zu weit. Diese Wissenschaftler beobachten, dass es den Ländern besser erging, die den Goldstandard aufgaben, einige erholten sich sogar recht schnell. Aber sie ziehen daraus die falschen Schlüsse, denn dies war teilweise darauf zurückzuführen, dass andere am Goldstandard festhielten, sodass sie von einer kompetitiven Abwertung profitieren konnten. Wenn alle den Goldstandard aufgegeben hätten, dann wäre das nicht der Fall gewesen. Selbst dann kann in einer Welt, in der sich Währungsbehörden bei der Ausweitung der Geldmenge durch ihre Goldreserven eingeschränkt fühlen, die Aufgabe des Goldstandards zu einem Wachstum der Geldmenge führen, was sich sehr positiv auf die Gesamtnachfrage auswirken kann. Vgl. Barry J. Eichengreen, *Golden Fetters: The Gold Standard and the Great Depression, 1919–1939*, New York 1992, Ben Bernanke und Harold James, »The Gold Standard, Deflation, and Financial Crisis in the Great Depression: An International Comparison«, *Financial Markets and Financial Crises*, hg. von R. Glenn Hubbard, Chicago 1991, S. 33–68, Peter Temin, *Lessons from the Great Depression*, Cambridge, MA 1989, Barry Eichengreen und Jeffrey Sachs, »Exchange Rates and Economic Recovery in the 1930s«, *Journal of Economic History* 45, Nr. 4 (1985), S. 925–946.

19 Auch aus gesellschaftlicher Perspektive ist ein gewisser staatlich vorgeschriebener Kündigungsschutz (beispielsweise zwingende Abfindungen) wohl wünschenswert. Vgl. Carl Shapiro und J. E. Stiglitz, »Equilibrium Unemployment as a Worker Discipline Device«, *American Economic Review* 74, Nr. 3 (1984), S. 433–444, und Patrick Rey und J. E. Stiglitz, »Moral Hazard and Unemployment in Competitive Equilibrium« (Arbeitspapier 1993).

20 Diese Theorien, die behaupten, dass Lohnsenkungen die Produktivitat von Arbeitnehmern senken, wurden zunächst für Entwicklungsländer aufgestellt, wo man beobachtete, dass schlechte Ernährung infolge niedriger

Löhne die Produktivität vermindert. Vgl. Harvey Leibenstein, *Economic Backwardness and Economic Growth*, New York 1957. In einer Reihe von Aufsätzen übertrug ich die Idee auf Industrieländer. Ich konzentrierte mich darauf, dass niedrigere Löhne zu einer erhöhten Fluktuation von Arbeitskräften führen, und dies erhöht die Ausbildungskosten. Der erste Aufsatz war »Alternative Theories of Wage Determination and Unemployment in L.D.C.'s: The Labor Turnover Model«, *Quarterly Journal of Economics* 88, Nr. 2 (1974), S. 194–227. Anschließend zeigte ich, dass ähnliche Effekte infolge von unvollständiger Information auftreten: Lohnsenkungen führen zu minderer Qualität und schlechter motivierten Arbeitskräften. Diese Forschungen waren Teil jener Arbeiten, für die ich später mit dem Nobelpreis ausgezeichnet wurde. Mittlerweile gibt es eine Fülle von Publikationen zu dem Thema, welche die Zusammenhänge auch empirisch bestätigt haben. Vgl. beispielsweise *Efficiency Wage Models of the Labor Market*, hg. von George A. Akerlof und Janet L. Yellen, New York 1986, und Jeremy Bulow und Laurence Summers, »A Theory of Dual Labor Markets with Application to Industrial Policy, Discrimination, and Keynesian Unemployment«, *Journal of Labor Economics* 4, Nr. 3 (1986), S. 376–414.

21 Die Verbindung von Austerität mit schlecht durchdachten Strukturreformen, die mit den IWF/Troika-Programmen assoziiert wurde, hat diese Ungewissheit noch verstärkt. Aufgrund des freien Kapitalverkehrs in Europa wurden Guthaben von den Banken in den Krisenländern ins Ausland transferiert, was die Probleme weiter verschärfte, wie ich im nächsten Kapitel erläutere.

22 Und deshalb ist es so schwer, jeden einzelnen Effekt getrennt zu identifizieren. In Ostasien, wo die Insolvenz- und Zahlungsausfallquoten 50 Prozent oder mehr erreichten, waren die negativen Effekte des erhöhten Lieferrisikos auf die Nachfrage offensichtlich. Die quantitative Bedeutung dieses Effekts in verschiedenen europäischen Ländern wurde nicht abgeschätzt.

23 Quelle: Eurostat-Daten für 2015. Prozentsatz der Exporte der EU-Mitgliedstaaten in andere EU-Mitglieder betrug wertmäßig 63,2 Prozent.

24 Die Tatsache, dass einige Länder und die EZB mit leicht negativen Zinssätzen die Untergrenze »durchbrochen« haben, ändert nichts an der Analyse. Der eigentliche Punkt ist, dass die Geldpolitik für gewöhnlich vergleichsweise wirkungslos ist, wenn Volkswirtschaften schwer angeschlagen sind. Auch wenn sich die Ökonomen darüber streiten, warum das so ist, besteht allgemeines Einvernehmen über die Grenzen der Geldpolitik – worauf selbst die Präsidenten der US-Notenbank immer wieder hingewiesen haben. (An anderer Stelle habe ich dargelegt, dass die Nullprozent-Untergrenze nicht der entscheidende Grund für die Wirkungslosigkeit der Geldpolitik ist. Selbst wenn die Realzinsen beispielsweise von minus 2 Prozent auf minus 4 Prozent gesenkt werden könnten, hätte dies keinen nennenswerten Effekt auf die Investitionen. Entscheidend ist die hohe wirtschaftliche Ungewissheit, und Unternehmen werden auf diese Zinsänderung kaum reagieren.)

25 Vgl. J. E. Stiglitz und Bruce C. Greenwald, »A Modest Proposal for International Monetary Reform«, *Time for a Visible Hand: Lessons from the 2008 World Financial Crisis*, hg. von Stephany Griffith-Jones, José Antonio Ocampo und J. E. Stiglitz, Oxford 2010, S. 314–344.

26 Von meinem ehemaligen Studenten, Columbia-Kollegen und vormaligen Chefökonom der Inter-Amerikanischen Entwicklungsbank, Guillermo A. Calvo. Vgl. etwa »Capital Flows and Capital-Market Crises: The Simple Economics of Sudden Stops«, *Journal of Applied Economics* 1, Nr. 1 (1998), S. 35–54.

27 Viele Länder versuchen die Stunde der Wahrheit hinauszuschieben, indem sie sich mit hohen Kosten kurzfristige Mittel beschaffen und gleichzeitig einschneidende Haushaltskürzungen vornehmen. Aber das ist meistens nur ein kurzzeitig wirksames Herumdoktern an Symptomen.

28 Der Kredit lautet normalerweise auch auf eine Fremdwährung. Wenn der Kapitalzufluss in das Land zurückgeht, kommt es zu einer Dollar-Knappheit (oder einem Mangel an anderen »Hartwährungen«). Dies führt zu einer *Währungskrise.*

29 Dies ist die umgekehrte Kausalität, die wir im vorherigen Abschnitt erörterten: Nicht das Haushaltsdefizit hat das Handelsdefizit *verursacht,* sondern andersherum.

30 Im Fall von Ländern mit einem flexiblen Wechselkurs, die mit der gerade beschriebenen Situation konfrontiert sind, steigt der Wert des Dollar sprunghaft an, während der Wert der Inlandswährung abstürzt. (Manchmal versuchten Staaten die Stunde der Wahrheit aufzuschieben, indem sie ihre knappen Devisenreserven dazu nutzen, zu verhindern, dass der Wechselkurs absackt. Aber auch diese Eingriffe sind normalerweise nur kurzfristig wirksam.) Die Währungskrise und die Schuldenkrise beeinflussen sich gegenseitig. Diejenigen Inländer, die Fremdwährungskredite aufgenommen haben, aber ihr Einkommen in Inlandswährung erhalten, stehen jetzt noch unter viel größerem Druck, ihre Schulden zurückzuzahlen, weil sie mit ihrem Einkommen jetzt weniger Devisen kaufen können als früher. Die Währungskrise verschärft sowohl die Schulden- als auch die Finanzkrise. (Diese Ergebnisse sollten verglichen werden mit dem, was bei fehlender Verschuldung geschieht – der sinkende Wechselkurs würde lediglich die Nachfrage anregen.) Bittet das Land den IWF um Hilfe, greift dieser manchmal ein, um zu verhindern, dass der Wechselkurs sinkt. Das Krisenland verwendet den Hilfskredit des IWF zur Stützung der Währung. Außerdem zwing der IWF das Land in der Regel dazu, Zinsen und Steuern zu erhöhen und Ausgaben zu kürzen. Das funktioniert manchmal – indem es die Konjunktur derart abwürgt, dass Verbraucher keine Importgüter mehr kaufen und die Nachfrage nach Devisen sich mit dem Angebot deckt. Aber die Rettung der Währung hat einen hohen Preis.

31 Ökonomen bezeichnen diese als »Probleme der politischen Ökonomie«.

32 Die besondere Form, die der Forderungsverzicht (»haircut«) in Zypern annahm, war eine Steuer auf die Einlagen. Egoismus auf Seiten der Partner Zyperns war vielleicht das maßgebliche Motiv, aber viele Einleger waren

Russen, die offenbar versuchten, Gelder aus ihrem Land herauszuschaffen, auf Wegen, die nicht immer gänzlich korrekt waren. Zypern hatte sich den Ruf erworben, einer der beliebtesten Offshore-Finanzplätze für Russen zu sein. Viele in der Eurozone sträubten sich dagegen, diese Russen zu subventionieren. Was immer die Motive gewesen sein mögen, fest steht, dass schon die öffentliche Diskussion über die Möglichkeit eines erzwungenen Forderungsverzichts gravierende Konsequenzen hatte. Und viele europäische Politiker behaupten, letztlich stecke die zyprische Regierung hinter diesem Plan, der heute als völlig kontraproduktiv betrachtet wird. Aber wer auch immer dafür verantwortlich war, das Ergebnis ist jedenfalls ein Vertrauensverlust in das Bankensystem schwacher Länder.

33 Genauso wie die Ankündigung des IWF im Jahr 1998, nachdem er bereits 16 Privatbanken in Indonesien geschlossen hatte, weitere Bankenschließungen würden folgen und die Einlagen würden nicht abgesichert, einen Sturm auf das Bankensystem auslöste. Für eine ausführlichere Diskussion dieser Ideen und ihre Umsetzung in der Asienkrise vgl. mein Buch *Die Schatten der Globalisierung*, Berlin 2002.

34 Laut OECD-Daten über langfristige Zinssätze (Zinsen auf Staatsanleihen mit 10-jähriger Laufzeit).

35 Laut Daten, die von der Niederlassung der Federal Reserve in St. Louis zusammengestellt wurden.

36 Eine der Ratingagenturen, S&P, schien sich dessen nicht bewusst zu sein, als sie 2011 US-Schuldtitel herabstufte. Der Wert dieser Dollar mochte abnehmen, sollte die US-Regierung auf diese Maßnahme zurückgreifen, aber nichts deutete darauf hin, dass sich die staatliche Kreditaufnahme in irgendeiner Weise auf die Inflationserwartungen auswirken würde. Tatsächlich waren die Inflationserwartungen zu der Zeit, als S&P US-Schuldtitel herabstufte, so niedrig, dass die USA selbst langfristige Kredite zu beispiellos niedrigen Zinsen aufnehmen konnten.

37 Es gibt allerdings erdrückende Anhaltspunkte dafür, dass die Märkte in dieser Hinsicht nicht effizient funktionieren.

38 Zum Beispiel dadurch, dass sie Banken dazu verpflichteten, ihre Fremdwährungsverbindlichkeiten und Fremdwährungsaktiva auszugleichen.

39 Ein solcher Mechanismus, der sogenannte Europäische Stabilitätsmechanismus (ESM), wurde 2012 geschaffen.

40 Wie zu erwarten, haben die Gläubigerländer alles darangesetzt, um die Schaffung eines internationalen Rechtsrahmens zur Regelung solcher Staatsinsolvenzen zu verhindern. Eine UN-Resolution, die einen solchen Rahmen verlangt, wurde am 9. September 2014 verabschiedet. Am 10. September 2015 wurde eine Reihe von Grundsätzen – gegen den Widerstand der Gläubigerstaaten – mit überwältigender Mehrheit angenommen.

41 Im Jahr 2014 betrug der chinesische Handelsbilanzüberschuss 3,7 Prozent des BIP, während der deutsche Überschuss 6,7 Prozent betrug. Quelle: Daten der Weltbank.

42 Einige in Deutschland sehen einen Unterschied zwischen ihrem Überschuss, in dem sie einen Beleg ihrer Wettbewerbsfähigkeit sehen, und dem

chinesischen. Chinas Überschuss verdanke sich demnach einer »Manipulation des Wechselkurses«, so behaupten sie. Aber Wechselkurse und Außenhandelsüberschüsse sind ein Ergebnis eines breiten Spektrums politischer Maßnahmen. Wenn China die Beschränkungen für Auslandsinvestitionen seiner Bürger aufheben würde, würde der Wechselkurs höchstwahrscheinlich sinken und der Außenhandelsüberschuss würde steigen. Das Gleiche wäre der Fall, wenn China dem Beispiel Europas und der USA folgen und seine Zinsen senken würde. Die deutsche Lohn- und Ausgabenpolitik gehört zu den Faktoren, die zum Überschuss Deutschlands beitragen. Tatsächlich kam es Anfang 2016 nur aufgrund direkter staatlicher Interventionen zur Kursstützung nicht zu einer erheblichen Abwertung der chinesischen Währung. Dagegen gelangte der IWF in seiner regelmäßigen Einschätzung der deutschen Wirtschaftsentwicklung (im Rahmen der sogenannten Artikel-IV-Konsultationen) für das Jahr 2014 zu dem Schluss, dass der geltende Euro-Wechselkurs für Deutschland eigentlich um 5 bis 15 Prozent *zu niedrig bewertet* war und aufgewertet werden müsste, wenn Deutschland eine eigene Währung hätte.

43 Vgl. Keynes' *Allgemeine Theorie der Beschäftigung, des Zinses und des Geldes,* Berlin 2009, Kapitel 23, »Bemerkungen über den Merkantilismus, die Wuchergesetze, gestempeltes Geld und Theorien der Unterkonsumption«.

44 Die Makroökonomik betrachtet *Netto*kapitalflüsse. Hinter diesen Nettoflüssen können sich komplexe Muster verbergen: Deutschland muss etwa Spanien nicht direkt Geld leihen. Eine deutsche Bank kann einen Kredit an eine Vertragspartei in einem Drittland vergeben, und eine (möglicherweise andere) Partei in diesem Drittland gewährt Spanien einen Kredit.

45 ILO-Daten für 2015. Vgl. ILO, »World Employment Social Outlook-Trends 2016«, abrufbar unter http://www.ilo.org/global/research/global-reports/weso/2016/WCMS_443480/lang--en/index.htm. Diese Schwäche der Gesamtnachfrage besteht bereits seit langem. So unterstützte die Fed die leichtfertige Kreditvergabe durch die Banken, die zur Immobilienkrise führte, unter anderem deshalb, weil sie die schwache Gesamtnachfrage in den USA ankurbeln wollte. Ben Bernanke, der ehemalige Präsident der Fed, nannte die Situation eine »Ersparnisschwemme«. Vgl. »The Global Saving Glut and the U.S. Current Account Deficit«, Ausführungen von Ben S. Bernanke anlässlich der Sandridge Lecture, Virginia Association of Economists, Richmond, Virginia, 10. März 2005, abrufbar unter http://www.federalreserve.gov/boardDocs/Speeches/2005/200503102/default.htm. Selbstverständlich gibt es viele gute Investitionsgelegenheiten, aber das Weltfinanzsystem war damals – und ist heute auch noch – nicht in der Lage, erfolgreich zwischen den Sparern und diesen Investitionen zu vermitteln.

46 Der deutsche Mindestlohn liegt damit über dem US-Mindestlohn, ist aber niedriger als die 15 Dollar pro Stunde, die einige amerikanische Städte eingeführt haben, und auch niedriger als die 10,10 Dollar pro Stunde, die Unternehmen zahlen müssen, die Geschäfte mit der US-Regierung machen.

47 Die Eurozone hatte einen deutlich größeren Überschuss als China, der 293,2 Milliarden Dollar betrug. Allein der deutsche Überschuss wird für

2015 auf 285,2 Milliarden geschätzt. 2014 übertraf allein der deutsche Überschuss von 286 Milliarden Dollar den chinesischen Überschuss, der 220 Milliarden Dollar betrug, und wenn wir die Überschüsse Italiens und der Niederlande hinzuaddieren, dann sind die Überschüsse über 50 Prozent höher als der chinesische Überschuss.

48 Keynes schlug eine Steuer auf Überschüsse vor, und kürzlich haben Bruce C. Greenwald und ich ein neues System globaler Währungsreserven vorgeschlagen, das starke Anreize für Länder enthält, keine Überschüsse zu erwirtschaften. Vgl. J. E. Stiglitz und Bruce C. Greenwald, »Towards a New Global Reserves System«, *Journal of Globalization and Development* 1, Nr. 2 (2010), Article 10. Die Idee, die einem solchen System zugrunde liegt, wurde von der internationalen Sachverständigenkommission des Präsidenten der UN-Generalversammlung zur Reform des Internationalen Währungs- und Finanzsystems unterstützt, die ihren Bericht im September 2009 vorlegte, der später veröffentlicht wurde unter dem Titel *The Stiglitz Report*, New York 2010. Vgl. John Maynard Keynes, »The Keynes Plan«, 1942–43, wiederabgedruckt in *The International Monetary Fund 1945–1965: Twenty Years of International Monetary Cooperation*, Bd. 3, *Documents*, hg. von J. Keith Horsefield, Washington, DC 1969, S. 3–36, und Martin Wolf, *Fixing Global Finance*, Baltimore 2010.

5 Der Euro: Ein divergentes System

1 Eine ganz andere Antigravitationskraft wirkte in anderen Regionen der Welt, als Kapital aus den Entwicklungs- und Schwellenländern in die Industrieländer floss. In *Die Chancen der Globalisierung*, München 2006, erkläre ich, weshalb dies zum Teil eine Folge des globalen Reservesystems ist.

2 Beispielsweise betrug das BIP pro Kopf 2010 in Süditalien 55 Prozent des BIP der wohlhabenden nordwestlichen Region. Diese Zahl änderte sich bis 2014 nicht. Und das BIP pro Kopf im Süden nahm sogar im Vergleich zum Nordosten zwischen 2007 und 2014 leicht ab. Vergleich auf der Grundlage von Eurostat-Daten.

3 Das Schicksal wollte es, dass viele dieser Länder mit einer außenwirtschaftlichen Situation konfrontiert waren, die alles jedenfalls noch schwieriger machte. Chinas Aufstieg führte zu einer Zunahme der Nachfrage nach hochentwickelten deutschen Industriegütern. Gleichzeitig ging die chinesische Nachfrage nach einigen der weniger hochwertigen Güter aus anderen europäischen Ländern zurück – China bietet kostengünstige Ersatzgüter für diese Produkte an. Für eine Diskussion einiger dieser Trends vgl. Stephan Danninger und Fred Joutz, »What Explains Germany's Rebounding Export Market Share?«, *CESifo Economic Studies* 54, Nr. 4 (2008), S. 681–714, und Christoph Schnellbach und Joyce Man, »Germany and China: Embracing a Different Kind of Partnership?«, Centrum für angewandte Politikforschung an der Universität München, Arbeitspapier, September 2015, abrufbar unter http://www.cap-lmu.de/download/2015/CAP-WP_German-China-Policy-Sep2015.pdf.

4 Jede Zahl gibt den prozentualen Rückgang neuer Kredite an Nichtbank-Unternehmen in Höhe von maximal 1 Million Euro gegenüber dem Höchststand vor der Krise an, wie er von den nationalen Banken dieser Länder ausgewiesen wird. Das Jahr, in dem der Höchststand vor der Krise erreicht wurde, unterscheidet sich von Land zu Land, ist aber im Allgemeinen 2007 oder 2008. Die Daten für Griechenland stammen vom Institute of International Finance, »Restoring Financing and Growth to Greek SMEs«, 18. Juni 2014, abrufbar unter https://www.iif.com/publication/research-note/restoring-financing-and-growth-greek-smes. Vgl. auch Institute of International Finance, »Addressing SME Financing Impediments in Europe: A Review of Recent Initiatives«, 12. Januar 2015, abrufbar unter https://www.iif.com/publication/research-note/addressing-sme-financing-impediments-europe-review-recent-initiatives. Quelle der Zahlen für Portugal, Spanien, Irland und Italien ist ein Bericht von Bain und des Institute of International Finance, »Restoring Financing and Growth to Europe's SMEs«, 2013, abrufbar unter http://www.bain.com/Images/REPORT_Restoring_financing_and_growth_to_Europe's_SMEs.pdf.

5 Vgl. Europäische Kommission, »Annual Report on European SMEs 2014/2015«, November 2015.

6 Vgl. Helmut Kraemer-Eis, Frank Lang und Salome Gvetadze, »European Small Business Finance Outlook«, European Investment Fund, Juni 2015, abrufbar unter http://www.eif.org/news_centre/publications/eif_wp_28.pdf.

7 Später diskutiere ich weitere Gründe dafür, dass die Kapitalerträge in den Krisenländern möglicherweise niedriger sind als in der übrigen Eurozone.

8 Desgleichen stimmen die Versicherungsprämien, die die öffentlichen Hände und die Banken bezahlen müssen, um sich gegen Ausfallrisiken zu versichern, weitgehend überein. Vgl. Viral V. Acharya, Itamar Drechsler und Peter Schnabl, »A Pyrrhic Victory? Bank Bail-outs and Sovereign Credit Risk«, *Journal of Finance* 69, Nr. 6 (Dezember 2014), S. 2689–2739. Es gibt viele weitere Aspekte des Zusammenhangs zwischen dem Länderrisiko und den Banken des betreffenden Landes. Banken halten normalerweise eine erhebliche Anzahl der Anleihen ihres Landes in ihrem Portfolio. Eine Verschlechterung des Länderrisikos führt also zu einer Schwächung der Banken des jeweiligen Landes und auch ihrer Fähigkeit und Bereitschaft, Kredite zu vergeben. Vgl. Nicola Gennaioli, Alberto Martin und Stefano Rossi, »Banks, Government Bonds, and Default: What Do the Data Say?«, IWF Arbeitspapier, Juli 2014. (Aus offensichtlichen Gründen vergibt eine Bank, deren Bilanz sich verschlechtert hat, höchstwahrscheinlich weniger Kredite. Vgl. J. E. Stiglitz und Bruce C. Greenwald, *Towards a New Paradigm in Monetary Economics*, Cambridge 2003.) Da Staaten tatsächlich Banken retten, führt eine Schwächung von Banken gleichzeitig zu einer Zunahme der impliziten Verbindlichkeiten des Staates, sodass das Länderrisiko ansteigt. Für weitergehende Diskussionen vgl. etwa Adrian Alter und Yves Schueler, »Credit Spread Interdependencies of European States and Banks during the Financial Crisis«, *Journal of Banking and Finance* 36, Nr. 12

(Dezember 2011), S. 3444–3468, und Patrick Bolton und Olivier Jeanne, »Sovereign Default Risk and Bank Fragility in Financially Integrated Economies«, *IMF Economic Review* 59, Nr. 2 (2011), S. 162–194.

9 Vgl. zum Beispiel die Diskussion in meinem Buch *Im freien Fall*, München 2010, oder in Simon Johnsons und James Kwaks *13 Bankers. The Wall Street Takeover and the Next Financial Meltdown*, New York 2010.

10 Der Einlagenschwund bei spanischen Banken war zwar erheblich – und führte zu einer Kreditklemme –, verlief aber langsamer, als einige erwartet hatten. Manche sprechen in diesem Zusammenhang sodann auch nicht von einer Kapitalflucht, sondern von »Kapitalschwund«. Dieser wiederum ist eine Folge institutioneller und Marktunvollkommenheiten (beispielsweise Vorschriften darüber, Auskünfte über potentielle Kunden einzuholen, die die Geldwäsche eindämmen sollen). Interessanterweise hat das neoklassische Modell, das die wirtschaftspolitische Agenda Europa maßgeblich geprägt hat, diese ignoriert. Der Binnenmarkt ist hier weit weniger Realität, als gemeinhin angenommen wird.

11 Ähnliche Verzerrungen finden sich *innerhalb* von Ländern. Aber die Wahrscheinlichkeit einer staatlichen Rettung ist für Großbanken höher – insbesondere für Banken, die als systemrelevant gelten. Diese Banken können sich Mittel günstiger beschaffen als kleine Banken. Sie können daher expandieren, wobei sie sich nicht auf ihre relative Kompetenz oder Effizienz stützen, sondern auf die relative Größe der impliziten Subvention, die sie von ihrer Regierung erhalten. Aber auch dieses System ist divergent: Je größer große Banken werden, umso höher wird die Wahrscheinlichkeit eines Bail-outs, sodass die Differenz in der impliziten Subvention größer wird.

12 Dies würde das Problem nicht *vollständig* lösen: Vorausgesetzt, dass die Banken in schwächeren Ländern in jedem Fall schwächer wären und die Risiken, denen sie ausgesetzt sind, als höher einschätzten, würden die Kreditgeber dieser Banken höhere Zinsen verlangen, und die Banken ihrerseits würden höhere Zinsen berechnen, sodass die Firmen in ihrem Land benachteiligt wären. Folglich gäbe es noch immer keine fairen Wettbewerbsbedingungen. Aber dieses System wäre immerhin *fairer* als das gegenwärtige. Vgl. Stiglitz und Greenwald, *Towards a New Paradigm* (Anm. 8).

13 Zentralbanken sollen Kredite an Banken vergeben, die sich in Liquiditätsschwierigkeiten befinden und sich anderweitig keine Mittel beschaffen können, nicht aber an Banken, die insolvent sind und ein negatives Eigenkapital haben. Wenn alle wüssten, dass die Bank solvent ist, und die Märkte effizient funktionierten, dann hätte die Bank tatsächlich kein Problem, sich Mittel zu beschaffen. Banker glauben natürlich immer, dass sie im Grunde genommen zahlungsfähig sind; es sei nur die vorübergehende Irrationalität der Märkte, die ihr Problem verursacht habe. Während die Banker zu denjenigen gehören, die am unbeirrbarsten die Religion des Marktfundamentalismus predigen, verflüchtigt sich ihre Marktgläubigkeit, sobald »die Märkte« sie weniger hoch schätzen, als sie es ihres Erachtens verdienen, und mit einem Male überkommt sie eine tiefe Staatsgläubigkeit – zumin-

dest sind sie fest davon überzeugt, der Staat solle so verdienstvollen Institutionen wie ihnen aus der Klemme helfen.

14 Während London und New York sich vor der Krise bei der Deregulierung gegenseitig zu übertreffen versuchten, war Island vielleicht der eigentliche Gewinner – oder sollte ich sagen: Verlierer? Island gelang es, ein Bankensystem aufzubauen, dessen Aktiva sich mindestens auf das 10-Fache seines BIP beliefen. Island zeigte auch die Folgen: Britische und niederländische Einleger bei isländischen Banken verloren ihr Geld. Nicht nur hatten sie (fälschlicherweise) angenommen, die isländischen Banken seien sachgerecht reguliert, sie nahmen auch an, die Einlagensicherung würde sie auszahlen. In der Regel konsultierten sie keine Juristen, ehe sie Geld auf isländischen Konten einzahlten, um herauszufinden, ob der Einlagensicherungsfonds mit ausreichend Kapital ausgestattet worden war und welche Verpflichtungen die isländische Regierung hätte, wenn dies nicht der Fall wäre. Weithin wurde angenommen, dass die Einlagensicherung ausreichend kapitalisiert sei (was nicht der Fall war) und dass die isländische Regierung, wenn der Einlagensicherungsfonds pleiteginge, unbegrenzt haften würde – aber es stellte sich heraus, dass die Mittel des Einlagensicherungsfonds nicht ausreichten, um die Verluste abzudecken, und der zuständige europäische Gerichtshof entschied, die isländische Regierung müsse die Fehlbeträge nicht decken. Die Einleger machten hohe Verluste.

15 Viele andere Großbanken zahlten im Zusammenhang mit dem Libor-Skandal Geldstrafen in Milliardenhöhe oder schlossen Vergleiche. Unter ihnen waren Citigroup, Deutsche Bank, JPMorgan, Rabobank, Royal Bank of Scotland und UBS. Wertpapierhändler, die nach dem Skandal verurteilt wurden, haben Rechtsmittel eingelegt, und die Verfahren sind noch anhängig. Unterdessen wird weiterhin gegen einige Banken ermittelt. In einem anderen Fall schwerer Marktmanipulation bekannten sich Citicorp, JP Morgan, Barclays, Royal Bank of Scotland und UBS schuldig im Sinne der Anklage verbrecherischer Marktmanipulation.

16 George A. Akerlof und Robert A. Shiller, *Phishing for Phools: Manipulation und Täuschung in der freien Marktwirtschaft*, Berlin 2016.

17 In den USA wird die Person oder Partei, die den Sektor so wenig wie möglich regulieren will, mit nahezu unbegrenzten Wahlkampfspenden unterstützt, wobei sicherheitshalber auch die Opposition reichlich bedacht wird. Diese strategisch diversifizierte Wahlkampfunterstützung zahlte sich für die Banken aus, denn sowohl unter demokratischen als auch unter republikanischen Regierungen wurden sie mit riesigen Hilfspaketen vor dem Untergang bewahrt. Diese Investitionen in den politischen Prozess in den USA warfen eine viel höhere Rendite ab als die Finanzinvestitionen, von denen sie angeblich so viel verstanden, die jedoch hin und wieder in eine Katastrophe mündeten.

18 Vgl. die spätere Diskussion über die Erfahrung Chiles mit dem Abbau praktisch sämtlicher Regulierungen.

19 Im Dezember 2014 brachte der US-Kongress eine Bestimmung, die einen der zentralen Abschnitte des »Dodd-Frank Wall Street Reform and Con-

sumter Protection Act« (Reform des Finanzmarktrechts), in dem es um die Bankenregulierung geht – eine Bestimmung, die sicherstellen sollte, dass staatlich versicherte Finanzinstitute keine riskanten Derivategeschäfte tätigen – in einer Haushaltsvorlage unter, die der Präsident unterzeichnen musste, um die Schließung von Behörden zu verhindern.

20 Ein Beispiel: Das Land hätte das Recht, Versicherungsprodukte zu verbieten, bei denen der Käufer der Versicherung kein versicherbares Risiko hat – das heißt, ich kann keine Lebensversicherung auf eine Person abschließen, deren Tod folgenlos für mich ist. Kurz gesagt darf ich keine derartigen Wetten eingehen. Dies ist ein wohlbekanntes Prinzip, weil es krasse Fehlanreize erzeugt – nämlich den Tod der versicherten Person herbeizuführen. Aber die modernen Finanzmärkte haben dieses Prinzip nicht anerkannt: Eine Bank könnte eine Wette abschließen, dass Unternehmen X zusammenbrechen wird, und dann insgeheim Schritte unternehmen, die sich vielleicht auf den Zusammenbruch von X auswirken würden. Sie hätte einen Anreiz, dies zu tun. Ein guter Regulierungsrahmen würde solche Finanzprodukte verbieten.

21 Damit ist die Schuldenlast eines einzelnen Landes innerhalb der Eurozone gemeint.

22 Dieses Ergebnis gilt allgemein für jeden mobilen Produktionsfaktor.

23 Vgl. die Diskussion in Kapitel 7 darüber, wie die EZB Irland *insgeheim* dazu gezwungen hat.

24 Interessanterweise ist dieses Problem in der Theorie des fiskalischen Föderalismus/lokaler öffentlicher Güter schon seit langem erkannt worden. Vgl. J. E. Stiglitz, »Theory of Local Public Goods«, *The Economics of Public Services*, hg. von Martin S. Feldstein und Robert P. Inman, London 1977, S. 274–333, J. E. Stiglitz, »Public Goods in Open Economies with Heterogeneous Individuals«, *Locational Analysis of Public Facilities*, hg. von Jacques-François Thisse und Henry G. Zoller, Amsterdam 1983, S. 55–78, und J. E. Stiglitz, »The Theory of Local Public Goods Twenty-Five Years after Tiebout: A Perspective«, *Local Provision of Public Services: The Tiebout Model After Twenty-Five Years*, hg. von George R. Zodrow, New York 1983, S. 17–53. Das Ausmaß der Verzerrung (Instabilität) hängt mit der Elastizität der Arbeitsnachfrage zusammen. Wenn das Grenzprodukt der Arbeit bei Arbeitskräfteabwanderung nicht stark ansteigt und, zum Beispiel, die Schuldenlast vollständig von den Arbeitnehmern getragen werden muss, dann können die Nachsteuerlöhne sinken, je mehr Arbeitskräfte abwandern. Dann gibt es eine »Randlösung«, bei der alle das Land verlassen haben. Alternativ kann es ein ineffizientes Gleichgewicht geben, bei dem die Anzahl der Menschen, die in Irland leben, so stark zurückgegangen ist, dass der Nachsteuerlohn der gleiche ist wie zum Beispiel in Großbritannien. Ganz allgemein hat diese Literatur gezeigt, dass freie Migration in ein Land hinein und aus einem Land heraus nicht zu einer effizienten Allokation von Arbeit führt. Dies zeigt einmal mehr, dass diejenigen, die sich auf Standardlehrbücher der Volkswirtschaftslehre stützen, leicht irregeführt werden können.

25 Es ist eine empirische Frage, ob diese »Vorteile« der Migration die oben erwähnten langfristigen negativen Folgen überwiegen.

26 Wenn ein Teil der Steuerlast dem Faktor Kapital auferlegt wird, kommt es aus dem gleichen Grund zu einer Kapitalabwanderung aus dem Land.

27 Wie ich später verdeutliche, gibt es alternative institutionelle Ordnungsrahmen, um das weitgehend gleiche Ergebnis zu erreichen. Und das institutionelle Design erfordert einen sorgfältigen Feinschliff, um sicherzustellen, dass es nicht zur Überschuldung von Ländern kommt oder dass die aufgenommenen Eurobonds-Gelder für produktivitätssteigernde Investitionen verwendet werden.

28 Erinnern wir uns aus dem letzten Kapitel, dass das Defizit nicht größer als 3 Prozent des BIP sein darf.

29 Vgl. J. E. Stiglitz, »Economic Organization, Information, and Development«, *Handbook of Development Economics*, hg. von Hollis B. Chenery und Thirukodikaval N. Srinivasan, Amsterdam 1988, S. 93–160, und Robert J. Lucas, »On the Mechanics of Economic Development«, *Journal of Monetary Economics* 22, Nr. 1 (1988), S. 3–42.

30 CAF (Corporacion Andina de Fomento), die lateinamerikanische Entwicklungsbank, ist ein Beispiel.

31 Bei der entsprechenden Investitionsplanung besteht ein Problem darin, dass sie dazu führen kann, dass bestimmten Arten von Investitionen (zum Beispiel in die Infrastruktur) der Vorzug vor anderen Investitionen gegeben wird (etwa in die Gesundheit junger Menschen, die normalerweise nicht als »Investition« behandelt wird).

32 Vgl. etwa J. E. Stiglitz, »Leaders and Followers: Perspectives on the Nordic Model and the Economics of Information«, *Journal of Public Economics* 127 (2015), S. 3–16.

33 Vgl. Weltbank, *The East Asian Miracle*, New York 1993, und *World Development Report 1988–89: Knowledge for Development*, New York 1998.

34 Vgl. J. E. Stiglitz und Bruce C. Greenwald, *Die innovative Gesellschaft*, Berlin 2015.

35 Selbst die Weltbank hat ihre Meinung zur Industriepolitik geändert; und trotzdem ist eine ablehnende Haltung zur Industriepolitik in dem wirtschaftlichen Ordnungsrahmen der Eurozone verankert. Vgl. *The Industrial Policy Revolution I: The Role of Government Beyond Ideology*, hg. von J. E. Stiglitz und Justin Yifu Lin, Houndmills, GB und New York 2013, und *The Industrial Policy Revolution II: Africa in the 21st Century*, hg. von J. E. Stiglitz, Justin Yifu Lin und Ebrahim Patel, Houndmills, GB und New York 2013. Für eine allgemeine theoretische Diskussion vgl. Stiglitz und Greenwald, *Die innovative Gesellschaft* (Anm. 34).

36 Ebenso geben Handelsabkommen oftmals vor, für faire Wettbewerbsbedingungen sorgen zu wollen. Bei näherer Betrachtung werfen diese Abkommen Fragen auf. Während Industriesubventionen, die den Nachzüglern helfen könnten, beschränkt werden, sind massive Agrarsubventionen erlaubt, weil eine mächtige Lobbygruppe in Europa und Amerika erfolgreich ihre Interessen durchgesetzt hat.

37 Der sogenannte Europäische Stabilitätsmechanismus. Länder, die diese Mittel in Anspruch nehmen wollen, müssen den Fiskalpakt (den wir später diskutieren) unterzeichnet haben und sich mit einem »Programm« einverstanden erklären. In späteren Kapiteln legen wir dar, dass die Programme bislang kontraproduktiv waren.

38 Erhöhungen der Staatsausgaben, um die Kosten der gestiegenen Arbeitslosigkeit abzudecken, und infolge einer konjunkturellen Abkühlung sinkende Staatseinnahmen (beispielsweise aufgrund progressiver Steuern) werden *automatische Stabilisatoren* genannt. Sie verhindern, dass sich Abschwünge verschlimmern. Automatische Stabilisatoren, die nach dem Zweiten Weltkrieg unter dem Einfluss der keynesianischen Analyse zu »eingebauten« Steuerungsmechanismen der Wirtschaft wurden, sind eine Ursache dafür, dass Volkswirtschaften heute viel stabiler sind, als sie es etwa noch vor dem Ersten Weltkrieg waren.

39 Eine unsachgemäße Bankenregulierung und schlecht durchgesetzte Regulierung wirken ebenfalls oft als automatische Destabilisatoren: Mit zunehmender konjunktureller Abschwächung steigen die Verluste der Banken, und eine starre Bankenaufsicht, die ihre Ermessensspielräume nicht nachsichtig nutzt, wird die Banken zwingen, die Kreditvergabe zurückzuführen, und dies verstärkt den Abschwung *automatisch*. In diesem Kapitel diskutierten wir bereits Vorschläge für eine straffere, einheitliche Regulierung innerhalb der gesamten Eurozone, in der eine zurückhaltende Regulierungspraxis kaum noch möglich wäre. Die Sorge ist, dass die Eurozone damit einen starken automatischen Destabilisator schaffen wird.

40 Später gelangte man bei der EU zu der Auffassung, dass diese Länder teilweise EU-Recht umgangen hatten.

41 Vgl. OECD, »Crisis Squeezes Income and Puts Pressure on Inequality and Poverty«, Berichterstattung vom Mai 2013, abrufbar unter http://www.oecd.org/els/soc/OECD2013-Inequality-and-Poverty-8p.pdf. Vgl. auch die OECD-Berichtsreihe über Ungleichheit, einschließlich »In It Together«.

6 Geldpolitik und die Europäische Zentralbank

1 In seiner Rede am 26. Juli 2012 in London: »Innerhalb unseres Mandats ist die EZB bereit, alles Notwendige zu tun, um den Euro zu erhalten. Und glauben Sie mir, es wird ausreichen.«

2 Zwar ist sie befugt, allgemeine Ziele zu verfolgen: »die allgemeine Wirtschaftspolitik in der Union zu unterstützen, um zur Verwirklichung der Ziele der Union beizutragen«, aber das sind nachrangige Ziele. Vgl. »On the Statute of the European System of Central Banks and of the European Central Bank«, *Official Journal of the European Union*, 9. Mai 2008.

3 Deutschlands obsessive Inflationsängste spielten dabei die zentrale Rolle. Wie bereits erwähnt, haben die Deutschen die Geschichte umgeschrieben und sich eingeredet, die Inflation, nicht die hohe Arbeitslosigkeit habe Hitler und den Nationalsozialismus an die Macht gebracht. Aber mögen Glaubenssysteme auch völlig losgelöst von der Wirklichkeit sein, werden sie, sobald sie fest verankert sind, doch Teil dieser Wirklichkeit, mit der

man klarkommen muss. Weil Deutschland zur tonangebenden Macht innerhalb der Eurozone wurde, sorgte es dafür, dass seine Überzeugung, die Inflation sei das zentrale Problem, in der »Verfassung« der EZB verankert wurde.

4 »Protokoll über die Satzung des Europäischen Systems der Zentralbanken und der Europäischen Zentralbank«.

5 Aus Artikel 127 des Vertrags über die Arbeitsweise der Europäischen Union.

6 Der Goldstandard der jüngeren Vergangenheit unterscheidet sich selbstverständlich von dem in früheren Jahrhunderten, vor der allgemeinen Einführung von Papiergeld. Um die Zeit der europäischen Entdeckung der Neuen Welt herum waren echte Goldmünzen (sowie Münzen aus anderen Edelmetallen) in Europa in Umlauf. Sie waren das Tauschmittel. Später wurden unhandliche Münzen durch Banknoten aus Tuch oder Papier ersetzt, die durch entsprechende Goldmengen gedeckt wurden. Aber für unsere Zwecke in dieser Diskussion war der Effekt ganz ähnlich: Der Wert des Geldes hing von Schwankungen des Goldwerts ab, nicht von politische Entscheidungen, die die Regierung beeinflussen konnte.

7 Das Gesetz richtete auch den Wirtschaftswissenschaftlichen Beirat des Präsidenten ein, der die Regierung beraten soll, wie sie diese Ziele erreichen kann. Ich war unter Präsident Clinton Vorsitzender dieses Gremiums.

8 Vgl. Charles P. Kindleberger, *Manien, Paniken, Crashs. Die Geschichte der Finanzkrisen dieser Welt*, Kulmbach 2001.

9 Ein von Alan Greenspan in seiner berühmten Rede verwendeter Begriff, die er am 5. Dezember 1996 beim American Enterprise Institute in Washington hielt und die den Titel trug »Herausforderungen für die Zentralbankpolitik in einer demokratischen Gesellschaft«. Ich war anwesend, als er die Rede hielt, und mich interessierte, wie das Publikum und die Medien darauf reagieren würden. Sie lasen die Rede, weil sie wissen wollten, ob man ihr irgendwelche Hinweise auf die Geldpolitik der nächsten Zeit entnehmen könnte (und wie mir Greenspan sagte, war er sich bewusst, dass sie danach suchen würden). Die weitreichenden Folgen, die sich daraus für die Gestaltung der Geldpolitik ergaben, wurden weitgehend ignoriert – einschließlich seines Arguments, dass die Währungsbehörden ihre Politik nicht auf eine Vermögenspreisinflation ausrichten sollten. Seine Ausführungen bezogen sich teilweise auf die Blase, die sich nach Einschätzung vieler am japanischen Aktienmarkt gebildet hatte, und führten in kürzester Zeit zu einem Kurseinbruch von 3 Prozent an der Tokioter Börse und ähnlichen Verlusten weltweit. Der Ausdruck »irrationaler Überschwang« hat mittlerweile Einzug in den allgemeinen Wortschatz gehalten, und obgleich er allgemein Greenspan zugeschrieben wird, hat dieser ihn möglicherweise bei einem persönlichen Gespräch von dem Nobelpreisträger Robert Shiller übernommen. Vgl. den Blogeintrag unter http://ritholtz.com/2013/01/did-greenspan-steal-the-phrase-irrational-exuberance. Vgl. auch die ausführlichere Diskussion in meinem Buch *Die Roaring Nineties: Der entzauberte Boom*, Berlin 2004.

10 Die Vergütung orientierte sich in der Regel nicht an langfristigen Ergebnissen. Besonders schädlich waren Aktienoptionen, die Manager dazu ermunterten, die Erträge kurzfristig zu maximieren und die Aktienkurse möglichst schnell in die Höhe zu treiben, ohne auf die langfristigen Konsequenzen zu achten. Vgl. *Die Roaring Nineties* (Anm. 9) und J. E. Stiglitz u. a., *Rewriting the Rules of the American Economy*, New York 2015.

11 Es gibt keine allgemeine Theorie, die besagt, die optimale Reaktion auf den höheren Ölpreis sei die Senkung der Nachfrage nach allen nicht-handelbaren Gütern, damit sich ein bestimmter Index, der gewichtete Durchschnittspreis, nicht verändere.

12 Tatsächlich hat die EZB, die ein Anziehen der Inflation befürchtete, die Leitzinsen 2011 zweimal erhöht.

13 Vgl. Kapitel 4 für eine Diskussion der kompetitiven Abwertung.

14 Vgl. Milton Friedman und Anna J. Schwartz, *A Monetary History of the United States, 1867–1960*, Princeton, NJ 1963.

15 Die Rate selbst wurde mechanisch festgelegt – sie entsprach der Wachstumsrate der *Real*wirtschaft.

16 Japan begann seine Quantitative Lockerung 2011 in größerem Stil; seither kaufte die Zentralbank Anleihen im Wert von Hunderten von Milliarden Dollar auf. Die Fed begann 2008 mit ihrem QL-Programm, das noch größer war (wenn auch nicht im Verhältnis zu Größe der Wirtschaft): Im Lauf der Zeit wurden Anleihen im Wert von mehreren Billionen Dollar aufgekauft. Das etwas kleinere Programm der Bank of England lief von 2009 bis 2012. Die der QL zugrunde liegende Theorie wird ausführlicher am Ende dieses Kapitels diskutiert.

17 Dies setzt allerdings voraus, dass die inländischen Banken auch *in der Lage sind*, Kredite zu vergeben. Im letzten Kapitel wiesen wir darauf hin, dass die Eurozone, so wie sie konstruiert wurde, die Kapitalflucht aus den Banken schwacher Länder erleichterte und so deren Fähigkeit zur Kreditvergabe untergrub. In der Praxis besteht ein Risiko, dass die Wettbewerbsbedingungen noch stärker verzerrt werden: Wird die Kreditvergabe an schwache Länder als riskanter eingestuft, würde dies selbst stärkere Banken in stärkeren Ländern davon abhalten, grenzüberschreitende Kredite an schwächere Länder zu vergeben. Für eine Diskussion der allgemeinen Prinzipien, die dabei eine Rolle spielen, vgl. J. E. Stiglitz und Bruce C. Greenwald, *Towards a New Paradigm in Monetary Economics*, Cambridge 2003.

18 Die Vorschriften des noch ambitionierteren US-amerikanischen Community Reinvestment Act haben Banken mit Erfolg dazu bewogen, unterversorgten Gemeinden mehr Kredite zur Verfügung zu stellen.

19 Verteidiger dieser Politik behaupten, die staatlichen Finanzhilfen seien zurückgezahlt worden. Aber das ist nicht der springende Punkt: der Zins auf die staatlichen Kredite an die Banken lag unter dem Marktzins, und das war an sich schon ein großes Geschenk. Zentralbanken haben (manchmal gemeinsam mit der Regierung, manchmal scheinbar unabhängig) den Banken mit versteckten Subventionen unter die Arme gegriffen. Sie haben so die sogenannten systemrelevanten Banken (die zu groß um zusammen-

zubrechen, zu hoch korreliert um zusammenzubrechen, zu verflochten um zusammenzubrechen sind) stabilisiert; tatsächlich haben Regierungen auf beiden Seiten des Atlantiks Fusionen gefördert und so das Problem verschärft. Die niedrigeren Zinsen, die solche Banken bekommen können, wirken wie eine verdeckte Subvention. Die Quantitative Lockerung war zum Teil eine verdeckte Rekapitalisierung der Banken, ähnlich wie die von der Regierung Clinton nach dem Bausparkassendebakel betriebene Politik. Der Wert langfristiger Anleihen stieg, und Banken, die diese hielten, profitierten von einer erheblichen Vermögensübertragung. Im Fall der Bausparkassenkrise in den USA waren Banken ermuntert worden, die Anleihen gemäß Bilanzierungsvorschriften der Regulierungsbehörden zu verbuchen, die diese Anleihen als risikolos einstuften, obwohl es offensichtlich war, dass ihre Kurse erheblichen Schwankungen unterlagen, und in den Erträgen, die sie erzielten, spiegelte sich diese Volatilität wider (vgl. *Die Roaring Nineties* [Anm. 9]). Im Anschluss an die Krise von 2008 nahmen diese verdeckten Rekapitalisierungen (die manchmal auch heimliche Rekapitalisierungen genannt werden) noch größere Ausmaße an, und Marktanalysten begannen darüber zu sprechen. So schätzte etwa Meredith Whitney in einem Gespräch mit Jonathan Weil von *Bloomberg*, dass »100 Milliarden Dollar Kapital im Zuge dessen, was sie das ›Große Kommissionsgeschäft‹ der Federal Reserve nennt, wiederaufgefüllt worden sind« (zitiert nach Edward Harrison, »Q1 Bank Earnings Due to Marking Up Assets, Not Fundamentals – Meredith Whitney«, *Seeking Alpha*, 6. Mai 2010, abrufbar unter http://seekingalpha.com/article/203263-q1-bank-earnings-due-to-marking-up-assets-notfundamentals-meredith-whitney). In der Eurozone schuf die in Kapitel 7 beschriebene »Bootstrap«-Operation, das wechselseitige Sich-aus-der-Klemme-Helfen von Staat und Banken die Voraussetzungen für eine ähnliche verdeckte Rekapitalisierung. Das Programm zur langfristigen Refinanzierungsoperation LTRO, das Ende 2011 begann, stellte Banken Gelder zu niedrigen Zinsen bereit. Viele kauften mit diesen Mitteln langfristige Staatsanleihen. Neun Monate später erlaubte das OMT-Programm (geldpolitische Outright-Geschäfte) Ankäufe von Staatsanleihen vom Markt. Obwohl das Programm bislang nicht in Anspruch genommen wurde, genügte das scheinbare Vertrauen, das es einflößte, um die Anleihekurse nach oben zu treiben und so die Banken zu rekapitalisieren. Das QL-Programm setzte die Rekapitalisierungen fort, die der Wirtschaftswissenschaftler Markus K. Brunnermaier von der Universität Princeton und seine Koautoren heimliche Rekapitalisierungen genannt haben (vgl. seinen Vortrag auf der G7-Konferenz in Frankfurt, 27. März 2015, abrufbar unter https://scholar.princeton.edu/sites/default/files/markus/files/diabolicloop_sovereignbankingrisk.pdf).

20 In den *Global Risk*-Berichten des Weltwirtschaftsforums 2012 und 2013 stand »hohe Einkommensungleichheit« an erster Stelle.

21 Vgl. Jonathan D. Ostry, Andrew Berg und Charalambos G. Tsangarides, »Redistribution, Inequality, and Growth«, *IMF Staff Discussion Note*, SDN/14/02, 2014, abrufbar unter https://www.imf.org/external/pubs/ft/sdn/2014/

sdn1402.pdf, und Federico Cingano, »Trends in Income Inequality and its Impact on Economic Growth«, OECD Social, Employment and Migration Working Papers Nr. 163, 2014, abrufbar unter http://www.oecd.org/els/soc/trends-in-income-inequality-and-its-impact-on-economic-growth-SEM-WP163.pdf.

22 In Ländern mit großen ethnischen und rassischen Ungleichheiten (wie den USA und Frankreich) können zu dieser Zunahme der Ungleichheit weitere Dimensionen hinzukommen. Bei einem Konjunktureinbruch werden Arbeitskräfte, die Minderheiten angehören, tendenziell als Erste entlassen. Bei Hochkonjunktur (wie etwa Ende der Neunzigerjahre in den USA) verringern sich diese Unterschiede deutlich.

23 *El Dilema*, Barcelona 2013. Übersetzung von http://openeuropeblog.blogspot.de/2013/11/whats-best-place-to-publish-ecb-letter.html.

24 Die Forderungen waren erstaunlich konkret und weitreichend. So lautete eine Forderung, die Bindung der Löhne an die Preise abzuschaffen. Diese ist wichtig, um Arbeitnehmer vor Inflation zu schützen, war aber im Moment irrelevant, weil die Preise allenfalls fielen. (»Wir sind überaus besorgt wegen der Tatsache, dass die Regierung keinerlei Maßnahmen ergriffen hat, um Inflationsindexierungsklauseln abzuschaffen. Solche Klauseln sind kein geeignetes Element für die Arbeitsmärkte in einer Währungsunion, da sie ein strukturelles Hindernis für die Anpassung der Arbeitskosten darstellen.«) Es gab eine weitere Forderung, den Kündigungsschutz jedenfalls vorübergehend praktisch abzuschaffen. (»Wir sehen gewichtige Vorteile in der Einführung eines neuen Sonderarbeitsvertrags, der für einen begrenzten Zeitraum angewandt wird und der nur eine sehr geringe Abfindung bei einer Entlassung vorsieht.«) Es gab einen »Vorschlag«, die Regierung möge doch über Möglichkeiten nachdenken, Lohnerhöhungen zu erschweren (beschrieben als »außerordentliche Maßnahmen zur Förderung der Lohnzurückhaltung im privaten Sektor«). Natürlich konzentrierte sie sich auch auf die Finanzpolitik, aber hier war sie sehr viel strenger als die offiziellen Regeln der Eurozone (»Die Regierung sollte klar und deutlich, durch Taten, ihren unbedingten Willen zur Erreichung ihrer finanzpolitischen Ziele, *unabhängig von der wirtschaftlichen Situation*, unter Beweis stellen« [Hervorhebung durch den Autor]).
Und die EZB zögerte nicht, sich in eine Angelegenheit einzumischen, die in Spanien äußerst heikel ist, nämlich die Finanzbeziehungen zwischen der Zentralregierung und den Regionen – die Zentralregierung müsse »die Kontrolle über regionale und kommunale Haushalte sicherstellen (einschließlich der Erlaubnis für die Emission von Schuldtiteln durch die Regionalregierungen).«

25 Interessanterweise stehen diese und ähnliche Arbeitsmarktreformen noch immer im Zentrum politischer Auseinandersetzungen in Spanien.

26 Wie bereits erwähnt, muss die Zentralbank in den meisten Fällen deshalb als letztinstanzlicher Kreditgeber fungieren – Liquidität bereitstellen, wenn andere nicht (mehr) bereit sind, dies zu tun, oder jedenfalls nicht bereit sind, dies zu einem »zumutbaren« Zinssatz zu tun –, weil der Markt zu der

Einschätzung gelangt ist, dass Kredite mit hoher Wahrscheinlichkeit nicht zurückgezahlt werden, weil das Institut womöglich insolvent ist. Obwohl Zentralbanken nur an *solvente, aber illiquide* Institute Kredite vergeben sollen, stellen sie sich dadurch mit ihrem Urteil gegen das des Marktes.

27 In den USA flossen die Hunderte von Milliarden Dollar an Rettungsgeldern fast ausnahmslos den Banken, deren Anleihegläubigern und Aktionären zu. Nur ein geringfügiger Betrag ging an notleidende Immobilienbesitzer, obwohl die Krise als eine Immobilienkrise begonnen hatte. Die Regierung und die Fed glaubten, der Wohlstand würde schon von oben nach unten »durchsickern«: Man überhäufe die Banken mit Geld, und die ganze Wirtschaft wird davon profitieren. Es wäre viel besser für die Wirtschaft gewesen, wenn sie stattdessen aufs »Hochsickern« gesetzt hätten: Man helfe den Eigenheimbesitzern, und alle werden profitieren.

28 Tatsächlich hatte die Troika gedroht, Irland pleitegehen zu lassen, sollte die Regierung versuchen, die Anleiheinhaber an den Kosten der Bankenrestrukturierung zu beteiligen. Die Drohungen wurden geheim gehalten und erst später vom Präsidenten der Zentralbank, Patrick Honohan, öffentlich gemacht. Vgl. Brendan Keenan, »Revealed — the Troika Threats to Bankrupt Ireland«, *The Independent*, 28. September 2014.

29 Wie im Fall der Vereinigten Staaten war es notwendig und wünschenswert, die Einleger zu retten, nicht aber die Banker, die Anleiheinhaber und Aktionäre. Für eine umfassendere Diskussion vgl. mein Buch *Im freien Fall*, München 2010.

30 Die Governance-Probleme werden zusätzlich dadurch verschärft, dass Banker zu Verschwiegenheit und Intransparenz neigen. (Wir haben bereits zwei Beispiele gesehen: der vertrauliche Brief an Zapatero und die geheime Forderung der EZB, Irland solle seine Banken retten.) Banker neigen gewissermaßen von Natur aus zur Heimlichtuerei. Sie wissen, dass Wissen nicht nur eng mit Macht verbunden ist, sondern auch – und mehr noch – mit Profit: Informationsunterschiede sind die Quelle ökonomischer Renten. Obwohl Zentralbanken öffentliche Institutionen sind, hat die Kultur der *Privat*banken oftmals auf ihre Kultur abgefärbt.

31 Zitiert in William Greiders *Secrets of the Temple*, New York 1987, S. 473.

32 Allerdings repräsentieren sie normalerweise nicht die Interessen aller Finanzmarktakteure; so setzen sie sich normalerweise viel stärker für die Anliegen der Banken als für die Belange von Hedgefonds oder Wagniskapitalgesellschaften ein.

33 Es gibt allerdings noch andere Quellen von Expertise (die Hochschulen), und der Sachverstand, der für einen Leitungsverantwortlichen in einer Zentralbank entscheidend ist – das Verständnis der Makroökonomik und des Verhaltens des Finanzsektors als eines *Systems* –, unterscheidet sich deutlich von der Qualifikation des typischen Finanzmarktteilnehmers. (Draghi, der am MIT in Volkswirtschaftslehre promoviert hat, ist eine Ausnahme, da er praktische Erfahrungen mit der geeigneten akademischen Ausbildung verbindet – insofern ist er ein Vorbild für andere Zentralbanker.) Einige Zentralbanken verbieten Finanzmarktakteuren den Dienst in ihren Lei-

tungsgremien, weil sie die Interessenkonflikte und die Gefahren einer »kognitiven Vereinnahmung« erkennen.

34 In den USA und in vielen anderen Ländern enthüllten die massiven Rettungspakete, die die Banken geradezu von der Regierung verlangten, dass es bei den Kämpfen, die sie ausgefochten hatten, damit ihnen der Staat frei Hand ließ, nicht um Prinzipien, sondern um Geld ging. Sie verlangten auch, dass die Regierung die normalen Regeln des Kapitalismus außer Kraft setzt, nach denen Aktionäre und Anleihegläubiger die Verluste eines Unternehmens tragen müssen.

35 In den Vereinigten Staaten hat sich zumindest Alan Greenspan, der Präsident der Fed im Vorfeld der Krise, zu seiner Mitverantwortung bekannt, als er zugab, dass seine Überlegungen, sein Glaube an Selbstregulierung, falsch gewesen seien. »Ich habe einen Fehler gefunden«, sagte er bei einer Kongressanhörung im Oktober 2008. »Ich weiß nicht, wie bedeutend er ist oder ob er dauerhafte Folgen hat. Aber diese Tatsache hat mich ziemlich erschüttert« (vgl. »The Financial Crisis and the Role of Federal Regulators: Hearing before the Committee on Government and Oversight Reform«, 23. Oktober 2008, abrufbar unter https://www.gpo.gov/fdsys/pkg/CHRG-110hhrg55764/pdf/CHRG-110hhrg55764.pdf). Aber die gravierenden Fehlanreize der Banken und Banker, *von denen er hätte Kenntnis haben müssen*, erwähnte er auch da noch mit keinem Wort. Interessanterweise hat Ben Bernanke, der am 1. Februar 2006 die Leitung der Fed übernahm, sich nie in ähnlicher Weise zu einer Mitverantwortung bekannt, obwohl die schlimmsten Fehlentwicklungen im Bankensystem nach seinem Amtsantritt stattfanden. In ähnlicher Weise haben auch diejenigen, die für das europäische Bankensystem verantwortlich sind, nie irgendwelche Fehler eingeräumt.

36 Normalerweise hat der Markt allerdings erkannt, dass die alten Anleihen nie zurückgezahlt werden, sodass der Marktpreis dieser Anleihen deutlich unter ihrem Nennwert liegt. Der Marktpreis der neuen Anleihen liegt oftmals nah am Marktpreis der alten Anleihen.

37 Wenn die Banken etwa in Deutschland ein Problem hatten, wäre es selbst dann für die deutsche Regierung ein Leichtes gewesen, sie zu retten – eine vergleichsweise geringe Belastung für ein sehr reiches Land, gegenüber der vergleichsweise enormen Belastung, die einem kleinen und relativ armen Land auferlegt wurde. Einmal mehr spiegelten sich in der Politik der EZB die Machtverhältnisse innerhalb Europas wider.

38 Dagegen verlangte der IWF in der Asienkrise, dass die indonesische Regierung ihre Banken nicht rettete und auch die Einlagen nicht garantierte.

39 Vgl. Sebastian Gechert, Katja Rietzler und Silke Tober, »The European Commission's New NAIRU: Does It Deliver?«, Institut für Makroökonomie und Konjunkturforschung (Macroeconomic Policy Institute), Januar 2015, abrufbar unter https://ideas.repec.org/p/imk/wpaper/142-2014.html. Für eine umfassende Diskussion dieser Frage vgl. Kapitel 9, Anmerkung 9.

40 Vgl. J. E. Stiglitz u. a., *Rewriting the Rules of the American Economy* (Anm. 10).

41 In der Vergangenheit mögen einige Regierungen versucht haben, die Wirtschaft vor Wahlen mit geldpolitischen Maßnahmen zu manipulieren. Aber dabei gibt es lange und unvorhersehbare Wirkungsverzögerungen, die die Geldpolitik nicht zu einem besonders guten Werkzeug für diese Zwecke machen. Die Fiskalpolitik ist wirkungsvoller. Manche behaupteten, in der Vergangenheit hätten einige Zentralbanken, die nicht unabhängig waren, eine solche Manipulation versucht. Selbst wenn dies der Fall wäre, ist die Therapie – Zentralbanken derart unabhängig zu machen, dass sie mühelos vom Finanzsektor vereinnahmt werden können – schlimmer als die Krankheit. Tatsächlich gibt es ein breites Spektrum institutioneller Gestaltungsmöglichkeiten, die von vollständiger Unabhängigkeit bis zu völliger Weisungsabhängigkeit von der Regierung reichen. Der Rechtsrahmen der EZB geht zu weit in Richtung Unabhängigkeit.

42 Die Blütezeit des Monetarismus in den Zentralbanken waren die Achtziger- und Neunzigerjahre; die direkte Inflationssteuerung wurde erstmals 1984 von Neuseeland eingeführt und breitete sich anschließend weltweit aus. Nach der Finanzkrise im Jahr 2008 überarbeiteten die meisten Zentralbanken ihre geldpolitischen Leitlinien, um flexibler agieren zu können. Sie erweiterten ihre Mandate (etwa um das Ziel der Finanzstabilität) und betrachteten die Inflation jetzt nuancierter – die Maßnahmen, die sie ergriffen, hingen jetzt von der Ursache der Inflation ab. Vgl. Luis Jacome und Tommaso Mancini-Griffoli, »A Broader Mandate«, *Finance and Development* 51, Nr. 2 (2014), S. 47–50.

43 Weil die Regierung und die Fed so wenig getan hatten, um die grundlegenden Probleme im Immobilien- und Hypothekenmarkt zu lösen, blieben zudem die Immobilienpreise niedrig; Immobilien waren jedoch eine wichtige Sicherheit für Kredite an mittelständische Unternehmen, und auch deshalb hatten sie Schwierigkeiten, an Kredite zu kommen.

44 Vgl. Milton Friedman, »The Role of Monetary Policy«, *American Economic Review* 58, Nr. 1 (1968), S. 1–17, Milton Friedman, »Inflation and Unemployment«, *Journal of Political Economy* 85, Nr. 3 (1977), S. 451–472, Edmund S. Phelps, »Money-Wage Dynamics and Labor-Market Equilibrium«, *Journal of Political Economy* 76, Nr. 4 Teil 2 (1968), S. 678–711.

45 Vgl. zum Beispiel Roger E. A. Farmer, »The Natural Rate Hypothesis: An Idea Past Its Sell-By Date«, NBER Working Paper Nr. 19267, 2013, abrufbar unter http://www.bankofengland.co.uk/publications/Documents/quarterlybulletin/2013/qb130306.pdf.

TEIL III POLITISCHE FEHLER

7 Wie die Troika-Politik …

1 Vgl. etwa Suzanne Daly, »Hunger on the Rise in Spain«, *New York Times*, 25. September 2012.

2 Europäische Kommission, Generaldirektion Wirtschaft und Finanzen, »The Economic Adjustment Programme for Ireland«, Februar 2011, abrufbar unter http://ec.europa.eu/economy_finance/publications/occasional_paper/2011/pdf/ocp76_en.pdf.

3 Vgl. IWF, »Letter of Intent of the Government of Portugal«, 17. Mai 2011, abrufbar unter http://ec.europa.eu/economy_finance/publications/occasional_paper/2014/pdf/ocp202_en.pdf, S. 71. Die Arbeitslosigkeit erreichte 2012 mit 13 Prozent ihren Höchststand, ehe sie zurückging.

4 Vgl. Europäische Kommission, »The Economic Adjustment Programme for Portugal 2011–2014«, Oktober 2014, abrufbar unter https://www.imf.org/external/np/loi/2011/prt/051711.pdf.

5 Vgl. Ricardo Reis, »Looking for a Success: The Euro Crisis Adjustment Programs«, Brookings Papers on Economic Activity, BPEA Conference Draft, 10. bis 11. September 2015, abrufbar unter http://www.brookings.edu/~/media/projects/bpea/fall-2015_embargoed/conferencedraft_reis_eurocrisis.pdf. Vgl. auch http://ec.europa.eu/economy_finance/publications/occasional_paper/2014/pdf/ocp202_en.pdf.

6 Das Sparprogramm bestand aus den Sparauflagen der Troika und aus den Einsparungen, die die konservative Regierung von sich aus beschloss, um sich der vorherrschenden Ideologie anzupassen.

7 Der deutsche Sachverständigenrat zur Begutachtung der gesamtwirtschaftlichen Entwicklung schrieb am 28. Juli 2015 in einer Pressemitteilung zu einem längeren Bericht: »Die wirtschaftliche Kehrtwende in Irland, Portugal, Spanien und – bis Ende letzten Jahres – auch Griechenlands zeig[e], dass der Grundsatz ›Kredite gegen Reformen‹ zum Erfolg führen« könne. Für das Gelingen des neuen Hilfsprogramms für Griechenland brauche es »eine stärkere Bereitschaft für tiefe strukturelle Reformen«. Dazu solle die von den europäischen Partnern angebotene technische Expertise genutzt werden. Vgl. Sachverständigenrat zur Begutachtung der gesamtwirtschaftlichen Entwicklung, »Sachverständigenrat diskutiert Reformen für einen stabileren Euro-Raum und regt ein staatliches Insolvenzverfahren an«, 28. Juli 2015, abrufbar unter http://www.sachverstaendigenrat-wirtschaft.de/fileadmin/dateiablage/download/pressemitteilungen/svr_pressemitteilung_07_15.pdf und Sachverständigenrat, »Executive Summary«, Juli 2015, abrufbar unter http://www.sachverstaendigenrat-wirtschaft.de/fileadmin/dateiablage/download/sondergutachten/sg2015.pdf.
Kapitel 3 hat einige Gründe dafür dargelegt, warum diese Auffassung nicht zu überzeugen vermag. Für weitere Kritiker vgl. Suzanne Daley, »For Many in Spain, a Heralded Economic Recovery Feels Like a Bust«, *New York Times*, 10. August 2015, abrufbar unter http://www.nytimes.com/2015/08/11/world/europe/for-many-in-spain-a-heralded-economic-recovery-feels-like-a-bust.html, und Zero Hedge, »Sorry Troika, Spain's Economic Recovery Is ›One Big Lie‹«, 12. August 2015, abrufbar unter http://www.zerohedge.com/news/2015-08-12/sorry-troika-spains-economic-recovery-one-big-lie.

8 Das Verbot galt für die Zwangsversteigerung von Immobilien mit Hypothekendarlehensschulden von höchstens 200 000 Euro.

9 Dieses Drama ereignete sich auch in weiten Teilen der USA, denn leerstehende Häuser verfallen sehr schnell. Die Banken können sie nur zu einem sehr niedrigen Preis weiterverkaufen. Gemeinden, aber auch Familien werden zerstört. Es kommt zu einem Teufelskreis, weil Häuser, die nicht gut

instand gehalten werden, den Wert der umliegenden Häuser drücken, sodass es zu noch mehr Hypothekenausfällen (und Zwangsversteigerungen) kommt.

10 Vgl. Kerin Hope, »Athens Backs Reforms to Unlock Bail-out Funds«, *Financial Times*, 19. November 2015.

11 Im Jahr 2007 musste Griechenland nur 0,3 Prozent mehr an Zinsen zahlen als Deutschland. Im Jahr 2010 war dieser Aufschlag auf 6,4 Prozent gestiegen. Quelle: OECD-Daten zu langfristigen Zinssätzen (Zinsen auf Staatsanleihen mit 10-jähriger Laufzeit).

12 Zwei Jahre nach dem Beginn des Programms erwarteten sie, dass sich die Wirtschaft bereits wieder kräftig erholen würde. Tatsächlich aber dauerte der Abschwung an. Die Troika konnte die Daten nicht ignorieren. Aber statt das Programm oder vielleicht sogar ihr Modell zu hinterfragen, verwendeten sie das gleiche Modell und prognostizierten jetzt eine rasche Erholung von einer niedrigeren Basis aus. Aber auch das geschah nicht. Und das Gleiche taten sie immer wieder, und bei allen Krisenländern verfuhren sie so – etwa bei Spanien oder Portugal.

13 Projektionen aus dem World Economic Outlook (WEO) des IWF, September 2011, abrufbar unter https://www.imf.org/external/pubs/ft/weo/2011/02/pdf/text.pdf.

14 Papandreou wurde 2009 Ministerpräsident. Er schied im Jahr 2011 aus dem Amt, nachdem er ein Referendum über das Rettungspaket angekündigt hatte – eine Ankündigung, die seine Kollegen in der Eurozone beinahe entsetzt aufnahmen. Sein Vater Andreas Papandreou war von 1981 bis 1989 und von 1993 bis 1996 Premierminister gewesen und maßgeblich an der Gründung der Mitte-links-Partei PASOK beteiligt. Sein Großvater, Georgios Papandreou, war von 1944 bis 1945, 1963 und von 1964 bis 1965 Ministerpräsident. Er wurde bei einem Militärputsch im Jahr 1967 verhaftet, der nach verbreiteter Auffassung von den Vereinigten Staaten (oder zumindest der CIA) unterstützt wurde. Der Kampf gegen die grausamen deutschen Besatzer, die Griechenland Zwangskredit abpressten, die nie zurückgezahlt wurden, prägte nicht nur das Geschichtsbewusstsein der Griechen, sondern auch ihre Einstellung zu Ereignissen der jüngeren Vergangenheit.

15 Die haushaltspolitischen Tricksereien hatten schon früher begonnen, nämlich als Griechenland mit den Bedingungen für den Beitritt zur Eurozone zu kämpfen hatte. Dabei spielte Goldman Sachs eine entscheidende und sehr unrühmliche Rolle, denn die Investmentbank kreierte ein intransparentes Finanzderivat, das Griechenland half, seine wahre Haushaltslage zu verschleiern. Vgl. Louise Story, Landon Thomas Jr. und Nelson D. Schwartz, »Wall St. Helped to Mask Debt Fueling Europe's Crisis«, *New York Times*, 13. Februar 2010, und Beat Balzli, »Unsichtbare Miese – Wie die US-Bank Goldman Sachs der griechischen Regierung bei ihrer Schuldenkosmetik half«, *Der Spiegel* (6/2010), 8. Februar 2010.

16 Dennoch war es angesichts der Tatsache, dass die Fixierung auf Defizite und Staatsschulden in der Struktur der Eurozone selbst verankert war, nicht verwunderlich, dass man sich auf die Defizite fokussierte.

17 Einmal forderte sie sogar bis 2014 einen Primärüberschuss von 6 Prozent! Im Jahr 2015 verlangte sie dann bis 2018 einen Überschuss von 3,5 Prozent.

18 Als Chefvolkswirt der Weltbank erlebte ich etwas Ähnliches. Jedes Mal, wenn eine Umschuldung auf der Tagesordnung stand, waren die Vorhersagen rosig – je rosiger die Vorhersagen waren, desto weniger Schulden müssten abgeschrieben werden. Genau das wollten die Gläubiger. Besonders merkwürdig war, wie man zu diesen Vorhersagen gelangte: Sie waren ebenso sehr das Ergebnis von Verhandlungen wie der Anwendung eines Wirtschaftsmodells.

19 Wenn es nicht die richtige Art von Investition ist und wenn die Regierung nicht die richtigen politischen Rahmenbedingungen geschaffen hat, dann kann sich eine Erhöhung der Investitionen sogar negativ auf die Arbeitslosigkeit auswirken. Es gibt einen positiven Angebotseffekt, der *bei unzureichender Gesamtnachfrage in der Zukunft* zu einem Anstieg der Arbeitslosigkeit führt. Dieser Effekt ist besonders stark, wenn Investitionen Arbeitskräfte ersetzen, zum Beispiel bei Selbstbedienungskassen in Lebensmittelgeschäften und Drogerien, die ungelernte Arbeitskräfte ersetzen.

20 Andere Maßnahmen der Troika förderten die Steuerhinterziehung. Um den Spielraum für Steuerhinterziehung zu verringern, sollte man sicherstellen, dass alle Transaktionen über das Bankensystem abgewickelt werden. Bargeschäfte sind in jeder Volkswirtschaft schwer zu besteuern. Aber die Schließung von Banken in Griechenland für eine längere Zeit um das Referendum im Sommer 2015 herum und der Vorschlag in der Zypern-Krise, selbst Kleinanleger zu einem teilweisen Forderungsverzicht zu zwingen (auch wenn dieser Vorschlag nicht umgesetzt wurde), ermunterte Privatpersonen, sich nicht auf Banken zu verlassen.

21 Vgl. zum Beispiel Tariq Ali, »Diary«, *London Review of Books* 37, Nr. 15 (30. Juli 2015), S. 38f. Obwohl Hochtief – das besagte deutsche Unternehmen, das den Flughafen baute – nur 45 Prozent der Anteile am Flughafen hielt, hatte es uneingeschränkte Geschäftsführungskompetenzen. Ein griechisches Gericht entschied, dass Hochtief erhebliche Mehrwertsteuerbeträge auf die von ihm erbrachten Leistungen schulde (nach einigen Zeitungsberichten soll Hochtief die Mehrwertsteuer zwar erhoben, aber nicht abgeführt haben – es soll sich dabei um 500 Millionen Euro handeln). Weitere Außenstände, wie etwa nicht abgeführte Sozialversicherungsabgaben, könnten den geschuldeten Gesamtbetrag auf 1 Milliarde Euro erhöhen. Laut einigen Pressemeldungen sollen auch auf Leistungen im Zusammenhang mit dem Bau des Flughafens keine Mehrwertsteuern gezahlt worden sein. Der Fall ist höchst umstritten; sogar das Gerichtsurteil ist strittig. Jedenfalls entschied das Gericht gegen Hochtief. Hochtief behauptet, dass die Eigentümergesellschaft des Flughafens lediglich 167 Millionen Euro an Geldstrafen und Steuern schulde, nicht die höheren Beträge, die in den Medien kursierten, und das Gerichtsverfahren sei auch noch nicht abgeschlossen. Außerdem behauptet Hochtief offenbar, es sei erst ab dem Zeitpunkt zu Steuerzahlungen verpflichtet gewesen, ab dem es Gewinne machte. Andere wiederum sagen, es habe die Bücher frisiert, indem es die

Investitionskosten in voller Höhe im ersten Jahr abgesetzt habe, statt sich an die übliche Methode der Investitionsabschreibung über den gesamten Zeitraum zu halten – bei einer langfristigen Investition, die sich zum Beispiel über 50 Jahre erstreckt, dürften danach jährlich nur 2 Prozent der Baukosten steuerlich abgesetzt werden. Später wurde Hochtief von einem spanischen Unternehmen übernommen, und dieses Unternehmen veräußerte die Beteiligungen von Hochtief an andere Unternehmen. Es ist daher nicht klar, ob der griechische Staat jemals die Steuern erhält, die ihm nach den Gerichtsurteilen zustehen.

22 Höchstwahrscheinlich gibt es steuerrechtliche und vermutlich auch andere Rechtsstreitigkeiten zwischen der griechischen Regierung und einigen Ausländern, die sich weigern, Steuern zu zahlen; dabei hängt die Verhandlungsmacht jeder Partei davon ab, wer das Geld besitzt. Bei Steuerprozessen, bei denen es um sehr hohe Summe geht, muss der Steuerpflichtige in den USA zunächst einmal die festgesetzte Steuer zahlen; anschließend kann er dann bei einem Bundesgericht Klage auf Rückerstattung der seines Erachtens zu viel gezahlten Steuern einreichen.

23 Vgl. Kapitel 5. Falls irgendwelche Zweifel an dem Risiko, Geld auf einem griechischen Bankkonto zu haben, bestanden haben sollten, wurden sie jedenfalls spätestens dann beseitigt, als die EZB aufhörte, als Kreditgeber letzter Instanz für die griechischen Banken zu fungieren. Dies führte zur Lähmung des griechischen Bankensystems, und jeder Kontoinhaber konnte jeden Tag nur noch geringe Höchstbeträge abheben. Wie bereits erwähnt, hatte der vorgeschlagene »Bail-in« von Anlegern in Zypern einen ähnlichen Effekt.

24 In dieser Hinsicht mag es sogar keine Rolle spielen, ob diese Wahrnehmungen zutreffen oder nicht. Man vgl. zum Beispiel die Diskussion über die deutsche Betreibergesellschaft des Athener Flughafens, die Steuerschulden in Höhe von mehreren Hundert Millionen Euro haben soll, wie wir weiter oben darlegten. Wenngleich die Details strittig sind, stieß dieser Fall auf eine so breite öffentliche Resonanz, dass er im Internet schon nach kurzer Zeit als eine unanfechtbare Tatsache hingestellt wurde. Dass der Flughafen nicht gerade als einer der weltweit bestgeführten gilt (selbst innerhalb der begrenzten Region Südeuropa belegt er auf der Liste von Skytrax World Airport Awards nur den vierten Platz), verstärkte das negative Bild vielleicht noch. Das Gleiche gilt für die Forderungen der Troika, Gewinne ausländischer Kapitalgesellschaften sollten steuerfrei ins Ausland abgeführt werden durfen – eine Forderung, die nicht hinreichend begründet wurde.

25 Vgl. Henry George, *Progress and Poverty: An Inquiry into the Cause of Industrial Depressions and of Increase of Want with Increase of Wealth*, San Francisco 1879.

26 Eine Reihe von Steuern kann die Wirtschaft tatsächlich ankurbeln. Eine hohe Erbschaftssteuer kann Menschen, die aufgrund von Alter oder Krankheit nur noch kurze Zeit zu leben haben, dazu veranlassen, mehr auszugeben. Leider dürfte es die leichte Mobilität innerhalb der EU Staaten erschweren, eine Erbschaftssteuer einzuführen, die viel höher ist als

die in anderen europäischen Staaten. In ähnlicher Weise kann eine Kohlenstoffsteuer den privaten Sektor dazu veranlassen, in kohlenstoffsparende Technik zu investieren, um die alte, kohlenstoffintensive Technik zu ersetzen.

27 Die Bilanz führt die Vermögenswerte und die Verbindlichkeiten auf. Die Differenz zwischen beiden ist das Reinvermögen. Bei einer Privatisierung wird ein Vermögenswert gegen Geld verkauft. Eine Privatisierung zum üblichen Marktpreis hat *keine* Auswirkung auf die Bilanz. Es kommt lediglich zu einer Umschichtung auf der Aktivseite von den »Sachanlagen« zu den »liquiden Mitteln«. Aber wie ich nachstehend erläutere, entstand durch die Forderungen der Troika nach einer zügigen Privatisierung die Gefahr, dass bei einem Notverkauf ein unter dem üblichen (langfristigen) Marktpreis liegender Verkaufserlös erzielt würde. In diesem Fall würde sich die Bilanz verschlechtern.

28 Als Chefvolkswirt der Weltbank habe ich wiederholt die negativen Folgen schlecht durchgeführter Privatisierungen gesehen: Die Privatisierung von Telmex in Mexiko führte zu hohen Telekommunikationspreisen; solche hohen Preise stellen erhebliche Schranken für Länder dar, die ins digitale Zeitalter eintreten (vgl. Organisation für wirtschaftliche Zusammenarbeit und Entwicklung, *OECD Review of Telecommunications Policy and Regulation in Mexico*, 2011, abrufbar unter https://www.oecd.org/sti/broadband/50550219.pdf). In *Die Schatten der Globalisierung*, Berlin 2002, wies ich darauf hin, dass es bei Privatisierungen wiederholt zu diesen Problemen gekommen war. Selbst 2015 hatte die Troika diese Lektionen noch immer nicht beherzigt.

29 Es kann sogar noch schlimmer kommen, wenn der ausländische Käufer durch ein bilaterales Investitionsschutzabkommen geschützt wird, das Privatinvestoren das Recht einräumt, Staaten zu verklagen, wenn sich Änderungen der gesetzlichen Rahmenvorschriften nachteilig auf ihre Geschäftstätigkeit auswirken, auch wenn diese Änderungen aus gesundheitlichen und Arbeitsschutzgründen wünschenswert sind und in einer nicht-diskriminierenden Weise umgesetzt werden. Dies ist relevant für Privatisierungen, die Teil des Programms der Eurozone sind, weil der Bieter, der den Zuschlag bekommt, vielleicht ein ausländisches Unternehmen ist, das seinen Sitz in einem Staat hat, mit dem ein bilaterales Investitionsschutzabkommen geschlossen wurde. *Bislang* war dies allerdings bei keiner Privatisierung in der Eurozone ein Problem.

30 Vgl. Niki Kitsantonis, »14 Airports in Greece to Be Privatized in $1.3 Billion Deal«, *New York Times*, 14. Dezember 2015. Es gibt vielfältige Gelegenheiten, die mit der Kontrolle über einen Regionalflughafen verbundene Monopolmacht zu missbrauchen. Die Sorge besteht, dass Regulierungsbemühungen, die solche Missbräuche verhindern sollen, jetzt zu einem internationalen Streit führen könnten, in dem sich die deutsche Regierung (und folglich die Troika) auf die Seite des Gemeinschaftsunternehmens, an dem der Oligarch und ein deutsches Unternehmen beteiligt sind, stellen könnte.

31 Im Falle Griechenlands macht das seit Langem angespannte Verhältnis zur Türkei Kürzungen der Militärausgaben besonders schwierig, auch wenn es zu einer deutlichen Annäherung zwischen den beiden Ländern kam, als Giorgos Papandreou Außenminister war.

32 Vgl. John Henley, »›Making Us Poorer Won't Save Greece‹: How Pension Crisis is Hurting Its People«, *The Guardian*, 17. Juni 2015.

33 Matthew Dalton, »Greece's Pension System Isn't That Generous After All«, *Wall Street Journal*, 27. Februar 2015.

34 Ob als Teil eines förmlichen oder eines stillschweigenden Vertrags ist zweitrangig.

35 Es gibt eine Ausnahme: Wenn Renten *nach* geleisteter Arbeit freiwillig erhöht worden sind. In diesem Fall erhalten Arbeitnehmer ein »Geschenk«, das nicht Teil des Vertrags war. Bei einer extrem angespannten Haushaltslage kann es sinnvoll sein, diese Zuwendung zu kürzen oder auch ganz zu streichen.

36 Im Februar 2014.

37 Die Forderungen nach einer Rentenreform haben noch andere ungewöhnliche Aspekte. Die Probleme des Rentensystems hängen zum Teil damit zusammen, dass sich die Rentenkasse auch über griechische Staatsanleihen finanzierte, auf die im Zuge der Schuldenrestrukturierung hohe Abschreibungen vorgenommen wurden. Hätte die Umschuldung früher stattgefunden (im Jahr 2010) und hätte die Troika keine so strengen Sparauflagen gemacht, dann wäre die Höhe der Abschreibungen sehr viel geringer gewesen. Daher ist die Troika selbst teilweise für die Probleme im Rentensystem verantwortlich.

38 Wie bereits erwähnt, kam es zu einer versteckten Rekapitalisierung des Bankensystems.

39 Laut OECD-Daten über langfristige Zinssätze (Zinsen auf Staatsanleihen mit 10-jähriger Laufzeit).

40 Ob die EZB gewillt und in der Lage sein würde, alles Notwendige zu tun, wenn sie auf die Probe gestellt würde, ist wegen der permanenten Rangeleien mit den deutschen EZB-Ratsmitgliedern – zum Beispiel in der Frage, ob der Ankauf von Anleihen eines Krisenlandes wünschenswert beziehungsweise überhaupt zulässig sei – in Zweifel gezogen worden.

41 Außerdem bietet der Bail-out den kurzfristigen privaten Gläubigern eine Gelegenheit, ihr Kapital abzuziehen, sodass die übrigen Gläubiger eine umso größere Belastung tragen müssen.

42 Es gibt einige wenige bemerkenswerte Ausnahmen. Brasilien steckte 1998 in einer Krise. Es schien möglich zu sein, dass es zwei Gleichgewichte gibt – ein Szenario mit hohen Zinsen und hohem Insolvenzrisiko und ein zweites Szenario mit niedrigen Zinsen und geringem Insolvenzrisiko –, und das IWF-Programm schuf das Vertrauen, das dem Land ermöglichte, sich dem »guten« Gleichgewicht anzunähern.

43 Laut Daten von IWF, Institute for Fiscal Studies, Federal Reserve Bank of St. Louis und dem US Bureau of Fiscal Services (Bureau of Public Debt).

44 Und in den meisten europäischen Ländern ist der Finanzsektor sogar noch stärker konzentriert als in den Vereinigten Staaten.

45 Anders gesagt: Rekapitalisiert der Staat eine Bank sachgerecht – indem er Aktien im Wert der von ihm bereitgestellten Hilfsgelder übernimmt –, fallen eigentlich keine Ausgaben an. Vielmehr handelt es sich um eine Vermögenstransaktion. Die Troika (und der IWF) verbucht diese Investitionsausgaben praktisch so, als handele es sich um einen Konsumrausch; aber aus ökonomischer Sicht sind sie etwas ganz anderes. Kein Haushalt (nicht einmal die sprichwörtliche schwäbische Hausfrau), geschweige denn ein Unternehmen, würde eine Investition genauso behandeln wie andere Arten von Ausgaben. Wie man etwas verbucht, ist von großer Bedeutung. Ein falscher Rechnungslegungsrahmen führt zu falschen politischen Entscheidungen. In diesem Fall werden die Krisenländer zu übermäßigen Einsparungen gezwungen. Aus dem gleichen Grund sollten die Einnahmen aus dem Verkauf eines staatlichen Vermögenswerts bei einer Privatisierung nicht so wie Steuereinnahmen behandelt werden. Aber im Rahmen der unsachgemäßen Rechnungslegungsvorschriften der Troika werden sie dies. Während meiner Amtszeit als Chefökonom der Weltbank gab es darüber immer wieder Auseinandersetzungen mit dem IWF.

46 Selbstverständlich könnte man behaupten, dass der Zinssatz lediglich eine angemessene Risikoprämie darstellt. Aber Deutschland und andere in der Troika taten so, als würde das Programm Griechenland wieder auf die Beine helfen, sodass es den Kredit zurückzahlen könnte. Unter dem Programm beanspruchte Deutschland also, aus einem ärmeren Nachbarn einen hohen Profit herauszuholen.

47 Vgl. Phillip Inman, »Where Did the Greek Bail-out Money Go?«, *The Guardian*, 29. Juni 2015. Hier passierte etwas ganz Ähnliches wie bei der missbräuchlichen Kreditvergabe in den USA. Das Muster ist vertraut: Eine arme Privatperson nimmt einen Kredit über 100 Dollar auf, aber innerhalb weniger Jahre hat er Tausende Dollar an die Bank gezahlt und schuldet immer noch weit über 100 Dollar. Das ganz Geld, das er gezahlt (und aufgenommen) hat, sind Zinsen und Gebühren, die die Bank einstreicht.

48 Das heißt Zins- und Tilgungszahlungen zu leisten.

49 Wird das Geld privaten Gläubigern geschuldet, üben die Gläubiger enormen Druck auf ihre Regierungen aus, damit diese die Schuldnerländer dazu zwingen, die privaten Schulden zu übernehmen, und um sicherzustellen, dass die Forderungen der Gläubiger in voller Höhe erfüllt werden, wer immer ihnen Geld schuldet.

50 Es gibt gewisse Anhaltspunkte dafür, dass sie im Schnitt für solche Risiken mehr als nur einen angemessenen Ausgleich erhalten.

51 Luis Maria Drago, argentinischer Außenminister zur Zeit der venezolanischen Schuldenkrise Anfang des letzten Jahrhunderts, sagte, wer Staaten Kredit gebe, solle wissen, dass er Gefahr läuft, sein Geld nicht zurückzubekommen (sogenannte »Drago-Doktrin«). Außerdem vertrat er die Ansicht, dass »öffentliche Schulden kein hinreichender Grund für eine militärische Intervention sind und die Okkupation des Bodens amerikanischer

Nationen durch eine europäische Macht nicht rechtfertigen«. Vgl. mein Buch *Die Chancen der Globalisierung*, München 2006.

52 Dass die Handlungen der Troika einen eminent politischen Charakter hatten, zeigte sich auch in dem Versuch europäischer Behörden, die Veröffentlichung des IWF-Berichts, der die mangelnde Schuldentragfähigkeit Griechenlands feststellt, bis nach dem Referendum über das Programm hinauszuschieben. Offenkundig wollte man nicht, dass die Wähler wissen, wie es wirklich um Griechenland stand, wenn sie zu den Wahlurnen gingen. Und sie versuchten auch noch ihre Bemühungen, eine Verschiebung der Veröffentlichung der IWF-Ergebnisse zu erreichen, geheim zu halten. Vgl. »Exclusive: Greece Needs Debt Relief Far Beyond EU Plans: Secret IMF Report«, Reuters, 14. Juli 2015, abrufbar unter http://www.reuters.com/article/us-eurozone-greece-imf-report-idUSKCN0PO1CB20150714.

53 Im Zuge der Restrukturierung von Schulden kommt es oftmals zu zahlreichen Prozessen, wie das Beispiel Argentinien zeigt. Aber auch unter Berücksichtigung dieser Prozesskosten würden nur wenige bezweifeln, dass Argentinien von seiner Schuldenrestrukturierung profitierte. Zudem gibt es Möglichkeiten, die Restrukturierung in einer Weise anzugehen, die Prozessrisiken vermindert. Einige davon diskutieren wir in späteren Kapiteln.

54 Einige behaupten, die Schuldenrestrukturierung sei in der Tat bei weitem am wichtigsten, insbesondere für Griechenland, weil eine Wechselkursänderung die Exporte nur in begrenztem Umfang erhöhe und die Importe nur begrenzt verringere. Solche Behauptungen sind allerdings umstritten und berücksichtigen nicht in angemessener Weise die Tatsache, dass der Hauptdevisenbringer Griechenlands der Tourismus ist, und der Tourismus ist preisempfindlich.

55 »Fiscal Consolidation Targets, Plans and Measures in OECD Countries«, OECD, 2012, abrufbar unter http://www.oecd.org/eco/public-finance/4.3%20Blondal%20Klepsvik.pdf.

56 Vgl. Alberto Alesina und Roberto Perotti, »Fiscal Expansions and Fiscal Adjustments in OECD Countries«, NBER Working Paper Nr. 5214, 1995, und Alberto Alesina und Silvia Ardagna, »Large Changes in Fiscal Policy: Taxes versus Spending«, *Tax Policy and the Economy*, Bd. 24, hg. von Jeffrey R. Brown, Chicago 2010, S. 35–68.

57 Vgl. beispielsweise Dean Baker, »The Myth of Expansionary Fiscal Austerity«, Center for Economic and Policy Research, Oktober 2010, abrufbar unter http://cepr.net/documents/publications/austerity-myth-2010-10.pdf, und Arjun Jayadev und Mike Konczal, »The Boom Not The Slump: The Right Time For Austerity«, Roosevelt Institute, 2010, abrufbar unter http://scholarworks.umb.edu/cgi/viewcontent.cgi?article=1026&context=econ_faculty_pubs.

58 Vgl. etwa »Will It Hurt? Macroeconomic Effects of Fiscal Consolidation«, *World Economic Outlook: Recovery Risk and Rebalancing*, hg. vom Internationalen Währungsfonds, Washington, DC 2010, S. 93–124, abrufbar unter https://www.imf.org/external/pubs/ft/weo/2010/02/pdf/c3.pdf.

59 Eurostat-Zahlen für die Eurozone für März 2016.

60 Vgl. etwa Internationaler Währungsfonds, »Will It Hurt?« (Anm. 58).

61 Carmen M. Reinhart und Kenneth S. Rogoff, »Growth in a Time of Debt«, *American Economic Review* 100, Nr. 2 (Mai 2010), S. 573–578.

62 Mittlerweile gibt es zahlreiche Publikationen über das Thema. Vgl. zum Beispiel Thomas Herndon, Michael Ash und Robert Pollin, »Does High Public Debt Consistently Stifle Economic Growth? A Critique of Reinhart and Rogoff«, *Cambridge Journal of Economics* 38, Nr. 2 (2014), S. 257–279, Ugo Panizza und Andrea F. Presbitero, »Public Debt and Economic Growth: Is There a Causal Effect?«, *Journal of Macroeconomics* 41 (2014), S. 21–41, und Andrea Pescatori, Damiano Sandri und John Simon, »Debt and Growth: Is There a Magic Threshold?«, International Monetary Fund Working Paper Nr. 14/34, Februar 2014, abrufbar unter https://www.imf.org/external/pubs/ft/wp/2014/wp1434.pdf.

63 Zahlreiche Publikationen erklären, weshalb die Standardmodelle derart falsche Vorhersagen lieferten. Vgl. J. E. Stiglitz, »Rethinking Macroeconomics: What Failed and How to Repair It«, *Journal of the European Economic Association* 9, Nr. 4 (2011), S. 591–645, und J. E. Stiglitz, »Rethinking Macroeconomics: What Went Wrong and How to Fix It«, *Journal of Global Policy* 2, Nr. 2 (2011), S. 165–175. Vgl. auch *In the Wake of the Crisis*, hg. von Oliver J. Blanchard u. a., Cambridge, MA 2012.

64 Wie im Vorwort erwähnt, war der Ökonomie-Nobelpreisträger Robert Lucas ein entschiedener Verfechter dieser Ansicht.

65 Vgl. unsere Diskussionen u. a. in Kapitel 6 über die vielfältigen Ursachen.

8 Das Debakel der Strukturreformen

1 Es ist allerdings möglich, dass bestimmte Merkmale einer Volkswirtschaft deren Anpassung an eine veränderte Situation erschweren. Wir werden diese Möglichkeit noch betrachten.

2 Kapitel 5 betonte, dass der durch den Euro ausgelöste irrationale Überschwang eine wichtige Rolle spielte. Europäische Solidaritätsfonds trugen ebenfalls zu diesem Wachstum bei. Die früheren hohen Wachstumsraten zeigten indes, dass sie bei hinreichender Nachfrage stark wachsen konnten. Tatsächlich widerlegen diese Statistiken das Argument, dass die weitverbreitete Korruption ein Hemmschuh des Wachstums in Griechenland sei. Es gibt keine Hinweise dafür, dass die Korruption nach 2008 zugenommen hat; die Regierung von Giorgos Papandreou hat sie zumindest eingeschränkt.

3 Einige mögen ihre eigene Rhetorik so ernst genommen haben, dass sie zum Schluss ungeachtet der vielen gegenteiligen Belege tatsächlich selbst glaubten, was sie erzählten. Allerdings hatten die Verantwortlichen der Eurozone in gewisser Weise keine Wahl: Man kann sich die Reaktion dieser Länder vorstellen, wenn man ihnen gesagt hätte, ihr Lebensstandard würde geopfert, um dieses verfehlte Währungsregime zu retten, und ihre Bürger – einschließlich der ärmsten – müssten leiden, damit die deutschen und französischen Banken ihr Geld zurückbekommen würden.

4 Die niedrigeren Preise in diesen Sektoren könnten bei relativ geringer Nachfrageelastizität tatsächlich zu einer Erhöhung der Ausgaben für Ein-

fuhrgüter führen und so die Leistungsbilanz verschlechtern. Die Reformen, die auf eine Steigerung der Wettbewerbsfähigkeit abzielten, hatten komplexe Verteilungseffekte. In einigen Fällen waren einige lokale Monopolisten (zumindest im Fall Griechenlands) »Oligarchen«, in anderen dagegen waren die Nutznießer von Schutzvorschriften gewöhnliche Erwerbstätige – Taxifahrer, denen ihr Taxi gehörte, oder die Inhaber der kleinen Apotheken. Wenn die Reformen »griffen«, hätte dies negative Auswirkungen auf diese Personen, während ihre Kunden möglicherweise besser gestellt wären (im Fall der Apothekenreformen erschien selbst dies fraglich).

5 Viele ihrer Forderungen entnahm die Troika einer umfangreichen »Competition Assessment Review« (Beurteilung der Wettbewerbsfähigkeit) der OECD aus dem Jahr 2013. Vgl. *OECD Competition Assessment Reviews: Greece*, OECD Publishing, 2014, abrufbar unter http://www.oecd.org/daf/competition/Greece-Competition-Assessment-2013.pdf. Die anlässlich des Euro-Gipfels am 12. Juli 2015 herausgegebene Erklärung nimmt ausdrücklich auf diesen Bericht Bezug und fordert insbesondere die Übernahme der »Empfehlungen im Rahmen des OECD-Instrumentariums I, einschließlich verkaufsoffener Sonntage, Geschäftszeiten, Apotheken, Milch und Bäckereien, außer in Bezug auf rezeptfreie pharmazeutische Produkte, die in einem nächsten Schritt umgesetzt werden, sowie makro-kritische geschlossene Branchen (zum Beispiel Fährverkehr)«; hinzu kommen viele weitere Forderungen. Sämtliche Details der geltenden Regulierungen und der geforderten Reformmaßnahmen finden sich in dem OECD-Bericht.

6 Vgl. meinen Gastkommentar in der *New York Times*: »Greece, the Sacrificial Lamb«, 25. Juli 2015, für weitere Details über einige dieser Reformen, insbesondere in Bezug auf Frischmilch. Nach der Veröffentlichung dieses Artikels hatte ich erwartet, eine ausführliche Erklärung von der Troika zu erhalten, was sie mit diesen Maßnahmen bezweckten. Aber ich bekam keine.

7 Selbstverständlich sollte der Kilolaib auch tatsächlich ein Kilogramm wiegen, und in allen Ländern besteht die Tendenz, dabei zu schummeln, falls keine behördlichen Kontrollen stattfinden.

8 Benötigt man ein verschriebenes Medikament umgehend, hat eine Apotheke in der Nähe vielleicht einen besonders hohen sozialen Nutzen. Die Troika scheint solche Vorteile bei ihren Kalkülen nicht berücksichtigt zu haben.

9 Die griechischen Gesetze enthielten zahlreiche weitere Restriktionen. Einige davon waren nicht mehr zeitgemäß, andere dienten ganz unverkennbar dazu, den Wettbewerb in einer ungesunden Weise einzuschränken. Vgl. *OECD Competition Assessment Reviews: Greece* (Anm. 5). Ein Grieche, der sich über das Thema informierte, konnte zu Recht zu dem Schluss kommen, dass das Wohlergehen, welches der Troika eigentlich am Herzen lag, das der Großunternehmen einschließlich der multinationalen Konzerne war – nicht das der griechischen Verbraucher und mit Sicherheit nicht das der lokalen Apotheker. Der OECD-Bericht, auf den sich die Apothekenreform stützte, forderte konkret die Beseitigung von Beschränkungen für Apothekenketten.

10 Harriet Torry, »Germany Yet to Swallow Some Economic Medicine Prescribed for Greece: Overhauls Demanded by Greece's Creditors Go Beyond Those Enacted Earlier in Germany«, *Wall Street Journal*, 14. Juli 2015.

11 »The Euro-Summit ›Agreement‹ on Greece—annotated by Yanis Varoufakis«, 15. Juli 2015, gepostet auf seinem Blog http://yanisvaroufakis.eu/ (vgl. https://yanisvaroufakis.eu/2015/07/15/the-euro-summit-agreement-on-greece-annotated-by-yanis-varoufakis/).

12 Und wenn die Gewinne in ein europäisches Land fließen, in dem schon Vollbeschäftigung herrscht, könnte dies unter dem Strich für ganz Europa erhebliche negative Folgen haben: während die Wirtschaft in Griechenland schrumpft, könnte Deutschland, das bereits Vollbeschäftigung hat, nicht expandieren.

13 Dies ist unter dem neuen Griechenland-Programm besonders wahrscheinlich, denn danach *müssen* bei sinkenden Staatseinnahmen Steuern erhöht oder Ausgaben gekürzt werden.

14 Auch andere Aspekte der Reformagenda waren kontraproduktiv, wie wir im letzten Kapitel sahen. Die Forderung, dass selbst Kleinunternehmen ihre Steuern ein Jahr im Voraus zahlen, fördert nicht nur mangelnde Steuerehrlichkeit, sie hat auch einen negativen Angebotseffekt, denn sie schafft eine hohe Eintrittsschranke. Nur jemand mit genug Kapital, um seine Steuern ein Jahr im Voraus zu zahlen, kann ein solches Unternehmen gründen oder weiterführen. Obgleich die Forderung scheinbar keinen Unterschied zwischen kleinen und großen Unternehmen macht, benachteiligt sie de facto doch Kleinunternehmen, auf die 80 Prozent der griechischen Wirtschaftsleistung entfallen – denn Großunternehmen können sich normalerweise leicht Kapital besorgen; sie können Kredite aufnehmen. (Sehr große Unternehmen können sich am internationalen Kapitalmarkt eindecken, sodass ihnen die Schwächen der griechischen Banken nichts ausmachen.) Im letzten Kapitel wiesen wir auf weitere Beispiele hin: Die Forderung, dass selbst entlegene Inseln eine hohe Mehrwertsteuer zahlen.

15 Vgl. meinen Artikel »The Book of Jobs« in *Vanity Fair*, Januar 2012.

16 Tatsächlich wird in einer Wissens- und Innovationsökonomie Adam Smith' Annahme umgekehrt, dass Märkte effizient sind: Märkte sind im Allgemeinen nicht effizient; sie investieren zu wenig in Wissen. Ich habe diese Themen weiter ausgeführt in meinem gemeinsam mit Bruce C. Greenwald geschriebenen Buch *Die innovative Gesellschaft*, Berlin 2015.

17 Im Gegensatz zum neoklassischen Modell gibt es keine natürliche Konvergenz. Vgl. J. E. Stiglitz, »Leaders and Followers«, *Journal of Public Economics* 127 (2015), S. 3–16.

18 Vgl. Maria Mazzucato, *The Entrepreneurial State*, London 2014. In jüngerer Vergangenheit haben Vertreter der politischen Rechten aus ideologischen Gründen dafür plädiert, Ausgaben in diesem Bereich zu kürzen, sodass der Anteil des Forschungs- und Entwicklungsbudgets am US-Bundeshaushalt (in Prozent des BIP) heute 70 Prozent niedriger ist als vor 50 Jahren (laut Daten des SSTI und der American Association for the Advancement of Science).

19 Hier eine kleine Auswahl aus den zahllosen Veröffentlichungen über dieses Thema in den letzten Jahren: Ha-Joon Chang, *Kicking Away the Ladder*, London 2002, Justin Yifu Lin, *New Structural Economics*, Washington, DC 2012, *The Industrial Policy Revolution I*, hg. von J. E. Stiglitz und Justin Yifu Lin, Houndmills, GB und New York 2013.

20 Vgl. J. E. Stiglitz, »The Origins of Inequality, and Policies to Contain It«, *National Tax Journal* 68, Nr. 2 (2015), S. 425–448.

21 Vgl. J. E. Stiglitz u. a., *Rewriting the Rules of the American Economy*, New York 2015, J. E. Stiglitz, *Der Preis der Ungleichheit*, München 2012, Jacob S. Hacker und Paul Pierson, »Winner Take All Politics: Public Policy, Political Organization, and the Precipitous Rise of Top Incomes in the United States«, *Politics and Society* 38, Nr. 2 (2010), S. 152–204.

22 Wie bereits dargelegt, behinderte die Struktur der Eurozone und der EU selbst die Fähigkeit europäischer Länder, diesem Problem wirksam entgegenzutreten; denn jedes Land, das ein allzu progressives Steuersystem einführen würde, wäre mit der Abwanderung der Superreichen konfrontiert, auch wenn deren Firmen weiterhin in dem Land geschäftlich aktiv wären – wie Frankreich zu seinem Leidwesen entdecken musste.

23 Vgl. den Oxfam-Bericht vom September 2015, »A Europe for the Many, Not the Few«, abrufbar unter https://www.oxfam.org/sites/www.oxfam.org/files/file_attachments/bp206-europe-for-many-not-few-090915-en.pdf, und OECD, »Crisis Squeezes Income and Puts Pressure on Inequality and Poverty«, 2013, abrufbar unter http://www.oecd.org/els/soc/OECD2013-Inequality-and-Poverty-8p.pdf.

24 Vgl. Europäische Kommission, »The Economic Adjustment Programme for Greece«, Occasional Paper Nr. 61, Mai 2010, S. 28, abrufbar unter http://ec.europa.eu/economy_finance/publications/occasional_paper/2010/pdf/ocp61_en.pdf.

25 Die Quelle dieser Daten ist Eurostat. Interessanterweise wurde in der Presse über eine Studie einer griechischen Gewerkschaft aus dem Jahr 2014 berichtet, die mit einer anderen Methode einen dramatischen Anstieg der Armut feststellte. Dem Bericht zufolge verdoppelte sich die Armutsrate von 2009 bis 2012 – bis zu dem Punkt, wo vier von zehn Griechen unterhalb der Armutsgrenze lebten. Bei einer bestimmten Gruppe von Griechen – wie der wachsenden Zahl derjenigen, die nur eine Teilzeitbeschäftigung finden konnten – übertraf die Armutsquote 50 Prozent. Selbst für Vollzeitbeschäftigte waren die Löhne so stark gesunken, dass fast ein Fünftel in Armut lebte – eine Verdreifachung zwischen 2009 und 2012 von 7,6 auf 19,7 Prozent. Ioanna Zikakou, »Four in Ten Greeks Live in Poverty«, *Greek Reporter*, 29. Juli 2015, abrufbar unter http://greece.greekreporter.com/2015/07/29/four-in-ten-greeks-live-in-poverty.

26 Vgl. Oxfam-Bericht 2015, »A Europe for the Many, Not the Few« (Anm. 23), Anthony B. Atkinson, *Ungleichheit: Was wir dagegen tun können*, Stuttgart 2016, sowie die oben in den Anmerkungen 20 und 21 zitierte Literatur.

27 Vgl. J. E. Stiglitz, »New Theoretical Perspectives on the Distribution of Income and Wealth Among Individuals: Part I. The Wealth Residual«, NBER

Working Paper Nr. 21189 (Mai 2015), sowie J. E. Stiglitz, *Preis der Ungleichheit* (Anm. 21), und die dortigen Literaturangaben.

28 Offensichtlich versuchten einige Oligarchen, die Sonderregelung für Reedereien auszunutzen, um in anderen Branchen erwirtschaftete Gewinne auf Reedereien zu verlagern. Diese Gewinnverlagerung ist im gesamten Unternehmenssektor ein großes Problem; in jüngster Zeit hat die OECD einen Anlauf unternommen, um diese Möglichkeiten einzuschränken. Die Troika hätte ihre Aufmerksamkeit darauf konzentrieren können und sollen.

29 So behauptete Apple, das nach Börsenkapitalisierung größte Unternehmen der Welt, dass ein sehr großer Teil seiner Gewinne von einer Tochtergesellschaft in Irland erwirtschaftet worden sei. Multinationale Konzerne können sehr leicht behaupten, ihre Gewinne seien in einem Niedrigsteuerland angefallen. Die Art und Weise, wie sie dies bewerkstelligen, muss uns hier nicht weiter interessieren. In der heutigen globalisierten Welt gehen der Montage des Endprodukts zahlreiche Produktionsschritte voraus, und Unternehmen haben erhebliche Spielräume, wenn es darum geht zu bestimmen, auf welchen Stufen der Fertigungslinie der größte Teil der Wertschöpfung erfolgt. Das System wird »Verrechnungspreissystem« genannt, weil die Unternehmen vorgeben, sie würden unfertige Erzeugnisse grenzüberschreitend kaufen oder verkaufen. Die Preise sollen dabei sogenannte Fremdvergleichspreise sein – Preise, wie sie voneinander unabhängige Dritte bei einer vergleichbaren Transaktion festlegten; das Problem ist, dass bei den meisten dieser unfertigen Erzeugnisse kein echter Markt zur Bestimmung des Wertes existiert.

30 Eine internationale Kommission, der ich angehörte, die Unabhängige Kommission zur Reform der Internationalen Unternehmensbesteuerung, schlug eine Alternative vor, und bei einer UN-Konferenz über Entwicklungsfinanzierung, die im Juli 2015 in Addis Abeba stattfand, haben die Entwicklungs- und Schwellenländer unter Führung Indiens fast einstimmig den Beginn eines UN-Prozesses zur Prüfung dieser Alternativen befürwortet. Leider unterstützte keines der Länder der Eurozone die Initiative, aber sie scheiterte letztlich am entschlossenen Widerstand der USA.

31 Wir wiesen in Kapitel 7 mit Bezug auf die Privatisierung der Regionalflughäfen auch auf eine Partnerschaft zwischen einem deutschen Unternehmen (an dem der deutsche Staat eine große Beteiligung hält – in diesem Sinne handelt es sich lediglich um eine Eigentumsübertragung vom griechischen auf den deutschen Staat) und einem griechischen Oligarchen hin. Die Syriza-Regierung war gegen diese Privatisierung, die noch von der Vorgängerregierung unter der eng mit den Oligarchen verbundenen Nea Dimokratia eingefädelt worden war, aber die Troika bestand auf der Umsetzung des Vorhabens. Dies wird nicht nur die Macht der Oligarchen stärken, sondern auch absehbaren Konflikten den Weg bereiten: Regionalflughäfen sind lokale Monopole, die die Entwicklung des Umlandes maßgeblich beeinflussen können. Die Art, wie sie geführt werden, kann manche auf Kosten von anderen begünstigen. Solche »natürlichen« Monopole müssen sehr streng reguliert werden. Aber jetzt kann man sein: Selbst wenn die Oligarchen-

Partnerschaft sich durch unlauteres Geschäftsgebaren auf Kosten anderer in der Region in die eigene Tasche wirtschaftet, wird es erbitterten Widerstand gegen jegliche Bestrebung geben, den Flughafen im öffentlichen Interesse zu regulieren. Und die Troika wird sich dann wohl auf die Seite der Partnerschaft zwischen Deutschland und den Oligarchen stellen.

32 Wie bereits erwähnt, stammte sein Nachfolger Antonis Samaras aus der Partei Nea Dimokratia, der– auch finanziell – enge Beziehungen zu den Oligarchen nachgesagt werden. Als die »vernetzte« Kreditvergabe wieder aufgenommen wurde – auch an Medienunternehmen, die rein betriebswirtschaftlich gesehen keine Kredite hätten bekommen sollen –, verschloss die Troika die Augen davor. Die *Financial Times* griff in ihrer Berichterstattung über die Wahl im Januar 2015 diese weitverbreitete Wahrnehmung auf. Über den potentiellen Wahlsieg von Syriza schrieb sie zunächst: »Analytiker sagen, Politiker hätten sich dagegen gesträubt, den Einfluss der Magnaten auf die Wirtschaft zurückzudrängen, weil sie auf deren Zuwendungen angewiesen seien, um Wahlkämpfe zu finanzieren und Mitarbeiter der Parteien zu bezahlen.« Weiter hieß es: »Troika-Vertreter haben an der Art und Weise, wie Premierminister Antonis Samaras mit dem Bail-out umgegangen ist, unter anderem kritisiert, dass er die Besitzstände der Anhängerschaft seiner gemäßigt konservativen Partei Nea Dimokratia nicht antasten wollte.« Der Artikel weist darauf hin, dass selbst »einige in der Troika der Meinung sind, bei dem Austeritätsprogramm für Griechenland seien die Lasten nicht hinreichend verteilt worden. Die Arbeiterschichten bekämen die Ausgabenkürzungen und Steuererhöhungen am stärksten zu spüren, während wohlhabendere Bürger und politisch gut vernetzte Unternehmer von der Nea Dimokratia geschützt würden.« (Kerin Hope, »Taming Greek Oligarchs Is Priority for Syriza«, *Financial Times,* 6. Januar 2015.) George Pleios, der Dekan der Fakultät für Kommunikations- und Medienwissenschaft an der Nationalen und Kapodistrias Universität Athen beschreibt in einem Artikel in *Analyze Greece!* (»The Greek Media, the Oligarchs, and the New Media Law«, 11. Februar 2016) die engen Verflechtungen zwischen den Oligarchen und den Medien. Natürlich sehen die Oppositionsparteien diese Verbindungen zwischen der Nea Dimokratia und den Oligarchen besonders kritisch. Nach der Niederlage der Nea Dimokratia bei der zweiten Wahl im Jahr 2015 und der Wahl von Kyriakos Mitsotakis, des 47-jährigen Sohns des ehemaligen Parteichefs der Nea Dimokratia und Ministerpräsidenten Konstantinos Mitsotakis, zum Parteichef, veröffentlichte eine der Oppositionsparteien eine Erklärung, in der es hieß: »Nea Dimokratia wird jetzt zu einer orthodoxen neoliberalen Partei werden, die nur noch nach der Pfeife der Oligarchen tanzt und jede Verbindung zum Volk verliert« (zitiert in Demetris Nellas, »Reformist Lawmaker Elected Greek Opposition Leader«, Associated Press, 10. Januar 2016).

33 Außerdem hätte dies aufgrund der verringerten Abhängigkeit von russischem Gas auch Vorteile für die Sicherheit Europas gehabt. Es hätte Europa in eine bessere Position gebracht, um etwa in der Ukraine auf die Einhaltung seiner Prinzipien und Werte zu drängen.

34 In Indonesien schloss der IWF in der Asienkrise 16 Banken und kündigte an, weitere würden geschlossen, aber die Guthaben der Einleger wären nicht durch eine Einlagenversicherung geschützt – womit der IWF in absehbarer Weise einen Run auf das Bankensystem auslöste. (Für eine umfassendere Schilderung dieses Rettungspakets vgl. mein Buch *Die Schatten der Globalisierung*, Berlin 2002.)

35 Daten der Bank von Griechenland für Kreditinstitute.

TEIL IV LÖSUNGSANSÄTZE

9 Eine funktionierende Eurozone schaffen

1 Weil man nicht das *Risiko* eingehen will, dass Banken ihre Verpflichtungen nicht erfüllen können, werden Banken geschlossen oder erhalten bestimmte Auflagen, wenn ihr Eigenkapital unter eine bestimmte Schwelle sinkt. Geht man zu einem Geldautomaten und auf dem Bildschirm erscheint die Meldung »nicht genügend Guthaben«, dann sollte das deshalb passieren, weil auf dem Konto des Bankkunden zu wenig Geld ist und nicht, weil die Bank selbst nicht genügend Mittel besitzt.

2 Bankenaufsichtsrechtliche Bestimmungen zwingen Banken dazu, ausreichend Eigenkapital im Verhältnis zum Kreditvolumen vorzuhalten. Eine Zunahme der Verluste verringert das Bankkapital. Es ist schwierig, sich mitten in einem Abschwung Kapital zu beschaffen, es ist auf jeden Fall teuer und in einigen Fällen unmöglich. Deshalb reagieren Banken normalerweise mit einer Einschränkung der Kreditvergabe.

3 Die makroprudenzielle Regulierung soll diesem Problem entgegenwirken: in guten Zeiten sollen Banken *viel* mehr Kapital vorhalten, als benötigt wird, weil man weiß, dass das Kapital in schlechten Zeiten abnehmen wird. Bislang sind diese Vorschriften nicht in Kraft getreten, wären aber ein wichtiger Beitrag, um die Eurozone effizienter zu gestalten.

4 Auch wenn, wie in Kapitel 5 erwähnt, in jüngster Vergangenheit viele in Deutschland gewisse Bedenken gegen ein System der gemeinsamen Einlagensicherung hegen.

5 Das langsame Tempo von Reformen hat zu anderen Problemen geführt: Irland, eines der ersten Länder, das Hilfen erhielt, war in Sorge, dass andere Länder nach ihm bessere Bedingungen bekommen könnten.

6 Vgl. Stijn Claessens, Ashoka Mody und Shahin Vallee, »Paths to Eurobonds«, IMF Working Paper Nr. 12/172 (Juli 2012), Guy Verhofstadt, »Mutualizing Europe's Debt«, *New Perspectives Quarterly* 29, Nr. 3 (2012), S. 26–28, Jörg Bibow, »Making the Euro Viable«, Levy Economics Institute Working Paper Nr. 842 (Juli 2015), Paul De Grauwe und Wim Moesen, »Gains for All: A Proposal for a Common Euro Bond«, CEPS Commentary, 3. April 2009, abrufbar unter https://www.ceps.eu/system/files/article/2009/06/Forum.pdf, Peter Bofinger u. a., »A European Redemption Pact«, Vox, November 2011, abrufbar unter http://voxeu.org/article/european-redemption-pact, Markus Brunnermeier u. a., »European Safe Bonds (ESBies)«, Working Paper, 30. September 2011, abrufbar unter http://personal.lse.ac.uk/vayanos/Euronomics/ESBies.pdf, Jacques Delpla und Jakob von Weizsäcker, »The

Blue Bond Proposal«, Bruegel Policy Brief, Mai 2010, abrufbar unter http://bruegel.org/wp-content/uploads/imported/publications/1005-PB-Blue_Bonds.pdf, European Commission, »Green Paper on the Feasibility of Introducing Stability Bonds«, Grünbuch, 23. November 2011, abrufbar unter http://ec.europa.eu/europe2020/pdf/green_paper_en.pdf, Carlo Ambrogio Favero und Alessandro Missale, »EU Public Debt Management and Eurobonds«, Europäisches Parlament, Generaldirektion Interne Politikbereiche, Note, September 2010, abrufbar unter http://www.europarl.europa.eu/document/activities/cont/201106/20110607ATT20897/20110607ATT-20897EN.pdf, Christian Hellwig und Thomas Philippon, »Eurobills, not Eurobonds«, Vox, 2. September 2011, abrufbar unter http://voxeu.org/article/eurobills-not-euro-bonds, und Daniel Gros und Stefano Micossi, »A Bond-Issuing EU Stability Fund Could Rescue Europe«, *Europe's World*, 1. Februar 2009, abrufbar unter http://europesworld.org/2009/02/01/a-bond-issuing-eu-stability-fund-could-rescue-europe/#.V6wzjfmLTcs. Reformvorschläge müssen sowohl die Altschulden als auch die zukünftige Kreditaufnahme abdecken. Diese Vorschläge enthalten viele Details, einschließlich der Fristigkeit der Kredite – das heißt, wie Hellwig und Philippon ausführen, ob es sich um lang- oder kurzfristige Anleihen handeln sollte (Schatzwechsel oder Schatzobligationen).

7 Quelle: Europäische Kommission, Daten verfügbar unter https://cohesiondata.ec.europa.eu/funds/erdf. Man beachte, dass es sich bei diesen Mitteln um *Transfers* handelt, anders als bei den Geldern, die im Rahmen der Troika-Programme bereitgestellt werden und die lediglich Kredite sind. Bei einigen könnte dies den Verdacht aufkommen lassen, dass sich Europa gegenüber seinen alten Partnern, die sich in einer Notlage befinden, weniger großzügig zeigt als gegenüber neuen Mitgliedern.

8 Die Eurozone versuchte, dieses Problem dadurch zu bewältigen, dass sie dafür sorgt, dass Länder zu normalen Zeiten einen hinreichend hohen Haushaltsüberschuss (ein hinlänglich kleines Defizit) erwirtschaften, damit in einem Abschwung die 3-Prozent-Grenze nicht überschritten wird.

9 Selbstverständlich wäre das nicht der Fall, hätten vermeintlich grundlegende strukturelle Veränderungen in einer Volkswirtschaft stattgefunden, sodass beispielsweise eine Arbeitslosigkeit von 18 oder 25 Prozent »Vollbeschäftigung« bedeuten würde. Eine Standarddefinition von »Vollbeschäftigung« lautet, dass es der Prozentsatz der Arbeitslosigkeit ist, unterhalb dessen die Preis- oder Lohninflation ansteigt. Das ist der Begriff der natürlichen Arbeitslosenquote, den wir früher eingeführt haben, und er entspricht dem wirtschaftswissenschaftlichen Konzept des »NAIRU« – der inflationsstabilen Arbeitslosenquote – oder des »NAWRU«, der Arbeitslosenquote, bei der kein Inflationsschub durch Lohnerhöhungen ausgelöst wird. Diese Arbeitslosenquote wird auch »strukturelle Arbeitslosenquote« genannt: Irgendein struktureller Faktor der Wirtschaft verhindert, dass die Arbeitslosigkeit unter dieses Niveau sinkt. So unsinnig es sich anhören mag, hat die Europäische Kommission doch tatsächlich behauptet, Spanien habe eine strukturelle Arbeitslosenquote in dieser Höhe (vgl. Kapitel 6).

Statt des tatsächlichen Defizits sollte man indes das Primärdefizit betrachten – also die Höhe des Defizits ohne Zinszahlungen –, das stark schwanken kann. Europa tat dies im Fall der Krisenländer, aber die Konvergenzkriterien beziehen sich weiterhin auf das Gesamtdefizit.

10 Der die frühere, befristete Europäische Finanzstabilisierungsfazilität ersetzte (vgl. Kapitel 1).

11 Wie sie die USA bereitstellen.

12 Die grenzüberschreitende Kreditvergabe, die von der Eurozone gefördert wurde, sollte dies ausgleichen, aber das war nicht der Fall – größtenteils aus einem naheliegenden Grund: Die Informationen, die man benötigt, um möglichst zuverlässig beurteilen zu können, welches mittelständische-Unternehmen ein »gutes Risiko« ist, sind ihrem Wesen nach größtenteils nur direkt vor Ort verfügbar. Vgl. J. E. Stiglitz und Bruce C. Greenwald, *Towards a New Paradigm in Monetary Economics*, Cambridge 2003.

13 Der Solidaritätsfonds für Stabilisierung könnte mit der Kreditanstalt zusammenarbeiten, um Kredite und Teilbürgschaften bereitzustellen, die sich gegen jene Risiken richten, die das unsichere makroökonomische Umfeld erzeugt.

14 Die EZB vergibt Kredite an Banken und kauft Staatsanleihen, vergibt jedoch kaum Kredite an die *Real*wirtschaft, an Unternehmen oder für den Bau von Straßen, Häfen oder für sonstige Infrastrukturprojekte. Laut ihrer Webseite fördert die EIB schwerpunktmäßig Projekte in den Bereichen Infrastruktur, Umwelt und Klima, den Zugang kleinerer Unternehmen zu Finanzierungen sowie Innovation und Kompetenz, und sie versucht einen antizyklischen Kurs zu fahren. Sie bezeichnet sich selbst als der »größte multilaterale Anleiheemittent und Darlehensgeber der Welt«, der »Finanzierungen und Know-how für solide und tragfähige Projekte bereitstellt, die zum Erreichen der Ziele der EU beitragen ... Sie fördert Projekte, die einen wesentlichen Beitrag zu Wachstum und Beschäftigung in Europa leisten«. Vgl. Europäische Investitionsbank, »Die EIB im Überblick«, abrufbar unter http://www.eib.org/about.

15 Um diesen erweiterten Auftrag zu erfüllen, würde sie eine weitere Rekapitalisierung benötigen.

16 In *Towards a New Paradigm in Monetary Economics* (Anm. 12) unterstreichen Bruce C. Greenwald und ich die Bedeutung dieser Instrumente, die makroökonomische Folgen haben, auch wenn sich Regulierer traditionell nur auf die Sicherheit und Solidität *einzelner* Institute konzentrierten. Die Umsetzung dieser Regulierungsvorschriften mit angemessener Sorgfalt und Flexibilität sollte gemeinsam durch europäische und nationale Behörden erfolgen. Ich habe früher erklärt, wie ein System mit einer einzigen gesamteuropäischen Regulierungs- beziehungsweise Aufsichtsbehörde ohne sachgerechte Flexibilität und ohne gemeinsame Einlagensicherung die Probleme noch verschärfen könnte.

17 In den USA erhielt die Federal Reserve im Jahr 1994 einige dieser Instrumente (die Befugnis zur Regulierung des Hypothekenmarkts), weigerte sich jedoch standhaft, sie einzusetzen, selbst als einige Mitglieder ihres Di-

rektoriums vor den Folgen warnten. Vgl. etwa mein Buch *Im freien Fall*, München 2010.

18 Robert J. Gordon, *The Rise and Fall of American Growth*, Princeton, NJ 2016.

19 Und dies ist insbesondere deshalb so, weil ein Großteil dieser öffentlichen Investitionen Privatinvestitionen ergänzt – das heißt ihre Produktivität erhöht und so einen Anreiz für *mehr* Privatinvestitionen schafft. Der bekannte Wirtschaftshistoriker Alexander Field zeigt, dass in der Ära der Großen Depression staatliche Infrastrukturinvestitionen genau diese Wirkungen hatten. Vgl. Alexander J. Field, *The Great Leap Forward*, New Haven, CT 2011.

20 Zentralbanken in den Vereinigten Staaten haben sich diese neoliberale Auffassung vielleicht am weitgehendsten zu eigen gemacht: Man erkenne eine Blase immer erst dann, wenn sie geplatzt sei, und es sei viel kostengünstiger die Schäden zu beseitigen, die sie angerichtet hat, als in das wundertätige Marktgeschehen mit seiner effizienten Nutzung von Ressourcen einzugreifen. Während der IWF, der bei der Steuerung des Weltfinanzmarkts eine zentrale Rolle spielt, die Lehren aus der Krise zu beherzigen scheint, haben Ben Bernanke und Vertreter des US-Finanzministeriums auch nach der Krise noch Ansichten geäußert, die erstaunlicherweise keinerlei Umdenken zu erkennen gaben. Vgl. etwa J. E. Stiglitz, »Macroeconomics, Monetary Policy, and the Crisis«, *In the Wake of the Crisis*, hg. von Olivier J. Blanchard u. a., Cambridge, MA 2012, S. 31–42, J. E. Stiglitz, »The Lessons of the North Atlantic Crisis for Economic Theory and Policy«, *What Have We Learned? Macroeconomic Policy after the Crisis*, hg. von George Akerlof, Olivier J. Blanchard, David Romer und J. E. Stiglitz, Cambridge, MA 2014, S. 335–347.

21 Drei weitere Elemente der Konvergenzstrategie haben wir bereits unter den ersten drei Punkten der Reformagenda diskutiert.

22 Allerdings wird, wie in Kapitel 4 ausgeführt, die Schwäche der Gesamtnachfrage in einer Epoche des irrationalen Überschwangs manchmal durch nicht nachhaltige Investitionen ausgeglichen.

23 Es bedeutet auch, dass externe Schocks sich auf jedes Land anders auswirken.

24 Daher drängt sich die Frage auf: Ist es Zufall, dass es so viele Gemeinsamkeiten gibt zwischen den strengen Auflagen, die westliche Gläubiger afrikanischen und ostasiatischen Staaten machten, und jenen, die Griechenland im Zuge der Hilfspakete gemacht wurden, obwohl in letzterem Fall angeblich tiefe *Solidarität* bestand, die in ersteren Fällen nicht vorhanden war? Oder liegen den politischen Forderungen die gleichen ideologischen Anschauungen und Interessen zugrunde, einschließlich der Interessen eines Gläubigers? In *Die Schatten der Globalisierung* bin ich ausführlich auf diese Frage eingegangen.

25 Die Logik einer solchen Steuer folgt der Logik der gegenwärtigen Bußgelder bei Verstößen gegen die fiskalischen Vorschriften. Diesen Vorschriften lag die (teilweise irrige) Ansicht zugrunde, ein Defizit erlege anderen

Kosten (Externalitäten) auf. Wir haben gezeigt, dass es in Wahrheit die Überschüsse sind, insbesondere diejenigen großer Länder wie Deutschland, die anderen Ländern Kosten auferlegen. Eine Steuer stellt einen Anreiz dar, Überschüsse zu vermeiden, und trägt dazu bei, die partikularen Interessen eines Landes mit den allgemeinen Interessen der Eurozone in Einklang zu bringen.

26 Und der Anteil der Arbeitsplätze im Niedriglohnsektor (mit einem Stundenlohn von weniger als 9 Euro) ist deutlich gestiegen. Vgl. Fabian Lindner, »Following Germany's Lead to Economic Disaster«, Social Europe, 16. Dezember 2011, abrufbar unter https://www.socialeurope.eu/2011/12/following-germanys-lead-to-economic-disaster.

27 Selbstverständlich spielten noch andere Faktoren eine Rolle. Der massive Kapitalzustrom in einigen Peripherie-Ländern im Zuge der Euro-Begeisterung hatte in diesen Ländern für einen starken Preis- und Lohnauftrieb gesorgt, vor allem verglichen mit sinkenden Preis- und Lohnniveaus in Deutschland. Dabei ignorierte der Markt die langfristigen Risiken der Entstehung von Immobilienpreisblasen und die neu geschaffenen Risiken eines europäischen Staatsbankrotts. Aber diese Länder hatten innerhalb des Ordnungsrahmens der Eurozone im Grunde keine Instrumente, um diese Exzesse des privaten Sektors einzudämmen. Die Geldpolitik war auf die Wahrung der Preisniveaustabilität in der gesamten Eurozone, nicht in einzelnen Ländern gerichtet, und mit dem Beitritt zum Euro hatten diese Länder keinerlei Möglichkeit mehr, eine eigene Geldpolitik zu betreiben. Der damals vorherrschende Neoliberalismus verbot jegliches Einschreiten gegen Immobilienblasen. Und in einigen anderen Ländern führte der Kampf gegen die Arbeitslosigkeit mangels anderweitiger Instrumente und ohne Hilfe der Eurozone insgesamt zu Haushaltsdefiziten.

28 Wie in Kapitel 4 erläutert, gibt es zwei Mechanismen zur Anpassung realer Wechselkurse: innere Abwertung für die »überbewerteten« Währungen und Inflation für die unterbewerteten Währungen. Auf einer abstrakten Ebene scheinen diese beiden Anpassungsmechanismen ähnlich zu sein, in der Praxis sind sie jedoch sehr unterschiedlich. Erstens bedeutet die innere Abwertung eine Zunahme der Verschuldung, des realen Wertes der Schulden in diesen Ländern, und daher bleiben die erhofften expansiven Effekte möglicherweise aus. Dagegen ist die Inflation eine Form des Schuldenabbaus in Ländern mit einer unterbewerteten Währung und daher hat sie eine expansive Wirkung. Zudem gibt es vielfältige Belege für »Abwärtsrigiditäten« von Löhnen und Preisen, sodass sich in der Praxis eine innere Abwertung sehr viel schwerer realisieren lässt als begrenzte Lohn- und Preiserhöhungen.

29 Eine solche Politik könnte gleichzeitig den Problemen abhelfen, denen sich Deutschland im unteren Bereich seiner Einkommensverteilung gegenübersieht.

30 Die EZB könnte dies auf vielfältige Weise erreichen. So könnte sie etwa Banken, die Kredite an mittelständische Unternehmen vergeben, Vorzugskonditionen einräumen. Sie könnte Ländern Vorzugskonditionen gewähren, in denen der Mittelstand unzureichend mit Krediten versorgt ist – bei-

spielsweise aufgrund von Schwächen in ihren Bankensystemen. In den USA hat das Gesetz zur Förderung der Kreditvergabe in einkommensschwachen Gebieten (der Community Reinvestment Act, CRA) die Vergabe von hochwertigen Krediten an unterversorgte Gemeinden gefördert. (Entgegen der Behauptung von Konservativen, die Vergabe entsprechender Kredite sei für die Finanzkrise verantwortlich, waren die Tilgungsraten bei diesen Krediten vergleichbar oder sogar höher als bei Nicht-CRA-Darlehen, und sie hatten *nichts* mit der Finanzkrise zu tun. Vgl. National Commission on the Causes of the Financial and Economic Crisis in the United States, *The Financial Crisis Inquiry Report*, 2011, abrufbar unter https://www.gpo.gov/fdsys/pkg/GPO-FCIC/pdf/GPO-FCIC.pdf, und J. E. Stiglitz, *Im freien Fall* [Anm. 17].) Die EZB könnte die Vergabe produktiver Kredite auch dadurch fördern, dass sie den Zugang zum EZB-»Fenster« (die Möglichkeit, Kredite bei der EZB aufzunehmen) davon abhängig macht, dass Banken Kredite an den produktiven Sektor ausreichen, insbesondere den Mittelstand, und die nichtproduktive Kreditvergabe einschränken. Es bedarf vielleicht einer Kombination aus Zuckerbrot und Peitsche, Anreizen zu erwünschtem Verhalten (insbesondere zur Kreditvergabe an den Mittelstand) und Bestrafung für anderweitiges Verhalten.

31 Oder durch seine dem Gemeinwohl schadenden Praktiken der missbräuchlichen Kreditvergabe, der Marktmanipulation oder des Missbrauchs seiner Marktmacht.

32 Viele Probleme lassen sich auf Vorschriften und Regulierungen des Finanzsystems zurückführen, andere auf Steuergesetze, die Spekulationsgeschäfte fördern, wieder andere auf Insolvenzgesetze, die den Kauf hochriskanter Derivate oder die leichtfertige Vergabe von Verbraucherkrediten fördern, und nochmals andere auf Mängel im Ordnungsrahmen für Unternehmensleitung und -aufsicht. Vgl. für die USA J. E. Stiglitz u. a., *Rewriting the Rules of the American Economy*, New York 2015, und National Commission, *Financial Crisis Inquiry Report* (Anm. 30). In meinem Buch *Im freien Fall* (Anm. 17) werden einige der allgemeinen Grundsätze beschrieben.

33 Das Economic Policy Institute (EPI) berichtet, dass die durchschnittliche Jahresgesamtvergütung der CEO der 350 größten US-Unternehmen im Jahr 2014 16,3 Millionen Dollar betrug – das ist das 303-Fache des durchschnittlichen Arbeitnehmers (»der Durchschnittslohn von Produktionsarbeitern/Arbeitern ohne Aufsichtsfunktion in den Schlüsselbranchen der Unternehmen, die in die Stichprobe einbezogen wurden«). Die durchschnittliche CEO-Vergütung stieg inflationsbereinigt seit 1978 um fast 997 Prozent. Vgl. den EPI-Online-Bericht, »Top CEOs Make 300 Times More than Typical Workers«, 21. Juni 2015, abrufbar unter http://www.epi.org/publication/top-ceos-make-300-times-more-than-workers-pay-growth-surpasses-market-gains-and-the-rest-of-the-0-1-percent.

34 In den USA haben auch steuerrechtliche Bestimmungen die Verwendung von Aktienoptionen gefördert.

35 Vgl. insbesondere J. E. Stiglitz u. a., *Rewriting the Rules* (Anm. 32). Ein Beispiel für geänderte Spielregeln, die vielleicht eine langfristige Orien-

tierung der Unternehmen fördern, sind Treueaktien, die langfristigen Investoren mehr Stimmrechte geben als kurzfristigen Investoren. Vgl. Patrick Bolton und Frederic Samama, »L-Shares: Rewarding Long-Term Investors«, ECGI-Finance Working Paper Nr. 342/20132012, 12. Januar 2012, abrufbar unter http://www.ecgi.org/ceo/2012/documents/unrestricted/Bolton.pdf.

36 Ich habe an der Entwicklung dieses Konzepts mitgewirkt, als ich während der Asienkrise bei der Weltbank tätig war. Etwa 70 Prozent der indonesischen Firmen waren zahlungsunfähig oder näherten sich der Zahlungsunfähigkeit an, und das Gleiche galt für fast 50 Prozent der Firmen in Thailand und Korea. Vgl. Marcus Miller und J. E. Stiglitz, »Bankruptcy Protection against Macroeconomic Shocks: The Case for a ›Super Chapter 11‹«, World Bank Conference on Capital Flows, Financial Crises, and Policies, 15. April 1999, abrufbar unter http://www2.warwick.ac.uk/fac/soc/pais/research/researchcentres/csgr/research/keytopic/global/milrstig.pdf, und Marcus Miller und J. E. Stiglitz, »Leverage and Asset Bubbles: Averting Armageddon with Chapter 11?«, *Economic Journal* 120, Nr. 544 (Mai 2010), S. 500–518.

37 Es gibt eine einfache Antwort für diejenigen, die befürchten, dass dies einen Wettbewerbsnachteil für europäische Unternehmen bedeute: Europa muss eine Einfuhrsteuer auf Güter aus Ländern erheben, die keinen entsprechend hohen Kohlenstoffpreis festsetzen. Eine solche Abgabe wäre meines Erachtens mit den WTO-Regeln vereinbar. Vgl. mein Buch *Die Chancen der Globalisierung*, München 2006.

38 Es ist vielleicht naheliegend, dass die am geringsten qualifizierten Arbeitskräfte in einem Abschwung als erste entlassen werden, und die Kürzungen der Staatsausgaben im Zuge einer Rezession treffen besonders hart die Geringverdiener, die auf staatliche Sozialleistungen angewiesen sind. Auch wenn viele Regierungen versichern, sie würden solche Sozialausgaben »nicht antasten«, treffen die Einsparungen in vielen Fällen überproportional die Geringverdiener. Vgl. Jason Furman und J. E. Stiglitz, »Economic Consequences of Income Inequality«, *Income Inequality: Issues and Policy Options*, Jackson Hole 1998, S. 221–263, und J. E. Stiglitz, *Der Preis der Ungleichheit*, München 2012.

39 Dies war eine frühe Erkenntnis in der Literatur zur Theorie der lokalen öffentlichen Güter – unter der Annahme, dass sich Personen frei zwischen Gemeinden bewegen können. Vgl. beispielsweise J. E. Stiglitz, »Theory of Local Public Goods«, *The Economics of Public Services*, hg. von Martin S. Feldstein und Robert P. Inman, London 1977, S. 274–333 (Referat auf der IEA Conference, Turin 1974).

40 Ein zentrales Thema meines Buches *Die Schatten der Globalisierung* lautet, dass eine Politik, die alle über einen Kamm schert, zum Scheitern verurteilt ist.

41 Wie in Kapitel 4 ausgeführt, gibt es die sich hartnäckig haltende Überzeugung, dass das Vertrauen wiederhergestellt werden könne, wenn Staaten ihre Defizite (Ausgaben) verringerten, und wenn das Vertrauen wiederher-

gestellt sei, würden die Investitionen und die Wirtschaft wachsen. Kein ökonometrisches Standardmodell hat diese Überzeugung bestätigt. Im Gegenteil, die unmittelbare Auswirkung eines Defizitabbaus ist ein Konjunkturrückgang, und dieser zerstört Vertrauen.

42 In Kapitel 8 beschreibe ich in dem Abschnitt mit der Überschrift »Reformen, die wichtig gewesen wären« eine Reihe von Strukturreformen in den Krisenländern wie etwa Griechenland, die geholfen hätten, Wachstum und Wohlstand wiederherzustellen.

43 Vgl. die im vorherigen Kapitel präsentierten Daten.

44 Da in jüngerer Vergangenheit mehrere Länder von solchen Krisen bedroht waren und da US-Gerichte (die für in den USA begebene Anleihen zuständig sind) zu recht merkwürdigen Rechtsauffassungen gelangten und solche Restrukturierungen weitgehend unmöglich machten, steht die Schaffung eines Restrukturierungsrahmens für Staatsschulden wieder auf der politischen Agenda. Die UN-Generalversammlung hat mit Unterstützung der großen Mehrheit der Staaten im September 2014 eine Resolution angenommen, die fordert, mit der Erarbeitung eines solchen Regelwerks zu beginnen. Ein Jahr später verabschiedeten sie mit noch größerer Unterstützung eine Reihe von Grundsätzen für die Ausgestaltung dieses Regelwerks. An anderer Stelle habe ich beschrieben, wie ein solches Regelwerk aussehen könnte. Vgl. J. E. Stiglitz, »Sovereign Debt: Notes on Theoretical Frameworks and Policy Analyses«, *Overcoming Developing Country Debt Crises*, hg. von Barry Herman, Jose Antonio Ocampo und Shari Spiegel, Oxford 2010, S. 35–69.

45 Russland erhielt weniger als zwei Jahre nach seiner Staatspleite 1998 wieder Zugang zu den internationalen Kapitalmärkten.

46 Für eine umfassendere Diskussion der Rolle von Schuldenrestrukturierungen bei der Bewältigung von Schuldenkrisen vgl. J. E. Stiglitz und Daniel Heymann, »Introduction«, *Life After Debt: The Origins and Resolutions of Debt Crisis*, hg. von J. E. Stiglitz und Daniel Heymann, Houndmills, GB und New York 2014, S. 1–39, und die anderen Aufsätze in diesem Band.

47 Das in Kapitel 2 erwähnte Erasmus-Programm, das den europäischen Studentenaustausch fördert, ist ein Beispiel.

48 Wie wir in Bezug auf die Einlagensicherung innerhalb der Bankenunion anmerkten.

10 Ist eine einvernehmliche Scheidung möglich?

1 Martin Wolf ist in seinem sehr erkenntnisreichen Werk über den Euro und die Eurokrise zu ganz ähnlichen Schlussfolgerungen gelangt und hat oft die Ehe-Metapher benutzt. Dabei behauptet er, die Auflösung der Eurozone einschließlich des Grexit sei eine Scheidung im Unfrieden. Dieses Kapitel zeigt, dass die Trennung durchaus auf eine friedlichere Weise vollzogen werden kann – auch wenn es vielleicht übertrieben ist, zu behaupten, sie könne vollkommen gütlich ablaufen. Vgl. Martin Wolf, *The Shifts and Shocks: What We've Learned – and Have Still to Learn – from the Financial Crisis*, New York 2014.

2 Ich werde hier nicht die optimalen Ländergruppierungen diskutieren, sondern mich darauf konzentrieren, wie eine solche Scheidung erfolgreich durchgeführt werden kann.

3 Finanzmarktexperten sprechen im Zusammenhang mit dieser Scheidung auch von einer »Option, die sich im Geld befindet«.

4 Aus dieser Logik folgt selbstverständlich, dass für Länder, denen es gelang, im Rahmen der Eurozone ein passables Wachstum zu erreichen, der Nutzen eines Ausstiegs geringer wäre als die Kosten.

5 Vgl. etwa Matthew Yglesias, »How Greece Leaving the Euro Would Actually Work«, Vox, 16. Juli 2015, abrufbar unter http://www.vox.com/2015/7/6/8901303/greek-crisis-grexit-how-it-works, und Jack Ewing, »Weighing the Fallout of a Greek Exit from the Euro«, *New York Times*, 9. Juli 2015.

6 Aufsichtsbehörden, Parlamente und mit Kartellklagen befasste Gerichte haben endlich begonnen, einzugreifen, um die hohen Gebühren und missbräuchlichen Praktiken einzudämmen, aber die Gebühren sind noch immer stark überhöht.

7 Wie in Kapitel 7 erwähnt, hielt die Troika durch ihre verfehlte Politik Privatpersonen davon ab, das Bankensystem zu nutzen, und leistete dadurch der Steuerumgehung geradezu Vorschub.
In jedem Währungssystem gibt es Probleme mit Betrug, und Cybersicherheit ist ein zentrales Problem moderner elektronischer Zahlungsmechanismen. Dennoch überwiegen bei weitem die Vorteile elektronischer Transaktionen, und deshalb wird das System ungeachtet der Monopolpreise immer stärker genutzt.

8 Die wichtigste Ausnahme, die Verwendung für den Kauf ausländischer Güter und Dienstleistungen, wird später in diesem Kapitel diskutiert.

9 Tatsächlich haben europäische Behörden die Schaffung eines solchen Systems gefördert, als sie die Beträge, die Personen in Griechenland und Zypern von ihren Konten abheben konnten, begrenzten. Dieses System geht lediglich ein bisschen weiter: Statt den Betrag, den man von seinem Bankkonto abheben kann, auf eine sehr kleine Summe zu begrenzen – beispielsweise 50 Euro pro Tag –, wird diese Grenze auf null herabgesetzt, sodass die Wirtschaft dazu gezwungen wird, auf eine bargeldlose elektronische Wirtschaft umzustellen.

10 Im Vorwort wiesen wir auf die Bedeutung dieses Streits bei den US-Präsidentschaftswahlen im Jahr 1896 hin.

11 Es gibt mehrere andere Dinge, die »nicht so laufen können wie geplant«. Zentralbanken in Europa, den Vereinigten Staaten und Japan haben ihre eigene Bilanzsumme erhöht, um den Banken mehr Liquidität zur Verfügung zu stellen; aber ihre Banken haben einfach einen Großteil des Geldes wieder als Einlage bei der Zentralbank eingezahlt und ihre private Kreditschöpfung nicht ausgeweitet. Wird Kredit geschöpft, muss dieser in einer globalisierten Welt nicht in dem Land bleiben, das ihn geschöpft hat. Zu Beginn der Quantitativen Lockerung in den USA floss ein Großteil des Geldes in die boomenden Schwellenländer ab. Schließlich kann es selbst dann, wenn es im Inland bleibt, nicht nur für den Kauf vorhandener Ver-

mögenswerte, sondern auch zur Finanzierung des »Einschusses« (Sicherheitsleistung) bei Spekulationsgeschäften verwendet werden.

12 Die Entwicklung des Bankensystems von der primitiven Getreide-Ökonomie zu seiner modernen Form ist interessant und informativ. Frühe Banken basierten tatsächlich mehr auf Gold- als auf Getreideeinlagen. Diejenigen, die mehr Gold hatten, als sie ausgeben wollten, brachten es zur Bank, und die Bank lieh es an andere aus. Die Banken entdeckten schon bald, dass sie »Papiere« – Forderungen auf eine bestimmte Menge Gold – ausgeben konnten, die von anderen akzeptiert wurden, und dass sie mehr dieser »Papiere« produzieren konnten, als sie Gold hatten, in dem Wissen, dass nicht alle Inhaber dieser Papiere gleichzeitig ihre Ansprüche auf Gold einlösen würden. Während die Banken an einige Personen Gold ausliehen, erhielten sie Gold von anderen als Einlage.

Gelegentlich kam es zu einer Panik, wenn die Inhaber dieser Papiere befürchteten, die Bank könne ihre Versprechen möglicherweise nicht erfüllen, und wenn sie von Panik erfasst wurden und alle zur Bank stürmten, um die Herausgabe ihres Goldes zu verlangen, war nicht genug da, um ihre Forderungen zu befriedigen. Die Banken gingen pleite, und die Wirtschaft stürzte vielleicht in eine Depression.

Um diese Paniken zu verhindern, wurde die Einlagenversicherung erfunden: Der Staat stellte sich ausdrücklich hinter die Versprechen der Banken. Dies erhöhte das Vertrauen darauf, dass die Versprechen auch tatsächlich eingelöst würden (solange das Vertrauen in den Staat vorhanden war), und dies wiederum verringerte die Wahrscheinlichkeit einer Panik. Aber wenn der Staat diese Garantien, diese Versicherung, übernehmen sollte, musste er sicherstellen, dass die Bank verantwortlich handelte – zum Beispiel Geld (nur) an Personen verlieh, die es auch tatsächlich zurückzahlen konnten, und es nicht an die Eigentümer der Bank und deren Freunde ausreichte. Gerard Caprio, mit dem ich bei der Weltbank zusammenarbeitete und der staatliche Rettungspakete weltweit analysierte, sagte, dass es zwei Arten von Ländern gebe – diejenigen, die eine Einlagenversicherung haben und es wissen, und diejenigen, die eine Einlagenversicherung haben und es nicht wissen. Schweden hatte vor seiner Finanzkrise in den Neunzigerjahren keine Einlagenversicherung, rettete seine Banken aber trotzdem. In der Krise von 2008 wurde die Einlagenversicherung plötzlich auf Konten ausgedehnt, die zuvor nicht vollständig versichert gewesen waren.

Dass der Staat diese neue Aufgabe übernommen hat, ist teilweise auf das Ausmaß und die Häufigkeit von Paniken und Konjunkturabschwüngen in den Marktwirtschaften des 19. und frühen 20. Jahrhunderts zurückzuführen. Zudem forderten diese Konjunkturschwankungen ihren Tribut, als fortgeschrittene Länder wie die USA den Übergang von der Agrar- zur Industriegesellschaft vollzogen und ein wachsender Prozentsatz der Bevölkerung von industriellen und anderen nicht-landwirtschaftlichen Arbeitsplätzen abhängig war. Solange einfache Bürger wenig Einfluss darauf hatten, was die Regierung tat, konnte diese Not und Elend breiter Bevölkerungsgruppen ignorieren. Aber mit der Ausweitung des Wahlrechts und zunehmendem demokratischem Engagement wurde es für die Regierung immer schwieriger, diese Mega-Marktversagen einfach auszublenden.

13 Vgl. John Kay, *Other People's Money: The Real Business of Finance*, New York 2015, und Adair Turner, *Between Debt and the Devil: Money, Credit, and Fixing Global Finance*, Princeton, NJ 2015.

14 Ganz allgemein wurde gezeigt, dass ein Großteil der Zunahme der Ungleichheit in den fortgeschrittenen Ländern während der letzten Jahrzehnte mit dem Finanzsektor zusammenhängt. Vgl. insbesondere James K. Galbraith, *Inequality and Instability: A Study of the World Economy Just before the Great Crisis*, New York 2012, und J. E. Stiglitz, *Der Preis der Ungleichheit*, München 2012.

15 Für eine weitere Ausführung dieser Kritik vgl. mein Buch *Im freien Fall*, München 2010.

16 Dies geschieht insbesondere durch die Privatisierung von Gewinnen und die Sozialisierung von Verlusten, die zu einem gängigen Muster in Volkswirtschaften mit »systemrelevanten« Banken geworden ist (vgl. *Im freien Fall* [Anm. 15]).

17 Das System ist symmetrisch. Die Zentralbank gelangt vielleicht zu dem Schluss, dass zu viel Geld in der Wirtschaft ist – das heißt, die Banken vergeben zu viele Kredite, wobei sie dafür das »Geld« aus den erhaltenen Tilgungseingängen verwenden. In diesem Fall kann der Staat die Rechte zur Vergabe von Krediten zurückkaufen: Er kauft das Geld zurück, das er den Banken überließ, damit diese es in seinem Namen erfolgreich verwalten. Es könnte auch hier eine offene Auktion für diejenigen geben, die am ehesten bereit wären, ihre Kreditausgaberechte aufzugeben. Dies würde dem Bankensystem buchstäblich Geld entziehen.

18 Der Eintritt neuer Unternehmen würde wahrscheinlich bis zu dem Punkt erfolgen, wo der vorsteuerliche Kapitelertrag (gemessen über den Konjunkturzyklus hinweg) leicht über dem normalen Kapitalertrag liegt. Ein gewisser Mehrertrag ist möglicherweise notwendig, um die Banken zu verantwortlichem sozialem Handeln anzuhalten.

19 Laut dem World Travel and Tourism Council, das auch schätzt, dass der gesamte, sekundäre Beitrag des griechischen Tourismus etwa 17 Prozent des BIP beträgt. Vgl. den Bericht der Organisation, »Travel & Tourism: Economic Income 2015: Greece«, abrufbar unter https://www.wttc.org/-/media/files/reports/economic%20impact%20research/countries%202015/greece2015.pdf.

20 Früher haben wir behauptet, dass eine interne Abwertung wahrscheinlich nur einen begrenzten Nutzen und erhebliche Kosten hätte, weil sie sich gleichzeitig negativ auf den Sektor für nicht-handelbare Güter auswirken würden, obwohl der Sektor für handelbare Güter (leicht) positiv beeinflusst würde. Um eine reale Abwertung zu erreichen, müssten die Löhne stark sinken, und die Lohnsenkungen müssten zu Preissenkungen für handelbare Güter führen. Eine Änderung des nominellen Wechselkurses schlägt sich *sofort* in einer Verbesserung des realen Wechselkurses nieder. Die größten Risiken sind (a), dass ein Anstieg der Inflation diese Vorteile zeit-

lich befristet, und (b), dass, wie bei der internen Abwertung, die gestiegene reale Verschuldung, wenn Schulden auf Fremdwährungen lauten, zu einer rückläufigen Nachfrage nach nicht-handelbaren Gütern führen würde. Ich beschreibe später Reformen, die diese Effekte abmildern.

21 Vgl. Warren Buffett, »America's Growing Trade Deficit Is Selling the Nation out from Under Us. Here's a Way to Fix the Problem – And We Need to Do It Now«, *Fortune*, 10. November 2003.

22 Um die Anhäufung von Chits zu verhindern – Spekulanten kaufen sie vielleicht, weil sie darauf setzen, dass ein Chit in ein paar Jahren wertvoller ist –, sollten die Chits mit einem Datumstempel versehen werden; sie müssten beispielsweise innerhalb eines Jahres verwendet werden. (Es ist möglich, dass einige internationale Regeln, wie diejenigen, die gegenwärtig von der WTO festgelegt werden, geändert werden müssten, um dem System der Chits Rechnung zu tragen. Zumindest im Rahmen eines Übergangs, wie er hier betrachtet wird, in dem ein Land ein Leistungsbilanzproblem hat, sollten geltende Regeln eine hinreichende Flexibilität erlauben, sodass es keine Probleme geben sollte.)

23 Wie bereits erwähnt, wies die Leistungsbilanz bereits Anfang 2015 einen Überschuss auf und während des Jahres 2015 schwankte sie in verschiedenen Monaten zwischen positiv und negativ. Auch ohne das System der Chits wäre die Abwertung daher vermutlich begrenzt gewesen. Das System der Chits würde den Markt dadurch zusätzlich stabilisieren, dass es ihm eine Garantie dafür bieten würde, dass es keine großen Außenhandelsdefizite geben wird.

Wir können hier selbstverständlich die Funktionsweise unseres elektronischen Geld-/Kredit-/Chit-Systems nicht umfassend beschreiben. Doch sollten die Grundprinzipien klar sein. Wenn beispielsweise ein griechisches Unternehmen Oliven in die USA exportiert, würde es die Dollar, die es erhält, in das elektronische Bankensystem einzahlen; dann würde ihm auf seinem Konto in Griechischen Euro ein Betrag gutgeschrieben werden, der dem Wert dieser Dollar in Griechischen Euro entspricht. (Es würde auch eine entsprechende Anzahl von Chits erhalten, die es frei an andere verkaufen könnte.) Die »Geldmenge« im Bankensystem würde infolge der Einzahlung zunehmen. Die Zentralbank würde dies bei ihrer Entscheidung über die Höhe der zu versteigernden Kredite berücksichtigen. Das System soll Umgehung verhindern – etwa durch Unterfakturierung. Eine Unterfakturierung (die übrigens rechtswidrig ist) hätte zur Folge, dass der Exporteur nicht die Handels-Chits erhält, die ihm normalerweise zustehen würden. Es gäbe also keinen Anreiz für die Schaffung eines Schwarzmarkts.

24 Schon jetzt hat es frühere Erwartungen eines kleinen Primärdefizits bis Juli 2015 übertroffen, indem es einen vergleichsweise hohen Überschuss erreichte, den es im ersten Quartal 2016 aufrechterhielt. Vgl. Silvia Merler, »Greek Budget Update – August«, 17. August 2015, Blog-Post auf der Webseite der europäischen Denkfabrik Bruegel, abrufbar unter http://bruegel.org/2015/08/greece-budget-update-august.

25 Tatsächlich könnte man behaupten, dass die den Krisenländern auferlegte kontraproduktive Konditionalität, die eine so schwere Bürde für ihre Volkswirtschaften darstellt, eine moralische Verpflichtung seitens der Eurozone begründet. Ich gehe allerdings davon aus, dass viele Mitglieder der Eurozone diese moralische Verpflichtung nicht anerkennen und den Krisenländern selbst die Schuld an dem Scheitern der Programme geben würden. Statt eines nicht-rückzahlbaren Zuschusses könnte die Eurozone auch Kredite gegen eine vorrangige Gläubigerposition bereitstellen. (Tatsächlich wäre es eine »Kreditvergabe bei Zahlungsrückständen«. Siehe die Diskussion unten.)

26 Das heißt, die Chit-Rate könnte so festgelegt werden, dass sich die Außenhandelsbilanz im Gleichgewicht befindet oder sogar ein Überschuss erzielt wird.

27 Sie wurden zu dem Wechselkurs umgerechnet, der im Vorfeld der Einführung des Euro festgelegt wurde. Dennoch hatte die »Währungsumstellung« alles andere als triviale Folgen, sowohl für den Gläubiger als auch für den Schuldner, da die Risikomerkmale der beiden Währungen sehr unterschiedlich sein konnten.
So wäre beispielsweise bei einer im Jahr 1991 emittierten langfristigen Drachmen-Anleihe der Zins so festgesetzt worden, dass er einen angemessenen Ausgleich für das Wechselkursrisiko bietet. Mit der Umstellung auf Euro wurde dieses Risiko deutlich verringert, sodass der Gläubiger tatsächlich ein großes Geschenk erhielt.

28 Die Regierung sollte die Zahlung von Auslandsschulden in Euro als eine Einfuhr behandeln. Der ausländische Anspruchsberechtigte erhielte eine Forderung auf Griechische Euro, mit der er innerhalb Griechenlands Güter kaufen könnte. Wenn der Gläubiger allerdings die Griechischen Euro in normale oder Deutsche Euro umtauschen wollte, müsste er unter Verwendung von Chits die Devisen kaufen.
Alternativ könnte das Land auch Kapitalverkehrskontrollen einführen, den Gläubiger in Euro auszahlen, aber nicht zulassen, dass die Euro außer Landes gebracht werden. So könnte es beispielsweise Euro-Bankkonten einrichten; Gelder dürften zwischen Euro-Bankkonten frei transferiert werden, aber sie dürften nicht in Devisen oder Euro auf einem ausländischen Euro-Konto umgetauscht werden.
Kapitalverkehrskontrollen wurden im Rahmen der Krisen in Island, Griechenland und Zypern eingeführt. Tatsächlich erlaubt es dieser Vorschlag, solche Beschränkungen effizienter und einfacher umzusetzen.

29 Wir haben womöglich die Kosten einer Insolvenz unterschätzt: Da ein Großteil der Schuldtitel ausländischem Recht unterliegt, ist, wie erwähnt, eine Umstellung vermutlich nicht möglich. Es kommt vielleicht zu Rechtsstreitigkeiten darüber, ob Zahlungen in »beschränkten Euro« – Euro, die laut gesetzlichen Vorschriften in Griechenland ausgegeben werden müssen und die nur gegen Entrichtung einer Gebühr (der Preis des Chit) ins Ausland transferiert werden dürfen – rechtlich Zahlungen in unbeschränkten Euro gleichzustellen sind und daher die vertraglichen Verpflichtungen

erfüllen. Ohne eine Währungsumstellung käme es zu negativen Auswirkungen auf die Bilanzen – die jedoch auch nicht schlimmer wären als diejenigen, die mit einer inneren Abwertung einhergingen. Ein beschleunigtes Insolvenzverfahren könnte Unternehmen mit untragbar hohen Beständen an Schuldtiteln in Fremdwährungen, die nach ausländischem Recht begeben wurden, einen zügigen Neuanfang ermöglichen. Dies könnte zusätzlich erleichtert werden durch Gesetze, die eine einfache Umstrukturierung von Vermögenswerten erlauben – so könnte beispielsweise eine Familie mit einem auf Fremdwährung lautenden Hypothekendarlehen auf ihr Haus, das von einem ausländischen Gläubiger vergeben wurde, ihr Haus so behandeln, als wäre es eine eigenständige rechtsfähige Tochtergesellschaft, und die Hypothekenschulden in eine Beteiligung an der Immobilie umwandeln, ohne dass der Hypothekenschuldner Insolvenz anmelden müsste. Dies könnte in ähnlicher Weise bei Kapitalgesellschaften geschehen. Angesichts der Tatsache, dass die westlichen Gesellschaften immer prozessfreudiger werden, wird all dies nicht ganz einfach werden, aber es ist trotzdem weniger belastend als die gegenwärtige Depression.

30 Bei jeder Schuldenrestrukturierung/Insolvenz gibt es eine Bestimmung, die »Kreditvergabe bei Zahlungsrückständen« heißt. Sie gewährleistet, dass diejenigen, die dem Unternehmen nach Beginn des Restrukturierungsprozesses Kredite gewähren, vollständig ausbezahlt werden, ehe die Forderungen anderer Gläubiger auch nur teilweise erfüllt werden. Dies sollte auch Teil einer gütlichen Trennung sein.

31 George Soros hat in einem Artikel nachdrücklich für diese Idee geworben. Vgl. »The Tragedy of the European Union and How to Resolve It«, *New York Review of Books*, 7. September 2012. Tatsächlich wird die Auffassung, Deutschland solle aus der Eurozone ausscheiden, von vielen Wirtschaftswissenschaftlern geteilt. Mervyn King, der ehemalige Präsident der Bank of England, sagte auf CNBC: »Das wäre das Beste, und ich würde mir wünschen, dass viele meiner amerikanischen Freunde aufhören, die Europäer dazu zu drängen, immer noch mehr Geld für die Lösung des Problems bereitzustellen, und nicht länger sagen, wir müssen dem Euro zum Erfolg verhelfen.« Tom DiChristopher, »Germany Should Leave Euro Zone: Mervyn King«, CNBC, 21. März 2016, abrufbar unter http://www.cnbc.com/2016/03/21/germany-should-leave-eurozone-mervyn-king.html.

11 Der Übergang zu einem flexiblen Euro

1 Zumindest gemessen an den *Hoffnungen*, wenn auch vielleicht nicht unbedingt verglichen mit der tatsächlichen Situation.

2 Diese beiden Ideen werden ausführlich in Kapitel 9 erörtert, wo es um die Frage geht, wie man eine Eurozone gestalten kann, die allen Wohlstand bringt. In diesem Kapitel lege ich dar, dass Europa, indem es *einige* dieser Ideen übernimmt, nach und nach zu einem solchen Regime übergehen könnte.

3 Hinzu kommen zahlreiche rechtliche Probleme: Wäre es möglich, eine auf Euro lautende Forderung durch eine Zahlung in Griechischen oder Deut-

schen Euro zu begleichen? Wenn dies der Fall wäre, würde dies Funktionsfähigkeit des Systems erheblich verbessern, wie wir im vorherigen Kapitel ausführten.

4 Das System ist möglicherweise nicht im Interesse aller europäischen Länder: Deutschland profitiert immens von dem derzeitigen System, das es ihm leichter macht, sehr hohe Handelsbilanzüberschüsse zu erzielen, die zu seiner wirtschaftlichen Stärke beitragen, während sie gleichzeitig weltwirtschaftliche Instabilitäten fördern. Das System des flexiblen Euro würde höchstwahrscheinlich zu einem stärkeren Deutschen Euro führen. Deutschland könnte seine Überschüsse wahrscheinlich nicht aufrechterhalten – und es wäre daher nicht verwunderlich, lehnte es dieses System ab.

12 Wie geht es weiter?

1 Vgl. IMF, »Greece: Ex Post Evaluation of Exceptional Access under the 2010 Stand-By Arrangement«, IMF Country Report Nr. 13/156, Juni 2013, abrufbar unter https://www.imf.org/external/pubs/ft/scr/2013/cr13156.pdf, und IMF, »Ireland: Ex Post Evaluation of Exceptional Access under the 2010 Stand-By Arrangement«, IMF Country Report Nr. 15/20, Januar 2015, abrufbar unter https://www.imf.org/external/pubs/ft/scr/2015/cr1520.pdf.

2 Vgl. Richard Koo, »EU Refuses to Acknowledge Mistakes Made in Greek Bail-out«, Nomura Research Institute, 14. Juli 2015, abrufbar unter http:/ineteconomics.org/ideas-papers/blog/eu-refuses-to-acknowledge-mistakes-made-in-greek-bailout.

3 Es gibt viele mögliche Gründe für diese Vormachtstellung. Da ist erstens die Tatsache, dass viele der anderen Länder in der Eurozone, die sich noch nicht in einer Krise befinden, befürchten, dass sie eines Tages vielleicht ebenfalls ein Rettungspaket benötigen. Sie wollen sich daher bei Deutschland nicht unbeliebt machen. Im Inland tönten ihre führenden Politiker, sie würden Deutschland Paroli bieten. Aber ihre Ansichten schlugen sich kaum in den Ergebnissen der Konferenzen nieder.

Rettungsprogramme erfordern in der Regel die einmütige Zustimmung sämtlicher Länder, und was Deutschland anlangt, so muss das Parlament darüber abstimmen. Die starke Ablehnung von Bail-out-Programmen in Deutschland bedeutet, dass es de facto sein Veto dagegen einlegen könnte: Wenn das Bail-out-Abkommen den Vorstellungen und Wünschen führender deutscher Politiker nicht hinreichend Rechnung trägt, sind die Chancen gering, dass das Parlament zustimmt.

Gegen Maßnahmen der EZB wurde wiederholt Klage vor deutschen Gerichten eingereicht, mit der Begründung, sie verstießen gegen die deutsche Verfassung. Die deutschen Gerichte haben sich bislang immer dem Urteil höherer europäischer Gerichte gebeugt – so hat etwa der Europäische Gerichtshof im Januar 2015 zugunsten eines Ankaufprogramms für Staatsanleihen der EZB entschieden, in einem Verfahren, das ursprünglich von mehreren deutschen Klägern vor dem Bundesverfassungsgericht angestrengt worden war. Aber die ständige Drohung mit einer Klage wirft einen Schatten auf die Maßnahmen der EZB.

4 Laut einer Umfrage aus dem Jahr 2012, die von TNS Emnid durchgeführt wurde. Vgl. »Most Germans Oppose Euro, French Also Losing Faith: Polls«, Reuters, 17. September 2012, abrufbar unter http://www.reuters.com/article/us-eurozone-germany-poll-idUSBRE88G0Y720120917.

5 Vgl. Seth Mydans, »Crisis Aside, What Pains Indonesia Is the Humiliation«, *New York Times*, 10. März 1998. Das Foto der beiden Männer ist im Internet weithin verfügbar: Camdessus steht mit ernster Miene und verschränkten Armen über einem gebeugten Suharto, als dieser das Abkommen unterzeichnet.

6 Vgl. Karl Lamers und Wolfgang Schäuble, »More Integration Is Still the Right Goal for Europe«, *Financial Times*, 31. August 2014.

7 Vgl. Yanis Varoufakis, »Greek Debt Denial: A Modest Debt Restructuring Proposal and Why It Was Ignored«, *Too Little, Too Late: The Quest to Resolve Sovereign Debt Crises*, hg. von Martin Guzman, Jose Antonio Ocampo und J. E. Stiglitz, New York 2016.

8 Als 62 Prozent der portugiesischen Wähler die Austerität ablehnten (ein Prozentsatz, ungefähr genauso hoch wie in Griechenland), erklärte der konservative Staatspräsident Portugals öffentlich seine Vorbehalte dagegen, den eindeutigen Wahlgewinner, eine Koalition, die die Sparpolitik ablehnte, mit der Regierungsbildung zu beauftragen. (Die *Vorwärts-Portugal*-Koalition – ein Bündnis zwischen der Volkspartei CDS und der Sozialdemokratischen Partei PSD – hatte die meisten Stimmen gewonnen, weil die Stimmen der Austeritätsgegner auf mehrere Parteien aufgeteilt wurden. Aber das Wahlbündnis fand keinen Koalitionspartner für die Fortsetzung seiner rezessiven Austeritätspolitik.) Es mochte teilweise so sein, dass er aus einer antidemokratischen Haltung heraus nicht wollte, dass das Land seinen Kurs ändert. Aber vielleicht war es teilweise auch echte Sorge: Was wäre, wenn die Regierung tatsächlich versuchen würde, eine Politik umzusetzen, die mit den Wahlversprechen in Einklang stand? Vielleicht hatte er Angst vor der Rache Europas.

Für Portugal war die gute Nachricht, dass es den Euro-Rettungsschirm verlassen hatte, sodass die Troika viel weniger Druckmittel gegenüber Portugal besaß. Aber viele in Portugal erkannten die Unwägbarkeiten des Marktes: Selbst wenn das Land alles richtig machte, schwanken die Marktstimmungen mitunter sehr stark, und wenn das Land abermals von den Kapitalmärkten ausgesperrt würde, welche Optionen hätte es dann?

Es ist immer schwer, Wahlergebnisse zu interpretieren: Sie werden oftmals nicht nur von politischen Inhalten und politischen Stimmungen beeinflusst, sondern auch von Persönlichkeiten und zeitnahen Ereignissen. So gewann bei den anschließenden Präsidentschaftswahlen im Januar 2016 der Mitte-rechts-Kandidat mit 52 Prozent der Stimmen. Unterdessen haben die Iren, die die ihnen auferlegte Austeritätspolitik am bereitwilligsten anzunehmen schienen, im Februar 2016 die Regierung abgewählt, die diese Politik umgesetzt hatte, auch wenn nach monatelangem Gefeilsche Premierminister Enda Kenny eine fragile Minderheitsregierung bilden und sich an deren Spitze behaupten konnte.

9 J. E. Stiglitz u. a., *Rewriting the Rules of the American Economy*, New York 2015.

10 Führer der Eurozone zeigen ihr Mitgefühl oftmals dadurch, dass sie sich für ein soziales Sicherungsnetz aussprechen. Die Frage ist nur, wie tief hängt das Sicherungsnetz? Ich würde behaupten, dass ein Sicherungsnetz, das einen großen Teil der Bevölkerung und einen noch größeren Teil der Kinder in Armut lässt, ein unzureichendes Sicherungssystem und weit von inklusivem Wachstum entfernt ist. Das Sicherungsnetz, das im Rahmen des Griechenland-Programms bereitgestellt wurde, ist jedenfalls unzureichend.

11 Vgl. »Europe: The Current Situation and the Way Forward«, Leaders in Global Economy Lecture, Columbia University, 15. April 2015, abrufbar unter http://www.bundesfinanzministerium.de/Content/EN/Reden/2015/2015-04-15-columbia-university.html. In derselben Vorlesung verriet er auch etwas über allgemeine gesellschaftliche Einstellungen. Als er versuchte, die Große Rezession zu erklären, wiederholte er eine in extrem konservativen Kreisen weltweit populäre Sichtweise: »Politische Entscheidungsträger in den USA haben versucht, die Wohneigentumsquote bei gering qualifizierten Arbeitnehmern dadurch zu erhöhen, dass sie die Richtlinien für die Kreditvergabe lockerten.« Die überparteiliche US-Kommission zur Aufklärung der Ursachen der Finanzkrise hat diese Auffassung entschieden zurückgewiesen. Tatsächlich hat sich gezeigt, dass nicht nur Fehlurteile im privaten Sektor, sondern auch betrügerische Praktiken verantwortlich waren. Vgl. National Commission on the Causes of the Financial and Economic Crisis in the United States, *Financial Crisis Inquiry Report*, 2011.

12 Wie in Kapitel 2 ausgeführt, geht es nicht nur um unterschiedliche Auffassungen über die Funktionsweise der Wirtschaft, sondern auch um *Werte*. So haben wir in diesem Buch auch darauf hingewiesen, dass es für die These, wonach sich Volkswirtschaften mit weniger Ungleichheit und mehr Chancengleichheit besser entwickeln, sowohl theoretische als auch empirische Belege gibt. Sie wachsen schneller und ihr Wachstum ist nachhaltiger. Aber *geteilter* Wohlstand ist ebenfalls eine Frage von Werten. Das Bekenntnis der Vereinten Nationen zu den nachhaltigen Entwicklungszielen am 25. September 2015 kann als ein breiter globaler Konsens über die Ideen inklusiven Wachstums betrachtet werden (vgl. »Transforming Our World: The 2030 Agenda for Sustainable Development«, abrufbar unter https://sustainabledevelopment.un.org/post2015/transformingourworld).

13 Tatsächlich war das Leben eines Bauern im Jahr 1700 kaum besser als das seines fernen Ahnen 2000 Jahre zuvor. Vgl. J. E. Stiglitz und Bruce C. Greenwald, *Die innovative Gesellschaft*, Berlin 2015.

14 Deutschland stempelt diese Migranten als »Wirtschaftsmigranten« ab und grenzt sie so von den humanitären Migranten wie etwa den Flüchtlingen aus Syrien ab. Aber ein »Wirtschaftsmigrant«, dem sich nur die Alternative bietet, entweder auszuwandern oder seine Familie hungern zu sehen, hat verständlicherweise eine völlig andere Sichtweise.

15 In diesem Sinne unterscheidet sich die Währungsunion von einer Handelsintegration. In dieser Frage sind die meisten Wirtschaftswissenschaftler der Ansicht, dass frühere Handelsabkommen unter dem Strich lediglich geringe Wohlfahrtszuwächse brachten, die zudem sehr ungleich verteilt waren, sodass ein Großteil der Bevölkerung schlechtergestellt war. Die neuen Handelsabkommen, die gegenwärtig diskutiert werden, werden möglicherweise unter dem Strich überhaupt keine Wohlfahrtsgewinne erzeugen.

16 Das sogenannte Investor-Staat-Schiedsverfahren (ISDS) erlaubt es Unternehmen, Staaten zu verklagen, wenn diese Rechtsvorschriften erlassen, die sich negativ auf ihre erwarteten Gewinne auswirken – unabhängig davon, in welchem Ausmaß diese Gewinne dadurch entstehen, dass andere geschädigt werden. Vgl. meinen Kommentar mit Adam Hersh, »The Trans-Pacific Free-Trade Charade«, Project Syndicate, 2. Oktober 2015, abrufbar unter https://www.project-syndicate.org/commentary/trans-pacific-partnership-charade-by-joseph-e--stiglitz-and-adam-s--hersh-2015-10.

17 Vgl. Kapitel 8.

18 Vgl. Kapitel 1.

Nachwort
Der Brexit und seine Folgen

1 Der Europäische Rat ist das oberste beschlussfassende Organ der EU. Ihm gehören die Staats- beziehungsweise Regierungschefs der Mitgliedsländer an. Die EU-Kommission leitet die politischen Tagesgeschäfte der EU. Die EU-Kommissare werden vom Europäischen Rat ernannt. Jeder Kommissar hat einen bestimmten Zuständigkeitsbereich, der dem Ressort eines Ministers entspricht; so gibt es beispielsweise einen Wettbewerbskommissar, einen Umweltkommissar und so weiter.
In der Praxis entsendet jedes EU-Mitgliedsland einen Kommissar. Die einzige direkte Verbindung zwischen den EU-Bürgern und der EU sind die Wahlen zum Europäischen Parlament, das teils in Brüssel und teils in Straßburg tagt. Ursprünglich hatte das Europäische Parlament nur sehr eingeschränkte Befugnisse, aber es hat sich bemüht, diese Kompetenzen im Lauf der Zeit zu erweitern.

2 Den Euro: Dänemark und Schweden; die Europäische Union: Norwegen; die Europäische Verfassung: Frankreich und die Niederlande.

3 Pew Research Center, »Euroskepticism Beyond Brexit« (Juni 2016), abrufbar unter http://www.pewglobal.org/2016/06/07/euroskepticism-beyond-brexit.

4 Tatsächlich verlor der Euro gegenüber dem Dollar in den ersten Stunden nach Bekanntgabe des Brexit-Votums mehr als 4 Prozent. Seither hat er sich allerdings leicht erholt.

5 »Großbritannien wird sich damit abfinden müssen, als ein Drittland behandelt zu werden, das nicht mit Samthandschuhen angefasst werden wird«, soll Juncker etwa einen Monat vor dem Referendum in einem Kommentar geäußert haben, der seine Meinung beispielhaft wiedergibt. »Wenn

die Briten aus der EU austreten, müssen sie die Konsequenzen tragen.« Vgl. Alastair MacDonald, »Juncker says on Brexit: British ›deserters‹ to get no EU favour«, Reuters, 20. Mai 2016, abrufbar unter http://www.reuters.com/article/us-britain-eu-juncker-idUSKCN0YB1O3.

6 Es waren noch andere Kräfte am Werk, etwa das Bekenntnis zu den Menschenrechten. Manchmal können die beiden in Widerstreit geraten, insbesondere auf dem Arbeitsmarkt, wo der Neoliberalismus zu einer Schwächung der Arbeitnehmerschutzrechte führte, während der Einsatz für die Menschenrechte in die entgegengesetzte Richtung drängte. Vgl. die Diskussion unten.

7 US Census Historical Income Tables H-6, abrufbar unter http://www.census.gov/data/tables/time-series/demo/income-poverty/historical-income-households.html. Die aktuellsten Daten über das mittlere Haushaltseinkommen stammen von 2014. Das mittlere Einkommen für dieses Jahr liegt zwischen den Zahlen für 1996 (53 345 Dollar) und 1997 (54 443 Dollar). Im Jahr 1989 betrug das mittlere Haushaltseinkommen 53 306 Dollar. All diese Angaben erfolgen in inflationsbereinigten Dollar von 2014.

8 US Census Historical Income Tables P-36, abrufbar unter http://www.census.gov/data/tables/time-series/demo/income-poverty/historical-income-people.html.

9 Anne Case und Angus Deaton, »Rising morbidity and mortality in midlife among white non-Hispanic Americans in the 21st century«, *Proceedings of the National Academy of Sciences* 112, Nr. 49 (2015), S. 15078–15083.

10 In Großbritannien ist das mittlere Einkommen von Arbeitnehmern im Erwerbsalter niedriger als vor zehn Jahren, aber 30 Prozent höher als vor zwanzig Jahren (UK National Statistics, Haushalte unter dem durchschnittlichen Einkommen 1994/1995 bis 2014/2015).

11 Sie liegen auf dem 80. Perzentil der globalen Einkommensskala. In Großbritannien wird diese Gruppe normalerweise als Arbeiterschaft bezeichnet, während sie in den USA die Mittelschicht ist. Vgl. Branko Milanović, *Global Inequality: A New Approach for the Age of Globalization*, Cambridge, MA 2016.

12 Die Folgen wären besonders gravierend gewesen, wenn die meisten der fortgeschrittenen Länder kein soziales Sicherungssystem gehabt hätten. In den USA beispielsweise flossen 91 Prozent der Einkommenszuwächse in den ersten drei Jahren der »Erholung« dem obersten 1 Prozent zu. Ganz allgemein gelangte die OECD zu dem Schluss: »Klammert man die abmildernden Effekte, die der Sozialstaat über Steuern und Einkommenstransfers ausübt, aus, dann ist die Ungleichheit in den drei Jahren zwischen Ende 2007 und Ende 2010 stärker gestiegen als in den vorangehenden 12 Jahren.« Vgl. OECD, »Crisis squeezes income and puts pressure on inequality and poverty«, Mai 2013, abrufbar unter http://www.oecd.org/els/soc/OECD2013-Inequality-and-Poverty-8p.pdf.

13 Eurostat. Die aktuellsten Vergleichsdaten zum Zeitpunkt der Niederschrift dieses Buches.

14 Selbstverständlich profitierte er auch von den niedrigeren Ölpreisen.

15 Dies ist das zentrale Thema meiner Bücher *Der Preis der Ungleichheit*, München 2012, und *Reich und Arm*, München 2015.

16 Englands Politik in Sachen Studiengebühren stand in deutlichem Gegensatz zur Politik Schottlands, das die Studiengebühren viel niedriger gehalten hatte. Englands einkommensabhängige Kredite orientierten sich an dem sehr erfolgreichen Modell, das seit langem in Australien praktiziert wird.

17 Vgl. Paul Samuelson, »International Trade and the Equalisation of Factor Prices«, *Economic Journal* 58, Nr. 230 (Juni 1948), S. 163–184, und Wolfgang F. Stolper und Paul A. Samuelson, »Protection and Real Wages«, *Review of Economic Studies* 9, Nr. 1 (1941), S. 58–73. Für eine ausführlichere Diskussion vgl. Kapitel 3 von *Die Chancen der Globalisierung*, München 2006.

18 Viele Wirtschaftswissenschaftler behaupten, der Westen habe andere »institutionelle« Vorteile, wie etwa jene, die mit Rechtssicherheit und dem Schutz von Eigentumsrechten verbunden seien.

19 David H. Autor, David Dorn, Gordon H. Hanson, »The China Syndrome: Local Labor Market Effects of Import Competition in the United States«, *American Economic Review* 103, Nr. 6 (2013), S. 2121–2168.

20 Tatsächlich würde man erwarten, dass die Effekte angesichts der hohen Gesamtarbeitslosigkeit noch stärker sind.

21 Tatsächlich können in einer Welt mit unvollkommenen Risikomärkten – der Welt, in der wir leben – der Freihandel und die Handelsliberalisierung fast alle Menschen schlechter stellen. Die Handelsliberalisierung setzt Personen einer Vielzahl neuer Risiken aus. Vgl. David Newbery und J. E. Stiglitz, »Pareto Inferior Trade«, *Review of Economic Studies* 51, Nr. 1 (1984), S. 1–12 (der Ausdruck »Pareto inferior« bedeutet lediglich, dass *alle* schlechter gestellt sind).

22 Dies gilt dann, wenn sich Fachkräfte und ungelernte Arbeitskräfte gegenseitig ergänzen, in dem Sinne, dass Fachkräfte die Produktivität ungelernter Arbeitskräfte erhöhen.

23 Vgl. http://greece.greekreporter.com/2014/08/03/7500-doctors-have-left-greece-in-six-years.

24 Mahathir Mohamad, der ehemalige Premierminister Malaysias, sagte mir einmal, dies sei der *wirkliche* Diebstahl geistigen Eigentums.

25 In einigen Fällen erreichte die Auswanderung gewaltige Ausmaße. In Bulgarien etwa, einem Land, das 1985 9 Millionen Einwohner zählte, emigrierten über 800 000 nach dem Beginn des Übergangs zur Marktwirtschaft; heute hat das Land nur noch 7,2 Millionen Einwohner. Quelle: United Nations World Population Prospects 2015 database, abrufbar unter https://esa.un.org/unpd/wpp.

26 Mit einer eigenen Wikipedia-Seite: https://en.wikipedia.org/wiki/Euromyth. Aber zugleich scheint es tatsächlich ein Problem zu geben. Laut einem Bericht der BBC »wurden im November 2008 Vertriebsstandards für 26 Typen von Agrarerzeugnissen abgeschafft«, im Anschluss an Meldungen, wonach »EU-weit ein Fünftel der Erzeugnisse von Geschäften abgelehnt wurde, weil sie nicht die Anforderungen erfüllten« (BBC News, »Attempt at EU-

wide ›wonky fruit and veg‹ ban fails«, 25. März 2010, abrufbar unter http://news.bbc.co.uk/2/hi/uk_news/politics/8587496.stm). In einigen Fällen, etwa bei Eiscreme, schwächen die jüngsten EU-Standards vorhergehende Regulierungen ab. So stand in einem Bericht des Magazins *Eat Out*: »Die Zukunft der traditionellen Eiscreme in Großbritannien ist gefährdet, nachdem langjährige Qualitätsstandards von der EU abgeschafft worden sind« (16. Dezember 2014, abrufbar unter http://eatoutmagazine.co.uk/ice-cream-under-threat-because-new-eu-regulations).

27 Zumindest in der Art und Weise, wie es sich in der Eurozone manifestierte. Aber Großbritannien spürte die Folgen einer Vielzahl von EU-weiten Regulierungen, und viele Briten waren der Meinung, diese würden auf eine nicht-demokratische Weise erlassen und durchgesetzt.

28 Allerdings sollte man nicht allzu viel darauf geben: Die Erfolgsbilanz der Ratingagenturen bei der Vorhersage von Problemen ist jämmerlich, und ihre Ratings orientieren sich meistens an der gängigen Meinung.

29 Dies ist die Zehnjahresrendite deutscher und US-Staatsanleihen.

30 Angesichts der Tatsache, dass die neue Premierministerin Theresa May mehrfach sagte, »Brexit meint Brexit«, erscheint dieses Szenario zunehmend unwahrscheinlich.

31 Viele Briten scheinen zu glauben, allein Großbritannien entscheide, wann die Uhr zu ticken beginne. Dabei sollte klar sein, dass die EU keine schwachen Druckmittel in der Hand hat, um Großbritannien dazu zu bewegen, schneller zu handeln, und gegenwärtig deutet immer mehr darauf hin, dass der Druck auf Großbritannien wachsen wird, umgehend seinen Austritt nach Artikel 50 zu erklären.

32 Die United States International Trade Commission (USITC) hat geschätzt, dass das BIP verglichen mit dem Ausgangsszenario ab dem Jahr 2032 um 0,15 Prozent jährlich ansteigen wird. Vgl. USITC, »Trans-Pacific Partnership Agreement: Likely Impact on the U.S. Economy and on Specific Industry Sectors«, Publication Number 4607 (Mai 2016). Andere Studien sagen noch geringere BIP-Zuwächse vorher beziehungsweise führen zu uneindeutigen Ergebnisse. Vgl. Peter A. Petri und Michael G. Plummer, »The Economic Effects of the Trans-Pacific Partnership: New Estimates«, Peterson Institute Working Paper 16-2 (Januar 2016), abrufbar unter http://piie.com/publications/wp/wp16-2.pdf, Weltbank, »Potential Macroeconomic Implications of the Trans-Pacific Partnership«, Kapitel 4 in *Global Economic Prospects* (Januar 2016), S. 219–255, abrufbar unter http://pubdocs.worldbank.org/en/847071452034669879/Global-Economic-Prospects-January-2016-Implications-Trans-Pacific-Partnership-Agreement.pdf, und Mary E. Burfisher u.a., »Agriculture in the Trans-Pacific Partnership«, ERR-176, U.S. Department of Agriculture, Economic Research Service (Oktober 2014), abrufbar unter http://www.ers.usda.gov/media/1692509/err176.pdf. Die letztgenannte Studie erwartete bis 2025 überhaupt keinen realen Effekt auf das BIP. Andererseits sagte eine Studie der Tufts University sogar einen Rückgang des BIP voraus. Vgl. Jeronim Capaldo und Alex Izurieta mit Jomo Kwame Sundaram, »Trading Down: Unemployment, In-

equality and Other Risks of the Trans-Pacific Partnership Agreement«, Global Development and Environment Institute Working Paper Nr. 16-01 (Januar 2016), abrufbar unter http://www.ase.tufts.edu/gdae/Pubs/wp/16-01Capaldo-IzurietaTPP.pdf. Wie Adam Hersh und ich in Kurzberichten erläutern, die wir für das Roosevelt Institute zusammenstellten, deuten die plausibelsten Berechnungen auf einen negativen Effekt hin. Vgl. »Tricks of the Trade Deal: Six Big Problems with the Trans-Pacific Partnership«, 28. März 2016, abrufbar unter http://rooseveltinstitute.org/tricks-trade-deal-six-big-problems-trans-pacific-partnership.

33 Internationaler Währungsfonds, »The Liberalization and Management of Capital Flows – An Institutional View«, 14. November 2012, abrufbar unter http://www.imf.org/external/np/pp/eng/2012/111412.pdf.

34 Viele dieser Probleme wurden in der umfangreichen Literatur zum fiskalischen Föderalismus und zur Theorie der lokalen öffentlichen Güter bereits eingehend erforscht. Die »Pragmatiker« (es waren fast nur Männer), die die Europäische Union schufen, scheinen diese Literatur und ihre Erkenntnisse weniger beachtet zu haben, als sie es vielleicht hätten tun sollen.
Der Effekt einer Senkung der Körperschaftssteuer auf Investitionen verdeutlicht den Gegensatz zwischen der neoliberalen Ideologie (die behauptet, je niedriger die Steuern, umso besser) und der Wirtschaftswissenschaft. Da Investitionen hauptsächlich mit Krediten finanziert werden und in den meisten Ländern Zinszahlungen steuerlich absetzbar sind, senkt die Körperschaftssteuer den Grenzertrag und die Grenzkosten von Investitionen im gleichen Verhältnis und wirkt sich daher nicht auf die Investitionen aus, zumindest nicht in der »vollkommenen« Welt des Neoliberalismus, in der Unternehmen keine finanziellen Engpässe kennen. Mit den herkömmlichen Abschreibungsbeträgen, die es Unternehmen erlauben, für die Wertminderung ihrer Sachanlagen einen Betrag von ihrem Gewinn abzuziehen, der größer ist als die eigentliche Wertminderung (das heißt ihre Investitionen schneller abzuschreiben, als diese tatsächlich an Wert verlieren), kann die Senkung der Körperschaftssteuersätze tatsächlich zu niedrigeren Investitionen führen. Vgl. J. E. Stiglitz, »Taxation, Corporate Financial Policy and the Cost of Capital«, *Journal of Public Economics* 2, Nr. 1 (1973), S. 1–34.

35 Die Grundprinzipien des Nutzens verglichen mit den Kosten der Produktvielfalt wurden in der wirtschaftswissenschaftlichen Literatur ebenfalls ausführlich untersucht. Die Verbraucher selbst schätzen Vielfalt, und verschiedene Individuen haben Präferenzen für verschiedene Waren. Aber diese Produktvielfalt kann auch erhebliche Kosten mit sich bringen. Es ist auch nicht klar, ob die Märkte oder die EU den richtigen Mittelweg gefunden haben. Vgl. etwa Avinash Dixit und J. E. Stiglitz, »Monopolistic Competition and Optimum Product Diversity«, *American Economic Review* 67, Nr. 3 (Juni 1977), S. 297–308, und J. E. Stiglitz, »Toward a More General Theory of Monopolistic Competition«, *Prices, Competition and Equilibrium*, hg. von Maurice H. Peston und Richard H. Quandt, Oxford 1986, S. 22–69.

36 Es gibt eine gewisse Kontroverse über die Wahlbeteiligung junger Briten. Nach ersten Berichten soll sie sehr niedrig gewesen sein, aber eine spätere Studie zeigte, dass dies nicht der Fall war, vielmehr war es so, dass noch mehr ältere Briten, als ursprünglich gedacht, für den Brexit gestimmt hätten.

Dank

1 Die Vorträge wurden anschließend publiziert: »Can the Euro Be Saved? An Analysis of the Future of the Currency Union«, *Rivista di Politica Ecoomica*, Nr. 3 (Juli–September 2014), S. 7–42, und »Crises: Principles and Policies. With an Application to the Eurozone Crisis«, *Life After Debt: The Origins and Resolutions of Debt Crisis*, hg. von J. E. Stiglitz und Daniel Heymann, Houndmills, UK und New York 2014, S. 43–79.

2 Der Bericht der Kommission wurde veröffentlicht unter dem Titel *The Stiglitz Report: Reforming the International Monetary and Financial Systems in the Wake of the Global Crisis*, New York 2010, verfasst von Mitgliedern der Sachverständigenkommission zur Reform des Internationalen Währungs- und Finanzsystems, die vom Präsidenten der UN-Generalversammlung berufen wurden.

3 Im Gefolge des Arabischen Frühlings wurde er später Präsident der tunesischen Zentralbank. Wir arbeiteten in den Jahren nach 2011 zusammen, um einen reibungslosen Übergang zur Demokratie zu ermöglichen. Zuvor hatten wir als Mitglieder der Hochrangigen Sachverständigengruppe zusammengearbeitet, die der UN-Generalsekretär im Jahr 1993 zu dem Zweck eingesetzt hatte, Schlüsselaspekte der Entwicklungspolitik vor dem Hintergrund neuer Denkansätze zu ökonomischen und sozialen Problemen zu analysieren. Die Ergebnisse dieser Arbeitsgruppe wurden veröffentlicht in *Development Strategy and the Management of the Market Economy*, hg. von Edmond Malinvaud u. a., Bd. 1, Oxford 1997.

4 Zusammen mit John Page arbeiteten wir an einem wichtigen Projekt, bei dem es darum ging, entwicklungspolitische Lehren aus dem Erfolg Ostasiens zu ziehen. Die Ergebnisse wurden später von der Weltbank veröffentlicht: *The East Asian Miracle: Economic Growth and Public Policy*, New York 1993. Marilou Uy und ich schrieben auch einen Artikel, der sich spezifischer mit der Rolle des Finanzsektors befasst: »Financial Markets, Public Policy, and the East Asian Miracle«, *World Bank Research Observer* 11, Nr. 2 (August 1996), S. 249–276.

5 Wir veröffentlichten gemeinsam einen Aufsatz über ein Schlüsselproblem in der Krise: »Sovereign Debt and Joint Liability: An *Economic* Theory Model for Amending the Treaty of Lisbon«, *Economic Journal* 125, Nr. 586 (August 2015), F115–F130.

Register